HISTÓRIA DOS JUDEUS EM PORTUGAL

COLEÇÃO PERSPECTIVAS
Direção: J. Guinsburg

IMAGEM DE ABERTURA
Um judeu.
Oficina de Viseu, atribuído a Gaspar Vaz, 1530-40.
Óleo sobre tela. Museu Nacional de Arte Antiga, Lisboa. Portugal.

EDIÇÃO DE TEXTO:
Bárbara Borges

REVISÃO:
Luiz Henrique Soares
Jonathan Busato

PROJETO GRÁFICO E CAPA:
Sergio Kon

PRODUÇÃO:
Ricardo W. Neves
Sergio Kon

HISTÓRIA DOS JUDEUS EM PORTUGAL

Meyer Kayserling

tradução:
GABRIELE BORCHARDT CORRÊA DA SILVA
ANITA WAINGORT NOVINSKY

introdução e notas:
ANITA WAINGORT NOVINSKY

Título original alemão
Geschichte der Juden in Portugal

Dados Internacionais de Catalogação na Publicação (CIP)
(Câmara Brasileira do Livro, SP, Brasil)

Kayserling, Meyer
    História dos judeus em Portugal / Meyer Kayserling ; tradução
Anita Waingort Novinsky, Gabriele Borchardt Corrêa da Silva. – São
Paulo: Perspectiva, 2009. – (Perspectivas / direção J. Guinsburg)

Título original: Geschichte der juden in Portugal
Bibliografia.
ISBN 978-85-273-0835-9

1. Judeus – Portugal – História 1. Guinsburg,
J. 11. Título. 111. Série.

08-08711   CDD-296.09469

Índices para catálogo sistemático:

1. Judeus em Portugal : História : Judaísmo
296.09469
2. Portugal : Povo judeu : História : Judaísmo
296.09469

1ª edição de 2009
[PPD]

Direitos reservados em língua portuguesa à:

EDITORA PERSPECTIVA LTDA.

Av. Brigadeiro Luís Antônio, 3025
01401-000 São Paulo SP Brasil

Telefax: (11) 3885-8388
www.editoraperspectiva.com.br
editora@editoraperspectiva.com.br

2019

A tradução deste livro sobre a *História dos Judeus em Portugal* se deve ao incentivo de meu mestre Lourival Gomes Machado, que com sua sensibilidade compreendeu que sem pesquisar sobre os judeus e os cristãos-novos não se poderia escrever a história do Brasil.

ANITA WAINGORT NOVINSKY

Sumário

Introdução à Segunda Edição   13

Introdução à Primeira Edição   17

Prefácio   29

Prefácio do Autor   31

PRIMEIRA PARTE

1   D. Afonso Henriques a D. Afonso III   35

2   Condições Internas; Rabinatos,
Comunidades, Jurisdição   43

3   D. Dinis a D. Fernando   53

4   Os Tempos de D. João I e D. Duarte   63

5   Situação Comunal e Tributária, Judarias,
Distintivos, Impostos, Serviço Militar,
Uso de Armas, Relações Comerciais   83

6	D. Afonso v	97
7	D. João II	121
8	D. João II (continuação)	145
9	D. Manuel	157
10	D. Manuel (continuação)	179
11	Conquistas e Descobrimentos dos Portugueses	195

SEGUNDA PARTE

1	D. João III	209
2	D. João III (continuação)	233
3	D. João III (continuação)	249

4	Novas Lutas	265
5	Ricci de Monte	289
6	Peregrinações dos Judeus Portugueses	305
7	Portugal sob Domínio Espanhol	327
8	D. João IV e D. Pedro II	353
9	Os Dois Últimos Séculos	371

Apêndice	391
Índice Geográfico	409
Índice Onomástico	415
Bibliografia da Tradução	431

Introdução à Segunda Edição*

EM MEADOS DO SÉCULO XIX, QUANDO OS ARQUIVOS DO Santo Ofício da Inquisição em Portugal ainda permaneciam secretos, e Alexandre Herculano apenas iniciava a desmascarar as "negociatas" do monarca, D. João III, com o Vaticano, um rabino alemão se lançou numa aventura surpreendente: devastar a história dos judeus em Portugal, desde a formação da monarquia portuguesa até o século XIX. Esta obra permanece até hoje o mais fiel retrato de uma longa trajetória dos judeus sefaradim, da tolerância à catástrofe final, que foi a sua conversão forçada à religião cristã.

Os conhecimentos que Meyer Kayserling revela sobre o funcionamento do Tribunal do "Santo" Ofício da Inquisição, sobre o drama vivido pelos convertidos, as "manobras" financeiras dos monarcas portugueses com o Papa e com os mercadores e homens de negócios, sobre o êxodo e as peregrinações dos judeus, sem solo, sem pátria, sem identidade, e o silêncio do mundo ante os festivos autos-de-fé, onde a população eufórica ia assistir a destruição de vidas indefesas, vêm descritos com um raro conhecimento bibliográfico e sensível erudição.

Nesta obra encontramos o confronto de duas realidades, aparentemente paradoxais; de um lado, o ódio aos judeus, proclamado durante três séculos, ininterruptamente, pela Igreja e pelas camadas dominantes, e de outro, o amor devotado pelos portugueses à pátria, que levou o cronista Samuel Usque a registrar em sua obra *Consolação às Tribulações de Israel* que escreveu "na língua que mamou e não buscou outra emprestada para falar aos seus naturais"

---

* Agradeço à Lina Gorenstein e à Eneida Beraldi Ribeiro a revisão desta segunda edição.

A busca de maior segurança levou milhares de cristãos-novos (conversos, anusim) para o exílio, principalmente norte da Europa e América, enquanto outros milhares permaneceram em Portugal, sem poder sair devido a leis proibitivas ou por falta de recursos. Um paralelo estranho com os judeus da União Soviética na era stalinista.

A religião judaica ortodoxa desapareceu, mas a identidade e o "pertencimento" se reforçaram, na medida que os descendentes dos judeus convertidos eram excluídos e marginalizados socialmente No Novo Mundo, que muitos consideravam a Terra Prometida, cristãos-novos puderam reconstruir uma nova vida, favorecidos pela vastidão do território e pela heterodoxia da população.

A equipe de pesquisadores pertencentes ao Laboratório de Estudos sobre a Intolerância, (LEI) tem revelado, com seus trabalhos, o papel que os cristãos novos representaram na construção do Brasil, seguindo as pegadas lançadas pelo rabino Meyer Kayserling.

A tradução de *História dos Judeus em Portugal* para o português se deve principalmente ao conhecimento do idioma alemão de minha amiga Gabriele Borchardt Corrêa da Silva, que durante anos me acompanhou nos estudos sobre os cristãos novos portugueses. Sem o seu esforço e idealismo este trabalho não teria sido possível. Também devo sua concretização ao meu mestre inesquecível, Lourival Gomes Machado, que na década de sessenta, quando os estudos sobre os cristãos-novos ainda estavam desabrochando, entendeu que o conhecimento da história dos judeus em Portugal era indispensável e fundamental para o entendimento da formação da nação brasileira.

Passadas mais de três décadas após a publicação da primeira edição de *História dos Judeus em Portugal*, consideráveis progressos foram feitos sobre a história dos cristãos novos, mostrando seu elevado número e sua importância para a vida econômica e cultural da colônia. Pressentiu-o muito bem meu orientador, Sérgio Buarque de Holanda, quando dizia que era mais fácil encontrar os cristãos velhos do que os cristãos-novos na história do Brasil. Não sabia então, Sérgio Buarque, que ele próprio descendia de famosos rabinos de Barcelos, genealogia exaustivamente estudada pelo meu aluno Paulo Valadares.

INTRODUÇÃO À SEGUNDA EDIÇÃO

Essa segunda edição da obra de Meyer Kayserling sai ampliada de notas, ilustrações e de uma bibliografia atualizada.

Graças à sensibilidade dos editores da Perspectiva, Gita e Jacó Guinsburg, estudiosos terão novamente à mão esta monumental obra de referência, indispensável para o conhecimento do trágico destino dos judeus em Portugal, e do legado que deixaram ao mundo.

ANITA WAINGORT NOVINSKY

São Paulo, setembro de 2007.

Introdução à Primeira Edição

O RECRUDESCIMENTO DO PRECONCEITO CONTRA CERTOS grupos humanos nas sociedades ocidentais é um dos temas mais graves que se coloca à problemática social de nosso tempo. Propõe-se, mais do que nunca – e os fatos político-sociais concretos desencadeados nas últimas décadas em diversas partes do mundo o mostram nitidamente –, uma revisão dos valores tradicionais, principalmente daqueles valores que permitiram, durante séculos, que grupos humanos fossem colocados em situação de inferioridade social e religiosa, em nome da qual lhes foram infligidos os mais injustos sofrimentos e as mais vexatórias privações.

Os judeus constituíram um dos grupos "por excelência" contra os quais se descarregaram as tensões e os ódios resultantes dos conflitos que atingiram as sociedades ocidentais nos últimos séculos. A sua história na Península Ibérica, e principalmente em Portugal, apresentou, durante o longo tempo em que lá viveram, um quadro socioeconômico e cultural distinto dos outros países da Europa Ocidental e Oriental. Aí se misturaram com outros povos em freqüência muito maior do que nas outras regiões do mundo durante a Idade Média. Mesclaram-se com iberos, celtas, itálicos, visigodos e mouros. Os primeiros monarcas portugueses proporcionaram-lhes uma vida extremamente independente: podiam ter seus próprios juízes para ministrar entre eles a justiça civil e criminal, podiam seguir todas as suas tradições e costumes, ser proprietários de casas, quintas e terras. O fato de professarem uma religião diferente não impediu que os reis portugueses neles depositassem ampla confiança, entregando-lhes importantes cargos oficiais. No reinado de D. Dinis, o arabi-mor dos judeus, isto é, o seu supremo magistrado, ocupava simultaneamente o cargo de ministro da fazenda.

O povo português distinguiu-se desde cedo por uma extraordinária independência de comportamento. A Igreja movia-se com certo desembaraço, espalhada pelas distantes vilas, e, apesar da indiscutível influência do direito canônico e da vida nas judarias, houve contato e inter-relação entre judeus e cristãos, sofrendo cada grupo a influência recíproca de seus padrões culturais. A imposição do papa Inocêncio III, que obrigava todos os judeus a distinguirem-se dos cristãos pela forma e cor de seus trajes, praticamente nunca foi seguida em terras lusitanas.

Apesar de tudo isso não se evitou em Portugal o desfecho catastrófico que marcou a permanência dos judeus entre as outras nações. Por paradoxal que pareça, os atritos entre judeus e cristãos irromperam, assumindo características violentas, somente quando se derrubaram as barreiras da judaria e quando, utilizando-se do pretexto de que professavam uma religião diferente, os judeus passaram a ser apontados pela ascendente burguesia cristã, inflamada por um clero fanático, como estrangeiros.

Podemos colocar a ascensão da dinastia de Avis como o marco a partir do qual se modificaram as condições de vida dos judeus em Portugal. Com a fantástica expansão do país, o desenvolvimento da arte náutica e os descobrimentos, processaram-se importantes transformações no quadro socioeconômico e político português. Uma parte da população emergiu com reivindicações que denotavam o amadurecimento de uma classe latente que, se não podia ainda ser denominada burguesa, já continha desta algumas características específicas. A revolução econômica ocasionada pelo comércio marítimo operou modificações nos conceitos morais, na religião, na maneira de ver o mundo e os homens, diferenças essas que se chocavam com as formas de consciência social resultantes das velhas estruturas feudais. As classes privilegiadas, as instituições, a religião e os costumes sancionados pela sociedade resistiram à mudança que se propunha, fazendo pressão contra as modificações introduzidas à ordem antiga. Os grupos dirigentes reforçaram suas posições procurando isolar a sociedade portuguesa da influência das correntes mais avançadas do pensamento europeu. O intenso comércio com o Oriente havia criado uma classe urbana ativa,

INTRODUÇÃO À PRIMEIRA EDIÇÃO

dinâmica, ávida de ascensão social, em contraposição à sociedade rural estável e conservadora.

A criação de um Tribunal do Santo Ofício da Inquisição foi a resultante da evolução desse processo. Os judeus, cujo número após a expulsão de Castela, em fins do século XV, havia aumentado consideravelmente e já nesta altura transformados em cristãos-novos, constituíram uma ameaça à ordem estabelecida e às ideologias tradicionais, porque estavam excluídos dessa ordem. Não tinham, pois, interesse em manter a superestrutura que os impedia oficialmente de participar nessa sociedade.

Para compreendermos a evolução deste problema social em Portugal e o caráter que assumiu quando o judeu foi violentamente transformado em cristão, é de extrema importância termos em mente as condições históricas que não permitiram até fins do século XV a eclosão, nesse pequeno país, de furiosas explosões antijudaicas, ou que fossem vitimadas suas comunas com massacres sistemáticos como os que se processaram na Espanha. Portugal gozou, um século a mais do que sua vizinha, do equilíbrio político e da coexistência amigável com os judeus de seu território. Tornou-se, então, por excelência, país dos refugiados espanhóis.

No decorrer do século XV, a sociedade portuguesa não se encontrou envolvida com o problema do "converso", problema esse que embaraçou a sociedade espanhola desde fins do século XIV, produzindo conseqüências que se fizeram sentir a longuíssimo prazo na vida e nos pensamentos ibéricos. As perseguições que os judeus sofreram na Europa depois das Cruzadas e do alastramento da peste negra não chegaram a atingir a vida dos judeus no reino português. Contudo, apesar dos aspectos extremamente originais que apresenta a sua história em Portugal, poucas pesquisas foram realizadas até hoje e raras monografias publicadas, razão essa que não permite que se escreva ainda a sua história, nem sobre a época medieval, nem sobre o período das grandes expansões marítimas, nem sobre a história dos cristãos-novos. Enquanto diversos estudiosos têm se voltado para a pesquisa sobre os judeus na Espanha, recebendo esta forte impulso por parte de algumas instituições culturais, a história dos judeus em Portugal permanece, pode-se dizer, quase completamente desconhecida e inexplorada pelos historiadores, tanto portugueses como estrangeiros. O interesse pelas produtivas e brilhantes comunidades judaicas de Castela, Catalunha, Andaluzia e Aragão ofuscou completamente o interesse pelas manifestações dos judeus no país vizinho. Embora, culturalmente, o reino português tenha recebido forte influência da Espanha, apresenta características próprias e diferenças culturais que marcaram igualmente o elemento judaico que vivia em seu território. As comunidades judaicas eram menos numerosas em Portugal e os judeus foram intelectualmente menos representativos do que seus correligionários espanhóis; porém, se examinarmos a posição que ocuparam na sociedade portuguesa, as contribuições que trouxeram para Portugal e seus domínios, assim como o papel que os cristãos-novos portugueses tiveram no desenvolvimento econômico europeu e do Novo Mundo, veremos que o seu estudo merece maior atenção da parte dos historiadores.

O livro que ora sai em língua portuguesa é obra fundamental para quem envereda pelos estudos dos judeus em Portugal e no Brasil. Daí nasceu a idéia de sua tradução para nosso idioma e também em razão da dificuldade que enfrentei há alguns anos, quando iniciei minhas pesquisas sobre os cristãos-novos brasileiros: a falta de bibliografia sobre os judeus e cristãos-novos, principalmente em nossa língua. Utilizada como fonte pela maioria dos historiadores que se ocuparam desse tema, a *História dos Judeus em Portugal*, de Meyer Kayserling, apesar de tratar principalmente dos judeus em Portugal e de suas contínuas migrações depois do século XVI, contém os elementos fundamentais e indispensáveis para a compreensão do comportamento dos portugueses de origem judaica que emigraram nos séculos XVI, XVII e XVIII para as mais diversas regiões do mundo, muitos dos quais vieram a estabelecer-se no Brasil. Isto torna o cristão-novo um fenômeno importante da cultura brasileira e sua abordagem correta não seria possível sem o conhecimento prévio das condições básicas que o criaram.

Somente nas últimas décadas, seguindo as pegadas do ilustre historiador Alexandre Herculano, é que certos autores se voltaram para o estudo do Santo Ofício da Inquisição em Portugal, capítulo imprescindível para a melhor compreensão de nossa história colonial. Quando Kayserling, um século atrás, escreveu a *História dos Judeus em Portugal*, pouco se conhecia sobre as verdadeiras razões do seu estabelecimento, sobre a intensidade

INTRODUÇÃO À PRIMEIRA EDIÇÃO

de suas perseguições, sobre o avultado número de portugueses que se expatriaram, sobre o drama humano que tais circunstâncias acarretaram. E ainda mais: qual o seu efeito sobre a evolução da história portuguesa, sobre a psicologia do português e sobre a evolução econômica e social das colônias de ultramar.

Herculano mostrou como a vida dos homens comuns era decidida nas grandes cartadas políticas. Mostrou-nos como, de Portugal para Roma e de Roma para Portugal, se davam os lances conforme as vantagens econômicas e decidiu-se sobre a vida de milhares de portugueses. O historiador português abriu o caminho para a compreensão do fenômeno cristão-novo em Portugal, porém as pesquisas realizadas até agora não correspondem à riqueza e à importância do assunto.

Para os capítulos correspondentes à Inquisição, Kayserling utilizou como fonte a obra e as investigações realizadas nesse mesmo tempo por Alexandre Herculano. A Inquisição, entretanto, durou perto de três séculos e Herculano apenas tratou dos aspectos correspondentes aos primeiros anos de seu funcionamento. Fica, pois, todo o resto por pesquisar. De outro lado, o erudito autor hebreu viu o problema sob o ângulo da história judaica e deu, como a maior parte dos autores judeus de seu tempo, um caráter martirológico a essa história, procurando dar ênfase principalmente à descrição das personalidades ilustres que nela tomaram parte. Nos últimos cinqüenta anos, a historiografia judaica passou por uma renovação metodológica completa e a tendência dos modernos historiadores é a de abandonar as interpretações isolacionistas de ver a história judaica como um capítulo "fechado". Menos do que qualquer outro período da história judaica, pode ser encarada sob este prisma tradicional a história dos judeus na Península Ibérica.

Os fenômenos sociais somente podem ser compreendidos como um jogo de forças que deve ser inserido dentro de um contexto amplo. Assim, a realidade histórica dos judeus e cristãos-novos em Portugal e o processo evolutivo que percorreu fazem parte do processo histórico pelo qual passou a Península Ibérica, em geral, e Portugal, em particular, na dinâmica de sua evolução de uma sociedade feudal e aristocrática para uma sociedade burguesa.

A história dos judeus na Península Ibérica sofreu, como a história dos judeus em outros países, o reflexo dos embates das forças políticas e econômicas que marcaram os rumos das sociedades nas quais eles viveram. Portanto, não pode ser estudada isoladamente nem compreendida no seu real significado sem essa visão das estruturas básicas que são as responsáveis pela ideologia e pela maneira de pensar dos homens. A história que Kayserling nos narra é uma história dos "acontecimentos", uma história "factual", e serve-nos hoje para fundamentar e esclarecer esse processo, abrindo os caminhos para o conhecimento das causas profundas de que foram apenas o produto os fatos cronologicamente narrados. Vem marcada pelo mérito de ser um trabalho ricamente documentado, com rigorosa seleção bibliográfica. Dá-nos a conhecer os atos e os acontecimentos que se sucederam em Portugal, para que possamos futuramente construir a síntese histórica e compreender o processo que essa história percorreu.

A vida dos judeus em Portugal não pode, pois, ser abordada separadamente da vida dos cristãos entre os quais habitavam. O tipo de atitude e comportamento que desenvolveram não foi determinado por filosofias abstratas, mas foi, essencialmente, o resultado de propriedades sociológicas do grupo em que se desenvolveram. O seu comportamento e seu processo educacional foram, pois, uma conseqüência da organização estrutural nas judarias, e dependeram largamente do espírito do corpo social maior no qual viveram. A inter-relação econômica, cultural e social em ambas as sociedades, a judaica e a cristã, mesmo antes da conversão dos judeus ao catolicismo, deve ser estudada em suas influências recíprocas. Assim, a cultura ibérica marcou os judeus de maneira profunda, desde sua estrutura comunal interna até suas características psicológicas mais sutis.

Autores judeus tentaram explicar o fenômeno da sobrevivência do povo judeu, do ponto de vista da escola idealística, em que todos os acontecimentos eram interpretados à luz de seu comportamento moral e religioso, dando força decisiva aos "fatores internos". Por mais forte que tenha sido, como se sabe, a influência da religião sobre a evolução da história judaica, não podemos excluir as forças externas, cujas ações em certos tempos, como, por exemplo, durante os anos em que funcionou a Inquisição, foram mais fortes do que as internas. Interpretar também a história do povo judeu

INTRODUÇÃO À PRIMEIRA EDIÇÃO

em Portugal em termos de antagonismo racial ou religioso seria abordar o fenômeno apenas em sua superfície, pois, se bem que a perseguição, o ódio e os conflitos a que a sociedade portuguesa se viu sujeita foram situações reais, vividas tanto pelo português de origem judaica como pelo católico, as suas raízes devem ser buscadas na estrutura sobre a qual se sustentava a sociedade. Causas bem mais profundas do que as diferenças de religião, costumes ou raça provocaram os conflitos entre cristãos e judeus.

No século XVII, o problema cristão-novo já se havia transformado num verdadeiro mito. Introduzido este mito através das mais diversas manobras na mente dos portugueses, seus efeitos sobre o grupo perseguido agiram como um revitalizador, provocando o aumento e a intensificação da oposição. Por razões que se ligam às próprias raízes da cultura portuguesa, acentuadas pelas necessidades imperativas sociais e econômicas do momento, a discriminação contra os cristãos-novos não conseguiu isolá-los da população cristã, e, na vida quotidiana, o cristão aceitou ligar-se aos portugueses de origem judaica através dos negócios, da vida social e do casamento. Os casamentos mistos deram-se no reino e nas colônias com grande freqüência, tanto entre as classes privilegiadas como entre o povo, o que mostra que as barreiras criadas pelo mito foram neste caso menos fortes do que os imperativos da sociedade, fenômeno este cujas raízes merecem um estudo mais profundo. As conseqüências dessas ligações reverteram em cheio sobre a sociedade portuguesa, pois cada cristão que se casava com cristão-novo via-se transformado, com toda a sua descendência, num possível alvo para a Inquisição. Expatriaram-se portugueses de velha linhagem e permaneceram à margem da sociedade famílias pertencentes à mais alta nobreza.

As condições que geraram o cristão-novo e as condições que não o deixaram desaparecer por tantos séculos estão ligadas íntima e reciprocamente. O cristão-novo foi o produto de determinadas circunstâncias, mas a persistência tenaz e secular que o caracterizou se deve igualmente ao fato de ter encontrado um sentido para sua adversidade na sua cultura tradicional judaica. Se bem que, como disse acima, durante todo o tempo em que funcionou a Inquisição, a ação das forças externas sobre os judeus foi mais forte do que as internas, estas influíram e interferiram em certa medida

23

sobre a evolução do problema e nas soluções que os convertidos tiveram de encontrar para sua sobrevivência. A fim de compreendermos o problema em toda a sua complexidade é necessário conhecer tanto os fatores internos como os externos que os circundaram.

Nem a abordagem da história através das leis e registros oficiais ou através da opinião do grupo dominante e perseguidor, nem considerando o elemento judeu como um fenômeno isolado dentro de uma sociedade maior, tomando em conta apenas seus ideais éticos ou nacionais, poder-se-á conhecer a verdade histórica. Quase como uma força irracional os cristãos-novos buscaram refúgio na essência do judaísmo tradicional, e antepuseram como linha de frente à ideologia dominante uma ideologia própria, baseada nas idéias místicas de redenção messiânica e de martírio. Criaram, assim, uma capa de resistência que os fez aceitar o Tribunal da Inquisição e o criptojudaísmo como parte de seu destino. Desenvolveram uma mentalidade que não foi nem judaica nem cristã, mas *cristã-nova*. Com exceção daqueles que saíram do país e se estabeleceram onde podiam exercer livremente sua religião, voltando-se assim para a ortodoxia judaica, os que ficaram em Portugal acomodaram-se com o tipo de vida que se lhes impôs. E, por razões diversas, uma grande parte, depois de emigrada, retornava continuamente a Portugal. Ligava-os à pátria antiga raízes profundas, e essa ligação, quase indissolúvel com a terra de origem, é um dos aspectos, talvez único, da história dos judeus na diáspora. No desterro, mesmo gozando de liberdades religiosas, os cristãos-novos continuaram a ser judeus-portugueses. Passadas várias gerações, já nascidos no estrangeiro, ainda continuaram na vida quotidiana a manter certos costumes e o idioma de sua sociedade de origem.

Kayserling, assim como outros autores, refere-se com freqüência ao ódio que os cristãos nutriam contra os judeus e cristãos-novos. Durante o tempo em que o pensamento podia ser expressado livremente, este ódio não foi diferente do que o nutrido pelo povo contra as classes dirigentes, contra os nobres e poderosos. Depois que a liberdade de palavra foi abolida, pouco se ficou conhecendo sobre a opinião popular, pois opor-se à ordem vigente através da palavra oral ou escrita causava severa punição; assim, poucos, naturalmente, se atreveram a fazê-lo. Os conselhos que deveriam reproduzir a vontade do povo já estavam então representados por pessoas

INTRODUÇÃO À PRIMEIRA EDIÇÃO

colocadas nestes postos pelos próprios inquisidores e expressavam a vontade destes e não a do povo. Assim mesmo, a força que a Inquisição teve de empregar para fazer vigorar a legislação proibitiva e discriminatória prova que a submissão dos portugueses não foi tão suave.

Os cristãos-novos não formaram um grupo isolado, concentrado em suas atividades econômicas próprias e em seu criptojudaísmo. Uma parte deles incorporou-se completamente à religião católica, aceitou suas imposições e desapareceu para sempre do mundo judaico. Outra se empenhou numa luta contra a Igreja de Portugal, ligando-se nessa luta aos hereges, blasfemos e livres pensadores, cujos exemplos são tão marcantes na história da intelectualidade portuguesa. Outra, ainda, permaneceu vivendo e pensando como cristãos-novos. A história destes, tão pouco conhecida pelo número significativo que representou como pelos conflitos que gerou, é, tanto em Portugal como em suas colônias de ultramar, parte integrante da história da sociedade portuguesa.

No correr desta tradução, atualizei a bibliografia na medida em que me foi possível. No que diz respeito aos tempos mais antigos, como já mencionei, quase nada se acrescentou aos conhecimentos que Kayserling já tinha um século atrás. O período que abrange desde a formação da monarquia portuguesa até o édito de expulsão e a conversão forçada em 1497, isto é, o período em que os judeus viveram em Portugal talvez o mais livre capítulo de sua história na diáspora, permanece até hoje obscuro e inexplorado. A participação dos judeus no comércio marítimo dos primeiros séculos da monarquia, atividade tão importante para compreender-se a evolução econômico-social de Portugal, não foi investigada. Sobre os estudos náuticos, as expedições exploradoras, os grandes descobrimentos que têm sido pesquisados com tanto afinco pelos historiadores portugueses, o que diz respeito ao papel neles desempenhado pelos judeus pouquíssimo se conhece. Sobre a expulsão dos judeus da Espanha tem-se meditado nas últimas décadas, porém sobre suas conseqüências, tão decisivas para Portugal, as fontes permanecem intatas. A *História dos Judeus em Portugal*, de Meyer Kayserling continua, pois, sendo de importância primordial para a compreensão da vida dos judeus em Portugal, ao mesmo tempo em que nos oferece os fundamentos para a melhor compreensão da história de seus descendentes no Brasil. Espero, pois, que este trabalho possa ser de alguma utilidade para os estudiosos portugueses e brasileiros.

Meyer Kayserling nasceu em Hanover, em 17 de junho de 1829. Foi discípulo de Gerson Josaphat em Halberstadt, S. R. Hirsch em Nikolsburg, S. L. Rapaport em Praga e S. R. Bamberger em Würzburg. Na Universidade de Berlim dedicou-se ao estudo da história e filosofia. Encorajado em suas pesquisas históricas por Leopold von Ranke, Kayserling voltou sua atenção para a história e a literatura dos judeus na Península Ibérica. Em 1861, foi nomeado rabi dos judeus na Suíça, onde desenvolveu intensa atividade em favor dos direitos civis de seus correligionários. Em 1870, aceitou o convite para ser rabi e predicador da comunidade judaica de Budapeste, onde atuou até sua morte em 21 de abril de 1905. Kayserling foi membro da Real Academia de Madri e de outras sociedades científicas. Tornou-se conhecido por suas pesquisas sobre a vida e a obra de Moisés Mendelssohn. Publicou numerosos trabalhos, sendo os seguintes relacionados com os judeus sefardis:

Sephardim, romanische Poesien der Juden in Spanien. Ein Beitrag zur Literatur und Geschichte der spanisch-portugiesischen Juden (Sefardim, Poesias Românicas dos Judeus na Espanha. Contribuição para a Literatura e História dos Judeus Hispano-portugueses), Leipzig, 1859.

Ein Freitag in Madrid. Zur Geschichte der spanisch-portugiesischen Juden (Uma Sexta-feira em Madri. Contribuição para a História dos Judeus Hispano-portugueses), Berlim, 1859.

Geschichte der Juden in Navarra, den Baskenländern und auf den Balearen, oder Geschichte der Juden in Spanien (História dos Judeus em Navarra, nos Países Bascos e nas Baleares, ou História dos Judeus na Espanha), Berlim, 1861.

Menasse ben Israel. Sein Leben und Wirken. Zugleich ein Beitrag zur Geschichte der Juden in England (Menasse ben Israel. Sua Vida e Obra. Simultaneamente uma Contribuição para a História dos Judeus na Inglaterra), Berlim, 1861. Tradução para o inglês por F. de Sola Mendes, Londres, 1877.

Refranos y Proverbios de los Judíos Españoles, Budapeste, 1889.

Biblioteca Española-portugueza-judaica, Dictionnaire bibliographique, Estrasburgo, 1890 (desse importante trabalho saiu uma edição em 1961 na Holanda, Nieuwkoop, B. de Graaf).

INTRODUÇÃO À PRIMEIRA EDIÇÃO

Christopher Columbus and the Participation of the Jews in the Spanish and Portuguese Discoveries (Cristóvão Colombo e a Participação dos Judeus nas Descobertas Espanholas Portuguesas), traduzido do manuscrito do autor para o inglês por Charles Gross, Nova York, 1894; edição alemã, Berlim, 1894, tradução para o hebraico, Varsóvia, 1895.

Die Juden in Toledo (Os Judeus em Toledo), conferência, Leipzig, 1901.

Isaac Aboab III. Sein Leben und seine Dichtungen (Isaac Aboab III. Sua Vida e Suas Poesias), em hebraico, Berdychev, 1902.

Além de seus trabalhos de maior vulto, Kayserling também colaborou em diferentes periódicos judaicos, em alemão, hebraico, inglês e francês.

A tradução desta obra foi feita conjuntamente com Gabriele Borchardt Corrêa da Silva, cujos profundos conhecimentos do idioma alemão tornaram-na exeqüível. Sem a sua inestimável colaboração este trabalho não teria sido realizado. Mantivemos, sempre que possível, o estilo original do autor, mesmo que para isso se tenha sacrificado, muitas vezes, a suavidade idiomática.

Ao dr. Elias Lipiner expresso aqui meus agradecimentos pela amabilidade com que se prontificou a traduzir os textos hebraicos. A seu conselho, alguns foram inseridos conforme a obra original, em razão de dificuldades interpretativas.

Não poderia deixar de mencionar e agradecer, nesta introdução, a duas pessoas: ao eminente professor da Faculdade de Filosofia, Ciências e Letras da Universidade de São Paulo, dr. João Cruz Costa — a pessoa que me encaminhou nestes estudos –, e ao professor dr. Lourival Gomes Machado, da mesma universidade, cujo interesse pela história dos cristãos-novos sempre me serviu de estímulo e a cujo conselho realizei este trabalho. O seu precoce desaparecimento, em terras distantes, impediu-me de expressar-lhe pessoalmente o muito que lhe devo, o que faço, com pesar, nestas linhas.

ANITA WAINGORT NOVINSKY

São Paulo, julho de 1971.

Prefácio

A HISTÓRIA TEM SEUS GRANDES TEMAS SOBRE A ATIVIDADE humana. Descreve os acontecimentos da criação e da decadência de impérios, vive dos combates políticos e choques militares, glorifica as grandes figuras criadoras da vida religiosa, artística e científica. Mas há uma outra parte do nosso passado, menos conhecido e menos cultivado pelos historiadores: as vicissitudes dos grupos minoritários de uma certa descendência e portadores de uma certa tradição religiosa. Muito mais eles sofreram do que puderam denunciar e publicar.

Os judeus da Península Ibérica foram, na Idade Média, uma das minorias mais fascinantes, portadores e mediadores de tradições culturais extremamente ricas e importantes. Sobre esses judeus espanhóis nos deixou José Amador de los Ríos uma obra de grande valor, obra essa que mais tarde foi completada e ratificada por autores como Ytzhac Baer, Abraham Neuman, Haim Beinart e outros. Mas o que sabemos sobre os judeus em Portugal devemos na maior parte a um autor que escrevia em língua alemã, Meyer Kayserling. Ainda bastante jovem, após ter feito seus estudos em Berlim seguindo a escola de Leopold von Ranke, dedicou-se à história e, particularmente, à literatura dos judeus na Península Ibérica. Contava 28 anos quando, em 1859, publicou o primeiro livro sobre este tema, um estudo sobre os "sefardins". No mesmo ano, seguiu-se um trabalho focalizando o aspecto particular das *Poesias Românicas dos Judeus na Espanha*, e dois anos mais tarde (1861) publicou a obra sobre *Os Judeus de Navarra, nos Países Bascos e nas Baleares*. Com estes estudos, estava já bem preparado para dedicar-se à *História dos Judeus em Portugal*, que foi terminada em poucos anos e publicada em 1867. Esta obra foi um exemplo de sua grande erudição e adquiriu mais tarde o lema de um livro clássico.

Kayserling publicou depois um estudo literário-histórico dedicado aos "refrãos e provérbios" dos judeus espanhóis e à *Biblioteca Española-Portugueza-Judaica*, retomando, em seguida, os temas anteriores nos seus trabalhos acerca de Cristóvão Colombo e a participação dos judeus nos descobrimentos espanhóis e portugueses (1894). Este livro foi traduzido para o inglês ainda no mesmo ano de 1894 e saiu em 1928 em segunda edição. É lamentável que não tivesse sido publicada em versão espanhola ou portuguesa nenhuma das obras históricas acima mencionadas. Assim, os profundos conhecimentos que Kayserling tinha sobre o assunto não se divulgaram em círculos mais amplos do mundo ibérico. Entretanto, tem-se feito pesquisas intensas neste campo de estudos, e é verdade que muitos aspectos na descrição de Kayserling estão ultrapassados por investigações de data mais recente, como as realizadas por Antônio Baião, Joaquim Mendes dos Remédios, João Lúcio de Azevedo, Cecil Roth, Isaac Révah, Haim Beinart, Benzion Netanyahu etc. Não obstante, a realização no seu conjunto, testemunho da época erudita do século XIX, com seu fervor científico, conservou o seu caráter de obra clássica.

A iniciativa da dra. Anita Novinsky em traduzir este livro para o português é uma realização merecedora de altos louvores, tanto mais que se tenha dado ao trabalho de apontar, numa seção de anotações, os resultados de pesquisas mais recentes.

Desejamos a este livro, de tema tão dramático, bom acolhimento e muita divulgação entre os leitores da língua portuguesa.

PROF. HERMANN KELLENBENZ[*]
Diretor do Seminar fur Wirtschafts-
und Sozialgeschichte der Universität Erlangen-Nürnberg.

Brühl, 1971.

[*] 1913–1990 (N. da E.).

Prefácio do Autor

O PRESENTE VOLUME DA MINHA HISTÓRIA, QUE TRATA DAS vicissitudes e do variado destino dos judeus em Portugal, dos tempos mais remotos até o presente, e que, em sua estrutura e disposição, se vincula à primeira parte de minha obra histórica, *Os Judeus em Navarra, nos Países Bascos e nas Baleares* (Berlim: Springer), publicada há seis anos e tão gentilmente recebida, apareceu mais tarde do que se esperava e do que eu tencionara. Vários compromissos profissionais, assim como o trabalho sobre Moisés Mendelssohn, que surgiu nesse ínterim somente alguns anos atrás me permitiram completar o material coligido para este livro e elaborá-lo com vagar. No ano passado, contudo, a obra progredira a ponto de poder ser entregue para impressão ao Institut zur Förderung der israelitischen Literatur (Instituto para o Fomento da Literatura Israelita), que já há doze anos vem se desenvolvendo e atuando fecundamente. Circunstâncias alheias à minha vontade, em parte econômicas, impossibilitaram ao Instituto editar o livro no ano passado. Nesse ínterim, Grätz publicou o nono volume de sua obra histórica, no qual trata igualmente de um período da história portuguesa, a introdução da Inquisição em Portugal, obra que, em conteúdo e organização, apresenta certa semelhança com meu livro, pois ambos se basearam em fonte idêntica, isto é, no excelente trabalho de Herculano; contudo, também esta parte foi por mim mais elaborada, o que Grätz igualmente poderia ter feito, tivesse ele conhecido e consultado o terceiro volume da mencionada obra, publicada em 1859.

Das fontes usadas neste livro não é preciso tratar pormenorizadamente, pois foram especificadas com exatidão e minúcia nas notas e no apêndice.

Com satisfação, desempenho-me da incumbência de agradecer as inúmeras gentilezas que me foram dispensadas, quando da coleta de material, pelas generosas diretorias das bem supridas bibliotecas de Berlim, Munique, Zurique, Aargau etc. Agradeço especialmente ao eminente Herculano, da Ajuda, perto de Lisboa, e sinto de todo o coração que o material manuscrito esperado deste erudito português não me tenha chegado a tempo.

O tratado *Estatuto Comunal Castelhano*, que não tem relação direta com a história dos judeus em Portugal, será em breve publicado à parte.

Seja também este livro julgado com benevolência e aceito afavelmente por todos os amigos da história e literatura judaicas. Possa ele contribuir para que os muitos exemplos de rara lealdade à fé, aqui descritos, estimulem a geração presente que – graças à providência – vive em condições mais felizes do que as oferecidas aos nossos pobres irmãos portugueses; possa também nossa época, do triste quadro de fanatismo aqui exposto, aprender a lição de que nada é mais perigoso do que uma cega exaltação da fé, e que fanatismo e vício de perseguição – venenosos frutos da ignorância e das trevas – nada têm em comum com a religião.

DR. M. KAYSERLING
Lengnau (Aargau)
dezembro de 1866.

PRIMEIRA PARTE

NOTA DE EDIÇÃO. A presente edição procurou atualizar e complementar os dados bibliográficos. Quando isso não foi possível, foram mantidos tal como apresentados nas notas da edição original alemã, de 1867.

I

D. Afonso Henriques
a D. Afonso III

ASSIM COMO NOS REINOS ESPANHÓIS, EM PORTUGAL, pequena região litorânea da Península Pirenaica, viviam judeus desde os tempos mais remotos. Muito antes da invasão dos mouros, haviam se estabelecido em diversas localidades deste país privilegiado pela natureza; também aqui lhes pesava o jugo das leis visigóticas[i].

Como essa região – até a criação do reino independente que tomou o nome de Portugal em fins do século XI – fazia parte das terras de Espanha, a sua história até essa época é similar à espanhola; portanto, a vida dos judeus de Portugal[1] daqueles primeiros tempos não apresenta muitos aspectos originais[2].

Só em meados do século XII é que se inicia a história de Portugal propriamente dita, e logo depois começa também a dos judeus portugueses, que no seu princípio é bastante falha devido à escassez de documentos.

---

i   Sobre a antigüidade dos judeus na Península Ibérica, cf.: Haim Beinart, ¿Cuándo Llegaron los Judíos a España?", *Estudios*, Jerusalem: Instituto Central de Relaciones Culturales Israel-Iberoamérica, España y Portugal, n. 3, 1962, em que se encontra sobre o assunto ampla bibliografia; Francisco Cantera y Burgos e José María Millás Vallicrosa, *Las Inscripciones Hebraicas de España*, Madrid: Consejo Superior de Investigaciones Científicas (csic), 1956; Antonio García y Bellide, *España y los Españoles Hace Dos Mil Años* (*según la Geografía de Estrabón*), Buenos Aires: Espasa-Calpe, 1945; Joaquim Mendes dos Remédios, *Os Judeus em Portugal*, Coimbra: França Amado, 1895-1928, 2 v., v. I, p. 63-67. (N. da T.)

1   Em hebraico, "Portugal" e também "Portucal" (Ascher, RGA, 8, 11) = "Portucali"; talvez também "Luzitania" (*Sefer Iukhasin* (Livro das Genealogias), ed. Filipowski, 232).

2   Os relatos sobre um encontro, em Portugal, entre S. Vicente, certa S. Senoria e outros com vários judeus pertencem à lenda e não à história. Cf. Flórez, *Esp. Sagr.*, XIV, 32, 119, 374, 378; *Portugaliae Monum. Histor.*, Olissipone, 1856, I, 50 etc.

HISTÓRIA DOS JUDEUS EM PORTUGAL

Ignora-se até hoje ter sido D. Jachia ibn Jaisch – "homem sábio, destemido e rico" –, fundador da importante família judaica de Portugal, Ibn Jachia, realmente favorito do primeiro rei de Portugal, ocupando os cargos de mordomo real e cavaleiro-mor, e recebendo como recompensa dois latifúndios[3]. Temos certeza, porém, de que, quando o rei D. Afonso Henriques reconquistou Santarém em 1140 – época que presumivelmente corresponde ao auge da carreira do mencionado favorito judeu Ibn Jachia[ii] –, já havia nesta cidade, famosa por suas belezas naturais e privilegiada localização, uma comunidade judaica com sinagoga própria, considerada a mais antiga do país[4][iii].

A primeira preocupação do valente conquistador de Santarém foi regulamentar, nas cidades reconquistadas, os negócios civis dos habitantes

---

3   *Schalschelet haCabalá* [O Encadeamento da Cabala], 29ª introdução de Davi ibn Jachia para sua obra filosófica *Torá Or* (A Luz da Torá). Até agora se considerou o ainda não decifrado *vealdeias dos negros* como referente a três localidades; em verdade não se tratava de localidades, mas de duas "aldeas", sendo cada aldeia constituída por uma casa isolada com as terras que a ela pertencem; *Aldeias dos Negros* (o "v" da palavra aldeia talvez tenha sido adicionado pela ignorância de um copista posterior) = Aldeias dos Negros é uma designação mais específica dos dois nomes acima mencionados. Segundo esta emenda, cremos poder fixar, pelo menos aproximadamente, o *tempo de vida do primeiro D. Jachia*. Como D. Afonso I, com a conquista de Santarém, venceu inicialmente os mouros (negros), e possivelmente após esta vitória presenteou as duas aldeias, antes propriedade "dos negros", ao valente e abastado Jachia, não se deve fixar a data da sua morte antes de 1148-1150, pelo menos.

ii   Não foram feitas ainda pesquisas sobre a personalidade de Ibn Jachia. Segundo Artur Carlos de Barros Basto, Ibn Jachia morreu em 1151, quando acompanhava Afonso Henriques numa expedição militar para a conquista de Alcácer do Sal após haver participado na tomada de Santarém. Cf. A. C. de Barros Basto, Don Yahia Ben-Yahia, *Ha Lapid* (O Facho), Porto: Comunidade Israelita do Porto, n. 114, p. 5-7, 1942. O artigo é continuação de outro, publicado no n. 101, que não nos foi possível encontrar. Sobre a família de Ibn Jachia, cf. Umberto Cassuto, *Gli ebrei a Firenze nell'età del Rinascimento*, Firenze: Tipografia Galletti e Cocci, 1918. Sobre a época mourisca, cf. Reinhart Dozy, *Histoire des musulmanes d'Espagne jusqu'à la conquête de l'Andalousie par les Almoravides (711-1110)*, Leiden: E. J. Brill, 1932; Claudio Sánchez-Albornoz, *La España Musulmana según los Autores Islamitas y Cristianos Medievales*, Buenos Aires: El Ateneo, 1946; Eliyahu Ashtor, *Koroth haYehudin, biSefarad haMuslemet* (História dos Judeus na Espanha Islâmica), Jerusalem: Kiryat Sepher, 1960, apud Ytzhac Baer, *A History of the Jews in Christian Spain*, Philadelphia: The Jewish Publication Society, 1966, p. 382, nota 4. (N. da T.)

4   "Santarem aonde os Judeus tiverão a primeira synagoga". João de Sousa, *Vestigios da Lingoa Arabica em Portugal*, Lisboa, 1830, 22.

iii   José Pinto Loureiro, mostra que, antes da separação de Portugal da monarquia leonesa, já aparecem referências a três judarias em Coimbra. É provável nesse caso que também aí houvesse sinagoga. Cf. Enigmas da História de Coimbra, as Judarias e os Problemas que Suscitam, *Arquivo Coimbrão*: boletim da Biblioteca Municipal, Coimbra: Biblioteca Municipal de Coimbra, v. XII, 1954. (N. da T.)

que professavam as diversas religiões: judaísmo, cristianismo e islamismo. Segundo o costume da época, forneceu cartas de liberdade (foros ou forais), nas quais também se tomavam em maior ou menor consideração os judeus, como notamos nos foros de Santarém e Beja. É interessante observar que, numa mesma lei, se alternam liberdades e restrições. Em alguns casos, os judeus são equiparados aos nobres em direitos e posições; em outros, são considerados inferiores até aos odiados mouros. Se, por exemplo, um cristão ou mouro quisesse pagar uma dívida qualquer a um judeu, deveria fazê-lo em presença de judeus e cristãos, ou entregar a soma a um terceiro, chamado "homem boom". Em questões legais entre dois judeus ou entre judeu e cristão, só era credenciado o testemunho deste último. Não se podia recorrer à justiça para punir o cristão que houvesse ofendido um judeu ou mouro[5].

A influência da lei canônica, que foi introduzida no país durante o reinado de D. Afonso II (1211-1223), aparece evidente nestes decretos. Já nas cortes de Coimbra, convocadas pelo monarca no primeiro ano do seu reinado, e cujas resoluções foram aproveitadas em sua maioria nas afonsinas, celebraram a Igreja e a lei canônica sua grande vitória. Destarte, a nenhum judeu era permitido retornar ao judaísmo após tê-lo abandonado[6], nem deserdar um filho que se houvesse convertido ao cristianismo. A herança que cabia aos batizados era determinada judicialmente, podendo estes herdar de qualquer parente que morresse como judeu, e, abjurando o judaísmo,

---

5 Foro de Santarém, cf. Apêndice n. 1.

Eis a ocasião de relembrar brevemente as cortes de Lamego, que supostamente ocorreram em torno de 1143. Nestas cortes, o § 12 trata também dos judeus: "Qui non sunt de Mauris et de infidelibus Judaeis, sed Portugalenses, qui liberaverint personam Regis aut ejus pendonem (pendo = pendão = bandeira), aut ejus filium, vel generum in bello, sunt Nobiles". Durante séculos, acreditou-se que esta reunião tenha realmente sido realizada, supondo-se, portanto, verdadeiras as decisões nela tomadas. Foi o erudito tesoureiro Antônio do Carmo Velho de Barbosa, em seu *Exame Crítico das Cortes de Lamego* (Porto, 1845), que provou de modo concludente não terem estas cortes existido, sendo fraude e mistificação o *Libro de Cortes de Lamego*, reproduzido em três documentos diferentes.

6 *Orden. Affons.*, liv. II, tit. 95: "perca a cobeça se despois que for amoestado se nom quizer tornar ou emmendar".

ou melhor, convertendo-se ao cristianismo, libertar-se da autoridade e do jugo dos pais[7].

Também sob Sancho II (1223-1248), que continuou a infeliz luta contra o poder papal iniciada por seu pai, a posição jurídica dos judeus não sofreu quaisquer modificações apreciáveis. O único fato que todos os historiadores portugueses relatam desta época, é ter D. Sancho, apesar de lei promulgada por seu pai[8], empregado judeus no serviço de Estado, confiando-lhes cargos públicos. Não o fez certamente por preferi-los aos cristãos, mas, tal como outros reis da Península Ibérica, por se encontrar entre eles os financistas mais aptos e hábeis; o que iria impedi-lo de os atrair para sua corte? De fato, seus inimigos eclesiásticos aproveitaram este motivo para difamá-lo perante o papa que, de qualquer modo, já não lhe era favorável[iv]. O exaltado papa Gregório IX, que não se satisfez em separar os judeus dos cristãos mediante o uso de distintivos especiais, tentando ainda abafar o espírito ativo daqueles através de uma ordenação expedida aos arcebispos da França – na qual mandava que fossem confiscados e entregues aos dominicanos e franciscanos todos os exemplares do *Talmud*[v] –, não tardou em relembrar ao desobediente filho da Igreja seus deveres cristãos. Aos bispos de Lisboa, Astorga e Lugo, os mais pertinazes inimigos de Sancho, cometeu ele a ordem expressa de criticar os abusos nocivos do poder real e determinou que um fiscal cristão denunciasse eventuais transgressões dos financistas hebreus e protegesse os direitos dos cristãos, especialmente dos clérigos[9].

7   Idem, liv. II., tit. 79; cf. José de Melo Freire, *Histor. jur. civ.*, Olissipone, 1806, 46.

8   Idem, liv. II, tit. 85: "que nos nem nossos socessores nom façamos judeo nosso Ovençal, nem lhe encomendemos cousa alguma, per quos Chrisptaaõs em alguma guisa possem seer aggravados".

iv   Monarcas portugueses e membros do alto clero estiveram constantemente envolvidos em conflitos, muitas vezes até em luta armada. A Coroa opunha-se aos privilégios que possuía o clero e tentou impedir que se concentrassem em suas mãos grande parte das riquezas. (N. da T.)

v   No *Talmud* estão coligidos os registros das discussões acadêmicas e da administração judicial da Lei Judaica, travadas durante gerações por estudiosos e juristas nas principais academias judaicas. A primeira destruição oficial da literatura rabínica pela Igreja católica deu-se em Paris, a 17 de junho de 1242, tendo-se repetido continuamente através da Idade Média e do Renascimento. (N. da T.)

9   *Decr. Gregor*, liv. IV, cap. 16 e 18, De Judaeis; Francisco Brandão, *Monarchia Lusitana* Lisboa, 1672, liv. 18, cap. IV, p. 13; Monteiro, *Historia da Santa Inquisição do Reyno de Portugal*, Lisboa, 1750, II, 7; Herculano, *Historia de Portugal*, Lisboa, 1847, II, 322 etc.

D. AFONSO HENRIQUES A D. AFONSO III

Da bula papal, aparentemente, pouco resultou, pois Afonso III, sucessor de D. Sancho, deposto pelo papa (1248-1279), embora tivesse ascendido ao trono graças ao auxílio do poder eclesiástico, vivia com este em constantes divergências, e não afastou os judeus do serviço estatal. Das repetidas reclamações contra o monarca, que os bispos portugueses entregaram no ano de 1258 ao papa, a 39ª rezava que, desobedecendo as leis dos concílios e do seu próprio pai, o rei empregava judeus em cargos oficiais, nos quais exerciam autoridade sobre os cristãos, e não respeitava as disposições da bula de Gregório IX, que compelia os judeus a usarem distintivos e a pagarem dízimas à Igreja[10]. Tempos depois, nova queixa dos bispos ao papa Clemente IV, contra Afonso III, repetiu o pedido de "que ele limitasse a posição livre dos judeus, assim como a dos mouros e os mantivesse em maior dependência; que recolhesse ao tesouro nacional os bens dos judeus convertidos à Igreja, não admitindo que os mouros conversos continuassem escravos daqueles e que, por uma lei geral, isentasse de dízimas e primícias todos os bens que judeus e mouros comprassem de cristãos"[11].

Tais exigências não foram tomadas em consideração por um homem correto como era Afonso. Nenhum outro monarca do seu século foi tão justo para com esta parte do povo que sempre fora tratada com ironia e desdém pelas massas ignorantes. Seu amor à justiça vem demonstrado, por exemplo, na seguinte lei: "se um judeu assaltar uma igreja por ordem de um cristão, este será queimado publicamente diante da igreja violada"; com esta medida pretendia evitar que o judeu se deixasse levar pelo cristão a auxiliar num arrombamento de igreja[12]. Tomou ainda a favor dos hebreus

10 "Que revestia os Judeus de cargos em que exerciam autoridade sobre os christãos, contra as leis dos concilios e de seu proprio pae (compare nota 8, p. 4), não permitindo fossem compellidos a trazerem signaes por onde se distinguissem, nem a pagarem dizimos á igreja como era direito". Dos Arch. Nac., em Herculano, op. cit., III, 107.

11 "3, em reduzir à servidão os Judeus ou Sarracenos de condição livre, confiscando-lhes os bens, quando se convertiam ao christianismo, constrangendo tambem os Mouros, que se baptisavam, sendo servos de Judeus, a ficarem, como d'antes, servos;

4, em exemptar, por lei geral, de dizimos, e primicias os bens havidos de christãos por Judeus, e Sarracenos". Herculano, op. cit., III, 128; *Monarch. Lusit.*, IV, 240a.

12 *Orden. Affons.*, liv. II, tit. 87; cf. *Monarch. Lusit.*, IV, 226b, sobre um caso referente a hóstias, tão ao sabor da época, ocorrido em Santarém, no ano de 1266.

outra providência contra a astúcia e os ardis dos portugueses. Os cristãos costumavam fazer empréstimos aos judeus sob hipoteca e depois efetuar uma venda, geralmente fictícia, esperando com esta manobra livrar-se da dívida. Tais atividades foram energicamente sustadas pelo rei[13].

Se os decretos elaborados para os judeus de Portugal houvessem dependido somente de Afonso III, estes teriam usufruído de posição muito mais vantajosa do que em qualquer outra nação. A Constituição do país encontrava-se, no entanto, em desacordo com os desejos do soberano. Os reis portugueses eram reprimidos pelas cortes, assembléia de dignitários seculares e eclesiásticos, os quais, menos os primeiros do que os segundos, geralmente impulsionados por um falso zelo religioso, insurgiam-se sempre e em toda parte contra a condição livre dos judeus. Os soberanos eram freados em suas melhores intenções pelas comunidades que insistiam serem seus antigos foros uma instituição sagrada, e os reis, quisessem ou não, eram obrigados a confirmá-los de tempos em tempos.

Esses forais surgem como uma exigência da época; todos os reinos da Península Pirenaica – Castela, Aragão, Leão e Navarra – apresentam-nos em número apreciável. Tais leis evoluíram, segundo as necessidades e condições de lugar e tempo, como direitos consuetudinários; resultavam das peculiaridades do povo, tendo-se de tal modo assimilado à vida pública, que parecia impossível suspendê-las. Todas as ordenações dos forais constituem fiel imagem das concepções, dos usos e costumes do povo; são como que produtos da época que a exprimem de maneira natural e genuína, apesar de nos serem quase incompreensíveis devido a sua linguagem e modo de pensar[14].

Já mencionamos o foro que Afonso Henriques conferiu à cidade de Santarém.

Afonso III, que na expressão de um escritor português reconheceu ser a tolerância uma das mais nobres virtudes, conferiu, especialmente após a conquista do Algarve[15], certos foros às localidades situadas na região arrebatada aos mouros, não excluindo também os judeus que aí viviam em grande

13 Herculano, op. cit., III, 138.

14 Schäfer, *Geschichte von Portugal* (História de Portugal), I, 253.

15 Mencionado pelo viajante Benjamim de Tudela na p. 1 de sua obra *Relato de Viagem*.

número, como, por exemplo, em Tavira, Faro, Loulé – que possuía seu próprio "Val de judeu"[16] –, Silves, Alvor, Castro Marim etc. Seu sucessor, D. Dinis, concedeu foros a diversas cidades no Algarve, tais como Aljezur, Cacilhas, Porches, Alcoutim, Gravão etc. Em todas essas localidades havia judeus[17].

Atenção especial merecem os forais de Beja e Guarda[18]. Algumas disposições desses forais serão examinadas juntamente com as leis promulgadas pelos monarcas subseqüentes. Passamos a tratar das condições internas dos judeus em Portugal.

16 Joaquim de Santa Rosa de Viterbo, *Elucidário das Palavras que em Portugal Antiguamente se Usarão*, Lisboa, 1798, I, 315.

17 João Baptista da Silva Lopes, *Corografia do Reino do Algarvo*, Lisboa, 1841, 12.

18 Apêndice n. II.

2.

Condições Internas;
Rabinatos, Comunidades, Jurisdição

EM PORTUGAL, ASSIM COMO EM TODAS AS OUTRAS NAÇÕES
cristãs, os judeus viveram como um povo tributário, completamente isolados dos outros habitantes, dos quais se distinguiam pela religião e pelos costumes. Conforme observaremos adiante, eram mantidos rigorosamente separados da população cristã, considerados como classe distinta,
tanto do ponto de vista religioso como político[i]. Assim mesmo gozavam
de direitos que, em certo sentido, os igualavam às mais altas e privilegiadas classes do país. Tal como seus correligionários de Castela, formavam
um Estado dentro do Estado: sua justiça, policiamento, administração e
bens, enfim, todos os interesses das comunas, como então se denominavam as congregações judaicas em Portugal, eram administrados e supervisionados por autoridades próprias. Tinham sua jurisdição, tanto em
questões criminais como civis, arbitravam segundo seus códigos legais
peculiares, tendo, em conseqüência, leis e direitos que se distinguiam

---

i   Devemos notar a diferença entre este tipo de discriminação e o que iremos encontrar alguns séculos
mais tarde. A separação dos cristãos da população judaica visava evitar a influência desta sobre aqueles, que naturalmente se dava, mas, ao mesmo tempo, concedia aos judeus a liberdade de se comporta-
rem como um grupo cultural distinto. Inicialmente, a legislação das judarias não impunha aos judeus
habitarem somente no seu interior. Estas ficavam localizadas em lugares fortificados, e ofereciam segurança. Diz Salo Wittmayer Baron que a legislação, forçando a segregação, quando chegou, foi um
sinal do enfraquecimento das barreiras sociais, que a lei então tentou reforçar, muitas vezes em vão. Cf.
S. W. Baron, *A Social and Religious History of the Jews*, 2. ed., New York: Columbia University Press,
1957, v. v, p. 79. O grito de batalha, diz o mesmo autor, de que os judeus viviam num "Estado dentro
do Estado", será uma manifestação já dos tempos modernos. (N. da T.)

HISTÓRIA DOS JUDEUS EM PORTUGAL

significativamente dos do país e que, no entanto, eram reconhecidos pelo Estado[1].

Em nenhum país da Europa as condições internas dos judeus foram ordenadas tão cedo pelo Estado como em Portugal. D. Afonso III regulamentou o sistema do rabinato[2] – de que trataremos agora – mediante uma constituição perfeitamente adaptada ao sistema vigente, e já no ano de 1278, num documento oficial, vem citado o "Arrabi Moor dos Judeus"[3].

Em conseqüência de uma queixa dirigida ao rei pelos chefes das comunidades de Lisboa e de outras localidades do país contra o então rabino-mor D. Judá Cohen, que, segundo afirmavam, excedeu os poderes a ele outorgados, no ano de 1402, D. João I procedeu a uma cuidadosa revisão[4] da constituição do rabinato, baseando-se nos privilégios concedidos pelos reis anteriores aos rabinos-mores e às comunas, e definindo legalmente as atividades oficiais do rabino-mor, dos rabinos regionais e dos outros funcionários religiosos[5].

Tal como o "Rab de la Corte"[6], que exercia suas atividades em Castela, o rabino-mor era funcionário da Coroa, e, assim, o personagem de maior projeção entre os judeus do país. Este cargo, de grande influência, o rei somente o conferia a judeus que lhe tivessem prestado bons serviços, que

1 Orden. Affons., liv. II, tit. 71, § 1: "elles (los Judeos) auião, e ham d'antiguamente jurdiçom, e seus direitos apartados, que perteencem aos julgados dos Arrabys [...] os quaes direitos desuairem em muitas cousas dos nossos direitos e usos; e porque sempre foi sua vontade e dos Reys que ant'elle forom, os ditos judeos auerem jurdiçom ante sy, assy crime como ceuil".

2 Sob o título Da Communidade dos Judeus, manuscrito em Leis e Posturas, no Arquivo da Ajuda, em Herculano, História das Origens e Estabelecimento da Inquisição em Portugal, Lisboa, 1854, I, 85; Grätz, Geschichte der Juden (História dos Judeus), VIII, 49, data a introdução do rabinato em Portugal com um atraso de cerca de cem anos.

3 "Da huma Carta d'El Rey D. Affonso III para o concelho de Bragança [...] consta que no anno de 1278 hum Arrabi Moor dos Judeus tomava conhecimento das suas causas civis". De um Documento de Bragança, Elucidário, I, 131.

4 Orden. Affons., liv. II, tit. 81, § 1-2.

5 Fontes para a organização do rabinato são as Orden. Affons., liv. II, tit. 81; Joaquim José Ferreira Gordo, Memoria sobre os Judeus em Portugal, nas Memorias da Academia Real das Sciencias, Lisboa, 1808, VIII, 2, cap. IV etc.; Schäfer, op. cit., III, 17 etc.

6 Cf. a dissertação referente ao assunto: O Estatuto Comunal de Castela, no fim desta obra.

CONDIÇÕES INTERNAS; RABINATOS, COMUNIDADES, JURISDIÇÃO

desfrutassem de posição relevante junto à corte e que se houvessem distinguido por erudição e qualidades de caráter[ii].

Semelhante aos demais dignatários da Coroa, que nos seus domínios superintendiam apenas a administração da justiça, ou aos que supervisavam a administração e a fazenda das comunas, mantinha o rabino-mor um "ouvidor", com quem viajava pelo país, resolvendo todas as questões judiciais, cuja decisão lhe cabia. Sua ação, no entanto, era mais extensa do que a da maioria dos dignitários: era-lhe permitido exercer a "correição", isto é, o desempenho da intendência e da punição, direito que os monarcas portugueses concediam raras vezes e de malgrado, pois em certo sentido se tratava do mais importante privilégio estatal.

O rabino-mor usava um selo que trazia o escudo de Portugal, com a seguinte inscrição: "Scello do Arraby (Arrabiado) Moor de Portugal". Com este eram selados todos os documentos, sentenças e declarações assinados pelo rabino-mor ou pelo ouvidor que o acompanhava[7]. Os julgamentos e confirmações dos rabinos regionais ou dos demais funcionários eram outorgados pelo rabino-mor em nome do rei. No entanto, todas as certidões, queixas, publicações e outros documentos jurídicos, cuja decisão competia em última instância aos funcionários do reino, eram despachados em seu próprio nome e principiavam com as seguintes palavras: "N. N. Arraby Moor por meu Senhor El Rey das Communas dos Judeus de Portugal e do Algarve. A quantos esta Carta virem ou ouvirem. A vos, Arraby de tal lugar"[8].No que concerne à jurisdição do rabino-mor, pode-se admitir que, em regra, praticava a correição entre os judeus tal como o corregedor da corte fazia entre os cristãos. Constituía este um cargo verdadeiramente principesco, que por sua importância e campo de ação ultrapassava de longe posições equivalentes da nossa época. O rabino-mor português devia, uma vez por ano, visitar oficialmente todas as comunas do país.

ii O termo "Rabï" (do hebraico "meu mestre") era usado no século I D. C. para indicar as autoridades, membros do Sanhedrin (Assembléia dos 71, que funcionava como suprema sorte e como legislatura). Até o fim do patriarcado (século v) o título foi empregado somente na Palestina, sendo os doutos de Babilônia chamados "Rav" (mestre). (N. da T.)

7 *Orden. Affons.*, liv. ii, tit. 81, § 5.

8 Idem, § 9.

Chegando a uma localidade habitada por judeus, mandava anunciar publicamente a todos os que quisessem apresentar queixa contra os rabinos locais ou regionais, contra os funcionários da comuna, contra os poderosos ou quaisquer outras pessoas, que comparecessem à sua presença, para que exercesse a "correição"[9]. Em seguida, os tabeliães entregavam-lhe relatórios especiais e gerais concernentes às questões jurídicas e aos casos criminais em andamento. Sobre as primeiras, pronunciava sua sentença final, após conferenciar com os funcionários e os "homẽs boõs" das comunas, e sobre os segundos "corrigia", mandando prender os culpados e entregando-os aos rabinos regionais para subseqüente investigação[10]. No caso de um ou outro processo apresentado ter sido mal julgado por culpa dos rabinos regionais, sentenciava o rabino-mor, indenizando as partes prejudicadas no primeiro julgamento, usando para isso o ordenado do rabino regional envolvido[11].

Informava-se ele sobre as condições e administração dos bens de órfãos e legados, recebia os relatórios e as contas dos tutores e curadores, ou então lhes ordenava, sob ameaça de punição, que os entregassem aos rabinos regionais dentro de um prazo por ele preestabelecido[12].

Além disso, recebia em todas as localidades os relatórios dos "procuradores e thezoureiros" sobre lucros e despesas das comunas, tendo, porém, de examiná-los no próprio local. Cuidava da aplicação segura dos bens comunais existentes e mandava seu "porteiro" reclamar os impostos atrasados dos membros das comunas[13].

Era seu dever construir ruas e edifícios públicos das comunas e mandar consertá-los quando achasse necessário[14].

Tinha poderes para obrigar as comunidades a contratarem rabinos locais[15], "como sempre foi costume", e professores. Caso as autoridades

---

9 Idem, § 12, "que fara correger".

10 *Orden. Affons.*, liv. II, tit. 81, § 11.

11 Idem, § 13.

12 Idem, § 16.

13 Idem, § 17.

14 Idem, § 21.

15 Da ordenação consta "Capelaaães", provavelmente rabino assistente ou rabino local, *moré-tzédek*.

CONDIÇÕES INTERNAS; RABINATOS, COMUNIDADES, JURISDIÇÃO

comunais não conseguissem empregá-los pelo ordenado oferecido, poderia o rabino-mor forçar mestres e rabinos locais desempregados do país a ocuparem as respectivas vagas[16].

Nas localidades em que se encontrava o rei, não podia o Rabino-mor exercer a correição, pois, nesse caso, cabia esse privilégio ao corregedor da corte[17].

O rabino-mor não possuía autorização para conceder perdões, nem cartas de fiança e menos ainda outorgar privilégios que eximissem qualquer pessoa, na comuna de sua cidade, do pagamento de impostos e taxas ou de outras obrigações e deveres para com o Estado[18].

Também não podia expedir "cartas de segurança", exceto nos casos em que eram concedidas pelos "corregedores das comarcas". Tais cartas de segurança eram escritas em seu nome e rezavam: "N. N. Rabino-mor por meu Senhor El Rey [...] a Vós N. N. Rabino da Comarca dos Judeus em [...] saiba que por esta dou segurança e acompanhamento a N. N. que diante de Vós etc."[19].

Não podia angariar donativos nem vender contra a vontade, ou melhor, sem a autorização das comunas, quaisquer dos seus bens de raiz[20].

Não tinha autoridade para julgar em primeira instância as injúrias verbais e os crimes policiais; estes eram sujeitos à jurisdição da delegacia de polícia existente em cada comunidade e àquelas competiam ao foro dos rabinos regionais[21].

Só em poucos casos bem definidos tinha ele o direito de prender pessoas. Se quisesse aprisionar alguém durante suas viagens, era obrigado a deixá-lo na cadeia da comuna em que se encontrava no momento. Não lhe era permitido trazer consigo algemas de ferro e provavelmente não tinha autorização para usá-las[22].

---

16 *Orden. Affons.*, liv. II, tit. 81, § 19.

17 Idem, § 22.

18 Idem, § 26-27.

19 Idem, § 10.

20 Idem, § 20.

21 Idem, § 14-15.

22 Idem, § 29, 35.

HISTÓRIA DOS JUDEUS EM PORTUGAL

O rabino-mor fazia-se acompanhar sempre do ouvidor, que, semelhante ao corregedor da corte, julgava em seu lugar todas as questões judiciais que não lhe cabiam. Tinha que ser judeu erudito e possuir todas as qualidades necessárias a um bom juiz[23].

Para selar os documentos, declarações e decisões despachados pelo rabino-mor, ou por seu ouvidor, acompanhava-os o "Chanceller", que podia tanto ser judeu como cristão, e supervisionava a chancelaria. Tinha o direito de cobrar as mesmas taxas que a chancelaria da corte[24].

O rabino-mor levava consigo ainda um "escrivão" que protocolava e despachava todos os casos jurídicos. Este também podia ser judeu ou cristão e cobrava os mesmos honorários que os escrivães de Estado. Antes de assumir seu posto, devia jurar que manteria em segredo todos os assuntos oficiais[25].

Finalmente, na comitiva do rabino-mor, encontrava-se um funcionário público juramentado, o "porteiro", que efetuava as penhoras, executava as sentenças penais etc.[26]

Para organizar uma administração eficiente, o rabino-mor elegia um ouvidor para cada uma das sete províncias que compunham o país naquela época. Cada ouvidor estabelecia sua sede na respectiva capital, isto é, no Porto (entre Douro e Minho), Torre do Moncorvo (Trás-os-Montes), Viseu (Beira Baixa), Covilhã (Beira Alta), Santarém (Estremadura), Évora (Alentejo) e Faro (Algarve). O rabino-mor não podia eleger maior número de ouvidores, nem transferi-los das localidades acima indicadas[27].

Cada ouvidor regional possuía um selo como o escudo de Portugal e a seguinte inscrição: "Selo do Ouvidor (dos Ouvidores), das Comunas". Os ouvidores julgavam as demandas que lhes chegavam por queixa ou apelação

23 Idem, § 7.

24 Idem, § 5.

25 Idem, § 24.

26 Idem, § 33.

27 Idem, § 24; *Monarch. Lusit.*, v. liv. xviii.

CONDIÇÕES INTERNAS; RABINATOS, COMUNIDADES, JURISDIÇÃO

dos rabinos da sua província. Despachavam suas sentenças em nome do rabino-mor e não em nome do rei[28].

Como o rabino-mor, cada ouvidor regional dispunha também de um chanceler e um escrivão, que podiam tanto ser judeus como cristãos[29].

Além destes funcionários empregados nas capitais das províncias, havia um rabino local em cada povoação que tivesse jurisdição, e certo número de habitantes judeus. Este, assim como todos os outros funcionários do culto e da comuna, era eleito pela comunidade por meio de bolas; entretanto, não lhe era permitido assumir seu cargo sem que fosse confirmado pelo rabino-mor, o qual, no entanto, não tinha direito de elegê-lo sem que antes houvesse recebido de suas mãos um documento de confirmação, escrito em nome do monarca regente[30]. Os rabinos locais eram supervisionados pelo rabino-mor. Eram por ele ratificados anualmente, e, no caso de se lhe oporem, eram convocados pelas autoridades locais a fim de serem responsabilizados e punidos[31]. Cabia-lhes a jurisdição civil e criminal sobre os judeus da localidade. No entanto, nos casos referentes às rendas da Coroa, tais como dízimas, taxas, sisas etc., não podiam julgar, pois para esses direitos havia juízes próprios[32].

Sob a supervisão do rabino local achava-se o "magarefe" (degolador) de cada comuna, que abatia as aves para os judeus locais e que devia declarar ao "colhedor" (cobrador de impostos do reino), para fins de taxação, o número de gado e aves abatidas[33] [iii].

---

28 *Orden. Affons.*, liv. II, tit. 81, § 6, 25.

29 Idem, § 24.

30 Idem, § 23.

31 Idem, § 36.

32 Idem, tit. 71, § 1; tit. 92, § 3.

33 Idem, tit. 74, § 7-8.

iii Os judeus somente podem comer animais se estes forem degolados de acordo com os regulamentos prescritos pela sua lei religiosa. Nos tempos mais remotos, qualquer pessoa podia degolar uma ave, se o fizesse obedecendo tais regulamentos; porém, essa prática passou a ser limitada às pessoas treinadas especialmente para esse fim. Modernamente, o degolador também está versado em assuntos relacionados com a religião. (N. da T.)

Os negócios e os bens das comunas eram administrados por "procuradores" e "thezoureiros", aos quais se juntavam, em casos especiais, "homẽs boõs das communas"[34]. O policiamento era regulado por "vereadores" e "almotacés"[35].

Para a elaboração de contratos escritos, conquanto fossem entre judeus, havia "tabelliaães" especiais em cada comuna[36]. Durante os primeiros reinados redigiam os seus ofícios em língua hebraica. D. João I determinou que se usasse a língua do país em todos os documentos oficiais, assim como nas cartas de compra, troca ou doação, e isso sob pena de morte. Essa pena foi atenuada por D. Afonso I, por ser demais severa, e substituída por perda de cargo e açoitamento público[37].

Procedimento análogo era empregado nas questões cíveis e criminais[38].

A ordem observada nos casos criminais era a seguinte: os rabinos locais julgavam em primeira instância. Das suas decisões definitivas ou interlocutórias as partes podiam apelar ao rabino-mor, caso este se encontrasse no próprio local ou na província, ou ao ouvidor regional. Se os casos criminais fossem tais que comportassem apelação superior, não eram levados ao termo, mas seriam julgados em última instância pelos juízes do reino.

Também as demandas civis eram julgadas em primeira instância pelos rabinos locais; apelava-se ao rabino-mor ou, na ausência deste, ao respectivo ouvidor, de cujas sentenças podiam as partes apelar ou reclamar aos funcionários do reino[39].

As provas usadas nas questões judiciais eram as mesmas, tanto para os casos entre judeus como para os casos entre cristãos, isto é, documentos, juramento e testemunho. O testemunho e o depoimento de um judeu podiam ser contestados, caso o litígio fosse entre cristão e judeu. Somente era válido o depoimento do judeu contra o cristão se também um cristão depusesse; no en-

34 Idem, tit. 81, § 11, 17.

35 Idem, tit. 71.

36 Idem, tit. 81, § 11.

37 *Orden. Affons.*, liv. II, tit. 93, § 1-2: "qualquer Judeo que for Tabelliaõ dessas communas dos judeus nom faça carta nem escriptura per Ebraica, senon per linguagem ladinha portuguez", *Elucidário*, II, 83.

38 Valendo-se das *Orden. Affons.*, segundo o excelente tratado de Gordo, op. cit., p. 19, também traduzido por Schäfer, op. cit., III, 21.

39 *Orden. Affons.*, liv. II, tit. 81, §30-31.

CONDIÇÕES INTERNAS; RABINATOS, COMUNIDADES, JURISDIÇÃO

tanto, os depoimentos de cristãos contra judeus eram sempre válidos segundo a lei canônica, mesmo quando no processo ambas as partes eram judias[40].

O juramento dos judeus em Portugal, nas questões judiciais entre si ou com cristãos, era muito simples, comparado com outros – lembremo-nos das fórmulas terríveis da Alemanha ou do juramento judaico em Castela e Navarra. O judeu jurava na sinagoga, com a *Torá* nos braços, em presença de um rabino que ouvia o juramento e de um funcionário do reino que determinava o texto[41][iv].

Em questões civis entre judeu e cristão ou mouro, quando o judeu era o acusado, só podia ser convocado por seu rabino, e o denunciante usava sempre o foro do acusado. Excetuavam-se os casos em que existiam juízes do reino autorizados a julgar processos civis entre judeus e cristãos no local de residência do acusado, ou quando a questão concernia à renda da Coroa, para cujo julgamento, desde há muito, havia juízes especiais. Casos criminais, no entanto, só podiam ser julgados pelo juiz criminal da Coroa, mesmo sendo judeu o acusado[42]. As sentenças do ouvidor acompanhante do rabino-mor não podiam ser apeladas para este, pois ambos eram considerados uma só pessoa. Neste caso, as apelações eram dirigidas aos funcionários designados pelo rei[43].

Como era rigorosamente proibido a juízes cristãos aceitar qualquer processo entre judeus, assim também, sob pena de castigo, proibia-se aos judeus denunciar, levantar queixas ou mandar convocar qualquer judeu diante de um juiz cristão. O judeu contraventor desta lei era multado em mil dobrões de ouro, tendo o rabino-mor de mantê-lo preso até o pagamento desta soma[44].

---

40 Idem, tit. 88, § 7-8-9; liv. III, tit. 42.

41 Foro de Beja (9), Apêndice n. II; *Monarch. Lusit.*, v, 16.

iv Em José Amador de los Ríos, encontra-se transcrito o juramento dos judeus na Espanha. Diz o autor que em vão procurou nos arquivos do Porto, Coimbra e Lisboa documento que indicasse a "fórmula do juramento" que prestavam os judeus em Portugal, do século XIII em diante, mas pensa que deviam ter sido semelhantes ao que transcreve. Cf. J. A. de los Ríos, *Historia Social, Política y Religiosa de los Judíos de España y Portugal*, Madrid: Aguilar, 1960, p. 912-913. As fórmulas em Apêndice, p. 901-913. (N. da T.)

42 *Orden Affons.*, liv. II, tit. 92.

43 Idem, tit. 81, § 32.

44 Idem, tit. 81, § 3-4.

Tal qual em Castela, também em Portugal não era permitido convocar judeus para o foro aos sábados ou dias de festa, nem demandar contra eles, pois, "sendo obrigados por sua religião a respeitar o sábado, ninguém deve convocá-los ao foro neste dia; há suficientes dias na semana para processá-los judicialmente"[45].

Vemos, pois, que os judeus usufruíam de direitos consideráveis, gozavam de uma posição segura no país, e até de um sistema jurídico privilegiado; realmente, "eram privilegiados e tinham como que vantagens sobre os cristãos, pois, como judeus, eram dispensados de certas obrigações impostas aos cristãos", segundo reza a introdução de uma prerrogativa a eles concedida em Portugal por um rei posterior[46].

45 Idem, tit. 90.
46 Idem, liv. II, tit. 83.

3.

D. Dinis
a D. Fernando

Os judeus em Bragança; D. Judá e D. Guedelha. Queixas dos clérigos e a autoridade eclesiástica. As leis severas de D. Afonso IV. D. Pedro. Desordens em Coimbra. D. Fernando e D. Judá. Guedelha e José ibn Jachia.

D. DINIS, FILHO E HERDEIRO DE D. AFONSO II E, COMO ESTE, envolvido em questões com o clero ambicioso, em nada modificou a posição favorável em que se encontravam os judeus em Portugal e na qual se mantiveram até a época de D. Duarte. Não somente dispensou-os, contrariando as leis canônicas, do uso dos distintivos e do pagamento da dízima à Igreja, como também concedeu privilégios especiais a certos judeus e a comunas inteiras. No mesmo ano em que uma ordem régia impunha, a favor de um bispo ganancioso, novo tributo aos judeus de Castela, D. Dinis publicou uma lei favorável aos judeus de Lisboa, cujo conteúdo desconhecemos em seus pormenores[1], após haver, alguns anos antes, mitigado as divergências existentes entre a câmara e os judeus lisboetas[2].

Com os judeus de Bragança[3], naquele tempo em número de dezenove, assinou D. Dinis um tratado, logo após a sua ascensão ao poder em 1279,

---

1 Carta a Favor dos Judeos de Lisboa (1295), *Livro dos Pregos*, f. 6v., em Herculano, *Historia de Portugal*, Lisboa, 1853, IV, 210.

2 Brandão, op. cit., V, 315a.

3 Ao que parece, ainda não havia judeus em Bragança no tempo de D. Sancho. Dum foro concedido por este à cidade, em junho de 1187, consta: "Si aliquis Judeus in Villa vestra venerit, et ab aliquo percussus aut interfectus fuerit, talis calumpnia detur pro eo, qualis pro vobismetipsis, aut recusum, aut homieidium". *Memoria para Historia das Confirmações Regias*, Lisboa, 1816, 107.

HISTÓRIA DOS JUDEUS EM PORTUGAL

que nos fornece ampla visão das condições da época[i]. É único em seu gênero. Estes judeus, assim como os das outras localidades, mantinham contínuas relações com a população campesina humilde e com o clero perdulário e imoral, emprestando-lhes dinheiro e valores, e nem sempre se satisfaziam com juros moderados. Já sob Afonso III surgiram reclamações, nas quais eram acusados de usura e dolo[4]; o monarca intensificou a lei sobre usura, determinando que os juros não excedessem o capital[5].

Talvez por terem os judeus se queixado a D. Dinis dos tributos demasiadamente elevados, ou por haverem justificado seu procedimento, alegando que lhes havia sido negado qualquer outro meio de subsistência, o fato é que D. Dinis, soberano tão sábio quanto justo, encontrou uma maneira de evitar futuros subterfúgios através de um acordo. Todos os judeus e judias de Bragança designados no documento, elaborado especialmente para esse fim[6], comprometiam-se a pagar ao rei, anualmente, no mês de agosto, um tributo de seiscentos maravedis leoneses, além de adquirir bens de raiz do Estado pela quantia de 3500 maravedis: dois mil maravedis de vinhas, mil maravedis de terras para lavoura e quinhentos maravedis em edificações. Todos esses bens não podiam ser revendidos e deviam ser explorados pelos próprios donos. Ao mesmo tempo, foi estabelecida a participação obrigatória e proporcional, neste Estado, de quaisquer judeus que viessem a se estabelecer em Bragança. Às autoridades foi recomendada rigorosa proteção aos hebreus daquela região, resguardando-os de todos os maus-tratos e violências.

---

i   Bragança tornou-se posteriormente um dos centros de maior efervescência judaica. Através de Bragança, entraram em Portugal, em 1492, muitos fugitivos de Castela. Depois da conversão forçada em Portugal, em 1497, aí predominaram os cristãos-novos. Num auto-de-fé em Coimbra, em 1718, saíram mais de cinqüenta nativos de Bragança, continuando esta cidade a prover, nos anos seguintes, nove décimos do total das vítimas do Tribunal da Inquisição do Norte. Nos registros publicados do Santo Ofício, figuram 805 pessoas da cidade de Bragança, e perto de duas mil do distrito, sendo que estas listas são incompletas. Cf. Francisco Manuel Alves, *Os Judeus no Distrito de Bragança*, Bragança: Geraldo da Assunção, 1925; Amílcar Paulo, *Os Marranos em Trás-os-Montes, Reminiscências Judio-portuguesas*, Porto: Labirinto, 1956, separata de *Douro Litoral*: boletim da Comissão Provincial de Etnografia e História da Junta da Província de Douro Litoral, Porto, 7ª Série, v. V-VIII, 1956. (N. da T.)

4   *Elucidário*, I, 131, 307.

5   Apêndice n. III.

6   "seis mil libras que lhe emprestou Judas Arrabi Mor dos Judeus". Brandão, *Monarch Lusit*, V, 265a; VI, 26.

D. DINIS A D. FERNANDO

Influência apreciável sobre o rei, e, conseqüentemente, sobre a posição favorecida dos judeus do país, exerceu, sem dúvida, o então rabino-mor, D. Judá (1295-1303), que também serviu ao monarca como ministro das Finanças. Possuía ele tão vastos bens, que, no ano de 1298, pôde adiantar, a certo D. Raimundo de Cardona, seis mil libras para a compra da cidade de Mourão[7]. Da mesma forma, D. Guedelha, filho de D. Judá, que sucedeu seu pai no rabinato-mor e ocupou o cargo de tesoureiro da rainha-mãe D. Brites, foi tão estimado pelo rei, que este o presenteou com duas torres em Beja, para que construísse casas[8].

Apenas assumiu seu posto, e o novo rabino-mor, D. Guedelha, a pedido de suas comunas e para o bem delas, encarregou-se de apresentar queixa junto ao rei sobre o procedimento arbitrário dos juízes cristãos. Demonstrou ao monarca que estes não cumpriam seu dever, agindo com injustiça em relação aos judeus, conspirando contra eles, fazendo-os acintosamente perder os processos e até convocando cristãos parciais para testemunhar, menosprezando os direitos e as leis. O rei não permaneceu indiferente a tais abusos, ordenando aos juízes que não admitissem testemunhas cristãs ilegais e, futuramente, tratassem os judeus com rigorosa imparcialidade, sustentando, em todas as circunstâncias, os privilégios que ele e os soberanos anteriores lhes haviam concedido[9].

Isso era justiça. O povo, porém, fanatizado pelo ódio aos judeus, considerava-a proteção e favoritismo. Quanto mais os hebreus ganhavam os favores dos regentes e da alta nobreza, mais cresciam o rancor e a antipatia do clero e do povo, este influenciado por aquele. O baixo clero, que sempre encarou com inveja os judeus influentes e suas vistosas residências em Lisboa[10], e que

7 D. Judá vivia ainda em 1302; um documento de 2 de outubro de 1302 vem assinado: "Eu Judaz Arraby a vy" (manuscrito do Arquivo Real). Ribeiro, **op. cit.**, III, 2, 19.

8 "A Guedelha, filho deste Arrabi Mor D. Judas deu el Rey D. Dinis duas torres em Beja para fazer casas. Foi este Guedelha successor no Arrabiado mor a seu pay e Thesoureiro da Reinha D. Brites". *Monarch. Lusit,* v, 11. D. Guedelha já ocupava o cargo em 1304; cf. a nota seguinte.

9 *Orden. Affons.,* liv. II, tit. 88: "D. Dinis [...] A quantos esta Carta virem faço saber que Guedelha Arraby Moor dos meus regnos me mostrou huma minha carta". O documento é datado: Coimbra, 1 de janeiro, Era 1332 (segundo um outro códice 1333) = 1304-1305.

10 Sousa, *Provas,* I, 95.

HISTÓRIA DOS JUDEUS EM PORTUGAL

presumivelmente também não aprovara o fato de ter o rei transferido o novo Arsenal da Marinha para as imediações da judaria[11], dirigiu-se várias vezes a Roma, especialmente no ano de 1309, com longas reclamações. Vociferava, em primeiro lugar, contra o fato de o monarca tolerar judeus na Corte e, apesar das repetidas proibições, confiar-lhes cargos no governo – pois não havia causa do Estado, reza a queixa, que não passasse pelas mãos dos judeus; permitia também que escravos mouros, convertidos ao cristianismo, continuassem como servos dos hebreus, não insistia no uso de distintivos e nem no pagamento da dízima[12]. Em seguida, acusavam-no de mandar judeus aprisionarem e vigiarem até mesmo bispos nos conventos e igrejas[13], considerando ímpio, por parte do soberano, facultar-lhes o livre exercício da religião. Durante o reinado de D. Dinis, certo capelão devoto chegou a escrever um catecismo especial para os judeus[14]. Se este clérigo fanático tivesse vivido na Espanha, em vez de Portugal, ou se o governo lhe houvesse concedido liberdade de ação, teria facilmente alcançado o renome de um Vicente Ferrer: pois já forçava sua entrada nas sinagogas, obrigando os presentes a ouvir seus sermões! Estes fanáticos religiosos tencionavam, em especial, humilhar os hebreus e restringir sua influência.

"Os judeus tornam-se orgulhosos e emproam-se", relataram eles a Roma, "enfeitam seus cavalos com topetes e ostentam um luxo muito prejudicial a todos os habitantes do país"[15]. Que tudo isso fosse acontecer, deve tê-lo profetizado aos seus correligionários, mais de uma vez, o velho Salomão ibn Jachia, homem honrado tanto por judeus como por cristãos, e cujo pai, José, construíra, com sua própria fortuna, uma sinagoga em Lisboa, tendo sido, provavelmente, autor de um comentário do *Talmud*, hoje desaparecido[16]:

11 Da Costa Quintella, *Annaes da Marinha Portugueza*, Lisboa, 1839, I, 17.

12 *Orden. Affons.*, liv. II, tit. 15 art. 27, 36, 38.

13 Idem, liv. II, tit. 15, art. 26: "muitas vezes [...] faze os Bispos nas Igregas e Moesteiros e alhur deteer encarrados per Judeus".

14 *Memorias da Litteratura Portugueza*, VII, 373.

15 *Monarch. Lusit.*, VII, 85: "Os Judeus [...] se encrespavaõ, levantando topetes no cabello e passavaõ de topetudos atropissimos".

16 *Schalschelet*, 29b. Carmoly, *Divrei ha Yamim Livnei Yahia* (A História da Família Jachia), 6 e s., como de costume, comunica a inscrição da sinagoga, baseando-se em manuscritos, e data a construção da

insistira para que os seus correligionários abandonassem o luxo, não usassem veludo e seda, não ostentassem colares de ouro e prata, nem que montassem, na cidade, cavalos enfeitados, pois estes atos provocariam a inveja dos cristãos[17].

O que não conseguiram as recriminações de Salomão ibn Jachia junto aos judeus, nem as dos clérigos junto ao papa e ao rei, conseguiu-o o clero com auxílio do povo por ele incitado, no reinado de D. Afonso IV (1325-1357), sucessor do valente D. Dinis.

As cortes que o novo monarca convocara em Évora, imediatamente após sua ascensão ao poder, ocuparam-se também da situação dos judeus. Com zelo e firmeza, foi reafirmada, no ano de 1325, a lei segundo a qual os judeus não podiam aparecer publicamente sem o distintivo, a estrela hexagonal amarela, colocada no chapéu ou no capote, nem usar colares de ouro ou prata, e menos ainda, enfeitar seus cavalos com topetes, o que, aliás, era vedado até mesmo aos cristãos[18]. No reinado de D. Afonso IV, ocorreram, de um modo geral, poucos acontecimentos de realce. Em 1353, organizou o fisco das comunas judias do país[19] e, em conseqüência das repetidas reclamações contra a usura, promulgou a lei que proibia aos judeus fechar "contrautos usureiros"[20], limitando os juros a 33 $\frac{1}{3}$%[21]. Vê-se, pois, que não procurou favorecer os judeus. De todos os reis portugueses, com exceção de D. João II e seu sucessor, foi D. Afonso o que mais os oprimiu, tirando-lhes, em 1352, até a liberdade de emigrar. Todo judeu que possuísse bens até o valor de quinhentas libras não podia deixar o país sem licença régia;

---

mesma de aproximadamente 1260; também segundo manuscritos, dá algumas informações sobre José como poeta.

17 *Schalschelet*, 42b: "D. Shelomo ben D. Yosef Ibn Yahia – Durante seu tempo enriqueceram os judeus, ordenando ele que os judeus não usassem roupas de seda, nem joias faustosas e que não montassem a cavalo dentro da cidade". Devido a este fato podemos fixar com certa precisão a época em que viveu Salomão ibn Jachia; presumivelmente, ainda vivia em torno de 1300.

18 *Monarch. Lusit.*, VIII, 243; V, 20. Lindo, *History of the Jews in Spain* (História dos Judeus na Espanha), erroneamente coloca as cortes de Évora no reinado de D. Dinis.

19 *Orden. Affons.*, liv. II, tit. 74.

20 Idem, tit. 96-97.

21 *Elucidário*, I, 223, 307.

HISTÓRIA DOS JUDEUS EM PORTUGAL

em caso de contravenção, perdia suas posses, tornando-se propriedade do rei com todos que o acompanhavam, isto é, mulher e filhos[22]. Aos judeus que habitavam o país, concedia o rei a proteção necessária mediante o pagamento de apreciáveis quantias. A pouca confiança que o soberano neles depositava originava-se do fato de exigir documentos formais referentes ao pagamento correto dos dinheiros de proteção, como, por exemplo, dos judeus de Faro, no Algarve[23].

Naquela época, os judeus de Portugal realmente careciam do amparo do rei, pois o ódio da plebe irrompia a cada instante. Quando, em 1350, grassou a peste, o povo crédulo culpou os hebreus, e somente a autoridade do monarca os protegeu de maiores excessos[24]. Consideraram-se felizes quando, após a morte de D. Afonso, assumiu o poder um homem como D. Pedro.

D. Pedro I (1357-1367) foi um exemplo de justiça; não deixava crime sem punição, aplicando-a ele próprio muitas vezes. Característica de sua rígida imparcialidade é a seguinte história: dois pajens, que por longo tempo estiveram servindo em sua corte, roubaram e assassinaram um judeu, vendedor ambulante de especiarias e outros gêneros. "Agis bem", disse o rei com um sorriso amargo, quando os assassinos foram trazidos à sua presença, "querendo roubar e matar inocentes nas ruas, começando com os judeus para depois passar aos cristãos". Enquanto o soberano proferia essas palavras, caminhava nervosamente de um lado para outro, parecendo relembrar com tristeza os longos anos de serviço que os jovens lhe prestaram. Viam-se lágrimas em seus olhos. Repentinamente, dirigiu-se aos criminosos com olhar severo, criticando asperamente seu ato. Parou novamente e ouviu as súplicas dos fidalgos presentes, que acreditavam não se dever executar tais homens por causa de um mísero hebreu mascate. Em vão; o rei insistiu na sua sentença, e os pajens foram degolados[25].

---

22 *Orden. Affons.*, liv. II, tit. 74, § 14.

23 João Baptista da Silva Lopes, *Memoria para a Historia Ecclesiastica do Bispado do Algarve*, Lisboa, 1848, 343.

24 *Monarch. Lusit.*, VII, 524.

25 Fernão Lopes, Chronica del Rey D. Pedro I, na *Collecçaõ dos Ineditos de Historia Portugueza*, IV, 20; Acenheiro, *Chronicon dos Reis de Portugal*, 119.

No início do reinado desse Trajano da justiça, como D. Pedro foi chamado pelos cronistas portugueses, aconteceu que o prior da igreja de S. Tiago, em Coimbra, e alguns clérigos que, conforme seu costume, esmolavam ovos, invadiram a judaria dessa cidade, com um crucifixo e água benta, para pedi-los também aos judeus. O rabino local, Salomão Catalan, talvez um neto do conhecido Gerson ben Salomão Catalan[26], Isaac Passacon, chefe da comuna, e outros judeus presentes explicaram aos frades mendicantes que não tinham o direito de exigir tais esmolas dos judeus, que viviam em seu próprio bairro e sob especial proteção do rei, já que não eram seus paroquianos. O prior e os frades ameaçaram, caso não fossem obedecidos, arrombar as portas das moradias e assim o fizeram: assaltaram a casa de certo Jacó Alfaiate, chegando a ocorrer, sem dúvida, brutais agressões. Os hebreus se lhes opuseram, enxotando da judaria os clérigos impertinentes. A justiça do rei, a que os judeus apelaram, protegeu-os por algum tempo da impertinência desses frades mendicantes[27].

Para solucionar vários problemas com justiça, o monarca convocou, em maio de 1361, as cortes para Elvas. Desta vez, havia poucos casos referentes aos judeus. O 10º artigo das negociações referia-se à usura dos hebreus, que, segundo diziam, provocava a ruína do povo; o artigo 40º realçava o inconveniente dos judeus habitarem junto com cristãos, pois isso provocaria desentendimentos entre eles[28]. Este último requerimento, referente à restrição dos judeus à judaria, foi atendido, sendo reinstaurada a lei que proibia aos judeus ou aos mouros permanecerem na cidade após o pôr do sol, e que vedava às mulheres cristãs, de dia ou à noite, a entrada na judaria sem acompanhamento de indivíduos do sexo masculino[29].

Os judeus portugueses desta época tinham, no entanto, razões para estar satisfeitos com sua situação. Viviam em paz e em tranqüilidade, comparados com seus irmãos de Castela, que, devido às guerras civis locais,

---

26 Steinschneider, *Cat. Bodl.*, 1014. Gerson Catalan viveu em meados do século XIII.

27 Apêndice n. IV.

28 Santarém, *Algunos Documentos para a Historia e Theoria das Cortes Geraes em Portugal*, Lisboa, 1828, II, 2, 10, 26, 31.

29 Fernão Lopes, op. cit., 17; Monteiro, op. cit., II, 14; *Orden. Affons.*, liv. II, tit. 80.

sofriam terríveis dificuldades; podiam exercer suas atividades comerciais sem interferência, sendo que, muitas vezes, eram as mesmas facilitadas pelo próprio rei. As severas penas impostas à usura, de que os judeus na maioria das vezes eram acusados, foram suspensas pelo soberano; o monarca ordenou também que, se um judeu comprasse vendesse, arrendasse ou trocasse bens de raiz de cristãos, seria obrigado a permutar com eles cartas de compra ou arrendamento diante do juiz local ou de dois tabeliães; e, tendo o judeu jurado que o ajuste se realizara com retidão e honestidade, o cristão não mais poderia impugná-lo[30]. Estas facilidades nas transações aumentavam as fortunas dos judeus. Em Portugal, não eram menos ricos do que em Castela, onde naquela época desempenhava importante papel Samuel Levi, tesoureiro e confidente do rei D. Pedro, o Cruel, e que certa vez visitou a corte de Portugal para tratar de negócios de Estado[31][ii]. Durante sua estada na corte lisboeta, conheceu o então rabino-mor português, D. Moisés, de Santarém, cirurgião particular do monarca que, com autorização do rei, usava o cognome de Navarro. Deste D. Moisés, que ocupou seu cargo por trinta anos, e de sua esposa, D. Salva, que instituiu um grande morgado na província de Lisboa[32], falaremos adiante.

Com a morte de D. Pedro, ascendeu ao trono D. Fernando. Principiaram então tempos sombrios para Portugal, que não deixaram de afetar o destino dos judeus.

---

30 "El Rey D. Pedro ordenou que quando algûs delles (judeus) comprassem bem de raiz aos christãos ou lhes aforassem, ou emprasassem, ou escambassem presente o juiz de lugar ou dous Tabaliães, se lhes passasse a carta de compra e venda". *Monarch. Lusit.*, v, 15 (mal interpretado por Lindo, op. cit., 312). Compare *Orden. Affons.*, liv. ii, tit. 72, § 2-3.

31 Fernão Lopes, op. cit., 17.

ii Samuel Levi, "tesorero mayor", mandou construir em 1357 (1356?) a célebre sinagoga do "Transito", depois denominada pelos jesuítas Nossa Senhora do Trânsito. Atração turística de Toledo, foi recentemente transformada em museu. A casa situada ao lado da sinagoga, onde residiu Samuel Levi, no século xiv, é hoje conhecida como a Casa de El Greco, onde se encontra grande número de telas desse mestre. (N. da T.)

32 *Monarch. Lusit.*, v, 15; *Elucidário*, i, 131: "Em tempo d'El Rey D. Pedro i. Moyses Navarro, Arrabi Mor de Portugal e sua mulher D. Salva instituirão hum grosso Morgado no Termo de Lisboa". Sobre o nome Salva, cf. *Cod. Eben haEser* (Pedra da Ajuda), tit. 129, nomes femíninos, letra *schin* (ש).

D. Fernando (1367-1383) era homem irresponsável, esbanjador, sem caráter. Com a introdução de moedas novas e a desvalorização das antigas, realizou operações monetárias prejudiciais ao país. O povo insurgiu-se contra o rei e logo depois contra os judeus, pois fora o tesoureiro hebreu D. Judá que o auxiliara nestas manipulações. D. Fernando envolveu-se numa guerra contra o fratricida Henrique de Trastamara, de Castela, sendo derrotado devido a seus próprios erros. Em lugar de ouvir seus experimentados conselheiros, e não lutar no inverno, aceitando a paz oferecida por Henrique, insistiu no prosseguimento da campanha; o inimigo invadiu Portugal em meados do inverno de 1373, saqueou Lisboa e queimou a parte mais bonita da cidade, a judaria, também chamada rua Nova[33]. Em conseqüência destas desordens e depredações, muitos dos judeus mais proeminentes abandonaram a pátria e emigraram para Castela, apesar desta não lhes oferecer muitos atrativos naquela época. Entre esses emigrantes encontravam-se também os filhos do velho Salomão ibn Jachia, Guedelha e José. Guedelha, cirurgião particular do rei português e que caíra em desfavor por também haver desaconselhado a guerra com Castela, tornou-se médico particular do rei D. Henrique de Castela, que, apesar de não ser amigo dos judeus, não podia, entretanto, prescindir dos financistas e médicos hebreus. D. Guedelha veio a tornar-se tão importante em Castela que assumiu o supremo poder sobre os correligionários do país, sendo-lhe também concedido um tributo, até então apanágio do rei: pés e cabeça de cada animal abatido ritualmente (o arrendamento deste tributo importava em cinco mil florins de ouro[34]). Seu irmão José (II), homem de extraordinária beleza física, tornou-se célebre como poeta, sendo considerado o autor de interpretações talmúdicas compostas em versos, uma espécie de "asharot", que desapareceram num incêndio. Aluno do rabino Salomão ben Aderet, escreveu uma elegia, em versos de eco, várias vezes impressa, sobre a morte deste último[35]. Mandou

---

33 *Monarch. Lusit.*, VII, 167.

34 *Schalschelet*, 45a. D. Guedelha morreu em Toledo, em idade avançada.

35 Esta elegia "קרחה מלהרחיב כנשרים שרים / חושו ותחת שיר אמרים מרים", em *Schalschelet*, 466, citado por Davi ben Salomão ibn Jachia, na introdução à obra *Leschon Limudim* (Linguagem Didática). Veja também Zunz, *Literaturgeschichte der synagogalen Poesie* (História da Literatura da Poesia Sinagogal), Berlin, 1865, 499.

restaurar uma sinagoga que fora construída em Calatayud por um de seus antepassados, Aarão ben Jachia. Presume-se ter atingido a idade de noventa anos[36].

Como D. Fernando não soube controlar o povo, nem fazer respeitar as leis, estiveram os judeus sujeitos a maus-tratos, especialmente na Semana Santa. Queixando-se os judeus de Leiria ao rei, em fevereiro de 1378, este lhes proibiu, de acordo com uma ordenação existente, que saíssem de suas moradias durante as procissões e dias santos cristãos, impondo uma multa de dez libras a cada cristão que ofendesse um judeu[37].

36 Isaac ben Scheschet, RGA, 331; *Schalschelet*, 46a; D. Cassel, *Encyklopädie von Ersch-Gruber* (Enciclopédia de Ersch-Gruber), 2, seção XXXI, 80.

37 *Monarch. Lusit.*, VII, 238: "Queixaraõ-se os Judeos da Villa de Leiria que os christaõs da terra os aggravavaõ e faziaõ grandes desprezas, especialmente na occasiaõ da Semana Santa: mandou el Rey que as Justiças o impidaõ e defendaõ aos Judeos e a estes que naquelles dias naõ possaõ sair de caza; e a pessoa, que os aggravaõ, pague dez livras por cada vez".

4.

Os Tempos de D. João I
e D. Duarte

D. Leonor: sua queda do poder em conseqüência da nomeação do rabino-
mor de Castela. D. Judá e D. Davi Negro. D. Moisés Navarro, rabino-mor
e médico particular do rei. D. Judá ibn Jachia-Negro. Posição privilegiada
dos judeus. Os conversos e os benefícios por eles auferidos. O astrônomo
Guedelha ibn Jachia-Negro e o rei D. Duarte, hostil aos judeus.

D. FERNANDO MORREU NA FLOR DOS ANOS. SUA ESPOSA,
D. Leonor, mulher dotada de todos os requisitos de beleza e manchada de
todos os vícios, subiu ao trono mediante um crime e, na falta de um herdeiro masculino, assumiu provisoriamente como regente a direção do país.

Poucos dias após a morte do rei, vieram ter à rainha os representantes de
Lisboa, com uma série de petições, entre elas, algumas referentes a restrições dos privilégios que, desde tempos antigos, haviam sido concedidos aos
judeus. Levaram expressamente a seu conhecimento que os direitos civis e
canônicos, bem como as leis do Estado, vedavam aos judeus cargos oficiais e
jurisdição sobre os cristãos e pediram-lhe que essas leis fossem obedecidas[1].
A astuta Leonor, feliz no seu íntimo em poder contentar os representantes
da capital, prometeu, de um modo geral, satisfazer-lhes os desejos o mais
rapidamente possível. No que dizia respeito aos judeus, explicou que, mesmo
durante a vida do rei, muito se esforçara por afastá-los dos cargos públicos,
não o tendo conseguido. Logo após o falecimento de D. Fernando, como

[1] Fernão Lopes, Chronica d'El Rey D. Fernando, na *Collecção dos Ineditos de Historia Portugueza*, IV, 502:
"Otro si, Senhora, sabera a vossa merce, que os direitos canonicos e civees, e isso meesmo as leis do Regno defendem muyto que Judeus nom ajam officios sobre os christaãos". Acenheiro, op. cit., 161.

HISTÓRIA DOS JUDEUS EM PORTUGAL

devia ser do conhecimento de todos, despedira o tesoureiro D. Judá, além do chefe da alfândega de Lisboa, e todos os outros fiscais de impostos e funcionários judeus, não cogitando readmitir hebreus em cargos públicos, para que não pudessem exercer autoridade sobre os cristãos[2]. Em seguida, proclamou esta declaração para que fosse do conhecimento geral[3].

Tão logo assumira a regência, propôs a rainha aos homens importantes do país que aclamassem como monarcas sua filha Beatriz e o marido desta, D. João de Castela, homem fraco e doentio. Isto, aliado ao amor inato dos portugueses à liberdade, suscitou-lhes o ódio ao domínio de Castela. Houve tumultos em Lisboa, Santarém, Elvas e outras grandes cidades. O conde de Ourém, amante da rainha, detestado instrumento por ela utilizado para todos os seus planos, foi assassinado no próprio palácio de D. Leonor por D. João, mestre de Avis, auxiliado por alguns fidalgos, e o bispo de Lisboa despedaçado pela fúria da plebe. Serenados os ânimos, reconheceram os grandes do reino a necessidade de um dirigente, e o mestre D. João[4], irmão bastardo do rei D. Fernando, foi eleito seu defensor e regente.

A ascensão ao trono de D. João (7 de dezembro de 1383) provocou verdadeiro pavor e apreensão na judaria lisboeta. O ódio do povo ainda não se aplacara. A fim de obter recursos para o defensor totalmente desprovido de bens, planejava-se nada menos do que assaltar e pilhar os ricos judeus. De início, o alvo visado foram os dois hebreus mais abastados e proeminentes de Lisboa: D. Judá, tesoureiro-mor do rei morto[5] e então favorito da rainha, e D. Davi Negro, que fora confidente do rei. Reunia-se a plebe nas ruas para executar seus projetos financeiros. Demasiadas pessoas conheciam o plano para que passasse despercebido aos judeus. Estes sabiam encontrar-se em perigo de vida. Os mais respeitados dentre eles dirigiram-se à casa do mestre

2 Lopes, op. cit., IV, 504: "Em razon do que dissestes dos officiaes Judeus digo vos, que minha teemçom foi sempre que os Judeus nom averem officios nestes Regnos etc."

3 Apêndice n. v.

4 A história de que D. João era filho natural de D. Pedro I e da judia Tareja Lourenço é lenda, repetida pelo poeta da Costa, *Navorscher*, VII, 274; foi filho de Inês de Castro, que se tornou célebre por seu trágico fim. Tareja Lourenço era, além disso, galega (habitante da Galiza), e na Galiza, como se sabe, não havia judeus. Sousa, *Hist. Gener.*, II, 3.

5 D. Judá, já em 1379, é mencionado como "Thesoureiro Mor". *Monarch. Lusit.*, VIII, 233.

64

de Avis e lançaram-se aos seus pés, com lágrimas nos olhos, suplicando que aplacasse a fúria das massas e os protegesse dos seus assaltos. O mestre enviou-os à rainha. Tanto imploraram, porém, que os condes de Barcelos e Arraiolos, que estavam presentes, intercederam a seu favor perante D. João. Montando imediatamente seus cavalos, estes dois condes e o infante encaminharam-se à praça onde estavam reunidos os futuros assaltantes, à espera de outros mais, para iniciar o saque dos judeus em benefício de D. João. O infante voltou-se gentilmente para a massa popular, indagando-lhe seus planos. "Senhor", responderam, "esses judeus traiçoeiros, Davi Negro e Judá, são entusiásticos partidários da rainha e escondem grandes tesouros; vamos pilhá-los para vós, nosso senhor e soberano eleito". A muito custo D. João conseguiu dissuadi-los do plano, escapando D. Judá e D. Davi desta vez apenas com o susto. Quando o infante, de volta ao palácio, passava pela rua Nova, encontrou o juiz criminal António Vásquez, a quem ordenou que, para manter a paz estabelecida, publicasse uma determinação proibindo ao povo, sob pesadas penas, entrar armado na judaria, roubar os judeus ou mesmo ofendê-los verbalmente. Ninguém cogitou desobedecer ao favorito do povo. Dispersaram-se as massas e os judeus foram salvos[6][i].

Não podia passar despercebido à rainha que, no tumulto e planejado assalto aos judeus, refletia-se principalmente a aversão que o povo lhe votava. Considerando-se em perigo, deixou Lisboa, dirigindo-se para Alenquer, distante oito milhas da capital e para onde também seguiu, disfarçado, seu favorito D. Judá[7].

---

6   José Soares da Silva, *Memorias para a Historia de Portugal que Comprehendem o Governo del Rey D. João I*, Lisboa, 1730, I, 141; *Monarch. Lusit.*, VII, 465.

i   Antônio José Saraiva chama a atenção para o fato de ter D. João, nos tumultos de Lisboa, empenhado a sua popularidade para evitar que a multidão saqueasse a judaria; cf. A. J. Saraiva, *A Inquisição Portuguesa*, Lisboa: Europa-América, 1956, p. 16. Os judeus representavam nesse tempo uma força que era tomada em consideração. Segundo o cronista Fernão Lopes, a guerra que então se travou não foi de portugueses contra espanhóis, mas de portugueses contra portugueses, entre "grandes" e "pequenos". Foi uma revolução financiada pela alta burguesia do Porto e de Lisboa, contra a hegemonia dos aristocratas. Nessa luta de classes, a burguesia cristã em ascensão inclui o burguês judeu entre os fidalgos inimigos. Citado por A. J. Saraiva, *Fernão Lopez*, Lisboa: Europa-América, [s.d.]. Para compreensão desse período v. Antônio Sérgio, *Ensaios*, 2. ed., Coimbra: [s. n.], 1949, v. I: Anotações Suplementares, 12 (E), cap. XLVI, p. 167. (N. da T.)

7   *Monarch. Lusit.*, VII, 467.

HISTÓRIA DOS JUDEUS EM PORTUGAL

Poucos dias após a partida da rainha, D. João foi eleito defensor e regente sob os frenéticos aplausos e alegria geral da população. Necessitava-se de tal homem para apaziguar os partidos internos e manter afastado o rei de Castela, que ameaçava o país. Para esse empreendimento, no entanto, o novo regente precisava de fundos monetários. Os cofres do Estado estavam vazios. Os cidadãos lisboetas outorgaram-lhe, sem hesitação, uma ajuda de cem mil libras, para a qual os judeus não somente contribuíram como também lhe emprestaram inicialmente setenta marcos e depois seis mil réis, em reconhecimento à proteção dispensada[8].

Enquanto isso, D. João I de Castela, genro da rainha D. Leonor – a cujo favor ela desistira da regência, colocando também à sua disposição diversas fortalezas do país –, avançou com um exército até Santarém, onde se encontrou com a rainha. Foi esta recebida com pompas reais: as mulheres da cidade, assim como os judeus com suas *Torás* enfeitadas, foram ao seu encontro festivamente vestidos, como era de costume[9].

Não deixaram de surgir desentendimentos entre sogra e genro, e um motivo aparentemente insignificante provocou o rompimento total. O destino e a independência de Portugal foram decididos indiretamente por D. Judá e D. Davi, ou melhor, pelo preenchimento do cargo do rabinato-mor de Castela, então vago.

D. Leonor requereu-o do monarca, seu genro, para seu favorito, o velho e rico D. Judá. O rei, entretanto, seguindo a recomendação de sua jovem esposa, preferiu conferi-lo a D. Davi (Ibn Jachia) Negro. A exasperação de Leonor diante deste ultraje não teve limites. Transbordando em queixas veementes, gritava, cheia de furor: "Se o rei, uma coisa tão insignificante, a primeira que lhe peço, não ma concede, a mim, uma mulher, uma Rainha, uma mãe, que tantos benefícios lhe fiz, abdicando até em seu favor [...], que obséquios posso eu, podeis vós, esperar ainda? Em verdade, assim não teria agido o mestre de Avis e melhor faríeis vós, se passasseis para ele, o verdadeiro e legítimo senhor". Temperamental como era, nutria Leonor, após ver frustrados seus planos, um

8 Silva, op. cit., 196: "os Judeus, alem do com que tinhão contribuido, lhe emprestarão mais setenta marcos de prata, valendo então cada marco somente dous mil e seiscentos reis, e o de outro seis mil".

9 *Monarch. Lusit.*, V, 16; VII, 498; Monteiro, II, 10.

ódio ilimitado a seu genro e pensou num meio de arruiná-lo. Tramou uma conspiração para assassiná-lo, mas D. Davi, recém-eleito para o rabinato-mor de Castela[10], fez malograr seus planos.

O conde Pedro, contratado por Leonor para matar o rei, revelou o segredo a um monge franciscano do Porto. Este, íntimo de D. Davi Negro – que, após a nomeação para o rabinato-mor, vivia na corte de Castela –, preocupado pelas vidas de seu amigo, mulher e filhos pequenos, escreveu uma carta em que o aconselhava a deixar a corte, impreterivelmente, até certa data, e dirigir-se com sua família para dentro das muralhas da Coimbra sitiada. Esta carta fraternal surpreendeu Davi, que, suspeitando perigo, indagou do franciscano a razão desse conselho. De início, as respostas foram evasivas, mas, após certa insistência, este revelou confidencialmente ao rabino D. Davi tudo o que sabia; não falou do plano de assassínio porque ainda o desconhecia. Para Davi foi suficiente o que soube por intermédio do franciscano. Transmitiu imediatamente as informações ao rei, que rapidamente tomou as providências necessárias para salvar-se. Ordenou que prendessem, nessa mesma noite, D. Judá, confidente de D. Leonor, assim como uma de suas camareiras que também sabia da trama. Na manhã seguinte, os dois prisioneiros foram trazidos perante o rei e confessaram todo o plano na presença da rainha D. Brites, do infante D. Carlos de Navarra, do rabino-mor D. Davi Negro e de um tabelião. D. Leonor, prisioneira, foi também conduzida diante do monarca e interrogada. Seguiu-se horrorosa cena. Ao avistar D. Davi, exclamou ela em tom de desprezo: "Aí estais, D. Davi, somente vós sois a causa da minha presença neste lugar". "Muito mais direito tem ele de estar aqui, do que vós", respondeu-lhe o rei cheio de rancor, "pois salvou-me a vida". Da boca de D. Davi ela ouviu então o seu feito abominável, e D. Judá, na sua presença, foi obrigado a repetir sua confissão. D. Leonor negou tudo. Com queixas contra o rei e ultraje aos judeus, procurou justificar-se. Foi exilada para as Tordesilhas. D. Judá, cuja esposa era irmã do abastado Davi Alguados e, em conseqüência disso, aparentada com D. Meïr Alguados,

---

10 "Judeu Davi Negro, o mesmo a quem el Rey de Castella deu o officio de Rabbino Mor dos seus Judeus castellanos", *Monarch. Lusit.*, VII, 509. O rabinato-mor português nunca foi solicitado por Davi Negro, nem ele o exerceu.

rabino-mor de Castela[11], devia ser executado, obtendo, no entanto, um perdão, graças à intercessão de D. Davi Negro[12]. Refugiou-se em Castela. Em sua companhia encontravam-se ainda outros judeus, certo Abraão, um Judá e Moisés Nahum, seus coletores e, como tais, envolvidos na política portuguesa. Os bens de todos foram confiscados e doados pelo infante D. João aos seus valentes generais. As posses do tesoureiro D. Judá foram entregues a Gonçalo Rodrigues de Abreu, e suas casas, assim como as propriedades de Judá e Moisés Nahum, foram doadas ao valente Rui Pereira. Os haveres do também refugiado Abraão, ao cavaleiro Vasco Pires de Sampaio[13], e os do judeu Samuel Guedelha[14], ao camareiro-mor João de Sá[15]. De maneira semelhante procedeu D. João com a fortuna de Davi Negro, ou Davi ibn Jachia, nome por que é mais conhecido, o qual, tendo sido almoxarife do rei Fernando, ocupou o rabinato-mor de Castela até a sua morte, em Toledo, poucos anos após a sua fuga em outubro de 1385[16 ii].

11 "D. David [...] era irmão da mulher de D. Judas, Thesoureiro que havia sido del Rey D. Fernando"; Silva, op. cit., II, 672; *Monarch. Lusit.*, VII, 584.

12 Lopes, op. cit., 59, 61; Silva, op. cit., III, 1030 e s.; Fernando de Meneses, *Vida e Acçoens d'El Rey D. João 1*, Lisboa, 1677, 129 e s.; Acenheiro, op. cit., 180 e s.

13 "Gonçalo Rodriguez de Abreu [...] os bens de Judas, Judeu fugido para Castella, e os bens de Abrafão, outro Judeu tambem fugido a Vasco Pires de Sampayo". *Monarch. Lusit.*, VII, 525. "Violante Lopez, molher que foe de Rui Pereira, nos mostrou tres cartas nossas, em que lhe fazemos mercee e doaçom dos beês e cazas de D. Yhuda, e dos beês e cazas de Judas Nafum e de Mousem Nafum, que elles aviam en estes Regnos". *Memoria para Historia das Confirmaçoês Regias*, Lisboa, 1816, 130.

14 "Samuel Guedelha, judeu"; "Guedelha", não "Guedalla", Steinschneider, *Hebr. Bibliographie* (Bibliografia Hebraica), I, 108, é a ortografia correta do nome desta velha família hispano-portuguesa, ainda hoje existente. Guedelha, em português, significa cabelos longos e espessos, similar ao *cerda* espanhol diversos nobres portugueses usavam o nome Guedelha e também Cerda. *Monarch. Lusit.*, VI, 276.

15 *Monarch. Lusit.*, VII, 595.

16 Não há dúvida sobre a identidade entre Davi Negro e Davi ben Guedalha ibn Jachia. Sobre Negro, *kuschi* (negro, preto), cf. *Schalschelet*, 29b: "Assim como seus filhos (de D. Jachia o primeiro) adotaram o nome de família Ibn Jachia, de acordo com o seu nome, assim também imitaram-no e adotaram no seu escudo a cabeça desse negro e assim fazemos até o dia de hoje". A origem deste sinal e também do sobrenome Negro parece ter conexão com as quintas "dos Negros", mencionadas na nota 3, cap. I, doadas ao primeiro Jachia. Davi nunca foi destinado ao rabinato-mor de Portugal, como erroneamente supõe Grätz, op. cit., VIII, 54, mas apenas ao dos judeus castelhanos; assim, também as crônicas portuguesas, em comum acordo, o denominam com os apelidos honorários "Rabino Mor dos Judeus Castellanos", "O Rabino da Espanha" (*haRav schel Sefarad*), Carmoly, *Divrei haYamin Livnei Yehia* (A História da Família

D. João usou tanto os bens confiscados de D. Davi e dos outros judeus mencionados como os tributos pagos pelos hebreus, que antes estiveram incorporados ao tesouro nacional, para recompensar a dedicação dos nobres e os serviços prestados pelos cavaleiros. Seu melhor amigo, Nuno Álvares Pereira, um dos maiores heróis portugueses – o mesmo a que o já mencionado Davi Alguados, por ordem do rei de Castela, ofereceu debalde como presente mil moedas de ouro e que[17], em 1422, arrendou a Davi Gabai a sua quinta Camarate[18] –, recebeu os bens de Davi ibn Jachia[19] e o "serviço"

Jachia), 10 – compare p. 29, n. 11. É duvidoso que também tenha servido como "Trizoureiro d'El Rey de Castella" ao rei D. João de Castela. Acenheiro, op. cit., 181. Mas conclui-se haver ele assumido realmente o rabinato-mor de Castela, pelo argumento apresentado para a confiscação dos seus bens:"por andar em serviço de seus – João – enemigos, *Monarch. Lusit.*, VII, 523, o que corresponde às palavras do epitáfio: "Sua terra de origem era Portugal – Porém para Castela ele emigrou". Este epitáfio é tão característico para toda sua vida, que queremos transcrevê-lo aqui:"São essas as últimas palavras de Davi: / Memória dos antigos / Apropriados no seu lugar / Obra de talentoso artífice / O homem que superou / A porção de Deus lá em cima / Perante reis se apresentou / Eis que seu feixe se ergueu e permaneceu de pé / E ele foi grande e mestre da comunidade de Ariel / E ele julgou a Israel / Nas cousas boas teve parte / E julgava aos humildes com justiça / Exerceu um cargo elevado / E para o Bem seu nome é lembrado / Conselheiro e amigo dos humildes / Reto com Deus e com os homens / Caminhava com retidão e praticava a justiça / Administrava bem as cousas públicas / Sua terra de origem era Portugal / Mas emigrou para Castela / No mês de Tischri – Ano 5146 / Perante o Templo e seu átrio" / Transpassou a fronteira / A fim de vislumbrar a gloria Divina e visitar-lhe o Templo".

Davi ibn Jachia não morreu em 1325, como menciona Abne Sikkarron, n. 26, em Zunz, *Zur Geschichte der Litteratur* (Sobre a História da Literatura), 409, mas em outubro de 1385, como se depreende não somente do valor numérico da palavra puncionada no epitáfio *olam* = 146 (*tishri* 5146 = outubro 1385), mas também de Davi estar enterrado ao lado R. Menahem ben Aron ben Serach de Estella. Este faleceu em ab 1385, isto é, menos de dois meses antes do nosso Davi.

ii Sobre Davi Negro, cf. Pedro de Azevedo, Culpas de Davi Negro, *Archivo Historico Portuguez*, Lisboa, v. 1, 1903. Sobre os seus bens confiscados: José Amador de los Ríos, *Historia Social, Política y Religiosa de los Judíos de España y Portugal*, Madrid: Aguilar, 1960, p. 512, notas 2-3. (N. da T.)

17 "hum Judeu rico, chamado D. David Algaduxe [...] elle mesmo Algaduxe tinha na sua maõ quantitade de dinheiro del Rey de Castella", *Monarch. Lusit.*, VII, 584; Silva, op. cit., II, 672. Algaduxe = Algados, e análogo a Badajuxe = Badajoz. É muito provável que este Davi tenha sido um castelhano, parente, senão irmão do rabino-mor D. Meïr Alguades, que na mesma época vivia em Castela (sobre ele, cf. maiores detalhes na nossa dissertação no fim deste livro).

18 "No anno de 1422 [...] Nuno Alv. Pereira afforou a quinta de Camarote a David Cabay, Judeo de Professão", *Elucidário*, I, 307.

19 *Monarch. Lusit.*, VII, 523.

dos judeus de Lisboa[20]. Além disso, foram dados aos cavaleiros os tributos, antes pagos ao rei, dos judeus de Montemor-o-Novo[21], Elvas[22], Couto, na região de Viseu, Beja, Serpa, Penamacor Lamego etc.[23]

Todas essas doações, em parte como recompensa por serviços prestados, em parte como incentivo a novas proezas, foram feitas no ano de 1384, ainda antes de D. João subir ao trono e estar de novo assegurada totalmente a independência de Portugal. Até alcançar esta meta, houve dias de pavor e consternação. Lisboa foi cercada pelos castelhanos durante cinco meses. O sofrimento dos sitiados chegou a tal ponto que acabaram por decidir expulsar da capital mulheres e judeus, que, segundo alegavam, diminuíam as provisões dos defensores[24]. No fim deste ano trágico, o povo esfomeado lançou-se contra os judeus lisboetas com o fito de saqueá-los[25].

O rei de Castela teve de abandonar seus planos e retirar-se sem ter alcançado seu objetivo. Em abril de 1385, D. João foi finalmente proclamado rei de Portugal. A população encheu-se de júbilo e os judeus, contra toda expectativa, tiveram amplo motivo para participar do regozijo geral. Dos três soberanos chamados João, que ao mesmo tempo reinavam nas três maiores monarquias da Península Pirenaica, nenhum foi mais indulgente com eles do que D. João de Portugal, e em nenhuma terra puderam viver mais felizes do que nesta, que justamente naquele tempo era um país muito afortunado. Diz um cronista contemporâneo:

> Possuímos entre nós todas as coisas boas necessárias para um reino próspero. Temos abundância de trigo, vinhos de diversas procedências, de que não só há o suficiente para nós como também para enviarmos em muitas embarcações para o estrangeiro. Há tanto azeite e mel, e de tão boa qualidade,

---

20 Idem, VII, 780: "o serviço real dos Judeus da cidade de Lisboa"; Sousa, op. cit., III, 517.

21 *Memoria para a Historia das Confirmações Regias*, 130; *Monarch. Lusit.*, VII, 523.

22 *Monarch. Lusit.*, VII, 524.

23 Idem, VII, 595, 683.

24 Acenheiro, op. cit., 192.

25 *Monarch. Lusit.*, VII, 666.

que nossos vizinhos vêm recorrer a nós e não vice-versa. Gado de corte, de carne saborosa, cria-se com nossos campos e quintas; frutas e verduras crescem em nossas terras sem que muito se esforce a natureza[26].

Novamente, naquela época, influiu o rabino-mor para melhorar a situação dos judeus no país, evitando que lhes acontecesse a mesma desgraça que levou seus correligionários da Espanha à beira do abismo.

Um padre fanático de Sevilha, o arquidiácono Fernando Martínez de Écija, em seus sermões, decidiu fazer dos judeus o alvo de seu zelo. Não tinha outro intuito senão incitar a plebe contra aqueles que eram sobremaneira odiados em Sevilha. A comuna da referida cidade veio queixar-se, em 1388, a D. João de Castela das ameaças do clérigo. Abordado pelo rei, este se desculpou, alegando serem os judeus demasiadamente maliciosos, pois não mostravam qualquer respeito, nem saudavam a ele, padre, quando passava a caminho para jantar. Citou pequenas ofensas pessoais como pretexto para justificar sua extrema aversão a todos os hebreus. Acusava-os em seus sermões, perante o rei, não somente de arrogância, orgulho, usura e de todos os vícios imagináveis, como também considerava um crime o fato de empregarem grandes somas de dinheiro para a construção e embelezamento de suas sinagogas. O rei protegeu o fanático, considerando santo e nobre o seu zelo. A única providência que tomou, em face das reclamações da comuna sevilhana, foi a de não permitir que Martínez, com seus discursos, incitasse o povo a violências contra os judeus, pois, estando sujeito à sua autoridade, não deviam ser molestados.

Logo após o falecimento do rei e a ascensão ao trono de seu filho Henrique, de onze anos de idade, atiçou o fanático novamente a população contra os judeus, pondo em execução seu plano para exterminá-los. A 15 de março de 1391, inflamou as massas ao ataque aberto, sendo este abafado ainda em tempo pela autoridade pública. Três meses depois, a 9 de junho, o devoto diácono voltou a instigar os habitantes de Sevilha contra os hebreus, e desta vez obteve o resultado há tanto almejado: foi

---

26 Azurara, em De Veer, *Heinrich der Seefahrer* (Henrique, o Navegador), 68.

HISTÓRIA DOS JUDEUS EM PORTUGAL

queimada a judaria e quatro mil judeus perderam a vida, sendo que os sobreviventes converteram-se ao catolicismo. De Sevilha, o massacre dos judeus alastrou-se, qual maré destruidora, por quase toda a Espanha. Nenhuma comuna de Castela, Aragão, Catalunha e Valência conseguiu escapar ilesa; a hecatombe estendeu-se além do oceano, atingindo as comunas das Ilhas Baleares. Em três meses, mais de cem mil judeus foram mortos ou convertidos[iii].

Desse fanatismo foi poupado Portugal, graças, em grande parte, às providências que tomou o então rabino-mor, D. Moisés Navarro. Preocupado com a possibilidade de o clero, excessivamente devoto, também se entregar a tais práticas, o rabino-mor – que ao mesmo tempo ocupava o cargo de médico particular do rei –, no fim de 1391, entregou, em Coimbra, a seu senhor e monarca, em nome de todos os judeus portugueses[27], uma bula do papa Bonifácio IX, datada de 2 de julho de 1389, que se baseava num édito de 5 de julho de 1347, promulgado por seu antecessor, o papa pró-judaico Clemente VI[28]. Nesta bula, especialmente traduzida para o português, proibia-se severamente que qualquer cristão forçasse um judeu ao batismo, que o agredisse, assaltasse ou matasse; que fossem interrompidas suas festas e atividades religiosas, violados seus cemitérios, desenterrados seus cadáveres. Interditava-se também que os judeus fossem obrigados a exercer atividades ou trabalhos a que anteriormente não haviam sido sujeitos por lei. D. João, além de publicar estas bulas em todas as cidades do reino através de um

---

iii Sobre os massacres de 1391, a destruição das comunidades judias e as conversões que se seguiram, cf. Ytzhac Baer, Destruction and Conversion (1391-1412), *A History of the Jews in Christian Spain*, Philadelphia: The Jewish Publication Society, 1966, v. II, cap. X, p. 95-169. (N. da T.)

28 "Estando o mesmo Rey (D. João) em Coimbra [...] lhe apresentou seu Fisico Moyses, Arabi Mayor que era então dos Judeus", *Monarch. Lusit.*, v, 18; *Orden. Affons.*, liv. II, tit. 94: "fazemos saber que as communas dos Judeos de nossos Regnos per Meestre Mousem nosso Fisico e Arraby Moor dos ditos Judeos", Monteiro, op. cit., II, 13.

28 Provavelmente enganados pela data errônea de 1241, mencionada por Gordo (op. cit., 22), também Brandão (*Monarch. Lusit.*, v, 18), Monteiro (op. cit., II, 13), e até o cuidadoso Schäfer (op. cit., III, 16), escreveram 1247 em vez de 1347 – Grätz cita Inocêncio IV em vez de Clemente VI (op. cit., VIII, 54). A adição em Gordo e outros "datada em Avinhão" facilmente poderia ter levado à correção. De resto, o próprio Grätz menciona que a referida bula havia sido promulgada por Clemente VI (VII, 385). Nada consta da bula sobre massacres de crianças cristãs.

decreto de 17 de junho de 1392[29], promulgou também uma lei de conteúdo análogo[30].

Tendo providenciado deste modo a tranqüilidade dos correligionários de sua própria pátria, D. Moisés passou a tratar da segurança dos imigrantes recém-chegados da Espanha. Expôs ao rei a situação lamentável dos judeus nos reinos vizinhos, como haviam sido assaltados, mortos por causa da sua religião, obrigados a curvar-se ante a Igreja e a aceitar o batismo. Muitos deles chegaram a adotar nomes cristãos da alta nobreza, sem, na realidade, haverem sido batizados com padrinhos, procurando, assim, escapar à mão do carrasco; e outros, batizados à força, se refugiaram em Portugal com suas famílias, domiciliando-se em Lisboa e outras cidades e aldeias do país. Para estes infelizes, que viviam em constante temor de serem entregues a seus inimigos, implorou o nobre Moisés a proteção do monarca, e não inutilmente. D. João publicou em seguida uma ordenação, segundo a qual os judeus do seu país, tanto os nativos como os recém-chegados, fossem protegidos de todos os modos, proibindo-se ainda, sob pena de castigo, que fossem presos ou recambiados[31].

29 *Orden. Affons.*, liv. II, tit. 94.

30 Idem, liv. II, tit. 120. Esta lei, cuja analogia com a bula papal escapou singularmente aos historiadores portugueses, reza: "que nehuũ chrisptaão nem matasse nem ferisse os Judeos, nem os rubasse dos seus beés, que tevessem, nem lhes quebrantasse seos custhumes sem seu mandado [...] que nehuũ Chrisptaão nem britasse, nem violasse os cimiterios dos Judeos, nem cavassem ou desterrassem os corpos ja enterrados por dezer que querem hi buscar ouro, ou prata, ou dinheiros. Outro sy mandou que nehuũ Chr. non torvasse nem embarzasse as festas dos Judeos, ou com panos, ou com pedras, ou per outra qualquer guisa. Outro sy mandou que nehuũ Chr. nom constranga Judeu alguũ, que lhe faça serviço, ou obra per força, salvo aquelles serviços, que elles forom, ou som acustumados de fazer, ou dar nos tempos passados".

31 Idem, liv. II, tit. 77: "Sabede que a Comuna dos Judeos de Lisboa nos enviou dizer que nos Regnos de Castella e d'Aragom forem feitos muitos roubous, e males aos Judeos e judias estantes a aquella fazom nos ditos Regnos, matando-os, e roubando-os, e fazendo-lhes grandes premas, e constrangimentos em tal guisa que alguũs delles se faziam Chrisptaãos contra suas vontades, e outros se punham nomes de Chr. non seendo bautizados com padrinhos e madrinhas segundo o direito [...] e que alguũs desses Judeos e Judias se vierom aos ditos nossos Regnos, e trouverom suas molheres e filhos e fazendas". Alami, *Igueret Mussar* (Epístola de Advertência), ed. Jellinek, 27: "Nós não encontramos nenhuma outra geração em que se tenham promulgado leis contra nós, nos reinos onde vivíamos por sua misericórdia [...] e também que as autoridades nos dessem oportunidade de defender-nos contra a espada afiada". *Iukhasin*, ed. Filipowski, 225: "e parte deles fugiu para Portugal".

Entre os que imigraram da Espanha para Portugal, no terrível ano de 1391, achavam-se também Salomão e Judá, filhos do já mencionado rabino-mor de Castela, D. Davi ibn Jachia Negro. Dotado de talento poético, D. Judá ibn Jachia Negro exprimiu, num *piut*[iv] especial, sua dor pela destruição de tantas comunas judaicas[32]. Durante algum tempo, serviu a D. Filipa, esposa do rei D. João, também devotada às musas[33], e, após a morte do rabino-mor D. Moisés Navarro – cujo cargo foi preenchido por um rabino desconhecido, D. Judá Cohen –, foi aparentemente quem mais influenciou o rei a favor dos judeus. Pode-se considerar obra sua o fato de Vicente Ferrer, conversor espanhol de judeus, não haver encontrado em Portugal o acolhimento que esse santo esperava. À licença que pediu ao rei para proferir em Portugal o ciclo de sermões a favor do batismo, recebeu a resposta pouco incentivadora de que poderia vir, mas com uma coroa de ferro ardente na cabeça[34]. Destarte, viram-se os judeus lusitanos salvos da fúria religiosa de Vicente[v].

iv Canção litúrgica. (N. da T.)

32 Canção litúrgica baseada na oração "Barukh Scheamar" (Louvado Seja Aquele que Disse), da autoria de D. Judá ben Davi: "Ouvi todos os povos minha tristeza", impresso por Landshuth, *Amud haAvodá* (Pilar do Culto, lit. do trabalho ou serviço)), xxx.

33 Soares da Silva, op. cit., iii, 1437, cita D. Judá Negro como "criado da Rainha D. Filipa"; Acenheiro, op. cit., 209: "Servidor da Rainha D. Filipa", 1417, após a morte da rainha, menciona-o Acenheiro com a adição: "morador na Cidade de Lisboa".

34 Usque, *Consolaçam as Tribulaçoẽs de Ysrael*, n. 21 – não 22, conforme Grätz, viii, 137 –, p. 189: "acometeo passar a Portugal [...] e antes que fizasse (frey viçente) mandou pidir licença, porem el Rey Dom Duarte – devia ser Dom João – lhe respondio, que elle podia entrar, mas que primeiro lhe auia de mandar por hua coroa de ferro ardendo na cabeça". Textualmente traduzido por José Cohen, *Emek haBakha* (O Vale de Lágrimas), 71; no entanto, quando escreve "podes vir com alegria", trata-se de erro cometido pelo copista, devendo ser emendado para: "podes vir, antes porém", "podia entrar mas que primeiro". Mal compreendida e por isso mal traduzida foi a segunda parte do trecho aqui mencionado, pelo tradutor alemão do *Emek haBakha*, p. 56: "Você sairá do fogo com uma coroa de ferro na cabeça". José Cohen traduz corretamente "ardendo" com "quando ele saiu do fogo". Segundo a tradução alemã, deveria, de todo modo, constar: "quando tu saíres do fogo".

v As atividades de Vicente Ferrer encontram-se descritas em Ytzhac Baer, *Die Juden in Aragonien und Navarra* (Os Judeus em Aragão e Navarra), Berlim: [s. n.], 1929, p. 789, 793, 795, 805, 816-817, 819, 821, 825; cf. também Jesús Ernest Ferrando Martínez e Francisca Solsona Climent, *San Vicente Ferrer y la Casa Real de Aragón*, Barcelona: Escuela de Estúdios Medievales do Consejo Superior de Investigaciones Científicas (csic), 1955, documentos n. 24, 34, 44-45, 50, 53-54, 58; os estudos de Francisca

OS TEMPOS DE D. JOÃO I E D. DUARTE

Também em Portugal, mesmo sem as ações abomináveis de Vicente Ferrer e Fernando Martínez, aumentou inesperadamente o número de judeus convertidos. Os anos de perseguição e batismos em massa causaram um choque demasiadamente profundo no judaísmo espanhol para que sua influência não se fizesse sentir igualmente no país vizinho. D. João, monarca de um reino estritamente católico e fiel súdito da Igreja, não podia, neste ponto, mostrar-se inferior aos reis da Espana, e por mais tolerante e indulgente que fosse para com os judeus em outras circunstâncias, precisou apoiar a conversão ao cristianismo. Concedeu diversos privilégios novos aos recém-convertidos e renovou, entre outras, uma lei originária dos foros de Beja. Rezava essa lei que "quem chamasse um converso do Islã ou do judaísmo à fé cristã de 'tornadiço' pagaria a multa de sessenta soldos ao alcaide"[35]. Foi alterada, porém, no sentido de que, quem chamasse o judeu convertido, após o batismo, de judeu, pagaria uma multa de trinta corvas a favor do denunciante[36].

Outra graça que D. João concedeu aos convertidos foi o privilégio outorgado em Tentugal, a 1º. de março de 1422, em que proibia aos inspetores da cavalaria obrigar os conversos a sustentarem cavalos para o serviço militar, mesmo que tivessem posses para tal, ou possuir qualquer arma. Essa concessão mais tarde foi estendida a todo cristão que convencesse uma judia a batizar-se para depois desposá-la[37].

O exemplo de mulheres casadas abandonarem o marido judeu e, com ele, a religião, apesar do testemunho bastante vago do exilado espanhol e pregador muito ortodoxo José Jaabez, era raro[38], com mais freqüência acontecendo homens casados se converterem, deixando as esposas judias. Pela lei judaica,

---

Vendrell, La Actividad de Fernando I de Aragon, *Sefarad*, Madrid, Instituto de Filología do CSIC/ Instituto Arias Montano de Estudios Ibraicos y de Oriente Próximo, t. XIII, p. 81-104, 1953; Joan Fuster, Notes per a un estudi de l'oratòria vicentina, *Revista Valenciana de Filología*, Valencia: [s. n.], IV, p. 111-15, 1954. (N. da T.)

35 Foro de Beja, f. 12, em Brandão, *Monarch. Lusit.*, V, liv. XVIII, p. 18: "Costume he, que quem chamar Tornadisso ao que he de outra Ley e so uolueo Christão, pague sessenta solidos ao Alcaide".

36 *Orden. Affons.*, liv. II, tit. 89.

37 Idem, liv. II, tit. 83. *Monarch. Lusit.*, V, p. 18. Sobre as vantagens concedidas aos convertidos em casos de herança, cf. as *Orden. Affons.*, liv. II, tit. 79, com as adições de D. Afonso V e D. Manuel.

38 Joseph Jaabez, *Or haHayim* (A Luz da Vida), 20. Voltaremos a falar deste trecho.

HISTÓRIA DOS JUDEUS EM PORTUGAL

estas infelizes desprezadas não podiam contrair novas núpcias, enquanto se encontrassem em estado intermediário entre casadas e divorciadas, e o seu matrimônio, celebrado de acordo com a lei judaica, não fosse dissolvido pela mesma lei, mediante a concessão de uma carta de divórcio, escrita segundo regras especiais, em língua hebraica[39]. Como muitos cristãos-novos se negavam a outorgar essa carta a suas esposas judias, dirigiram-se todas às comunas do país ao rei D. João, sem dúvida por intermédio do seu representante Judá ibn Jachia Negro, pedindo-lhe que defendesse os seus direitos antigos e proclamasse uma lei especial que obrigasse todo converso casado a dar uma carta de divórcio. O monarca consultou o parecer do então bispo de Lisboa, D. Gil Alma[40], que fazia parte do seu conselho e também de um comitê de juristas, encabeçado por dr. Diego Martins. Como a opinião, tanto do colégio clerical como do secular fosse a favor dos judeus, publicou uma lei segundo a qual todo converso, cuja esposa não mudasse de religião, era obrigado a lhe dar o documento de divórcio, em língua hebraica e conforme o formulário prescrito pela lei rabínica. Esse decreto de D. João foi modificado por D. Afonso V: o convertido devia continuar a viver com a esposa por um ano; se dentro desse prazo ela não se convertesse, então seria obrigado a conceder-lhe a carta de divórcio[41].

Nesta, como também em outras ocasiões, D. Judá ibn Jachia Negro interferiu como advogado dos seus correligionários. Quando, em 1416, maldosamente espalhou-se o boato de que alguns judeus estavam comprando ouro, prata, moedas e falsificando dinheiro, foi de novo D. Judá quem defendeu os acusados. Conseguiu convencer o rei de que tais acusações não tinham outra finalidade senão empobrecer os judeus, pois havia uma lei antiga que dizia: aquele que comprar ouro, prata ou moedas, desobedecendo à proibição régia,

---

39 "Per direito dos Judeos", consta da reclamação dos mesmos (*Orden. Affons.*, liv. II, tit. 72), "nom devem, nem podem casar sem primeiramente esses, que foram seus maridos, lhes darem, e outorgarem Carta de quitamento, que antrelles he chamado guete o qual deve seer escripto per Judeo e feito per regras certas e Hordenaças abraicas, e si tal guete assy feito nom ouverem, nom casarom com ellas neuhũs Judeos, e casando sem teendo o dito guete, se ouverein algũs filhos, serem fornazinhos [ilegítimos]".

40 Não deve ser confundido com o arcebispo Gil de Toledo; cf. meu *Sephardim, romanische Poesien der Juden in Spanien* (Sefardim, Poesias Românicas dos Judeus na Espanha), n. 16, p. 18.

41 *Orden. Affons.*, liv. II, tit. 72.

OS TEMPOS DE D. JOÃO I E D. DUARTE

perderá todos os bens, móveis e imóveis, a favor da Coroa. Já cortesãos esfomeados e frades mendicantes, tomados de feliz esperança, preparavam-se para meter em seus bolsos os bens confiscados, quando o rei, considerando certas intercessões, tomou providências resolutas, dispondo que as autoridades não acolhessem tais denúncias sem provas irrefutáveis[42].

D. Judá ibn Jachia Negro merece o respeito da posteridade em grau muito maior do que lhe foi, por longo tempo, dedicado. Não somente distinguiu-se como um dos mais esforçados representantes de seus correligionários portugueses, mas também brilhou como sábio e poeta. São de sua autoria uma elegia em hebraico, ainda hoje recitada pelos descendentes dispersos dos judeus hispano-portugueses no dia da destruição de Jerusalém[43], e algumas outras poesias religiosas[44]. Escreveu também poesias seculares e era conhecedor da astrologia. Em 1415, D. João, a conselho do seu heróico filho, Henrique, o navegador, iniciou uma viagem de conquista para Ceuta[45]. Todo mundo especulava sobre o destino da armada tão

42 Idem, liv. II, tit. 78, Santarém (6 de outubro de 1416); tit. 82, Lisboa (7 de maio de 1417).

43 Inicia "Judá e Israel, sabei que estou muito aflito", e leva ao acrônimo "Judá, filho de Davi Jachia". *Ord. de Oraciones de las Cinco Taanijoth*, 518b.

44 Carmoly, op. cit., 12, depois dele Landshuth, *Amud haAvodá*, I, 67. Davi ibn Jachia, descendente da família de Judá, mencionado no prólogo a *Leschon Limudim* (Linguagem Didática), Sabionetta, 1557:

"Judá ibn Jachia canta:

A Deus que criou   Todos os seres
O Eterno que não foi criado   A Ele é dirigida
A minha prece"

Não se sabe se este Judá ibn Jachia também escreveu outras obras e pareceres jurídicos, assinados em hebraico NYBY (contração de Neum Yehuda ben Yehia, ou seja, da autoria de Yehuda ben Yehia). Cf. também Wolf, *Bibl. hebr.*, I, 433; Bartolocci, *Bibl. Rabbin.*, III, 56; Barbosa Machado, *Bibl. Lus.*, II, 920.

45 A conquista de Ceuta também é mencionada por Çacuto, *Iukhasin*, 134a: "No ano de 5175 ocupou o rei de Portugal, D. Joao, o reino de Septa" [Septa, Cepta, originou-se de ἑπτὰ ἀσελφοι, como na antigüidade era denominado o cabo montanhoso, devido à sua semelhança com sete irmãos] [...] "e disseram que ele o tomou porque ele recebeu os marranos e os judeus que vieram de Castela, e reinou oitenta anos". A razão dada por Çacuto para a expedição de conquista de Ceuta não se encontra nas fontes portuguesas; também De Veer, em sua excelente obra *Heinrich der Seefahrer*, Danzig, 1865, não a menciona. A data do reinado de D. João, citada por Çacuto, é igualmente incorreta; não reinou oitenta, mas 48 anos, e provavelmente deve-se ler *nun* em vez de *pei* [nota do tradutor do hebraico: *nun* = letra hebraica cujo valor numérico é cinqüenta; *pei* = letra hebraica, cujo valor numérico é oitenta].

HISTÓRIA DOS JUDEUS EM PORTUGAL

misteriosamente preparada. Ninguém suspeitava da verdade, com exceção de alguns que mantinham cuidadosamente o segredo: D. Judá, num poema endereçado ao cavaleiro Martin Afonso Atouguia, segundo seus cálculos astrológicos, acertadamente prognosticou o alvo como sendo Ceuta[46][vi].

As provas indubitáveis da tolerância de D. João, como, por exemplo, não forçando os judeus a comparecerem perante tribunais aos sábados e dias de festa[47], não foram contraditas por certos éditos e decretos por ele publicados; as cortes e o clero o forçaram a promulgar algumas leis desfavoráveis e impiedosas. Obrigaram-no a restaurar a antiga lei canônica que exigia dos judeus o uso de distintivos[48], proibindo-lhes de freqüentar tabernas cristãs[49]. Em 1404, teve de decretar uma ordem que obrigava todo judeu a registrar suas colheitas e seus imóveis no dia de S. Martinho; em caso de infração, os mesmos reverteriam aos arrendadores[50]. Segundo uma lei antiga, não era permitido aos hebreus ocupar cargos públicos. D. João também proibiu "aos infantes, arcebispos, bispos, condes, abades, priores, cavaleiros, pajens e todos os grão-senhores empregar judeus como caçadores, mordomos, cobradores, escrivães etc." Os "grão-senhores" que agissem em

---

46 Silva, op. cit., III, 1437: "D. Judas Negro [...] que era muy dado a fazer trovas em humas, que mandou a Martim Affonso [...] dizia no fim dellas que os mais sizudos entendião se destinava a Ceuta, e que elle pela scientia Astrologica (era nella peritissimo) em que havia feito algumas observaçoẽs"; Mathaeus de Pisano, *Gesta Regis Johannis de Bello Septensi*, na *Collecção de Livros Ineditos de Histor. Portugueza*, I, 24: "nemo praenovit praeter unum Judaeum, cujus nomen Judas Niger erat, qui quatuor carminibus quasi augurandi scientiam habuisset, Martino Alphonso praenuntiavit". Acenheiro, op. cit., 209. Os habitantes judeus de Ceuta receberam os portugueses como seus salvadores; oprimidos desumanamente pelos mouros, esperavam ser tratados com mais benevolência pelos portugueses cristãos. Hieronymo Roman, *Historia de los Religiosos Infantes*, Madrid, 1595, 35.

vi D. Henrique, enquanto permaneceu em Ceuta, colheu dos mercadores judeus e maometanos importantes informações sobre as riquezas das regiões da África. Voltando para Portugal, rodeou-se de cosmógrafos e cartógrafos judeus, entre eles Jechuda Crasques, apelidado "El Judío de la Brújula" por sua perícia na construção de bússolas, e mestre Jácomo, que havia sido cartógrafo dos reis de Aragão. Também estiveram diretamente ligados a seu serviço mestre Rodrigo, mestre Guedelha, Samuel Goleimo, Isaac Franco, Mestre Afonso. (N. da T.)

47 *Orden. Affons.*, liv. II, tit. 90; Monteiro, op. cit., II, 13, compare p. 16.

48 *Orden, Affons.*, liv. II, tit. 86.

49 Idem, liv. II, tit. 91.

50 Monteiro, op. cit., II, 9.

contrário incorreriam numa multa de mil ou quinhentos dobrões de ouro respectivamente. O judeu que ocupasse tais cargos seria açoitado publicamente com cem chibatadas[51].

Apesar da ameaça de punição, estas determinações eram muitas vezes desobedecidas. Como já vimos, a própria rainha empregou um funcionário judeu, de modo que as cortes sempre retornavam ao assunto[52]; ainda no compromisso celebrado entre o rei e o clero antes da morte daquele (30 de agosto de 1427), em Santarém, seus inimigos acusavam-no de empregar médicos e cirurgiões judeus em seu palácio, de tolerar cobradores de impostos hebreus com autoridade executiva e de permitir que os judeus, em franca contradição com a lei canônica, não usassem distintivos[53][vii].

Após um governo de 48 anos, D. João faleceu a 14 de agosto de 1433. Nesta mesma data, seu filho mais velho, o belo e erudito Duarte, devia ser proclamado rei. Ao se iniciarem os preparativos para a solene coroação, aconselhou-o seu médico pessoal, mestre Guedelha[54] ben Salomão ibn Jachia Negro[55], por ele reputado sábio e astrólogo, a adiar a cerimônia, pois a constelação prognosticava-lhe infortúnio: "Júpiter retrocedeu e o sol está em diminuição; são sinais de adversidade". Duarte muito gentilmente agradeceu ao astrólogo, acreditando que amor e dedicação excessivos faziam-no desejar esse adiamento, mas, descrendo das profecias astrológicas, não se deixou dissuadir do seu plano. "Deus está acima de tudo e tudo vigia", exclamou ele, "em suas mãos repousam os destinos dos homens". Guedelha

---

51 *Orden. Affons.*, liv. II, tit. 85, § 2; tit. 68, § 2.

52 Santarém, op. cit., II, I, 12.

53 *Orden. Affons.*, liv. v, art. 65-66, 68.

vii Podemos dizer, de um modo geral, que até o século xv, as leis discriminatórias contra os judeus raramente eram aplicadas na prática. (N. da T.)

54 É sempre chamado "Meestre Guedelha, Judeu, fisico e grande Astrologe" ou também "singular Fysico e Astrologo" (cf. nota seguinte).

55 Presumo que este Guedelha seja filho do respeitado Salomão ibn Jachia, habitante de Lisboa e neto do mencionado rabino-mor de Castela, Davi ibn Jachia, nasc. 1390-1400. Como presenciou a coroação de D. Duarte em 1433, não pode ter nascido em 1436.

então predisse ao rei poucos anos de governo, cheios de preocupação e infortúnio[56].

Estas profecias chegaram de fato a realizar-se. Duarte reinava apenas há cinco anos quando, em pleno vigor, a peste veio tirar-lhe a vida, a 9 de setembro de 1438. Seu governo não foi feliz. Não chegou a alcançar, nos seus empreendimentos, os resultados almejados. Seu irmão, o infante D. Fernando – o mesmo que tomou emprestadas somas consideráveis de D. Judá Abravanel, pai do célebre D. Isaac[57], e que, em 1347, enviara um médico judeu, mestre José, de Fez para Portugal com cartas ao seu irmão[58] –, morreu para grande dor de D. Duarte, prisioneiro dos mouros. Terá D. Duarte, em conseqüência das profecias desditosas do seu astrólogo judeu, criado uma aversão contra este e, como muitas vezes acontece, igualmente contra toda a sua raça? Os judeus de Portugal foram mais oprimidos por ele do que por qualquer um dos seus antecessores. Nos cinco anos do seu reinado, promulgou maior número de leis desfavoráveis aos judeus do que seu sucessor em trinta. Fez tudo para evitar o contato entre cristãos e judeus e separá-los do resto da população[59]. Proibiu-os de arrendar bens das igrejas, conventos, capelas e, como arrendadores, cobrar dízimas e oferendas sob pena de cinqüenta mil réis de multa e cem chibatadas[60]; pretendia, inclusive, tirar-lhes o direito da livre compra e venda. A comuna de Lisboa dirigiu-se então a D. Duarte, expondo-lhe que, até esta época, haviam mantido livre contato com cristãos e demais habitantes, deles comprando, pagando à vista, sem passar letras de compra, da mesma forma como adquiriam pão

---

56 Pina, Chron. do Rey D. Duarte, na *Collecçaõ de Livros Ineditos de Historia Portugueza*, 1, 76 e s.; Acenheiro, op cit., 238; Mariana, *Historia General de España*, XXI, 6, 13; Garibay, *Compendio Hist. de la Chronicas*, XXXV, ch. 11; Menasse ben Israel, *Nischmat Hayim* (O Sopro da Vida), III, 21.

57 Soar. da Silva, *Collecçaõ dos Documentos para as Memorias del Rey D. João I*, IV, 162.

58 Memorias para a Vida do Infante D. Fernando, nas *Memorias para a Historia de Portugal*, I, 491: "por hum Judeo, que lhe nomearão para isso, chamado o Mestre Joseph, que era cirurgião; [...] perto de quatro meses gastou o Judeo em Portugal". Enquanto os portugueses lutaram contra os mouros sob D. Fernando, um judeu cirurgião, só em Fez, extraiu mais de três mil flechas dos feridos para lá transportados, como o autor da *Crônica do Infante* ouviu pessoalmente, mais tarde, do judeu. Schäfer, op. cit., II, 347.

59 *Orden. Affons.*, liv. II, tit. 66 e s.

60 Idem., liv. II, tit. 68, § 3.

e outras cousas, na casa cambial da cidade; por isso vinham suplicar ao rei que revogasse essas novas restrições. A este e outro pedido relacionado com o intercâmbio comercial, correspondeu D. Duarte numa carta endereçada à comuna judaica de Lisboa, de 5 de dezembro de 1436[61][viii].

Antes de continuarmos a história dos judeus em Portugal nos reinados subseqüentes, lancemos rapidamente um olhar sobre sua posição social, como se cristalizou através da coleção de ordenações que, injustamente, trazem o nome de D. Afonso v.

---

61 Idem, liv. ii, tit. 73, § 4.

viii Com a ascensão da dinastia de Avis ao trono de Portugal, iniciou-se na vida dos judeus portugueses uma nova fase. As leis promulgadas por D. Duarte cortaram-lhes as possibilidades de exercer livremente suas profissões, limitando-lhes também a ocupação de posições-chave. (N. da T.)

5.

Situação Comunal e Tributária, Judarias, Distintivos, Impostos, Serviço Militar, Uso de Armas, Relações Comerciais

APÓS O PRECOCE FALECIMENTO DE D. DUARTE, PRESTADO O juramento de fidelidade a seu filho de apenas seis anos, em presença do mestre Guedelha ibn Jachia Negro, que, como astrólogo do rei, assistia ao coroamento e interrogava a constelação dos astros[1], subiu ao trono o virtuoso D. Pedro, digno de compaixão por seu trágico fim. A história, revelando a verdade, consagrou-lhe o monumento que, conquanto sob nome de outrem, erigiu a si próprio, pois foi graças ao seu empenho que se publicou a primeira coleção geral de leis portuguesas, na qual foram coligidos, revistos e ordenados todos os decretos publicados desde D. Afonso II até D. Duarte, e que é conhecida sob o nome de *Ordenaçoens do Senhor Rey D. Affonso V.*

A situação tributária e comunal dos judeus portugueses era regulamentada por leis estaduais, do mesmo modo como a justiça e o rabinato dos quais já tratamos.

A lei canônica, fundamento de todas as resoluções jurídicas dos Estados eclesiásticos da Idade Média, passou também para a jurisdição da Península Pirenaica e proibiu o contato de judeus com cristãos, procurando o mais possível isolar uns dos outros[i].

---

[1] Pina, Chron. de D. Affonso V, na *Collecção de Livros Ineditos* etc., 1, 205-206. "E em quanto hum Meestre Guedelha, singular Fysíco e Astrologo, por mandado do Yfante regulava, segundo as ynfluencias e cursos dos Planetas". Segundo Barbosa Machado, *Bibl. Lusit.*, 1, 2, o rei concedeu uma renda anual à filha de Guedelha.

[i] Não se eliminou em Portugal, apesar de todas as medidas tomadas pela lei canônica, o convívio dos judeus com cristãos. As leis discriminatórias repetiram-se durante séculos, encontrando resistência em ambos os grupos. Contudo, essas relações tornaram-se cada vez mais difíceis, sem chegar ao rompimento total, devido à introdução, no século XVI, de uma nova discriminação: contra o cristão-novo. (N. da T.)

HISTÓRIA DOS JUDEUS EM PORTUGAL

Havia "judarias" ou "judearias" isoladas e bem delimitadas em todas aquelas cidades e aldeias de Portugal em que vivessem mais de dez judeus. Estes gozavam, como vantagem sobre os muçulmanos, do privilégio de ter seus bairros dentro das muralhas da cidade, enquanto aqueles, provavelmente devido a seu trabalho agrícola e suas ocupações humildes, habitavam nos subúrbios e fora dos portões da cidade[2].

A maior comuna judaica encontrava-se na capital, Lisboa, onde havia diversas judarias: a mais antiga situava-se no bairro da Pedreira, entre os conventos do Carmo e de Santa Trinidade, e uma mais nova no bairro da Conceição. Desde 1457 existiu uma terceira judaria perto do portão de Pedro, chamada judaria da Alfama[3]. A grande sinagoga de Lisboa erguia-se na atual rua Nova, onde residiam também os judeus mais ricos[4].

Depois de Lisboa, as maiores comunas, e, portanto, as maiores judarias, ficavam em Santarém, Lamego – na antiga rua da Cruz de Pedra, agora rua Nova[5] –, Bragança, Guimarães – na atual praça do Peixe até a rua do Espírito Santo[6] –, Évora, Alcaçar Coimbra, Viseu, Porto – localidade em que a Câmara da cidade, por ordem expressa de D. João, indicou, no ano de 1386, para judaria, as ruas de Vitória e S. Miguel, além da praça onde se encontra o atual convento dos beneditinos[7] –, Chaves[8], Leiria, Trancoso, Alvito, Guarda, Alenquer, Elvas, Estremos, Faro, Gravão, Covilhã, Beja,

---

2 *Monarch. Lusít.*, v, liv. 18, cap. 5, p. 17; VII, 243; *Elucidário*, I, 278.

3 Idem, p. 17; Monteiro, op. cit., II, 12.

4 Sousa, *Provas*, II, 255.

5 *Elucidário*, I, 278.

6 Torquato Peixoto d'Azevedo, *Memoria da Antiga Guimarães*, Porto, 1845, 313.

7 *Elucidário*, I, 278. "Então a conunha (Synagoge) dos Judeos", lê-se no fim, "fez seu bastante Procurador hum Ananias, para que effectuasse o Prazo com a Camera, que com effeito lho deo com foro e Pensão perpetua e annual de 200 Maravidis velhos". *Doc. dos Benedict. do Porto*.

8 *Elucidário*, II, 20: "A Luiz Pires de Voacos fez El Rey Padrão de 3000 Reis em satisfação do Genesim da Judaria da Villa de Chaves".

   Não me parece claro o que se entende aqui por Genesim. Segundo o *Elucidário*, chamavam os judeus de Portugal de Genesim "a Cadeira ou Aula em que se lião e explicavaõ pelos seus Rabbinos os cinco livros de Moyses". Para ter esta aula, pagavam um tributo, sobre o qual não se encontram quaisquer menções alhures.

Interior da Sinagoga de Tomar, Portugal

HISTÓRIA DOS JUDEUS EM PORTUGAL

Penamacor, Vila-Marim, Castro Marim, Miranda, Porches, Cacilhas[9], Mejamfrio[10], Barcelos, Vila Viçosa[11] etc.

Além disso, os judeus em Portugal, como em tempos antigos e ainda hoje, por exemplo, na Suíça, viviam dispersos ou reunidos em pequeno número nas aldeias, de modo que não formavam judarias próprias, faltando-lhes os dez adultos necessários para o serviço divino regular. Esta situação explica a pergunta endereçada por judeus portugueses a Salomão ben Adreth, autoridade rabínica em Barcelona, sobre se dois meninos menores de treze anos podiam completar o número de adultos necessários para o serviço divino, pergunta que, naturalmente, recebeu resposta negativa[12] [ii].

As judarias eram fechadas todas as noites após soarem os sinos para o Ângelo (reza da noite), sendo vigiadas por dois guardas reais[13]. Todo judeu que, após as três primeiras badaladas, ainda se encontrasse fora da sua judaria via-se obrigado a pagar, cada vez, uma multa de dez libras[14], ou, segundo um édito de D. Pedro, era chicoteado através da cidade[15]. Em caso

---

9 Sousa, *Provas*, II, 20.

10 Idem, IV, 28; *Elucidário*, II, 325.

11 Sousa, *Provas*, III, 624; IV, 28.

12 Salomão ben Aderet, RGA, I, 455.

ii Os judeus tinham o costume de endereçar aos rabinos eminentes, ou chefes das academias, questões sobre as quais mantinham quaisquer dúvidas. O conjunto dessas perguntas e respostas é conhecido como Literatura *Responsa*. Constitui a *Responsa* uma das mais importantes fontes para se apreciar a história social e religiosa dos judeus na diáspora, pois possibilita-nos conhecer "de dentro" os inúmeros problemas que os judeus tiveram de enfrentar. A *Responsa* de Salomão ibn Adreth, denominado o "Rabi da Espanha", é fundamental para o estudo dos judeus na península, por ter sido um líder do judaísmo espanhol. Suas *Responsa*, mais de três mil, são um registro histórico e cultural desse período. Boaz Cohen publicou, em 1930, uma lista completa de volumes de *Responsa*, até o fim do século XVII; cf. também Benjamin M. Lewin (org.), *Otzar haGueonim* (Tesouro dos Sábios), Haifa: [s. n.], 1928; Solomon Bennett Freehof, *The Responsa Literature* e *A Treasury of Responsa*, Philadelphia: The Jewish Publication Society, 1955; Isidore Epstein, *The Responsa of R. Solomon ben Adreth of Barcelona (1235-1300) as a Source of the History of Spain*, London: [s. n.], 1925. (N. da T.)

13 *Orden. Affons.*, liv. II, tit. 102, tit. 78; *Elucidário*, II, 225.

14 Idem, liv. I, tit. 62, § 13: "Judeu, que foi achado fora da Judaria despois do sino d'Ooraçom, que se tange, acabadas as trez badaladas pague [...] dez libras".

15 Fern. Lopes, Chron. del Rey D. Pedro, na *Collecção de Livros Ineditos* etc., IV, 17.

de reincidência, punia-se com confisco dos bens[16]. Este castigo provou ser demasiadamente pesado, e a lei de confisco muito opressiva. Dirigiram-se, pois, todos os judeus do país a D. João I, suplicando-lhe encarecidamente que lhes aliviasse o jugo e suspendesse esta lei dracônica. O rei assim prometeu, e, a 12 de fevereiro de 1412, promulgou novas disposições a respeito. Todo judeu maior de quinze anos, que se encontrasse fora da judaria após tocar o sino, incorreria, na primeira vez, numa multa de cinco mil libras, na segunda, numa de dez mil libras e, na terceira vez, seria açoitado publicamente. O rigor desta lei, por si ainda muito severa, foi minorado com várias ordenações adicionais. Se, voltando de local distante, um judeu se atrasasse, não sofreria castigo; simplesmente era obrigado a tomar o caminho mais curto para a judaria e, caso esta se encontrasse fechada, podia pernoitar em qualquer lugar "entre outros homens", excetuando-se as casas em que houvesse mulheres cristãs desacompanhadas dos maridos. Se ouvisse o toque de recolher ao seu bairro, estando dentro da cidade, tinha que se dirigir imediatamente à judaria. Não podia ser preso, caso alcançasse sua habitação antes do fim da reza vespertina. Se um cristão chamasse um judeu à noite, em caso de emergência, este poderia acompanhá-lo, contanto que o cristão acompanhante trouxesse na mão uma lanterna. Esta lei favoreceu principalmente os médicos e cirurgiões judeus, bem como os judeus coletores de impostos da Coroa, que, dessa maneira, seguidos por um cristão, podiam fazer cobrança após o escurecer[17].

A ordem distribuída pelo papa Inocêncio III a todos os príncipes da Europa, obrigando os judeus habitantes dos seus respectivos países a usar distintivos especiais, não tinha outro objetivo senão rebaixá-los, humilhá-los e excluí-los da sociedade. No entanto, em Portugal, nenhuma lei foi tantas vezes contornada como esta. Os clérigos já haviam censurado amargamente a D. Sancho II e, mais tarde, a D. Dinis por não forçarem os judeus a usar distintivos[18].

D. Afonso IV, impelido pelas cortes em 1325, restabeleceu esta lei com grande energia e provavelmente deve tê-la imposto com rigor durante

16 *Orden. Affons.*, liv. II, tit. 80, § 1.

17 Idem, liv. II, tit. 80, § 2-11.

18 Cf. p. 14.

algum tempo, pois um poeta, Afonso Giraldes, atribuiu este feito ao soberano, considerando-o um dos mais importantes do seu reinado[19]. Com o correr do tempo, os judeus negligenciaram novamente o uso dos distintivos, razão pela qual D. João I, advertido pelas cortes de que a maioria ou não os usava ou os trazia muito pequenos e em lugar onde eram pouco visíveis, dispôs, numa lei promulgada em Évora, a 20 de fevereiro de 1391, que todos os judeus do país usassem emblemas avermelhados hexagonais, do tamanho do grande selo estadual, nas vestes exteriores, sobre o peito. Ao mesmo tempo determinou que todo judeu que não usasse o distintivo, ou não o colocasse segundo as prescrições, ou o pregasse em lugar invisível, perderia suas vestimentas ou seria aprisionado por quinze dias[20].

Apesar de ter sido confirmada e incluída nas *Ordenações Afonsinas*, nunca se cuidou rigorosamente do cumprimento dessa lei. O próprio D. João I, conforme declarou abertamente, concedeu o privilégio da isenção do uso do emblema a dez judeus de grande preeminência, talvez coletores de impostos régios ou que, de algum outro modo, tenham servido o país. As reclamações das cortes acerca deste detalhe nunca findaram, pois, ainda na Assembléia de Santarém, no ano de 1468, exigiu-se, entre outras demandas, que os hebreus não andassem sem distintivos nem habitassem fora das judarias[21].

Vinculadas aquelas concernentes às judarias e aos distintivos, encontravam-se outras disposições, tomadas ostensivamente por recearem-se conseqüências prejudiciais à religião cristã e à sociedade burguesa. Na realidade, refletiam a hostilidade aos judeus, erguendo uma barreira ao trato e às transações entre judeus e cristãos. No entanto, essa barreira muitas vezes desmoronava com o tempo e as circunstâncias.

---

19 "E fez bem aos criados seus, / E grâo honra aos priuados, / E fez a todos Judeus/ /Traser sinaes divisados". *Monarch. Lusit.*, v, 20; vii, 243; Gordo, op. cit., viii, 2, 7.

20 *Orden Affons.*, liv. ii, tit. 86: "signaes vermelhos de seis pernas cada huũ no peito a cima da boca do estomago, e que estes signaaes tragam nas roupas, que trouverem vestidas em cima das outras, e sejam os signaaes tam grandes como seu seello redondo, e que os tragam bem discubertos. A metade da multa recebia o denunciante, a outra metade era empregada na construção e manutenção de pontes, poços e estradas locais.

21 Santarém, *Historia e Theoria das Cortes Geraes*, ii, 1, 32.

SITUAÇÃO COMUNAL E TRIBUTÁRIA, JUDARIAS, DISTINTIVOS, IMPOSTOS...

D. Duarte, imitando neste ponto seu vizinho de Castela, proibiu rigorosamente que judeus empregassem cristãos ou cristãs, casados ou solteiros, como trabalhadores, pastores de bois, carneiros e porcos, como tropeiros, criados e criadas, conforme fora de costume até aquela época. Em caso de contravenção, eram multados, na primeira vez, em cinqüenta mil libras, na segunda, em cem mil libras e, na terceira, com o confisco de todos os bens ou, na ausência destes, com punição por açoitamento público[22].

Era-lhes interditado entrar em casas de mulheres solteiras, viúvas ou virgens que vivessem sós, e também casadas, cujos maridos estivessem ausentes. Caso quisessem negociar com elas, deviam fazê-lo em cidades como Lisboa, Santarém, Évora, Porto etc., nas vias públicas ou diante das portas de suas residências. Só aqueles que eram obrigados pela profissão, como médicos, cirurgiões, alfaiates, pedreiros, construtores, marceneiros etc., tinham permissão de penetrar em casas cristãs; os outros só podiam fazê-lo quando acompanhados por dois homens ou duas mulheres cristãs[23]. Judeus que vendiam mercadorias no campo ou que nas montanhas compravam mel, cera, peles de coelho etc., além dos artesãos ambulantes, podiam igualmente entrar, quando nas moradias houvesse mais de uma mulher cristã[24]. Do mesmo modo, era proibido, como na Espanha, que mulheres cristãs desacompanhadas de um homem cristão "barbado" entrassem em lojas ou tendas de hebreus, e comprassem ou vendessem frutas, mel, óleo, leite etc. nas judarias. Vedava-se às cristãs, sob pena de morte, entrar numa judaria ou manter relações ilícitas com judeus[25]. No entanto, esta lei era imposta com a mesma falta de rigor de uma outra, que tornava prisioneiro do rei o judeu que usasse vestimentas de cristão ou se apresentasse como tal, a fim de, sob a máscara do cristianismo, manter contato com cristãos[26].

22 *Orden. Affons.*, liv. II, tit. 66, § 1-2; liv. IV, tit. 51.

23 Idem, liv. II, tit. 67, § 1. *Monarch. Lusit.*, V, 19; Monteiro, op. cit., II, 14.

24 Idem, liv. II, tit. 67, § 2: "Judeos que andarem caminho e passarem per Lugares caminhantes com mercadorias que nom possam hir pousar aas judarias [...], judeos que andarem pelos montes comprando mel, ou cera, ou pelles de coelhos ou salvagina, ou adubando roupas ou as fazendo".

25 *Orden. Affons.*, liv. II, tit. 67, § 3-4; liv. V, tit. 25. Quem quisesse denunciar um judeu por infração desta lei era obrigado a jurar e a apresentar testemunhas fidedignas.

26 Idem, liv. V, tit. 26.

Também aqui, como em Castela, proibia-se aos judeus, sob multa de 25 libras, beber vinho em taberna de cristãos, se na mesma localidade houvesse taberna judia, com vinho preparado por judeu[27][iii].

Vamos referir-nos agora aos tributos que os judeus pagavam em Portugal.

O mais antigo foi provavelmente a juderega, ou judenga, capitação fixada em trinta dinheiros, como em Castela, onde fora introduzida por D. Sancho II em 1295, cobrada em memória e pelo fato de os judeus, como se supunha então, terem vendido o fundador da religião cristã pela mesma soma[28].

Na mesma época, talvez simultaneamente com a introdução do rabinato, estabeleceu-se, sobre este, uma taxa que revertia à Coroa[29].

Também a taxa corporal não era desconhecida em Portugal. Em Beja, como certamente em outras cidades do país, cada judeu que nela ingressasse pagava um maravedi como tributo corporal[30].

Além disso, estavam sujeitos a um tributo para o incremento da Marinha. Desde o reinado de D. Sancho II, que fora o primeiro a favorecê-la, tiveram os hebreus que fornecer, para cada nau que o rei equipasse, uma âncora e uma amarra do comprimento de sessenta côvados ou pagar a soma equivalente de sessenta libras[31].

Cada judeu ou judia recolhia anualmente um "serviço real"; o rapaz de sete a catorze anos, cinco soldos, a menina de sete a doze anos, dois soldos e meio. As moças maiores de doze anos, enquanto fossem solteiras e

---

27 Idem, liv. II, tit. 91; liv. I, tit. 62, § 17. O "vinho judengo" não é senão uma tradução imprópria de "vinho *cosher*". Que esta lei tenha sido promulgada não para impedir os judeus a beberem "vinho não-*cosher*", mas para evitar contatos com cristãos, dispensa especial esclarecimento.

iii *Coscher* = vinho preparado segundo as leis dietéticas judaicas. (N. da T.)

28 *Elucidário*, II, 61, 325: "Juderega, Judenga, tributo de 30 Dinheiros que os Judeos pagavão por cabeça, para lembrança e pena de haverem vendido a Christo por outros tanto". Compare a ordem de D. Fernando IV de Castela, de 9 de agosto de 1302 (Colmenares, *Historia de Segovia*, cap. 13): "los treinta dineros que cada uno de vos les avedes a dar, por razon de la remembranza de la muerte nuestro Sennor cuando los judíos le pusieron en la cruz".

29 *Elucidário*, I, 131: "Arabiado, tributo que os Judeos pagavão a coroã".

30 Foro de Beja (2), Apêndice, n. 2.

31 Ribeiro, *Dissert.*, III, 2, 87 e s. As âncoras, na Idade Média, não eram somente, como hoje em dia, usadas para firmar os navios, mas também eram empregadas como armas de arremesso em batalhas navais e contra fortificações.

SITUAÇÃO COMUNAL E TRIBUTÁRIA, JUDARIAS, DISTINTIVOS, IMPOSTOS...

permanecessem em casa dos pais ou trabalhassem num emprego, pagavam meio maravedi; o dobro pagava o solteiro que vivesse na casa paterna. O homem ou a mulher, solteiros ou casados, eram taxados respectivamente em vinte e dez soldos[32].

Eram obrigados a direitos de alfândega e portagem, também nas localidades em que moravam há muito tempo, enquanto os cristãos estavam isentos destes impostos[33].

Todo judeu que colhia vinho de suas próprias plantações pagava quatro soldos por cada pipa e, quando o vendia como uva, a taxa variava conforme o tamanho da pipa. Esta taxa era controlada por um colhedor real e um escrivão estadual. Quando o judeu queria iniciar a colheita, avisava previamente o colhedor. No caso de omitir esse aviso ou de esconder uma parte, perdia todo o vinho a favor da Coroa. Em caso de reincidência, era, além disso, castigado corporalmente. Se o judeu comprasse uvas para prensá-las ou se as vendesse inteiras antes da colheita, pagaria de cada almude[34] seis dinheiros[35].

Tudo que o judeu desfrutava, comprava ou vendia era sujeito a um tributo especificado. Se abatia para seu uso ou para revenda, pagava, para cada vaca de um a dois anos, dez soldos, para cada boi, vinte soldos; cada carneiro ou ovelha, dois soldos; cada galinha, peru ou galo, quatro dinheiros, e para cada ave pequena, dois dinheiros[36].

Comprando um peixe por um soldo, entregava de imposto um dinheiro. Cada medida de trigo era taxada com quatro dinheiros; de cevada ou painço, com dois dinheiros[37].

Levando-se em consideração que os judeus de Portugal só de impostos diretos – não incluindo os acima mencionados, indiretos, fixados por lei

---

32 *Orden. Affons.*, liv. II, tit. 74, § 2.

33 Idem, liv. II, tit. 69.

34 *Almude* = de origem hebraica, *mud*, caldaica, *mudi*, ou árabe, *almoddi*; continha = duas algueiras ou dois cântaros. *Elucidário*, s. v. Almude.

35 *Orden. Affons.*, liv. II, tit. 74, § 3, 7.

36 Idem, liv. II, tit. 74, § 9; cf. também o Estatuto Comunal de Castela, no fim desta obra.

37 Idem, liv. II, tit. 74 § 9.

de 15 de novembro de 1352 – entregavam ao rei D. Afonso IV uma indenização anual de cinqüenta mil libras[38], e que a comuna de Lisboa, no ano de 1462, só de "serviço real" pagou a soma de cinqüenta mil réis (cerca de 3500 francos)[39], verifica-se quão opressivo deve ter sido o peso dos tributos. Além disso, tinham de oferecer presentes de bom grado[40]. Comunas isoladas eram obrigadas a emprestar somas apreciáveis a infantes empobrecidos, somas geralmente não restituídas. O infante D. Fernando, quando morreu, devia aos judeus de Barcelos, Guimarães, Chaves, Bragança e Mejamfrio nada menos de 130 501 réis[41]. Não podiam recusar-se a tais empréstimos, pois desde o reinado de D. Fernando, em que, para evitar quaisquer arbitrariedades, se estabeleceram disposições legais para o "arrendamento das rendas do serviço real" dos judeus[42], eram as judarias e seus tributos também em Portugal presenteadas a infantes, condes e nobres[43]. Os presenteados deviam então ser considerados e temidos como mandatários e senhores. Provavelmente muita infanta pobre teve que se satisfazer com as rendas de uma judaria como dote[44].

A todos estes impostos e presentes involuntários juntava-se a não menos oprimente obrigação do serviço militar, isto é, de defender cristãos; todos os judeus de posse tinham que manter um cavalo para o serviço militar e

---

38 *Monarch. Lusit.*, v, liv. 18, p. 17.

39 Sousa, *Provas*, III, 581; II, 255.

40 Compare, p. 57.

41 Sousa, *Provas*, III, 624.

42 "Ley de D. Fernando de como se haca de arremdar as rendas do serviço reall imposto aos Judeos", Lisboa, 7 de agosto de 1369. *Orden. Affons.*, liv. IV, tit. 53, p. 325.

43 D. Fernando, já em 1372, presenteou "la quinta do Judeu em Termo do Santarem". *Monarch Lusit.*, VIII, 158; *Chron. de D. Affonso v*, p. 20 e s.; *Elucidário*, II, 325.

44 D. Brites, filha do duque D. Fernando, recebeu como dote as rendas da judaria de Lisboa; D. Constança de Noronha, esposa do duque de Bragança, o "serviço Real dos Judeus de Guimarães" como garantia de seu dote. Sousa, op. cit., III, 460, 581. D. João I deu a seu filho Afonso, em 1425, como dote, o "serviço Geral dos Judeus". Soares da Silva, op. cit., I, 250.

Pouco antes da expulsão, somavam os impostos das judarias de: Porto, em dez mil réis; Alter do Chão, em seis mil réis; Barcellos, em dezesseis mil réis; Villa Viçosa, em 65 mil réis; Guimarães, em 25 mil réis; Chaves, em 31 mil réis; Bragança, em trinta mil réis; Portel (?), em vinte mil réis. Sousa, op. cit., IV, 25.

SITUAÇÃO COMUNAL E TRIBUTÁRIA, JUDARIAS, DISTINTIVOS, IMPOSTOS...

de prover armas[45]. O uso livre destas armas, porém, por sua própria culpa, foi-lhes mais tarde proibido. Segundo um costume antigo, os judeus de Portugal também contribuíam para os entretenimentos e festas em homenagem da família real. Assim como, em cada homenagem ao papa, os delegados da comuna hebraica de Roma, com as toras nos ombros, postavam-se ao longo do caminho por onde passava o séqüito papal, e assim como os judeus alemães tinham que ir ao encontro do imperador num "desfile" com a tora, também os judeus de Portugal eram obrigados a "fazer um desfile" com suas toras enfeitadas, cada vez que o rei, a rainha ou os infantes fizessem sua entrada cerimonial numa cidade ou durante festividades especiais da corte. Tinham de esperar estes altos dignitários nas portas da cidade, tal qual os mouros, que nestas oportunidades executavam suas danças nacionais[46].

O tempo e o costume apagaram da mente dos judeus o que havia de vergonhoso e degradante nesta cerimônia e passaram a cumpri-la para sua própria distração. Enfeitavam-se com capacetes e cotas de malha, cingiam espadas, empunhavam lanças e outras armas. No entanto, não se limitavam ao divertimento; abusavam às vezes da liberdade e das armas, ferindo-se muitas vezes até à morte[47]. Para corrigir este mal e para, como diz a lei, "os judeus viverem em paz", dispôs D. João I em Évora, a 6 de março de 1402[48], que, no futuro, nenhum judeu ousasse trazer qualquer arma nas recepções aos membros da família real, sob ameaça de confisco daquela e uma multa de mil dobrões de ouro. Esta multa em dinheiro seria paga pela comuna a que pertencia o contraventor. Só depois de petições entregues por todas as comunas do país foi esta severa lei modificada

---

45 Idem., liv. II, tit. 83. Nas cortes de Elvas (1361), exige-se "que (los Judeos) som constranjudos pera terrem cavalos e armas pera nosso serviço e recrencenlhis mesteres por mar e por terra pera nosso serviço e defendimento da terra, e que outra si ham de pagar soldadas e mantimentos aos Sergentes". Santarém, *Historia e Theoria das Cortes*, II, 2, 26.

46 *Monarch. Lusit.*, V, 17; VII, 498: "com as Touras e a serpe costuma antigua, de que ainda conservamos alguma memoria nas processoês de corpus". *Elucidário*, II, 386. Compare p. 61-62.

47 "usaem d'alevantar arroidos pelos quaaes se seguem antre elles muitas feridas, e mortes, e grandes omizios; e pero lhes esto per vezes per nossas justiças fora defeso, nem o leixarom de fazer, ante o usarom d'hi era diante mais, levando armas assy cotas e casquetas nas cabeças como espadas [...] e outras armas, fazendo com ellos muito mal".

48 *Orden. Affons.*, liv. II, tit. 75.

por D. Afonso v: a comuna só pagaria a multa se dez membros da mesma tivessem infringido a lei; o judeu, porém, que, sem o conhecimento e a autorização da sua comuna, andasse armado nas ocasiões mencionadas, perderia seus bens e sua liberdade[49].

Mais animador do que o quadro que se nos depara deste sistema de tributação é o do intercâmbio comercial e do lucro auferido pelos judeus de Portugal. Neste sentido, desfrutavam de vantagens mais amplas do que seus correligionários na maioria dos outros países. Por exemplo, enquanto na Castela vizinha era-lhes proibido adquirir bens de raiz, ocupavam-se eles em Portugal com o cultivo das vinhas e a agricultura variada, no mais amplo sentido da palavra[50]. Já se mencionou que o rabino-mor D. Moisés Navarro era um dos proprietários mais ricos do país. Exerciam as mais diversas profissões, encontrando-se entre eles alfaiates, sapateiros, marceneiros, pedreiros, ferreiros – Santob Samay era ferreiro em Coimbra[51] –, carpinteiros etc.[52]

Como em toda parte, também aqui o comércio encontrava-se quase que exclusivamente em suas mãos. Compravam mel, azeite, cera, supriam os habitantes das cidades e aldeias com as mercadorias necessárias[53], visitavam feiras e mercados e mantinham lojas abertas em suas judarias. Negociavam com escravos mouros. Se o mouro por eles adquirido se convertesse ao cristianismo, tinha que ser vendido no prazo de dois meses após o batismo; depois deste período, revertia para a Coroa[54] [iv].

49 Idem, liv. ii, tit. 75 § 5-6.

50 Idem, liv. ii, tit. 66, tit. 74, § 3-4; *Monarch. Lusit.*, v, 15.

51 Santo Samay, Judeo, Ferreiro de Coimbra, 1431; Doc. de Salv. de Coimbra, *Elucidário*, ii, 61.

52 *Orden. Affons.*, liv. ii, tit. 67.

53 Comerciantes judeus estrangeiros mantinham relações comerciais com portugueses e até com infantas portuguesas. D. Filipa, filha do infante D. Pedro, que morreu em 1493, em Odivelas, devia, segundo seu testamento, a "Batão, Judeu de Damasco", 3300 réis. Sousa, op. cit., i, 435.

54 *Orden. Affons.*, liv. iv, tit. 51. Era-se muito mais rigoroso com os escravos mouros convertidos ao Cristianismo, em Aragão. Segundo uma lei de D. Pedro ii, do ano de 1283, compravam com o batismo a liberdade. "Statuim que los Sarrahins dels Jueus, sis batejen, romangan livres e francs, donant reenço pes si, seyons quels drets volent, e es acostumat de fer". *Mém. de la Société royale des antiquaires de France*, vi, 408.

iv A idéia geralmente defendida por vários historiadores, de que em toda parte durante a Idade Média o comércio estava concentrado em mãos de judeus, e que estes se dedicavam a tal atividade por uma inclinação natural, vem recebendo sérias críticas da historiografia moderna. As condições de vida dos

Apesar de várias proibições, reis e infantes, todos os grandes e até prelados e abades empregavam-nos de preferência como coletores de impostos e financistas, pois eram os habitantes mais abastados do país e sempre dispunham de dinheiro. Arrendavam nas igrejas, conventos e capelas as dízimas, oferendas e esmolas, arrecadando-as nas igrejas durante as rezas e até durante a missa cantada[55].

Entretanto, como já se mencionou algumas vezes, suas transações comerciais estavam sujeitas a certas restrições[56]. Não podiam fechar contratos válidos com cristãos sem licença régia. Entre os possuidores de tais licenças, mencionam-se, entre outros, Isaac Filo e sua esposa Sol, assim como o ferreiro Santob Samay, de Coimbra (1481), que podiam concluir tais contratos diante de qualquer juiz local[57].

Não é preciso ressaltar que também entre os judeus portugueses havia homens que sobressaíam como filósofos, rabinos, médicos e cirurgiões, graças à erudição e saber[58]. Mais adiante iremos conhecer os maiores sábios judeus de Portugal.

> judeus foram as mais diversas, conforme o país em que viviam. Na época a que se refere Kayserling, o comércio era considerado profissão vexatória para os cristãos da península e já se encontrava vedada aos judeus uma série de outras atividades. Cf. o trabalho de Bernhard Blumenkranz, *Juifs et chrétiens dans le monde occidental, 430-1096*, Paris: Mouton, 1960, no qual o autor mostra que a bibliografia existente sobre as atividades agrícolas exercidas pelos judeus na Alta Idade Média, nos territórios correspondentes aos atuais países da Europa Ocidental, é mais numerosa do que aquela referente às suas atividades comerciais; cf. ainda: Ytzhac Baer, *A History of the Jews in Christian Spain*, Philadelphia: The Jewish Publication Society, 1966, v. 1, e José Amador de los Ríos, *Historia Social, Política y Religiosa de los Judíos de España y Portugal*, Madrid: Aguilar, 1960. (N. da T.)

55 "vindo aas Igrejas, e recebendo hi essas ofertas, e estando em ellas, em quanto se rezam as Oras, e celebra ho officio divino, e servindo em alguûs lugares, e aministrando os altares". *Orden. Affons.*, liv. II, tit. 68, § 1.

56 Como em Castela (1411) – cf. a proclamação em Alcalá de Henares, em Lindo, 193 –, era proibido aos judeus de Portugal vender a cristãos carne por eles abatida, que não lhes era permitido consumir. Davi Jachia, em Iossef Caro, *R. C. Iore Dea* (uma das quatro partes em que se divide o *Shulkan Arukh* [Mesa Posta], a codificação da Lei judaica, de autoria de Caro [N. da E.]), tit. 39.

57 "Entre os Praços de Almocave se acha hum, feito a Izac Filo, Judeo, e a sua molher Sol, no anno de 1418, e della consta, que este Judeo mostrou huma carta d'el Rey, para poder contrautar com os christãos". *Elucidário*, I, 307. "No anno de 1431 se passou Provisão Real a Santo Samay, Judeo, ferreiro de Coimbra, para poder fazer qualquer contrato com christãos, sendo perante o juiz do luar". *Elucidário*, II, 61.

58 *Orden. Affons.*, liv. II, tit. 80, § 9; liv. V, tit. 65.

6.

D. Afonso v

Decadência religiosa dos judeus em Portugal. Ódio dos portugueses aos judeus. Eruditos em Portugal: Davi ibn Billa, José ibn Jachia, José Zarco, José Chajun, Isaac Abravanel.

DURANTE O REINADO DE D. AFONSO V, QUE, APÓS A REGÊNCIA quase decenal do seu infortunado tio D. Pedro, herdou o trono de seu pai, D. Duarte, a situação dos judeus em Portugal era extremamente favorável. Nenhum dos monarcas anteriores tanto os protegera, parecendo mesmo que todas as leis canônicas e restrições vigentes tivessem sido repentinamente suspensas. Viviam fora das judarias, não usavam distintivos, pavoneavam-se sobre cavalos e jumentos ricamente enfeitados com custosos arreios, envergando longas túnicas e finos capuzes, com pelerines, coletes de seda e espadas douradas. Exerciam cargos públicos, não se distinguindo, em seu aspecto exterior, dos cristãos com os quais conviviam livremente e com cujas filhas, às vezes, mantinham relações íntimas[i].

Em posição de burgueses livres, também negligenciavam, contra toda expectativa, o cumprimento de seus deveres religiosos. Uma descrição

---

1 Compare com as negociações das cortes de 1481-1482, 1451, 1473.

i Os judeus participaram ativamente nas empresas guerreiras de Afonso v. Diz Amador de los Ríos que "sin las expediciones bélicas de don Afonso, las desdichas de la raza hebrea hubieran subido de punto en las regiones occidentales, al mediar el siglo xv, eclipsando acaso las que en las centrales experimentaban. La necesidad de su cooperación suspendió ahora en Portugal, como suspendía poco después en Castilla, la ruína de los judíos: los odios que en todas las esferas sociales crecían, apenas consentían tregua". Cf. José Amador de los Ríos, *Historia Social, Política y Religiosa de los Judíos de España y Portugal*, Madrid: Aguilar, 1960, p. 650, nota 1. Sobre os judeus no reinado de Afonso v, cf. ainda p. 650-654, 731-733, do mesmo livro. (N. da T.)

contemporânea sobre o comportamento durante o culto, que condiz plenamente com as censuras de Abraão Saba – o qual viveu mais ou menos oitenta anos depois –, nos é transmitida por Salomão Alami, que viveu na mesma época do rabi Simão Duran, num pequeno volume manifesto de advertência[2]. Nessa obra, como observa acertadamente seu mais recente editor[3], "os ricos, os proeminentes, os eruditos, os comerciantes, os rabinos, os administradores, os reformadores e os heróis da logomaquia talmúdica podem aprender qual a tarefa que o judaísmo impõe aos seus adeptos".

É natural que também naquela época houvesse indivíduos que se entregavam com fervor religioso ao estudo do *Talmud*, mas o respeito à lei divina, em maior ou menor grau, havia desaparecido. Os rabinos viviam divergindo entre si: "o que um autorizava, o outro proibia", menosprezavam-se mutuamente e humilhavam-se aos olhos do povo com suas desavenças. Mostravam energia insuficiente e demasiada consideração para com os ricos e poderosos[4].

Entre a classe mais elevada difundira-se uma pseudocultura que afastava a verdadeira religiosidade. Quem lia um livro de filosofia já se considerava filósofo e descuidava de todos os ritos com indiferença e altivez[5].

Não se observava o sábado nem os dias de festa, quando se trabalhava ostensivamente preparando-se mesmo alimentos frescos. Os rabinos calavam, temerosos dos judeus ricos[6].

Nas sinagogas reinava a maior desordem, ocorrendo às vezes cenas de sangue nos próprios locais de oração. Os que se reuniam para a adoração de Deus, em vez de orarem, conversavam ou folheavam livros profanos. Quando se procedia à leitura dos ensinamentos divinos, a maioria se afastava, e os

---

2 *Igueret Mussar* (Epístola da Advertência), escrito em 1415 (não 1315) em Portugal, impresso em Constantinopla em 1609, em Cracóvia, em 1612, em Berlim, em 1713, e mais vezes.

3 Jellinek, Leipzig, 1854, compare também com *Kerem Herned* (Vinhedo Almejado), IX, 44 e s.

4 *Igueret Mussar*, 24.

5 Idem, 26.

6 Idem, 28: "E da observação do sábado eles se afastam [...] costumavam fritar galinhas aos sábados sagrados, por deleite e a fim de eliminar a fraqueza de seu corpo debilitado. *Tseror Hamor (Behar)* (O Saquitel de Mirra)", p. 104a: "A expulsão lhes veio devido à profanação do sábado e brigas ocorridas nas sinagogas nos dias de sábado e festas".

presentes discutiam entre si sobre quem seria "chamado" primeiro, chegando-se ao ponto de às vezes ter que omitir totalmente a leitura e a chamada[7][ii].

As melodias sinagogais foram substituídas por modinhas e canções frívolas[8]. Faltavam religiosidade e devoção.

Durante a prédica, os presentes, notadamente os de categoria mais elevada, ou mergulhavam num sono doce ou tagarelavam. Os pregadores eram perturbados em sua elocução pela gritaria de homens e mulheres atrás da sinagoga. Pobre do pregador que ousasse manifestar aos seus ouvintes a menor repreensão sobre conduta e mau comportamento!

Poucas vezes eram generosos e dispunham de seus bens para dádivas ou atos de caridade, e só doavam com o fito de realçar-se e adquirir renome. Os cobradores de impostos eram obrigados a adverti-los várias vezes. A maioria dos judeus preeminentes que freqüentavam a corte – pessoas a quem eram entregues as chaves do Tesouro do Estado e a cujo mando os obreiros recebiam trabalho – orgulhava-se de suas posses e de sua alta posição, descuidando-se dos interesses da comunidade e esquecendo os pobres e necessitados dentre seus correligionários. Construíam palácios, montavam jumentos ricamente enfeitados, passeavam em coches luxuosos, vestiam roupas faustosas, adornavam suas mulheres e filhas como princesas e damas da corte, com jóias de ouro e prata, com pérolas e pedras preciosas. Eram indiferentes à religião, desconheciam a modéstia, odiavam a diligên-

---

7 *Tseror Hamor (Pecudei)*, p. 89b: "Outrossim, estão acostumados, quando se tira a *Torá* da arca, a maior parte deles sai para tratar de seus negócios ou para falar mal da vida alheia [...] Durante a leitura da *Torá*, todos conversam entre si, contando anedotas ou tratando dos assuntos de novos ou antigos negócios [...] Um terceiro mal que nos aflige agora, por motivo dos nossos pecados, consiste no fato de permanecer o *Livro da Lei* aberto aos sábados, sem que os participantes queiram subir para honrar a Deus, desprezando assim a honra da lei em benefício de sua arrogância, e dizem: 'não quero ser chamado a não ser para assistir à leitura de um capítulo de minha escolha' [nota do tradutor do hebraico: certos capítulos, como, por exemplo, Schelischí ou Schevií, indicam que a pessoa convocada para assistir a sua leitura é mais importante] 'e se eu for chamado, quem será convocado depois de mim?' enquanto isso fica o *Livro* aberto nos dias de sábado, em cima da mesa, e ninguém deles se move". *Igueret Mussar*, 10.

ii "Chamado" vem do hebraico "ascender"; ser chamado para ler os rolos da Lei na sinagoga durante o culto. Originariamente cada pessoa lia sua seção particular, mas com o tempo um leitor especial passou a ser designado para essa finalidade e os *chamados* recitavam somente as bênções. Receber um chamado era tradicionalmente considerado uma honra. (N. da T.)

8 *Igueret Mussar*, 11.

HISTÓRIA DOS JUDEUS EM PORTUGAL

cia e ambicionavam o poder. Amavam as danças e os jogos, e saciavam-se com finas iguarias, enquanto os adeptos da ciência e da cultura, sofrendo necessidades, mal tinham o que comer e beber[9] [iii].

As liberdades que o afável D. Afonso V concedera aos judeus, nunca muito bem vistos, assim como seu luxo e seus ares senhoris, estimularam novamente, e agora em grau mais intenso, o ódio da plebe. Esta aversão crescia de ano para ano, extravasando-se, às vezes, em violentas explosões.

Em fins do ano de 1449, a ralé de Lisboa aproveitou a ocasião das desordens internas e da acidental ausência do rei, para tornar patente seu ódio profundo aos hebreus. Alguns rapazes ultrajaram e maltrataram, sem razão alguma, vários judeus no mercado de peixe de Lisboa, levando a tal ponto sua temeridade que os ofendidos tiveram de pedir auxílio e proteção às autoridades. O corregedor real, dr. José d'Alpôe, considerou culpados os jovens agressores, mandando espancá-los em público. A justiça do corregedor foi suficiente para incitar a gentalha a uma revolta aberta. A massa furiosa atirou-se sobre a judaria, bradando de arma em punho: "Vamos assaltar e matar os judeus!" Em vão os atacados ofereceram corajosa resistência; alguns deles foram mortos e o massacre teria sido terrível, não tivesse o conde de Monsanto se dirigido apressadamente ao local da luta, com todos os homens armados à sua disposição, a fim de abafar a revolta[iv]. O secretário de Estado, Pero Gonsalvez, imediatamente informou estas ocorrências ao rei, que se encontrava com a esposa em Évora, pondo-o a par da existência de sintomas de novos tumultos, julgando imprescindível e urgente sua presença. O monarca retornou rapidamente à capital, mandando punir em público alguns dos chefes da revolta que já se encontravam detidos. Resultaram daí novos distúrbios, até mesmo contra o rei, e com

---

9   Idem, 27 e s.

iii   Apesar de todas as medidas discriminatórias legisladas nos últimos reinados, os judeus viviam no âmago da sociedade portuguesa, encontrando-se parte deles fortemente assimilados. Os acontecimentos nos anos seguintes fizeram retroceder esse movimento assimilatório. (N. da T.)

iv   A massa popular julgava que os judeus fossem riquíssimos, e que nas judarias havia tesouros escondidos, servindo qualquer pequeno incidente de pretexto para que fossem invadidas. "A cobiça popular farejava as comunas como lobo esfaimado em volta do redil", citado por Francisco Marques de Sousa Viterbo, Ocorrências da Vida Judaica, *Archivo Historico Portuguez*, Lisboa, v. II, 1904. (N. da T.)

violência tal que o gentil Afonso viu-se obrigado a agir com rigor inusitado. Todas as pessoas condenadas por agressões e assaltos praticados contra judeus sofreram pesados castigos[10].

A aversão aos hebreus arraigava-se entre os portugueses, já por si temperamentais, e, nas reuniões das cortes, não mais cessaram as censuras à população judaica. Numa destas reuniões, realizada em Santarém em 1451, houve quem apresentasse a queixa de que os judeus usavam roupas de seda, proibidas por lei. Quatro anos depois, na reunião das cortes em Lisboa, mencionou-se que os tropeiros de burros permitiam aos judeus cavalgar aos domingos[11]. Em 1461, foi decretado que os judeus de Sintra não podiam deixar a judaria, e, caso vendessem mercadorias aos domingos e feriados antes do fim do serviço divino, pagariam a multa de duzentos réis; além disso, não lhes era permitido entregar pessoalmente a mercadoria vendida ao comprador cristão, precisando fazê-lo mediante uma corda colocada no portão da judaria, por intermédio de um homem empregado para esse fim[12].

Até o ouro dos judeus, que em geral não se costumava desprezar, foi rejeitado pelos devotos portugueses. Na reunião das cortes de Lisboa, do ano de 1460, foi decidido que no país se levantaria um tributo voluntário de quinze mil dobrões de ouro com a condição de que não se permitisse aos judeus e mouros participar deste imposto[13].

---

10 Rui de Pina, Chronica do Senhor Rey D. Affonso v, na Collecçaõ de Livros Ineditos de Hist. Port., I, 439; Sousa, Historia Geneal. de Casa Real Portug., IV, 40; "Affonso v ordena em huma charta se proceda e castiguem os culpados no roubo, que em Lisboa se ficera aos Judeos. Foy feita em Cintra 6 octubro de 1450" (Manuscrito no Arquivo de Lisboa).

11 Santarém, Historia e Theoria das Cortes, 24, 26.

12 Cintra Pintoresca ou Memoria Descriptiva da Villa de Cintra, Lisboa, 1838, 218: "Ordena-se que os Judeos de Cintra se servão dos portaes que tem na Judaria e tenhão nos dittos portaes humas verdezelhas da altura que deem a hum homem pella cinta para puderem dar por ellas as bofominhas e outros generos que venderem os quaes não venderão aos domingos e festas de preceito antes de finda a missa do dia sob pena de pagarem 200 Reis" (L. 10 da Estremad., f. 284, manuscrito). Nas cortes de Santarém, ordenou-se repetidas vezes que os judeus usassem distintivos e não morassem fora das judarias. Santarém, op. cit., 32.

13 Santarém, op. cit., 29, consta expressamente: "que na dita contribuição não entrassem Mouros nem Judeos, nem seus officiaes". Lindo, op. cit., 316, traduz do seguinte modo: "a general contribution was ordered to be levied on the Jews and Moors, but their officiers were exempted from it!".

Queixas e demandas significativas, que influíram sobre a situação econômica do país, foram apresentadas às cortes de Coimbra, a 18 de março de 1473[14]. Exigiu-se que não fosse mais permitido aos judeus arrendar tributos da Igreja, caindo pesados castigos sobre aqueles cristãos que o consentissem; que fosse posta em vigor a lei segundo a qual criminosos judeus só encontrariam asilo nas igrejas caso se convertessem ao cristianismo[15], e que os judeus não pudessem adquirir bens de raiz a fim de serem doados ou incorporados a uma sinagoga. Exigiu-se ainda que os rabinos se limitassem unicamente aos casos cíveis de que fossem partes os judeus, e que processos entre judeus e cristãos, qualquer que fosse a religião do denunciante ou do acusado, ficassem entregues à alçada de um juiz cristão[16].

De tais exigências sobressai nitidamente a aversão do povo aos judeus. Como terão os clérigos fanáticos atiçado as chamas e vociferado contra os hebreus! Ainda hoje existe uma carta, espécie de súplica, endereçada ao rei D. Afonso v, da autoria de anônimo e desconhecido monge de S. Marco, que, com seus anseios, representava de certo modo a totalidade do clero. O frade insistente e importuno atribuiu só e exclusivamente aos judeus a pobreza do país e as necessidades da classe popular e exigia,

---

Fato semelhante ocorreu cerca de vinte anos depois, em Castela, onde o rei excluiu os judeus de um tributo militar adicional: a cidade de Segóvia, no entanto, requereu autorização para poder também contribuir, baseando-se em antigo compromisso. Os representantes da referida comuna eram então D. Judá Çaragoçi (Saragossa), D. Jacó Galhon (Galo) e Jacó Batidor. Cf. Apêndice n. v.

14 Não Lisboa, como citam erroneamente Lindo, 316, e Grätz, VIII, 336.

15 D. Afonso v promulgou a lei: "se alguũ Judeu ou Mouro [...] fugir pera a ygreja, coutandose a ela, nom sera per ela defeso, nem guouuira de sua imunidade, porque a ygreja nom defende, aqueles que nom uiuẽ sob a sua ley [...], saluo se ele quiser loguo tornar xp̃ão" Orden. Affons., liv. II, f. Va, Évora, 1565.

16 Santarém, op. cit., 44, 45, 47-48. O último (11) requerimento reza: "Que os Rabis dos Judeos [...] só conhecessem dos feitos entre os Judeos", ou, como está melhor explicado em outro trecho, "elles tentavam obterque nas causas civeis entre os sectarios do judaismo, e os da religião dominante preferisse contra o principio geral do direito e foro dos christãos quer estes fossem auctores quer réus". É errôneo querer deduzir disto que "cristãos costumavam levar seus processos ao foro dos rabinos, por ser a jurisdição judaica rápida e barata". Novamente, tratou-se do último parágrafo nas cortes de Évora (5 de março de 1475), determinando-se ao mesmo tempo "que se cumprisse o capitulo determinado em outras cortes a respeito dos Christãos, sendo demandados por Mouros, e Judeos responderem perante os Juizes ordinários. Santarém, op. cit., 51.

como único meio de salvação, que se lhes restringissem os seus direitos o mais possível[17].

Via-se, pois, que tivera razão D. Davi ibn Jachia Negro, irmão do já mencionado astrônomo, D. Guedelha, ao insistir com seus filhos, antes de sua morte, para que não aplicassem seus bens em imóveis, pois não se podia prever não estar próxima a ordem que os obrigaria a abandonar o país[18]. E de fato! Não reinasse em Portugal nesta época monarca tão tolerante e afável como o "bom" Afonso, os judeus de Portugal não se encontrariam em melhor situação do que seus irmãos na Espanha, para os quais aquele belo país, justamente nesta época, começava a tornar-se um inferno, a ponto de, em massa, procurarem refúgio sob a proteção de D. Afonso. Este não atendia às tempestuosas exigências dos inimigos dos judeus, burgueses e eclesiásticos. Em vez de restringir-lhes os direitos ou mesmo expulsá-los, atraiu para sua corte alguns dos que sobressaíam por sabedoria, talento e conhecimentos, honrando-os com cargos importantes e brindando-os com sua confiança. Nesta época, mais do que nos séculos anteriores, havia em Portugal homens eruditos e de talento, rabinos, médicos e filósofos. Se de um lado não se deve exagerar a erudição judaica nesse país, especialmente quando comparada com seus vizinhos, do outro é indubitável que a florescente vida cultural desenvolvida entre os judeus da Espanha mourisca, nos séculos XII e XIII, exerceu também alguma influência, embora pequena, sobre Portugal.

Além dos já citados rabinos-mores, alguns membros da culta família Ibn Jachia Negro acima mencionada e os quase desconhecidos judeus eruditos, rabi Moisés e rabi Jacó ou José – este último contemporâneo do autor de *Tosafot ao Pentateuco*, editado no Daat Sekenim –, que viveram em Lisboa, nos séculos XII e XIII[19], surge-nos como personagem mais importante entre os sábios judeus de Portugal, dos primeiros tempos, Davi ben Jom-Tob ibn Billa (Bilja)[20].

17 Herculano, *História das Origens...*, Lisboa, 1854, I, 95.

18 *Schalschelet*, 49a.

19 Zunz, *Zur Geschichte und Literatur* (Sobre História e Literatura), 90, 96.

20 Sobre Ibn Billa, cf. Zunz, *Additamenta zu Delitzsch's Catalog der leipziger Bibliothek* (Suplemento do Catálogo de Delitzsch da Biblioteca de Leipzig), p. 326; Dukes, *Literaturblatt des Orients* (Folha Literária do Oriente), VIII, 116, 456; Senior Sachs, *haPalit* (O Refugiado), 31. Segundo Zunz, Steins-

HISTÓRIA DOS JUDEUS EM PORTUGAL

Foi Ibn Billa um escritor fecundo em vários setores da ciência. Para um dos seus amigos, médico, escreveu um pequeno tratado, ainda não impresso, sobre a utilidade e aplicação da astrologia na medicina. Reputava-se também poeta, estabelecendo regras sobre a composição de versos. Figura em primeiro plano entre os filósofos religiosos hebreus que exprimiram sua opinião sobre a criação do mundo e outras verdades básicas do judaísmo. Em sua obra principal *Iessodot haMaskil* (Os Fundamentos do Sábio)[21], somente editada nos últimos quinze anos, estabelece treze normas que se poderiam considerar artigos de fé do judaísmo, mas que não obedecem a um princípio uniforme nem derivam unicamente do judaísmo. Seus comentários sobre trechos bíblicos são em geral de fundo místico, razão por que muitas vezes foi criticado por Samuel Zarça, mais inclinado ao ceticismo. O essencial de sua teoria vem expresso no seguinte artigo de fé: "recompensa e castigo para a alma não são um estado que provém do exterior, mas reside dentro da mesma, na satisfação e alegria que suscita uma vida conscienciosa, religiosa e moral, ou na dor causada por uma vida incorreta".

Comparado à Espanha, pode-se dizer que Portugal era pobre em sábios judeus e poucos homens surgiram com trabalhos que marcaram época. A família Ibn Jachia, cujos membros durante séculos foram considerados os únicos representantes das ciências e sabedoria judaicas em Portugal, destaca-se sempre em primeiro plano.

Os filhos[22] do já mencionado D. Davi ibn Jachia Negro, falecido em Lisboa, por volta do ano de 1460, freqüentavam todos a corte de D. Afonso v; no entanto, nenhum deles chegou a adquirir tanta importância como um dos irmãos, José (nascido em 1424-1425), que ocupou posição de destaque na corte deste monarca. O rei, amigo das ciências e dos livros, de menta-

chneider e outros, viveu cerca de 1320. O devoto Klein, talvez melhor versado na mística da Cabala do que na geografia, supôs que Bília fosse uma localidade em Portugal, "de Bilia, du Royaume de Portugal".

21 Com outros, editado em *Divrei haHamim* (As Palavras dos Sábios), Metz, 1849, 56 e s. Um Barsilai Maimum bar Chija Chabib escreveu o manuscrito para Ibn Bília, conservado na Biblioteca Real de Paris. Dukes, op. cit., VIII, 456.

22 O mais velho destes filhos era D. Salomão, que faleceu em Lisboa antes da expulsão, sendo lá enterrado; do terceiro, chamado Guedelha, falaremos mais adiante.

lidade realista, gostava de com ele entreter-se, encaminhando o assunto freqüentemente para temas religiosos. Certa ocasião, o rei apresentou ao seu favorito, a quem denominava "judeu sábio", algumas questões importantes relacionadas com a religião judaica. Este sempre respondia destemidamente, porém, às vezes, sem a habilidade necessária para satisfazer o interrogador; apesar de D. José, como era costume dos ricos de então, incentivar a literatura judaica e seus autores, mandando de vez em quando copiar para seu uso uma ou outra obra[23], encontrava-se mais ou menos afastado da literatura e das suas respostas ao rei não se evidenciam seus conhecimentos. D. Afonso inquiriu-o primeiramente acerca da razão de não quererem os judeus reconhecer Jesus como divindade ou pelo menos como uma parte dela, já que tantos milagres realizara, ressuscitando um morto, alimentando milagrosamente os famintos e fazendo chover no deserto. A isto, D. José respondeu que, mesmo quando Jesus ressuscitara um morto, este fato ainda não lhe conferiria o significado de divino, pois Elias e Elisha também fizeram mortos voltar à vida.

> Quanto ao fato de provocar chuva, [continuou D. José,] encontramos no *Talmud* muitos devotos que fizeram o mesmo. Também os judeus de Toledo, com suas preces, conseguiram que chovesse, quando assim exigiram os habitantes cristãos dessa cidade. Houve também um homem que, tendo de alimentar seus servos e não estando preparado para tal, se dirigiu à sua figueira, dizendo: "Figueira, dê-nos teus frutos!", e ela os deu. Os empregados comeram e saciaram-se.

O rei perguntou-lhe ainda donde tiraram os judeus a prova de que o judaísmo constituía uma revelação para toda a eternidade, não sendo possível uma nova religião, e, também, não tendo magia e adivinhação bases reais, por que razão a lei mosaica impunha castigos para as mesmas. D. Afonso

---

23 Carmoly, op. cit., 14, assegura ter visto no British Museum um *Mischnê Torá* (lit. Repetição da Torá) de Maimônides, magnificamente manuscrito para D. José em 1473 – segundo o valor numérico 232, em todo caso 1472 – por Salomão ben Alsok – Salomo ben Alsok. O nome Alsok não aparece, talvez Alsark, abreviado de Alsarkostan, em Zunz, *Zur Geschichte und Literatur*, 413.

HISTÓRIA DOS JUDEUS EM PORTUGAL

ainda lhe indagou se, de acordo com a opinião dos judeus, a prece de um cristão era ouvida pela divindade da mesma forma como a de um judeu. D. José naturalmente o confirmou, porém, mesmo essa confirmação não lhe evitou a repreensão do rei: "Para corrigir uma falsidade precisas tu proferir muitas falsidades". Outrossim, chamou-lhe a atenção para o fato de, sendo ele personagem de grande influência, não afastar seus correligionários, homens e mulheres, do luxo que só provocava ódio e inveja, levando o povo a crer que os judeus, ensoberbecidos com ouro e prata, haviam conseguido esse luxo, ludibriando os cristãos. "Não desejo, no entanto, que me respondas a isso", disse o rei, "pois sei muito bem que só o saque ou a morte podem vos endireitar; só então lamentareis vossos atos"[24].

As relações entre D. José ibn Jachia e o rei foram semelhantes às que manteve o sábio José Zarco com a mais importante estirpe de condes portugueses. José Zarco, comumente denominado "cabalista de Agrigento"[25], era médico particular do conde Pedro de Meneses, sendo muito prezado por este, assim como por Duarte de Meneses, o herói de Alcácer, que o estimava extraordinariamente, tanto por sua agradável palestra, como pelo zelo que dedicava aos tratamentos do debilitado conde. "Mestre José Zarco"

24 *Schevet Iehudá* (O Cajado de Judá), 108 e s. Com esta disputa está relacionada outra, que também ocorreu perante D. Afonso, entre um cristão e um judeu anônimo (José ibn Jachia?). Mais bem preparado, e conhecendo os argumentos apresentados anteriormente por outros, o adversário inábil desta vez foi vencido, de maneira que o rei terminou a controvérsia com as significativas palavras: "Reconheço tuas palavras, ó Judeu, como excelentes, mas pela lógica não convencem e por isso continuamos nós cristãos, com o que adotamos como verdadeiro e vós continuais com o que vós considerais verídico e pelo qual recebereis recompensa futura, pois tendes com isso Deus em vista". *Schevet Iehudá*, 64.

25 *Schalschelet*, 49b: "O rabino ibn Sarco, apelidado 'O Cabalista de Agrigento', também fez parte dos expulsos da Espanha e era grande conhecedor da ciência da Cabala e realizador de obras, e ouvi a respeito dele que praticou muitos atos de caridade". "Por alguns é chamado José Schraga, Judá Sarko, José Sarko; seu nome correto, Sarco, Zarco, só aparece na valiosa crônica de Ruy de Pina, Chronica do Conde D. Duarte de Menezes, em *Collecçaõ de Livros Ineditos*, III. Na página 34 é simplesmente chamado "Mestre Joseph", "seu physico, a que o Conde (D. Pedro de Menezes) dava grande authoridade". Da página 63 consta: "o hum Judeu, que se chamava Mestre Joseph Zarco, que era bom philosopho, pello qual o Conde tinha com elle grande geito... Alem do grande cuidado que elle mostrava nas curas do Conde, que erão quasi cada dia". Compare também p. 64 e 66. Zarco, como nome da nobreza de Portugal, já aparece no séc. XIII. *Monarch. Lusit.*, v, 176 e s. Sobre o *Argenti* em *Schalschelet*, cf. S. D. Luzzatto, *Steinschneider's hebr. Bibliographie* (Bibliografia Hebraica de Steinschneider), 1861, p. 22, e seu *Cat. Bodl.*, 1532.

106

tornou-se logo o confidente desta casa condal, especialmente da irmã de D. Duarte, D. Leonora. Utilizou-se a mesma do judeu amigo da família para, entre outras coisas, convencer o irmão a candidatar-se a um posto mais elevado no serviço de Estado. Apesar da destacada e influente posição que usufruía na família de Meneses, José, contudo, deixou o país, mudando-se para Agrigento, pressentindo talvez o destino que ameaçava atingir os judeus de Portugal. Dedicou-se à Cabala, em cujo espírito se baseava para explicar não só as rezas dos dias santos[26], como também para escrever um comentário místico sobre a maior parte da *Gênese*, em homenagem ao seu correligionário, Leão Sinai ben Samuel, de Colônia, que morava em Agrigento[27].

Mais conceituado ainda do que os homens mencionados, mercê de sua posição, sua honestidade de caráter, seu grande amor ao judaísmo, suas realizações como estadista, sua atividade prática e seu destino acidentado, foi D. Isaac Abravanel[28], sem dúvida a mais célebre personalidade que viveu entre os judeus de Portugal. Com ele encerra-se condignamente a longa cadeia

---

26 *Comentário sobre as Preces dos Dias Santos*, Manuscrito na Biblioteca de Jos. Almanzi, segundo informações de Luzzatto, na *Bibl. hebr.*, 1862, p. 22, n. 124.

27 Idem., 1861, p. 46: "Comentário sobre algumas partes do *Pentateuco*, desde o capítulo 'Valerá Elav' (lit. "e lhe apareceu", Gn 18,1) até parte do capítulo 'VeEle Schemot' (lit. "e eis os nomes", Ex 1,1), composto por um varão oprimido e humilhado pelas atribulações do tempo que o cercaram, e que foi expulso durante o êxodo do exílio de Sefarad, ou seja, o Êxodo de Castela, no ano de 5250 da criação mundo, e que foi exilado pela segunda vez durante o êxodo de Portugal, e que foi afligido por várias atribulações e doenças – o famoso senhor José ben Zarco, o grande sábio e cabalista, Deus o guarde, o compôs para o piedoso senhor Leão Sinai de Colônia, de memória abençoada, cidadão de Agrigento, filho de Samuel de Colônia".

28 A primeira biografia resumida de Abravanel foi escrita pelo italiano Baruch Usiel Chasekito, como introdução para *Maainei Hayeshuá* (As Fontes da Salvação), de Abravanel; uma mais completa foi elaborada por Carmoly, no *Otzar Nechmad* (Tesouro Precioso), II, 47, e Grätz, op. cit., VIII, 334. De pouco valor é a biografia de Abravanel escrita por Hartmann na *Encyklopaedie von Ersch-Gruber* (Enciclopédia de Ersch-Gruber), s. v., como a de Boissi e outros. Descrição excelente de Abravanel há em *Die Marannen, Novelle aus dem letzten Jahrzehend des funfzehnten Jahrhunderts* (Os Marranos, Novela do Último Decênio do Século XV), de Ph. Phillipson (Phillipson, *Saron*, v. I). Sobre a parte bibliográfica cf. Wolf, *Bibl. hebr.*, III, 540, e especialmente Steinschneider, *Cat. Bodl.*, 1076 e ss. A pronúncia correta do nome escrito em hebraico é Abravanel (com v, não com b) e devemos levar em consideração que esta grafia correta vem constatada num velho documento português. Ainda há trinta anos, a pronúncia deste nome foi assunto de uma controvérsia entre Gotthold Salomon e o teólogo de Rostock, Hartmann.

de estadistas hebreus que, durante séculos, tão extraordinariamente serviram à Península Pirenaica e que não pouco contribuíram para seu florescimento.

A linhagem da nobilíssima família de Abravanel, assim como a de Ibn Daud, deriva diretamente de Davi; denomina-se ele, com orgulho justificável, "descendente do Isaí de Belém". A nobreza de seu caráter exprime-se em toda a sua personalidade. Dos seus antepassados célebres, que este digno descendente enumerava até o sexto grau, e dos respectivos nomes, como brilhantes astros no seu escudo de família, aos quais juntou o seu, pouco são os fatos de relevância que chegaram até nossos dias[29]. Sua pátria fora Sevilha. Lá vivera seu trisavô, excelente sábio, nos tempos do devoto e erudito D. Afonso de Castela, que interpretando – em conversa com seu culto amigo cristão, Tomás, confidente do sábio D. Afonso – aquela pequena palavra[30] que tanto ódio provocou aos judeus, afastou um grave perigo de seus irmãos de fé, tornando o rei ansioso por conhecer pessoalmente o valoroso Abravanel[31]. Lá também viveu o avô de Isaac, Samuel Abravanel, homem tão estimado quanto magnânimo, o mesmo que, em conseqüência das perseguições de 1391, teve que se sujeitar ao batismo e trocar o seu velho e digno nome, embora por curto prazo, pelo de Juan de Sevilha[32]; incentivou as ciências, apoiou os sábios e abrigou de bom grado, durante sua fuga, Menahem ben Aron ben Serach, que se salvou milagrosamente do massacre dos judeus em Estella e escreveu obra ainda hoje apreciada, em homenagem a Samuel[33].

---

29 O comentário de Abravanel para os Profetas (ed. de Amsterdã), 293a, *Schevet Iehudá*, 10. O prólogo do seu *Comentário sobre Josué* começa: "Eu, o varão Isaac [..]. filho de Judá, filho de Samuel, filho de Judá, filho de José, filho de Judá, da família Abravanel todos chefes dos filhos de Israel, da origem de Isaí, de Belém, da família da dinastia de Davi". Muito mais simples em suas primeiras obras, compare mais abaixo.

30 A palavra *nokhri*: a explicação de Abravanel não é supérflua, inclusive para nossa época; um *nokhri*, diz Abravanel, é alguém que se afastou do seu criador, e que não reconhece os ensinamentos religiosos básicos; o cristão, entretanto, que acredita na criação do mundo, nos milagres e na providência, não poderia ser considerado nochri. *Schevet Iehudá*, 10 (tradução alemã, 18).

31 *Schevet Iehudá*, 10, 13.

32 *Iukhasin*, 225. "D. Samuel Abravanel, cujo nome durante a conversão foi João de Sevilha".

33 Cf. minha *Geschichte der Juden in Spanien und Portugal* (História dos Judeus na Espanha e em Portugal), Berlim, 1861, I, 85.

D. AFONSO V

Por razões não especificadas, mas facilmente compreensíveis, emigrou para Portugal o filho de Samuel, D. Judá Abravanel, estabelecendo-se em Lisboa. Também aí, graças às suas posses, granjeou honras e renome e, com o seu dinamismo, aproveitou a influência que exercia sobre os homens importantes do país, como haviam feito seus antepassados, para agir a favor de seus correligionários[34]. Tornou-se tesoureiro de D. Fernando, irmão do rei D. Duarte, infante devoto e sonhador, a quem a história cognomina ora de santo ora de resoluto príncipe, e que, devido às suas exíguas rendas, muito se valeu do abastado D. Judá. Antes de o infante empreender sua expedição militar para o Tânger mourisco, pressentindo sua breve morte, ordenou em testamento que se pagasse pontualmente o empréstimo de 506,600 réis brancos "ao judeu Abravanel, habitante de Lisboa"[35]. Corria o ano de 1437. Nesse mesmo ano nasceu em Lisboa seu filho Isaac[36]. Viu a luz ao mesmo tempo em que seu amigo Guedelha ben Davi ibn Jachia. Este médico e autor de uma obra sobre "As Sete Artes Livres", e de várias poesias hebraicas[37], parece ter-se empenhado a favor de uma reconciliação entre os caraítas e rabanitas, por especial solicitação daqueles e contra a vontade destes[38]. Durante uma viagem à Terra Santa, faleceu em Constantinopla, onde estivera enfermo durante alguns meses, a 3 de Tischri (outubro) de 1487, tendo sido enterrado em Negroponte.

D. Judá[39] proporcionou ao seu filho Isaac uma educação primorosa, de acordo com suas posses e as exigências da época. Não sabemos quem foi

---

34 Isaac designa seu pai como "homem ativo, grandemente empreendedor, príncipe de Israel, de grande fama". Prólogo para *Ateret Zequenim* (Coroa dos Anciãos), para o *Comentário sobre Josué*, princípio de *Tsurot haVessodot* (As Formas dos Elementos) e s.

35 "Mando q' paguem a Abravanel Judeu, morador em Lisboa, cincoenta e dous mil e cem reis brancos q'me emprestou, e os quarenta e cinco mil q'me emprestou o dito Abravanel" (1437). Sousa, *Provas*, I, 507.

36 Prólogo para o *Deuteronômio, Josué, Reis*.

37 A obra *Schiva Einayim* (Sete Olhos) foi mandada imprimir pelo médico José ibn Jachia, filho de Jacó-Tam ibn Jachia, célebre como médico e talmudista. Constantinopla s. a., *Ersch-Gruber*, xxxi, 82; Carmoly, op. cit., 17, onde também consta seu epitáfio.

38 *Schalschelet*, 49b, *Israelisch Annalen* (Anais Israelitas), 1840, 26, desmentido.

39 D. Judá Abravanel não morreu antes de 1457. Isaac, em suas primeiras obras de mocidade, fala dele como se estivesse vivo, e junta a este nome o epíteto usual para os judeus hispano-portugueses: *sofó-tov* (que tenha um bom fim).

seu mestre, mas sem dúvida exerceu influência acentuada sobre sua orientação espiritual o então rabino de Lisboa.

Este, José Chajun, filho de D. Abrão ben Nissin Chajun[40] e, assim como Isaac, natural de Lisboa, era homem devoto e temente a Deus. Ocupou o rabinato da sua comuna natal durante um quarto de século, excetuando-se a curta temporada que passou em Évora, obrigado a deixar a capital, em virtude de uma epidemia assoladora de peste. Aí terminou, em 4 de Sivan (fins de maio) de 1466, seu *Comentário sobre* Jeremias, conservado em manuscrito[41], e, quatro anos depois, o *Comentário sobre os* Provérbios *dos Patriarcas*. Chajun, geralmente inclinado mais à leve *Agadá* do que ao estudo do *Talmud* halákhico, proveu de comentários a maioria dos livros da Sagrada Escritura, principalmente os *Salmos*, os *Provérbios* e todos os *Profetas*[42]. Este rabino

40 Deve provavelmente ser distinguido de um Abrão ben Salomão Chajun, que escreveu diversas poesias litúrgicas. Zunz, *Literaturgeschichte* (História da Literatura), 544. Nosso D. Abraão Chajun é autor de uma pequena obra de conteúdo moral, publicada em Ferrara (1556), sob o título de *Imrot Tehorot* (Palavras Puras).

41 No fim deste comentário manuscrito, lê-se, conforme informação por escrito do falecido S. D. Luzzatto: "Seja louvado e enaltecido o nome do rei dos reis, louvado o qual auxilia sempre aos que para esse fim o procuram, assim como a mim, seu servo, filho de José ben Abraão, seu admirador (amante), que sua alma descanse em paz, chamado Ibn Chajun, deu forças para começar e terminar o comentário sobre este livro de *Jeremias*, seu profeta, que descanse em paz. Terminei este trabalho na segunda-feira, quatro dias do mês de Sivan, 226 anos depois do quinto milênio da Criação, na cidade de Évora, no reino de Portugal, enquanto estou afastado do meu país e da minha família e da minha comunidade, a comunidade da agitada cidade de Lisboa, preocupado e profundamente magoado com a infelicidade daquele país e de suas epidemias, que Deus fez cair sobre ele, pois já faz três anos que Deus contagiou o país com a peste e vários outros males, conhecidos e desconhecidos, e minha comunidade estava clamando e lamentando e multiplicaram-se seus gemidos, o meu coração dói e está magoado por essa desgraça, pois sofreu ele um enorme golpe. Que Deus misericordioso a cure a fim de que fique curada, que a fim de que fique salva, pois Ele é sua glória, e seu Deus, que antigamente lhe realizou muitos milagres, que a restaure como nos antigos tempos, que seja restabelecida e fortalecida e que faça voltar os exilados de Jacó e que faça com que eu também volte, para ficar junto, na intimidade de meus irmãos e de meus amigos na casa de Deus e que os nossos olhos de todo Israel, os vivos como os mortos, alcancem ver a restauração do Templo e de Jerusalém, quando para lá voltar à presença de Deus e quando o Salvador entre em Zion, Amém. Louvado seja Deus para toda a Eternidade. Amém".

42 Num exemplar manuscrito de *Peirus al-Tehilim* (Comentário sobre os Salmos), de José Chajun, impresso em Salônica em 1522, lê-se-na primeira página a anotação: "Dedicado ao ilustre senhor D. Judá Abravanel"; um presente que o filho de Isaac, Judá (Leão), indubitavelmente recebeu quando ainda em Portugal. Informação publicada em *Steinschneider's hebr. Bibliographie*, IV, 54.

D. AFONSO V

lisboeta[43], seguido antes de 1490 no rabinato por seu filho Moisés[44], foi considerado por Isaac Abravanel, também em idade mais avançada, como seu mestre, e é possível que o tenha escolhido como exemplo e modelo nos seus comentários exegético-filosóficos.

Ainda na mocidade, elaborou Abravanel o plano para seu *Comentário sobre o* Pentateuco, e logo após iniciou também sua explicação do *Deuteronômio*[45]. Precoce, de inteligência lúcida e penetrante, animado por raro amor à sabedoria e tomado de entusiasmo pelo judaísmo, possuía também certa vaidade e amor-próprio. Dava muito valor ao fato de não apenas brilhar pela riqueza e posição que ocupava no governo, mas também de sobressair-se como pensador e autor filosófico.

Com entusiasmo cultivava o jovem Abravanel, que "convivia com os reis e grandes do país", o estudo da obra de Aristóteles, que ele, assim como seus antecessores, denominava simplesmente "o filósofo", e dos trabalhos dos comentaristas árabes do Estagirita, Ibn Roschd, Ibn Sinai, Al Gasali e outros, naturalmente em tradução hebraica, pois supomos que não conhecesse o árabe e o grego. Familiarizou-se com o *Mores* de Maimuni, que também lhe serviu durante algum tempo como guia principal, com os *Kusari* de Judá Halevi, com os *Filosofemos* do Gersônida; coligiu, depois dos escritos desses pensadores judeus e cristãos, o que se relacio-

43 Para José Chajun ("Para o verdadeiro sábio, o rabi José Chajun, saquitel de mirra, racimo de flores de hena") escreveu Moisés, o Cantor, no ano de 1441, a obra *Menorat haMaor* (O Candelabro da Luz), de Israel Nakawa [Nakawana. Encontramos Nakawna, Alanaqua, Alanaqwa ou Anakawa – informação do tradutor hebraico]. Dukes, *Nahal Quedumim* (Torrente Antiga), Hannover, 1853, 61. Segundo informação do sr. Rafael Kirchheim, certo Esra ben Salomão copiou para Moisés (provavelmente devia ser José) ben Abraão Chajun, em Lisboa, Marcheschvan 5234 (novembro de 1473), um manuscrito contendo *Deraschot* (homilias, interpretação alegórica) filosóficos para os *Haftarot* (trechos dos *Profetas* recitados após a leitura da *Torá* na sinagoga, aos sábados e dias de festa) de vários autores, um comentário para *Cohelet* (O Eclesiastes), para *Perek Schira* (aqui no sentido de Canto poético, hino), de Moisés Kimchi, e algumas historietas no estilo de fábulas. O manuscrito pertence a Carmoly. Compare com *Allgemeine Zeitung des Judenthums* (Noticiário Geral do Judaísmo), 1856, 507.

44 Steinschneider, *Cat. Bodl.*, 1451.

45 Já no *Ateret Zequenim* (A Coroa dos Anciãos), que ele mesmo considera obra de sua juventude, cita o seu *Comentário sobre o Deuteronômio*, cf. 24a: "Meu Comentário sobre a *Torá*"; 24b: "E no comentário sobre o *Deuteronômio*, nós comentamos estes versículos de outro modo"; 43b: "O comentário sobre o Pentateuco que eu estou fazendo" (fala-se aí do segundo livro).

III

nava com o tema por ele escolhido, ordenou as diversas frases, comparou, combinou[46], surgindo assim o seu primeiro trabalho que se poderia considerar dissertação, uma pequena obra de poucas páginas sobre *A Forma Primordial dos Elementos*[47].

A esta primeira produção seguiu-se logo outra, mais importante em escopo e conteúdo, intitulada *Coroa dos Anciãos*[48], na qual, baseando-se no versículo 20 do *Êxodo*, tratou em 25 parágrafos, de maneira clara e agradável, das mais importantes questões de fé, da peculiar Providência divina para Israel, da profecia etc.

Por sua atuação como estadista, Abravanel conquistou muito maior celebridade do que com as obras de cunho filosófico que escrevera na sua juventude[49]. Enquanto elaborava a *Coroa dos Anciãos*, ele – que podia gabar-se de haver, "mais do que qualquer um anteriormente, acumulado riquezas, sabedoria, grandeza, servos e servas que comiam seu pão e se vestiam com sua lã e seu linho"[50] – já estava envolvido em variados negócios, "inconstante e irrequieto, aqui e acolá, qual ativo homem de empresa"[51].

D. Afonso soube apreciar o seu talento de estadista e procurou atrair este judeu rico, educado e agradável no trato, para a sua corte; era-lhe muito conveniente poder dispor de um homem desse gabarito para seus grandes empreendimentos bélicos, que excediam seus recursos. Nomeou-o ministro

---

46 *Tsurot haIessodot* (As Formas dos Elementos), Apêndice: "e eu recolherei, dentre de todos os povos, sábios de reputação conhecida e homens dos filhos de Israel etc."

47 *Tsurot haIessodot*. Comumente impresso depois de *Ateret Zequenim* (A Coroa dos Anciãos) e já mencionado neste, 38a: "e eu escrevi nesta obra *Tsurot haIessodot* um outro comentário".

48 *Ateret Zequenim*, Sabionetta, 1557; Amsterdão, 1739, é muitas vezes citado em suas obras posteriores, sempre com a adição: "que compus na minha juventude" ou "que compus, faz muito tempo", assim, *Zevá Pessakh* (Sacrifício de Páscoa), 36b; *Schamaim Hadaschim* (Céus Novos), 47b; *Yeschuot Meschiho* (As Salvações de Seus Messias), 60a; *Rosch Amaná* (O Pacto Principal), 14b.

49 Entre suas primeiras obras encontra-se também o desaparecido *Mahassé Schadai* (Visão Divina), que tratava da profecia e que é citado pelo menos uma dúzia de vezes nos seus comentários sobre *Josué, Samuel* e os livros dos *Reis*: "O livro *Mahassé Schadai*, de minha autoria, é uma obra muitíssimo extensa, porém, durante as tribulações do exílio e dos saques inimigos, me foi roubado esse livro e não o vi mais até esta data", *Maainei Hayschuá*, 21b.

50 *Zevá Pessakh*, Prólogo.

51 *Ateret Zequenim*, Prólogo.

das Finanças e tesoureiro, nele depositando toda a sua confiança. Abravanel tornou-se logo o favorito de toda a corte. Com os membros da casa de Bragança, que iriam morrer no cadafalso sob o sucessor de D. Afonso, mantinha relações amistosas; príncipes e nobres freqüentavam seu palácio; com os eruditos de Lisboa convivia diariamente; o dr. João Sezira, que sempre apoiou energicamente a causa dos judeus, constava entre seus amigos mais íntimos[52]. Deste modo viveu Abravanel, rico e honrado, anos felizes em Lisboa, como ele próprio relata na sua introdução ao *Comentário sobre Josué*:

> Satisfeito encontrava-me em minha terra natal, usufruindo magnífica herança paterna, num lar abençoado por Deus, em Lisboa, a célebre capital do reino de Portugal. O Senhor havia-me concedido prosperidade, abundância, honra e amigos. Construíra eu residências e faustosos balcões; era minha casa o ponto de reunião dos sábios; sabedoria e temor a Deus eram aí divulgados. Via-me benquisto no palácio de D. Afonso, este monarca poderoso e de vastos domínios que reinava sobre dois mares, bem-sucedido em todos os seus empreendimentos; este soberano sentado no trono do direito, praticando no país a clemência, a justiça e a virtude, que confiava em Deus, afastando-se do mal e almejando o bem de seu povo, sob cujo governo também os judeus obtiveram liberdade e salvação. À sua sombra aprazia-me tanto ficar, eu era chegado a ele, que sobre mim se apoiava, e, enquanto viveu, freqüentei seu palácio.

Apesar do seu brilho e da posição que ocupava, Abravanel não esqueceu seus correligionários. Era para eles, como enaltece seu filho, o poeta Judá Leão, "escudo e muralha, salvava os perseguidos do poder dos adversários, sanava os males e afastava os leões bravios"[53]. Quando o rei D. Afonso conquistou o porto de Arzila, na África, emigraram de lá 250 judeus de dife-

---

52 Compare com a poesia de 52 linhas de seu filho Judá Leão, antes do *Comentário sobre os últimos Profetas*; *Ateret Zequenim*, 7a, 9b.

53 A Poesia de Judá Leão.

HISTÓRIA DOS JUDEUS EM PORTUGAL

rentes idades e ambos os sexos, sendo vendidos como escravos por todo o reino. O compassivo Abravanel não pôde conservar-se indiferente ante tal fato. Logo que teve notícia dessa tragédia, organizou uma comissão de doze dos mais importantes membros da comuna de Lisboa e propôs-se a tarefa de libertar esses infelizes do cativeiro. Junto com mais um membro da comissão viajou por todo o país, a fim de angariar donativos para esta benemérita finalidade. Em pouco tempo conseguiu arrecadar dez mil dobrões de ouro e comprar a liberdade de 220 prisioneiros, não raro por preço elevado. Estes judeus e judias libertados foram alojados, alimentados e agasalhados até aprenderem a língua do país e serem capazes de cuidar de si. Como iria Abravanel conseguir as enormes somas que a manutenção e o sustento de tantos infelizes exigiam? Não podia apelar novamente para a caridade dos seus conterrâneos; por isso, dirigiu-se a Jechiel de Pisa, que devido à sua imensa fortuna concorria com as casas mais abastadas de Florença, dando-lhe a entender que donativos das comunas italianas para os empobrecidos africanos seriam aceitos com gratidão.

Abravanel tinha laços de íntima amizade com Jechiel de Pisa, tão rico quão caridoso. Ao dirigir-se o já mencionado dr. João Sezira, em companhia de D. Lope de Almeida, a Roma, a fim de entregar ao papa Sixto IV uma missiva congratulatória do seu rei, Abravanel entregou-lhe uma carta de apresentação para Jechiel. Pedia a este, encarecidamente, que atendesse na medida do possível ao dr. Sezira, e que lhe afirmasse, assim como ao companheiro fidalgo, ter a fama de D. Afonso também atravessado os Apeninos e que ele, o amigo italiano, muito se regozijava com a afeição dispensada pelo corajoso monarca português aos judeus de Portugal. Abravanel solicitou ainda de Sezira a promessa de interceder junto ao papa a favor dos judeus. Como presente para Jechiel, enviou a *Coroa dos Anciãos* e uma parte do seu *Comentário sobre o* Deuteronômio, ainda incompleto; sua esposa enviou à mulher de Jechiel uma fiel escrava moura, que durante algum tempo vivera na casa de Sezira[54].

54 Carta de Abravanel, datada de Nissan, *Parschá Schemini* (Capítulo Schemini), 1472, endereçada a Jechiel de Pisa, editada em *Otzar Nechmad*, II, 65; Grätz, VIII, 339. Num pós-escrito, Abravanel pergunta a Jechiel se o papa era favorável aos judeus, se existiam médicos judeus em Roma, ou se os cardeais exerciam a medicina.

Com a mudança de regentes em Portugal, foi Abravanel repentinamente arrancado da paz e da felicidade em que vivera com sua dedicada esposa e seus três filhos talentosos. Após um governo enérgico, morreu o "bom" rei D. Afonso, em fins de agosto de 1481. Sucedeu-lhe o filho, D. João II, homem sombrio, impiedoso e egoísta, de caráter sério e decidido, que pretendia eliminar os poderosos fidalgos e instaurar um governo absolutista. Pensou, em primeiro lugar, em afastar seu parente, o duque de Bragança, o mais rico e benquisto homem do país e, como se exprime Abravanel, carne da sua carne e osso de seu osso. Após simular amizade durante algum tempo, acusou-o, e aos seus irmãos, de entendimentos secretos com Castela, processando-os por alta traição e mandando degolar o duque de Bragança. Os irmãos do duque, marquês de Montemor e conde de Faro, aos quais aguardava idêntica sorte, fugiram para o estrangeiro e D. João incorporou à Coroa os vastos bens da casa de Bragança.

Como Abravanel mantinha há muito tempo relações de amizade com os membros desfavorecidos da mencionada família, D. João II também suspeitou de sua cumplicidade na conspiração[v].

> Também contra mim vociferava ele, [relata Abravanel,] eu que na minha mão não trazia injustiça, nem embuste na minha boca, pois outrora, em dias mais felizes, dedicara carinhosa amizade àqueles fidalgos agora perseguidos, que prazerosamente vinham pedir-me conselhos. Fui acusado pelo soberano de graves crimes, contra mim dirigiu seu intenso ódio, considerando-me um dos conspiradores, pois supunha que aqueles nada empreenderiam sem meu conhecimento, eu que a eles estava tão intimamente ligado, considerando-me, pois, traidor. Indivíduos infames, tentando igualmente derrubar-me para se apoderarem de tudo o que me pertencia, atiçavam as labaredas, apontavam como cobras suas línguas, acusando-me de atos ignóbeis que eu não incitara e que nem me haviam passado pela mente. Em meio a esta confusão, recebi a notícia fatídica:

v   Cf. Sentença de Isaque Abravanel, em Anselmo Braancamp Freire, As Conspirações no Reinado de D. João II, *Archivo Historico Portuguez*, Lisboa, v. II, 31-3, [1904?]. (N. da T.)

o rei havia ordenado que eu me apresentasse imediatamente perante ele; obedeci-lhe, pus-me a caminho do local indicado pelo soberano, sem esperar mal algum. Durante a viagem, num albergue, aproximou-se de mim um homem, dizendo: "Não prossiga! Salva tua vida, pois os tempos são adversos; boatos perigosos circulam, há temor em derredor e eu soube de um pacto que alguns fizeram contra ti.

Esta advertência impeliu-me a deixar minha herança, a esposa que Deus me deu, os filhos que o Senhor me concedera e tudo quanto possuía. Procurei a salvação na fuga. Levantei-me à noite, pondo-me a caminho, para fugir ao monarca encolerizado, à desgraça. E como meu destino chegara tão repentinamente, qual tempestade que espalha o debulho, nada pude salvar das minhas posses, escapando apenas com a vida. Na manhã seguinte, o boato da minha fuga já se espalhara no palácio do faraó-João, e por ordem do rei, com urgência, foram expedidos mensageiros incumbidos de me prender e matar. Todo um bando foi ao meu encalço e mercenários a cavalo perseguiam-me durante todo o dia e a noite subseqüente em direção ao deserto.

A bondade divina não permitiu que eu sofresse mal algum. À meia-noite saí do Egito, o reino de Portugal, e penetrei no reino de Castela, isto é, na cidade limítrofe de Segura della Orden. Quando o rei percebeu não poder tirar-me a vida, e que eu seguira o caminho indicado por Deus, encolerizou-se, tratando-me como se fora seu inimigo. Apoderou-se de tudo o que eu havia acumulado em ouro, prata e preciosidades. Bens móveis e imóveis, de tudo se apropriou, não me deixando nada. (Outubro de 1483)[55]

Abravanel, empobrecido dessa maneira, culpava-se secretamente por ter, quando estadista e homem próspero, negligenciado o estudo da Lei.

---

55 Introdução ao *Comentário sobre Josué*; compare com o Prólogo para *Zevá Pessakh*.

Livre do cargo estadual, louvando o Todo-Bondoso por estar reunido à sua mulher e dois de seus filhos – o terceiro havia permanecido em Portugal[vi] –, dedicou-se de novo ao serviço do Senhor. Concretizou primeiramente a resolução já tomada na pátria, de dar aos livros históricos[56] do *Velho Testamento* um comentário detalhado. Num círculo de homens estudiosos, apresentou verbalmente as suas explicações, redigindo-as depois em prazo espantosamente curto. Em dezesseis dias (de 10 a 26 de Marcheschwan – novembro de 1483) estava terminado o *Comentário sobre Josué*, em 25 dias (de 1 a 25 de Kislev – dezembro de 1483), o *Comentário sobre o Livro dos Juízes*, e em três meses e meio (de primeiro de Tevet a 13 de Adar II – janeiro a abril de 1484), o comentário para os dois livros de *Samuel*[57].

Abravanel estava amplamente preparado para estes trabalhos exegéticos; cumpriu sua tarefa com tanto brilhantismo que seu mérito pela explanação da *Bíblia* ainda hoje é reconhecido espontaneamente, e honrado por todos os pesquisadores judeus e cristãos. Raras vezes encontraram as obras de um sábio hebreu da Idade Média tão ampla difusão, mesmo entre os cristãos, como as de D. Isaac Abravanel; mais de trinta teólogos cristãos, entre eles homens como Alting, Buddeus, Constantin L'Empereur, Hulsius, Carpzov, Surenhus e, especialmente, Burtorf, estudaram-no, traduziram parte de seus comentários e elaboraram resumos de suas demais obras. Possivelmente tomaram em consideração o fato de, como judeu, não haver ele deixado de consultar comentaristas cristãos, e neste ponto foi Abravanel realmente mais tolerante do que muitos dos seus contemporâneos e sucessores. Utilizava as obras exegéticas de um Jerônimo, Agostinho, Nicolau de Lira e até do batizado Paulo de Burgos[58]; considerava compatível com

---

vi Cf. Livro I, cap. VII, nota 73. (N. da T.)

56 É singular que os livros da Crônica tenham sido pouco notados por Abravanel, como ele mesmo o confessa na Introdução ao *Comentário sobre Samuel*: "Eu sou o primeiro hoje a confessar minha falta de que jamais li os livros (Crônicas) e nunca me interessei por seu conteúdo".

57 Cf. o final dos *Comentários* sobre Josué, Juízes e Samuel.

58 Paulo de Burgos (Salomão Halevi); cf. *Sefardim*, 61 e s. Abravanel menciona Paulo de Burgos em seu *Comentário sobre o Livro de Isaías*, c. 34: "Não faz muito tempo, um sábio de nosso povo se converteu nos reinos da Espanha. Seu nome, quando judeu, era Salomão Halevi, e depois tornou-se figura preeminente entre os cristãos, como bispo de Burgos". Ele denomina Nicolau de Lyra de "o maior e melhor comentador entre eles", *Isaías*, cap. 34; *Ezequiel*, cap. 4 e s.

HISTÓRIA DOS JUDEUS EM PORTUGAL

sua fé o conhecimento de Plotino e S. Tomás de Aquino, denominando este último o maior dos sábios cristãos e julgando tão importante um seu tratado, que o verteu para o hebraico[59].

Esta tolerância para com os sábios cristãos coaduna-se mal com a intolerância com que combate os pontos de vista e as declarações de pesquisadores judeus, que divergem da sua opinião. Considera homens como Albalac, Palkera, Narboni, Profiat Duran, Bigago, Çarça iguais, senão inferiores, ao apóstata Abuer; "nem sequer deseja pronunciar os seus nomes"; considera-os arrogantes, hereges, falsos mestres[60]. Com quanto desdém refere-se a Narboni, este raro admirador de Maimuni:

> Penso eu, por que vou lidar com este ídolo? É traiçoeiro e dissimula num jogo de versos e de frases grandiloqüentes as suas opiniões, sendo estas tais que, como israelita, a vergonha o impediu de exprimi-las clara e abertamente. Tem o despudor de uma mulher lasciva que goza, limpa a boca e diz: não fiz nada de mal. Por isso, toda vez que emprega versos ou frases artificiais, deve-se clamar aos israelitas: "Saibam que ele está tramando iniqüidades!" E por isso, penso eu, não quero lembrar o seu nome[61].

Não é com maior benevolência que trata a Ibn Caspi, este filósofo meritório de Argentierre: "por seus vários ataques abertos e velados, muito deve ter ele contribuído para que, nos últimos séculos de trevas, quase não se ousasse espalhar o nome e menos ainda as obras de Caspi"[62]. Disputou também com rabi Levi ben Gerson e outros de igual valor, por não acreditarem cegamente

---

59 Jellinek, *Thomas de Aquino*, 8. Abravanel cita Tomás (no livro que ele intitulou *Giconda*) também em seu *Comentário sobre Samuel*.

60 *Comentário sobre José*, cap. 10, ed. Leipzig, 21b: "Nem quero proferir seus nomes", em *Mifalot Elohim* (Obras de Deus); 11b: "nem sequer devo proferir seus nomes".

61 Abravanel, na sua resposta a Saul Cohen, em Geiger, *Melo Chofnajim*, 66 e s.

62 Steinschneider, Art. José Caspi, em *Encyclopaedie von Ersch-Gruber*, seção 2, v. XXXI, p. 73. Aí também estão compilados os trechos nos quais Abravanel cita as obras de Caspi, que, aliás, poderiam ser ampliados.

D. AFONSO V

nos milagres e pregarem o livre exercício da pesquisa. "Tal é a natureza de Abravanel", diz Samuel Aschkenasi, "a de desejar glórias maiores e derrubar personagens mais proeminentes, pois que assim também age com Ibn Esra e Maimuni! A arrogância de Abravanel é insuportável"[63].

Não mais do que meio ano foi-lhe possível viver tranqüilamente para seus estudos e criações literárias; logo o convocaram novamente para o serviço do Estado. Quando pretendia iniciar o *Comentário sobre o Livro dos Reis*, foi convocado para a corte dos poderosos reis Fernando e Isabel e incumbido de arrendar os impostos do reino[64][vii]. Encetou relações muito amistosas com D. Abraão Senior[65], um judeu abastado de Segóvia, que, com ele, mas em período anterior, exercera o cargo de rendeiro régio de impostos[66]. Este Abraão Senior era o amigo mais íntimo de André de Cabrera, de Valência, que o descreve como homem cauteloso e respeitador, conscencioso das leis

---

63 Geiger, op. cit., 68. Acusava-se Abravanel de plágio, cf. Jost, *Annalen* (Anais), 1839, 101, e a defesa da Luzzatto, ibid., 1840, 17 e s.; cf. também ibid.,1839, 181.

64 Introdução ao *Comentário sobre os Livros dos Reis*.

vii A obra de Abravanel teve grande influência na apologética judaica dos séculos seguintes e no desenvolvimento das idéias históricas do judaísmo. Um seu descendente, Davi Abranavel Dormido (Manuel Martins), viveu no Brasil durante a ocupação holandesa, sendo encarregado por Menassé ben Israel de encaminhar a Cromwell um requerimento sobre a readmissão dos judeus na Inglaterra. Davi Abravanel solicitou também ao "protetor" que interviesse para que ele fosse indenizado pelos prejuízos que sofreu com certas confiscações em Pernambuco. Manuscritos no Museu Britânico, Col. Egerteniana, cod. n. 1049, apud João Lúcio de Azevedo, *História dos Cristãos-novos Portugueses*, Lisboa: Livraria Clássica Editora, 1921, p. 395; sobre Abravanel, cf. Benzion Netanyahu, *Don Isaac Abravanel – Statesman and Philosopher*, Philadelphia: The Jewish Publication Society, 1953; Joaquim de Carvalho, Uma Epístola de Isaac Abravanel, *Estudos sobre a Cultura Portuguesa do Século. XVI*, Coimbra: Universidade de Coimbra, 1949, p. 253-268; Abraham Joshua Heschel, *Don Jizchak Abravanel*, Berlin: Erich Reiss Verlag, 1937; Cecil Roth, *A Life of Menasseh ben Israel*, Philadelphia: The Jewish Publication Society, 1934; Meyer Kayserling, *Christopher Columbus and the Participation of the Jews in the Spanish and Portuguese Discoveries*, New York: [s. n.], 1907; M. Kayserling, Luis de Santangel and Columbus, *Publications of the American Jewish Historical Society*, Baltimore: American Jewish Historical Society, v. 10, p. 159-163, 1902; sobre a árvore genealógica da família, cf. também M. Kayserling, *Biblioteca Española-portuguezsa-judaica*, Nieuwkoop: B. de Graaf, 1961, p. 6. (N. da T.)

65 Abraão Senior não se chamava Benveniste, e Abraão Benveniste – sobre este, maiores detalhes no fim deste livro – não se chamava Senior. Os dois são completamente distintos em caráter e posição.

66 Imanuel Aboab, *Nomologia*, 302: "Todo el tiempo que estuvo (Abravanel) em Castilla tuvo intima amistad y comunicacion [...] en la que tocava à sus negocios com Don Abraham Senior, que lo tomo por compañero en la massa de las rentas reales que tenia sobre sí".

119

da amizade[67]. Nos entendimentos efetuados entre o rei Henrique IV de Castela e sua irmã, a rainha Isabel, exerceu Senior um papel relativamente importante a favor dos interesses da rainha, cujas graças conseguiu conquistar. Sua reputação junto à soberana de Castela e aos nobres do país cresceu a tal ponto que as cortes de Toledano, no ano de 1480, presentearam-no, ou melhor, descontaram-lhe cinqüenta mil dos 150 mil maravedis de impostos que ele havia angariado e que se encontravam depositados em Segóvia, cidade onde residia[68] [viii].

Também Abravanel chegou novamente a enriquecer. Conquistou a simpatia dos reis de Castela e dos fidalgos que ocupavam importantes cargos no conselho estadual mantendo com estes relações, continuou os estudos na medida em que lhe permitiram seus negócios e teria levado uma vida feliz e satisfeita durante os oito anos que dedicou ao serviço de Castela, esquecendo as vicissitudes anteriores, não houvesse o futuro lhe trazido angustiantes preocupações[69]. O horizonte dos seus correligionários, na nova pátria e na antiga, em Espanha e Portugal, cobria-se de escuras nuvens.

---

67 "Vir providens recteque observans amicitiae leges".

68 D. Miguel Salva y D. Pedro S. de Barandu, *Colleccion de Documentos Ineditos para la Historia de España*, Madri, 1848, XIII, 196.

viii Sobre Abraão Senior e seus descendentes, cf. livro I, cap. VII, nota 48. (N. da T.)

69 Introdução ao *Comentário sobre os Livros dos Reis* e ao *Zevá Pessakh*.

7.

D. João II

Cortes antijudaicas. Médicos de câmara e astrônomos judeus: José Vecinho, José Sapateiro, Abraão de Lamego. Impressores judeus em Lisboa e Leiria. Introdução da Inquisição e expulsão dos judeus da Espanha. Refugiados espanhóis em Portugal. O destino ulterior de Isaac Abravanel. Abraão Senior e seus filhos. Leão Abravanel.

APENAS CERRARA D. AFONSO OS OLHOS, JÁ OS INIMIGOS DOS judeus de Portugal importunavam o novo rei D. João, apresentando diversas queixas contra os mesmos; esperavam que tomasse as devidas providências e atendesse suas reclamações melhor do que o pai, sempre propenso aos odiados judeus. Nas cortes que se reuniram em Évora, em novembro de 1481, irrompeu de novo, com grande vigor, o ódio popular. Seus representantes queriam garantir sua vitória, e desta vez atacaram principalmente o luxo e a riqueza dos judeus, que tanta indignação provocavam entre os cristãos. Para dar mais ênfase às suas queixas, comparavam, com vivo colorido, a riqueza dos judeus à miséria do povo. Apontavam os cavaleiros judeus que se pavoneavam sobre jumentos faustosamente adornados, envergando roupagens e capuzes de seda e portando armas, de modo a tornar-se impossível distingui-los dos cristãos. Reclamavam por não usarem distintivos, serem empregados como coletores de impostos e considerarem-se senhores dos cristãos; mentiam ao declarar que os adeptos da fé judaica penetravam nas igrejas, ridicularizando os sacramentos, e que os alfaiates, sapateiros e outros operários judeus ambulantes, que trabalhavam para os moradores das montanhas e planícies, na ausência dos homens, mantinham relações ilícitas com as mulheres e filhas cristãs. Também D. João acolheu apenas em parte estas exigências e reclamações. Proibiu aos judeus o uso da roupa de seda, prescrevendo-lhes, tal qual aos outros habitantes, vestuário de lã, obrigou-os ao uso dos distintivos e restringiu seus domicílios às judarias. Por outro lado, mostrou-se suficientemente sagaz para não admitir a última reclamação, decidindo permitir aos judeus o trabalho na planície, por consideração aos habitantes do país; tivessem estes queixas, fossem apresentadas às autoridades[1].

Na verdade, não se pode afirmar que D. João, nos primeiros anos do seu governo, tenha demonstrado especial inimizade aos hebreus. Toda vez que lhe parecia vantajoso, empregava a seu serviço, como dantes, os eruditos que se encontravam entre eles. Seus médicos pessoais eram judeus. Assim são mencionados mestre Leão[2], que pouco antes de sua morte o desaconselhou do uso dos banhos de Algarve, e José ou Diego Mendes Vecinho[3]. Seu cirurgião-mor, um certo mestre Antônio, fora suficientemente covarde e sem consciência para ceder às insistências do seu devoto rei e senhor, convertendo-se ao cristianismo. O próprio rei foi o padrinho, presenteando-o com roupagens ricamente bordadas[4]. Em sinal de gratidão, entregou-lhe o neófito um panfleto rancoroso dirigido contra os seus antigos correligionários[5].

---

1 Santarém, op. cit., II, 2, 203: "Do dissuluçam dos judeos nos traias é conversaçom dos Christãos" (compare 185 e 106), e 268: "Dos judeos aljabebes".

2 Resende, *Vida e Virtudes do* [...] *Príncipe el Rey D. Joam II*, Évora, 1554, cap. CCVI, p. CX: "principalmente em hi mestre Lião judeu minto bom fisico que ho contradisse".

3 Barros, *Asia*, Dec. I, liv. IV, cap. 2. José Vecinho e Diego Mendes Vecinho não são duas pessoas diferentes. Também certo Diego Rodrigues Çacuto é citado por Bernardo de Brito, Antônio de Leão e Barbosa Machado, *Bibl. Lusit.*, I, 961, como "famoso Medico de João II" e "insigne Mathematico", assim como autor de *Taboas Astrologicas*, manuscrito, e outras obras. Toda esta citação baseia-se numa confusão com Abraão Çacuto.

4 Resende, op. cit., cap. CX, p. XLI: "Mestre Antonio sororgiâ mor destes Reynos foy judeu, e quando foy baptizado, el Rey foy com elle a porta da Igreja e o leuou polla maõ com muita honra e muito bem vestido de vestidos ricos, [...] e fry seu padrinho etc.".

5 Esta obra leva o título de *Ajuda da Fé contra os Judeus. Author o Mestre Antonio, Doutor em Physica Chaurgião Mor d'El Rey de Portugal D. João II*, manuscrito no Colégio dos Jesuítas de Évora; Barbosa, op. cit., IV, 21.

D. JOÃO II

O já mencionado médico de câmara José Vecinho, que também auxiliou na elaboração do globo terrestre para o navegador Pedro de Covilhã[6], participou, juntamente com o matemático judeu Moisés[7], o navegante e cosmógrafo de Nuremberg Martim Behaim e o médico pessoal e poeta Rodrigo[8], de um congresso patrocinado pelo rei, no qual se propunha encontrar um meio de garantir rumo mais seguro às naus em mares desconhecidos e localizar as embarcações. Com o aperfeiçoamento do aparelho para se medir a posição das estrelas, o astrolábio náutico, conquistou José grandes méritos para a ciência náutica em geral e de Portugal em particular[9][i].

Nesta mesma época apresentou-se ao rei D. João um valente genovês, propondo-se comandar uma esquadra pelo oceano àqueles países cuja riqueza e alto nível moral Marco Polo descrevera com tanto fascínio. Tratava-se do descobridor Colombo. O rei apresentou o plano às suas autoridades náuticas, que, como já foi mencionado, deliberavam sobre o novo

---

6 Mariz, *Dial.*, IV, cap. 10, p. 315.

7 *Memor. D. Litterat. Portugueza*, VIII, 163.

8 Num cancioneiro manuscrito, de 96 folhas de espessura, aparentemente do último quarto do século XV, encontram-se poesias do mestre Rodrigo Medico. *Mem. D. Litt. Portug.*, III, 61. Não está ainda provado que Rodrigo tenha sido de origem judaica.

9 Barros, op. cit., Dec. I, liv. IV, cap. 2; Telles Sylvius, *De Rebus gestis Ioannis II*, 90; Matthaei, *De insulis novi orbis*, 80; Maffei, *Hist. Judic.*, 51.

i Segundo Carolina Michaëlis de Vasconcellos, *Notas Vicentinas*: preliminares de uma edição crítica das obras de Gil Vicente, Coimbra: Universidade de Coimbra, v. IV, p. 21, nota 2, [1922?], separata da *Revista da Universidade de Coimbra*, Coimbra, 9, 1922, José Vecinho, médico de D. João II, que participou da famosa "Junta de Matemáticos" e traduziu para o espanhol as tabelas náuticas de Abraão Zacuto, não é Diego Mendes Vecinho, que, na verdade, foi astrônomo preeminente na corte de D. Manuel. Kayserling confundiu ambos, julgando-os uma mesma pessoa. Cf. Cecil Roth, A Note on the Astronomers of the Vecinho Family, *The Jewish Quarterly Review*, Philadelphia: University of Pennsylvania Press, new series, v. XXVII, n. 3, p. 234, nota 3, jan. 1937. Parece também que Joaquim Mendes dos Remédios confundiu José com Diego Mendes. Cf. C. J. M. dos Remédios, *Os Judeus em Portugal*, cap. V, p. 243-274; Anita Libman Lebeson, Jewish Cartographers: a Forgotten Chapter of Jewish History, *Historia Judaica*: a journal of studies in Jewish history, especially in the legal and social history of the Jews, New York: Guido Kisch, v. XI, p. 155-174, 1949, apud Salo Wittmayer Baron, *A Social and Religious History of the Jews*, 2. ed., New York: Columbia University Press, 1965, v. X, nota 53; Ignacio González-Llubera, Two Old Portuguese Astrological Texts in Hebrew Characters, *Romance Philology*, Berkeley: University of California Press, VI, p. 267-271, 1952-1953, apud S. W. Baron, op. cit., 1965. (N. da T.)

meio de se localizarem as naus nos percursos marítimos. Estes homens, seus médicos pessoais, José, Rodrigo e o bispo de Ceuta, consideraram tola a proposta de Colombo, crendo basear-se tudo na fantasia de Marco Polo relativa à ilha Cipango. Como também D. Pedro de Meneses, conde de Vila Real, fazendo referência a José e Rodrigo, aconselhara ao rei que não prestasse ouvidos às fantasmagorias do genovês, a resposta foi negativa[10].

Enquanto Colombo descobria a América para a Espanha, Portugal voltava suas vistas para a quase desconhecida Índia. A fim de obter informações mais exatas sobre o país misterioso do rei Prestes João, enviara D. João II o já mencionado cavaleiro Pedro de Covilhã e Afonso de Paiva à Jerusalém. Paiva dirigiu-se à Etiópia, tendo como companheiro de viagem um comerciante judeu, com quem travou tão íntima amizade que lhe confiou a razão secreta de sua expedição. Logo após a sua chegada à Abissínia, o cavaleiro faleceu, sucumbindo a grave moléstia, para grande tristeza do seu amigo judeu, que lhe jurou com seu toucado viajar diretamente para Portugal, a fim de relatar ao rei as informações que haviam obtido. O judeu manteve fielmente sua palavra, chegando, porém, a Lisboa somente após haverem partido as naus enviadas para a descoberta da Índia[11]. Pedro de Covilhã, que visitara Goa e Calcutá, chegando até Sofala, preparava-se para voltar a Portugal sem ter alcançado seu objetivo, quando soube, em Cairo, da presença de dois judeus lusitanos. Eram estes José Sapateiro de Lamego e rabi Abraão de Beja[12]. Entregaram ao cavaleiro cartas de seu rei.

10 Barros, op. cit., Dec. I, liv. III, cap. 11: "El Rey porque via ser este Christovão Colom [...] mandou que estivesse com D. Diego Ortiz, Bispo de Ceuta, e com maestre Rodrigo e maestre Josepe, a quem elle commettia estas cousas da cosmografia".

11 Lima Felner, *Collecçaô de Monumentos Ineditos para Historia das Conquistas dos Portuguezes*, Lisboa, 1858, I, 61: "correa toda a costa [...] em companhia de hum Judeu mercador, com que tomou tanta amizade que lhe contou todo seu trabalho: com o qual o judeu se voltou [...] onde faleceu, de que o Judeu ouve muito pezar, prometendo-lhe que trabalharia por hir a Portugal dar conta a el rey das cousas que queria saber [...] o que o Judeu assi fez, mas não foi a Portugal senão sendo ja partidas as naos, que forão descobrir a India".

12 É difícil especificar quem tenha sido esse R. Abraão, pois nesta época viveram diversos com este nome: citaremos pelo menos alguns deles. Um Abraão ("Abraham judeu fisyquo e peliquem?") fora médico em Elvas e, segundo documento de D. Afonso V, de 27 de julho de 1475, tornou-se rabino da sua comunidade; outro R. Abraão viveu como médico em Bragança, Aveiro e Setúbal; ainda outro R. Abraão foi, em 1484, rabino em Lisboa "na cadeira da synagoga dos Judeus, que vagara de Isac

José já visitara Ormuz e, após sua volta, relatara ao monarca tudo o que aí ouvira sobre o mundialmente famoso depósito das especiarias e riquezas da Índia, recebendo do rei instruções para que, junto com o já mencionado rabi Abraão, fosse encontrar Covilhã e lhe transmitisse a ordem de remeter, através de José, notícias sobre os resultados de suas pesquisas e continuar, junto com Abraão, viagem para Ormuz, informando-se sobre a situação daquela localidade. Covilhã obedeceu prontamente ao mandado de D. João, dirigindo-se com Abraão para Ormuz e enviou José de volta para Portugal com uma caravana que demandava Alepo[13].

Serviços como estes prestaram judeus individuais ao monarca português e à sua pátria. Mereceram também o reconhecimento de Portugal e da ciência por lá haverem, desde cedo, introduzido a arte de imprimir[14]. Estabeleceram em Lisboa, aproximadamente em 1485, uma imprensa hebraica, cujo proprietário era o erudito Eleazar Toledano e na qual trabalharam como impressores José Chalfon e Judá Guedalha, sendo que este último ainda vivia em 1526, em Salônica[15]. Desta oficina saíram algumas obras hoje muito raras[16], como, por exemplo, o *Pentateuco* com o comentário do

Chananel com fero de tres alqueiras de azeite em cada hum anno". *Mem. da Litt. Portug.*, VIII, 223. Um Abraão Sarsar viveu em Lisboa (comunicação de Steinschneider). Podemos também citar um A. Abraão (Abraban) de Lerida, que viveu em Aragão, famoso como médico, cirurgião e astrólogo e que, em 12 setembro de 1468, operou de catarata o rei D. João. Cf. Ferreras, *Hist. de España*, X, 218, e *Archiv für Ophthalmologie* (Arquivo para Oftalmologia), Berlin, XI, 2, 272. "Introduziu", diz Ferreras, "a agulha no olho direito, retirando a catarata. Certificando-se, após um mês, ter sido bem-sucedida a intervenção, executou idêntica operação no olho esquerdo, apesar da opinião contrária do médico particular, intervenção essa que teve o mesmo resultado feliz, e graças à qual o rei ficou completamente curado da sua moléstia ocular".

13 Sobre as fontes, cf. o material português por mim descoberto, no *Jahrbuch für die Geschichte der Juden und des Judenthums* (Anuário para a História dos Judeus e do Judaísmo), III, 309.

14 Ainda se encontram, nas bibliotecas, algumas das *Torás* escritas em Portugal. Uma *Bíblia* escrita por Samuel benra Jom-Tob, em Lisboa, em 1410, está na biblioteca de Berna; um *Pentateuco*, escrito em Lisboa, em 1469, por Samuel de Medina e outro, cópia do mesmo, de 1473, encontram-se em Parma. Dos Mss. Bíblicos Copiados em Portugal, em *Mem. D. Litt. Portug.*, I, cap. 7.

15 Jacó b. Chabib, *Ein Yhacob* (A Fonte de Jacó), Prólogo; Abravanel, *Maschmia Yeschuá* (O que Anuncia a Salvação), final.

16 Steinschneider e D. Cassel, artigo sobre tipografia em *Encyklopädie von Ersch-Gruber* (Enciclopédia de Ersch-Gruber), seção 2, v. XXVIII, p. 37; *Mem. da Litt. Portug.*, VIII, 6 e s.

rabi Moisés ben Nachman (1489)[17]; a obra ritual do rabi Davi Aburdarham (janeiro de 1490)[18]; o *Pentateuco* com comentários de Onkelos e Raschi (julho de 1491)[19]; *Isaías* e *Jeremias*, com o comentário de Kimchi; e os *Provérbios de Salomão* com o comentário do rabi Schalom ben Abraão (1492).

Em seguida foi criada em Leiria, numa região isolada das montanhas, cerca de Lisboa, uma segunda impressora hebraica, em casa de Samuel D'Ortas (D'Oorta)[20], onde, oito dias antes da grande expulsão dos judeus da Espanha (1 de Ab – 25 de julho de 1492), foram terminados, por encomenda de um Samuel Colodero, os *Ditados* com Targum e comentários e, dois anos depois, ainda os primeiros profetas com os comentários de Kimchi e Levi ben Gerson[ii].

Como devem ter-se considerado felizes os judeus portugueses daquela época, comparando sua situação com a de seus correligionários na Espanha. O grande drama, em que os próprios judeus desempenhariam o principal papel, aproximava-se do fim, terminando com um ato trágico.

---

17 Cf. Wiener, *Frankel's Monatsschrift* (Revista Mensal de Frankel), II, 280.

18 De Rossi, *Annales hebr. Typogr.*, séc. XV, Parma, 1795, seção XV, 67 e s. No fim, lê-se: "Foi terminada no dia da criação dos luzeiros / E tem força para iluminar qualquer escuridão / E no mês de bons augúrios para Israel / Cujo nome é Tevet / E tem noites longas / No ano de 1490".

19 De Rossi, op. cit., 81, e Math. Assumpção Brandão, em *Historia e Memorias da Acad. das Sciencias de Lisboa*, T. X. Pars., I, 141 e s. Um judeu de Mazagão, que por acaso se encontrava em Lisboa, ofereceu a Brandão oito mil réis por esta edição (mais ou menos 130 Thaler prussianos).

20 Ele se denomina no *Almanach ou Taboas Astrom. de Abraham Çacuto*, por ele impresso: "Mag. Ortas", Ortas. Raimundo Diosdado supõe que Samuel D'Orta seja aquele Afonso d'Orta que imprimia em Valência, em 1496. *De Prim. Typogr. Hisp. aetate*, 123; *Mem. de Litt. Portug.*, VII, 28.

ii Cf. C. Roth, Jewish Printers of Non Jewish Books in the Fifteenth and Sixteenth Centuries, *Journal of Jewish Studies*, Oxford: Oxford Centre for Hebrew and Jewish Studies, v. IV, n. 3, 1953; Francisco Marques de Sousa Viterbo, O Movimento Tipográfico em Portugal no Século XVI, *O Instituto*: jornal scientifico e litterario, Coimbra: Imprensa da Universidade, v. 69, p. 97-98, [19--]; Antônio Joaquim Anselmo, *Bibliografia das Obras Impressas em Portugal no Século XVI*, Lisboa: Oficinas Gráficas da Biblioteca Nacional, 1926; Israël Salvator Révah, *La Censure inquisitoriale portugaise au XVIe siècle*, Lisboa: Instituto de Alta Cultura, 1960; Aron Freimann, *Die hebräischen Inkunabeln der Druckereien in Spanien und Portugal* (Os Incunábulos Hebraicos dos Prelos na Espanha e em Portugal), Mainz: A. Ruppel, 1925, Gutenberg Festschrift zur Feier des 25 jährigen Bestehens des Gutenbergmuseums in Mainz (Publicação Comemorativa Gutenberg, em Homenagem aos 25 Anos de Existência do Museu de Gutenberg em Mainz). (N. da T.)

Podemos dizer, com razão, sobre os judeus da Espanha, a cujos martirológios teremos de referir-nos rapidamente, o mesmo que foi dito sobre os cavaleiros templários da França: seu maior crime, talvez o único, foi sua riqueza. Por causa de sua riqueza foram odiados, oprimidos, martirizados e torturados durante séculos, por causa de sua riqueza expulsaram-nos de sua pátria e milhares deles foram condenados a perecer na fogueira.

Fernando e Isabel, os reis católicos, que governavam Castela e Aragão, pretendiam, impelidos por desmedida ambição, subjugar toda a monarquia e elevar a Espanha a uma potência mundial. Após sua ascensão ao poder, almejava o jovem Fernando terminar definitivamente o domínio mourisco em terra espanhola, faltando-lhe para a campanha os meios necessários. O Tesouro estava vazio, ainda não se conhecia a arte de levantar empréstimos estaduais, e a única solução era aumentar os impostos. Uma das fontes principais para ampliar as rendas do Estado consistia no confisco dos bens daqueles que haviam sido acusados e condenados por qualquer crime. Para encher de novo os cofres públicos, urgia descobrir nova classe de criminosos ricos. Esta idéia que, sabia-se ao certo, agradaria mais aos sentimentos do povo do que a elevação dos tributos, atraía a mente estreita dos financistas de batina. A religião parecia fornecer a oportunidade adequada para a realização deste plano. Não se deve esquecer que a Espanha de então não era o país rigorosamente católico de hoje. No último quarto do século XV, lá se encontravam representados as mais diversas opiniões e pontos de vista sobre religião e Igreja. Os espanhóis mais ricos e educados, muitas vezes pertencentes à velha aristocracia, estavam afastados – devido ao seu contato diário com mouros e judeus e suas íntimas relações com estes últimos – da ortodoxia restrita, tendo adquirido uma concepção mais livre dos ensinamentos da Igreja. Contra estes agiam os zelotes, o enorme número de clérigos, do primaz da Espanha até o mais humilde monge mendicante, os quais, incitados principalmente por este fato – pelo desaparecimento progressivo da prática religiosa – sustentavam toda essa estrutura desmoronadiça, fanatizando a plebe que lhes obedecia cegamente. Entre os dois extremos encontrava-se a grande massa da nação, que, fanática e ignorante, podia facilmente ser conquistada para os planos do seu monarca. A perseguição dos judeus e marranos e de todos os que com eles mantinham relações amistosas era o grande plano financeiro estatal-eclesiástico que se pretendia efetuar. Constituía o meio mais seguro de não somente obter as finanças necessárias para a realização da guerra, como também satisfazer os sentimentos dos cristãos fanáticos e, por isso, perseguidores. A rainha Isabel não podia opor senões graves à realização de tal projeto, pois sempre participou da opinião rígida dos dominicanos. O seu esposo Fernando dava menos importância aos motivos religiosos, mas esta falta seria plenamente compensada pelas razões políticas e, em especial, financeiras. Evidenciava-se ao monarca imperioso que uma unificação da religião e rigoroso poder eclesiástico seriam de valor inestimável a um governo estadual centralizado e forte.

No mesmo ano (1478) em que Mulei Aben Hasan pela última vez recebeu o embaixador espanhol no mais faustoso salão da Alhambra, recusando pagar-lhe tributo, encontravam-se, por algum tempo em Sevilha, Isabel e Fernando. Um número aparentemente insignificante de sacerdotes e leigos lá se reuniram a fim de discutir a maneira pela qual se poderia conter a influência nociva que, diziam, a população judaica exerceria sobre os cristãos espanhóis. O resultado destas deliberações, das quais participaram os próprios reis, foi o seguinte: ordenou-se a todos os sacerdotes das cidades e vilas que empregassem os meios mais severos a fim de reconduzir as ovelhas perdidas de volta ao caminho da verdadeira fé. Que êxito poder-se-ia esperar de tais medidas para homens que, como os marranos, eram adeptos fervorosos do judaísmo, demonstrando invencível aversão ao cristianismo, que não criam nos principais dogmas da doutrina cristã, não se importando com os rituais da Igreja? Pretendia-se impor a fé com meios violentos. Fernando e Isabel dirigiram-se a Roma e solicitaram uma bula do papa Sixto IV, que nomeasse o antigo prior do convento de Santa Cruz em Segóvia, Tomás de Torquemada (Turrecremata), confessor de Fernando, grão-inquisidor e que permitisse a esse frade cruel escolher, ele próprio, os seus carrascos e auxiliares. Sixto IV, antes príncipe mundano do que chefe da Igreja, de quem tudo se conseguia por dinheiro, acedeu ao pedido das majestades: no ano de 1481 publicou a bula e nomeou Torquemada grão-inquisidor. Com aquele modo peculiar aos zelotes, com promessas de indulto, clemência e um perdão geral, iniciou ele sua atividade inquisitorial; publicou um édito que foi pregado em todas as portas das igrejas do país e no qual intimava os marranos, num prazo preestabelecido, a reconhecerem sua apostasia da religião e arrependerem-se com sinceridade. Mais de quinze mil penitentes apresentaram-se diante do monstro. Pesados castigos, de acordo com a gravidade do crime, lhes foram impostos. Após o prazo de clemência, iniciou o tribunal seu terrorismo, para a glória da fé. As fogueiras ardiam em toda a Espanha e o país inteiro foi tomado de medo e pavor.

Não se pode deixar de observar que a população não desejava o Tribunal de Fé, mostrando-se contrariada com sua introdução. Províncias e cidades inteiras enviaram delegações aos reis, com a declaração de que tais brutalidades eram insuportáveis. A revolta popular foi tão geral que por algum tempo qualquer oposição parecia impossível; Fernando e Isabel não foram atingidos pela tempestade e se mantiveram firmes em seu propósito. Enviaram comissários com instruções secretas aos governadores das províncias, ora ameaçando com os mais pesados castigos, ora procurando conquistar para o Tribunal os insatisfeitos, com promessas de fortunas e posições honorárias. Todas essas tentativas foram infrutíferas. Os inquisidores não conseguiram ganhar terreno, nem com o auxílio de tropas armadas. Mal chegavam a um local, já eram expulsos e tinham que ceder à fúria do povo. A oposição estendeu-se até Roma: o próprio papa foi tomado de pavor, modificou a bula publicada e concedeu aos criminosos apelo à cúria. Isso contrariou os planos de Fernando, cujos bons resultados aguardava com tanta certeza. A 13 de maio de 1482, endereçou de Córdova uma carta enérgica ao papa, em que declarava abertamente não sujeitar-se a intervenções nos direitos já concedidos e aconselhava, com toda a seriedade, ao Santo Padre, que não criasse novos empecilhos às atividades do Tribunal de Fé[21]. O papa mal conseguiu sair condignamente desse dilema embaraçoso; não ousando opor-se ao poderoso rei, prometeu, em sua resposta, estudar o caso, deixando-o no momento em suspenso. Apesar disso, continuou ouvindo as súplicas dos marranos, de modo que Fernando publicou

---

21 "Haec conccessiones sunt importunae et eis nunquam locum dare intendo Caveat igitur Sanctitas Vestra impedimenta sancto officio concedere". Manuscrito no *Archivo General de la Corona de Aragon*, em Barcelona. Veja Bergenroth, *Calendar of Letters, Despatches and State Papers, Relating of the Negotiations Between England and Spain*, Londres, 1862, I, XLV.

a ordem de que qualquer pessoa, sem distinção de posição, classe ou sexo, sacerdote ou leigo, que ousasse fazer uso das absolvições papais, fosse castigado sem demora com a morte e o confisco dos bens[22].

Como se vê, o interesse de Fernando era puramente material, e, considerado sob este ponto de vista, a Inquisição se nos apresenta ainda mais pavorosa: talvez se possa perdoar o fanatismo que acende a fogueira; não, porém, a ganância que revolve as cinzas. Para confiscar os bens, perseguiu ele não somente os marranos vivos; também os mortos eram processados. Os carrascos arrancavam das tumbas os ossos dos marranos falecidos, queimavam-nos em cerimônias e confiscavam seus bens aos herdeiros para o Tesouro nacional. Entre as muitas vítimas que, após a sua morte, caíram nas mãos do Tribunal de Fé, encontravam-se os pais e a avó do bispo de Segóvia, D. João Árias de Ávila. O pai de João, Diogo Árias de Ávila, que durante o terrorismo de Ferrer se convertera ao cristianismo, fora nomeado pelo rei D. João para o serviço de Estado e elevado à nobreza por Henrique IV. Logo que o prelado descendente de hebreus – cujo irmão mais novo até fora nomeado conde de Pugnourostro [Puñorostro] – descobriu o que se pretendia fazer com os restos mortais de seus antepassados, expulsou os inquisidores de sua diocese e encaminhou aos reis o pedido para intervirem no sentido de se evitar este procedimento tão vergonhoso, tanto para ele, bispo, como para seus antepassados. Como, porém, todas as suas súplicas foram vãs, dirigiu-se uma noite ao cemitério, desenterrou os ossos dos seus queridos parentes, escondendo-os em local desconhecido pelos carrascos inquisitoriais. Após este ato, fugiu para Roma. A fuga do bispo logo tornou-se pública. Isabel escreveu imediatamente ao seu embaixador em Roma, mandando-o informar, sem demora, ao papa, do que havia acontecido. "Com a introdução da Inquisição", diz Isabel nessa carta, "causei muita desgraça e tristeza, privei cidades, províncias e reinados de seus habitantes, mas, o que fiz, foi por amor à Santa Fé"; só falsos e caluniadores, continuou ela, podiam declarar que o amor ao dinheiro tivesse incitado a introdução do Tribunal; nunca se apoderara de um maravedi sequer dos bens dos condenados; ao contrário, usava esses dinheiros para a educação e dote dos filhos dos mesmos. Declarações vagas,

22 Idem, I, XLV.

desprovidas de qualquer verdade. Ninguém melhor do que o papa Sixto IV conhecia os verdadeiros intuitos da devota Isabel. "Parece-nos", diz um breve de 1483, "que a rainha é levada à introdução e estabelecimento da Inquisição mais pela ambição e ganância dos bens terrenos do que pelo entusiasmo para com a fé e verdadeiro temor a Deus"[23]. Os documentos dos arquivos espanhóis, que só nestes últimos anos foram postos à disposição dos pesquisadores, dão-nos certeza quanto às suposições do papa e mostram-nos, com luz sombria, o amor à verdade da hipócrita Isabel. Em vez de muitos exemplos de sua ganância, apresentaremos só um. O marrano Pecho, de Xerez, havia sido condenado como herege, sendo seus bens, no valor de duzentos mil maravedis, confiscados. A décima parte desta soma foi herdada pela viúva da vítima, que, com seus filhos pequenos, viu-se na maior penúria. Como agiu Isabel? Em demonstração de particular clemência, concedeu à família por ela infelicitada, em vez de vinte mil, trinta mil maravedis; todo o resto foi incorporado ao seu cofre particular[24].

Não vamos entrar em maiores detalhes sobre as negociações realizadas entre o papa réprobo e a gananciosa, falsa e fanática rainha. O Tribunal firmou-se irredutivelmente apesar de todas as manifestações do povo, espalhando medo e terror por toda parte. "Tiranizava", como o poeta judeu Samuel Usque o descreveu, "qual monstro feroz de feições tão estranhas e aspecto tão cruel que, apenas diante de sua fama, toda a Europa tremia". Milhares e milhares de criptojudeus morreram na fogueira; em Xerez, Sevilha e Córdova, já após os primeiros anos de atividades inquisitoriais,

---

23 Llorente, *Histoire critique de l'Inquisition d'Espagne*, I, 165.

24 Bergenroth, op. cit., XLVI, segundo documentos do Arch. General de la Corona de Aragon. O seguinte fato demonstra mais claramente ainda a ganância de Isabel. Vários judeus, ao saírem da Espanha, levaram 428 mil maravedis em letras de câmbio sobre firmas inglesas. Logo que Isabel soube deste fato, escreveu ao rei Henrique VII para que não permitisse a entrega da referida soma aos judeus, pois não seria incorporada ao tesouro de Estado espanhol. Eis a carta, datada de Segóvia, 18 de agosto de 1494 (Bergenroth, op. cit., 51): "Certain Jews who have left the dominions of Spain have seized the sum of 428000 maravedis belonging to Diego de Soria, and in the keeping of Fernau Lorenço, alleging that Diego de Soria owes them certain sums of bills of exchange, which were given to them when they were expelled from Spain. The jews have forfeited their rights, for they had carried away prohibited goods, and Diego de Soria has been ordered to pay the said bills of exchange into the royal exchequer. Request Henry to annul the arrest; for by so doing he will not only act justly, but also render them (Ferdinand and Isabella) a special service".

HISTÓRIA DOS JUDEUS EM PORTUGAL

havia quatro mil casas desabitadas. Entre esses pobres oprimidos encontramos representadas todas as camadas da sociedade burguesa: clérigos, funcionários públicos, militares, alfaiates, sapateiros – e uma proporção muito grande de viúvas. Será que estas foram escolhidas em particular devido às suas fortunas e por serem indefesas, ou por estarem mais inclinadas à "heresia", como José Jaabez, o pregador cabalista místico não teme em afirmar, averso como era a qualquer ciência profana? Desconhecia ele todos estes homens que se salientaram como poetas, filósofos, sábios e que, no entanto, tudo suportaram por sua fé e mesmo ante a fogueira não recuaram; será que não conhecia nenhum destes homens ou será que não queria conhecê-los? O fanatismo cega![25][iii].

Um número apreciável de criptojudeus procurava pela fuga salvar-se da fogueira: emigravam secretamente para a África, Provença, Portugal, Itália, Holanda e até para a Inglaterra. Em Portugal não encontraram a proteção esperada. Como o rei D. João havia sido informado que os marranos espanhóis imigrados para seu país viviam como maus cristãos, ou melhor, como verdadeiros adeptos do judaísmo, estabeleceu ele, com permissão do papa, um comitê constituído de juristas e teólogos, uma espécie de pequena Inquisição, encarregada de obter informações detalhadas sobre o modo

---

25 É característica a declaração de José Jaabez, na sua obra *Or haHayim* (A Luz da Vida), em Menachem de Lonsano, *Schtei Yadot* (Duas Mãos), Veneza (1618), 94b: "'Estes homens, seguros de conhecerem a Deus através de sua inteligência, livrando-se do jugo da Lei e de seus preceitos, traem seu Pai no Céu e zombam daqueles que seguem os preceitos da Lei. Desde a minha mais tenra juventude, e até agora, não vi senão um entre cem deles, ocupar-se com os preceitos da Lei e mesmo esse único age bem vacilantemente [...] porém eu vi que as mulheres e os incultos sacrificam suas vidas e seus bens para santificarem o nome de Deus. E a maioria dos que ostentavam sua sabedoria, quase todos converteram-se na hora da provação'. Então, só o povo ignorante e as mulheres incultas e facilmente influenciáveis continuaram fiéis ao judaísmo, enquanto os sábios, os homens da ciência, levianamente o abandonaram! Quanta pobreza de espírito demonstra com esta afirmação o devoto pregador da venerável religião judaica, e todos os homens religiosos de nossos tempos, que irrefletidamente o repetem e copiam. Na verdade,'não sabem o mal que fazem'!"

iii Sobre a Inquisição espanhola, suas origens e caráter que assumiu, cf.: Henry Charles Lea, *The Inquisition of the Middle Ages*, London: Eyre & Spottiswoode, 1963; idem, *History of the Inquisition of Spain*, Nova York: MacMillan, 1922, 4 v.; Henry Kamen, *A Inquisição na Espanha*, Rio de Janeiro: Civilização Brasileira, 1966; Ytzhac Baer, *A History of the Jews in Christian Spain*, Philadelphia: The Jewish Publication Society, 1966, cap. xiv, p. 324-423, e o apêndice, p. 444-456; Arthur Stanley Tuberville, *La Inquisición Española*, Ciudad de México: Fondo de Cultura Económica, 1960. (N. da T.)

de vida dos criptojudeus. Muitos dos imigrados foram considerados transgressos, e, como seus infelizes irmãos na própria Espanha, condenados à fogueira ou à prisão perpétua[26]. A cidade do Porto, que hospitaleiramente recebeu vários criptojudeus, foi obrigada pelo devoto D. João (1487) a expulsar os hereges[27]. Neste mesmo ano proibiu aos marranos imigrados, sob pena de morte e confisco de bens, a emigração por via marítima sem sua expressa autorização; era-lhes permitido dirigir-se somente para países cristãos e o Levante[28] [iv]. Foi nesta época que provavelmente morreu martirizado Judá lbn Verga – cabalista prezado também pelo governador da Andaluzia, que fugira de Sevilha, sua pátria, para Lisboa – por não querer denunciar os criptojudeus aos investigadores do Tribunal de Fé[29] [v].

O fato de os adeptos do judaísmo, perseguidos pela Inquisição espanhola, e maltratados pelo desumano e cruel Tribunal, terem procurado proteção em Portugal exacerbou os portugueses contra os hebreus nativos, elevando ao extremo o seu ódio. As exigências e a linguagem dos representantes das cidades e vilas nas cortes de Évora (março a junho de 1490) tornaram-se mais tempestuosas do que em todas as reuniões anteriores deste tipo. Exigia-se unanimemente que, de uma vez por todas, fossem excluídos os judeus dos cargos públicos estaduais e que não fossem admitidos como rendeiros de

26 Garcia de Resende, op. cit., cap. 68, p. 43a.

27 *Elucid.*, II, 123, segundo um Documento da Camera de Porto.

28 Pina, op. cit., cap. 29, p. 79; Resende, op. cit., 43a.

iv Difícil avaliarmos com precisão o número de exilados em 1492. Y. Baer, op. cit., v. II, p. 438, e nota 13 ao cap. xv, dá uma bibliografia a respeito; cf. ainda Isidore Loeb, Le nombre des juifs de Castille et d'Espagne au Moyen Âge, *Révue des Études juives*, Paris: Societé des Études juives, 14, p. 161-183, 1887; Antonio Domínguez Ortiz, Los Conversos de Origen Judío después de la Expulsión, *Estudios de Historia Social de España*, Madrid: Patronato de Historia Social de España del Instituto Balmes de Sociología, Consejo Superior de Investigaciones Científicas (csic), p. 247-248, 1955. (N. da T.)

29 *Schevet Iehudá*, 94, compare 66.

v Léon Poliakov, *De Mahomet aux Marranes*, Paris: Calmann-Lévy, 1961, p. 191, transcreve uma conhecida parábola de Ibn Verga, lembrando sugestivamente que quem conheceu a sorte de imigrações políticas de nossa época perceberia que a anedota não perdeu nada de sua atualidade: ao saber do estabelecimento da Inquisição em Sevilha, Ibn Verga colocou sobre sua janela três pares de pombos: o primeiro par havia sido depenado e abatido e levava a inscrição: "estes conversos partirão em último lugar"; o segundo par, sem plumas, mas ainda com vida, levava a inscrição: "estes partirão em segundo lugar"; e o terceiro par, com vida e conservando suas plumas, trazia a inscrição: "estes partirão os primeiros". (N. da T.)

HISTÓRIA DOS JUDEUS EM PORTUGAL

tributos, taxas régias, ou de particulares. Afirmava-se que fora concedida aos judeus, arrendadores e cobradores de impostos e taxas, autoridade sobre o povo, o que era insuportável a este por razões políticas e religiosas, pois oprimiam os cristãos, conduzindo-os à miséria. O soberano não atendeu as exigências dos representantes do povo, provavelmente menos por simpatia aos judeus do que por interesse próprio; os portugueses eram pobres e quem, a não ser os judeus, poderia arrendar os impostos e taxas da Coroa? Tornou-se como que o seu monopólio. As cortes tiveram que suportá-lo calmamente e, ainda mais, ouvir que os coletores cristãos se mostravam piores opressores do povo que os hebreus, e que por esta razão teriam os monarcas anteriores decidido entregar tais cargos, com pequenas restrições, aos judeus.

Nestas cortes manifestaram-se também outros indícios da antipatia pública contra os hebreus; exigiu-se assim, entre outras coisas, que não lhes fosse permitido adquirir escravos mouros, que as questões jurídicas com cristãos fossem julgadas em tribunais cristãos etc.[30]

Enquanto nas cortes de Évora eram tomadas estas deliberações anti-judaicas, D. João, esquecendo a longa inimizade com a Espanha, entrou, através de uma união familial, em contato tão íntimo com os reis espanhóis, que a política daquele país transplantou-se para terras portuguesas e, pelo menos indiretamente, influiu de modo decisivo sobre o destino dos judeus de Portugal: D. Afonso, o único filho de D. João, foi prometido à primogênita de Isabel, a Católica. Em todas as igrejas e conventos mandou o soberano rezar missas para o bem êxito desse enlace matrimonial, e a alegria pela sua concretização foi tão grande que anistiou alguns condenados à morte. A 27 de novembro, a tão esperada noiva chegou a Évora. Tanto aí como mais tarde em Santarém, os judeus realizaram os desfiles obrigatórios em sua honra – assim como os mouros as suas danças nacionais[31] – e levaram à princesa oferendas de gado, carneiros, galinhas etc.[32]

Passados menos de oito meses, dissolveu-se esta união extremamente feliz. D. Afonso, o favorito de Portugal e o mais belo homem da sua época,

30 Santarém, op. cit., I-II, 73; Herculano, *História das Origens...*, I, 100 e s.

31 Resende, op. cit., 69b; Pina, op. cit., 123.

32 Pina, op. cit., 131.

passeando a cavalo, sofreu uma queda, que lhe causou morte instantânea (9 de julho de 1491)[33]. D. João ficou profundamente abalado com a perda deste filho promissor, tornou-se deprimido e acabrunhado, não permitindo a ninguém distraí-lo; os judeus não podiam mais recebê-lo com as *Torás*[34].

A jovem viúva, tão beata e supersticiosa quanto a mãe, culpou dessa morte a tolerância com que D. João permitira a permanência dos judeus refugiados da Inquisição castelhana em seu país. Voltou à casa paterna, levando um ódio implacável contra a raça judaica[35].

A fanática Isabel não necessitou do incitamento da filha tão duramente açoitada pelo destino para executar o projeto, há muito tempo idealizado, de expulsar todos os judeus do seu reino, pois tudo estava preparado, desejando ela apenas aguardar a queda de Granada, a fim de se livrar ao mesmo tempo dos judeus e dos mouros. Granada caiu finalmente. A 2 de janeiro de 1492, Fernando e Isabel entraram solenemente na velha capital dos antes tão poderosos califas e, a 31 de março, publicaram os reis católicos o terrível édito segundo o qual todos os judeus de seu país, com seus filhos e filhas, criados e criadas, de qualquer idade, posição ou sexo, no prazo de quatro meses, sob pena de morte, abandonassem a pátria[36] [vi].

33 Idem, 131 e s. Usque vê na morte do Príncipe um castigo para a crueldade de D. João, por ter mandado as crianças judias para as ilhas perdidas; op. cit., 229b: "El Rey D. Joham o segundo de Portugal que mandou os meninos aos lagartos, cazando depois seu filho Dom Afonso com a filha de El Rey Dom Fernando de Castella no milhor tempo de seus contentamentos" – que o autor de *Emek Habakha* (O Vale de Lágrimas), 89, traduz mui inabilmente como: "No dia da alegria de seu coração" – "correndo o nouio huã carreira se lhe atreuesou o demonio e do caualo a abaixo o derríbou de que ao seguinte dia" – segundo fontes espanholas, imediatamente – "pereçeo". Compare também, segundo Aboab, *Nomologia*, 307: "Y muchas vezes oi dizir (!) a mi señor Isaac Aboab etc.", Tudo isso é fantasia: o príncipe morreu em 1491 e as crianças foram enviadas em 1495; por conseguinte não se pode falar aqui da mão punidora de Deus.

34 *Monarch. Lusit.*, v, 17; Monteiro, op. cit., II, 10.

35 Manuel y Vasconcellos, *Vida y Acciones del Rey D. Joam II*, Madri, 1639, 239.

36 A fonte original primária sobre o decreto de expulsão é a obra de difícil acesso, *Pragmaticos y Leyes Hechas y Recopiladas por Mandado de los mui Altos Catholicos Príncipes el Rey D. Fernando y la Reyna D. Isabel*, Medina del Campo, 1549, f. 3.

vi Sobre a expulsão dos judeus, da Espanha, cf. Y. Baer, op. cit., 1966, v. II, cap. XV, p. 424-443, e também as notas 7-9 a esse capítulo. As diversas opiniões em torno da expulsão, em Jaime Vicens Vives (dir.), *Historia Social e Económica de España y América*, Barcelona: Teide, 1957, t. III, p. 474-475; John Huxtable Elliot, *Imperial Spain, 1496-1716*, London: Edward Arnold, 1963; Felipe Torroba Bernaldo de Quirós, *The*

Esta ordem atingiu os judeus do país como um raio. D. Isaac Abravanel, em conseqüência da posição que ocupava na corte, foi um dos primeiros a tomar conhecimento deste desumano édito, que atiraria milhares de pessoas ao infortúnio. Tomou-se de coragem, e dirigiu-se ao rei, implorando-lhe que tratasse os judeus com mais humanidade e revogasse o implacável decreto. "Ordenai", rogava-lhe, "que tragamos dádivas e presentes, e o que qualquer membro da casa de Israel possuir, dá-lo-á por sua pátria". Abravanel dirigiu-se aos seus amigos cristãos, dentre os favoritos do rei, e os mais afluentes uniram-se a fim de convencer o monarca que revogasse aquelas ordens odiosas, e desistisse do seu intuito de exterminar os judeus: usaram de toda sua persuasão, mas, como uma lontra surda, este fechou seus ouvidos, não respondendo a ninguém. Especialmente a rainha, com muita eloqüência, o apoiava, e, instrumento de seus pios confessores e dos clérigos fanáticos, instigava-o a concluir a obra já iniciada[37]. Esvaeceu-se assim também esta esperança de que a influência de Abravanel e seus amigos conseguisse anular o édito de expulsão. Ou por não haver o decreto de 31 de março chegado ainda ao conhecimento geral, ou por quererem os reis evitar qualquer suspeita de uma eventual revogação e mostrar, sempre de novo, seu grande entusiasmo pela fé: em fins de abril, ao toque de clarins, os

Spanish Jews, Madrid: Rivadeneyra, 1958; Ferrán Soldevila, *Historia de España*, Barcelona: Airel, 1954, p. 169; Luis de Armiñan, *Isabel la Reina Católica*, Madrid: Editora Nacional, 1951; Manuel Gaibrois Ballesteros, *La Obra de Isabel la Católica*, Segovia: Diputación Provincial de Segovia, 1953, p. 468 e s.; Luis Ulloa Cisneros, Los Reyes Católicos y la Unidad Nacional, em Julián Maria Rubio, L. U. Cisneros, Emilio Camps Cazorla, J. V. Vives, *Historia de España*: gran historia general de los pueblos hispanos, Barcelona: Instituto Gallach, 1935, v. III, p. 411 e s.; José Amador de los Ríos, *Historia Social Política y Religiosa de los Judíos de España y Portugal*, Madrid: Aguilar, p. 759 e s., cap. VIII; L. Poliakov, op. cit, 1961, p. 198-203; A. Domínguez Ortiz, Los Conversos de Origen Judío después de la Expulsión, *Estudios de Historia Social de España*, Madrid: Patronato de Historia Social de España del Instituto Balmes de Sociología/Consejo Superior de Investigaciones Científicas (CSIC), p. 247 e s., 1955. E ainda Hipólito Sancho de Sopranis, Un Documento Interesante sobre la Expulsión de los Judíos, *Archivo Hispalense*: revista histórica, literaria y artística, Sevilla: Diputación Provincial de Sevilla, 2ª. série, t. v, p. 225-228, 1944. (N. da T.)

37 Introdução de Abravanel ao *Comentário sobre o Livro dos Reis*. A declaração de Torquemada: "Judas Iscariota vendeu Jesus, pela primeira vez, por trinta moedas de prata, V. Altezas querem vendê-lo pela segunda vez por trinta mil (não trezentos mil) ducados!", foi-lhe atribuída pelos jesuítas e não é histórica. Possevinus, o autor do *Apparatus Sacer*, e o fanático Paramus, *Origo Inquisitionis*, que pela primeira vez transmitiram esta declaração, queriam com isso glorificar o inquisidor-mor e sua ordem, como se a influência e intervenção de Torquemada tivessem sido decisivas na expulsão. Veja o excelente esclarecimento deste citado em Adolfo de Castro, *Historia de los Judíos en España*, Cádiz, 1847, 137.

alcaides de todas as localidades promulgaram, simultaneamente, ao povo que, até fins de julho, todos os judeus e judias, com seus familiares e suas posses, deveriam deixar o país, sob pena de morte e confisco de todos os bens[38].

> Quando o povo tomou conhecimento desta notícia, cobriu-se de luto, e em todas as localidades em que se tornara conhecida a ordem do rei, percebia-se grande dor entre os judeus, via-se medo e pavor como igual não houvera desde a expulsão de Judá da sua pátria para o exílio. E um dizia ao outro: fortaleçamo-nos mutuamente em nossa fé e nos ensinamentos de nosso Deus, diante da voz dos caluniadores, do inimigo feroz. Se nos deixarem a vida, viveremos, se nos matarem, morreremos, mas nunca desonraremos o nosso pacto, nem desviaremos o nosso coração, mas caminharemos em nome de Deus, nosso Senhor[39].

Os judeus expulsos comportaram-se como heróis na sua fé; a maioria conservou-se fiel ao judaísmo, apesar da sua posição desesperadora. Apenas alguns, impelidos por ganância e ambição desprezíveis, converteram-se ao cristianismo[vii].

38 *Cronicon de Valladolid*, impresso pela primeira vez na inestimável *Colleccion de Documentos Ineditos para la Historia de España*, por D. Miguel Salva y D. Pedro Sainz de Barandu, XIII, 192:"En ultimo de Abril se pregonó con tres trompetas, Rey de armas, dos Alcaldes, dos Algucilles en el real de S. Fée sobre Granada, que se vayan de la villa de S. Fée é del real y de Granada, asi mesmo de los reinos del Rey é de la Reyna, nuestros Señores, desde este dia fasta en fin del mes de Julio proximo inclusive todos los Judios y Judias con sus personas e bienes sopena de muerte y de confiscacion para el fisco e camara de sus Altezas. E este mesmo dia se habia de pregonar en todos los reinos y señorios de los dichos Reyes, nuestros Señores". Esta notícia é repetida em outro trecho do mesmo *Cronicon*:"Fue pregonido el ultimo dia de Abril del ano de 1492 que Judio no quedase en el reino de Castella y Aragon, ni Cecilia, ni en otro qualquier lugar que fuese sujeto a los muy esclarecidos Rey D. Fernando é Reyna D. Isabel dentro de tres meses so pena de muerte". Estes trechos conciliam-se também plenamente com a informação de Çaeuto, em *Iukhasin*, 277:"E depois de quatro meses anunciaram no fim de abril, em todos os estados, através de arautos, que todos os judeus deveriam deixar o seu reino no prazo de três meses", e com Abravanel, na introdução ao *Comentário sobre o Livro dos Reis*:"e o arauto anunciou em voz alta".

39 Abravanel, introdução ao *Comentário sobre o Livro dos Reis*.

vii Os autores tradicionais exageraram sobre o número de judeus que deixaram a Espanha neste período. Cf. A. Domínguez Ortiz, *Los Conversos de Origen Judío después de la Expulsión*, *Estudios de Historia Social de España*, Madrid: Patronato de Historia Social de España del Instituto Balmes de Sociología, CSIC, p. 247-248; Y. Baer, op. cit., 1966, p. 438. (N. da T.)

Entre estes poucos, encontrava-se o rendeiro-mor de impostos da Coroa de Castela, esse mesmo D. Abraão Senior que tanto zelo demonstrou quando do resgate dos judeus escravizados após a tomada de Málaga. "Sexta-feira, na tarde de 15 de junho de 1492, foram batizados D. Abraão Senior e seu filho (Davi) na igreja de Santa Maria de Guadalupe, em Valladolid. O rei a rainha e o cardeal da Espanha foram os padrinhos. O velho Abraão Senior, passou, daí por diante, a chamar-se Ferrad (Fernando) Perez Coronel, e seu filho, João Perez Coronel". Neste mesmo dia, e com os mesmos distinguidos padrinhos, converteram-se um rabino e seus dois filhos; receberam os nomes de Ferrad, Pero e Francisco Nuñez Coronel[40][viii]. O médico pessoal do cardeal-arcebispo da Espanha, um tal D. Abraão, sucumbiu à tentação quinze dias antes[41].

Eram estes conhecidos e confidentes de D. Isaac Abravanel. Abraão Senior fora seu companheiro, seu amigo[42]. Como D. Isaac, comparado com esses homens, parece nobre! Ainda antes de expirar o prazo estabelecido, deixou o país contra o qual – e como podia ser diferente? – alimentava

40 *Cronicon de Valladolid*, op. cit., 195: "En quince de Junio viernes en la tarde fueron bautizados en S. Maria de Guadalupe D. Abraem Senior e su hijo D. [...] [Don o David?] que mientra Judios se llamaban; [...] fueron padrinos el Rey, é la Reyna, nuestros Señores y el Cardinal Despaña. Dieronles por linage Coroneles: al padre llamaron Ferrad Perez Coronel, al fijo Juan Perez Coronel. Asimesmo se convertieron e fueron bautizados esa mesma ora, e fueron los sobredichos Rey e Reyna e Cardinal padrones, el Rabimayor e dos fijos suyos. Al Rabimayor llamaron Ferrad Nunez Coronel etc.".

viii Segundo Y. Baer, op. cit., 1966, v. II, p. 436, algum tempo depois da conversão de Senior, circulou entre os judeus a notícia de que a rainha jurara, caso D. Abraão Senior não fosse batizado, mandar destruir todas as comunidades judaicas, e que sua conversão se deveu ao fato de querer salvar as vidas de seus compatriotas. Os filhos de Senior, informa Julio Caro Baroja, *Los Judios en España Moderna y Contemporánea*, Madrid: Arión, 1961, v. I, p. 294, distinguiram-se como eclesiásticos letrados e publicaram várias obras de caráter filosófico. Sobre os seus descendentes, cf. Arnold Wiznitzer, *Jews in Colonial Brazil*, New York: Columbia University Press, 1960, p. 172 e notas; Hermann Kellenbenz, *Sephardim an der unteren Elbe*: Ihre wirtschaftliche und politische Bedeutung vom Ende des 16. bis zum Beginn des 18 (Sefardins no Baixo Elba: sua importância econômica e política do final do século XVI até o começo do século XVIII), Wiesbaden: Franz Steiner Verlag, 1958, p. 124, 127, 134, 259; e sobre a família Saraiva Coronel, p. 71, 123, 133, 259; C. Roth, *The Jewish Contribution to Civilization*, New York: Harper & Brothers, 1940, p. 203, supõe que também tenha sido descendente de Senior o dr. Francisco Coronel, governador de Segóvia. (N. da T.)

41 *Cronicon de Valladolid*, op. cit., 194.

42 Não é de estranhar que Abravanel nunca tenha mencionado, em nenhuma de suas obras, o abastado amigo, antes tão ativo a favor dos seus correligionários.

grande rancor, embarcando em uma nau para Nápoles com seus filhos e o restante de sua fortuna. Aí retomou o seu *Comentário sobre o Livro dos Reis*, interrompido em Castela, vindo a terminá-lo em setembro de 1493 (no último dia do ano 5253)[43]. O rei Fernando de Nápoles logo soube da presença do estadista espanhol refugiado, através dos próprios reis católicos. Fernando e Isabel informaram o rei napolitano de que ricos judeus espanhóis haviam se refugiado em suas terras, e em tom autoritário exigiram que estes emigrantes fossem condenados à morte sem piedade e que seus bens fossem entregues aos representantes da Espanha, para o Tesouro estadual[44]. Sem se importar com as ameaças dos soberanos espanhóis, o rei Fernando chamou o experimentado estadista judeu à sua corte, empregando-o em seus serviços. Abravanel desfrutou dias felizes enquanto viveu este monarca humanitário: "conquistou nome e riquezas, vivendo em paz e tranqüilidade, com alegria e abundância de tudo"[45].

Entretanto, nem aí lhe foi possível desfrutar a paz por muito tempo. Logo no ano seguinte, Carlos VIII da França declarou guerra a Nápoles. Afonso II, o sucessor do nobre Fernando, teve que fugir, e Abravanel acompanhou-o até a Sicília, continuando-lhe fiel até a morte (1495). Privado de todas as suas posses, bem como de sua biblioteca, sofreu o atormentado Abravanel "privações em vez de fartura, sua alegria foi transformada em pesar". Enfim, agradece a Deus por, após uma viagem acidentada, ter conseguido estabelecer-se numa das ilhas jônicas, Corfu.

Um sentimento de compaixão apodera-se de quem se coloca na situação dolorosa de Abravanel: um ancião de quase sessenta anos, isolado da esposa e dos filhos, um estrangeiro em país longínquo, sem conhecer a língua, de saúde abalada, sem bens e sem auxílio! Abandonado por todos, procurou confortar-se nos estudos, encontrando paz nas profecias consoladoras e estimulantes do profeta Isaías, que ele começou a interpretar em julho (1 de Ab) de 1495. Estranha circunstância, no entanto, fê-lo abandonar este trabalho

---

43 Introdução e epílogo ao *Comentário sobre o Livro dos Reis*. Todos os comentários dos primeiros profetas impressos em 1512; em Leipzig, 1686; em Hamburgo, 1687 (com notas de Jac. Fidanque).

44 Bergenroth, op. cit., XLVII.

45 A biografia de Abravanel, por Chasekito, e *Zevá Pessakh* (Sacrifício de Páscoa), Prólogo.

HISTÓRIA DOS JUDEUS EM PORTUGAL

sem terminá-lo. Para grande alegria sua, reencontrou em Corfu o *Comentário sobre o Deuteronômio*, iniciado em sua mocidade e que pensava haver perdido. Com novo entusiasmo retomou esta obra[46].

Após curta estadia na ilha, dirigiu-se para Monopoli, reino de Nápoles onde desenvolveu fecunda atividade literária; aí surgiu a maioria de suas obras. Em janeiro (20 de Schevat) de 1496, terminou o seu *Comentário sobre o Deuteronômio*[47]; dois meses depois aproximadamente, o *Comentário sobre a Hagadá de Pessakh*[48]; em julho do mesmo ano, destinado ao seu caçula Samuel, então de 23 anos de idade, o *Comentário sobre o Tratado de Abot*[49]; e em dezembro (1 de Tevet) de 1496, o *Comentário sobre o Livro de Daniel*, por ele muito apreciado[50]. Seguiram-se seus trabalhos sobre capítulos isolados, assim como seu *Comentário sobre o Moré*[51], sobre profecia e redenção[52]. Sobre os artigos de fé[53], sobre ressurreição, recompensa e castigo[54]; também seu *Comentário sobre Isaías*[55] foi concluído em Monopoli. Permaneceu aí até 1503, aproximadamente, emigrando depois para Veneza,

---

46 Introdução ao *Comentário sobre o Deuteronômio* e Epílogo para *Isaías*.

47 Final do *Deuteronômio*, impresso pela primeira vez em 1512, e depois várias vezes em conjunto com os comentários dos demais livros do *Pentateuco*.

48 *Zevá Pessakh*, terminado em vésperas da Páscoa em 5256 da Criação do Mundo, Constantinopla, 1505, Veneza, 1545, e ainda outras vezes, integralmente ou resumido.

49 *Nahlat Avot* (Herança Ancestral), impresso em Constantinopla, 1505, Veneza, 1545, e mais vezes.

50 *Maainei Hayschuá* (As Fontes da Salvação), Ferrara, 1551, Amsterdão, 1647.

51 *Schamaim Hadaschim* (Céus Novos), sobre Moré, ii, 19; terminado em 14 de Nissan (abril) de 1498, impresso pela primeira vez em Rödelheim, 1828. *Mifalot Elohim* (Obras de Deus), sobre a Criação, mandado imprimir por Menahem Asaria de Fano e Samuel Frances, Veneza, 1592. *Comentário sobre o Livro Moré Nevokhim* (Guia dos Perplexos), 2ª parte, Praga, 1831, 32.

52 *Yeschuot Meschiho* (As Salvações de Seu Messias), terminado em 20 de Tewet (janeiro) de 1498. Carlsruhe, 1828. *Lahakat Neviim* (Um Grupo de Profetas), manuscrito. *Maschmia Jeschuá* (O que Anuncia a Salvação), de Adar (2 de março) de 1498. Salônica, 1526.

53 *Rosch Amaná* (O Pacto Principal), contra Maimuni, Crescas, Albo, Constantinopla, 1505, Veneza, 1545.

54 *Tsedek Olamim* (Justiça Eterna), ainda manuscrito; por ele citado várias vezes, como em *Ezequiel*, 204b: "Os princípios da Renascença e de suas raízes [...] eis que os mesmos estão escritos naquela obra *Tsedek Olamim*, que eu compus", 56a, 57b.

55 O *Comentário sobre Isaías*, terminado em princípios de Elul (agosto) de 1498.

por instância do seu segundo filho (nascido em Lisboa, em 1471), que, como médico e sábio[56], aí gozava de grande prestígio.

Nessa próspera cidade dos doges, alegre e serenamente passaram-se os últimos anos do digno ancião. Foi de novo atraído para a vida política. Os dirigentes, com interesse, ouviam seus conselhos, aproveitando seus serviços como mediador entre a República e Portugal, sua pátria. Em Veneza teve ainda a felicidade de encontrar-se, embora temporariamente, com seu filho mais velho, Judá.

Judá, de quem falaremos mais tarde, considerado pelo próprio pai o mais importante filósofo de sua época, ainda habitava a casa paterna quando D. Isaac recebeu doze questões sobre temas filosóficos de um sábio candiano, Saul Cohen, as quais prontamente respondeu com seu típico bom gosto. Até o fim de sua vida dedicou-se principalmente aos estudos, tratando constantemente de valer-se das verdades encontradas, tornando-as bem comum. Os *Comentários sobre* Jeremias[57], *Ezequiel* e os doze pequenos profetas, assim como para os primeiros quatro livros de Moisés[58], foram modificados e elaborados pouco antes de seu falecimento. Justamente estes seus amplos comentários tornaram-se obras prediletas de seus irmãos de fé. Agradou-lhes a maneira, com que dotava cada livro, de uma introdução especial e como antepunha a cada parágrafo ou capítulo uma série de perguntas; muitas vezes as formulava desnecessariamente, apenas com o fito de poder respondê-las. O estilo fluente e inteligível que costumava empregar em suas obras exegéticas, os assuntos novos e saborosos que extraía de outros campos do conhecimento e sua orientação ortodoxa de colorido filosófico tornam compreensível que nenhum dos exegetas anteriores, ou que o seguiram, pôde obscurecer Abravanel.

D. Isaac morreu septuagenário, em Veneza, no ano de 1509. Os mais destacados homens da cidade acompanharam seus restos mortais até Pádua, onde o enterraram ao lado do rabi Judá Minz; aí repousou apenas algumas semanas, quando, em conseqüência de desordens bélicas, seu

---

56 Aboab, *Nomologia*, 220. Aboab viu com ele uma *Bíblia* hebraica, escrita 180 anos antes em Lisboa.

57 O *Comentário sobre Jeremias* foi terminado na véspera da festa de Shavuot (maio de 1504). O tempo de preparo dos outros livros proféticos não vem especificado. Os *Comentários sobre os Profetas*, impresso em 1520, Amsterdão, 1642.

58 O segundo livro de Moisés, terminado em 1º de Marheschevan (outubro) de 1505.

túmulo foi destruído[59]. Assim, perseguiu-o o caprichoso destino até além dos limites da vida terrena[ix].

Existência tão movimentada, inquieta e triste quanto a de Abravanel, pai, viveu-a o seu não menos célebre primogênito Judá Leão. Se Leão houvesse escrito, não em italiano, mas em hebraico como seu progenitor, teria sido apreciado igualmente ou mais do que este por seus correligionários; como, porém, veio a dedicar-se a pesquisas astrológicas[60] e devaneios filosóficos, em lugar de especulações talmúdicas, movimentando-se de preferência nos círculos de cristãos eruditos, antes que nos de judeus religiosos, ele e sua obra pouca atenção despertaram entre seus companheiros de fé. A intriga e o proselitismo cristão chegaram a divulgar que se havia convertido ao cristianismo[61]. Leão Hebreu, ou Médico – assim denominado graças a seus conhecimentos de medicina, e que também em terras italianas adquiriu honra e renome –, foi um cirurgião de fina espiritualidade e excelente profissional, sendo que, com pesar, viram-no sair de Castela. O próprio capitão-mor espanhol Gonsalo de Córdova, quando vice-rei de Nápoles, empregou-o como seu cirurgião particular, cargo que ocupou até Gonsalo, demitido do seu posto, deixar a cidade. Mais tarde emigrou para Gênova. Lá escreveu o seu colóquio sobre o amor, *Dialoghi di Amore*. Esta obra, que trata dos mais altos destinos do homem, várias vezes traduzida e editada, e que segundo o poeta alemão Schiller "não apenas muito entreteu, como também auxiliou nos seus conhecimentos astrológicos"[62], pretendia

---

59 Chasekito, O., Isaac Chaim Cantarini, *Pahad Itzhak* (O Medo de Isaac), 10, datam sua morte em 1508. Grätz, no entanto, provou que tanto Abravanel como Judá Minz não faleceram antes de 1509; Grätz, op. cit., VIII, 437.

IX Cf. sobre Abravanel livro I, cap. VI, nota 71. (N. da T.)

60 Não há dúvida que Leão tenha escrito uma obra sobre astrologia, encomendada pelo místico Pico della Mirandola. Este fato vem citado não somente por Amatus Lusitanus, *Curationes Medicinales*, cent. VII, cor. 98 (Geiger, *Otzar Nechmad*, II, 225, e depois Grätz, IX, 7); o próprio Pico menciona Leão em sua obra, escrita pouco tempo antes de sua morte, *Contra Astrologos*, liv. IX, cap. 8, p. 454; cap. 11, p. 459, e diz dele "vir insignis et celeber mathematicus", "autor excellent. can."

61 Dos seus *Dialoghi* deduz-se com certeza que Leão se conservou judeu; cf. a argumentação em Grätz, IX, 236.

62 *Briefwechsel zwischen Schiller und Goethe* (Correspondência entre Schiller e Goethe), I, 287.

D. JOÃO II

conciliar Platão e Aristóteles, subordinando ambos ao misticismo da escola neoplatônica e da Cabala[63] [x].

Mais tarde tornaremos a falar de Samuel, o filho mais jovem de Abravanel, que ocupou posição similar à do pai; voltaremos agora nossa atenção vara as vicissitudes dos judeus em Portugal.

---

63 Delitzsch forneceu uma característica dos *Dialoghi* em *Orient. Literaturblatt* (Folha Literária do Oriente), 1840, 81 e s.

x Referindo-se a Leon Hebreo, diz Marcelino Menéndez y Pelayo, *Historia de las Ideas Estéticas en España*, Madrid: csic, 1940, v. ii, p. 42: "En Leon Hebreo la estética platónica alcanzó su más completa, original y profunda exposición y su obra ha sido calificada como 'el monumento más notable de la filosofía platónica en el siglo xvi, y a un más bello que esa filosofía produjo desde Plotino acá'". Hoje parece certo que Leon nunca se converteu ao cristianismo. Saindo da Espanha, embebeu-se do Renascimento italiano e do platonismo. Exerceu influência sobre homens como Spinoza e Cervantes. Cf. Carl Gebhart, *Vida e Obra de L. Hebreo*, [S. l.: s. n., s. d.]; José Teixeira Rego, *Estudos e Controvérsias*, Porto: Faculdade de Letras, 1931, defende a tese curiosa de que Bernardino Ribeiro, autor de *Menina e Moça*, era filho de Judá Abravanel (Leon Hebreo), autor dos *Diálogos*, portanto neto de Isaac Abravanel. Diz que Bernardino juntou-se ao pai, na Itália, onde Sá de Miranda foi procurá-lo e tentou convencê-lo a voltar para Portugal, sem, no entanto, consegui-lo. Cf. ainda Joaquim de Carvalho, *Uma Epístola de Isaac Abravanel, Estudos sobre a Cultura Portuguesa do Século xvi*, Coimbra: Universidade de Coimbra, 1949, p. 253-268; e ainda Nahum Slousch, *Poésies hébraïques de Don Jehuda Abravanel (Messer Leon Hebreo)*, Lisboa: [s. n.], 1928. (N. da T.)

D. João II (1481-1495). Gravura, século XVII.
Biblioteca Nacional de Lisboa. Portugal.

8.

D. João II
(CONTINUAÇÃO)

Isaac Aboab. O êxodo da Espanha e a imigração para Portugal. Crueldade de D. João e sofrimento dos judeus. D. José ibn Jachia.

MAIS AFORTUNADO DO QUE D. ISAAC ABRAVANEL, ÚLTIMA personalidade política de realce entre os judeus hispano-portugueses, foi seu mestre e amigo D. Isaac Aboab, o último "gaon" de Castela[i]. Assim que foi divulgado o édito espanhol de expulsão, este rabino idoso – um dos mais dignos discípulos do rabi Isaac Campanton, falecido aos 103 anos de idade (1463) – iniciou, com trinta dos mais preeminentes judeus do país, uma viagem a Portugal, a fim de encetar com o rei D. João negociações relativas à transmigração e acolhida dos seus infelizes correligionários. D. João recebeu amavelmente o venerando e quase cego ancião, estimado pelos soberanos espanhóis, atendendo às suas solicitações e oferecendo-lhe condições relativamente vantajosas; aos hebreus que acompanhavam Aboab indicou a aprazível cidade do Porto para seu estabelecimento e ordenou ao magistrado que lhes fornecesse habitações na rua S. Miguel, onde também se encontrava a velha sinagoga, que um neto de Aboab diz ainda ter visto na sua mocidade[ii]; as moradias destes emigrantes espanhóis vinham designadas com um P, a

---

i   Sobre Isaac Aboab, cf. livro II, cap. VII, nota 47. *Gaon* era o nome com que se designavam os líderes intelectuais das comunidades judaicas na Babilônia, nos períodos pós-talmúdicos. (N. da T.)

ii   O local onde ficava a antiga sinagoga do Porto ainda é hoje chamado pela tradição de "Escadas da Esnoga". O problema de sua localização levou a controvérsias, que encontramos resumidas no trabalho publicado por Amílcar Paulo, *A Comuna Judaica do Porto*: apontamentos para a sua história, Porto: Livraria Athena, 1965, separata da revista *O Tripeiro*, Porto, 1965. (N. da T.)

inicial da cidade. Cada um dos refugiados pagaria somente cinqüenta maravedis anuais à municipalidade, devendo esta encarregar-se do calçamento da rua[1].

A gentil acolhida e a garantia que o rei ofereceu ao velho Aboab trouxeram novas esperanças aos expatriados espanhóis. Todos aqueles que temiam uma longa viagem marítima – ou que, por motivos de saúde, não a podiam empreender, os que nutriam a esperança de poder, do Porto, visitar mais facilmente a velha pátria e rever os túmulos abandonados de seus pais e irmãos, ou os que só cogitavam de uma estadia temporária para depois, mais cedo ou mais tarde, continuar viagem para a África, países europeus ou asiáticos – sentiam-se mais felizes em ser acolhidos num país tão próximo da velha terra natal e tão similar em língua e costumes. Mais do que isso não exigiam no momento, e mais o rei não lhes podia prometer.

Apesar de D. João ter em mira os grandes lucros que conseguiria obter dos judeus refugiados, não pôde permanecer indiferente ante o fato de ter que se indispor com os poderosos vizinhos espanhóis por admitir os fugitivos. Somente por interesse, foi o sombrio e misantropo rei impelido a este ato aparentemente humano, pois com o dinheiro dos judeus pretendia restabelecer o Tesouro do Estado – desfalcado em conseqüência do luxo bizantino que despendeu com o casamento de seu filho – e, ainda, iniciar a guerra contra os infiéis na África.

Sobre este plano premeditado e conhecido por todos, concernente à acolhida dos judeus expulsos, aconselhou-se D. João com os grandes e sábios de seu país. Esta reunião teve lugar em Sintra. Alguns conselheiros que,

---

1 Aboab, *Nomologia*, 299: "En Castella fue muy estimado de los Reyes Fernando y Isabel, y luego que en fin de Março de 1492 hicieron en Granada la prematica contra los Judios, se fue el venerable Sabio (R. Ishac Aboab) on otras treynta casas de nobles Israelitas à Portugal a cons(c)ertar con el Rey, que era entonces Juan, segundo de aquel nombre [...] Fueron bien recebidos del Rey [...] A estas treynta famílias mando el Rey acomodar en la ciudad de Porto, y hizo que la ciudad diesse a cada una delles una casa; como dieron muy comodas en la calle que llaman de S. Miguel, y en medio de todas ellas estava la Sinagoga, que yo me acuerdo auer visto aun en mi niñez sin estar derrocada, Tenian dichas treynta casas una P por armas, que mostraua el nombre de la ciudad. Pagauan de pension cinquenta reis o marauedis cada una a la ciudad, y ella les hazia impedrar la calle". Também Damião de Goes, *Chron. de D. Manuel*, cap. 10, f. 10, alude a uma delegação de judeus espanhóis que se dirigia a D. João. "Dos quaes (Judeos) algũs antes que saissem de Castella mandarão pedir licença à el Rey D. João pera servirem a Portugal".

D. JOÃO II (CONTINUAÇÃO)

assim como o rei, reconheciam as vantagens materiais que daí resultariam, ou que se deixavam levar por sentimentos humanitários e de caridade, optaram pela admissão; a maioria, porém, impelida pelo fanatismo e fazendo uso de toda a sua loquacidade, ergueu-se contra eles. Estes inimigos dos hebreus ponderavam que constituiria vergonha eterna para Portugal se, em questões de religião, aparentasse maior indiferença que a vizinha Espanha, a qual acabara de mostrar ao mundo, de maneira decisiva, que a pureza da fé deveria sobrepujar todos os tesouros; que, com a acolhida dos judeus refugiados, perder-se-ia para a Igreja grande número de almas, pois estas, colocadas entre dois elementos ameaçadores, entre água e fogo, batismo e fogueira, por amor natural à vida, certamente prefeririam o primeiro, a ele se submetendo ou conduzindo os filhos à Igreja. Seria melhor o rei desistir para sempre da guerra africana do que angariar os meios, graças a um estratagema tão perigoso para a religião e tão vergonhoso para o país. D. João, obstinado e ganancioso, não era homem que mudasse facilmente de opinião, e, apesar da oposição da maioria, dos seus conselheiros, decidiu-se acolher os judeus fugitivos[2]. Contudo, os acontecimentos voltaram-se contra os mesmos; os próprios correligionários em Portugal tentaram impedir sua vinda, pois o pobre e o oprimido vê-se repudiado até por seus amigos! Os nativos temiam que uma imigração em massa aumentasse o rancor dos temperamentais portugueses, provocando, eventualmente, sua própria expulsão. Opuseram-se por autodefesa, protegendo seus interesses e, levados por receios não totalmente infundados, chegaram a ponto de insinuar ao rei que seria difícil agasalhar e alimentar no país seres pobres, famintos e desprovidos de meios, sem que fossem prejudicados os que aí já viviam. O nobre José ben Davi ibn Jachia tomou o partido dos infelizes correligionários, procurando acalmar os inimigos na pátria. Foram inúteis todos os esforços para convencê-los. As exortações dos judeus nativos resultaram

---

2 Pina, Chronica d'El Rey D. João, na *Collecção de Livros Ineditos*, II, cap. 65, p. 173 e s.; Resende, op. cit., 96; Schäfer, op. cit., II, 647, é da opinião que a maioria dos conselheiros concordara com o rei. Herculano, *História das Origens...*, I, 106, encontrou um relato manuscrito em que a maioria se expressa contra a aceitação dos judeus. Cf. também o discurso de um prelado fanático em Aug. Manuel y Vasconcellos, *Vida y Acciones del Rey D. Joam*, 270 e s.

tão infrutíferas como a oposição dos conselheiros. O rei manteve firme a promessa dada ao velho Aboab[3].

Inexoravelmente, aproximava-se para os judeus da Espanha a hora da separação. Apenas o pensamento de que iriam para sempre deixar as abençoadas campinas do tão amado país, que durante séculos consideraram sua pátria, cobria-os do mais profundo luto. Já semanas antes da data estipulada, não encontravam paz em seus lares, passando noites inteiras ante os túmulos de seus antepassados, nos cemitérios que abrigavam o mais sagrado que iriam deixar na Espanha e cuja conservação escrupulosa e respeito lhes eram sobremaneira caros ao coração. Por isso, os judeus da cidade de Plasencia venderam o seu enorme cemitério ao decano da cidade, D. Diego de Xerez, pelo preço irrisório de quatrocentos reales, sob a condição documentada de não ser o mesmo lavrado nem cultivado[4].

O núcleo dos judeus espanhóis, aproximadamente 120 mil pessoas[5], e os de Plasencia, que se haviam confiado ao capitão plasenciano, Francisco

---

3 *Schalschelet*, 95a, e a carta de Davi ibn Jachia, em Grätz, op. cit., VIII, 466.

4 A extensão deste cemitério pode ser averiguada através dos dados fornecidos por Alonso Fernandez, *Historia y Anales de la Ciudad y Obispado de Plasencia*, Madri, 1627, 154: "Este cimeterio era casi todo el berrocal desde cerca de la puente de S. Lazaro, rio baxo, hasta passado el molino de los naranjos, y desde cerca de S. Anton, todo el camino que va a Castilla y Salamanca, hasta enfrente de la tierra y berrocales, passado el molino de los naranjos, y por la parte de la ciudad, desde el arroyuelo que baxo de S. Anton, y entra el rio a la dicha puente". O decano vendeu o cemitério para a cidade, no ano de 1496, que o transformou em pastagem, dele obtendo anualmente renda superior ao preço da compra. A sinagoga da comuna de Plasencia, que se encontrava atrás da antiga prefeitura, foi transformada em igreja, denominada "la de S. Isabel", em honra à rainha Isabel.

5 As fontes divergem quanto ao número de emigrados. Çacuto, op. cit., 227, cita mais de 120 mil almas: "A maioria de Castela entrou em Portugal, pois que não podiam entrar no mar, nem tiveram tempo [...] mais de 120 mil almas". Número quase idêntico encontra-se em Damião de Goes, op. cit., 10: "segundo se affirma entrarão nestes Regnos mais de vinte mil casaes, em que hauia algas de dez e doze pessoas e outros de mais". (Vinte mil famílias, das quais algumas eram constituídas por dez e doze almas. A família, em média, era considerada como sendo constituída por cinco pessoas.) Samuel Usque, e segundo ele, Aboab, op. cit., 299, só tem conhecimento das seiscentas famílias, cuja estadia havia sido assegurada pelo rei: "acordandose seiscentas casas com El Rey D. Johão", op. cit., 195a; assim também um manuscrito, *Mem. de Ajuda*, em Herculano, I, 106: seiscentas famílias, geralmente abastadas, "contractarem particularmente com el Rey".

Segundo Bernaldez, em Ad. de Castro, *Judíos em España*, 143, emigraram para Portugal:

- de Benevento   para Bragança mais de   3 000 pessoas
- de Zamora   para Miranda mais de 30 000 pessoas

D. JOÃO II (CONTINUAÇÃO)

Hernández Floriano, embarcaram para Portugal sob as condições que lhes impusera D. João, através dos portos designados para controle: Olivença, Arronches, Castelo Rodrigo, Bragança e Melgaço[iii]. Conforme os entendimentos havidos, deviam as seiscentas famílias mais abastadas – para as quais inicialmente se conseguira a licença de imigração e estada – pagar a sorna de sessenta mil cruzados de ouro[6], e todos os outros imigrantes, com exceção dos recém-nascidos, a soma de oito cruzados de ouro, em quatro prestações[7]. Obreiros, ferreiros e alfajemes que iriam se estabelecer defini-

✦ de Ciudad Rodrigoo	para Villar	mais de 35 000	pessoas
✦ de Alcântara	para Marban	mais de 15 000	pessoas
✦ de Badajoz	para Yelves	mais de 10 000	pessoas

perfazendo um total superior a 93 000 pessoas

e isto somente de Castela. A imprecisão de Los Ríos, op. cit., 208, não surpreende ninguém que confere à sua obra o justo valor. Não há razão nenhuma para recusar os dados de Çacuto e Damião de Goes e admitir um número menos do que 120 mil.

iii Atravessando a fronteira, muitos judeus reuniram-se em Caçarolos, situada a quatro quilômetros de Vimioso. Este acampamento deu origem ao nome "Vale das Cabanas", com o qual é ainda hoje conhecido aquele local. Ficaram interessantes reminiscências de costumes judaicos em terras bragantinas. Cf. Amílcar Paulo, *Os Marranos em Trás-os-Montes, Reminiscências Judio-portuguesas*, Porto: Labirinto, 1956, separata de *Douro-Litoral*: boletim da Comissão Provincial de Etnografia e História da Junta da Província de Douro Litoral, Porto, 7ª série, v. V-VI e VII-VIII, 1956. Conta o autor que aí armaram tendas e viveram segundo a tradição, durante três anos, partindo então em várias direções. Cf. também A. Paulo, *Grafia e História*, Porto: Labirinto, 1956, separata de *Douro-Litoral*: boletim da Comissão Provincial de Etnografia e História da Junta da Província de Douro Litoral, Porto, 7ª série, v. V-VIII, 1956. (N. da T.)

6 *Mem. de Ajuda*, em Herculano,, I, 106.

7 As fontes divergem também sobre o tributo de imigração. Goes, op. cit., 10, cita oito cruzados: "com lhe pagarem por cabeça oito cruzados pagos em quatro pagas"; Osorius, *De Rebus Emanuelis*, 7a: "octones aureos singuli regi persoluerunt"; Pina e Resende não definem a quantia. Mais preciso é Çacuto, op. cit., 227: "eles deram um dízimo de todo o seu dinheiro, e ainda deram a quarta, parte de todo o dinheiro que fizeram entrar, e outros deram aproximadamente a terça parte, e mesmo os que nao tinham dinheiro deram oito ducados, a fim de não ficarem presos". Segundo esta informação – Çacuto, como companheiro de infortúnio, certamente é um informante fidedigno –, o caso não se resolveria com uma ninharia de oito cruzados, intencionando-se uma extorsão sistemática. Sua informação "um ducado de cada alma" está justificada algures. Um manuscrito, *Mem. de Ajuda*, reza: "que pagassen par cabeça huũ tanto: o tanto era huũ cruzado". Também Ad. de Castro, op. cit., 146 diz, sem mencionar fontes: "que pagasen un cruzado por persona". Aboab menciona, segundo Osorius, "ocho Escudos"; "dous Escudos" em Usque, certamente é um engano. Como Çacuto, Goes e Osorius concordam (um

tivamente no país pagariam apenas a metade. Por este tributo de imigração eram-lhes entregues comprovantes pelos fiscais e cobradores; quem fosse encontrado como clandestino ou sem o comprovante, tornar-se-ia propriedade do rei; o mesmo acontecia àqueles que, após o prazo estipulado, ainda permanecessem no país, pois somente por oito meses podiam ficar em Portugal, tendo então que emigrar novamente. O rei prometeu-lhes que providenciaria embarcações a preços módicos e quem os transportasse para os locais por eles escolhidos[8].

Qualquer que tenha sido a esperança e expectativa dos judeus imigrantes, não podia surpreendê-los a acolhida que tiveram em Portugal; já estavam habituados a encontrar inveja, injúrias, maus-tratos, falta de palavra e tentativas de conversão por parte dos clérigos. Quanto a este último ponto, Portugal não se mostrou melhor do que a pátria do santificado frei Vicente; sob ordens expressas do fanático rei, foram proferidos aos judeus, por monges ávidos de batizar, sermões de conversão nas sinagogas ou nas ante-salas das igrejas[9]. A plebe supersticiosa e os frades ignorantes e zelosos foram sempre e em todos os lugares os maiores inimigos da raça judaica.

Para a desgraça dos já tão afligidos imigrantes, logo após a sua chegada, intensificou-se a peste que já estava grassando há vários anos, matando milhares deles. A população cristã, que nutria a crendice de terem os judeus introduzido a peste[10], insistiu com energia no afastamento imediato dos malfeitores. Em

cruzado de ouro equivale a um ducado), deve-se considerar esta informação como a correta; perfazia uma soma apreciável, pelo menos mil ducados, para aquela época um tesouro régio.

8 Cf., além das fontes citadas na nota anterior, ainda em especial, Resende, op. cit., cap. CLXVIII, p. 96b, Pina, Goes e outros.

9 *Monarch. Lusit.*, v, 18: "se lhes mandaua fazer sermoens em certos dias, humas vezes nas Synagogas, e outras os mandauão vir aos adros fora das igrejas. Junto ao alpendre da Igreja de S. Maria dos Olivaes da Vila de Tomar auia humas casas dos Vigairos cõ hũ pulpito de pedra banda de fora, o qual servia de fazerem em dias determinados as praticas aos judeus [...] Este costume que auia em Tomar se usaua em todo o mais Reyno".

10 Pina, Resende e outros, Usque, op. cit., 195, Çacuto, 227. Num pequeno tratado escrito cerca de 1530, *Descripção da Cidade de Lamego*, na *Collec. de Livros Ineditos da Hist. Port.*, v, afirma-se na p. 597, que a cidade de Lamego poucas epidemias sofreu até a chegada dos judeus da Espanha "e desque os Judeus de Castella entraram em Portugal, que entam forom mui grandes pestelenças, nũca mais ouve pestes". A peste, entretanto, irrompeu no último ano do reinado de D. Afonso v, e grassou até a subida ao trono de D. Manuel, ou até a época "em que como catholico Principe de todo tirou e arrancou de seus

D. JOÃO II (CONTINUAÇÃO)

vista do rancor dos portugueses, muitos dos recém-chegados fugiram para as montanhas e desertos, onde morriam de fome ou eram assassinados pela plebe. Os remanescentes, a fim de evitar a fúria do povo, aprestavam-se para continuar viagem para a África e Turquia e pediram ao rei os navios prometidos contratualmente. Após muita hesitação, este cumpriu finalmente sua promessa. Ordenou aos capitães que tratassem os judeus humanamente e os levassem às localidades por eles escolhidas; porém, os comandantes das naus, gananciosos e antijudeus, não deram ouvido às ordens do rei, exigindo maiores somas do que as combinadas de início, transportando-os inutilmente através dos mares e maltratando-os de todas as maneiras possíveis; vendiam-lhes os alimentos necessários durante a viagem a preços exorbitantes, de modo que os famintos muitas vezes tiveram de vender suas roupas por um pedaço de pão. Em presença dos pais e dos maridos, violentavam as filhas e esposas, atirando-as em seguida ao mar; os capitães e os barqueiros, conforme conta o cronista, comportaram-se como monstros, malfeitores e perjuros, não como seres humanos[11].

A notícia da desgraça que atingiu os emigrantes e da desumanidade com que foram tratados pelos marinheiros não ficou ignorada, sendo pintada aos remanescentes nas cores mais sombrias. Aqueles que permaneceram em Portugal, não querendo expor-se a idêntico destino ou não tendo conseguido levantar o dinheiro necessário para a viagem, ficaram no país e, passado o término da emigração, foram todos escravizados. Os nobres e

---

reynos a velha Ley de Mouses, lançando fora delles os Judeus que nom quiseram ser christãos". Pina, op. cit., 597. Compare também Abravanel, *Comentário para Jeremias*, 128a.

11 Os cronistas portugueses não fizeram segredo dessa crueldade. Damião de Goes, op. cit., 10, conta: "os capitaes e mestres destas naos por delles tirarem mais dinheiro e mores fretes do que per suas auenças erão obrigados, alem do mao trato que lhes dauão, lhes fazião has derrotas de sua viagem mais longas pelos assi auexarem e lhes venderem has viandas, agoa e vinho ao preço que lhes bem parecia, com lhes fazerem outras afrontas em suas pessoas e deshonras a suas molheres e filhas, mais a lei de perjuros e maos homems que de Christãos". Do mesmo modo Osorius, op. cit., 7a. Resende adiciona no fim: "nunca tanta perseguição em lembrança de homems foy vista em nenhuma gente, como nestes tristes Judeus, que de Castella sahirão se vio". Compare também Usque, op. cit., 195b, e o impressionante relato de Judá ben Jacó Chajat, na introdução ao seu *Comentário para Minhat Iehudá* (A Dádiva de Judá), sobre a obra cabalística.

Maarekhet haElokhut (Sistema Divino), Mântua, 1558, assim como Grätz, VIII, 382 e s.

HISTÓRIA DOS JUDEUS EM PORTUGAL

cortesãos puderam escolher, conforme o gosto, judeus e judias de qualquer idade[12].

D. João levou ainda mais longe suas crueldades contra os judeus espanhóis. Em princípios do ano de 1493, mandou que fossem tiradas aos pais que permaneceram em Portugal as crianças de dois a dez anos, para serem transportadas, pelo capitão Álvaro de Caminho Souto, major de Faro e guerreiro insensível, para as ilhas de São Tomé ou Perdidas[13][iv]. Quem não ouviu os soluços e os gritos dos pais, ao lhes serem violentamente arrebatados os filhos e levados para as naus, não sabe o que é tristeza, aflição e desgraça. As mães desesperadas erguiam gritos pavorosos, as crianças gemiam e agarravam-se às mães, os pais no seu desespero arrancavam os cabelos; não havia quem deles se apiedasse, quem os consolasse ou quem interferisse com o rei desalmado. A uma mulher levaram os sete filhos. Quando esta infeliz soube que o rei iria à igreja, correu em sua direção, atirou-se aos pés dos seus cavalos e implorou que lhe deixassem pelo menos o filho mais novo; ele, no entanto, não lhe deu atenção, dizendo aos servos: "Afastem-na de minha presença!", e quando ela, com insistência, repetiu sua súplica, foi impiedosamente repelida. Então o rei falou: "Deixem-na, ela age como uma cadela à qual arrancaram os filhotes!" Muitas mães imploravam permissão para acompanhar seus entes queridos. Uma mulher agarrou seu filho junto ao peito, atirando-se, desesperada, do navio ao mar, afogando-se ambos. Felizes as pobres crianças que venceram a luta e encontraram a morte. A ilha de São Tomé, para onde foram transportados os filhos brutalmente

---

12 Osorius, 7b, Goes, 10.

13 Este fato é citado não apenas pelos cronistas judeus, *Schevet Jehudá*, 93, e Usque, 197, sendo este último transcrito por José Cohen, 88, e Aboab, 308, assim como também por Pina, op. cit, cap. 68, p. 181; Resende, cap. 178, p. 102a; Manuel y Vasconcellos, *Vida del Rey D. Joam II*, 304; Silva Lopes, *Corografia do Reino de Algarve*, 406; Acenheiro, op. cit., 320. Compare também Farisol, *Igroth Olam* [erro de impressão; o correto é: *Igueret Orhot Olam* (Tratado sobre os Caminhos do Mundo) – nota do tradutor do hebraico], cap. 16. "E o rei de Portugal a encheu de rapazes e moças e animais domésticos e também homens e mulheres. Ouvi que eram marranos no período da expulsão".

iv Sobre as conseqüências do ato de D. João, os plantadores judeus em São Tomé e a introdução da cana-de-açúcar no Brasil, cf. Arnold Wiznitzer, *Jews in Colonial Brazil*, New York: Columbia University Press, 1960, p. 9-10, 45. (N. da T.)

D. JOÃO II (CONTINUAÇÃO)

afastados de seus pais, era uma "selva perfeita"[14], habitada por jacarés, cobras, lagartos e criminosos deportados por D. João. A maioria dos meninos e meninas morreram nos navios ou foram devorados depois pelos crocodilos e animais selvagens; poucos sobreviveram e, com o incremento da população e do cultivo, tornaram-se, nesta não infértil colônia portuguesa, ricos plantadores[15].

Apenas havia partido a nau com as infelizes crianças judias, D. João sucumbiu à grave moléstia, da qual nunca mais se restabeleceria por completo. Durante um ataque de alienação mental, desencaminhado por seus clérigos fanáticos, ocorreu-lhe a idéia de impor a conversão também àqueles judeus que já há séculos habitavam seu país. Incitou seu velho favorito, o septuagenário D. José ibn Jachia, a preceder os seus correligionários que muito o respeitavam, abjurando o judaísmo; em recompensa, prometeu-lhe a posse da cidade de Bragança e, caso não concordasse, ameaçou-o com a morte. Com seus três filhos, Davi, Meir e Salomão, e outros membros da família, levando uma fortuna de cem mil cruzados, José fugiu, escapando felizmente das perseguições de D. João; este satisfez sua fúria vingando-se nos membros remanescentes da família de Jachia, assim como também já se havia vingado cruelmente batizando um neto de Abravanel, o filho de um ano de Leão, o Hebreu, fazendo-o educar como cristão, para o suplício infernal do inconsolável pai[16][v]. José ibn Jachia cruzou os mares durante algum tempo, chegando finalmente a um porto de Castela; como havia deso-

---

14 No globo terráqueo de Martim Behaim, em von Murr, *Diplomatische Geschichte des portugiesischen berühmten Ritters M. Behaim* (História Diplomática do Célebre Cavaleiro Português Martim Behaim), Nuremberg, 1728, lê-se debaixo da ilha de São Tomé a anotação: "Estas ilhas foram encontradas com as naus de que rei enviou de Portugal para estes portos da terra dos mouros, anno 1484. Aí somente havia selvas e não encontramos seres humanos, apenas matas e pássaros e para lá envia agora o rei de Portugal anualmente o povo condenado à morte, homens e mulheres, e lhes dá a terra para cultivar e para se alimentarem, para que essa terra fosse habitada por portugueses". Compare Usque, op. cit., 197a: "a ylha [...] cujos moradores erã lagartos, serpes e outras muito peçonhentas bichas e deserta de criaturas racionães, onde desterraua os mal feitores que a morte eram jaa obrigados".

15 "Os que escaparam vieram pelos dotes, ingenitos da sua raça a ser colonos opulentos daquella fertil possessão com o progresso da sua povoação e cultura"; *Manuscrito da Ajuda*, em Herculano, I, 111.

16 Cf. a elegia de Leão Hebreo em *Otzar Nechmad*, II, 70 e s.

v Cf. livro I, cap. VII, nota 73, sobre Leão Hebreo. (N. da T.)

HISTÓRIA DOS JUDEUS EM PORTUGAL

bedecido a lei pouco antes publicada, segundo a qual nenhum judeu podia pisar solo espanhol, foi condenado à fogueira, conseguindo a liberdade e a permissão para recomeçar viagem só pela intercessão do conde Álvaro de Bragança, também perseguido por D. João e com o qual José antigamente mantivera amizade. Após uma peregrinação de cinco meses, chegou a Pisa, ocupada naquela época pelas tropas de Carlos VIII, em sua campanha contra Nápoles. D. José e os seus foram acorrentados e postos em liberdade só após o pagamento de largas somas. Procurou então o auxílio do conde de Ferrara. De início bem recebido, foi mais tarde processado por ter, com os seus, incitado os marranos a retornar ao judaísmo. Foi condenado à morte. Assim, viu-se o digno José aprisionado por diversas vezes, libertando-se, também agora, somente através do pagamento de sete mil peças de ouro. Morreu, provavelmente em conseqüência de torturas, no ano de 1498, com quase 74 anos de idade, sendo enterrado ao lado do suposto túmulo do profeta Oséias[17].

Quando D. José fugiu de Portugal, seguiu-o Dina, a esposa de 23 anos do seu filho primogênito, Davi – compendiador de uma pequena obra gramática[18], para ele escrita por seu parente Davi ben Salomão ibn Jachia –, que, vestida de homem, escondeu-se no mesmo navio, sendo descoberta apenas em Castela. Apesar de sua gravidez, absteve-se durante a viagem marítima de todas as qualidades proibidas de carne e, para fugir aos ataques dos bandos franceses em Pisa, atirou-se de uma torre de vinte pés de altura, saindo ilesa como por milagre e dando à luz, em Florença, no ano de 1494, a José ben Davi ibn Jachia, de quem falaremos mais tarde[19].

Junto com D. José emigrou também Davi ben Salomão ibn Jachia, o acima mencionado autor de uma gramática hebraica[20], desde 1476 pregador da comuna de Lisboa. Como D. José, foi ele também acusado de incitar

---

17 Sobre D. José, veja o prólogo à obra de D. José ibn Jachia, *Torá Or* (A Lei da Luz), e *Schalschelet*, 49b.

18 Cf. Zedner, em *Steinschneider's hebr. Bibliographie* (Bibliografia Hebr. de Steinschneider), II, 110. Davi também compôs uma lamentação sobre a expulsão dos judeus de Portugal: "Canto, Tristezas e Transbordo de Lamentações", p. 29, *A História da Família Jachia*.

19 *Torá Or*, prólogo; o trecho referido foi, como de costume, copiado levianamente e sem atenção pelo último historiógrafo inábil da família Jachia; p. 28.

20 *Leschon Limudim* (Linguagem Didática).

D. JOÃO II (CONTINUAÇÃO)

os marranos, em terra portuguesa, a voltar ao judaísmo. D. João pretendia mandar assassiná-lo, porém Davi conseguiu salvar sua vida e a de sua família, fugindo em tempo. Seu alvo era Nápoles. Lá foi atingido pelo infortúnio; com dificuldades, e graças à venda de sua biblioteca, pôde fugir para a ilha de Corfu, e depois para Larta [Arta]. Enfermo e pobre, endereçou daí uma petição, que também continha sua biografia, ao abastado Jesaias Meseni, por cujo intermédio alcançou a Turquia. Neste país faleceu o erudito autor de diversas obras, no ano de 1504[21].

Também os dias do causador de tantas desgraças estavam contados. Os últimos anos de D. João foram uma luta contínua com a morte. Teve que suportar grandes sofrimentos até o desenlace, morrendo envenenado (25 de outubro de 1495)[22].

---

21 Cf. a carta de Jachia para Meseni, em Grätz, VIII, 466 e s.; e *A História da Família Jachia*, p. 17 e s.

22 Aboab, op. cit., 308: "murio [...] no sin sospecha de veneno"; José Cohen, 89: "e morreu também o rei João, envenenado", em concordância com Pina e outros; compare também *Portugal Pittoresco*, Lisboa, 1846, I, 266: "Ha toda apparencia de que D. João II pereceo con consequencia de veneno".

D. Manuel (1495-1521). Gravura a buril, século XVII.
Biblioteca Nacional de Lisboa. Portugal.

9.

D. Manuel

Proteção de D. Manuel aos judeus. Abraão Zacuto. Aliança de D. Manuel com a Espanha e a nefasta influência espanhola sobre o destino dos judeus portugueses. Expulsão dos judeus de Portugal. Crueldade de D. Manuel, batismo forçado. Abraão Saba e seus companheiros de infortúnio. Criptojudeus ou cristãos-novos.

APÓS A MORTE DE D. JOÃO II, SUBIU AO TRONO PORTUGUÊS seu sobrinho, D. Manuel, conde de Beja. Este jovem príncipe, membro de uma infortunada família cujo pai morreu no cadafalso, aprendera, através de seu próprio infortúnio, a sentir humanitariamente e simpatizar com os oprimidos. Seu altruísmo, que constituía um dos traços principais de seu caráter, fê-lo, logo no início de sua regência, restituir aos judeus a liberdade que lhes fora arrebatada por D. João, equiparando-os aos demais habitantes, no que concernia aos tributos. Rejeitou uma soma apreciável, que os felizes lhe entregaram em sinal de efusivo agradecimento; queria mostrar-se benfeitor e, como se exprime o bispo Osório, seu biógrafo, incitá-los à conversão através de ações beneméritas[1].

D. Manuel, amigo e protetor das ciências e das artes, devotado aos estudos e prezando a companhia de homens eruditos, não desdenhou empregar

---

1   Osorius, *De Rebus Emanuelis*, 7b: "Hoc illi beneficio permoti, ei magnum argenti pondus obtulere quod accipere noluit". Damião de Goes, *Chron. de D. Manuel*, c. 10, f. 11: "El Rey D. Emanuel [...] tanto que regnou libertou logo estes Judeus catiuos, nem delles, nem das communas dos Judeus naturaes do Reyno querer acceptar hũ grande serviço etc."

HISTÓRIA DOS JUDEUS EM PORTUGAL

um judeu como astrólogo e cronista. Foi este Abraão Zacuto[2], o célebre bisavô do não menos renomado médico Abraão Zacuto, cognominado Luzitano[i]. Do lado paterno, a família provinha do sul da França[3], tendo Abraão nascido numa cidade de Castela[4]; dedicou-se aos estudos da matemática, especialmente da astronomia, e por vários anos foi professor desta ciência em Salamanca – onde teve como discípulo Agostinho Ricci[5] – e mais tarde em Saragoça. Em conseqüência da expulsão dos judeus da Espanha, seguiu seu velho professor Isaac Aboab para Portugal, estando presente no enterro deste, onde proferiu a oração fúnebre em homenagem ao mestre falecido no Porto, em inícios de 1493[6]. Zacuto, daí por diante, dedicou seus serviços ao país que hospitaleiramente o acolhera. Provavelmente já durante o reinado de D. João, os seus vastos conhecimentos matemáticos foram aproveitados para o bem do Estado; quem, a não ser o nosso Abraão Zacuto, seria o Abraão "Estrolico" (astrólogo) que recebera de D. João, a 9 de janeiro de 1494, uma recompensa de dez espadins de ouro[7]. Também favorece esta hipótese a história relatada pelo português Menassé ben Israel, que viveu aproximadamente cem anos depois, e que talvez lhe tenha

2 Zakuto, Zakhuto, Zakhut, Çacuto, Zacuto, certamente não Zachuto, como ainda escreve Jost, *Geschichte des Judenthums* (História do Judaísmo), III, 113. O Diogo Rodriguez Zacuto "com opinio de famoso medico e insigne Mathematico", mencionado por Francisco da Fonseca, *Évora Gloriosa*, 411, e depois dele por Barbosa Machado, *Bibl. Lusit.*, I, 691, não é outro senão nosso Abraão Çacuto. Segundo Bernardo de Brito, *Geogr. Ant. da Lusit.*, e Antonio de Leão, *Biblioth. Geogr.*, III, 1719, citado por Barbosa, é Çacuto também autor de uma obra, *Do Clima e Sítio de Portugal*.

i Cf. livro II, cap. VII, nota 60, sobre Zacuto Luzitano. (N. da T.)

3 *Iukhasin*, ed. Filipowski, 223.

4 Em geral supõe-se ter sido Salamanca a cidade natalícia de Çacuto, outros mencionam Toledo e Saragoça, também Évora.

5 Ricci assegura em sua obra *De Motu Octavae Sphaerae*, Paris, 1521, 4: "Abraham Zacuth, quem praeceptorem in Astronomia habuimus in civitati Salamancha". Compare Ribeiro dos Santos, Sobre Alguns Mathematicos Portuguezes, nas *Memorias da Lit.* Portug., VIII, 163.

6 *Iukhasin*, 226, 134a: "'Rabi Isaac Aboab, meu Senhor e meu mestre, de abençoada memória' faleceu em Portugal no ano de 5253 da Criação, sete meses depois da expulsão, e viveu sessenta anos, e eu fiz um sermão sobre ele, com base no versículo 'eis que eu vos mando um anjo'". Aboab, op. cit., 300.

7 O documento datado, Torres Vedras, 9 de janeiro de 1494, na Torre do Tombo, comunicado por Ribeiro dos Santos, op. cit., VIII, 166.

D. MANUEL

sido transmitida oralmente. O rei D. João visitara Zacuto e, para pô-lo à prova, perguntou-lhe por que portão faria ele, o rei, sua entrada em Évora. Respondeu-lhe o astrólogo: "Para que perguntais vós? Certamente fareis o contrário do que eu disser". Trouxeram tinta e pena e Zacuto escreveu: "O Príncipe entrará por um portão novo", e assim aconteceu. D. João, pretendendo refutar a profecia do judeu pelos fatos, mandou romper a muralha da cidade, entrando deste modo por um portão novo[8].

D. Manuel nomeou o célebre Zacuto seu astrólogo e cronista[9]. Antes de mandar Vasco da Gama iniciar sua viagem de descoberta para as Índias, chamou seu astrólogo de confiança, sem cuja autorização não queria começar um empreendimento de tal envergadura. Com ele aconselha-se em Beja, sua residência, sobre o plano de descoberta. Zacuto apresentou ao monarca os perigos que resultariam de uma viagem para regiões longínquas como a Índia, assim como a possibilidade de subjugar aquela região em pouco tempo, pois "Vosso planeta, majestade, é grande"[10].

8   *Nischmat Hayim*, III, cap. 21; aí, no entanto, consta "D. João I", pelo que não podem ser entendidos nem D. João I de Castela, nem D. João I de Portugal; o primeiro faleceu muito antes do nascimento de Zacuto, e, quando faleceu D. João I (1433), Zacuto ainda era criança; o "a terra de Évora" é erro de impressão e devia ser "para a cidade de Évora". Menassé comunica ainda outro fato.

9   Jost, *Geschichte des Judenthums* (História do Judaísmo), III, 113, escreve: "Manuel empregou Çacuto em seu reino como professor de história e de astronomia!".

10   Lima Felner, *Collecção de Monumentos Ineditos para Historia das Conquistas dos Portuguezes*, Lisboa, 1858, I, 10. Lima Felner comunica diversos fatos sobre Çacuto e seus méritos relativos à náutica, de que transcrevemos um trecho na língua original:
"El Rey D. Manuel era muyto inclinado a Estrolomia, polo que muytas vezes praticaua com o Judeu Çacuto, porque em todo achaua muy certo. Hum dia o judeu Çacuto disse a El Rey: Senhor, o mar que as vossas naos correm he muy grande (em que) em humas partes ha verão, e em outras inuerno, e todo em hum caminho, e poderia hir duas naos, humas após outra e ambas per hum caminho, huma chegara a huma paragem quando aly for inuerno, e achara tormenta; e a outra quando aly chegar será verão, e non achara tormenta, e outros naõ. E porque os inuernos e verões non são certos em hum proprio lugar he porque e mar he muy largo e muy deserto, apartado das terras e cursão as tormentas e bonanças per muytas partes incertas [...] E porque Senhor, com o muyto desejo que tenha a seo seruiço, tenho muyto trabalhado por entender os segredos desta nauegação tenho entendido que o apartamento da sol causa as tormentas e desuairos dos tempos, porque apartandose o sol da linha equinocial pera a parte do Norte [...]
O que todo bem ouvido por El Rey houve muyto contentamento e prometendo ao Judeu muytos merces por seu trabalho, lhe muyto encomendou que desse cabo a tão boa cousa como tinha começado. Ao que o Judeu se offereceo, e como ja tudo tinha experimentado, e sabido a certeza do

HISTÓRIA DOS JUDEUS EM PORTUGAL

Foram os trabalhos de Zacuto que possibilitaram a Vasco da Gama e muitos descobridores futuros a concretização de seus grandes planos. Usou e aperfeiçoou as tabelas astronômicas elaboradas pelo cantor toledano Isaac ibn Sid, conhecidas como as Tabelas Afonsinas, e dele possuímos diversas tabelas do sol, da lua e das estrelas, cujo emprego resultava muito mais simples do que o de qualquer tabela anterior. Além do cálculo aperfeiçoado, pela primeira vez de quatro em quatro anos, melhorou o mesmo astrônomo o instrumento que era empregado naquela época pelos marinheiros portugueses para medir a altura das estrelas, mandando confeccionar de metal os astrolábios, que até então eram de madeira[11].

Sua obra principal é o *Almanach Perpetuum* que supostamente escreveu e dedicou aos bispos de Salamanca. A primeira edição deste *Almanach* é tão rara que presumivelmente dele só existem dois ou três exemplares[12]. Seu discípulo, José Vecinho[13], traduziu-o para o espanhol[14] e daí foi vertido para o hebraico[15]. Além de diversas obras astronômicas e

---

discurso do sol [...] tomando o esprimento polas estrellas com suas artes da estrolomia, fez hum regimento desta declinação do sol apartando os annos, cada hum sobre sy, e os mezes e dias, de hum ano bisexto até o outro que são quatro anos apontadamente, de quanto anda o sol cada dia, contado de meo dia a meo dia, assi pera a banda do Norte, como pera a banda do sol, todo per grande concerto e boa ordem, pera o que fez huma posta de cobre da grossura de meo dedo, redonda, com huma argola em que estava dependurada direita, e nella linhas e pontos, e no meo outra chapa [...] tudo per grande arte e sobtil modo, e lho chamou estrolabio [...] O que o Judeu ensinou a alguns pilotos, que el Rey mandou, como o de que modo hauião de tomar o sol e ponto do meo dia com o estrolabio. – Dios seja pera sempre muyto levado, que lhe aprouve, que o Judeo falou tão certo em todo e nos pequenos barcos". Tudo isso, finaliza o relatório, foi executado pelo judeu Çacuto, o grande astrólogo.

11 Schäfer, op. cit., III, 75 e nota anterior.

12 Impresso pela primeira vez em Leiria, 1496. Um exemplar desta primeira edição encontra-se na Biblioteca Real de Lisboa, e outro em Coimbra. Reimpresso em 1499, 1500, 1502.

13 Sobre ele, cf p. 76.

14 *Los Canones dellas Tables de Sacut*; Steinschneider, *Cat. Bodl.*, 706.

15 *Beur Luhot* (Tabelas Comentadas), cf. Grätz, VIII, 379. As tabelas astronômicas, manuscritas na Biblioteca Real de Munique, com introdução. A mesma principia: "Disse o sábio rabi Abrão Zacut, Deus o guarde, já se esclareceu que a raiz é o começo etc". Steinschneider, *Cat. der Münchener hebr. Handschriften* (Catálogo dos Manuscritos Hebraicos de Munique), cod. 109, manuscrito.

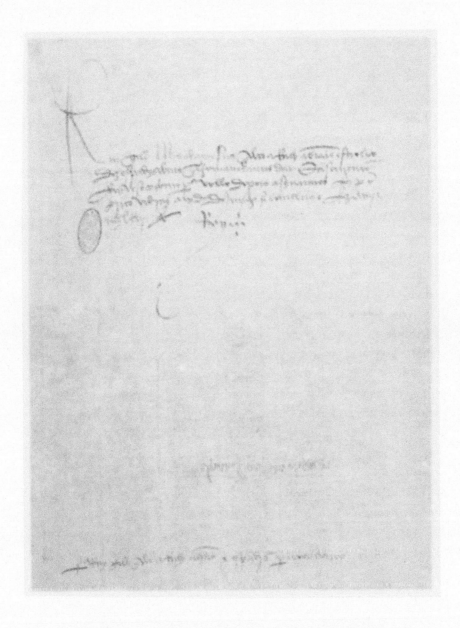

Determinação régia para que Rui Gil entregue ao rabi Abraão (ben Samuel Zacuto ou bar Samuel) Zacuto dez espadins de ouro. Torres Vedras, 9 de junho de 1493. Contém assinatura de Abraão Zacuto. Corpo cronológico. Instituto Arquivo Nacional Torre do Tombo. Lisboa, Portugal.

astrológicas, escreveu Zacuto também sobre a alma, o paraíso, o além e a ressurreição[16][ii].

Será que o amigo astrônomo não atraiu o rei para a causa de seus correligionários? Nos primeiros anos do reinado de D. Manuel, não imaginavam os judeus o que, em Portugal, lhes iria suceder; quantos sofrimentos e torturas o monarca, agora tão clemente, lhes iria impor. Após os duros golpes que, há poucos anos, os atingiram, por um momento respiraram mais livremente, como que acumulando novas forças para o futuro. D. Manuel protegeu os judeus a quanto pôde. Quando, certa vez, um clérigo levantou-se para pregar diante da multidão e – como já havia sucedido no tempo de D. João – convidou também os judeus a ouvir seus sermões, os mais conceituados e honrados entre eles dirigiram-se ao rei, pois temiam a maldade do monge predicante, e disseram-lhe: "Nosso rei e senhor! Sois nosso pai e confiamos em vós para que nos protejais da língua presumida deste homem". Respondeu-lhes o rei: "Vós vos assustais com o sussurro das folhas, como já vos profetizou vosso mestre, Moisés. Após haver sido publicado, em tempos remotos, um édito real declarando ser falso tudo o que contra vós foi dito, que tendes a temer? No que se refere, no entanto, ao mencionado monge, sei que irá convidar-me para seus sermões, e estou pronto a quebrar-lhe os dentes caso profira falsidades". O monarca, efetivamente, foi convidado para a prédica e, ao principiar o frade com as palavras "Que faremos com este povo vil, este povo judeu?", levantou-se furioso e se retirou[17].

Naquela época, relata a crônica judaica, um cristão matou o filho de três anos de uma sua vizinha, com quem vivia em desavença, e à noite atirou o cadáver através da janela para seu vizinho judeu, que se encontrava ausente. Não tardou que se espalhasse o rumor de haverem os judeus assassinado

---

16 Fürst, *Bibl. Judaica*, III, 201.

ii Cf. Abraão Zacuto, livro I, cap. XI, nota 11. Sobre a participação dos judeus nos descobrimentos cf. Joaquim Bensaúde, *L'Astronomie nautique au Portugal à l'époque des grandes découvertes*, Bern: Akademische Buchhandlung von Max Drechsel, 1912-1917 (Edição fac-similar: Amsterdam: N. Israel/Meridian, 1967); idem, *Histoire de la science nautique portugaise*, Génève: A. Kundig, 1917-1920. (N. da T.)

17 *Schevet Iehudá*, 36. O édito mencionado neste relato, já pelo estilo empregado, não pode ter procedido de D. Manuel. O *milfanay* (lit. diante de mim) (promulgado por mim) é um pouco difícil: "Um decreto promulgado por mim anteriormente", parece que foi mantido devido ao uso lingüístico.

a criança com o intuito de usar seu sangue; de fato, ter-se-ia facilmente chegado a uma queixa-crime, caso não tivesse a judia, com sua presença de espírito, encontrado um meio de salvação. Amarrou o cadáver firmemente contra o corpo, gritando como se estivesse dando a luz. Deu-se uma busca na casa, cujo resultado naturalmente foi negativo. Na manhã seguinte esclareceu-se o homicídio. O assassino brigara com sua mulher, agredindo-a perigosamente com pauladas na cabeça, de modo que esta gritou em sua dor:"Pensa você matar-me, como matou o filho da vizinha?". Ouvindo isso, a mãe do menino denunciou-o ao juiz; o criminoso foi preso, confessando sua culpa. A judia, de início amedrontada, negou tudo, porém, jurando-lhe o juiz que não seria castigada caso contasse a verdade, relatou-lhe o ocorrido, admirando o juiz sua inteligência[18].

A felicidade que os judeus desfrutaram sob D. Manuel foi de breve duração. A benevolência com que os tratou nos primeiros anos do seu reinado foi logo suplantada por interesses políticos de maior importância.

D. Manuel ambicionava ardentemente reunir sob seu cetro toda a Península Pirenaica, plano facilmente realizável por meio de uma aliança com uma princesa castelhana. Apesar de, logo após sua ascensão ao poder, haver rejeitado a mão de uma filha de Isabel, estava muito inclinado a casar-se com a outra mais velha, também chamada Isabel, a jovem viúva do infante de Portugal tão precocemente desaparecido. Em outubro de 1496, enviou seu primo D. Álvaro, como mediador, para Castela. Também o casal de reis católicos tinha razões eminentemente políticas para desejar uma união com o vizinho lusitano, e, apesar da sua decidida aversão contra qualquer novo matrimônio, foi a jovem viúva finalmente persuadida a concordar, graças à insistência dos padres que louvavam esta ligação como agradável a Deus e proveitosa ao país. Antes, porém, de concederem Suas Majestades a mão da filha ao jovem Manuel, impuseram-lhe expressamente a condição de celebrar com a Espanha um acordo de proteção e defesa contra a França e seu rei, Carlos VIII, e expulsar do país, em curto prazo, todos os judeus, tanto os imigrados da Espanha, que ainda lá permaneciam, como os nativos.

---

18 Idem, 34.

Realmente ninguém havia jurado maior ódio aos judeus do que esta Isabel de Espanha. Não só no seu próprio reino queria exterminar completamente a raça hebréia, mas também procurava com solicitações, lisonjas ou ameaças conquistar os regentes dos outros Estados para sua política odiosa. Aos pequenos príncipes italianos, pensava poder mandá-los expulsar os judeus; ao poderoso Henrique da Inglaterra, porém, procurou convencer através de pedidos. Enviou o prior de Santa Cruz à Inglaterra com uma missão secreta, mandando exprimir ao devoto filho de Albion seu pesar pelo fato deste agir com tão pouca cristandade, suportando judeus em sua ilha e dando abrigo aos hereges fugitivos da Inquisição. Como deve ter sido grande a satisfação desta mulher fanática, ao ler na carta do seu embaixador que Henrique "pusera a mão sobre o peito, jurando pelo que de mais sagrado havia em seu coração" castigar impiedosamente qualquer judeu que se encontrasse no seu reino![19] Como iria Isabel entregar sua filha a um homem mais tolerante do que ela?[iii].

D. Manuel não podia simplesmente concordar com as condições impostas pela Espanha; houve conversações diplomáticas antes de se chegar a uma decisão firme nesta questão matrimonial. Expôs a exigência mais importante – a expulsão dos judeus – ao Conselho de Estado; as opiniões estavam divididas. Os inimigos dos judeus novamente citavam a França, Inglaterra, Escócia, o Reino Escandinavo, onde os judeus já não eram tolerados há muito tempo; todos estes monarcas certamente não teriam permitido a expulsão, não fossem para tal impelidos por razões prementes; também os reis católicos não expulsariam quase um milhão de pessoas, não lhes tivesse isso parecido mais útil e vantajoso. No concernente a este assunto, Portugal não devia apenas respeitar o poderoso vizinho – que se transformaria em inimigo perigoso, caso os judeus por ele expulsos fossem admitidos e tolerados –, mas também a vontade do povo; era do conhecimento de todos que este nutria profunda aversão

---

19 Cf. a carta do prior de Santa Cruz, de 18 de julho de 1498, em Bergenroth, op. cit., 164.

iii Joaquim Mendes dos Remédios, *Os Judeus em Portugal*, Coimbra: França Amado, 1895, v. 1, p. 287, nota 1 (Panorama, t. 1), observa que a Espanha percebeu o erro que havia cometido ao expulsar os judeus, "mas o passo estava dado, e então só restava aniquilar as vantagens que Portugal podia tirar da falsa política dos reis de Castela". (N. da T.)

contra os judeus, pois via neles os inimigos da fé e temia que traíssem todos os segredos de Estado aos inimigos da pátria; o prejuízo material causado pela expulsão seria facilmente sanado e já compensado pela sua própria ausência, pois, caso permanecessem, sangrariam o país, atraindo para si todos os bens móveis.

Contra esta facção pró-castelhana havia outra que, levada pela tolerância religiosa e, mais ainda, visando o bem da nação, defendia com palavras habilidosas o fato de que todos os príncipes e repúblicas da Itália, Hungria, Boêmia, Polônia, Alemanha e outros reinos cristãos e mesmo o supremo chefe da Igreja os toleravam em seus Estados, há séculos, permitindo-lhes o livre exercício de suas leis religiosas e o intercâmbio comercial praticamente irrestrito. Seria contra qualquer política sábia de Estado expulsar tantas pessoas úteis, laboriosas e eficientes, que além do mais haviam prestado tantos e importantes serviços aos monarcas anteriores; seria de prever que os judeus com suas riquezas procurassem a proteção dos príncipes mouros e, graças a seu espírito livre e ágil, seus conhecimentos e suas habilidades, fossem úteis aos muçulmanos, servindo a estes inimigos dos cristãos com sua destreza manual, e, sendo eficientes em todos os campos, principalmente na manufatura de armas, sua união com os mouros resultaria em grande desvantagem para a cristandade. Também não se devia expulsá-los por razões religiosas, pois, enquanto vivessem entre cristãos, não estava perdida a esperança de atraí-los para o cristianismo; não se podia certamente esperar uma conversão, fossem eles expulsos dos países cristãos[20].

Conquanto pudessem parecer convincentes ao rei as razões bem-intencionadas dos conselhos pró-judaicos, já de antemão se havia decidido em favor do partido castelhano: a expulsão dos judeus de Portugal tinha de se realizar. Sem este ato, que a todo reino iria causar irremediável dano, não poderia desposar a Isabel espanhola, tão semelhante à mãe, e que nutria contra a raça hebréia ódio ainda mais profundo. Conforme missiva escrita

---

20 Goes, op. cit., cap. 18, p. 17 e s.; Osorius, op. cit., 12b e s. Wilhelm Gotthold Heine (Heine, Beiträge zur Geschichte im Zeitalter der Reformation (Contribuições para a História da Época da Reforma), *Allgerneine Zeitschrift* für *Geschichte* (Revista Geral de História), editada por Schmidt, Berlim, 1848, IX, 147.

HISTÓRIA DOS JUDEUS EM PORTUGAL

por ela própria, declarava ao seu nobre noivo, que a esperava na fronteira, que não pisaria solo português enquanto todo o país não estivesse limpo dos odientos judeus[21].

A 30 de novembro de 1496 foi assinado o contrato matrimonial entre D. Manuel e Isabel; estava decidido o destino dos judeus de Portugal. Domingo, 24 de dezembro, Hanucá (29 de Kislev)[22], promulgou o rei, segundo uns em Muja, onde se encontrava caçando, segundo outros em Presmona, perto de Santarém[23], a ordem que obrigava todos os judeus a deixarem Portugal no prazo de dez meses, até fins de outubro de 1497, sob pena de morte e confisco de seus bens. Sob nenhum pretexto seria permitido a qualquer judeu habitar dentro das fronteiras do país ou nele permanecer depois de expirado este prazo[24].

---

21 Heine, op. cit., 147.

22 Os cronistas portugueses indicam o mês – "no mes de Decembro" –, mas não o dia; a data exata encontra-se somente em Çacuto, *Iukhasin*, 227: "O segundo rei que reinou foi um inimigo dos judeus, 24 de dezembro, domingo, 29 dias do mês de Kislev, Hanucá, em Presmona, junto a Santarém, decretou a lei contra os judeus, até onze meses". Segundo a ordenação régia (cf. nota seguinte), venceu o prazo em fins de outubro. Cassel, *Encyklopädie von Ersch-Gruber*, seção 2, xxVII, 231, e depois Grätz, VIII, 390, sabem que a ordenação foi emitida em 20 de outubro.

23 Muja segundo Goes, op. cit., cap. 18: "estando el Rei ainda em Muja", Çacuto (cf. nota anterior): "em Presmona, perto de Santarém", Presmona, cerca de Santarém. Ambos os nomes destas localidades faltam em Zunz, no tratado Uber die in den hebr. jüdischen Schriften vorkommenden hispanischen Ortsnamen (Sobre os Nomes de Localidades Hispânicas Citadas na Literatura Hebreu-judaica), *Zeitschrift für die Wissenschaft des Judenthums* (Revista para a Ciência do Judaísmo).

24 "determinados e mandamos que da pubricaçam desta nossa ley e determinaçã ate per todo omes doutoubro do ano do naçimento de nosso senhor de mill e quatrocentos e noventa e sete todos os judeus [...] que em nossos reynos ouuer se sayam fora delles sob pena de morte natural, e perder as fazẽdas pera quê os acusar. E qualquer pessoa que passado o dito tempo teuer escondido alguũ judeu, per este mesmo feito queremos que perca toda sua fazenda e bẽs pera que o acusar. E rogamos e encomẽdamos e mandamos por nossa bemça e sob pena de maldiça aos reis nossos subçessores, que nunca em tempo alguũ leixem morar nẽ estar em estes nossos reynos e senhorios d'les ninhũu judeu por ninhũa cousa nem razam que seya", *Ordenações d'el Rey D. Manuel*, Évora, 1556, liv. II, tit. 41. Parece que os cronistas não conheciam este decreto de expulsão. Goes, op. cit., cap. 18, escreve: "que hos Judeus se fossem do reyno com suas molheres e filhos e bẽs"; Osorius, sendo muito religioso, dá importância especial ao batismo: "omnes Judaei atque Mauri, qui Christi religionem profiteri nollent, e regni finibus excederent", op. cit., 13a. É surpreendente que Usque, op. cit., 197b, conhecia o conteúdo e até o texto do decreto: "nam se sayndo [...] Judeus moressem morte natural e perdesem as fazendas per ysso".

D. Manuel, que como vimos decretou a expulsão dos judeus em consideração à Espanha, partindo de um errôneo ponto de vista político, tencionava no início agir com clemência. No próprio édito de expulsão lhes garantiu saída livre e liberdade de transportarem seus bens, publicando ainda uma ordem, onde exigia que os cristãos lhes pagassem suas dívidas, prometendo auxiliá-los na emigração com seus poderes e energia[25].

Não tardou muito, porém, que esta clemência se convertesse na mais revoltante crueldade. O rei se deixara levar pela vaga esperança de preferirem os judeus a conversão ao exílio; quão pouco conhecia ele a aversão dos perseguidos ao cristianismo! Só uma proporção relativamente diminuta procurou comprar sua permanência com o batismo. A maioria providenciou a partida. Desagradou ao rei ver de tal modo frustradas as suas esperanças; não queria deixá-los ir com suas imensas fortunas, pretendendo mantê-los no país devido a suas capacidades intelectuais e bens materiais – porém, como cristãos.

Em fevereiro de 1497, poucas semanas após haver proclamado o édito de expulsão, ventilou no Conselho de Estado a questão de ser ou não permitido batizar os judeus à força. Também sobre este assunto importante estavam divididas as opiniões. Muitos conselheiros opinavam, por princípio, contra qualquer imposição em questões de fé, estando entre estes um velho membro do conselho do rei D. João II, o venerando D. Fernando Coutinho, presidente do Tribunal Supremo e bispo de Silves. "Todas as medidas de força e perseguição", afirmava ele, "não conseguem transformar um único judeu em verdadeiro cristão"[26]. "Todos os sábios e também eu, menos sábio do que todos, provamos por meio de diversas decisões judiciais e com provas de autoridades que não se pode obrigar os judeus a aceitar uma religião que, como a cristã, requer e exige a liberdade e não a violência"[27].

25 "os quaes judeus leixaremos hir liuremente com todas suas fazendas, e lhe mandaremos paguar quaesquer diuidas, que lhe em nosos reynos forẽ deuidas, e assi pera sua hida lhe daremos todo auiamẽto e despacho que comprir".

26 Eis a opinião de um bispo do século XV; um rabino "ortodoxo" do século XIX, 1861, declarou, com toda a ênfase, que N. N. havia-se convertido ao cristianismo por convicção!

27 "Omnes litterati et ego insapientior omnibus monstravi per plurimas auctoritates et jura quod non poterant cogi ad suscipiendam christianitatem quae vult et petit libertatem et non violentiam". A singular carta do bispo, um parecer favorável e certo cristão-novo, de 1531, copiado in Heine, op. cit., 178 e s., manuscrito segundo Herculano, *História das Origens...*, I, 120, *Symmicta Lusitana*, v. 31, f. 70 e s.

HISTÓRIA DOS JUDEUS EM PORTUGAL

O rei, mais obcecado pela ambição do que pelo amor, não tinha ouvidos para tais declarações, afirmando claramente não se importar com leis existentes e que nesta questão agiria segundo sua própria vontade[28].

Apesar disso, terminaram as discussões do Conselho de Estado em Estremoz, sem que se chegasse a um resultado. De lá seguiu D. Manuel para Évora, aí publicando, em princípios de abril, "por razões que a isso o impeliam", a pavorosa ordem de que, num dia determinado, isto é, no domingo da Páscoa, fossem tirados aos judeus, à força, todos os filhos e filhas menores de catorze anos de idade para serem distribuídos nas diversas cidades e vilas, educados às custas do rei e encaminhados na fé cristã[29]. Temendo, porém, que os judeus, tendo conhecimento deste rapto premeditado, escondessem seus filhos de antemão, ordenou que o crime fosse executado imediatamente: estava-se justamente no dia de Pessakh[30]. O que então aconteceu foi, como se exprime o cronista, não somente dilacerante para os judeus, mas também provocou nos cristãos assombro e admiração; pois nenhum ser admite e suporta que mão humana lhe arranque seus filhos, e, se tal sucede a outrem, todos sentem, por compaixão natural, a mesma dor. Aconteceu então que muitos cristãos, levados por piedade, abrigavam e escondiam em suas casas os perseguidos, para que não se arrebatassem os pequenos de seus pais. Os gritos das mães, de cujo peito se arrancavam os filhos inocentes, os lamentos e queixumes dos pais, os soluços e choros dos recém-nascidos carregados à força em braços estranhos – isto transformou toda cidade e todo vilarejo num palco no qual se desenrolava um drama diabólico e desumano. Os pais, levados ao desespero, vagavam como dementes, as mães resistiam como leoas. Muitos preferiam matar os filhos

28 "Dicendo quod pro sua devotione hoc faciebat et non curabat de juribus". Idem.

29 Goes, op. cit., cap. 20, p. 19: "el Rei ordenou, que em hum dia certo lhes tomassem a estes hos filhos e filhas de idade de 14 anos pero baixo [...] e isto concluio el Rei [...] em Estramoz no começo da Quaresma do anno de 1497, onde declarou que ho dia assinado fosse dia de Pascoela". Osorius, op. cit., 13b; Çacuto, 227: "nas vésperas do Schabat haGadol [O Grande Sábado, que precede Pessakh, N.da E.] decretou-se que tirassem os moços e moças de Évora e de todo o reino de Portugal, e houve por isso um inegualável clamor em Évora".

30 Idem: "E durante a Páscoa, vieram e tomaram todos os meninos e meninas, e esse decreto abrangia inclusive os velhos, que eram levados à força, morrendo muitos para a santificação do nome de Deus, suicidando-se".

com as próprias mãos; sufocavam-nos no último abraço ou atiravam-nos em poços ou rios, suicidando-se em seguida.

> Vi com meus próprios olhos [diz o probo Coutinho] como muitos foram arrastados pelos cabelos à pia batismal, como um pai, com a cabeça encoberta, sob dores e lamentações, acompanhou seu filho e, de joelhos, clamou ao Todo-Poderoso que fosse testemunho de pai e filho, unidos como professos da lei mosaica, desejarem morrer como mártires do judaísmo. Vi atos ainda mais pavorosos, verdadeiramente incríveis, que lhes foram infligidos[31].

Isaac ibn Zachin, homem erudito, filho de certo Abraão ibn Zachin que de Bonina della Sierra emigrou para Portugal, matou seus filhos e suicidou-se, pois queria vê-los morrer como judeus[32]. Moços de vinte anos foram arrastados à força pelos guardas do rei para serem batizados, pois se sabia que este desejava transformar todos os judeus em cristãos[33].

O soberano, transfigurado em monstro, por amor e interesses especiais, pretendia obrigar todos os judeus, de qualquer maneira, a adotar o cristianismo e conservá-los no país como cristãos. Este fato não era segredo para os judeus. Quem dentre eles conseguia, deixava secretamente a pátria para fugir às atrocidades que se perpetravam contra seus companheiros de raça e religião.

O verão chegou ao fim, a colheita terminara e os judeus não foram socorridos. O fatídico outubro aproximava-se cada vez mais. Os pais de famílias judias mais destacados dirigiram-se ao monarca com o humilde pedido de que lhes fossem indicados os três portos de embarque prometidos pelo rei. D. Manuel fê-los esperar de um dia para outro, até vencer-se o prazo

---

31 "multos vidi per capillos ductos ad pillam, et patrem filium adducentem cooperto capite in signum maximae tristitiae et doloris ad pillam baptismatis protestando et Deum in testem recipiendo, quod volebant mori in lege Moysi".

32 Çacuto, op. cit, 51, ed. de Cracóvia, 47a.

33 "E porque a tenção del Rei era fazer cristãos a todos, tomaram muytos da edade de xx annos". *Mem. Ms.*, em Herculano, I, 125.

HISTÓRIA DOS JUDEUS EM PORTUGAL

de emigração, declarando finalmente que viessem todos para Lisboa e não saíssem de nenhum porto não fosse o da capital. A única solução era a obediência. Mais de vinte mil pessoas apinharam-se em Lisboa e, lá chegados, foram levados como carneiros para os Estãos[34], onde lhes foi comunicado que, havendo expirado o prazo, eram considerados agora escravos do rei, que com eles agiria a seu bel-prazer.

De início, tentou D. Manuel, com lisonjas e prometendo honrarias, convencer os judeus a aceitarem o cristianismo. Percebendo, no entanto, serem debaldes todos os seus esforços ante a firmeza de fé dos jovens judeus, ordenou a seus guardas que se atirassem também sobre estes, como alguns meses antes o haviam feito com as inocentes crianças. Sem diferença de sexo, os filhos mais fortes e belos foram arrancados aos pais, do modo mais desumano[35]. Eram agarrados pelos braços, pelos cabelos, e arrastados até as igrejas onde se lhes respingava a água batismal; recebiam nomes cristãos, sendo depois entregues aos habitantes do país, a fim de que fossem educados na doutrina cristã. Após este ato de horror, declarava-se aos pais[36] que seus filhos haviam aceito o cristianismo por livre e espontânea vontade e insistia-se que aqueles fizessem o mesmo por amor à vida. Como muitos dentre eles continuaram firmes na sua fé, o rei ordenou que lhes negassem por três dias comida e bebida, esperando que cedessem pela fome e pela sede; mas nem estas medidas conseguiam remover sua fé. Preferiam morrer pela mão do carrasco a repartir o céu com homens tão cruéis. Aí se usou com eles a mesma força que se empregara com seus filhos. Do modo mais atroz foram arrastados para as igrejas e capelas, onde eram agredidos e espancados, não sendo respeitadas nem as faces veneráveis dos anciãos. Para escapar ao batismo forçado, muitos atiravam-se das grades e janelas

---

34 Os Estãos era um palácio em cujo lugar agora se encontra a residência real. Goes, op. cit., cap. 19, encobre a crueldade com as palavras: "se nelles agasalharem"; o correto é exprimido por Usque, op. cit., 198a: "os estãos onde depois que os vio nó curral como ouelhas ao degoleo", correspondendo a *Mem. Ms.*, em Herculano, I, 126, no qual, como em Goes, se mencionam vinte mil pessoas.

35 Goes, op. cit., cap. 19: "alli lhe tornarão a tomar nouamente os outros fylhos sem oulhar a idade". *Mem. Ms.*, op. cit.; Usque, 198b.

36 "e fynalmente dos fylhos uierão aos paes e os fazerem todos cristãos". *Mem. Ms.*, em Herculano; igualmente Usque, 198b: "esta violenta obra acabada tornarem aos padres".

D. MANUEL

para as fossas e rios. Um pai cobriu os filhos consagrados à morte com, seu *talis*[iv], encorajando-os para que santificassem o Deus Único, após o que morreram um por um e o pai com eles. Um outro matou sua esposa, suicidando-se depois com a espada[37].

Atividades tais eram permitidas naquela época, a um monarca, só contra os judeus. Os mouros que, como eles, tiveram de deixar Portugal, saíram sem dificuldades, pois se temia que os príncipes mouriscos na Ásia e África se vingassem dos cristãos que aí habitavam; os judeus, porém, sem proteção de nenhum príncipe regente do mundo, sem poder e sem auxílio em todo globo terrestre, por que se haveria de temê-los?[38]

Deste modo foram aniquilados em Portugal os judeus[39]. A maioria dos nativos e os remanescentes dos imigrantes espanhóis tiveram de curvar-se sob as cúpulas das igrejas e, como até um cristão contemporâneo não pôde deixar de constatar, tiveram de aceitar, contra qualquer lei e religião, uma fé que desdenhavam do fundo da alma[40][v].

iv   Do hebraico: *Talit*, chale com que se encobrem os judeus religiosos durante as orações. (N. da T.)

37   Usque, op. cit., 199, e, segundo ele, José Cohen. Sponde, em seu *Epitome Annal. Ecclesiast.*, Paris, 1612, conta que quando D. Manuel deixou ao arbítrio dos mouros, a saída do país dentro de sessenta dias ou submeter-se ao batismo, vários pais preferiram jogar seus filhos em poços a vê-los batizados, e muitos suicidaram-se.

38   O cronista português Damião de Goes realça este fato, observando: "os Judeus [...] que andão espelhados pelo mundo do qual hos Judeus per seus peccados nam tem reynos, nem senhorios, cidades, nem villas, mas antes em toda parte onde uiuem s. peregrinos e tributarios, sem terem poder, nem authoridade pera executar suas vontades contra has injurias e males".

39   Garcia de Resende diz em sua crônica rimada, *Miscellanea*, Évora, 1554, xib, do ano de 1497: "Hos Judeos vii caa tornados / todos nũo tempo christaõs, / hos mouros entã lançados / fora do reyno passados. // Vijmos synogas, mezquitas, / em que sempre erã dictas, / e preegados heresias, / tornadas em nossas dias / igrejas sanctas benditas. // Vijmos ha destruyçam / dos judeus tristes errados / que de Castella lançados / forõ com gram maldiçam // Vijmos grandes judarias, / judeus, guinolas e touras [...]"

40   Osorius, op. cit., 14 a: "Fuit quidem hoc nec ex lege, nec ex religione factum. Quid enim? Tu rebelles animos, nullaque ad id suscepta religione constrictos, adigas ad credendum ea quae summa contentione aspernatur et respuunt? [...] Voluntarium enim sacrificium, non vi mala coactum ab hominibus expetit". Não obstante elogia o devoto bispo: "Fructus tamen eximios ex hac Regis actione, quamvis parum justa", isto é, o fim justifica os meios!

v   Sobre a atitude de D. Manuel, decretando a expulsão de todos os judeus e depois ordenando a sua conversão forçada ao catolicismo, pronunciam-se diversos historiadores. Léon Poliakov considera a política portuguesa pérfida e desprovida de princípios, enquanto "Avec une grande rigidité de principes,

HISTÓRIA DOS JUDEUS EM PORTUGAL

Apenas sete ou oito homens heróicos firme e corajosamente opuseram resistência, a tal ponto que a própria tirania não pôde negar respeito a esta excepcional firmeza de fé: o rei ordenou que estes heróis, cujos nomes a história não nos transmitiu, fossem conduzidos através do mar até a África[41]. Entre eles se encontrava presumivelmente o sábio e médico[42] Abraão Saba, imigrado em 1492 de Castela[43], autor do *Comentário sobre o Pentateuco*

les Rois Catholiques offrirent aux Juifs le choix entre le judaisme dans l'exil et le Christianisme en Espagne. Le choix fut cruel; mais les Rois faisaient preuve à leur manière, de respect pour la croyance d'autrui". Cf. L. Poliakov, *De Mahomet aux Marranes*, Paris: Calmann-Lévy, 1961, p. 203. Para José Amador de los Ríos, a atitude dos reis católicos se entende na medida em que pretendiam fundar a unidade política sobre a dupla base da unidade social e religiosa. Cf. J. A. de los Ríos, *Historia Social, Política y Religiosa de los Judíos de España y Portugal*, Madrid: Aguilar, 1960. Sem justificar o ato de D. Manuel, nem diminuir-lhe a responsabilidade, não parece ter sido uma decisão premeditada, mas fruto da pressão espanhola. Para entendê-lo, devem-se considerar as medidas que adotou em relação aos judeus durante todo seu reinado. (N. da T.)

41 "Somente sete ou oito cafres contumasses a que el Rey mandou dar embarcaçam pera os lugares dalem". *Mem. Ms. da Ajuda*, op. cit.

42 Elia Misrachi, *Mayim Amuquim* (Águas Profundas), RGA, n. 26, denomina-o *o renomado médico*.

43 Informação importante sobre Abraão Saba, proveniente do seu *Comentário sobre Ester*, manuscrito, introdução, publicou Jellinek, *Frankel's Monatschrift* (Revista Mensal de Frankel), II, 246. Para salvá-la de novo esquecimento e para evitar numerosas citações, publicamo-la a seguir: "Eis que quando eu estive em Portugal, expulso de Castela, ocorreu-me de traduzir as cinco *Meguilot*, o que efetivamente fiz, ocasião em que Deus castigou meu povo com uma segunda expulsão, a de Portugal, e deixei todos os meus livros em Portugal [Porto – Nota do tradutor do hebraico: cf. Abraão Yaari, *Mehkerei Sefer*, Jerusalém, 5718 da Criação, p. 43, diz: "Porto"], e me arrisquei a trazer comigo para Lisboa o *Comentário sobre o Pentateuco*, que compus em Portugal, e o *Comentário sobre as Meguilot*, bem como o *Comentário sobre Massekhet Avot* (Tratado Talmúdico). E ainda a obra *Tseror haQuessef* (Saquitel de Prata), por mim composta na minha juventude, e, quando cheguei a Lisboa, contaram-me alguns judeus que foi anunciada pena de morte para quem tivesse em seu poder um só livro que fosse. Imediatamente me apressei e enterrei os referidos livros debaixo de uma oliveira fresquinha e bonita, com lindos frutos, porém, comigo pensei que para mim essa árvore é amarga como o fel e a apelidei "Alon Bakhut" (Árvore da Lamentação), pois que foi ali que sepultei minhas obras preciosas, porque os *Comentários sobre a Torá* e seus preceitos são para mim mais preciosos do que o ouro e constituem para mim um consolo pelos meus dois filhos queridos, que foram levados à força para serem convertidos; eu costumava dizer: 'eis que essas obras me são ainda mais preciosas do que filhos e filhas'. E nunca mais os vi, pois imediatamente foram encarcerados. E lá fiquei aproximadamente seis meses. Somente após ter alcançado o reino de Fez, pelos méritos de meus ancestrais, ocorreu-me restaurar de memória uma parte do que lá ficara escrito. E abençoado seja Deus por ter restaurado o *Comentário sobre o* Pentateuco, os comentários sobre o *Tratado Avot*, o livro de Rute, o *Livro das Lamentações*, e a Deus peço auxílio para poder terminar o *Comentário sobre as Outras Meguilot* e outros livros que tenciono

D. MANUEL

Tseror Hamor (Saquitel de Mirra), ainda hoje apreciado, apesar de sua tendência mística. Seus dois filhos, "a alegria do seu coração", foram batizados à força e encarcerados depois; nunca mais os viu. Fugindo de Portugal, lá deixou todos os seus livros[44], levando para Lisboa somente suas próprias obras, o *Comentário sobre o Pentateuco*, os cinco *Meguilot* (Rolos)[45], o *Tratado Avot*[46], junto com a obra ritual escrita na sua mocidade, *Tseror Havesco*[47]. Descobrindo pretender o rei condenar à morte toda pessoa que trouxesse consigo qualquer livro em hebraico, enterrou seu tesouro literário debaixo de uma árvore[48]. Após uma estadia de seis meses em Lisboa, conseguiu fugir para Fez, na África. Mal alcançara esta cidade, adoeceu gravemente[49]. Restabelecido, redigiu de memória o seu comentário perdido[50], realizou preleções religiosas[51] e terminou seus dias tristes em Fez (não antes de 1510). Abraão Saba, envolvido em misticismo, era, no que se refere ao dogma da ressurreição, um "defensor do particularismo rigoroso" e fazia

escrever. E nos primeiros dias, chamei as *Meguilot* de *Eschol Hacofer*, porque as primeiras obras constituem as minhas trouxinhas de dinheiro, o primeiro chamei de "trouxinha de prata" e o *Comentário sobre o Pentateuco* chamei de "trouxinha de vida", e agora que já desapareceram as trouxinhas, eu lhes dei o nome de *Eshcol Hacofer* porque ele é parecido um pouco com as minhas trouxinhas de dinheiro".

44 *Tseror Hamor* (Saquitel de Mirra), 153b.

45 *Tseror Hamor*, ele menciona o *Comentário sobre o Cântico dos Cânticos* (9a, 74a, 152b), os comentários sobre *Rute* (69b), sobre as *Lamentações* (4a, 124b, 129b), sobre *Eclesiastes* (59a, 93b, 101b, 108b, 119b), sobre *Ester* (20b).

46 Cf. nota anterior, n. 48, e *Tseror Hamor*, 3a, 6a, 14a, 97a, 5b.

47 Esta obra abrangeu: "Oração, filactérias, dia do perdão, levirato, cerimônia do levirato".

48 *Tseror Hamor*, 23b, 33b etc.

49 *Tseror Hamor*, 133a: "quando para cá vim (Fez), imediatamente adoeci e já faz dez dias que estou sofrendo males intestinais, cheguei perto das portas da morte, porém o bom anjo e o mérito de Tua Santidade fechou-me a porta". RGA, n. 26, *Mayim Amuquim*.

50 Esta obra abrangeu: "Oração, filactérias, dia do perdão, levirato", ce-vêzes mencionado *Tseror Hamor*, Constantinopla, 1517, Veneza, 1523, 1546, 1566, e outras vezes mais.

51 *Mayim Amuquim*, RGA, n. 26: "Sobre isso fiz sermões em todas as sinagogas da comunidade de Fez". Schindler, ainda em época recente, refere-se a Abraão Saba, *Aberglaube des Mittelalters* (Superstição na Idade Média), Breslau, 1858, 9: "Os inanimados", diz ele, "são seres muito singulares e segundo o testemunho do R. Abrão, no livro *Tseror Hamor*, seres imperfeitos de Deus, pois Deus não pôde terminá-los, por ter sido surpreendido pelo sábado, e é esta a razão por que eles temem o sábado, sendo este o dia em que são mais irrequietos".

HISTÓRIA DOS JUDEUS EM PORTUGAL

depender, talvez como Davi Vital, a vida futura da crença nos treze artigos[52]; no entanto, pregava a tolerância e dizia, baseando-se num princípio fundamental talmúdico, que quem reconhecesse a unidade de Deus devia ser aceito também como judeu; "numa época de bárbara intolerância e de ávido desejo de conversão, bastam as palavras significativas 'Ouça, Israel', para criar as crianças na fé israelita e protegê-las contra as tentações"[53].

Simultaneamente com Abraão Saba, iniciaram sua peregrinação o erudito amigo de D. Manuel, o matemático e astrólogo que tanto contribuiu para as descobertas portuguesas, Abraão Zacuto, e seu filho Samuel. Duas vezes foi aprisionado e, após haver escapado de perigo mortal, estabeleceu-se em Tunis[54]. Aí escreveu a sua conhecida e apreciada crônica *Iukhasin* (1505)[55], vivendo seus últimos anos em paz[56].

Também o sábio Isaac ben José Karo – tio do ainda mais célebre José ben Efraim Karo, que fugira de Toledo para Portugal, perdendo aí todos os seus filhos, tanto os maiores como os mais novos, "belos como príncipes"[57] –, Jacó ibn Chabib[58] – parente do gramático Moisés ibn Chabib[59], que tivera de deixar sua pátria, Lisboa, já vinte anos antes –, todos estes e ainda outros homens brilhantes por seus conhecimentos emigraram, e

---

52 *Tseror Hamor*, 122b; compare Zunz, *Zur Geschichte* (Sobre a História), 375.

53 Idem.

54 *Iukhasin*, 223: "Deus, louvado seja seu nome, me permitiu o mérito de santificar seu nome junto com meu filho Samuel, e chegamos à África, onde estivemos presos duas vezes". A informação na *Collecção de Monumentos Ineditos para Historia das Conquistas dos Portuguezes*, de Lima Felner, 1, 262, de que Çacuto tenha emigrado em 1502: "Çacuto que depois fugio de Portugal pero Julfo (Gulfo) (talvez uma localidade na África?), la morréo em sua erronia em que o imigo o cegou (1502)", é incorreta; em 1502, Çacuto já se encontrava em Tunis. O referido cronista escreveu em 1561.

55 Primeira edição, Constantinopla, 1566, depois Cracóvia, 1580, Amsterdão e mais vezes; a última edição, muito ampliada, é de Filipowski, Londres, 1857.

56 Morreu antes de 1515; Steinschneider, *Cat. Bodl.*, 706.

57 Introdução ao seu *Comentário sobre o Pentateuco, Toledot Izchak* (As Origens de Isaac); *Kore haDorot* (A Genealogia das Gerações), ed. Cassel, 31a.

58 Autor da obra hagádica *Ein Jahacob* (A Fonte de Jacó) e outras.

59 Escreveu *Darquei Noam* (Caminhos Suaves) sobre métrica, *Marpe Laschon* (Cura da Linguagem) – (Linguagem Perfeita) e outros; viveu seus últimos anos na Itália.

D. MANUEL

agradeceram ao Criador a graça de terem sobrevivido à perigosa travessia marítima e alcançado a Turquia.

Os judeus batizados que permaneceram em Portugal eram cristãos apenas na aparência: suas almas não estavam manchadas pelo batismo, e, com uma tenacidade que os dignificava, continuaram fiéis ao judaísmo e suas leis, como cristãos aparentes ou novos (marranos)[60][vi].

É característico o que a este respeito conta o já mencionado Abraão Saba como testemunha ocular[61]. Com ele viviam em Lisboa um homem sábio e religioso, Simão Mimi, e sua mulher, genros e outros criptojudeus. Estavam sob detenção rigorosa, pois, apesar de batizados como muitos outros judeus, não queriam negar a fé judaica e desistir da prática de suas cerimônias. Para fazê-los mudar de opinião, torturaram-nos desumanamente junto com toda a família, assim como a seus companheiros de infortúnio; foram enterrados até o pescoço e permaneceram nessa posição angustiante durante três dias. Como ainda continuassem firmes, arrasaram as paredes; seis dos torturados já haviam morrido. Mimi foi arrastado pela cidade e assassinado a pauladas. Dois judeus secretos, pai e filho, que eram guardas do cárcere, arriscaram sua vida nessa ocasião; pediram licença ao seu superior para enterrar os restos mortais destes marranos. Isto lhes foi permitido e mais de quarenta judeus secretos, homens pios, acompanharam o mártir Mimi à sua última moradia; enterraram-no no cemitério judeu com os ritos usuais. Os companheiros de Mimi continuaram durante algum tempo na

---

60 Usque, op. cit., 199b: "mas nunca nas almas lhes tocou macula, antes sempre tiueram emprimido o selo de sua antigua ley". Isaac Karo diz também: "Dizem os gentios que estes não trocaram sua fé porque acreditam em nossa religião, mas apenas para que não os matemos e eles não observam nem a nossa lei nem a lei deles". Abravanel, *Maschmia Yeschuá* (O que Anuncia a Salvação), 4, e outras vezes.

vi Termina aqui o longo período em que os judeus viveram em Portugal como um grupo livre e independente, e inicia-se a conhecida era dos *cristãos-novos* ou *marranos*. Sobre a origem da palavra "marrano", cf. David Gonzalo Maeso, Sobre la Etimologia de la Voz "Marrano" (Criptojudío), *Sefarad*, Madrid: Instituto de Filologia do Consejo Superior de Investigaciones Científicas (CSIC)/ Instituto Arias Montano de Estudios Hebraicos y de Oriente Próximo, t. XV, n. 2, p. 379-385, 1955; cf. ainda: Hirsch Jacob Zimmels, *Die Marranen in der rabbinischen Literatur* (Os Marranos na Literatura Rabínica), Berlin: Buchhandlung Rubin Mass, 1932; Cecil Roth, *A History of the Marranos*, Philapelphia: The Jewish Publication Society/Meridian, 1959, p. 27. (N. da T.)

61 Abraão Saba, *Tseror Hamor*, 105b; *Meoraot Olam* (Os Acontecimentos do Mundo), Grätz, VIII, 398.

prisão, pois eram considerados adeptos secretos do judaísmo, mas foram bem tratados pelo guarda, também um correligionário. Mais tarde foram enviados pelo rei para Arzila, na África, onde um príncipe antijudaico os obrigou a trabalhar, aos sábados, em retrincheiramentos.

Os judeus que ficaram em Portugal, vencidos pelas forças exteriores, com o credo cristão nos lábios e o amor ao judaísmo no coração, pensaram em meios para melhorar seu triste destino. Na sua aflição, dirigiram-se a um príncipe, o qual se suporia tratar-se de seu maior inimigo: ao mais alto dignitário da Igreja que os perseguia, ao papa. Ocupava o trono papal naquela época Alexandre VI, um dos mais corruptos príncipes da Igreja, do qual tudo se conseguia por dinheiro. Uma delegação de judeus portugueses apresentou-se, conseguindo com ouro conquistá-lo e ao Colégio a favor de sua causa; os regentes católicos, no entanto, tomaram igualmente suas providências e, assim como os judeus, também fizeram uso do suborno[62]. Não sabemos se o papa recebeu mais dos judeus do que dos reis, nem a favor de quem se decidiu, mas é certo que, daí por diante, D. Manuel passou a tratar os judeus com mais benevolência.

---

62 Heine, op. cit., 154. Heine não menciona que a delegação dos criptojudeus consistiu de sete pessoas encabeçadas por Pedro Essecutor e o obscuro Jurado Alleman, e que o Cardeal S. Anastácio, como protetor, intercedeu em seu favor, como supõe Grätz, VIII, 396. A informação sobre esta delegação é suspeita, especialmente porque todos os outros se calam a respeito, e o mais recente historiador, Herculano, que geralmente usa fontes manuscritas, não a menciona; também Schäfer lhe dá pouca importância.

Édito da conversão forçada dos judeus.

10.

D. Manuel
(continuação)

Proteção aos criptojudeus, ódio do povo, emigração e seu impedimento. Eclosão da fúria popular. O massacre de 1506 e suas conseqüências; anistia e anos de paz.

POUCAS SEMANAS APÓS AS VIOLÊNCIAS ANTERIORMENTE descritas, D. Manuel contraiu matrimônio com a filha de Isabel, a Espanhola, que tanto sofrimento e desgraça trouxe a homens inocentes. Sem realizar festejos nupciais, viajou para Évora com sua jovem esposa; esta se encontrava enlutada pelo repentino desenlace do príncipe herdeiro espanhol. Um ano depois também ela estava morta, falecendo ao dar à luz o primeiro filho, e o novo príncipe seguiu-a antes de se haverem passado dois anos[1].

O rei D. Manuel não se sentia feliz; a voz da consciência clamava em seu íntimo, e para a salvação de sua alma mandou construir o magnífico convento de Belém, ao qual doou, com permissão apostólica, a grande sinagoga de Lisboa[2], transformada em igreja. Esta ação devota também não conseguiu acalmar seus escrúpulos. Os fatos consumados não mais podiam ser desfeitos; tentou encobrir com alguns atos benevolentes a sua infâmia.

A 30 de maio de 1497[3] publicou uma lei de proteção aos judeus convertidos pela força, que agora, ainda mais do que antes, se viam expostos ao ódio cego do povo. Aos olhos dos cristãos não eram considerados nem

1 Osorius, op. cit., 18a.

2 Barros, *Asia*, Dec. 1, liv. 4, cap. 12, p. 376: "a qual elle fez de esnoga, que era dos Judeos". Sousa, *Provas*, II, 255: "que foi esnoga dos Judeus situada no lugar a que hora chamão Villa nova".

3 Não porém, em fins do ano de 1497, como supõe Grätz, VIII, 397.

judeus nem verdadeiros cristãos, mas cristãos aparentes, "cristãos-novos", criminosos que não tencionavam abjurar o judaísmo para aceitar o cristianismo e seus ritos, pois procuravam viver segundo as leis judaicas. D. Manuel deu-lhes tempo para se acostumarem à nova fé; proibiu às autoridades realizar, nos vinte anos seguintes, quaisquer inquirições sobre sua vida e atividades religiosas. Se, após este prazo, um criptojudeu fosse denunciado como adepto do judaísmo, seria julgado pelo código civil, permitindo-se a queixa somente nos vinte primeiros dias após a descoberta do ato. No caso de ser o réu culpado e punido com confisco dos bens, estes seriam entregues aos herdeiros cristãos do condenado e não ao fisco. Com esta lei pretendia-se anular, eliminando-a da legislação, qualquer diferença entre cristãos e judeus secretos, ou seja, entre cristãos-novos e velhos.

Parecia que D. Manuel, com amor e caridade, pretendia educar para a fé cristã os judeus batizados à força. Por isso também os proibiu de adquirir ou manusear livros hebraicos, considerando especial privilégio o fato de permitir aos médicos e cirurgiões convertidos – dos quais havia muitos no país – o emprego de obras médicas em hebraico. Finalmente concedeu uma anistia geral a todos os criptojudeus que se encontravam no país[4].

Puderam assim os criptojudeus, com permissão régia, continuar adeptos do judaísmo durante vinte anos, e em seus lares, clandestinamente, observar as leis judaicas e rezar ao Todo-Poderoso da maneira tradicional; contudo, oficialmente, deviam mostrar-se bons católicos e não indiferentes aos rituais da Igreja[i].

---

4 Cf. Apêndice VI-a. A cláusula, excluindo da anistia os fugitivos da Espanha, não consta de Ribeiro. D. Manuel, apesar da melhor boa vontade, não pôde estender a anistia, por consideração à sua esposa, continuando fiel às promessas feitas no contrato de casamento. Desse contrato (Capitulações do Casamento, em Sousa, *Provas*, II, 392) consta expressamente: "Primeramente es consertado y asentado que plaziendo al dicho Ser. Rey de Portugal nuestro fijo, de echar fuera de todos sus Reynos y Señorios a todos los que fuerou condemnados por herejes que estan en los dichos Reynos y Señorios, y poniendolo asi en obra, enteramente por todo el mes de Setiembre, que primero verna deste prezente año de 1497 de manera que ninguno dellos dixos herejes quede en ninguna parte de sus Reynos y Señorios".

i O fato de após a conversão forçada dos judeus não haver ainda, em Portugal, um Tribunal do Santo Ofício, e a atitude relativamente tolerante assumida por D. Manuel nos últimos anos de seu reinado foram fatores que influíram no desenvolvimento posterior do fenômeno cristão-novo português; as condições político-sociais a que os cristãos-novos se viram sujeitos no correr do século marcaram, com características essencialmente diferentes, o problema em ambos os reinos. Esta distinção é fundamental para se

D. MANUEL (CONTINUAÇÃO)

O povo, de visão mais profunda do que o legislador, não queria aceitar tais cristãos como seus iguais; considerava-os simplesmente hereges que desprezavam a religião. O pensamento de que nos lábios destes conversos as preces cristãs se transformavam em blasfêmias aumentava cada vez mais a natural aversão das massas; a Inquisição espanhola tinha uma influência tão grande em Portugal que na realidade aí já atuava[5]. Uma jovem rainha fanática e um clero instigando constantemente, tudo contribuiu para levar ao extremo a inimizade entre os cristãos-velhos e novos. Os cristãos-velhos sentiam um antagonismo maior para com os cristãos-novos do que antigamente haviam sentido contra os judeus. Muitos portugueses, em cujas veias "corria sangue de cristão-velho", recusavam tratar-se com médico converso, preferindo abandonar-se à própria sorte do que consultar um criptojudeu. Não se confiava nem nos cirurgiões nem nos boticários marranos, de modo que, em 11 de fevereiro de 1498, o rei, a pedido das cortes de Lisboa, viu-se obrigado a proibir aos médicos, sob pena de multa de dois mil réis, de receitarem em outro idioma que não fosse o do país. Maior era o castigo dos boticários, caso preparassem e administrassem medicamentos segundo receitas não formuladas em língua portuguesa[6].

Nessas circunstâncias, apesar da anistia prometida, os criptojudeus não mais sentiram segurança na velha pátria. Os mais previdentes e abastados dentre eles, todos enfim para quem a religião não significava mero passatempo, tomavam providências para fugir a tempo do desastre que se aproximava. Venderam suas casas e propriedades, remeteram de antemão seus bens em ouro e mercadorias e iniciaram a peregrinação. Levas inteiras de criptojudeus embarcaram para a Itália, Flandres, África e Oriente; em todos os lugares foram recebidos hospitaleiramente, encontrando tolerância

---

compreender os rumos da história dos cristãos-novos portugueses. Tanto no seu aspecto social como no seu aspecto político-econômico, foi muito mais rico em conseqüências o papel representado pelo criptojudeu português do que pelo criptojudeu espanhol. (N. da T.)

5 Já em 1498 houve um julgamento de dois judeus no convento de S. Domingos, em Lisboa, ao qual presidiu como grão-inquisidor, Jorge Vogado, *História da Inquisição em Portugal*, Lisboa, 1845, 5.

6 Santarém, *Documentos para Servirem de Provas para Historia e Theoria dos Cortes Reales*, Lisboa, 1828, 310: "outorgamos [...] com penna ao Boticario que naõ uzo mais de officio se der as menzinhas per recepta de Latim. E mais pague dous mil reis [...] E em outra tanta penna queremos que encorra o fizica que per Latim receptar, e não per lengoagem como he dito". Goes, op. cit., 28.

HISTÓRIA DOS JUDEUS EM PORTUGAL

religiosa. É verdade que ainda agora se pretendia impedir sua emigração. D. Manuel, que, como vemos claramente em todo correr da história, não quis deixar sair os judeus secretos do país por causa de suas riquezas e habilidades, também desta vez fechou-lhes violentamente o caminho. Em duas ordenações, de 20 e 24 de abril de 1499, proibiu a todos os cristãos nativos e estrangeiros negociar compra ou troca com os cristãos-novos, exigindo que as efetuadas, por dinheiro ou mercadoria, fossem levadas ao conhecimento das autoridades no prazo de oito dias; que sem licença régia nenhum cristão comprasse imóveis de cristão-novo, e, finalmente, que nenhum criptojudeu emigrasse com sua família, principalmente para o domínio dos mouros, sem autorização expressa da Coroa[7]. Esta lei, que novamente atirou na escravatura e opressão os que há menos de dois anos haviam sido anistiados, provocou uma luta entre a vigilância das autoridades e a astúcia dos desafortunados cristãos-novos, empenho em que geralmente estes últimos saíam vencedores. Como era fácil, por dinheiro, recrutar pessoas que os auxiliassem na fuga! Assim mesmo, fracassaram muitas tentativas. Uma caravela lotada de criptojudeus, que se dirigia para a África, desviou-se até os Açores. Aí, os infelizes emigrantes foram aprisionados e, pela lei, feitos escravos, sendo presenteados pelo monarca a um de seus cavaleiros, Vasqueanes de Corte-Real. Certo Gonçalo de Loulé foi rigorosamente punido por transportar cristãos-novos do Algarve para Larasch, na África[8][ii].

Nestas circunstâncias, os cristãos-novos, que não se queriam expor aos vários perigos, tiveram de permanecer no país, sujeitando-se a todas as vicissitudes; não chegaram a usufruir as vantagens da lei de 1497. As próprias autoridades régias não a obedeciam e iniciavam processos contra aqueles sobre os quais pesasse a mais leve suspeita de adesão ao judaísmo. Os monges, principalmente dominicanos, não deixavam de

7 Figueiredo, *Sinops. Chronolog.*, I, 148 e s.

8 "Huũ gonçalo de loulé foy culpado em os passar de algarve a larache". *Mem. Mss.*, em Herculano, *História das Origens...*, I, 34.

ii O número de judeus que saíram de Portugal neste período foi relativamente pequeno. A maior parte permaneceu no reino, constituindo os "marranos", criptojudeus, ou, como foram chamados em hebraico, *anussim*, isto é, "forçados". A falta de precisão de certos autores levou-os a falar em "expulsão". (N. da T.)

D. MANUEL (CONTINUAÇÃO)

incitar com seus sermões a massa crédula contra os criptojudeus. Antes que se esperasse, eclodiu o fanatismo com todos os seus horrores[9].

No início do ano de 1503, assolou o país tão terrível carestia que não só a classe humilde como também a abastada ressentiram-se muito do aumento dos preços; dificilmente se conseguia comprar trigo, pão ou vegetais, e as pessoas famintas consumiam raízes, ervas e alimentos nocivos que ocasionavam moléstias pestilentas. A tendência geral era culpar os criptojudeus de todo o mal, principalmente de serem os causadores da fome, pois, desde a anistia, haviam retomado o comércio do trigo e arrendado as dízimas das Igrejas e dos conventos, o que até então lhes havia sido proibido. Em seu rancor, o povo os acusava de incitar os "cristãos de sangue" a elevarem, ainda mais do que eles próprios, o preço do trigo[10].

Todas as providências tomadas pelo governo a fim de proteger os cristãos-novos contra o ódio crescente da população resultaram ineficientes. D. Manuel tencionava abrandá-lo proibindo a imigração de seus companheiros de fé e infortúnio. Impelido pelos reis católicos, após longas negociações com Castela, e baseando-se em tratados prévios, proclamou o édito (1503) que proibia a cidadãos espanhóis pisar solo português sem previamente haverem provado estar isentos da acusação de heresia. Outras concessões D. Manuel não as quis fazer, e as imigrações continuaram. Apoiando-se novamente em tratados anteriores e na conhecida bula de 1487, promulgada pelo papa Inocêncio VIII, D. Fernando exigiu que os perseguidos ou fugitivos da Inquisição, que alcançassem Portugal, fossem recambiados para a Espanha. Por humanidade, ou prevendo vantagens materiais, D. Manuel não aceitou esta exigência, sob o pretexto de que os tratados existentes não incluíam tais imigrantes; concedeu, no entanto, à Espanha o direito de enviar a Portugal agentes da Inquisição para aí atuarem como acusadores contra os fugitivos, que seriam então julgados segundo as leis

---

9 Usque, op. cit., 200a: "os preguadores nos pulpitos, e dizendo os señores em lugares publicos e os cidadinos e vilãos nas praças, que qualquer fome, peste ou terremote que vinham a terra era por nam serem bôs cristãos, e que secretamente judaizauão".

10 Goes, op. cit., 20 e s.; Acenheiro, op. cit., 334.

do país[11]. Os esforços da Inquisição espanhola e do seu defensor, Fernando de Aragão, fracassaram deste modo diante da firme vontade de D. Manuel, para grande desapontamento do povo português, cuja aversão profunda contra a raça hebréia não mais conhecia limites, chamejando agora abertamente. A faísca, que o clero fanático e incitador lançara por entre a massa supersticiosa, transformara-se repentinamente numa conflagração fatal[iii].

Os prólogos do pavoroso drama já se haviam iniciado alguns anos antes. No domingo de Pentecostes (25 de maio) de 1504, reuniram-se na rua Nova – a via mais importante da capital, habitada principalmente por criptojudeus – alguns cristãos-novos, conversando despreocupadamente. De um momento para outro, viram-se cercados por um bando de rapazes, dos quais nenhum havia ultrapassado o 15° ano de vida, que passaram a proferir contra eles calúnias e ultrajes. Um dos ofendidos desembainhou sua arma, ferindo cinco ou seis dos jovens delinqüentes. Houve revolta, e só a chegada do governador com tropas armadas pôde evitar maiores conseqüências. Quarenta rapazes foram presos. Considerando a idade dos réus[iv], foram condenados pelo Tribunal a chibatadas e ao degredo perpétuo para as Ilhas de São Tomé. A pedido da rainha, esta última pena foi-lhes relevada[12].

Em abril de 1505, a plebe arrasou a sinagoga de Évora[13], e no mesmo mês do ano seguinte deu-se, em Lisboa, um massacre de criptojudeus sem paralelo na História.

Na noite da festa de Pessakh (Páscoa), a 17 de abril de 1506, oito dias após a Sexta-feira Santa, descobriu-se em Lisboa um grupo de criptojudeus

11 Cf. a carta de D. Fernando a D. Manuel, de 12 de julho de 1504 (não 13 de agosto, como diz Heine, op. cit., 156), em Herculano, I, 141.

iii A população cristã portuguesa viveu num contato íntimo e constante com os criptojudeus mesmo depois de estabelecido o Tribunal da Inquisição. Parece-nos que Meyer Kayserling deu, assim, como muitos autores, demasiada ênfase ao "ódio popular". Este deve ser abordado sob um prisma amplo. Este fenômeno português apenas poderá ser entendido após serem examinados milhares de documentos do Santo Ofício da Inquisição, e compreendida a estrutura social portuguesa. (N. da T.)

iv Alexandre Herculano, diz: "Apesar" da idade dos réus e não "considerando" a idade dos réus, como diz M. Kayserling. Cf. A. Herculano, *História das Origens e Estabelecimento da Inquisição em Portugal*, São Paulo: Pioneira/Edusp, 1945, 2 v., v. I, p. 112. (N. da T.)

12 *Mem. Ms.*, em Herculano, I, 139.

13 Acenheiro, op. cit., 136.

D. MANUEL (CONTINUAÇÃO)

que se alimentava de carneiros e galinhas "preparados segundo preceitos judaicos, pão sem fermento e ervas amargas, de acordo com as regras da festa de Pessakh". Celebraram reunidos até altas horas da noite. Repentinamente surgiu, na casa que servia como local de reunião, o juiz de instrução, acompanhado de vários auxiliares, prendendo dezessete daqueles que ainda estavam rezando à frente da mesa posta, enquanto os outros fugiram. Comunicou-se ao rei – que nesta época não se encontrava na capital, mas em Abrantes – tudo o que acontecera. Logo após dois dias libertaram-se alguns dos presos "por certas razões". O povo reclamou, falou de suborno e de bons amigos que os criptojudeus teriam nas altas rodas e, na sua exaltação, dispunha-se a acender fogueiras para queimá-los todos[14].

A ralé havia jurado vingança e a ocasião apresentava-se propícia. Em Lisboa grassava a peste, a família real encontrava-se distante da capital, em Santarém, Abrantes e Almerim. A maioria dos nobres e dignitários também havia deixado a cidade, temerosos da epidemia. Esta progredia vertiginosamente. Em abril houve dias em que morreram 120 ou mais pessoas; realizavam-se preces públicas em todas as igrejas. A 19 de

---

14 Este prelúdio é relembrado pelo autor de *Schevet Iehudá*, tendo-lhe sido narrado por um ancião (93), assim como por um contemporâneo alemão, na obra: *Von dem chrystentlichen Stryt, kurtzlich gescheben zu Lissbona, ein Haubstatt in Portigall, zwischen den Christen und Neüwen Christen oder Juden, von wegen des Gekreutzigten Gottes* (seis folhas sem data) (Da Disputa Cristã, que Recentemente Teve Lugar em Lisboa, Capital de Portugal, entre Cristãos e Cristãos-novos ou Judeus, por Causa do Deus Crucificado). Esta pequena obra muito rara, existente na Biblioteca Real de Munique, foi copiada incompleta – e incorretamente – no fim do tratado de G. Heine, op. cit. O começo, omitido por Heine, diz: "Quando contamos, após a morte de Cristo, 1506 anos. Em Lisboa, no 17º dia de abril, que é o oitavo dia depois da Sexta-feira Santa, foram presos numa casa diversos cristãos-novos, que assaram diversos pães na época da Páscoa, abatendo também cordeiros e galinhas, cozinhando-os à moda judaica, e comendo seu cordeiro de Páscoa às duas horas da noite, seguindo, pois, as suas cerimônias à moda judaica, quando um deles saiu às escondidas, traindo-os, e trazendo de volta consigo um juiz da cidade e muitos guardas, que entraram na casa e prenderam os comensais em flagrante, em número de dezessete, entre homens e mulheres, sendo que os outros fugiram pelos telhados e por outras saídas que encontraram; os dezessete foram levados para a prisão. Escreveu-se logo ao rei, que não se encontrava em Lisboa, estando numa pequena cidade a 24 milhas de Lisboa, chamada Brantes, perguntando como se devia proceder com os prisioneiros; não conheço a resposta do rei, e depois de dois dias soltaram-se alguns, dizendo-se que eram inocentes; talvez tinham dinheiro ou bons amigos que os ajudaram. Aí houve grandes resmungos na comunidade, dizendo-se que tanto os presos como todos que agissem do mesmo modo deviam ser queimados vivos".

abril[15], no domingo em que foram soltas as pessoas aprisionadas durante a festa de Pessakh, muita gente, inclusive cristãos-novos, estava reunida na igreja do convento dos dominicanos. A atenção dos presentes foi atraída para uma capela lateral desta igreja, denominada Capela de Jesus, em cujo altar havia um crucifixo com um relicário de vidro, no qual muitos acreditavam ver brilhar uma claridade sobrenatural. Não sabemos se os astutos dominicanos haviam provocado artificialmente este suposto milagre, ou se a massa ingênua, impressionada pelo grande número de mortes e inclinada a superstições, o havia considerado como tal. O fato é que o povo prostrou-se em oração, bradando "milagre, milagre!" Um criptojudeu que, assim como vários cristãos sensatos[16], não via neste ato outra cousa senão o reflexo proveniente de uma vela pendurada ao lado da imagem, teve a imprudência de mencionar em alta voz a sua cética opinião; com a ingenuidade do seu coração declarou que lhe parecia tudo provir de uma lâmpada pendurada ao lado do crucifixo[17]. A expressão de

15 Sobre esse massacre escrevem Goes, op. cit., 141 e s.; Osorius, 114 e s.; Garcia de Resende, *Miscellan.*, xib; Pina, *Chron. de D. Afonso*, v, cap. 130; Acenheiro, 333 e s.; Monteiro, 11, 439 e s. De fontes judaicas: *Schevet Iehudá*, 93, Usque, 200, e depois dele, *Emek haBakha* (O Vale de Lágrimas), 90. Além disso, ainda: *Vom dem chrystlichen Streyt* (cf. nota anterior); o memorial manuscrito dos criptojudeus, resumido em Herculano, I, 142 e s. Compare também De Mendonça, *Historia de Portugal*, VI, 955-970; Heine, 156 e s.; Schäfer, 111, 25 e s.; especialmente Herculano, I, 142 e s.

16 "o qual [milagre] a parecer de todos era fingido", consta em relatórios manuscritos contemporâneos: *Mem. Avulsos dos Reinados de D. Manuel e D. João III, Miscell.*, v. 2, f. 120: "ou a imaginação dos devotos se afigurou que lhe pareces verem fogo ē o lado ao crucifico", *Mem. Mss. da Ajuda*, em Herculano, I, 144. Também o informante alemão, antijudaico, o considerou um logro; ele escreve: "Também estive aí, mas não vi luminosidade, nem luzinha, mas ouvi de cerca de duzentas pessoas, entre elas muitos de meus bons amigos, nos quais se pode acreditar, que viram isto várias vezes, as luzes e estrelas luzem e brilham; perguntei-lhes se isso não era um logro fabricado pelos frades ou outros, pois é bem possível executá-lo, mas todos disseram que era legítimo e um sinal de Deus". Heine omitiu todo esse parágrafo, talvez intencionalmente.

17 De acordo com Goes, op. cit., 141; segundo Osorius, 114a, disse: "nec enim esse verisimile ut aridum lignum miraculum aderet"; semelhante também ao *Mem. Mss. da Ajuda*: "Como havia um pan secco de fazer milagres?", e o informante alemão, em Heine, 172: "Que milagre pode fazer um lenho seco? Busquem água para molhá-lo, que logo se apagará". O autor do *Schevet Iehudá*, que esteve fora da cidade durante o acontecimento, foi mal informado; a frase que supõe ter sido dita pelo criptojudeu: "Oxalá o milagre se demonstre antes por água do que por fogo, pois nesta seca precisamos de água", é inverossímil. A palavra "zombador" em Heine, 156, é supérflua; Goes, que Heine traduz textualmente, não a menciona.

Massacre de Cristãos-Novos em Lisboa. Manoel de Macedo, 1506. Desenho.

tal dúvida, em tal recinto, provinda da boca de um odiado judeu secreto, em meio a exaltados crentes e na presença de dominicanos fanáticos, foi o suficiente para incitar os ânimos transtornados aos mais extremos paroxismos de furor. O infeliz cético, arrastado pelos cabelos para fora da igreja, maltratado e amaldiçoado, foi morto pelas mulheres furiosas e seu cadáver queimado em fogueira erguida às pressas na praça do Rocio[18].

Um dominicano, proferindo sermão impetuoso, animou à vingança o povo reunido, incentivando ainda mais a ânsia de perseguição. Dois outros monges – João Mocho de Évora e Bernardo de Aragão –, sendo um médico e outro organista do convento[19], atravessaram as ruas com o crucifixo na mão, gritando: "Heresia! Heresia!", concitando todos a exterminar os amaldiçoados hereges. À plebe descontrolada juntaram-se marinheiros alemães, flamengos e franceses, procedentes das naus ancoradas no Tejo, a fim de se aproveitarem do saque; iniciou-se então o pavoroso drama. Todos os criptojudeus encontrados nas ruas foram mortos, seus cadáveres e muitos ainda vivos queimados em fogueiras improvisadas. Acudindo com seus guardas para prender os assassinos e chefes da revolta, o juiz criminal por pouco conseguiu escapar às perseguições; acusando-o de partidário dos criptojudeus, quiseram matá-lo também. A exaltação da turba não mais pôde ser freiada, a chacina e as cremações duraram todo o domingo, perdendo nesta tarde a vida mais de quinhentas pessoas; quinze a vinte, de uma só vez, ardiam aos montes na fogueira[20].

Na segunda-feira seguinte, estas cenas se repetiram com desumanidade ainda maior. Milhares de marginais da pior espécie afluíram do campo para

18 Segundo *Schevet Iehudá*, 93, e o informante alemão, em Heine, 172, acorreu também o irmão do assassinado; apresentamos ambos os relatórios para comparação: *Schevet Iehudá*: "Quando seu irmão ouviu aquilo, acorreu e disse:'Ai, ai, meu irmão! Quem matou você?' Então um homem, munido de espada, levantou-se e degolou-o, jogando seu cadáver sobre o de seu irmão". Informante alemão:"Então se aproximou outro cristão-novo, ou judeu, que viu o outro ser assassinado, e disse:'Por que matais este homem?' Disse o povo:'Você também é um desses patifes'; e começaram a maltratá-lo até matá-lo também, sendo que depois quiseram queimar ambos na praça". Todas as outras fontes não mencionam esta ocorrência.

19 Só Acenheiro, 333, e Monteiro, op. cit., ii, 439, citam os nomes dos dois dominicanos.

20 "E traziam xv e xx cristãos nouos em manada a fogueira". *Mem. Mss. da Ajuda*, 219. Segundo a mesma fonte, só no Rocio foram queimadas trezentas pessoas ("quaimados no Resyo ccc pesoas"); outra fogueira ardia na Ribeira.

D. MANUEL (CONTINUAÇÃO)

a cidade, após as primeiras notícias dos acontecimentos do dia anterior, para juntarem-se à plebe e aos monges "que sem temor a Deus atravessavam as ruas incitando o povo à matança". "Observaram-se neste dia fatos", conta uma testemunha ocular alemã, "na verdade pesarosos de pronunciar ou escrever". Como já não se encontravam criptojudeus nas vias públicas, demoliam os muros e arrombavam as casas onde aqueles se haviam refugiado, nelas penetrando por meio de escadas e arrancando seus moradores para arrastá-los à força, com seus filhos, filhas e mulheres, através das ruas e atirá-los, vivos e mortos, impiedosamente às fogueiras. Tão imensa foi a crueldade que nem crianças de berço escaparam; foram apanhadas pelas pernas e esmagadas contra as paredes; sim, invadiram até as igrejas, arrastando para as ruas todos os que aí tinham procurado acolhida e proteção. Os frades agarraram mulheres e virgens no altar-mor, violaram-nas, jogando-as depois às chamas[21]. Uma mulher heróica matou um desses devotos monges, que a queria violar, com a faca que ele próprio segurava na mão[22]. Até cristãos-velhos que apresentassem semelhança com judeus, ou se como tais fossem apontados por seus inimigos, eram assassinados; tornaram-se vítimas da raiva e vingança antes de poderem justificar-se, e muitos inocentes, tomados de pavor, provaram de fato não pertencer ao povo de Israel[23].

As atrocidades daquele dia encerraram-se com o assassinato do odiado João Rodrigo Mascarenhas, cristão-novo dos mais abastados e influentes, devido à sua posição de arrendador de impostos; tratava a população com altivez e, ao que parece, empenhou-se em obter contra esta vários decretos severos. Os habitantes dedicavam-lhe especial aversão. Já no início do massacre de domingo, tentaram os revoltosos demolir sua casa; tendo barrado

---

21 Goes, op. cit., 1431 "das egrejas tirauão muitos homens, molheres moços, moças destes innocentes"; "e compridas suas desordenadas vontades as levavam as fogueiras". *Mem. Avuls.*, op. cit., 121; Usque, op. cit., 200b; "atasalhando os homês arremesando as criaturas as paredes e desmêbrandoas desonrrando as molheres e corrõpendo as virgens e sobre ysso tirandolhe a vida".

22 Usque, op. cit., 200b: "entre estas se achou huã que esforçado a muyta yra e sua honra a hum frade que aqueria forçar matou com hũas faças que o mesmo frade trazia". A palavra faças – faça = faca é traduzida por José Cohen em *Emek haBakha* como *queli* (instrumento); não se trata absolutamente de "crucifixo" ou "cálice".

23 "Algũus cristãos velhos [...] conveolhes fazer mostra que naõ eram circumcidados". *Mem. Mss. da Ajuda*, f. 219, em Herculano, I, 147.

HISTÓRIA DOS JUDEUS EM PORTUGAL

todas as portas para que ninguém pudesse entrar, colocou-se à janela do andar superior, injuriando os atacantes. Mais tarde, conseguiu fugir pelo telhado. Segunda-feira, no entanto, não houve mais salvação.

> Depois de preso, juntaram-se todos para vê-lo mais uma vez e ajudar a matá-lo. Isto se deu numa viela chamada Differia, atrás da igreja Santa Maria da Conceição; arrastaram-no até a rua Nova, onde seu corpo foi apunhalado por muitas pessoas, pois quem não participasse julgava ter perdido a bem-aventurança. Destruíram sua casa e seu mobiliário, cada um se apoderando de algo como se fosse relíquia: uma lasca da porta, parte de uma poltrona, banco ou cama, tudo o que puderam juntar para fazer-lhe a fogueira. Com grande júbilo, foi-lhe aplicado este castigo, na praça Dominico[24].

Morreram assim, naquele dia, além de Mascarenhas, mais de mil pessoas; todo o ouro e pratarias, todas as jóias e valores foram roubados. Ninguém ousou opor-se. Aos funcionários públicos faltaram força e coragem para intervir junto às massas, que na sua selvageria se assemelhavam a "ursos e lobos noturnos", perdurando a chacina por toda segunda-feira até alta noite e continuando ainda na terça-feira. Aos poucos amainou a vontade de matar, faltavam vítimas; só poucos criptojudeus eram encontrados, a maioria havia procurado pessoas "boas e pias" que os esconderam ou lhes forneceram oportunidade para fugir. Mais de dois mil judeus secretos, segundo uns, até quatro mil, segundo outros, morreram em 48 horas do modo mais cruel[25].

Terça-feira à tarde, quando tudo estava quase terminado, apareceram na cidade D. Aires de Silva, regedor da Justiça, e D. Álvaro de Castro, o

---

24 O arrendador de impostos Mascarenhas só é mencionado em *Schevet Iehudá* e pelo informante alemão, que o chama Mastarenhus.

25 Segundo *Schevet Iehudá*, 94, somavam os mortos três mil; as outras fontes mencionam dois mil; Goes, op. cit., 142: "mais de mil e nouecentos (1900) almas"; Monteiro, II, 440, e o autor do folheto raro *Von Michel Judentod* (Sobre Miguel Morte-de-Judeu), Marbach, 6 de junho de 1549, concordando com o informante alemão, 1930. O número mais alto é citado por Usque, 201a: "quatro mil almas (4000)", e por Resende na sua já mencionada crônica rimada.

D. MANUEL (CONTINUAÇÃO)

governador, com tropas para chamar os cidadãos às armas, sob ameaça de pesados castigos. O rei, que se encontrava em Avis, sabendo do banho de sangue que se dera na capital, enfureceu-se e enviou imediatamente[26] D. Diogo de Almeida, prior de Crato, e o barão de Alvito, D. Diogo Lobo, com a incumbência de castigar todos os culpados[27]. Foram presos os chefes da revolta, quarenta ou cinqüenta criminosos lisboetas – a maior parte dos estrangeiros que participaram do massacre havia partido imediatamente – foram enforcados, alguns decapitados e outros, ainda, esquartejados[28]. Os dois dominicanos que dirigiram o massacre com o crucifixo na mão foram aprisionados após terem-se escondido por alguns dias[29], transportados para Setúbal e depois Évora, expulsos da ordem e, em julho de 1506, garroteados e queimados[30]. Os outros frades responsáveis foram expulsos do convento.

O rei, a fim de dar um exemplo de advertência, procedeu com igual rigor contra Lisboa e suas autoridades. A cidade, dantes denominada a mais leal, por ordem expressa de D. Manuel, perdeu este título de honra pelo prazo de três anos[31], sendo, além disso, privada do direito de eleger independentemente 24 misteres e quatro procuradores que, na prefeitura, exerciam a

---

26 Usque e os outros cronistas judeus são, aqui, inexatos; o rei não recebeu a notícia do levante em Abrantes, como informam, mas em Avis ("na villa de Avis, indo Dabrantes visitar a Infante D. Beatriz, suã mãi", Goes, 142), e também não veio imediatamente para a cidade.

27 V. as duas cartas régias no Apêndice n. VI-b.

28 Acenheiro, op. cit., 333: "nos culpados emforçarão e esquartejarão e deseparão te quorẽta ou simquoenta". Segundo o *Mem. Mss. da Ajuda*, em Herculano, I, 150, foram executados 46 ou 47 criminosos.

29 O informante alemão termina seu relatório (este final falta em Heine): "Além disso, não foi resolvido nada de especial até essa data; no entanto, o rei enviou três dos seus poderosos conselheiros para Lisboa, para averiguarem qual foi a causa do levante, e também fez apregoar que, quem escondesse ou soubesse dos monges que andaram com a cruz, os prendesse ou avisasse os senhores para que fossem presos, sob pena de grande castigo de corpo e bens, sendo que até agora não foi preso nenhum, dizendo-se que já fugiram do país".

30 Acenheiro, op. cit., 334, menciona a condenação de dois monges do modo mais detalhado; também Resende diz em sua crônica rimada: "dous frades observantes / vijmos por isso queimados". Compare também *Schevet Iehudá*, 94: "Ordenou o rei a prisão dos frades (monges), condenando-os a serem queimados".

31 Idem, 94: "A cidade de Lisboa, chamada anteriormente 'metrópole fiel', ordenou o rei que, por três anos, fosse chamada a 'cidade rebelde'". Corresponde com Resende, op. cit.: "El Rey true tanto a mal / a cidade tal fazer / que ho titulo natural / de noble e sempre leal / lhe tirou e fez perder".

HISTÓRIA DOS JUDEUS EM PORTUGAL

administração, supervisando com os vereadores a segurança pública; como em todas as demais cidades do país, passou-se daí por diante, também em Lisboa, a nomear funcionários da Coroa.

Todos os habitantes da capital e de seus arredores, acusados de assassinatos e assaltos, deveriam, segundo o decreto régio de 22 de maio de 1506, sofrer castigos corporais, além de lhes serem tirados todos seus bens; perderiam a quinta parte de suas posses, a favor da Coroa, as pessoas que, conforme manda a lei e o direito, não tivessem combatido os desordeiros[32].

Ao mesmo tempo em que D. Manuel castigava os participantes da revolta, protegia os criptojudeus, concedendo-lhes novos privilégios. Talvez tenha sido por este único ato que os cronistas judeus o denominaram "Rei Santo"[33]. Segundo o decreto de 1º de março de 1507, permitiu-lhes deixar o país livre e desimpedidamente e enviar suas posses em dinheiro e mercadoria para onde lhes aprouvesse. Todas as restrições anteriores deviam ser anuladas, proibida a promulgação de qualquer lei discriminatória, sendo os criptojudeus plenamente equiparados aos demais habitantes do país[34]. A fim de se mostrar benévolo com os tão rudemente afligidos, renovou poucos dias depois (13 de março), em Tomar, a lei de 30 de maio de 1497, segundo a qual, durante vinte anos, não poderiam ser processados pelas suas atividades religiosas, privilégio esse prorrogado, em 21 de abril de 1512, por mais vinte anos[35].

Após tão amargas experiências, estas parcas provas de benevolência e favores do rei pareciam um bálsamo para as mágoas dos criptojudeus. Contavam com tempos melhores, com a proteção contínua e eficiente do governo, e, por essa razão, após a terrível catástrofe de 1506, relativamente poucos deixaram o país. Entre os que emigraram naquela ocasião encontrava-se, presumivelmente, Salomão ibn Verga[36], o mesmo que as comunas espanholas encarregaram de angariar fundos para o resgate dos prisioneiros

---

32 Apêndice, n. VI.

33 Em algumas crônicas familiares lhe é dado o nome de "el Rey Judeo". Da Costa, *Israel und die Völker* (Israel e os Povos), em alemão, 270.

34 *Monarch. Lusit.*, v, liv. XVIII, cap. 4, p. 17.

35 Monteiro, op. cit., I, 429.

36 Já Wiener, em sua introdução ao *Schevet Iehudá*, duvida com razão de ser o acima mencionado Judá ibn Verga pai do aqui mencionado Salomão; não há nada que justifique tal suposição.

D. MANUEL (CONTINUAÇÃO)

judeus em Málaga[37], e que compilou e descreveu as vicissitudes de seus correligionários na valiosa obra *Schevet Iehudá*[38]. Encontrava-se ele ainda em Portugal, por ocasião da chacina, fora de Lisboa, para onde, no entanto, retornou[39], e de onde, provavelmente, iniciou a sua emigração para a Turquia. Muitos criptojudeus, ligados à pátria por razões materiais, profissionais e por laços de família, deixaram-se iludir pelo tênue raio de esperança, não acompanhando seus irmãos emigrantes. Quão depressa se viram iludidos em suas esperanças! Julgaram haver-se extinguido a cratera do ódio popular e da intolerância do clero, quando esta apenas silenciava temporariamente para de novo irromper em chamas e, com sua lava, tudo destruir.

Os anos decorridos entre 1507 e a morte de D. Manuel, comparados ao passado recente, foram tempos de paz para os judeus; tratados com todo o desvelo pelo regente e pela administração do país, eram firmemente protegidos contra os excessos do povo e até contra a perseguição da Inquisição espanhola; de sua parte fizeram o possível para desarmar seus inimigos, levando, na aparência, uma vida pia e cristã. Oficialmente observavam os rituais da Igreja com a mesma exatidão com que, clandestinamente, seguiam as leis judaicas, às quais, no seu íntimo, permaneceram fiéis, sendo justamente esta fidelidade tenaz à velha religião que os contemporâneos não cansavam de admirar; esta rara capacidade de sacrifício e perseverança ainda hoje nos impele a encará-los como judeus, como mártires judeus. Por sua fé sujeitaram-se aos excessos da mais cruel intolerância: tortura, aflição e fogo.

Os preconceitos do povo português não podiam desaparecer tão repentinamente e nem era possível à autoridade do rei eliminá-los. A exasperação das massas contra os criptojudeus atingiu novamente tal intensidade que o rei teve de empenhar-se seriamente em acalmar os ânimos exaltados: mostrou-se menos benevolente com a raça odiada. Em junho de 1512, proibiu futuras acusações relativas à participação no levante de 1506, anulando

---

37 *Schevet Iehudá*, 101.

38 A obra foi traduzida para várias línguas e editada cerca de uma dúzia de vezes; a última edição, Hannover, 1855, é de Wiener, que também aprontou a primeira tradução para o alemão, Hannover, 1856, com introdução e registro.

39 *Schevet Iehudá*, 93: "Durante a chacina de Lisboa, estive fora da cidade, e, depois de alguns dias, quando voltei". Não compreendo como ainda se pode falar de Verga como testemunha ocular.

HISTÓRIA DOS JUDEUS EM PORTUGAL

todos os processos em andamento. Isso encorajou novamente a plebe, até então freada, levando-a a planejar novos abusos. No fim do verão de 1515, nas praças mais freqüentadas de Lisboa, surgiram cartazes nos quais os criptojudeus eram ameaçados com fogo e morte. Os intimados ofereceram uma recompensa de cem ducados àquele que denunciasse o autor de tais cartazes e o conduzisse às autoridades para ser punido. Comentava-se em geral que, caso cem homens valentes se reunissem, exterminariam em pouco tempo todos os cristãos-novos. Tais boatos levaram as autoridades a tomar providências para que não se repetissem as sangrentas cenas de 1506.

Enquanto viveu D. Manuel, não surgiram novos perigos para os angustiados cristãos-novos; entretanto, o rei restringiu-lhes as liberdades, impondo-lhes pesados grilhões. Assim, pouco antes de sua morte, em 1521, publicou repetidas vezes a ordem que proibia aos cristãos-novos deixar o país, principalmente para a África, sem licença da Coroa. Os contraventores seriam castigados com o confisco dos bens e a escravidão, sendo que todo cristão que conduzisse judeus ou os auxiliasse na fuga para o estrangeiro seria degredado para a África por quatro anos ou executado[40].

Tivesse D. Manuel vivido mais tempo, talvez iniciasse a obra que se tornou a tarefa principal do seu filho e herdeiro.

---

40 *Ordenações do Senhor Rey D. Manuel*, Coimbra, 1797, liv. IV, tit. 82.

II.

Conquistas e Descobrimentos dos Portugueses

Safi, Azamor, Jacó Adibe, os Bencemero, Calcutá, Cranganor.

D. MANUEL, CUJA GLÓRIA OBSCURECEU-SE PRINCIPALMENTE por causa do seu ignominioso procedimento contra os judeus[1], foi enaltecido por seus contemporâneos como Manuel, o Venturoso. Realmente, seu governo representou a época mais brilhante da monarquia portuguesa. Apesar da pequena dimensão de sua pátria, deu-lhe D. Manuel, graças a suas conquistas e descobertas na África e na América, uma extensão e uma importância que a tornaram potência em primeiro plano mundial.

Também nestes empreendimentos a colaboração e o auxílio prestado pelos judeus, expulsos da velha pátria, provaram ser fecundos e eficientes, pois os judeus participavam de todas as ocorrências mundiais. Estas conquistas e descobertas preenchem uma página tão importante na história de Portugal que não podemos calar a seu respeito[2].

No ano de 1508, o velho Diogo de Azambuja logrou conquistar para a Coroa portuguesa a antiga cidade costeira de Safi, na província de Ducala, território de considerável importância no oceano Atlântico. Os portugueses conseguiram subjugar esta cidade graças ao auxílio dos judeus, que,

---

1 Tomados de simpatia pelos infelizes judeus expulsos, Chaumeil de Estella e Auguste de Sauteul criticam este feito de D. Manuel; *Histoire du Portugal*, Paris, 1839, I, 181, e outros.

2 Cf. meu Theilnahme der Juden an den portugiesischen Entdeckungen (Participação dos Judeus nas Descobertas Portuguesas), em *Jahrbuch für die Geschichte der Juden und des Judenthurns* (Anuário Para a História dos Judeus e do Judaísmo), III.

constituindo considerável parte de sua população, haviam-na transforma-do em importante centro comercial.

Acompanhado de poucos auxiliares, Azambuja dirigiu-se a Safi. Ao pisar solo inimigo, foi informado por um habitante judeu que lhe servia de intérprete – rabi Abraão, talvez outrora expulso de Portugal e agora atuando como rabino[3] – que alguns habitantes da cidade tramavam con-tra ele, o designado pacificador. Tendo sido a notícia do rabi confirmada por outros, o chefe do exército considerou mais prudente, neste momen-to de perigo, retirar-se provisoriamente para o forte de Castelo Real. A 6 de agosto de 1507, retornou a Safi, com novas instruções e acompanha-do por Garcia de Melo, auxiliar indicado por D. Manuel. Nenhuma das partes litigantes quis com ele empreender negociações. O astuto Azam-buja pensou em meios de subjugar a cidade para a Coroa portuguesa, fazendo uso de uma cilada tão indigna quanto eficiente: espalhou, como se exprime o cronista, joio entre os dois tiranos e chefes dos partidos, levantando-os à desconfiança mútua e apoderando-se da cidade com o seguinte estratagema.

Garcia de Melo, o já mencionado companheiro de Azambuja, encon-trava-se enfermo no acampamento; um médico judeu, que também tinha acesso aos dois rivais, foi chamado para atendê-lo. Os militares portugue-ses tentaram conquistá-lo para a sua causa, consentindo o judeu prestar-se como intermediário. Convenceram-no a entregar um documento a cada chefe, sem que um soubesse da missiva do outro. Ambos foram informados do perigo de vida que corriam por parte do inimigo, e aconselhou-se-lhes a confiar nos portugueses, assegurando-se a cada um que, como vassa-lo, exerceria o poder juntamente com um governador designado pelo rei D. Manuel. Ninguém, com exceção dos participantes desta trama, soube do ardil. Toda vez que o médico visitava o enfermo Garcia de Melo, ou melhor, o suposto enfermo, colocava suas mãos sob as cobertas, fingindo sentir o pulso do paciente, ocasião em que se apoderava das cartas que

---

3 Goes, op. cit., 187: "porque soube per via de hum Judeu, per nome Rabbi Abrahão que era sua lingoa que alguns da cidade andauam pera o matar". Assim também Osorius, op. cit., 138. Segundo Ribeiro dos Santos, *Memorias da Literatura Portugueza*, VIII, 223, foi nomeado rabino dos judeus em Safi, em 1500, um certo Abraão, "outro Abrahão feito Rabi dos Judeos de Çafim".

CONQUISTAS E DESCOBRIMENTOS DOS PORTUGUESES

Melo havia escrito na sua ausência, afastando-se em seguida. O embuste surtiu efeito. Os dois chefes deixaram-se lograr e Safi passou para o domínio português[4].

Esta região continuou sendo palco de lutas por mais alguns anos. Várias vezes tentaram os mouros arrancar aos estrangeiros o importante centro comercial. Em 1511, sendo Nuno Fernandes de Ataíde comandante-chefe da cidade, foi esta cercada repentinamente por mais de cem mil homens. Ataíde encontrava-se em grande perigo. Tendo conhecimento da situação, dois judeus de Azamor, portugueses natos, decidiram auxiliar seu conterrâneo e amigo. Isaac Bencemero (ben Simra) e um certo Ismael equiparam duas embarcações às suas expensas, navegando com correligionários para Safi. Durante a noite, sem que as sentinelas o percebessem, entraram na cidade sitiada. Ataíde recebeu-os com alegria: às suas proezas deveu a própria salvação e a do seu exército[5].

Nesta localidade D. Manuel permitiu que os judeus continuassem professando sua religião. A 4 de maio de 1509, outorgou-lhes um documento formal, no qual prometia solenemente, tanto aos já residentes como aos que para lá se transferissem, não os expulsar da cidade, nem os forçar a se converter ao cristianismo. Caso os interesses do rei exigissem sua expulsão, ser-lhes-ia dado um prazo de dois anos para deixar a cidade com todos os seus bens, tendo ainda liberdade de escolher o local de destino. O herdeiro de D. Manuel, D. João III, permitiu-lhes mudarem-se para Arzila (2 de agosto de 1533)[6].

O rei D. Manuel, já muito antes da tomada de Safi, mantinha alguns agentes de confiança em Azamor, com o fito de aí manter paz e amizade com os mouros. Sob influência daqueles e com o auxílio de Abraão, rabino local, os habitantes de Azamor, com anuência do seu chefe Muley Zeyan, sujeitaram-se por meio de cartas e tratados ao rei de Portugal. No entanto,

4 Goes, op. cit., 188; Osorius, op. cit., 139a.

5 Hieronymo de Mendoça, *Jornada de Africa*, Lisboa, 1607, 89a.

6 O documento e os privilégios de Safi e Arzila foram examinados e estudados, no Arquivo Real de Lisboa, pelo prof. dr. Kunstmann, de Munique; compare também Kunstmann, *Ueber Rechtsverhältnisse der Juden in Spanien und Portugal* (A Situação Jurídica dos Judeus na Espanha e em Portugal), em *Münchener gelehrt. Anzeig.* (Noticiário Erudito de Munique), 1848, p. 31.

após haver Muley Zeyan, que governava despoticamente, rompido diversas vezes esses pactos, D. Manuel decidiu (1513) subjugar a cidade. Equipou uma frota que ultrapassava quatrocentas naus, entregando sua direção ao seu sobrinho D. Jaime, duque de Bragança. A 23 de agosto, D. Jaime levantou âncoras; poucos dias após, avistava Azamor.

Muley Zeyan, acompanhado por seus dois filhos, enfrentou os portugueses com um exército considerável, assumindo pessoalmente o comando. Iniciou-se a luta. Com grande bravura defenderam-se os guerreiros mouros. Repentinamente, ecoaram grandes lamentos pela cidade, pois o intrépido Cide Mansus, seu corajoso comandante, que, não apenas com pujantes palavras, mas também com enérgica atitude, incitava os seus à luta, fora morto por uma bombarda. Com ele esvaiu-se a coragem de todos. Tão precipitadamente abandonaram a cidade que mais de oitenta pessoas morreram asfixiadas nos portais.

Antes do amanhecer, ressoou das muralhas de Azamor, submersa no maior silêncio, um grito: "Diego Berrio! Diego Berrio!" Era a voz de um velho amigo, um velho conhecido da pátria, Jacó Adibe, que havia sido expulso da terra natal. Imediatamente Jacó pediu para ser conduzido até o duque e Diego Berrio acompanhou o amigo. "A cidade está livre!" Assim exclamando, Jacó curvou-se até o solo. "Azamor está desimpedida, senhor Duque! Azamor está livre. Imploro-vos pela minha vida, pela de meus irmãos e correligionários". Erguendo o judeu, D. Jaime garantiu-lhes proteção e apoio e, ajoelhando-se, agradeceu a Deus a graça de haver-lhe permitido tomar esta grande e poderosa cidade, sem a perda daqueles que o tinham acompanhado. Jacó Adibe, levando a promessa do duque, retornou satisfeito, deixando logo mais, com seus companheiros, a cidade, a fim de mais tarde voltar[7].

Quando os mouros e os governadores de Safi e Azamor novamente divergiram, os portugueses usaram a mediação de judeus, assim em 1526, de um Abraão ben Zamaira (Bencemero ou Ben Simra), talvez parente do já

---

7 Goes, op. cit., 372; Ant. Caetano de Sousa, *Historia Genealog. da Casa Real Portugueza*, v, 522 (textualmente segundo Goes); Barrios, *Historia Univ. Judayca*, 13.

CONQUISTAS E DESCOBRIMENTOS DOS PORTUGUESES

mencionado Isaac Bencemero[8], e principalmente de Abraão Cazan, o hebreu mais destacado de Azamor[9].

D. Manuel continuou com redobrado entusiasmo o plano de uma expedição para a descoberta das Índias, idealizado por D. João II. Logo após o início de seu reinado, enviou uma frota, cujo comando entregou ao conhecido e hábil navegante e descobridor do caminho marítimo para as Índias, Vasco da Gama. Após ter, em presença de toda a tripulação, conferenciado com o já referido astrólogo Abraão Zacuto e haver-se despedido deste homem, por ele tão prezado[10], iniciou o almirante seu grande empreendimento, em julho de 1497[i]. Durante sua viagem de retorno à pátria, deteve-se por algum tempo em Calcutá, situada na costa de Malabar e densamente habitada por judeus[11]. Após deixar a cidade, encontrando-se próximo de

8 Certo Abraão ben Simra, quando da expulsão, dirigiu-se para Málaga, para Orã e de lá para Tlemcan (cerca de 1500); era famoso como poeta e autor de uma *tochacha*: Eine Ansprache an die eigene Seele zur Stillung der Sehnsucht nach dem Wahren und Eiwigen (Um Discurso Para a Própria Alma a fim de Acalmar a Nostalgia Pelo Verdadeiro e Eterno).

9 João de Sousa, *Documentos Arabicos para a Historia Portugueza, Copiados dos Originaes da Torre do Tombo*, Lisboa, 1790, 159: "Na ultima tregua, que se consegua por meio do Judeo Abraham ben Zamaira" (ابراهيم بن زميرا), 187, o sobrinho do xarife para o governador de Azamor (1528): "Sabei que o Judeo que vos temos enviado com a nossa Carta, chegou sem trazer-nos resposta della [...] nos temos respondido [...] per o Judeo Abraham Alcazan (ابراهيم الخزان) (Compare p. 225: "o Judeo Abraham Cazan"). Não sabemos se este Abrão Cazan (Chasan) pertenceu à família Cantarini, dos Cantores, em grande florescimento na Itália. Também os judeus Abraão e Samuel Cabeça, de Marrocos, ambos muito ricos e respeitados, mantinham relações com os chefes dos exércitos portugueses. Diego de Torres, *Histoire des Chérifs*, 124.

10 Lima Felner, op. cit., I, 16, 23.

i A respeito de Zacuto, das Tabelas e sobre as controvérsias em torno do exemplar que acompanhou Colombo, cf. Francisco Cantera y Burgos, *El Judío Salmantino Abraham Zacut*: notas para la historia de la astronomia en la España medieval, Madrid: C. Bermejo, 1931; Boies Penrose, *Travel and Discovery in the Renaissance, 1420-1620*, Cambridge, MA.: Harvard University Press, 1952; Joshua Szechtman, Who Composed the Astronomical Tables Used by Columbus?, *Judaism*, New York, v. 11, n. 2, p. 156-174, 1962. Cf. também o resumo de Joaquim Mendes dos Remédios, *Os Judeus em Portugal*, Coimbra: França Amado, 1895, v. I, p. 403-409; Joaquim de Carvalho, *Dois Inéditos de Abrão Zacuto*, Lisboa: Instituto de Estudos Hebraicos de Portugal, 1927, separata da *Revista de Estudos Hebraicos*, Lisboa, v. I, 1927; e ainda a nota referente a José Vecinho, livro I, cap. VII, nota 10. (N. da T.)

11 Goes, op. cit., 162. Nesta cidade, agora sob domínio britânico [N. da T.: independente desde 15/8/1947], encontra-se ainda hoje ali uma grande comunidade judaica, com uma velha sinagoga. Compare *Jewish Intelligence*, Londres, nov. 1858, 341: "Uma oração recitada por rabi Eleazar Abrão

HISTÓRIA DOS JUDEUS EM PORTUGAL

Andiediva, aproximou-se de sua nau, inesperadamente, um barco transportando um homem estranho, europeu, que o saudou em língua castelhana: "Deus Salve os navios e os senhores capitães e toda a tripulação!" (Dios
salve los Navios, y los Señores Capitães, y la compaña que nelles viene). Foi
indescritível a alegria dos portugueses ao ouvir essas palavras familiares. A
saudação foi retribuída, e o estranho aproximou-se dizendo ao almirante:
"Recolhei-me à vossa nau, sr. capitão, e contai-me algo sobre minha terra.
Há quarenta anos encontro-me preso, e agora, com a graça de Deus, vejo
navios da Espanha, minha pátria. Dai-me segurança, sem o que não posso
entrar em vossa embarcação; também sobre mim dar-vos-ei informações".

Satisfeita sua solicitação, subiu ao convés, concedendo-lhe a tripulação as honras de um almirante. Quem seria este estranho? Um judeu
de Granada. Ainda jovem, quando da tomada desta cidade, fugiu para a
Turquia, de lá para Meca e depois para as Índias. Aí, o príncipe Sabayo
veio a conhecê-lo, nomeando este judeu de Granada, de aparência imponente, capitão-mor de sua armada[12]. Acompanhou então Vasco da Gama
que, segundo fontes diversas, o batizou com o nome de Gaspar da Gama.
Gaspar voltou com ele para a Europa, prestando como piloto serviços inestimáveis à frota portuguesa[ii]. Deixou em Cochim sua esposa judia, a qual,

Araqui, o sacerdote cantor da velha sinagoga da cidade de Calcutá, nos primeiro e segundo dias da
festa de Schavuot, do ano de 5617 da Criação" (25 de maio de 1857).

12 Lima Felner, op. cit., I, 125 e s. É relatado de modo diferente por Barros, *Asia*, dec. I, liv. VI, cap. 11,
p. 362. Segundo Barros, o forasteiro foi expulso da Polônia, chegando às Índias devido a transações
comerciais; cf. maiores detalhes no tratado mencionado: Theilnahme der Juden... (Participação dos
Judeus...), em *Jahrbuch*... (Anuário...), III, 309. Mais verossímil parece ser o judeu proveniente de
Granada e não da Polônia. (Compare também Grätz, VIII, 445.) Peschel, *Geschichte des Zeitalters der
Entdeckungen* (História da Época das Descobertas), Stuttgart, 1858, 30, denomina-o Gaspar, piloto-
judeu; anotou ele as observações científicas feitas durante suas viagens. *Paesi nuov. ritrov.*, Veneza,
1507, cap. LXI. Um judeu também esteve como capitão a serviço do rei Prestes João; *Historia das
Cousas que Muy Esforcado Capitão D. Christ. da Gama Fez nos Reynos do Presto João*, na *Collecção de
Opusculos Relat. a Historia das Navegações*, Lisboa, 1855, I, 53.

ii Segundo Jaime Cortesão, somente com a publicação de alguns novos documentos tem sido possível
atribuir à personalidade de Gaspar da Gama a importância e o relevo que lhe são devidos, e esclarecer
os serviços que prestou a Portugal, cf.: a Relação de Leonardo de Chade Messer, em *Centenário do Descobrimento da América*: memórias da comissão portuguesa, Lisboa: Academia Real das Sciencias, 1892
(livro comemorativo do descobrimento da América), cf. também a Carta de el Rei D. Manuel, apêndice
69, uma carta de Gaspar da Gama a D. Manuel, datada ao que parece de Cochim, 16 de outubro de 1505,

CONQUISTAS E DESCOBRIMENTOS DOS PORTUGUESES

considerada muito instruída nas leis judaicas, não conseguira converter ao cristianismo. Quando D. Francisco de Almeida, primeiro vice-rei da Índia, assumiu seu posto em 1506, o corregedor da corte, dr. Martim Pinheiro, enviou seu filho com uma arca carregada de livros escritos em hebraico (*Torás?*), que fizera colecionar nas sinagogas portuguesas pouco antes de serem destruídas, a fim de vendê-las na Índia, onde sabia existirem muitos judeus e sinagogas. A esposa de Gaspar tratou da transação, vendendo-os por preço elevado às sinagogas locais[13].

Também Afonso de Albuquerque, concluindo o que Vasco da Gama havia iniciado nas Índias, obteve várias provas da prestabilidade dos judeus. Assim, recebeu certa vez uma missiva do rei Prestes João, escrita em língua caldéia, não encontrando no acampamento ninguém capaz de traduzi-la. Para grande alegria do capitão-mor, encontrava-se nas proximidades um certo Samuel, judeu expulso de Portugal e agora residente no Cairo, conhecedor de várias línguas, que prestimosamente verteu para o português a missiva real[14].

Freqüentemente Albuquerque encontrava-se com conterrâneos, judeus portugueses. Durante sua viagem para Goa, deparou com um judeu refugiado de Portugal, morador no Cairo, que lhe entregou uma petição assinada por cinco portugueses aprisionados em Áden. Logo após, outro judeu

> donde se conclui que ele e seu filho serviam naquela data aos portugueses, como línguas, nas partes da Índia; as *Cartas de Afonso de Albuquerque, Seguidas de Documentos que as Elucidam*, direção de Raymundo António de Bulhão Pato, Lisboa: Academia Real das Sciencias, 1884-1935, v. II, p. 371 e s.; uma carta em que D. Manuel faz mercê a Gaspar da Gama, desde o dia 1 de janeiro de 1504, da tença anual de quinhentos mil reais, e na qual o rei diz que "avendo nos respeyto ao muyto serviço que Gaspar da Gama nos tem feito no negocyo e trautos da Índia e esperamos delle ao diante receber […] (Chancelaria de D. Manuel)", apud Francisco Marques de Sousa Viterbo, *Trabalhos Náuticos dos Portugueses*: séculos XVI e XVII, Lisboa: Academia Real das Sciencias, 1898, v. II, p. 198. Para avaliarmos a qualidade deste serviço prestado por Gaspar da Gama, diz ainda Cortesão, convém lembrar que D. Manuel concedeu-lhe uma tença igual a de Nicolau Coelho; a carta de Américo Vespúcio, datada de Cabo Verde, 4 de junho de 1501 (Jean Henry Vignaud, *Améric Vespuce*: sa bibliographie, sa vie, ses voyages, ses découvertes, l'atribution de son nom à l'Amérique, ses relations authentiques et contestées, Paris: Leroux, 1917, p. 405-407), vem comprovar os informes colhidos nas fontes acima enumeradas, pois Américo encontrou-se em Cabo Verde com Gaspar da Gama, "de quem aprende, alvoroçado, bastas notícias sobre o Oriente". Cf. J. Cortesão, *A Expedição de Pedro Álvares Cabral e o Descobrimento do Brazil*, Lisboa: Aillaud & Bertrand, 1922. (N. da T.)

13 Lima Felner, op. cit., I, 656.

14 Barros, *Asia*, dec. II, liv. VII, cap. 8, p. 219.

HISTÓRIA DOS JUDEUS EM PORTUGAL

de Beja tratou do mesmo caso, aconselhando-o mesmo a se apossar dessa localidade[15].

Martim Afonso de Sousa, também governador português da Índia, encontrou em Cranganor, a quatro milhas de Cochim, onde, em meados do século XVI existia uma comuna apreciável, várias pranchas escritas à maneira arcaica. Já havia perdido a esperança de ver decifrado o conteúdo destes antigos documentos em bronze, quando lhe trouxeram um judeu de Calcutá, conhecido como sábio e poliglota. Junto com cartas do rei de Cochim, que também desejava conhecer o significado destas inscrições, Sousa entregou-lhe as pranchas, esclarecendo logo ao judeu tratar-se de privilégios escritos em estilo muito antigo, nos idiomas caldeu, malabar e árabe. Traduziu-as para o malabar, sendo depois vertidas para o português[16] [iii].

Que privilégios constavam de ambos os lados destas pranchas de cobre, medindo cada uma palmo e meio de comprimento e quatro polegadas de largura? Quem o pode asseverar com certeza?[17] Supomos ter o conteúdo chegado até nossos dias. Um membro da comunidade portuguesa de Nova York, sr. Leo, antigamente *chasan* da sinagoga nova-iorquina de Green Street, possui, entre outros documentos antigos, uma carta escrita em hebraico, dirigida pelos judeus de Malabar à comunidade portuguesa de Nova York, no

---

15 Goes, op. cit., 331; Barros, *Asia*, dec. II, liv. VIII, cap. 6, p. 319.

16 Goes, op cit., 133: "lhe vieram a enculcar hum Judeu [...] homem docto em muitas lingoagens e experto na antiguidade dellas, ao qual mandou as taboas com cartas del Rey de Cochim, per que lhe mandaua que declarasse o que se nellas continha, o que o Judeu faz com muito trabalho porque a escriptura era de tres lingoagens Caldeu, Malabar e Arabio, e o estilo muito antigo mas a substancia dos privilegios... o que o Judeu mandou declarado em lingoa malabar, da qual se tresladou na Portugueza". Osorius, op. cit., 108a.

iii Sobre as atividades dos judeus na Índia, cf. Panduronga Sakharama Shenvi Pissurlencar, *Agentes da Diplomacia Portuguesa na Índia:* hindus, muçulmanos, judeus e parses, Bastorá, Goa: Arquivo Histórico do Estado da Índia, 1952; e os trabalhos de Walter Joseph Fischel: Leading Jews in the Service of Portuguese India, *The Jewish Quarterly* Review, Philapelphia: *University of Pennsylvania Press*, new seires, v. XLVII, jul. 1956; e New Sources for the History of the Jewish Diaspora in Asia in the 16th. century, *The Jewish Quarterly Review*, Philapelphia: *University of Pennsylvania Press*, new series, v. XL, n. 4, abr. 1950. (N. da T.)

17 "Estas taboas sam de Metal fino, de palmo e meo cada huma de comprido e quatro dedos de largo, scriptas dambalas bandas e infiadas pela banda de cima com hum fio de rame grosso". Goes, op. cit., 134.

CONQUISTAS E DESCOBRIMENTOS DOS PORTUGUESES

ano de 1789[18]. Nesta carta, encontra-se a "tradução"[19] da prancha de cobre traduzida para a língua sagrada, a qual transcrevemos a seguir:

> Em paz de Deus, o Senhor que criou a Terra segundo sua vontade. A este Deus ergo eu, Irwi Bramin, minha mão (a Ele) que há muitos séculos reina, enquanto eu só reino há dois anos e meio em Cranganor, no 36º ano do meu domínio. Ordenei com grande autoridade e permiti com grande autoridade ao José Rabban cinco cores diferentes [...] Tuta [...] andar de elefante e a cavalo, mandar aclamar diante de si, fazer lugar, converter dos cinco povos, tapetes a serem colocados no chão, tapetes para enfeite, torres ambulantes [...] trombetas, tambor tocado com duas baquetas: tudo isso permiti a ele e a 72 casas (famílias), sendo ele dispensado do tributo imobiliário e da balança. Nas outras províncias onde

18 J. J. Benjamin, II, *Reise in den östlichen Staaten der Union und San-Francisco* (Viagem nos Estados do Oeste da União e São Francisco), Hanover, 1862, 20 e s. Depois de Frankel, em *Monatsschrift für Geschichte und Wissenschaft des Judenthums* (Revista Mensal Para a História e Ciência do Judaísmo), 1863, 370, 431 e s.

19 O documento é tão singular que apresentamos a seguir o original hebraico. O tradutor para o hebraico, ao que parece, não conhecia bem o idioma, de maneira que também a tradução para o alemão não ficou fiel:

וזה העתקה של טס הנחושת שנעתק מלשון מלב"ר ללשון הקודש . בשלום האלוה הוא
מלך שעשה הארץ כרצונו , ולזה אלוה נשאתי ידי איר"וי ברמין שגזור . בפריטגא זה שהרבה מאות
אלף שנים נהג הממשלה **שאה** ושני שנים בזה היום יושב בכ"נגנור וגזור שהם ל"ו שנים למלכותו .
בגבורה אמיץ גזר , בגבורה אמיץ הרשה ליוסף רבן ה' מיני צבע , תותא¹), רכיבת פיל וסוס ,
זקריאה לפנות הדרך , ולגייר מן ה' אומות , גר היום , מצעות בארץ , מצעות הקשטוטים לנוי ,
ומגדל הפורח , צל . דמאן²) הצצורות . תוף שמכה בשני עצים . ואת הכל נתתי לו ולע"ב
בתים ושכירות ארץ והמאזנים עזב . ושאר המדינות שיש בהם תושבים ובתי כנסיות יהיה הוא
ראש ומושל . ובלי שום שנוי וערעור עשה טס הנחושת ונתן לאדון של ה' מיני צבעים הוא
יוסף רבן לו ולזרעו בנים ובנות חתן וכלה. כל זמן שזרעו קיים בעולם . וכל זמן שהירח קיים
וזרעם יקיים ויברך האלוה . ולזה העדים ח' מלכים³) הנוכרים .והסופר שכתב כילא"פיז וזהו
חתימתו .

1) O significado desta palavra é desconhecido.

2) Que significam estas palavras?

3) Estes oito reis são mencionados no início da carta "aos oito reis que são o Rei de Tubangur", não Terbengur ou Terbangur, como traduzido até agora, mas, sim, Travankore. (Provavelmente deve ser Cranganor Calecut.)

HISTÓRIA DOS JUDEUS EM PORTUGAL

há colonizadores e sinagogas deve ele ser chefe e senhor. A prancha de cobre foi feita por ele sem modificação e objeção e foi entregue ao Senhor das Cinco Cores, José Rabban, para ele e seus herdeiros, filhos e filhas, genros e noras, enquanto houver seus descendentes no mundo, enquanto existir a lua. Seus descendentes sejam abençoados e mantidos por Deus! As testemunhas são os oito reis imaginados e o escrivão que o escreveu, Kilapis, e este é seu carimbo.

A carta dos judeus de Malabar reza ainda:

Os judeus viveram em Cranganor até a chegada dos portugueses. Estes causaram-lhes empecilhos e inconveniências, por isso saíram de lá e vieram para Cochim, no ano de 5326 da Criação (1566). O rei de Cochim cedeu-lhes terras para moradias e para uma sinagoga, perto de seu palácio. Construíram uma sinagoga no ano de 5328 (1568) quatro homens nobres: Samuel Castiel, Davi Belila, Efraim Salach, José Levi. Contudo, ainda sofreram atribulações por parte dos portugueses, não podendo viver segundo a Lei, e, nos lugares habitados por aqueles, não podiam ganhar a vida.

SEGUNDA PARTE

Por linaje de hebreos. Francisco Goya y Lucientes, século XIX. Desenho.
Museu do Prado. Madri, Espanha.

Pr linage d ebreos

D. João III. Cristovão Lopes, 1565. Óleo sobre madeira.
Museu Nacional de Arte Antiga. Lisboa, Portugal.

I.

D. João III

O ódio implacável de D. João III contra a raça judaica; cortes anti-semitas. Perseguições secretas organizadas pelo rei; Temudo, Henrique Nunes (Firme-Fé), seus atos de espionagem e morte. O aventureiro Davi Reubeni e o visionário Diogo Pires (Salomão Molcho). Movimentos messiânicos, exaltação entre os neocristãos e sua corajosa atitude frente à Inquisição. O inquisidor Selaya. Incidentes em Gouveia e Olivença e suas deploráveis conseqüências. O terremoto em Santarém e Gil Vicente. Esforços frustrados do rei para introduzir a Inquisição. Cardeal Pucci. A bula de 17 de dezembro de 1531.

OS JUDEUS HAVIAM SIDO EXPULSOS DE PORTUGAL, SUAS sinagogas demolidas ou transformadas em igrejas, destruídos os túmulos de seus antepassados, e os cemitérios convertidos em pastos, praças públicas ou usados para construções[1][i]. Entretanto, não foi fácil exterminar o

---

1 "No anno de 1520 se compoz a Camera de Coimbra com Pedro Alvarez de Figueiredo sobre a tapagem que fezera aos Châos, chamados AImocovar (cemitério) dos Judeus, os quaes tinha comprado em Praça publica por ordem del Rey". *Elucid.*, 1, 99.

i Chamamos a atenção em capítulo anterior para a imprecisão do termo "expulsão", que não corresponde ao verdadeiro sentido desse fenômeno histórico. Houve um édito de expulsão que não foi, entretanto, seguido de um "êxodo" em massa, como muitos autores levam a supor. O reinado de D. Manuel, visto em seu conjunto, manteve uma relativa tolerância em relação aos cristãos-novos, que tiveram assim possibilidade de se adaptar às suas novas condições de criptojudeus. O êxodo dos judeus de Portugal foi um processo lento e quase ininterrupto que levou séculos para se completar. Esse fato marcou com um cunho totalmente *sui generis* essa "expulsão", diferenciando-a de todas as outras a que se viram sujeitos os hebreus em sua longa experiência através da diáspora. O fenômeno "expulsão" em Portugal, assim como em muitos outros países, esteve ligado primeiramente a causas de ordem político-econômicas.

HISTÓRIA DOS JUDEUS EM PORTUGAL

nome judeu, nem o próprio judaísmo, de um país onde haviam tido significação e florescido durante tantos séculos. Muito tempo após a expulsão ainda se encontravam judeus em Portugal, se bem que sob nomes diversos, conquistando a religião mosaica – mesmo depois da conversão forçada dos seus adeptos – grandes e gloriosos triunfos. A história destes criptojudeus ou cristãos-novos, como foram chamados até a Idade Moderna os adeptos do judaísmo e como também os chamaremos, suas lutas fatídicas contra o catolicismo, seus sucessos e reveses, seu martírio e seus heróis, sábios e poetas, serão agora por nós apreciados.

D. João III, que subiu ao trono português após a morte de seu pai D. Manuel, a 13 de dezembro de 1521, não havia ainda completado vinte anos quando iniciou seu reinado. Portugal não teve até então rei de visão mais estreita e ignorante.

Desconhecia os princípios rudimentares de qualquer língua ou ciência. Com sua fraqueza de espírito e de caráter, sujeitou-se à influência do clero poderoso; os interesses e aspirações das classes eclesiásticas e da Igreja ocuparam o primeiro plano desde o início de seu reinado. Era um visionário ignorante, fanático, talhado para rei inquisitorial.

Ainda criança, alimentava o neto de Isabel, a Católica, o sonho de expulsar os hereges do reino do seu pai e, apenas coroado, empenhou-se em introduzir a Inquisição, vencendo, após vinte anos de luta perseverante, os inúmeros empecilhos que encontrou em seu caminho.

D. João nutria ódio implacável contra o povo judeu[2], e este fato, largamente conhecido, por si só bastava para incitar a baixa camada da população, induzindo-a a praticar excessos contra os odiados cristãos-novos. Com o fito de exterminá-los completamente, organizaram-se sociedades secretas. Antes

No entanto, o percurso que seguiu, suas contradições e conseqüências, diferenciam-no de todo e qualquer fenômeno anterior desse tipo. Limpar o reino português dos "hereges" judeus teria sido um processo mais fácil, tivessem sido as razões imperantes apenas de ordem religiosa. Com a introdução dos "estatutos" de limpeza de sangue, os vestígios de sangue hebreu serão procurados até a quarta, quinta ou mais gerações. (N. da T.)

2 Usque inicia o capítulo Da Ynquisição de Portugal, 201b, com as seguintes palavras: "Desta tribulação (de 1506) a quinze años socedeo no reyno El Rey D. Johão III. deste nome e com sua vinda muitos mayores rreçeos e angustias em minha alma sobreuieram pela maa ynclinação que sendo principe contra este aflito pouo mostrou".

210

que seus inimigos o previssem, porém, tomaram os cristãos-novos conhecimento desse perigo, recorrendo à proteção do governo, no qual ainda podiam confiar, visto que a maior parte dos conselheiros, os experimentados homens do tempo de D. Manuel, eram tolerantes. O fanático rei teve de sujeitar-se à opinião da maioria de seus ministros. Ainda, desta vez, concedeu-se aos cristãos-novos a proteção pedida e todos os privilégios outorgados por D. Manuel foram confirmados pelo monarca (16 de dezembro de 1524)[3].

Esta proteção, no entanto, também não foi duradoura. D. João estava decidido a exterminar a raça judaica, idéia que ele, líder de um Estado monárquico, abraçou com todo entusiasmo, e que fatalmente seria concretizada mais cedo ou mais tarde. À ambição do rei uniu-se a vontade dos impetuosos portugueses que, tanto quanto ele, sentiam ódio e desprezo pelos criptojudeus, sempre alvo de inveja e aversão, pois eram considerados os mais ricos do país e controlavam quase totalmente o comércio e a indústria. Além disso, a grande maioria dos médicos provinha de seu meio. Aliava-se a esta inveja ainda o fanatismo despertado e estimulado pelo clero, e fomentado pelos sermões dos padres devotos, que justificavam as violências da plebe como fervor religioso agradável a Deus! Acrescentava-se a isso a influência poderosa da Espanha.

A desregrada vida do devotíssimo rei levou seus parentes a procurar-lhe uma companheira, caindo a escolha sobre D. Catarina, irmã de Carlos V, enquanto este, na mesma ocasião, desposava uma irmã de D. João. Em conseqüência, convocaram-se as cortes para Torres Novas, manifestando-se aí, pela primeira vez depois de vinte anos, publicamente o ódio aos cristãos-novos.

Em meio às lamentações sobre a decadência econômica, moral e religiosa do país, não esqueceram os procuradores do Estado de ventilar a crescente antipatia da população contra a raça judaica. Queixavam-se dos criptojudeus que armazenavam cereais para vendê-los por largas somas nos anos de má colheita, como havia acontecido ultimamente[4]. Admitiam,

---

3 Ribeiro, *Dissertações*, V, 319; v. o Apêndice.

4 A fome aumentou de modo tão alarmante que pavor e desespero se apoderaram dos espíritos, pois nem a diligência dos pobres, nem as fortunas dos ricos puderam oferecer alívio algum. Tanto uns como outros viram-se obrigados, para matar a fome, a alimentar-se com raízes e alimentos nocivos, os quais, aliados aos efeitos prejudiciais de um clima extremamente insalubre, provocavam novas e graves moléstias, que culminavam muitas vezes em alienação mental e morte. Schäfer, op. cit., III, 331.

no entanto, que os cristãos neste ponto em nada diferiam. Ressaltavam ainda que o ódio contra os criptojudeus exprimia-se claramente na reiterada exigência de que o Estado fornecesse o mais rapidamente possível médicos cristãos; de que fosse terminantemente proibida, aos cristãos-novos, a venda de medicamentos, e que as receitas não mais fossem escritas em latim, como se vinha fazendo, em desacordo com a lei de 11 de fevereiro de 1498, mas na língua do país, pois corria entre o povo a crença de que os médicos e boticários, na sua grande maioria de origem judaica, tinham pactuado envenenar os cristãos-velhos. Como prova dessa malévola acusação, relataram os senhores procuradores, como fato recente, ter certo médico de Campo Maior – queimado como judeu em Llerena, na Espanha – confessado durante a tortura que envenenara diversas pessoas na localidade onde havia residido[5].

O Conselho Estadual não deu ouvidos a estas insinuações e advertências e não atendeu as pretensões dos procuradores, apesar de, assim agindo, contrariar o rei. Quanto mais, porém, se aprofundava o abismo entre o modo de pensar e desejos deste e os de seus conselheiros, mais insistiam perante a Coroa os inimigos da nação judaica e todos os adeptos do fanatismo, em primeira linha os sanguinários dominicanos, os quais preconizavam a introdução no país do Tribunal da Inquisição[ii]. Bispos e demais prelados – indivíduos que, nas palavras de um português de larga visão, ousavam afirmar que temiam a Deus, padres confessores que abusavam criminosamente das confissões, ou melhor, das delações que ouviam no confessionário –, todos aqueles que se queriam vingar de determinados judeus amontoavam provas verídicas e falsas sobre a impiedade dos que só aparentemente haviam sido convertidos. Foram instituídos processos, pessoas conceituadas abriram inquéritos e descobriu-se o fato, já por todos conhecido, de que os cristãos-novos eram entusiásticos adeptos do judaísmo.

5 Cortes de 1525 e 1536, em Herculano, *História das Origens...*, I, 186.

ii Contra a política do grupo dirigente manifestaram-se as consciências mais esclarecidas do país, inclusive membros do próprio clero. Engano supor que a Inquisição estava de acordo com a moral da época. Conseguiu manter-se pela força perto de três séculos, sem modificar sua técnica de perseguição e tortura, mesmo contra a vontade de parcela do povo, e completamente alheia às modificações que se processavam no panorama mental europeu. (N. da T.)

Ainda assim não se satisfez o rei. No mesmo ano em que os judeus egípcios foram perseguidos por um paxá (1524), ordenou que se fizessem inquirições secretas sobre o modo de viver de milhares de criptojudeus de Lisboa. Jorge Temudo, o homem a quem fora confiada esta gloriosa missão em Montemor, a 13 de julho do mesmo ano, apresentou um relatório sobre o que, em "confiança", conseguira saber dos ludibriados cristãos-novos. Suas pesquisas demonstraram que estes não visitavam as igrejas aos domingos e dias santos, festejavam os sábados e a festa de Pessakh (Páscoa), não enterravam seus mortos nos cemitérios católicos perto de conventos e capelas, mas em terra virgem, não pediam os sacramentos na hora da morte, não estipulavam nos testamentos somas para celebrar missa etc.

Quem não reconheceria imediatamente a falsidade de tais acusações? Não havia dúvida que a maioria dos cristãos-novos continuara fiel à sua religião de origem, o judaísmo, observando na medida do possível às leis e cerimônias mosaicas mais importantes, mas, por outro lado, com o fim de evitar suspeitas, aparentavam em público ser leais aos católicos.

Temudo representou seu papel ao agrado do monarca, sendo logo seguido por outro espião que na história alcançou triste fama.

Vivia na corte real, naquela época, um judeu batizado com o nome de Henrique Nunes, e, devido ao entusiasmo com que perseguia seus antigos correligionários, recebeu do rei o apelido de Firme-Fé. Nascido em Borba, de pais judeus, Nunes seguiu para Castela, onde se converteu, entrando para o serviço de Lucero, o mais feroz e cruel de todos os inquisidores espanhóis, a quem almejava igualar-se. Adquiriu logo tamanha habilidade na arte da tortura que D. João, por recomendação do teólogo Pedro Margalho, mandou chamá-lo das Ilhas Canárias exclusivamente para que o ajudasse na realização do seu intuito: organizar a Inquisição. Segundo as cartas que ainda possuímos de Nunes, foi empregado pelo rei como espião.

Numa audiência privada em Santarém, o monarca ordenou-lhe especificamente que entrasse em contato com os judeus secretos, aparentando ser irmão e correligionário, que vivesse entre eles e em palestras confidenciais averiguasse suas opiniões religiosas. Depois de tê-los localizado nos seus esconderijos em Lisboa, Santarém e outras localidades, dirigiu-se para Évora, a residência momentânea da corte, onde permaneceu alguns dias,

HISTÓRIA DOS JUDEUS EM PORTUGAL

continuando depois seu caminho para Olivença a fim de prosseguir na sua missão. Os judeus traídos reconheceram, finalmente, que o impostor, pretextando-lhes amizade, não passava de indigno delator, do qual tinham de livrar-se a qualquer preço. A caminho para Badajoz, em Valverde, foi esfaqueado (julho de 1524).

Sabendo o rei da morte do dedicado Nunes, não teve limites a sua ira. Dois clérigos cristãos-novos, Diogo Vaz, de Olivença, e André Dias, de Viana, foram considerados os assassinos do traidor; dizia-se que tinham agido por ordem dos criptojudeus. Em vão os torturaram para que confessassem, denunciando seus cúmplices. Instauraram-se inquéritos infrutíferos contra vários cristãos-novos conceituados. Os dois clérigos foram executados da maneira mais brutal como suspeitos do assassínio (novembro de 1524); tiveram as mãos decepadas, sendo arrastados por cavalos até o local da execução. Nunes, cujo cadáver e túmulo supunha-se faziam milagres, foi santificado, e o povo supersticioso acreditou na força milagrosa do seu sepulcro[6].

---

6   A fonte principal é Acenheiro, que relata sobre Firme-Fé como sendo seu contemporâneo. Este relatório, que não foi tomado em consideração, segue abaixo textualmente (*Chronicas dos Senhores Reis de Portugal*, em *Collecção de Livros Ineditos*, v, 350 e s.): "El Rei (D. João) mãodou vir das canarias, e o chamado seo veo Amrique Nunes Firme-Fee, Christão Novo, criado de Luzeiro, que fora Inquisidor de Castella; e er este Firme-Fee Portugues natural de Borba, e o dito Rei queria fazer Inquisição em Portugal, e per esta Caussa o mãodara chamar e amdamdo algũs dias na Corte nesta Cidade de Evora, por a caussa não vir afim, se partio a Olivemsa, e dahi caminho de Badalhouce em Castella, e a arraia Diogo Vas d'Olivemsa e Amdre Dias de Viana, que o levavão esprado (espiado) o matarão as chussadas, e lhe derão hũa lamsada pello meio da coraçam; onde no falsso peito levava a figura de trimta dinheiros de papel com o nome de Jesu Christo lembrate de minha alma, que por tua fee me matão: e semdo esta morte o mês de julho 1524, esteve asim morte em verão da quarta feira té sesta sem nunca cheirar mal, e cã os dedos poleguares em crus como outro segumdo; e o levarão a Valverde termo da cidade de Badalhouce, e alii o emterárão eõ grandes exsequias, como a omẽ que morera pella fé de Christo; e fès a terra de sua sepoltura por milagre de Deos muitos milagres de enfermidades que como a deitavão saravão com ella; e eu desto Escritor vi hũ estromento de Castella dos milagres, e o tive em meu poder muitos dias. E o dito Rei zellozo de justissa teve tanta diligencia per seu magnanimo coroção que os ouve pressos em sua corte e cadea della, donde estiverão algũs dias pressos; e nem per allta aderemcia que tiverão, nem por se chamarẽ as ordens o dito Rei, visto a inmadidade do crime grave contra a fee os mamdou emforcar primeiro ao pé da picota D'Evora, mãos decepadas, e arrastados té forca, e primeiro metidos a trometo de pollé pera cõfesarem outros culpados, e asim que nada da justissa falleceo de fazer o Catholico Rei: asim foi vimguado o sangue do bom Christão Firme-Fee, e a morte dos culpados foi o Novembro 1524". O relatório, não muito exato, em *Informatione Sommaria del Principio et Progresso dela Conversione etc.* (a *Informatione*, que eu

D. JOÃO III

O desprezível servo de Lucero relatou os resultados de sua espionagem em três cartas dirigidas ao rei[7]. Na primeira, emitiu conselhos sobre o melhor modo de combater eficazmente a fé judaica. Da segunda, constava uma relação completa das pessoas de quem, com fingida amizade e prometendo sigilo, conseguira arrebatar confissões sobre a fé oculta; e, na última, enumerou os sinais externos pelos quais se podiam reconhecer facilmente os criptojudeus: não colocavam cruzes nem retratos de santos em suas jóias, não usavam rosários, evitavam participar de procissões e peregrinações, não mandavam ler missas, enterrando seus mortos com rito especial em terra virgem. O profundo rancor que alimentava contra seus antigos correligionários fê-lo inventar, em seus relatos, todos os vícios e maldades como próprios da raça judaica. O ódio contra os judeus não poderia ter encontrado advogado melhor, e é característico da má índole e crueldade desse convertido ter colocado na lista dos criptojudeus criminosos, em primeiro lugar, o nome do próprio irmão. Narrou ao rei que, a fim de educá-lo na religião, o fizera vir para Castela, mas que o teimoso fugira para Lisboa, lá vivendo com os seus irmãos de fé[8].

Nunes, Temudo e muitos outros do mesmo jaez deviam incitar cada vez mais a plebe, sempre pronta para perseguir e assaltar, agravando ainda mais a aversão contra os criptojudeus, além de conseguir material capaz de fornecer ao rei pretexto suficiente para agir energicamente contra esses hereges, expulsando do país a parcela mais rica, mais laboriosa e mais educada da população[iii].

pretendia incluir no apêndice, segundo cópia feita do manuscrito, em Berlim, foi entrementes publicada por Grätz, no nono volume de sua *História*, LIV e s., no entanto com muitas falhas; por isso considero supérflua uma nova edição. Só em pequenos detalhes diverge do acima.) Segundo a *Informatione*, Nunes viajou para a Espanha, sendo assassinado na volta. É incontestável ter Nunes morrido em julho de 1524 e os assassinos em novembro de 1524, pois Acenheiro, que terminou sua crônica em Évora, em 1536, certamente estava bem informado sobre o caso.

7 Manuscrito no Arch. Nacional, usado por Herculano, I, 199 e s.

8 I Ierculano, I, 205: "mi hermano que lo había mandado hurtar de acá para Castilla [...] por lo hazer Catholico, como lo tenia hecho, e vino a Lisbona a hazerse Judio como los otros".

iii D. João III tinha perfeita consciência do desastre econômico que acarretaria para o país o êxodo dos cristãos-novos. A 10 de dezembro de 1539 escreve o rei ao seu embaixador, não ocultando que os judeus eram urna parte de seus vassalos: "muyto mais proveitosos que todos outros do povo pera meu serviço per todas vias de negociação, tratos proveitosos cresciaõ por suas maõs destes mais riquos que todos los outros e sabido he a grande soma de dinero que tem passado desta terra em Flandres", em *Archivo Histórico Portuguez*, Lisboa: v. IV, 1906. (N. da T.)

A questão judaica alcançou, nos anos de 1525 a 1530, importância cada vez maior, enquanto dia a dia aumentava a realidade do pavoroso Tribunal de Fé. A antipatia do povo contra os criptojudeus era enorme: agravavam-se as queixas sobre seu desprezo às cerimônias religiosas, sobre seu notório desdém pela religião do Estado e seus fiéis, o que levava a manifestações, enquanto diminuía cada vez mais a proteção das autoridades. Na própria corte o fanatismo era alimentado pela jovem rainha Catarina, que, sendo neta de Isabel, trouxe para a nova pátria um ódio exagerado contra toda a raça judia, louvando e recomendando a Inquisição como o único meio eficaz para fortalecer o catolicismo. Enquanto facilmente exercia sua influência sobre o débil rei, fanático como ela, dominicanos, que mandara vir especialmente da Espanha, deviam influenciar o povo nesse mesmo sentido.

Diante do perigo sempre crescente e do inevitável cataclisma, alimentavam os criptojudeus novas e vãs esperanças; confiavam nos privilégios outorgados por D. Manuel, e recentemente confirmados por D. João, e aguardavam a intervenção divina que os viria libertar do jugo português.

Naquela época chegou a Portugal, proveniente de terras longínquas, um judeu que se designava príncipe de uma casa real judaica e delegado das dez tribos perdidas. Este homem, Davi Reubeni, tinha estranha e misteriosa aparência: preto, miúdo, esquelético e, no entanto, cheio de coragem, de arrojo e de comportamento decidido. Após ter visitado os túmulos sagrados em Hebron, permanecido por diversas semanas em Jerusalém, Alexandria e Cairo, dirigiu-se para Veneza[9] e Roma, onde foi recebido pelo papa Clemente VII que o tratou com grande consideração. De Roma embarcou para Portugal, seguindo para Tavira, Beja e Évora. Passou algum tempo em Santarém, e, em novembro de 1525, chegou a Almeirim, onde D. João mantinha sua corte[iv]. Acolhido pelo rei com muitas honras, disse-lhe: "Eu sou hebreu

9   Pertence a Grätz o mérito de ter esclarecido a história de Davi Reubeni e Salomão Molcho, pois foi quem primeiramente provou a identidade entre Molcho e Diogo Pires; por essa razão modifiquei esta parte do meu manuscrito, usando as fontes apresentadas por Grätz e sua argumentação lúcida; ix, 264 e s., e nota 4.

iv   Interpretando diferentemente Acenheiro, João Lúcio de Azevedo nega ter Davi Reubeni ido a Almeirim, onde se encontrava a corte, e ser lá recebido em solene audiência, discordando pois da opinião dos autores hebreus. Cf. J. L. de Azevedo, *História dos Cristãos-novos Portugueses*, Lisboa: Livraria Clássica Editora, 1921, p. 68-69. Sobre o destino e a morte de Reubeni, v. livro II, cap. IV, nota 8. (N. da T.)

D. JOÃO III

e temo o Senhor, Deus do Universo; meu irmão, rei dos judeus a Vós me enviou, rei e senhor, a fim de pedir auxílio. Ajude-nos, pois, para que possamos guerrear contra o turco Solimão e arrancar do seu poder a Terra Santa". O rei aparentemente não recusou o pedido, pelo contrário, combinou um plano de como se poderia enviar armas e canhões de Portugal aos reinos israelitas na Arábia. A notícia da presença de um príncipe judeu em Lisboa e da honra que usufruía na corte provocou febril excitação entre os cripto-judeus de todas as regiões; consideraram Davi como o salvador enviado por Deus e reverenciaram-no como o Messias há tanto esperado[v].

O aparecimento de Davi Reubeni fascinou na capital portuguesa Diogo Pires, jovem sonhador neocristão de 24 anos, mais conhecido como Salomão Molcho[10]. Nascido em Portugal como cristão-novo, recebera Pires uma educação esmerada, que lhe permitiu preencher o cargo de escrivão dos ouvidores na Casa da Suplicação[11]. Considerando que o jovem referendário, poucos anos depois, compôs uma obra em hebraico, tornando-se autor de uma poesia sinagogal aramaica[12], supõe-se que talvez já tivesse na sua mocidade adquirido conhecimentos do hebraico e do rabínico. Quando Davi Reubeni surgiu em Portugal com seus planos e fantasias, Diogo passou a ser atormentado por visões e sonhos violentos de fundo messiânico. Aproximou-se de Reubeni para que este o elucidasse a respeito dos seus devaneios místicos; no entanto, foi recebido friamente e quase repelido. Pensando que o príncipe e suposto Messias o ignorasse por não trazer ainda em si o sinal do pacto, sujeitou-se a essa perigosa e dolorida operação, de que resultou uma hemorragia que o acamou. Davi soube da notícia por

---

v As perseguições dos últimos anos haviam intensificado nos judeus o seu ideal messiânico, e liga-se a este período o início de um movimento místico de profundas conseqüências na história do pensamento judaico. (N. da T.)

10 Sr. G. Wolf. T., de Viena, descobriu no *Diar. Sanut. a Marciana*, t. LIV, p. 151; *Allg. Zeitung des Judenthuns* (Revista Geral do Judaísmo), n. 37, 1866, que Davi Reubeni esteve em Veneza pela segunda vez em 1530:"O senado enviou o célebre autor de narrativas de viagens, Ramusio, a Davi, a fim de se informar sobre origem, planos, meios etc. Após esta entrevista, Ramusio declarou que Davi era um aventureiro, sendo suas informações sem fundamento. Davi, em conseqüência, foi intimado a partir".

11 Não era escrivão privado do rei num alto tribunal de justiça; sua posição seria melhor definida como "referendário no foro de apelação".

12 Zunz, *Literaturgeschichte* (História da Literatura), 534.

intermédio de Diogo e muito se indignou, pois ambos estariam em perigo caso o rei viesse saber que um cristão-novo se convertera ao judaísmo através de um ato tão decisivo, e diria então que ele o incitara a praticá-lo. Após a circuncisão teve Diogo, ou Salomão Molcho, como reflexo de suas idéias fixas, diversas visões, que quase sempre se referiam à libertação messiânica dos cristãos-novos. Declarou também ter recebido, em sonho, ordens do céu para abandonar Portugal e dirigir-se à Turquia.

O jovem cabalista e sonhador, recém-conquistado pelo judaísmo, atraiu a atenção em toda parte. Viajou pela Turquia, permaneceu por longo tempo na Palestina, especialmente em Sefat, fez inúmeros sermões, dos quais, a pedido dos seus muitos adeptos, publicou um resumo em Salônica, em 1529, e cujo conteúdo principal se referia ao breve início da era messiânica. Indicou exatamente o ano em que o Messias iria aparecer, provocando em todos os judeus um êxtase indescritível[13].

Em nenhum país as conseqüências de sua atuação exaltada foram tão nefastas como em sua terra nativa, Portugal. Seus brilhantes sucessos na Turquia reforçaram as esperanças dos antigos companheiros de sofrimento, que, criando nova coragem, deixaram-se arrastar a empreendimentos, os quais, provocando a morte de alguns, pioraram a situação de todos os criptojudeus. Certos cristãos-novos, refugiados da Inquisição espanhola, haviam finalmente encontrado asilo em Campo Maior. Sentindo-se fora de perigo, dirigiram-se de armas nas mãos para Badajoz, onde há pouco eles mesmos haviam sido aprisionados, conseguindo à força arrancar uma mulher das garras da Inquisição e provocar algumas desordens na cidade (1528). Furioso ante o atrevimento dos cristãos-novos fugitivos da fogueira, Selaya, o inquisidor de Badajoz, escreveu a D. João e exigiu, apoiando-se em tratados antigos entre Espanha e Portugal, a entrega e punição imediata dos criminosos. Estes pagaram com a morte a sua ousadia. O incidente causou grande alvoroço em Portugal, resultando conseqüências muito sérias, inclusive a queixa da rainha espanhola ao monarca português. O inquisidor Selaya insistiu perante D. João para que este finalmente imitasse o exemplo do país vizinho, extirpando a heresia pela raiz. Nessa carta, já por

13 Grätz, ix, 264.

si estranha, datada de 30 de março de 1528, conta o inquisidor, entre outras coisas, que há dois anos havia chegado de longínquo país um judeu profetizando a vinda do Messias, a libertação da nação judaica e a reconstituição do reino hebreu. Este homem – Davi Reubeni – teria conquistado muitos criptojudeus para a sua causa. Tanto ele como seus adeptos eram hereges na verdadeira acepção da palavra e, na melhor das hipóteses, reformadores judeus; a genuína ortodoxia judaica estaria representada exclusivamente pelos caraítas que seguem literalmente o texto da *Bíblia*. Todo o povo judeu, com exceção dos caraítas, deveria, pois, ser destruído, e Davi Reubeni com seus seguidores queimados impiedosamente[14].

Como todos os sonhadores cabalísticos messiânicos que, antes e depois dele, agiram nas mais diversas regiões da Europa e da Ásia, Davi Reubeni só causou desgraças à raça hebréia. Na Espanha, queimaram-se muitos dos que foram influenciados pelas utopias de Davi e tolices de Molcho. Em Portugal, cogitou-se seriamente das medidas a adotar contra os partidários do suposto Messias. O bispo de Coimbra declarou ao rei que grande perigo ameaçava o país: os criptojudeus convertidos à força alimentavam desmedido rancor contra o cristianismo, e com o exemplo de tantos sábios que, apesar de todos os perigos, mantinham simpatia pelo judaísmo, encontrava a religião hebréia – não só entre os criptojudeus como também entre os cristãos-velhos – adeptos cada vez mais numerosos; urgia convocar os prelados portugueses para um concílio nacional.

Assim, cresceu ainda mais o ódio contra os criptojudeus. Apesar de os privilégios concedidos terem evitado a erupção da ira popular, não foi possível sufocá-la por completo. Tudo parecia conspirar contra eles, e em vários pontos do país, principalmente nas localidades onde residiam os cristãos-novos mais abastados, aproximou-se a tormenta.

Em Gouveia, foi encontrada em pedaços uma imagem de Maria, muito adorada pelo povo. Este sacrilégio, atribuído aos criptojudeus da cidade, levou à prisão três deles, que foram soltos após alguns dias. A massa enfurecida acusou os judeus de suborno. Como um raio, atravessou a cidade o boato de que todos os criptojudeus estavam unidos para se proteger

---

14 Fontes em Herculano, I, 211; Heine, op. cit., 160.

HISTÓRIA DOS JUDEUS EM PORTUGAL

e auxiliar mutuamente em toda parte e com todos os meios. Só se falava desta união clandestina, que estaria largamente ramificada e atravessaria as fronteiras do país. Também o rei foi informado do fato pelo Conselho Municipal de Gouveia. O inquérito contra os criptojudeus libertados foi reiniciado por insistência dos moradores. Falsas testemunhas depuseram contra os acusados e, como ficou provado mais tarde, devido a acusações caluniosas, morreram na fogueira como hereges e profanadores de imagens sagradas.

Ainda não terminara este drama, e já novas e mais graves acusações foram assacadas contra outros criptojudeus de Gouveia, de que resultaram pavorosas cenas de anarquia. Obedecendo a ordens divulgadas pela Sé principal, reuniu-se a massa popular e atravessou a cidade bradando: "Em nome Del-Rei nosso Senhor, contra os hereges!" e "Abaixo os hereges!" Uma chuva de pedras caiu sobre portas e janelas das casas habitadas pelos judeus secretos mais opulentos, e durante semanas esses tumultos se repetiram ao anoitecer, mantendo em perene terror os pobres perseguidos[15].

Mais desumanas, além de mais organizadas, foram as perseguições no Alentejo. Aí o bispo de Ceuta, antigo franciscano e grande inimigo da raça judaica, agiu com tamanha tirania que se poderia dizer ter no Alentejo, em toda a diocese de Olivença, a Inquisição festejado seus mais brilhantes triunfos, antes mesmo de ter sido introduzida em Portugal. O bispo iniciou inquirições, aprisionou e queimou os detidos sem mais delongas, enquanto o povo fanático aplaudia a crueldade deste prelado. Queimados publicamente em Olivença, num só dia, cinco marranos "que observavam a lei mosaica", organizou a massa popular touradas e demais jogos para festejar o acontecimento. Também não faltaram pessoas vis que aproveitaram tais tumultos para fazer extorsões em interesse próprio, mandando aos criptojudeus cartas anônimas, apresentando-lhes falsos éditos a fim de extorquir-lhes ouro e mercadorias[16].

Naquela época, poucos criticavam tais crueldades perpetradas em nome da religião, e menos ainda apoiavam os criptojudeus, defendendo-os em

15 *De Injuriis et Tumultibus in Oppido*, de Gouvea, *Symmicta*, 31, f. 102, em Herculano, I, 221.

16 *Instr. Oppid Oliventiae*, idem, I, 222; *Informat. Sommar.*, op. cit., LV; Heine, op. cit., 161.

público como magnanimamente o fizeram o mencionado bispo Coutinho e o Plauto português.

A 26 de janeiro de 1531, foram os portugueses alarmados por um terremoto que causou graves destruições. Em vez de apaziguar e consolar o povo excitado, os monges aproveitaram esta oportunidade para, de todos os púlpitos, esbravejar, não apenas contra os criptojudeus, mas também contra aqueles que, tolerando-os em seu meio, com eles mantinham contato. Apresentavam o terremoto como um castigo divino pela condescendência dispensada aos cristãos-novos, anunciando ainda outro tremor, especificando dia e hora, caso o povo perseverasse em seus pecados. Os portugueses vingativos de bom grado se deixaram levar por tais incitações; em pleno inverno afugentaram os cristãos-novos de suas casas, os quais tiveram de procurar abrigo e salvação nas montanhas.

Tais cenas se passaram em Santarém. Casualmente, no momento da maior exaltação, encontrava-se nesta cidade aquele que os portugueses consideram seu Plauto, seu Shakespeare, o afamado Gil Vicente.

Não é oportuno tratar aqui da importância literária desse "pai da comédia portuguesa". Desejamos mencionar que, como Dante teve um amigo judeu em seu Manuele, e Camões um confidente no cristão-novo Salomoncino, que ativamente o ajudou nos *Lusíadas*[17], assim também Gil Vicente teve amigos entre os judeus secretos, como Afonso Lopes Capaio, poeta profissional de Tomar, de quem existe um rifão no cancioneiro português e ao qual Gil Vicente dedicou diversas pequenas poesias[18].

O sexagenário dramaturgo, ante a excitação e fúria do povo, percebeu o perigo que corriam as inocentes vítimas. Recordou-se da terrível matança de 1506, e, sabendo a causa do tumulto, reuniu os monges instigadores na capela do convento dos franciscanos. Lembrou o sacerdote de Tália aos sacerdotes do Evangelho sua verdadeira missão de paz e amor, exortando os servos da Igreja à moderação com as seguintes palavras:

---

17 Cf. D. Hagen, Die romantische und Volks-Literatur der Juden (A Literatura Romântica e Popular dos Judeus), 1ª parte, em *Philol. Abhandlungen der k. Akademie der Wissenschaften zu Berlin* (Dissertações Filológicas da Academia Real das Ciências de Berlim), 1854, p. 76.

18 Vicente, *Obras*, Hamburgo, 1834, III, p. 379 e s. Em um desses poemas refere-se ao "cristianismo fingido" de Capaio: "pois matou christão fingido".

HISTÓRIA DOS JUDEUS EM PORTUGAL

Reverendos padres, o altíssimo e soberano Deos nosso tem dous mundos: o primeiro foi e sempre e pera sempre; que he a sua respandecente gloria, repouso permanente, quieta paz, sossego sem contenda, prazer avondoso, concordia triumphante: mundo primeiro. Este segundo em que vivemos, a sabedoria immensa o edificou polo contrário, s. todo em repouso, sem firmeza certa, sem prazer seguro, sem fausto permanecente, todo breve, todo fraco, todo falso, temeroso, avorrecido, cansado, imperfeito; pera que estes contrairos sejam conhecidas as perfeições da gloria do segre primeiro. E pera que melhor sintam suas pacificas concordanças, todolos movimentos que neste orbe criou, e os affeitos delles são litigiosos; e porque não quis que nenhũa cousa tivesse perfeita durança sobre a face da terra, estameleceo na ordem do mundo, que huas cousas dessem fim às outras, e que todo o genero de cousa tivesse seu contrairo; como vemos que contra a fermosura do Verão, o fogo do Estio; e contra a vaidade humana, a esperança da morte; e contra o fermoso parecer, as pragas da infermidade; e contra a força, a velhice, e contra a privança, inveja, e contra a riqueza, fortuna, e contra a firmeza dos fortes e altos arvoredos, a tempestade dos ventos; e contra os fermosos templos e sumptuosos edificios, o tremor da terra, que por muitas vezes em diversas partes tem posto por terra muitos edificios e cidades; e por serem acontecimentos que procedem da natureza, não foram escritos, como escreveram todos aquelles que foram por milagre, como Templum Pacis de Roma, que cahio todo supitamente, no ponto que a virgem nossa senhora pario; e o sovertimento das cinco cidades mui populosas de Sodoma, e dos Egipcios no mar Ruivo, e a destruição dos que adoraram o bezerro, e o sovertimento dos que murmuraram de Moyses e Aram, e a destruição de Jerusalem, por serem milagrosos e procederem per nova permissão divina, sem a ordem deste segre nisso ter parte. E porque nenhũa cousa ha hi debaixo do sol sem tornar a ser o que foi, e o que viram desta qualidade de tremor havia de tornar a ser por força, ou cedo ou tarde, não o escreveram. Concruo que não foi este nosso espantoso tremor, ira Dei; mas ainda quero que queimem, se não fizer certo que tão evidente foi e manifesta a piedade do Senhor Deos neste caso, como a furia dos elementos e dano dos edifícios.

E, respondendo à segunda proposição contra aqueles que diziam que logo viria outro tremor e que o mar se levantaria a 25 de fevereiro, disse

que tanto que Deos fez o homem, mandou deitar hum pregão no paraiso terreal, que nenhum serafim nem anjo nem arcanjo, nem homem nem mulher, nem sancto nem sancta, nem sanctificado no ventre de sua mãe, não fosse tão ousado que se entremetesse nas cousas que estão por vir. E depois, no tempo de Moyses, mandou deitar outro pregão, que a nenhum advinhadeiro, nem feiticeiro não dessem vida; e depois de feito Deos e homem, deitou outro pregão sobre o mesmo caso, dizendo aos discipulos: não convem a vós outros saber o que está por vir porque isso pertence à omnipotência do Padre. Polo qual mui maravilhado estou dos letrados mostrarem-se tão bravos contra tão horridos pregões e defesas do Senhor, sendo certo que nunca cousas destas disseram, de que não ficassem mais mentirosos que profetas; e não menos me maravilho daquelles que crem que nenhum homem pode saber aquillo que não tem ser, senão no segredo da eternal sabedoria; que o tremor da terra ninguem sabe como he, quanto mais quando será e camanho será. Se dizem que por estrolomia, que he sciencia, o sabem; não digo eu os d'agora que a não sabem soletrar, mas he em si tão profundissima, que nem os de Grecia, nem Moyses, nem Joannes de Monteregio alcançaram da verdadeira judicatura peso de humoução; e se dizem que por magica, esta carece de toda a realidade, e toda a sustancia sua consiste em aparencias de cousas presentes, e do porvir não sabe nenhũa cousa; se por spirito profetico, já crucificaram o profeta derradeiro: ja não ha de haver mais. Concruo, virtuosos padres, sob vossa emenda, que não he de prudencia dizerem-se taes cousas publicamente, nem menos serviço de Deos; porque pregar não hade ser praguejar. As vilas e cidades dos Reinos de Portugal, principalmente Lisboa, se hi ha muitos peccados, ha infindas esmolas e romarias, muitas missas, e orações, e procissões, jejuns, disciplinas e infindas obras pias, publicas e secretas: e se alguns hi ha que são ainda estrangeiros na nossa fé e se consentem, devemos imaginar que se faz por ventura com tão sancto zelo, que Deos he disso muito servido; e parece mais justa virtude aos servos de Deos e seus pregadores animar a estes e confessá-los e provocá-los, que escandalizá-los e corrê-los, por contentar a desvairada opinião do vulgo.

Também a ridícula predição dos monges de que, no dia 25 de fevereiro do mesmo ano, a terra iria tremer de novo e o mar se elevaria, refutou-a Gil Vicente com algumas palavras.

Esse dramaturgo sem preconceitos conseguiu de fato restabelecer a paz e a tranqüilidade onde os servos da Igreja haviam semeado discórdia; considerou este feito um dos mais belos serviços que prestou à sua pátria; ele mesmo relatou ao seu fanático monarca o que acontecera em Santarém, comunicando-lhe o discurso proferido nessa ocasião[19][vi].

Tal como Gil Vicente, manifestaram-se contra os excessos de fanatismo então praticados diversos clérigos e altos dignitários, como, por exemplo, o bispo Diogo Pinheiro, de Funchal, e especialmente o já mencionado bispo Fernando Coutinho, de Silves. Que raras exceções! Quando um judeu secreto de Loulé, no Algarve, foi denunciado por se ter referido indecorosa e hereticamente à Virgem Maria, o Conselho Real enviou as atas desse crime

19 "Carta que Gil Vicente mandou de Santarem a El Rei D. João III, estando S. A. em Palmella sobre o tremor de terra que foi a 26 de Janeiro de 1531", em *Obras de Gil Vicente*, III, 385-389. Compare também meu Erdbeben in Santarem (Terremoto em Santarém), em Prutz, *Deutsches Museum* (Museu Alemão), n. 42, 1859, e Ferdinand Wolf, *Art. Gil Vicente*, em *Encyklopädie von Ersch-Gruber* (Enciclopédia de Ersch-Gruber), seção I, v. LXVIII, p. 325 e s.

vi Cf. Celso Lafer, *O Judeu em Gil Vicente*, São Paulo: Conselho Estadual de Cultura, 1963. (N. da T.)

ao bispo Coutinho; este se negou a proferir uma opinião sobre o caso, explicando claramente o seu ponto de vista tanto ao arcebispo de Lisboa como ao próprio rei. Como razão principal de sua recusa, alegou deverem os criptojudeus ser considerados judeus e não cristãos, não se podendo em seu caso falar de uma apostasia da religião cristã, pois com o batismo, ao qual foram forçados, não se haviam tornado cristãos, recebendo apenas os sinais externos do cristianismo e não o cristianismo propriamente dito. Com que amarga ironia o septuagenário, rico em experiência e conhecimentos, fustigou os jovens juristas e inexperientes juízes, que cortejavam o fanatismo porque era de bom-tom ser fanático!

> Se eu não fosse um septuagenário, mas sim um homem da nossa época, ainda assim demonstraria a falsidade desta prova, pois é claro e óbvio que a justiça a considera errada. O advogado da acusação que iniciou o processo e todas as testemunhas deviam ser torturados, pois não se costuma ser denunciante em casos de heresia, apresentando somente testemunhas compradas com ouro ou por outros meios. Não quero ter nada a ver com o caso. Não preciso ser Pilatos. Que julguem outros letrados mais moços[20].

O rei de nenhum modo impediu o alastramento da fúria popular, nem as instigações do clero. O que lograram então os esforços de alguns poucos homens nobres? O monarca só tinha um pensamento: introduzir a Inquisição. Decidiu avançar mais um passo, ordenando, no verão de 1531, ao seu embaixador na corte romana, Brás Neto, que obtivesse secretamente do papa Clemente VII uma bula que servisse de base para a nova instituição. Ao embaixador português coube a difícil tarefa. Dirigiu-se primeiramente ao cardeal Lourenço Pucci, uma das pessoas de maior influência na

---

20 "Quia ego, si septuagenarius non essem et fueram hujus modernae aetatis, bane probationem pro falsa habueram, quia est tam clara et tam aperta quod jus illa pro falsa habet, et barricelles qui querelavit et testes omnes debuerant venire ad torturam, quoniam non est de consuetudine querelam proponere de haeresi et testes omnes esse de auro et simili colore. Prodterea faciant domini examen, quod sibi visum fuerit et judicent. Lavo manus ab isto processu, licet non sem Pilatus judicent alteri litterati moderni."

HISTÓRIA DOS JUDEUS EM PORTUGAL

Cúria, comunicando-lhe o desejo do seu soberano. Este fez ver claramente ao embaixador português que motivos interesseiros alimentavam o desejo de D. João; tanto ele como a rainha da Espanha, sua avó, estariam sendo movidos mais por ambição e cobiça das riquezas dos judeus – animando-o a querer instalar o Tribunal – do que por entusiasmo pela fé. Seria preferível que se permitisse aos judeus batizados à força viver abertamente segundo suas leis, e só castigar aqueles que, não querendo voltar para sua religião original, e aceitando voluntariamente o cristianismo, errassem como cristãos contra os ritos da Igreja e da fé. O velho cardeal mostrou-se inabalável e obstinado frente a todas as exortações de Brás Neto. Este não podia compreender tamanha oposição por parte de um prelado que, envelhecido ao serviço da Igreja, quisesse voluntariamente auxiliar na glorificação e fortalecimento do cristianismo. Só mais tarde aprendeu as verdadeiras razões desta inflexibilidade que lhe pareceu herética[21].

Nesta época achava-se em Roma o visionário cabalístico Pires Molcho. Após longa permanência no Oriente e na Itália, principalmente em Ancona – onde se encontrara de novo com Davi Reubeni, recém-saído da prisão –, havia-se dirigido para a cidade eterna onde vivera, de início, como verdadeiro mendigo. Seu exaltado temperamento e suas divagações messiânicas facilitaram-lhe acesso junto ao papa Clemente VII e ao influente cardeal Pucci. Enquanto com o ouro recebido de sua pátria fazia este último interessar-se por si e por seus correligionários, conseguia com suas visões e utopias agradar de tal modo ao chefe da Igreja que este lhe deu uma carta de proteção e segurança contra todos os riscos. Molcho necessitava da proteção papal não somente contra seus perseguidores cristãos, mas também, e principalmente, contra seus inimigos judeus, que aumentavam na mesma proporção que seus adeptos. Os amigos e partidários, em número bastante grande, adoravam-no como a um santo e entusiasmavam-se com os discursos religiosos que, durante alguns meses, proferira todos os sábados. De maneira diferente pensavam aqueles correligionários que, neste sonhador ousado, anteviam um perigo para todo o judaísmo. Seus inimigos – encabeçados pelo refugiado espanhol, Jacó Mantino, o erudito cirurgião pessoal

21 Herculano, I, 223 e s.

do embaixador de Carlos V na corte veneziana – perseguiam-no insistentemente. Por instigação de Mantino, Molcho foi levado perante a Inquisição romana, condenado à fogueira, sendo salvo pela astúcia do papa e afastado de Roma (primavera de 1531)[22].

Para a infelicidade dos cristãos-novos portugueses, morreu o cardeal Pucci poucos meses após Molcho ter sido levado de Roma (agosto de 1531). O sobrinho Antonio Pucci, que exerceu seu cargo como cardeal Santiquatro, era justamente o oposto do tio; tornou-se o mais entusiasta advogado de Brás Neto na Cúria. Em essência, esta não era desfavorável às aspirações de D. João. Assim, Clemente VII, contra a própria vontade, mas forçado pelo imperador Carlos V, publicou, em 17 de dezembro de 1531, a esperada bula que se tornou a base para o estabelecimento da Inquisição portuguesa[23]. O franciscano Diogo da Silva, confessor do rei, foi nomeado provisoriamente inquisidor-mor e munido dos poderes necessários para a organização do Tribunal.

Apesar de a bula já haver chegado oficialmente a Portugal em março de 1532, passaram-se alguns meses antes de sua publicação, pois o filho de D. Manuel não desejava ver seu país privado de tantas riquezas e de tão ativa mão-de-obra. Os criptojudeus, bem informados de tudo o que se passava em Roma com respeito a seus assuntos, souberam logo do estabelecimento da Inquisição por seus amigos na capital do mundo. Procuraram salvar-se através da fuga. Também desta vez tentou D. João impedir à força a emigração. A 14 de junho de 1532, publicou em Setúbal uma lei que proibia a todos os criptojudeus, adultos e crianças, deixar o país ou vender seus imóveis; mesmo a emigração para os Açores ou outras ilhas e colônias do reino português foi-lhes interditada. Todo criptojudeu que desobedecesse a esta proibição, bem como todo cristão que o ajudasse a emigrar, seria punido com o confisco dos bens e castigo corporal. Os capitães

---

22 Grätz, op. cit., IX, 271 e s.

23 Sousa, *Annaes, Memorias e Documentos*, Lisboa, 1844, 373. Nesta bula, publicada em Sousa, lê-se que muitos voltaram "ad ritum Judaeorum, a quo discesserant" e que outros ainda, nascidos de pais cristãos, seriam por eles educados na fé judaica. Pode-se avaliar pois o critério de verdade naquela época, em Roma. Os judeus não se desprenderam do judaísmo, foram obrigados a se batizar, mas apesar do batismo continuaram judeus, e como judeus educaram seus filhos.

e donos de navios que transportassem judeus secretos seriam condenados à morte. Proibiu-se terminantemente a todos os portugueses passar letras de câmbio sobre firmas no exterior, a não ser que antes tivessem fornecido garantias seguras de que, no prazo de um ano, chegaria do estrangeiro mercadoria do mesmo valor. Finalmente, ordenava-se a todos os cidadãos e corporações que não comprassem imóveis de criptojudeus[24].

Durante três anos, esta lei, que desprezava todos os direitos humanos, deveria ser executada rigorosamente. A rapidez incrível com que foi publicada em todos os cantos do reino, em todas as cidades, vilas e sítios, mostrou aos cristãos-novos, levados à beira do abismo, que não se tratava de mera ameaça, e que ao rei interessava mais seu dinheiro do que a salvação de suas almas[vii].

Apesar da lei, muitos deles prepararam-se para a emigração, fugindo do país atingido pelo monstro peçonhento (a Inquisição). Antes, porém, de alcançar o navio, eram agarrados com suas mulheres e crianças, arrastados aos cárceres sombrios e de lá para a fogueira. Outros, antes de se aproximarem da embarcação que os esperava, foram levados pelas ondas do mar. Muitos deles foram descobertos nos seus mais secretos esconderijos e queimados. Os que, apavorados e sob perigo, escaparam às garras do monstro, conseguindo fugir do reino português, encontraram novo sofrimento em terras estranhas: foram retidos em Flandres, malquistos e mal recebidos na Inglaterra e na França. Devido a tais aflições, muitos perderam os bens e a vida ao mesmo tempo. Aqueles que alcançaram a Alemanha morreram nos Alpes, na maior miséria, muitos deixando suas mulheres prestes a dar à luz e que tiveram seus filhos em estradas desertas e frias. Como não bastassem todos estes sofrimentos, ergueu-se contra eles na Itália um cruel perseguidor, João de la Foya. Esperava-os perto de Milão, como uma cascavel na estrada, aprisionando carruagens inteiras. Como não tinha poderes bastantes para matá-los, roubava-lhes até a última peça de roupa, submetia

---

24 Cf. a lei em *Synopsis Chronol.*, 345, e em *Historia da Inquisição em Portugal*, Lisboa, 1845, 164 e s.; Gordo, op. cit., 32. A lei não foi promulgada em 4 de maio, como declara Heine, op. cit., 162, mas em 14 de junho.

vii Esse fato não foi ignorado por muitos dos contemporâneos cristãos e judeus. Os defensores da Inquisição lutaram para impedir a livre emigração dos cristãos-novos, constituindo o confisco a base da sobrevivência do Tribunal. (N. da T.)

fracas mulheres e anciãos debilitados a mil torturas para que declarassem e mostrassem o que traziam escondido, forçando-os ainda a denunciar os que viriam depois, para que também com estes pudesse fazer o mesmo[25].

Não é preciso muita imaginação para avaliar o horror e a desgraça que passaram os permanecentes em Portugal; todo o país – para eles – se havia, repentinamente, transformado numa horrorosa prisão! A Inquisição, com todo o seu pavor, erguia-se diante de seus olhos como um espectro sinistro.

> [...] sua vinda lhes descorou logo a figura, desenquietou o repouso de seus espritos, e as almas de doo e tristeza lhes cubrio, tirouos do descanso de suas casas, e nas escuras prisões os faz morar, onde com ansia e continuo sospiro viuem; porque aly lhes arma o laço com que cayam no foguo em que se queymam; aly os marteriza de maneira que vem a matar seus filhos com suas maõs; a arder seus maridos, priuar da vida a seus yrmaõs; a fazer o orfaõ, multiplicar viuuas, empobrecer riquos, destruyr poderosos, de bem nascidos fazer ladroẽs, e de recolheitas e honestas molheres semear os lugares torpes e ynfames, pella pobreza e desamparo a que os traz [...] Andam estes mal bautizados tam cheos de temor desta fera que pella rua vam voltando os olhos se os arrebata, e com os coraçoẽs yncertos e como a folha do aruore mouediços caminham e se param atonitos, com temor se delles vem trauar[26].

Todos os queixumes e tristezas dos judeus secretos desapareciam perante o júbilo e triunfo dos fanáticos portugueses: em todos os lugares preparavam-se excessos contra os destinados à tortura e ao sofrimento. Cenas

---

25 Textualmente segundo Usque, op. cit., 203a, 204b. Usque denomina o cavaleiro salteador João de la Foya; José Cohen, em *Emek haBakha* (O Vale de Lágrimas), 91, baseando-se em Usque, adiciona arbitrariamente *haSefaradi* (O Espanhol), daí Zunz, *Synagogote Poesie* (Poesia Sinagogal), 56, fala de um comandante espanhol. Não sabemos se foi um membro da velha família navarrense de Foix. Germaine de Foix tornou-se esposa de Fernando, o Católico, e seu irmão, Gastão de Foix, morreu em 1512, logo após a batalha de Ravenna. Será que o filho do mesmo viveu temporariamente em Milão e o cavaleiro salteador era parente de Fernando, o Católico?

26 Usque, op. cit., 202.

HISTÓRIA DOS JUDEUS EM PORTUGAL

iguais às presenciadas no ano anterior em Gouveia tornaram-se comuns; Lamego surgiu como centro das maiores barbaridades. Mal se espalhara o rumor de que a Inquisição havia sido introduzida e que aos criptojudeus fora proibido emigrar, divulgou-se a notícia de que o intuito do rei era queimá-los todos, com grande pompa. Formaram-se logo sociedades secretas nas quais se discutia e estipulava para quem ficariam os bens ou o mobiliário deste ou daquele cristão-novo, e provavelmente também já se distribuíam por sorteio seus imóveis. "O povo cristão", queixa-se Samuel Usque, "que se glorifica e alegra de ver estar ardendo meus membros [os criptojudeus] na fogueira que atiçam e acendem com as lenhas trazidas deles às costas de até muito longe"[27]. Providenciaram toda espécie de preparativos para o grande dia festivo em que iriam queimar publicamente todos os criptojudeus; os portugueses, mesmo os mais educados, sentiam uma necessidade interna de satisfazer o sentimento religioso confuso, e por isso mesmo mais impetuoso, com estes brutais excessos de exaltação religiosa. Mesmo nos Açores e na ilha da Madeira os judeus suspeitos e criptojudeus eram ameaçados com verdadeira ferocidade[viii].

Ante tais levantes populares sempre crescentes, os perseguidos cristãos-novos, que, diante da morte, nada mais tinham a perder, decidiram recorrer a uma medida extrema. Mesmo levando em conta a possibilidade de com este passo enfurecer ainda mais o fanático rei, apelaram para Roma, procurando proteção e apoio do papa[28].

Escolheram para advogado um homem hábil e ativo, no qual depositaram toda a sua confiança: Duarte da Paz.

---

27 Idem. Também Herculano assegura que os habitantes mantinham feixes de lenha prontos para as fogueiras.

viii O Santo Ofício da Inquisição manteve sua vigilância sobre todas as colônias portuguesas de ultramar. Dos Açores e da Madeira, chegavam aos inquisidores as listas dos nomes de cristãos-novos, muitos dos quais eles se encarregaram de mandar buscar. (N. da T.)

28 "licet, alias pro certo habuissent [...] quod rex ipse eosdem Novos Christianos et praecipue eorum capita, duriore et acerbiore mente tractare et tenere habebat, si ad sedem apostolicam recursum habuissent, tamen videntes, aliam eisdem non superesse salutem, omni timore ac metu postposito [...] una voce clamarunt, et statim recurrerunt ad Clementem". *Memoriale* (dos criptojudeus), f. 28, em Herculano, I, 261.

A rua da Judiaria no velho Bairro d'Alfama. R. Christino, c. século XIX. Instituto da Biblioteca Nacional e do Livro de Lisboa. Portugal.

2.

D. João III
(CONTINUAÇÃO)

O eficiente empenho de Duarte da Paz contra a introdução da Inquisição. Clemente VII favorável aos criptojudeus. Suspensão da bula da Inquisição. Morte de Pires Molcho. Perdão geral de Clemente VII. Ação enérgica de D. João. Os cardeais Parísio e Varo.

DUARTE DA PAZ DESEMPENHOU, DURANTE MUITOS ANOS, um papel tão importante quanto misterioso. De sua origem pouco se sabe. Forçado ao batismo quando jovem, ocupou diversos cargos militares, foi condecorado com a ordem de Cristo em recompensa à bravura que demonstrou na guerra africana e, de volta à pátria, foi empregado várias vezes a serviço do Estado. Duarte da Paz prestava-se extraordinariamente para a diplomacia. De aparência imponente, apesar de ter perdido uma vista na guerra, belo, de maneiras finas e cativantes, era também corajoso, ativo, impetuoso e loquaz.

Munido das devidas instruções e cartas de apresentação, partiu Duarte de Lisboa, enviado por seu rei, que já muitas vezes havia confiado ao hábil diplomata importantes missões. Pouco antes de sua partida foi elevado a cavaleiro. Contudo, em vez de executar a ordem do monarca, dirigiu-se a Roma, onde desenvolveu intensa atividade a favor de seus correligionários, os cristãos-novos, que se encontravam em grave perigo, tornando-se representante e procurador dos mesmos.

O acaso favoreceu-o. Quase simultaneamente com sua chegada a Roma, visitava Lisboa o núncio papal, bispo Marcio Tiberio della Rovere de Sinigaglia. Este alto dignitário italiano, dado aos prazeres da vida, ganancioso e astuto, tinha seus interesses voltados mais para as suas próprias vantagens do que para a representação da Cúria que lhe fora confiada, não sendo difícil assim aos criptojudeus de Portugal conquistar sua simpatia através de generosas dádivas.

Toda a situação pareceu tornar-se-lhes auspiciosa. Devido à vigilância do delegado português Brás Neto e do cardeal Santiquatro, que sempre defendera com entusiasmo os interesses de Portugal, é claro que a aparição de Duarte não se pôde manter sigilosa por muito tempo. Santiquatro sentiu o perigo e enviou urgente e diretamente a D. João dois mensageiros, por cujo intermédio dava-lhe notícias de tudo o que se passava em Roma, incitando-o a tomar enérgicas providências. D. João manteve-se calmo: sentindo-se vitorioso com os privilégios já alcançados, nem sequer dignou-se responder ao cardeal. Ninguém ficou mais feliz do que Duarte da Paz, a quem se oferecia agora oportuna ocasião de converter o mais acirrado adversário do seu partido! Obteve uma carta de recomendação de Geronimo Cernico, fez-lhe visitas mais freqüentes, e conseguiu de fato inclinar este cardeal à sua causa.

Em pouco tempo, Duarte tinha o jogo ganho. Apresentou insistentemente a Clemente VII – ao qual suas ardentes orações causaram impressão arrebatadora – queixas sobre a desesperadora situação em Portugal, mandando o papa finalmente pedir a D. João que suspendesse a proibição severa concernente à emigração dos criptojudeus. Como desconhecia o príncipe da Igreja seu filho submisso! Este não queria saber de indulgências; comunicou ao papa que, após haver refletido profundamente sobre a situação, decidira-se a favor desta lei, pois cria ser imprescindível assumir uma atitude inflexível contra os judeus secretos.

Foi indescritível a sua fúria quando soube da principal queixa lançada pelos cristãos-novos contra o estabelecimento da Inquisição! Exigiam que os bens dos condenados não fossem entregues ao fisco, mas aos herdeiros naturais, que os nomes das testemunhas e suas declarações fossem transmitidos aos condenados etc. O rei não pretendia aceitar restrições de espécie alguma, nem concordar em que o Tribunal fosse privado da requisição dos bens dos condenados ou fossem citadas as testemunhas. Clemente, sabendo que a justiça estava do lado dos criptojudeus, apesar das ameaças

D. JOÃO III (CONTINUAÇÃO)

do rei português, não deixou de tentar corresponder às insistências e oferendas de Duarte, enquanto este também continuou a expor as arbitrárias e cruéis atividades das autoridades portuguesas. Baseava-se na afirmação de que os cristãos-novos, forçados impiedosamente ao batismo, sentiam-se tão afastados da religião cristã quanto próximos da judaica, não se podendo, por conseguinte, trata-los como cristãos hereges. Não teve escrúpulos em declarar ao papa que o rei conseguira a bula de 17 de dezembro de 1531 mediante a falsificação dos fatos, e que seria um caso de honra e humanidade a anulação ou, pelo menos, a suspensão desta, já por si inválida. Como o próprio papa se convencera de que toda esta questão necessitava de cuidadoso exame, promulgou a 17 de outubro de 1532 um breve no qual suspendeu a já mencionada bula, proibindo com severidade, até segunda ordem, não só ao inquisidor-mor como também a todos os bispos de Portugal inquirir cristãos-novos sobre sua fé[1][i].

Esta vitória causou grande regozijo entre os criptojudeus e em especial a Pires Molcho, o homem que, embora não fosse um deles, tanto e tão honestamente trabalhou para melhorar sua situação, e que recebeu a boa-nova no cárcere. Após ter sido expulso de Roma, estando em comunicação com o aventureiro Reubeni, dirigira-se de Bolonha – através de Mântua – para Regensburg. Aí, ambos conseguiram uma audiência com o imperador Carlos V. Terá este considerado Molcho um demente ou inimigo perigoso da religião? Mandou atirá-lo à prisão, juntamente com seu companheiro Davi Reubeni e mais outros amigos, onde permaneceram algum tempo. Voltando o imperador à Itália, fê-los levar acorrentados para Mântua, onde os aprisionou. Reuniu um júri de fé que condenou Molcho a morrer na fogueira.

---

[1] *História da Inquisição em Portugal*, p. 164 e s.; Herculano, 1, 265; Heine, op. cit., 163.

[i] Enquanto se negociava o estabelecimento da Inquisição, os refugiados de Portugal tinham permissão de permanecer em território pontifício. Não eram perturbados por inquirições e podiam professar livremente o judaísmo. Clemente VII rodeara-se de um círculo de judeus e durante o seu pontifício as relações entre judeus e cristãos na Itália foram amistosas. O embaixador de Veneza, Marco Foscari, designava-o como "homem justo e homem de Deus", num relatório que foi transcrito por Leopold von Ranke, *Die römischen Päpste* (O Papa Romano), 8. ed., Leipzig: Duncker & Humblot, [18--], t. 3, p. 18, apud João Lúcio de Azevedo, *História dos Cristãos-novos Portugueses*, Lisboa: Livraria Clássica Editora, 1921, p. 80. (N. da T.)

HISTÓRIA DOS JUDEUS EM PORTUGAL

Colocaram-lhe uma rédea no maxilar e arrastaram-no ao fogo. Por sua causa, toda a cidade se encontrava em alvoroço. Quando já em frente às labaredas ardentes, um dos servos imperiais lhe propôs que comprasse a vida com uma conversão sincera ao cristianismo, Molcho respondeu como um santo, qual um anjo divino: "Meu coração ficou triste e abatido pelo tempo que perdi, ouvindo tais sugestões; agora façam o que quiserem e volte minha alma, como dantes, ao abrigo de seu Pai".

Atiraram-no então à fogueira, "sacrificando-o como oferenda e graça ao Senhor"[2]. Assim acabou queimado, em Mântua, o "extraordinário herói pelos atos e conselhos", como o visionário Molcho é designado ironicamente pelo árido Del Medigo[3]; seus amplos conhecimentos sobre relação, inversão e cômputo do alfabeto de nada lhe valeram no dia de seu martírio[4][ii]. Seu amigo e mestre Davi Reubeni, acorrentado pelo imperador Carlos, foi levado para a Espanha e entregue à Inquisição de Llerena[5].

Apesar de não podermos dizer que Pires Molcho tenha exercido influência duradoura sobre o papa Clemente, este continuou favorável aos criptojudeus até sua morte. A queixa que lhe apresentaram transmitiu-a aos cardeais para cuidadoso exame, nomeando o cardeal Borla como relator;

2　José Cohen, *Emek haBakha*, 99.

3　Segundo José Cohen, fonte usada pela maioria dos autores antigos e recentes, morreu em 1532; segundo Asaria de Rossi, *MeOr Einaim* (Da Luz dos Olhos), ed. Viena, 300, em 1536, o que parece ser inverossímil.

4　Geiger, *Melo Chofnajim*, 4.

ii　Um fato estranho, para o qual Cecil Roth chama a atenção, é que nenhuma fonte local de Mântua conservou a lembrança do processo e da condenação de Molcho, não ficando traço algum deste fato nos arquivos civis ou eclesiásticos. Cf. C. Roth, Le martyre de David Reubeni, *Révue des Études juives*, Paris: Societé des Études juives, 116, p. 93, nota 3, jan.-dez. 1957. (N. da T.)

5　Acenheiro, op. cit., 351: "(Davit Judeu) foi presso na corte do Emperador Carlos, e o mandarão e trouxerão a Lharena áos Inquisidores, omde esta presso em Castella na dita villa e cadea da Inquississam, te que aja a fim que merese; ainda oje anno de trinta e cinco esta presso no carcere da Inquissisam de Lharena". Asaria de Rossi, op. cit., 300: "Aquele que foi queimado em Mantova (Mântua), no ano de 5296 da criação do mundo, era rabi Davi Reubeni [...] é verdade que o referido imperador (Carlos) levou então consigo o mencionado Reubeni para a Espanha, acorrentado, e lá, segundo se ouviu falar, o teriam envenenado".

236

D. JOÃO III (CONTINUAÇÃO)

nesse ínterim, Duarte da Paz mandou elaborar, pelos juristas mais célebres de Roma, um memorial, que vinha acrescentar novos argumentos a favor da reclamação. Como a grande maioria dos cardeais, liderada pelo cardeal Borla, se exprimisse a favor dos criptojudeus – encontrava-se ausente naquela época Santiquatro e o embaixador português não tinha permissão para participar dos debates –, o papa promulgou, a 7 de abril de 1533, um perdão geral. Neste breve, elaborado por Borla, distinguiam-se escrupulosamente – decerto sob a influência de Duarte – os judeus forçados ao batismo dos que o aceitaram voluntariamente. Neste documento, Clemente apóia o razoável ponto de vista dos conselheiros liberais de D. Manuel, principalmente do bispo Coutinho, de que não se podiam considerar membros da Igreja aqueles que, sob ameaça de pesadas penas, contra todos os direitos humanos, foram obrigados a aceitar uma fé que lhes era estranha. Os que livre e espontaneamente abraçaram o cristianismo, ou que a ele haviam sido levados pelos pais, deviam ser considerados cristãos; se após a conversão tivessem sido educados na fé judaica e não no cristianismo, deveriam, assim mesmo, ser tratados com indulgência e conquistados para a religião do amor com caridade e brandura[6].

Sem dúvida é este breve – um dos últimos promulgados por Clemente VII – o mais belo monumento que ele ergueu a si próprio, graças ao princípio nele contido de que não haja coerção em matéria de fé. Suspendia-se a atividade da Inquisição; homens e mulheres, nativos e estrangeiros, livres e encarcerados, todos, enfim, que se encontravam em Portugal como criptojudeus deviam participar desta graça do perdão papal e ser-lhes facultada a possibilidade de deixar o país com todos os seus bens.

Este breve, que Clemente declarou ter mandado publicar por livre e espontânea vontade e sem influências alheias, já havia sido assinado e selado com a chancela papal, mas ainda não havia chegado a Portugal quando D. João, tendo conhecimento dele clandestinamente, procurou impedir sua promulgação. D. Martinho, arcebispo de Funchal, que desde a partida de Brás Neto era o único representante de Portugal na Cúria, dirigiu-se ao papa, juntamente com os cardeais Santa Cruz e Santiquatro e o embaixador imperial,

---

6   O breve encontra-se no *Memorial dos Judeus Secretos*, em Herculano.

HISTÓRIA DOS JUDEUS EM PORTUGAL

levantando amargas censuras ao documento. Exigiu principalmente que a bula de 7 de abril fosse suspensa e não se publicasse o perdão.

Em julho de 1533 recebeu o núncio papal de Lisboa, Marco della Rovere, a bula do perdão, com a ordem de ser divulgada solenemente em todas as dioceses do país; quem se opusesse a esta execução, fosse religioso ou leigo, seria excomungado. Todos os presos da Inquisição deviam ser libertados três meses depois de sua publicação e os que haviam sido privados dos seus bens, reintegrados em suas posses; por outro lado, devia cada um fazer sua declaração de fé à Cúria Romana ou ao representante desta, o núncio, e esperar sua absolvição.

Ante tais intercessões, sentiu o rei não poder calar-se por mais tempo. Supondo que o papa tivesse concedido o perdão por dinheiro[7], ordenou ao seu embaixador em Roma que viajasse até Marselha, aonde a política européia de então conduzira o papa, e não desistisse em hipótese alguma de conseguir a suspensão da bula. Enviou ainda a Clemente um delegado extraordinário na pessoa de D. Henrique de Meneses, o qual, em dezembro, havia retornado ao Vaticano com ordens de exprimir claramente ao Santo Padre, em nome do mui católico monarca, sua surpresa ante o procedimento eclesiástico. D. João censurou Clemente por ter levado em consideração a súplica dos criptojudeus, sem ao menos ouvir previamente os representantes de Portugal, e que, como chefe da Igreja, rebaixava o valor do batismo, dizendo tratar-se de conversão forçada e, conseqüentemente, injusta, sem cogitar que os próprios convertidos se denominavam cristãos, visitavam as Igrejas, viviam abertamente como cristãos ou eram considerados como tais, e sem refletir que o rei visigodo Sisebuto havia obrigado milhares de judeus ao batismo, merecendo este ato os elogios do Concílio Toledano; conceder-lhes um perdão, como era seu plano, seria degradante para todo o mundo católico e ainda mais vergonhoso porque, em Portugal, não se fazia segredo de haver sido a Cúria subornada pelos cristãos-novos, e esta providência tomada em troca de ouro[8].

7 "Rex credens ut dicebatur, Clementem de hujusmodi negotiis nom informatum pecunia tantum modum, veniam praedictam concessisse". *Memorial*, em Herculano, II, 20.

8 Idem, II, 24; "he fama nestes reynos que por peita grossa de dinheiro que se deo am sua corte, se negoceam estas provisões contra tão santa e tão necessaria obra".

D. JOÃO III (CONTINUAÇÃO)

Após diversas tentativas malogradas, finalmente o embaixador português obteve uma audiência com o papa que, indignado com D. João, discutiu o assunto com energia e ordenou ao rei, sob ameaçava de excomunhão, que não criasse novos empecilhos à publicação da bula de 7 de abril de 1533.

Naquele momento o humanitarismo – ou, como se dizia em Portugal, o ouro dos criptojudeus – festejou um novo triunfo sobre o fanatismo.

Entretanto, nunca faltaram perseverança e tenacidade aos fanáticos; não se desarmaram facilmente. O delegado português e seu protetor, o cardeal Santiquatro, renovaram suas queixas e afinal conseguiram que o assunto fosse de novo submetido a meticuloso exame. É certo que Clemente, há alguns meses, enviara as doutrinas da bula do perdão à Universidade de Bolonha para que fosse emitido um parecer; causou-lhe grata satisfação o fato de dois dos mais célebres juristas, Varo e o futuro cardeal Parísio, terem-se exprimido, em dois relatórios detalhados, a favor dos criptojudeus, aprovando o perdão papal; sabia, portanto, qual seria o desfecho da questão. Os cardeais Campeggio e de Cesis, homens em cujas sabedoria e escrupulosidade o papa muito confiava, foram encarregados de reunir-se com Santiquatro e o representante de Portugal para novos entendimentos. Nestas conversações, que se estenderam por diversas semanas, atacou-se principalmente a discriminação feita por Clemente entre os judeus que foram forçados ao batismo e os que a ele se sujeitaram por sua própria vontade, além dos tornados cristãos pelos pais. Do lado português, declarava-se que os criptojudeus de Portugal deviam ser considerados cristãos, pois, passado o longo prazo de 35 anos após o batismo forçado, poderiam já ter-se acostumado aos dogmas do cristianismo e desistido das cerimônias hebréias. Assegurava-se repetidas vezes que o governo português os tratava com indulgência, honrando, respeitando e protegendo-os da mesma forma que aos demais habitantes do país, e interessando-se pelo seu bem-estar, pois, com o seu comércio e indústria, muito contribuíam para o progresso da nação. Protestava-se em altas vozes contra a acusação de que D. João, introduzindo a Inquisição e perseguindo os cristãos-novos, visaria essencialmente o proveito próprio, pois estes podiam, com facilidade, levar para fora do país não seus imóveis, mas suas posses, constituídas de bens móveis e valores. Se o papa não considerava os criptojudeus – alguns dos quais já ocupavam sagrados cargos eclesiásticos – como cristãos, mas ainda como judeus, com que direito, perguntavam os representantes de Portugal, podia ele, em sua posição apostólica, absolvê-los?

Todas as falsidades pregadas pelos portugueses, e mesmo uma carta de Carlos v, em que o poderoso imperador pede ao papa com insistência que interceda na questão de seu parente, de nada valeram; Clemente não pôde decidir-se a entregar os judeus batizados à força. A grande maioria dos cardeais permaneceu ao lado destes, a cujo favor se publicou, na mesma época, extenso tratado, que presumiam ter sido redigido pelo próprio papa. Os representantes de Portugal perceberam que, durante a vida de Clemente vii, não seria possível introduzir a Inquisição. A bula do perdão não foi recolhida. A 2 de abril de 1534 foi encaminhado ao rei um novo breve, ainda mais enérgico que o primeiro, no qual o papa nutria a esperança de que desta vez o monarca não mais se oporia ao seu cumprimento[9].

Seria de se supor que, num país como Portugal, onde o catolicismo criara raízes tão profundas e o clero adquirira poder tão amplo, uma ordem do chefe da Igreja alcançasse grande repercussão e que, diante de suas ameaças, todos se curvassem. Isso, entretanto, não se deu, pois, junto com o respeito, também desaparecera o temor a Roma. O rei pouco se importava com bulas e breves e não respeitava ameaças de excomunhão. Como dantes, continuou a oprimir os criptojudeus e organizou a Inquisição segundo o molde espanhol, com todos os requintes de crueldade. Prendiam-se os adeptos secretos do judaísmo onde fossem encontrados, transportando-os para os centros das dioceses; os soldados, fazendo causa comum com os funcionários mais categorizados do Tribunal, cobiçavam os bens dos cristãos-novos, transformando-os em mendigos antes mesmo de serem condenados. Indescritível foi a alegria desses infelizes quando souberam do perdão papal! Recorreram ao núncio em Lisboa, mas que proteção podiam esperar, principalmente os pobres, de um avaro como o bispo de Sinegaglia? Centenas de cristãos-novos foram encarcerados, morrendo a maioria sem ter sido interrogada ao menos uma vez. Existe uma súplica datada daquela época na qual um jovem de ascendência hebréia descreve o quadro tétrico

9   Herculano, ii, 33 e s.

D. JOÃO III (CONTINUAÇÃO)

de sua vida. Educado como criptojudeu, lutou nas primeiras fileiras contra os infiéis na África, tendo sido elevado a cavaleiro ainda na adolescência. De volta à pátria, invejosos o denunciaram e envolveram-no em processo, em conseqüência do qual se viu condenado à prisão perpétua. Arrastado por sete anos de um cárcere a outro, considerou ato de misericórdia lhe designarem uma cela no convento de Santa Trindade em Lisboa, e favor ainda maior do seu soberano quando, transportado para a África, onde havia demonstrado tanto valor pessoal, pôde, na flor dos anos, terminar sua vida atormentada.

O papa Clemente adoeceu e, segundo a opinião geral, morreu envenenado. Ainda no seu leito de morte (26 de julho de 1534), enviou um breve ao núncio de Lisboa, ordenando que publicasse a bula de 7 de abril e mandasse executá-la. Diga-se o que for de Clemente – tinha má fama e era considerado ganancioso e egoísta –, sua última confirmação do perdão foi obra de justiça e humanidade, símbolo de sua convicção de liberdade religiosa[10].

Logo após Alexandre Farnese subir ao trono papal como Paulo III (13 de outubro de 1534), o assunto entrou em nova fase. A este papa estava reservado ser o árbitro entre o rei "mui católico" e seus súditos da raça judia. D. João não poupou esforços para fazer o novo papa interessar-se por si e pelo seu projeto favorito, ainda mais que estava convencido, de antemão, de que um homem como Paulo tinha opinião própria e não iria respeitar, em particular, as decisões do seu odiado antecessor. Novamente recorreu-se ao auxílio da Espanha; o embaixador espanhol em Roma, conde de Cifuentes, recebeu instruções no sentido de dar ênfase às exigências de Portugal, e o próprio imperador Carlos, já na sua carta de congratulações ao recém-eleito príncipe da Igreja, exprimiu o desejo de que este suspendesse a bula que, ainda no leito de morte, seu predecessor confirmara.

O cardeal Santiquatro – que Duarte da Paz em vão tentara subornar com a promessa de uma pensão vitalícia de oitocentos cruzados anuais –

---

10 Sousa, op. cit., 396: "Consta que o Papa Clemente antos de falecer suspendeo a bulla da Inquisição que tinho concedida e passou hum perdão muito favoravel aos Christãos-Novos". Herculano, II, 65. Compare também *Historia da Inquisição*, 165; Aubery, *Histoire des cardinaux*, III, 618; Aboab, op. cit., 292; e meu *Menasse ben Israel*, Berlim, 1861, 87; *Jahrbuch für Geschichte* (Anuário para a História), II, 167.

também trabalhava com afinco em prol dos interesses de Portugal, principalmente nas conferências convocadas por Paulo, às vezes tão agitadas que originavam troca de palavras injuriosas entre o velho Santiquatro e o redator das publicações papais, favorável aos judeus, o já mencionado Borla. O representante dos criptojudeus, Duarte da Paz, e o recém-chegado Diogo Rodrigues Pinto obtiveram licença para assistir a esses debates, mas, a pedido do embaixador português, o papa suspendeu essa permissão. Como tais conferências também não levaram a qualquer resultado, e surgindo novas divergências entre o rei e o núncio papal em Lisboa, Paulo submeteu novamente a questão, de importância e conseqüências cada vez maiores, a uma comissão convocada especialmente para tal fim e constituída pelos cardeais Jeronimo Ghinucci e Jacobo Simonetta, os maiores sábios da Cúria; o cardeal Santiquatro e os representantes de Portugal naturalmente não podiam faltar a estas conversações. O argumento principal dos participantes da comissão a favor dos portugueses era mostrar, mais uma vez, a nulidade das doutrinas sobre as quais se baseava o perdão. Declararam não se poder falar em batismo forçado dos cristãos-novos que atualmente viviam em Portugal, pois a maioria dos convertidos em 1497 já havia morrido, outros deixaram o país, e os restantes tiveram prazo suficiente para familiarizar-se com os ensinamentos do cristianismo e viver de acordo com os mesmos; não visitavam eles a Igreja, não ouviam sermões cristãos e não eram instruídos no catecismo? Menos ainda se podia falar de batismo forçado dos que se haviam refugiado em Portugal, temerosos da Inquisição espanhola. Afirmavam também que, se fosse válida a hipótese levantada por Clemente, e os criptojudeus, por haverem sido convertidos à força, tivessem a liberdade de emigrar, deixariam o país aos milhares com suas imensas fortunas, estabelecendo-se na Turquia e nos territórios mouros.

Quem não perceberia que os portugueses só desejavam perseguir fanaticamente os acossados e lhes extorquir os bens? Como se aos batizados à força restasse outra alternativa que não fosse a de simular e aparentemente reconhecer a religião imposta? Não se lhes proibia rigorosamente a emigração?

Santiquatro não desprezava meio algum que pudesse conquistar para o rei a vitória, e, graças à sua alta posição, exercia apreciável influência sobre a Cúria, mas encontrou na pessoa do cardeal Ghinucci um poderoso

D. JOÃO III (CONTINUAÇÃO)

adversário. Melhor defensor do que este nunca poderiam ter desejado os criptojudeus, pois tão pouco encobriu sua simpatia que escreveu e mandou imprimir um livro em sua defesa[11]; não foi, porém, exclusivamente proveito material que o fez responder pelos oprimidos, mas o receio da supremacia do Santo Ofício, cujas diabólicas atividades tivera várias vezes oportunidade de observar quando embaixador em Castela.

Mesmo podendo os representantes dos criptojudeus confiar em Ghinucci e seu correligionário Simonetta – homem de caráter e profundo sentimento de justiça –, sentiam-se preocupados com a ação enérgica do deputado espanhol de Cifuentes, que, somente depois de um relatório a ele entregue pelo incansável Duarte da Paz sobre a verdadeira situação e violência perpetradas contra os criptojudeus em Portugal, desistiu do seu desmedido entusiasmo, assumindo posição mais passiva.

Os debates da comissão já se aproximavam do fim, quando à Duarte da Paz ocorreu a idéia de apresentar, em tradução literal e autenticada, os privilégios concedidos por D. Manuel aos criptojudeus e confirmados pelo próprio D. João, assim como o já mencionado voto do bispo Coutinho. Esses documentos causaram tremenda impressão sobre os inquiridores. O emissário português, interrogado sobre o fato, não teve outro expediente senão considerá-los falsos e exigir uma cópia dos mesmos. Relatou a Lisboa suas dificuldades, não obtendo resposta[12], de modo que Ghinucci e Simonetta declararam-lhe e a Santiquatro que, como não se podia disputar a autenticidade dos privilégios apresentados pelos criptojudeus, a Cúria não se sentia autorizada a anulá-los. Em conseqüência, expediu o papa, a 26 de novembro de 1534, uma bula com o seguinte conteúdo: tendo seu antecessor planejado decretar um perdão geral aos judeus secretos e não o promulgando por saber que D. João a ele se opunha, Clemente hesitou até que o rei lhe apresentasse as razões de sua objeção e, crente de que Sua

---

11 Sousa, op. cit., 466:"Auditor Camerae est suspectissimus in ista causa tum quia fuit advocatus praedictis conversis, tum guia scripsit pro eis et consilium ecit stampare".

12 O embaixador português recebeu naquela época uma carta anônima, na qual se lê, entre outras coisas: "Et si conversi dixerint causam et demonstraverint regium privilegium sibi concessum tempore suae conversionis, ostendant originale et non exemplaria falsa; nam ex originali convincentur". Sousa, op. cit., 460.

HISTÓRIA DOS JUDEUS EM PORTUGAL

Majestade não mais se manifestaria, ordenou ao seu núncio em Lisboa a publicação da referida bula do perdão; ele – Paulo –, no entanto, informado do verdadeiro estado das coisas, considerava conveniente submeter as razões apresentadas pelo rei a novo exame, ordenando, por isso, que a bula de Clemente não fosse publicada ou, no caso em que houvesse sido divulgada, não fosse posta em execução[13].

Satisfizera-se D. João desta vez? De modo algum, e muito menos com os resultados da comissão papal, que – não queremos deixar de mencioná-la – igualmente mantinha a distinção entre judeus convertidos à força e os que não podiam provar o batismo forçado. O rei esperava resultados mais positivos e, por parte do chefe da Igreja, uma intervenção mais rápida e mais enérgica contra os perseguidos. Que isso ainda não se dera, atribuiu-o aos privilégios concedidos por seu pai e principalmente à intercessão de Duarte da Paz, a quem, por ser o causador de tudo, odiava profundamente. Encolerizado, ordenou ao seu embaixador, D. Martinho, que retirasse deste chefe dos criptojudeus sua condecoração. D. Martinho, no entanto, era por demais amigo de Duarte – e este representava papel de relevante importância em Roma – para que ousasse satisfazer o desejo do monarca.

> É repugnante observar – escreve D. Henrique de Meneses de Roma a seu rei – a importância que os senhores da Cúria dão a este Duarte da Paz. Tratam-no de igual para igual e permitem-lhe intrometer-se em querelas e desavenças entre príncipes. Mas não são príncipes estes cardeais, nem são nada. São mercadores e bufarinheiros, que não valem três vinténs; homens sem educação, a quem só movem o medo ou o interesse temporal, porque o espiritual é coisa de que não curam[14].

Assim foram arrastados na lama Simonetta e Ghinucci, os homens mais honrados e sábios da Cúria.

13 Herculano, II, 87; Heine, 164; Schäfer, III, 338.
14 A carta de Meneses, em Herculano, II, 102.

D. JOÃO III (CONTINUAÇÃO)

O fanatismo não se satisfaz com compromissos, não conhece concessões, e seus adeptos, por insistirem perseverantemente numa opinião preestabelecida, em geral perdem tudo. A impaciência com que D. João e seus embaixadores aguardavam a introdução do Tribunal, a crueldade com que ele perseguia os cristãos-novos, a falta de consideração que, na sua fúria, demonstrava para com o papa, tudo isto aumentava em Paulo o incentivo para proteger os perseguidos.

Foi comunicado a Roma, pelo núncio papal em Lisboa, que a bula de perdão já havia sido publicada em todo o país, mas que o rei não somente a ela se opusera repetidas vezes como ainda se negara a libertar os aprisionados por questões de fé, ordenando, ao contrário, novas detenções. O papa enfureceu-se com esta teimosia do monarca; enviou novamente instruções ao núncio e encarregou-o de anular totalmente a lei de 14 de junho de 1532, que proibia a emigração de criptojudeus, e de agir no sentido de que a bula do perdão fosse agora obedecida na íntegra e em todas as localidades. Junto com essas ordens, enviou Paulo dois breves, um ao rei e outro ao cardeal-infante, nos quais exprimia seu desagrado por tal insubordinação, afirmando ter visto no original os privilégios que D. Manuel havia outorgado aos cristãos-novos. Após longa dissertação jurídica, exortou a D. João que se satisfizesse com a decisão papal, baseada no direito e na consciência[15].

Quanto mais a frustração dos seus planos encolerizava o soberano, maior era a alegria dos criptojudeus. Tudo fizeram para assegurar as graças do papa, valendo-se agora de um meio mais eficiente do que todas as palavras. Aconselhados por Duarte da Paz e em secreto acordo com o bispo de Sinegaglia, Tomás Serrão e Manuel Mendes[16], dois representantes dos criptojudeus, levaram singular documento a Roma: comprometeram-se a oferecer ao papa uma recompensa de trinta mil ducados caso este aceitasse suas propostas.

As principais exigências eram que se suprimisse a Inquisição como instituição autônoma, que todos os crimes relacionados com questões de fé fossem julgados por tribunais civis, que os processos só fossem aceitos

---

15 Herculano, II, 104 e s.; Heine, 166.

16 Tomás Serrão e Manuel Mendes assinaram o documento, de um Cod. do Vaticano, em *Symmicta*, v. 29, f. 67; e v. 46, f. 449, em Herculano, II, 107 e s.

no prazo de vinte dias após o delito, que ao preso fossem comunicadas imediatamente as razões da acusação, e não se aceitassem testemunhos de escravos, desclassificados, cúmplices ou pessoas já punidas, que os nomes dos denunciantes fossem publicados, que não se instaurassem processos contra falecidos, que aos réus se permitisse a livre escolha de advogados e procuradores, assim como o direito de apelar a Roma, que o confisco dos bens fosse suspenso e que em qualquer época, com todas as suas posses, tivessem liberdade de abandonar Portugal.

Tudo nos levaria a supor que o rei logo tomou conhecimento deste estratagema dos criptojudeus. Os simpatizantes da Inquisição estavam apreensivos, pois sabiam muito bem que aos oprimidos não faltariam perseverança e tenacidade para conseguir, se possível, liberdade e segurança. Em Portugal aguardavam-se medidas drásticas, expulsão e massacre dos criptojudeus mais abastados. O rei, no entanto, convidou os mais influentes dentre eles para uma entrevista, desejando saber deles suas condições quanto ao estabelecimento da Inquisição. Prometia-lhes, mesmo, que ao seu embaixador em Roma seriam dadas ordens para incluir na referida bula a cláusula seguinte: dentro dos próximos dez anos, comunicar-se-ia aos cristãos-novos acusados o nome de seus denunciantes e testemunhas e que não se confiscariam os bens dos criptojudeus condenados, considerando-os penitentes.

Não sabemos se estas negociações tiveram resultado. Parece que o rei logo abandonou essa atitude afável, pois encontrou, através de coerção, um meio muito mais eficiente de reter os criptojudeus no país: apesar da proibição papal, renovou a lei de 14 de junho de 1532 por mais três anos (14 de junho de 1535). Nada indignou tanto o papa e toda a Cúria contra D. João e suas ambições como a revalidação desta lei; todos perceberam nisso a ganância desenfreada sob o pretexto da religião. A Cúria insistiu na imediata revogação deste édito opressivo, ainda mais quando o núncio della Rovere, que vivia em contínua inimizade com o monarca e cujo afastamento foi exigido por este, pintava ininterruptamente e nas mais sombrias cores o comportamento cruel dos funcionários reais para com os criptojudeus. De fato, Paulo não tardou em responder à lei de 14 de junho com um enérgico breve (20 de julho de 1535). Pediu ao rei por diversas vezes que ab-rogasse a lei e

D. JOÃO III (CONTINUAÇÃO)

ameaçou de excomunhão todo aquele que ousasse proibir a emigração dos cristãos-novos. Para acabar com o indigno costume comum em Portugal de perseguir como hereges e adeptos do judaísmo os advogados dos criptojudeus e até seus filhos e parentes, autorizou o papa que qualquer pessoa poderia defender os cristãos-novos diante de qualquer tribunal, não só no próprio país como também diante da Cúria.

Não se pode avaliar a influência que exerceram sobre o papa Tomás Serrão e Manuel Mendes, os mencionados representantes dos judeus secretos; é indubitável, porém, que concorreram para sua enérgica intervenção. Também vivia ainda em Roma, nesta época, com a esposa e os filhos, sendo por Paulo muito considerado, Diogo Rodrigues Pinto, o mesmo que fora companheiro de Duarte da Paz e cuja presença nos debates tanto confundira o delegado português Henrique de Meneses. Aconselhado por Pinto, o papa propôs ao rei D. João, logo após a publicação do breve de 20 de julho de 1535, que, se esse concedesse um perdão geral a todos os criptojudeus do país, tanto aos presos como aos ainda não acusados, e lhes permitisse deixar Portugal no prazo de um ano, concordaria com a introdução da Inquisição, quaisquer que fossem os moldes por ele desejados.

O rei não quis tomar conhecimento de tais propostas; como esperar dele um perdão geral ou a permissão para emigrar? Dia a dia aumentava sua fúria e a do clero português, que, com ele, almejava os mesmos propósitos[iii]. Os clérigos chegaram a tal ponto em seu fervor que se referiam ao papa nos termos mais insultuosos, ofendendo-o publicamente em seus sermões. Tudo isso foi transmitido imediatamente ao chefe da Igreja. Cansado de continuar as negociações, Paulo promulgou nova e decisiva bula (12 de outubro de 1535), semelhante à do papa Clemente, de 7 de abril de 1533, na qual suspendia qualquer inquirição sobre a fé dos criptojudeus e todos os processos contra eles iniciados, anulava o confisco dos seus bens,

---

iii Kayserling, assim como outros autores, referindo-se ao estabelecimento da Inquisição, a considera uma ambição *finalmente* alcançada por D. João III; parece que o rei teria *conseguido* a sua introdução em Portugal, após infatigáveis lutas e artimanhas, quando as negociações prolongadas entre a Cúria Romana e o reino português correspondiam aos interesses do próprio rei. Vide o ponto de vista interessante de Léon Poliakov, *De Mahomet aux Marranes*, Paris: Calmann-Lévy, 1961, p. 240. Edição brasileira: *De Maomé aos Marranos*, 2. ed., S. Paulo: Perspectiva, 1996, p. 201 (N. da T.).

sustava quaisquer condenações de cristãos-novos, independente de sexo, idade, posição e classe, de domicílio atual ou anterior, e sem tomar em consideração qualquer confissão eventualmente feita; enfim, declarava livres todos os criptojudeus. Esta bula foi enviada a Portugal e publicada a 2 de novembro, em todas as localidades[17].

Duarte da Paz, no dia seguinte, enviou um mensageiro a Lisboa, a fim de comunicar o mais rapidamente possível a boa-nova aos milhares de correligionários oprimidos. O ânimo de D. João estava alquebrado. Não pôde impedir a publicação da bula. Toda a população cristã de Portugal temia a indignação de Roma. Regozijavam-se os adeptos do judaísmo. A causa da justiça e humanidade triunfava novamente sobre o fanatismo[18].

17 *Bullar. Roman.*, ed. Cherubini, I, 712 e s.: "Impetrorno del Papa una perdonanza generale di tutti li crimini, che haveano commissi contra la n^{ra}. santa e catolica fede, fino al di che si publicasse la bolla della Inquisic. nel Regno de Portogallo". Informatione Sommaria etc. *Menasse ben Israel*, segundo Aboab, 87.

18 "Quibus omnibus in dictis regnis notificatis et publicatis aquievit rex, tacuitque ore clauso timuit totus populus veterum christianorum". Memorial, in *Symmicta*, v. 13, f. 40 e s.; em Herculano, II, 143.

3.

D. João III
(CONTINUAÇÃO)

Intervenção de Carlos v a favor da Inquisição. Atentado contra Duarte da Paz. Divergências entre os representantes dos criptojudeus. Diogo Mendes. A bula de confirmação de 23 de maio de 1536. Nova luta dos criptojudeus contra a Inquisição e novo exame da bula promulgada. O núncio Capodiferro. Manuel da Costa, sua declaração anticristã e conseqüências. O cirurgião pessoal Aires Vaz. A bula de 1539.

D. JOÃO, PELO MENOS MOMENTANEAMENTE, VIU-SE VENCIDO. Incitado pelos clérigos que o dominavam, mais uma vez tentou, através de novos meios, dar uma solução positiva à sua quase arruinada causa. Nesta época, o embaixador português em Roma recebeu uma carta anônima que dizia estar o papa disposto a fazer ainda maiores concessões aos criptojudeus, tais como: os bens dos hereges futuramente não seriam entregues ao fisco real, mas aos herdeiros dos condenados; manter-se-iam abertas as prisões; as declarações de quaisquer testemunhas não seriam mantidas secretas; não se iniciariam processos contra pessoas mortas e haveria apelação para Roma, além de outras do mesmo gênero[1].

Diante de tal situação, não restou ao rei outra alternativa senão solicitar novamente o auxílio do então poderoso e temido imperador Carlos. Durante

---

1 Sousa, *Annaes*, 459. A carta diz: "Excellens et mi Domine. Sunt in expeditione capitula infrascripta contra S. Officium Inquisitonis in regno Portugalliae ad instantiam conversorum illius regni, scilicet:
    Primum, quod bona Hereticorum non ad fiscum regium, sed / ad ipsorum haeredes transeant perpetue; / Secundo, quod carceres sint aperti; / Tertio, quod dicta testium indistincte publicentur; / Quarto, quod appelletur in crimen Heraeseos etiam / indifferentur a deffinitiva; [...] / Quinto, quod non procedatur contra jam mortuos [...] et alia / multa petunt capitula".

a estadia deste em Nápoles, pediu-lhe que conseguisse o estabelecimento da Inquisição. O imperador prometeu fazer o possível, apesar do pouco sucesso de sua primeira tentativa. Após diversas reuniões entre o secretário de Estado da Espanha e o embaixador português Meneses, recebeu o embaixador espanhol em Roma, Cifuentes, a ordem de, em nome do imperador, cuidar energicamente da revogação da bula de 12 de outubro. Nesse sentido escreveu Carlos pessoalmente a Pier Ludovico, o filho adotivo de Paulo.

Enquanto lhes defendia a causa um homem como Duarte da Paz, não tinham necessidade os criptojudeus de recear a intervenção espanhola. Este ágil diplomata, o mais temido em Portugal, estimulado pelos recentes sucessos, não escondeu seu otimismo, com ele contando para futuras vitórias.

Sob as vistas dos embaixadores movimentava-se livremente em Roma. Fazendo uso de documentação, defendia em toda parte os direitos dos correligionários e sobre o assunto conferenciou com o embaixador espanhol, que com ele concordava em muitos pontos, principalmente em considerar válidos os privilégios confirmados por D. João aos cristãos-novos. Repreendido por Meneses, por haver recebido Duarte da Paz, este grande inimigo de Portugal, o embaixador respondeu acertadamente que, como personalidade oficial, não podia recusar audiência a ninguém, encontrando-se sua casa aberta para todos[2]. Aconteceu então (fins de janeiro de 1536) que Duarte da Paz, certa noite – havia estado naquele mesmo dia com o papa –, foi atacado nas ruas de Roma por homens desconhecidos e disfarçados, recebendo catorze facadas, que o prostraram como morto. Uma armadura que usava por baixo das roupas salvou-o, entretanto, de ferimento mortal; foi levado primeiramente para a casa do sr. Filipe Estrozi e, em seguida, por ordem expressa do papa, para o convento de Santo Ângelo, onde recebeu os maiores cuidados, restabelecendo-se em pouco tempo[3]. O papa muito se indignou com este ataque, executado quase sob suas vistas, e contra um homem que ele, pessoalmente, muito estimava. Comentava-se, nos círculos bem informados, que o assassino havia sido contratado por D. João, pretendendo o próprio Duarte apontar a responsabilidade do rei numa carta-queixa, e

2 Heine, op. cit., 166.

3 Aboab, op. cit., 293, meu *Menasse ben Israel*, 88.

prová-la perante a justiça[4]. O monarca, no entanto, negou qualquer participação no atentado, declarando tratar-se da vingança pessoal de um clérigo.

> Acerca das feridas que la lhe foram dadas [(a Duarte da Paz), escreve o rei para Santiquatro,] afirmay também a S. S. que nunqua em tal cuidey, nem foy em minha sabedoria, e crede vós também e afirmay a S. S., que se eu tal cousa cuidara se fizera de outra maneira e que lhe fixara pouquo luguar pera suas malicias, e certo que eu receby muito desprazer de tal lhe ser feyto tanto em presença do Sancto Padre, como dizes, e que o que me foy dicto depoy de seu ferimento foy dizerem-me que um clerigo com que ele tinha debates lhe fizera ou mandara fazer aquele ferimento[5][i].

Não foi difícil protestar sua inocência a Santiquatro, e para ganhar mais facilmente a confiança deste cardeal antijudeu, descreveu Duarte como traidor da própria causa, denunciando ao rei aqueles criptojudeus que pretendiam fugir do país: "e pera verdes a vertude que ha nelle (em Duarte da Paz) vos emvio com esta carta as proprias cartas que elle la deu ao arcebispo do Funchal pera me enviar porque me descubria alguns de sua gente, e dos principaes, que de cá se queriam fugir, pera serem presos e se proceder contra elles"[6]. Naturalmente devia prevalecer o maior segredo sobre esta correspondência! Difamação, apenas difamação, mentiras e calúnias!

Entrementes, Duarte da Paz abandonou o seu campo de ação; o homem que desassombradamente se opunha a um rei, que mantinha contato com

---

4 "Carta de Alvaro Mendes de Vasconcellos, de Napoles de 3. Feb. 1536: avisa que em Roma se derião quatorze punhaladas" (segundo Aboab e Menasse ben Israel, 15) "em Duarte de Paz, hum christão-novo portuguez, que fortemente encontrava a Inquisição que el Rey pledia: deixado por morto, viveo todavia em virtude de boas armas que trazia. E deste diz que fizera fazer libelo contra Sua Alteza e os de seu conselho". Sousa, op. cit., 397.

5 A carta do rei a Santiquatro, datada de junho de 1536, em Herculano, *História das Origens...*, II, 152.

i Cf. Marcel Bataillon, *Erasme et la cour de Portugal, Études sur le Portugal au temps de l'humanisme*, Coimbra: Acta Universitatis Conimbrigensis, 1952. (N. da T.)

6 Carta de D. João III a Santiquatro de [...] 1536, idem, II, 55.

papas, príncipes e cardeais não tinha, no entanto, coragem e perseverança para a nova luta que, por desgraça dos criptojudeus, surgiu entre os seus próprios representantes. Assumiram estes o compromisso de entregar ao papa somas maiores ou menores de acordo com os privilégios concedidos[7]. Apesar de não repudiarem tais incumbências, recusaram-se, talvez forçados pela falta de meios, a cumprir as promessas feitas arbitrariamente pelo próprio Duarte. Foram vãs todas as solicitações, ameaças e exortações. Insistiram que Duarte não havia sido autorizado a prometer dádivas e somas que ultrapassavam de longe suas posses, impossíveis de conseguir. Atacaram-no insistentemente, não deixando de acentuar que os havia ludibriado. Quatro mil ducados lhe haviam sido remetidos com a ordem de que fossem depositados no Banco de Roma e entregues ao papa conforme fora prometido; ninguém sabia o que fora feito do dinheiro. Não é de todo inverossímil que o cortesão astuto e hábil os tivesse gasto, em parte ou na sua totalidade, a fim de cobrir o seu desmesurado luxo ou comprar amigos e protetores para si e para a causa que defendia. O caso todo está envolto em dúvidas. Sabemos com certeza, apenas, que o núncio papal surgiu como defensor de Duarte, oferecendo-se para restituir a apreciável quantia. Durante a permanência deste na corte de Évora, conferenciou com os ricos criptojudeus da localidade, e ante a oposição destes ameaçou com a interferência do imperador, mostrando-lhes que, caso não fizessem estes sacrifícios monetários, dar-se-iam cenas mais sangrentas do que as do ano de 1506. Os judeus não se deixaram intimidar. Dirigiu-se então para Flandres, onde também viviam muitos judeus de Portugal, aparentemente como fiéis católicos[8], entrando em contato com Diogo Mendes, o mais abastado e conceituado dos criptojudeus do país. Diogo e a viúva de seu irmão Francisco Mendes, a riquíssima D. Grácia Mendes (Beatrice de Luna), tia do célebre D. José Nassi, duque de Naxos, concordaram com a proposta, fornecendo

---

7 Compare com p. 228-229.

8 Também em Flandres, que já naquela época sobressaía pela tolerância, viram-se os criptojudeus obrigados a encobrir sua fé, sendo ainda no ano de 1550 publicado ali um decreto contra estes cristãos-novos "que por mais de seis anos tivessem habitado no país", para que saíssem no prazo de um mês. Koenen, *Geschiedenis der Joden in Nederland*, Utrecht, 1843, 129.

Gracia Mendes Nasi. Pastorino de Pastorini, 1553. Medalhão.
Coleção George Halphen. Paris, França.

a maior parte dos cinco mil escudos exigidos. Alimentavam a esperança[9] de, com este sacrifício, socorrer e salvar os seus irmãos ameaçados[ii].

Os Mendes viram-se, no entanto, logrados em suas esperanças. Com um atentado preparou-se o caminho para o estabelecimento do Tribunal, que, durante os séculos de sua existência, derramou verdadeiros rios de sangue judaico. Com ouro o papa foi conquistado para a Inquisição. O embaixador português, ao qual foram delatadas as conversações entre os judeus secretos e o núncio, prometeu a Paulo uma soma igual à oferecida pelos judeus. O papa cedeu. Ao imperador Carlos, que nesta mesma época se encontrava em Roma com seu vitorioso exército em pleno triunfo, suplicou ao embaixador português Álvaro Mendes de Vasconcelos que aproveitasse a ocasião para conseguir do papa o estabelecimento da Inquisição; o vencedor dos turcos não desejava outra coisa senão ver em Portugal o Tribunal de Fé[10].

9   "A ida a Flandres tinha [...] por objecto falar com Diogo Mendes, o mais rico e respeitado hebreu português, e com a viuva de seu irmão Francisco Mendes, a qual subministrara a major quantia para a solução dos cinco mil escudos recebidos". Herculano, II, 159.

ii   A família Mendes teve papel importante no mundo comercial e financeiro europeu, assim como também no desenrolar da história dos criptojudeus ou marranos. Durante certo tempo tiveram o monopólio das especiarias no norte da Europa e em torno da sua casa giravam os grandes negócios dos portugueses cristãos-novos; trabalhos recentemente publicados revelaram a extrema importância desses negócios para a evolução do comércio colonial brasileiro, e seria interessante conhecer até que ponto os Mendes e os cristãos-novos portugueses de Antuérpia participaram dos negócios com o Brasil. Sobre essa importante família, cf.: Cecil Roth, *El Duque de Naxos*: luz y sombra de un destino ilustre, Buenos Aires: Israel, 1954; idem, *Doña Grácia Mendes*: vida de una gran mujer, Buenos Aires: Israel, 1953; João Lúcio de Azevedo, *Épocas de Portugal Econômico*, 2. ed., Lisboa: Livraria Clássica Editora, 1947, p. 112-113; Virginia Rau, Fortunas Ultramarinas e a Nobreza Portuguesa no Século XVII, *Revista Portuguesa de História*, Coimbra: Instituto de Estudos Históricos Dr. Antônio de Vasconcelos/ Faculdade de Letras da Universidade de Coimbra (FLUC), t. VIII, p. 1-25, 1959. Sobre as atividades dos cristãos-novos em Antuérpia, cf. ainda: Jan-Albert Goris, *Étude sur les colonies marchandes méridionales (Portugais, Espagnols, Italiens) à Anvers, de 1488 à 1567*: contribution a l'histoire des debuts du capitalisme moderne, Louvain: Librairie Universitaire, 1925; Salomon Ullmann, *Histoire des juifs en Belgique, jusqu'au XVIIIe Siècle*, Anvers: Imprimerie et Lithographie Delplace Koch & co., [1932?]; Israël Salvator Révah, Pour l'histoire des marranes à Anvers: recenseaments de la "Nation Portuguaise" de 1571 à 1666, *Révue des Études juives*, Paris: Societé des Études juives, 123, fasc. 1-2, p. 123-147, jan.-jun. 1963. (N. da T.)

10   "Por carta de Alvaro Mendes de Vasconcellos que andava por Embaixador de Portugal com o Emperador, escrita em Roma a 22. Abril 1536, consta que facia instancias com o Emperador pera se ajudar delle no negocio da Inquisição pera este Reyno, e que o Emperador falara nelle do Papa apertadamente".

D. JOÃO III (CONTINUAÇÃO)

Paulo não pôde resistir por muito tempo à tentação do ouro e às impetuosas exigências do poderoso imperador. O honrado cardeal Ghinucci, que até o último instante se mantivera amigo dos criptojudeus, foi afastado da comissão mencionada. Simonetta modificou sua opinião, influenciado pelo cardeal Pucci, e Vasconcellos reclamou com insistência o fim das conversações; a difícil questão estava resolvida. A 23 de maio de 1536[11], publicou Paulo III a bula na qual a instituição da Inquisição foi definitivamente proclamada, suspendendo-se todos os privilégios anteriores e éditos pontifícios – excetuando aquele breve que o papa concedera a Duarte da Paz, sua família e seus parentes, permitindo-lhes que emigrassem de Portugal[12] –, com a determinação de que, nos primeiros três anos, fosse mantido o procedimento comum aos processos cíveis, e, nos primeiros dez anos, os bens dos condenados não fossem entregues ao fisco, mas aos parentes mais próximos[13].

A única coisa que os amigos e representantes dos criptojudeus ainda conseguiram foi que a bula fatídica ficasse presa em Roma até meados de julho. A 22 de outubro de 1536, foi ela proclamada solenemente em Évora. Podemos imaginar a dor e o desânimo que se apoderou dos cristãos-novos logrados em suas esperanças? Foram como que atingidos por um raio, abandonando-se totalmente ao desespero.

Logo depois de ter sido levada a bula ao conhecimento geral, publicou o inquisidor-mor – cargo para o qual não fora eleito o feroz bispo de Lamego, porém o mais humano bispo de Ceuta, Diogo da Silva[iii] – uma advertência na qual se enumeravam todos os crimes contra a fé cristã, de tal modo selecionados que ninguém mais pôde proteger-se das perseguições do Tribunal. Não se limitava a citar como indícios de heresia e suspeita de

---

Sousa, op. cit., 397; Aboab, op. cit., 293, e Menasse ben Israel, op. cit., 88, em que se deve ler Paulo III em vez de Clemente VII.

11 Não, porém, em 26 de julho de 1536, como escreve Heine, provavelmente confundido por Sousa, 398.

12 O rei declarou que nunca permitiria a volta a Portugal deste homem "miserável".

13 A bula, em Sousa, *Provas*, II, 713 e s.

iii João Lúcio de Azevedo refere-se a dois inquisidores com o nome de Diogo da Silva: um que renunciou em 1532; e outro, nomeado inquisidor supremo em 1536, que foi acusado de "brandura", sendo substituído pelo cardeal Henrique. A identidade dos nomes tem dado motivo a divergências. Cf. J. L. de Azevedo, *História dos Cristãos-novos Portugueses*, Lisboa: Livraria Clássica Editora, 1921, p. 90, nota 1. (N. da T.)

judaísmo a circuncisão, a observação do sábado, das festas hebréias e dos rituais da religião mosaica etc., como também aquelas cerimônias que o sincero católico pode celebrar. Todavia, a Inquisição, sedenta de fogo e vingança, no início aparentava um aspecto de bondade e clemência! Antes de iniciar suas atividades perseguidoras, promulgou um manifesto incitando todos os judeus secretos a entregar ao inquisidor-mor, no prazo de trinta dias, uma confissão penitente dos seus crimes contra a fé. Garantia-se-lhes pleno perdão; no entanto, conhecendo suficientemente o sentimento humanitário da Inquisição, sabiam que este ato de clemência serviria de armadilha. Já o rei D. João, anos atrás, mandara anotar, pelo inquisidor-mor de Sevilha, os nomes daqueles que foram aí queimados em efígie depois de refugirem-se em Portugal[14].

Ainda não havia terminado o prazo de clemência e já os criptojudeus, que no fundo nada mais tinham a perder, iniciaram novamente a luta. Em outubro de 1536, dois dos mais destacados dentre eles, Jorge Leão e Nuno Henriques, de Lisboa, entraram em conversações com o infante Luís, irmão de D. João. Garantiram que nenhum deles deixaria o país com a família e bens caso o rei lhes outorgasse o prazo de um ano, a fim de poderem preparar-se devidamente para o futuro. Por ser a perda de tantos habitantes trabalhadores e abastados de grande prejuízo para o país, não podendo todas as leis nem a mais severa vigilância das autoridades impedir sua fuga, o infante e os mais inteligentes estadistas aconselharam ao monarca que atendesse ao justo apelo dos criptojudeus. Todas as exortações de D. Luís foram ignoradas por um inveterado fanático como o era D. João, e nada conseguiu demovê-lo de sua opinião.

Os cristãos-novos judaizantes prepararam-se para novo ataque contra o Tribunal de Fé. Em Roma, as condições não lhes eram adversas. O papa, que lhes era favorável, levado a ceder apenas pelas circunstâncias, de coração ainda lhes estava inclinado. Podiam confiantemente contar com seus velhos amigos, principalmente com o cardeal Ghinucci, decidindo-se por isso os representantes da "nação judaica", como eram designados em documentos da época, apelar, com o pretexto de o papa ignorar os fatos reais. Apontaram

---

14 Herculano, II, 173.

os absurdos do manifesto publicado em Portugal, onde todos, criminosos e inocentes, corriam perigo de ser devorados pelo monstro, e declararam francamente que a bula de 23 de março fora promulgada da maneira mais ilegal, contra todos os direitos dos povos e dos homens. Realmente não lhes faltava coragem. No memorial que os representantes dos judeus secretos entregaram ao papa, falavam arrojadamente e com energia:

> Se vossa sanctitade, depresando as preces e lacrymas da gente hebrea, o que não esperâmos [...] protestàmos ante Deus, e ante vossa sanctitade, e com brados e gemidos, que soarão longe, protestaremos a face do universo, que não achando logar onde nos recebam entre o rebanho christão, perseguidos na vida, na honra, nos filhos, que são nosso sangue, e ate na salvação, tentaremos ainda absternos do judaismo ate que, não cessando as tyrannias, façamos aquillo em que, alias nenhum de nos pensaria, isto é, voltemos a religião de Moyses, renegando o christianismo que violentamente nos obrigaram a acceitar. Proclamando solemnente a força precisa de que somos victimas, pelo direito que esse facto nos da, direito reconhecido por vossa sanctitade, pelo cardeal protector e pelos proprios embaixadores de Portugal, abandonando a patria buscaremos abrigo entre povos menos crueis, seguros em qualquer eventualidade, de que não será a nos que o Omnipotente pedira estreitas contas do nosso procedimento[15].

Tal linguagem não deixou de surtir efeito. O núncio della Rovere, chegado de Portugal, aproveitou o momento propício. Estimulado por ouro, animou os cardeais conhecidos como humanos e simpatizantes dos judeus, além do próprio papa, a interessar-se novamente pela causa daqueles que pouco antes haviam sido entregues ao ódio e ao arbítrio de seus perseguidores. O prelado descreveu, nas mais sombrias cores, as inclementes e desumanas atividades em Portugal, não hesitando em declarar, a bem da justiça e da verdade, que

15 Memorial, em *Symmicta*, v. II, f. 90 e s., em Herculano, II, 182.

a concessão feita ao fanatismo por razões políticas – autorização da Inquisição – havia sido um engano que precisava ser corrigido. Em conseqüência do apelo dos criptojudeus e da insistência de della Rovere, Paulo, que, de um lado, temia a inimizade de ambos os soberanos católicos e, de outro, também não queria rejeitar as solicitações e dádivas dos oprimidos, decidiu confiar novamente a bula a uma comissão para cuidadoso exame. Essa comissão, da qual participavam o já mencionado cardeal Ghinucci e o cardeal Jacobacio, igualmente simpatizante dos judeus, decidiria se a bula de 23 de março precisaria ou não de uma modificação. Após curto prazo, declararam os dois cardeais, em acordo com o cardeal Simonetta, que a bula, tendo sido promulgada de modo incorreto e ilegal, devia ser alterada. Para reparar o que fora feito, decidiu a Cúria enviar um novo núncio a Portugal, na pessoa de Hieronymo Ricenati Capodiferro. Sua tarefa seria examinar cuidadosamente os processos iniciados pela Inquisição, proteger os criptojudeus na medida do possível e, principalmente, observar que o rei cumprisse pontualmente as promessas feitas; além disso, tinha ordem expressa de relatar a Roma qualquer arbitrariedade e injustiça do Tribunal, a fim de que a Cúria tivesse razões suficientes para revogar a licença que permitiu a sua instalação.

Munido de tais ordens e incumbências, nas quais se deparava claramente a aversão de Paulo ao Tribunal de Fé, dirigiu-se Capodiferro, a 1º de fevereiro de 1537, para ocupar seu cargo. Apenas havia partido de Roma, chegou dos criptojudeus – para os quais a irritação do papa já não constituía segredo – uma nova súplica endereçada à Cúria, na qual ressaltavam a cruel ferocidade com que eram tratados em Portugal, e como, apesar da determinação papal, era-lhes estritamente interditada a livre emigração, a venda dos seus bens e o recurso à Cúria. O papa levou o caso tão a sério que enviou um breve ao núncio, no qual não somente ordenava ao rei, sob ameaça de excomunhão, que suspendesse a proibição de deixarem o país, como também autorizava qualquer pessoa a auxiliar e amparar os judeus secretos acusados. Via-se claramente – mandou dizer ao rei por intermédio de Capodiferro – que não eram razões de fé que o levavam a interessar-se pela instituição do Tribunal. Desejava apenas arruinar as pessoas que não lhe agradavam e apoderar-se de suas riquezas.

D. JOÃO III (CONTINUAÇÃO)

Assim foi a política do papa. A Inquisição, instituída através do ato autoritário de um príncipe, foi suprimida novamente através dos esforços e do ouro dos judeus, sendo no entanto restabelecida, na medida em que os sectários do judaísmo retiveram suas fortunas. Desta vez, os criptojudeus souberam tirar melhor proveito de suas oportunidades: doaram fartamente, e a humanidade novamente ganhou terreno na sede do catolicismo, enquanto isso lhe era vantajoso.

Capodiferro, como núncio, enquadrava-se no seu posto. Aproveitou o sábio conselho do papa, escutando com um ouvido o rei e com o outro o que era justo aos criptojudeus[16], os quais, de sua parte, não deixavam faltar gratificações e presentes em dinheiro. De repente, produziu-se um momento de calma, durante o qual nem os criptojudeus nem o núncio tinham razões para queixar-se dos excessos da Inquisição. Os apavorados adeptos do judaísmo gradativamente perderam o medo do Tribunal de Fé, que, não obstante o inquisidor-mor e a tortura, praticamente não existia; toda espécie de crime contra a Igreja ficava impune. Capodiferro amontoava fortunas. Libertava os judeus secretos dos cárceres inquisitoriais, oferecendo-lhes oportunidade para fugirem. Muitos procuraram alcançar a Turquia, enquanto outros, através de Larache e Salé, partiram para o domínio dos príncipes mouros[17].

Devido ao singular incidente no início do ano de 1539, os criptojudeus se viram novamente alarmados. Certa manhã do mês de fevereiro, encontrou-se nas portas da catedral e de outras igrejas de Lisboa uma declaração na qual se atacava o cristianismo no seu ponto mais vulnerável: o Messias ainda não chegara, Jesus não fora o verdadeiro Messias. Era uma forma eficaz de enfurecer os portugueses sangüinários contra os cristãos-novos. Não demorou o efeito, e seguiram-se incidentes tumultuosos. A fim de apaziguar o vulgo, o rei deu início a uma investigação rigorosa, prometendo

---

16 "Dirigendo semper unum oculum ad gratificandum regi, dexterum vero ad justitiam et ad procurandum ne quis istorum miserorum justam habeat causam de sanctitate sua et apostolica sede conquerendi". Herculano, II, 197.

17 Sebastião de Vorgas escreve ao rei D. João numa carta datada de Mequinez, abril de 1539: "que passavam muitos Christãos-Novos pelos rios de Marmora, Larache e Salé para as terras dos Mouros". Herculano, II, 207.

HISTÓRIA DOS JUDEUS EM PORTUGAL

publicamente, a quem denunciasse o autor do manifesto herético, uma recompensa de dez mil cruzados. Também Capodiferro ofereceu um prêmio de cinco mil cruzados, emitindo o parecer que a declaração fora escrita por inimigo dos criptojudeus, com o intuito de fanatizar ainda mais o rei. Foram detidas muitas pessoas, e todos os suspeitos encaminhados ao cárcere. A fim de escapar à ira do povo, os cristãos-novos publicaram na catedral: "Eu, o autor, não sou nem espanhol, nem português, mas um inglês, e se dessem, em vez de dez mil, vinte mil escudos, ainda assim não descobririam meu nome". O autor, no entanto, foi encontrado, um criptojudeu de nome Manuel da Costa. Torturado, identificou-se como responsável pelo escrito, que exprimia sua mais profunda convicção, não o considerando criminoso. Foram vãs todas as tentativas para dissuadi-lo do seu ponto de vista, com nenhum suplício e sofrimento foi possível arrancar-lhe os nomes de seus cúmplices e correligionários. Depois de lhe deceparem as mãos, queimaram-no publicamente em Lisboa[18].

A atitude tolerante para com os criptojudeus durou pouco. O bondoso e fraco Diogo da Silva foi removido, e o cardeal-infante D. Henrique, irmão mais novo do rei, eleito inquisidor-mor (22 de junho de 1539). Procedeu-se com toda a severidade contra os cristãos-novos, voltaram a encher-se as prisões e foi necessário aumentar o número de funcionários inquisitoriais. João de Melo, fanático furioso, e João Soares, pessoa ignorante e desprovida de caráter, foram eleitos inquisidores. As condições tornaram-se cada vez piores para os cristãos-novos. O novo embaixador português em Roma, D. Pedro Mascarenhas, com ouro e promessas atraiu os cardeais para sua causa. Capodiferro arrefecia no cumprimento dos seus deveres e no entusiasmo pelos seus protegidos, na medida em que diminuíam os presentes. Calou-se durante certo tempo frente às mais gritantes arbitrariedades e atos ilegais do Tribunal, até que um processo iniciado pela Inquisição contra o cirurgião pessoal do rei, Aires Vaz, motivou o rompimento oficial com o inquisidor-mor.

Aires Vaz descendia de conceituada família de judeus lisboetas, que cultivava intensamente a arte médica. Manuel Vaz, graças à sua profunda visão e rica experiência, alcançou – segundo informação do seu próprio

18 Herculano, II, 205 e s.; *Informatione*, em Grätz, IX, LVI.

D. JOÃO III (CONTINUAÇÃO)

sobrinho Rodrigo de Castro, do qual voltaremos a falar mais tarde – a rara honra de servir como cirurgião particular a quatro reis de Portugal, D. João III, D. Henrique, D. Sebastião e D. Felipe I[19]. Outro irmão, Pedro Vaz, mencionado pelo cirurgião português Zacuto Lusitano em vários trechos de sua conhecida obra médico-histórica, e que também foi elogiado como sábio por seu já mencionado sobrinho, praticava medicina em Covilhã. Também nosso Aires (Rodrigo) era cirurgião pessoal e de câmara de D. João. Como tal, foi enviado certa ocasião ao rei de Fez, quando este, envolvido em disputas com Portugal e encontrando-se adoentado, pediu auxílio médico ao seu adversário. Vaz, por ordem expressa do seu senhor, empregou todos os cuidados para curar o monarca estrangeiro, conseguindo de fato salvar-lhe a vida.

Os estudos de Aires Vaz não se limitaram somente à medicina, pois nutria grande predileção pela astronomia e, como muitos da sua época, interessava-se pela arte quimérica que ensina a predizer o destino dos homens através da constelação dos astros. O médico do paço tornou-se astrônomo e rapidamente adquiriu o renome de grande profeta. Começou predizendo à rainha, passando mais tarde também a profetizar o futuro no campo político. Entre outras cousas, prognosticou aos supersticiosos cônjuges reais a morte de um dos seus dois filhos, o que, para a infelicidade de Vaz, realmente logo se concretizou. Desde então, passou o adivinho a ser malquisto na corte real e, como já uma vez se mostrara mensageiro de Jó, até suas previsões favoráveis eram recebidas com má vontade. O rei passou a suspeitar do seu cirurgião pessoal e a duvidar de sua fé, tomando-o por adepto do judaísmo, um herege. Esta opinião era reforçada por certas expressões descuidadas do mesmo. Quando, após algum tempo, o rei encaminhava a conversa para o terreno da astrologia, confessou Vaz que, segundo sua opinião, o vaticínio por intermédio dos astros era um jogo muito vago; raras vezes o espírito humano seria capaz de descobrir os segredos da natureza e das esferas mais elevadas, pois Deus muitas vezes suspende a influência das constelações sobre o destino dos homens. O astrólogo ia ainda mais longe, declarando que toda a astrologia como arte de predizer o

---

19 Rod. de Castro, *Mulier. Morbor. Medicina*, Hamburgo, 1662, II, 47, 332.

futuro pelos astros não passava de pura adivinhação, considerando-a loucura e impiedade[iv].

Tal confissão serviu muito bem aos intuitos do rei. Recebera poucos dias antes, aparentemente de um médico pobre, um tratado sobre o vaticínio astrológico no qual estavam expressos pontos de vista semelhantes aos de Vaz. Não seria evidente considerar o próprio médico pessoal autor desta obra pagã? Mandou entregar à Inquisição uma cópia do tratado, exigindo dos juízes ignorantes que condenassem Vaz como herege. O cirurgião privado do rei foi convocado e interrogado. Não negou sua autoria, identificando-se com os princípios e opiniões nela expressos. Aproximando-se o dia de sua defesa, Vaz apresentou-se corajosamente diante dos temíveis juízes eclesiásticos, levando vários volumes, e iniciou a prova tanto dos seus pontos de vista, baseados na ciência, como de sua fé. Quão surpresos ficaram os inquisidores quando, apenas iniciado o debate, apareceu pessoalmente o núncio apostólico, que tinha a seus serviços como pajem Salvador Vaz, irmão mais novo do médico acusado, e declarou que a investigação estava provisoriamente encerrada. Como motivo, alegou não ter Vaz obrigação de prestar esclarecimentos à Inquisição, devendo o acusado resolver a causa em disputa pública com teólogos eruditos, na presença dos juízes e do núncio.

Vaz não podia pretender nada melhor. Há muito esperava oportunidade para dar uma merecida lição aos teólogos incultos, em especial ao presunçoso Soares. A disputa não se realizou. A Inquisição condenou Vaz, apesar da oposição do núncio. Capodiferro passou então a agir com firmeza. Deu a entender claramente ao cardeal-infante que, caso ele, como inquisidor-mor, não desistisse da investigação, teria de sujeitar-se a uma série de inconveniências e aborrecimentos. O infante não quis ceder – apresentou queixas contra o núncio, apelou para a Cúria, enfim, entre o gabinete português e a sede apostólica surgiram desavenças que resultaram na transferência de Capodiferro.

Vaz foi chamado à Cúria a fim de, em Roma, receber a sua sentença, e todas as objeções da Inquisição portuguesa foram vãs. Com sua chegada à

---

iv Em Herculano lê-se: "podiam ser e eram loucura, porém não impiedade", e não como em Meyer Kayserling "loucura e impiedade". Cf. Alexandre Herculano, *História da Origem e Estabelecimento da Inquisição em Portugal*, São Paulo: Pioneira/Edusp, 1945, v. II, p. 59. (N. da T.)

D. JOÃO III (CONTINUAÇÃO)

capital do mundo, desapareceu dele toda suspeita de heresia. Encontrava em Paulo – que não realizava nenhuma sessão importante da Cúria nem empreendia viagem alguma sem escolher os dias, sem "ter observado a constelação" – um compartilhador de sua arte e em pouco tempo os estudos em comum uniram o papa e o criptojudeu em íntima amizade. Por meio da bula de 6 de junho de 1544, Paulo protegeu o amigo astrólogo de todas as perseguições ulteriores do Tribuna de Fé, assim como a todos seus parentes, além dos advogados que o haviam defendido em Lisboa e suas famílias[20].

Em conseqüência dos relatórios chegados a Roma concernentes às crueldades do inquisidor D. Henrique, cuja suspensão era exigida terminantemente pelo papa, procedeu-se a outro exame da própria Inquisição. O resultado foi nova bula publicada por Paulo, 12 de outubro de 1539, que no seu todo favorecia os criptojudeus. Mais uma vez determinava devessem os nomes dos denunciantes e testemunhas ser transmitidos aos acusados e que fossem punidos e condenados à indenização aqueles cuja denúncia ou testemunho fossem provados falsos. Não se devia prender ninguém em conseqüência de acusação feita por um condenado durante a tortura; as prisões só serviriam para guardar e não para castigo, não sendo permitida, sem a aquiescência dos condenados a transformação do castigo em confisco dos bens; não se devia proferir sermões tendenciosos contra os criptojudeus e sempre devia haver apelação para Roma[21].

Esta bula constituiu uma vitória, comprada a peso de ouro, da tolerância sobre o fanatismo, mas que, infelizmente, como logo veremos, nunca foi de proveito para os criptojudeus.

---

20 Herculano, II, 220 e s.

21 Herculano, II, 249 e s. Somente o Memorial dos criptojudeus menciona esta bula; não consta do *Bullar. Roman.*

4.

Novas Lutas

O fim do pérfido Duarte da Paz, e seu sucessor Diogo Antônio. Situação aflitiva dos criptojudeus e a disposição favorável do papa. Heitor Antonio. Primeiras crueldades da Inquisição. Morte de Davi Reubeni. Diogo Fernandes Neto, novo representante. Os cardeais Parísio e Carpi, amigos dos judeus. Interferência enérgica de D. João contra a nova nunciatura. Uma correspondência encontrada. A Inquisição também introduzida em Roma. Diogo Fernandes Neto na prisão. A atividade de Jácome da Fonseca e do cardeal Farnese. Memorial dos criptojudeus. Desumanidades da Inquisição e suas vítimas.

DÁDIVAS E DESMESURADOS SACRIFÍCIOS EM DINHEIRO haviam proporcionado, de tempos em tempos, certa tranqüilidade aos criptojudeus. Arrependeram-se profundamente de poucos anos antes, durante a primeira luta, não terem sido mais generosos em suas doações; em compensação, desta vez contribuíam largamente. Parece que esta mudança de atitude relacionava-se com a troca do representante.

Substituíra Duarte da Paz, como representante dos criptojudeus em Roma, o dr. Diogo Antônio. Unido a diversos correligionários que moravam na então capital do mundo, ou que lá temporariamente se encontravam, defendia, com mais honestidade do que seu indigno antecessor, os interesses a ele confiados.

Duarte da Paz, homem ambicioso e sem caráter, do qual tudo se conseguia por dinheiro, tornou-se, no verdadeiro sentido da palavra, traidor dos seus próprios irmãos. Depois de afastado de seu posto pelas razões já mencionadas, iniciou em Veneza, onde agiu não como judeu, mas como bom católico, suas atividades delatoras. Não sabemos se, já em 1535, mantinha correspondência secreta com o rei de Portugal; certo é que, em fins de 1539, por intermédio do embaixador português Pedro Mascarenhas, lhe enviou cartas nas quais denunciava seus infelizes irmãos. E ainda mais, arrancando a máscara da hipocrisia, fez-se maior inimigo dos criptojudeus do que havia antes sido seu defensor. Tomado de ódio doentio, enviou ao papa um malévolo memorial impresso, no qual, da maneira mais vil, levantava supeitas sobre o povo judeu. Esforçava-se este infame traidor por arruinar os criptojudeus e levá-los à fogueira, não excetuando seus parentes mais próximos. Aconselhou ainda ao papa que lhes confiscasse os bens e usasse um terço destes para fins religiosos! Não falaremos detalhadamente deste memorial, pois a sua própria consciência devia fazê-lo sentir que havia perpetrado uma das maiores infâmias de que um homem pode ser capaz. Como todas estas criaturas, quis também ele encobrir, sob o manto da religiosidade, suas negras intenções. "Se disseram", concluiu, "que me não move o zelo da fé, mas o despeito por me não pagarem as dívidas que contraí e por, ainda em cima, me perseguirem, apelo a Deus que vê as minhas intenções, e ainda à gente que me conhece"[1].

Incontinente recebeu o difamador o castigo merecido. Na sua ira aliada à imprudência, dispôs-se a fazer ao papa, sobre os judeus e para a honra da fé cristã, outras revelações. Publicou um libelo contra Diogo Antônio, o novo representante, no qual atacava, incompreensivelmente, a Cúria romana. Condenaram-no, sendo finalmente, a pedido do duque e por razões desconhecidas, preso em Ferrara. Após haver novamente recuperado a liberdade, converteu-se mais uma vez ao judaísmo, emigrando para a Turquia, onde, demonstrando completa falta de escrúpulos, converteu-se pouco antes de sua morte para o islamismo. Logo que o papa Paulo soube ter este hipócrita se tornado adepto do islã, suspendeu o breve pelo qual, junto com seus parentes e Diogo Fernandes Neto, o eximira da justiça inquisitorial (28 de outubro de 1542)[2].

1 Uma cópia do memorial impresso na correspondência de D. Pedro Mascarenhas, em Herculano, *História das Origens...*, II, 266.

2 Herculano, II, 262 e s., Kunstmann, em *Münchener gelehrten Anzeig* (Noticiário Erudito de Munique), 1847, n. 79 e s.

NOVAS LUTAS

A pérfida traição de Duarte foi, infelizmente, imitada por alguns judeus importantes, os quais, para livrar-se de perseguições e ciladas, fizeram causa comum com os amigos da Inquisição. Mal se pode crer: a bula de 12 de outubro de 1539, que com tão grandes sacrifícios materiais e tão extraordinários esforços fora conseguida, mostrou-se, afinal de contas, inútil. Após ter sido editada pela Cúria, um dos representantes dos criptojudeus levou-a para a capital portuguesa. Fazendo parte do grupo que servia mal à própria causa, estendeu sua viagem o mais que pôde e, finalmente alcançando Lisboa, ocultou-se por alguns dias, antes de entregar ao núncio a bula e as cartas que lhe foram confiadas. Enquanto se dava esse retardamento, voltava Capodiferro a Roma, dizendo que viera pedir ao papa esclarecimentos sobre algumas dúvidas contidas na bula anterior. Na verdade, retornava porque os judeus secretos não queriam ou não podiam levantar as imensas somas que o insaciável núncio, com sua ganância, lhes exigia. A bula jamais foi publicada; o infante D. Henrique continuou inquisidor-mor e os criptojudeus, após todos os esforços, encontravam-se em posição ainda mais desesperadora do que antes; sem a proteção do núncio apostólico, sem obter mesmo as garantias concedidas na bula de 23 de março, estavam entregues completamente ao bel-prazer da cruel Inquisição. O Tribunal desenvolveu atividade cada vez maior, os processos avolumavam-se com incrível rapidez, e D. João aperfeiçoou a obra com o máximo rigor. A 10 de dezembro de 1539, enviou ao seu embaixador Mascarenhas uma carta, que na realidade se destinava ao papa. O que continha esta missiva real? Uma confissão indireta de que o fanatismo ocasionara a ruína do país. Queixa-se o rei amargamente da diminuição do bem-estar, dos enormes cabedais que haviam saído para o exterior, especialmente para Flandres, e que Portugal, antes tão rico, caminhava para a miséria. Em seguida protesta de novo seu desinteresse material e o entusiasmo que nutria pela fé. Assegurava não estar interessado nas riquezas dos criptojudeus e propunha-se ainda prescindir, pelo prazo de dez anos, do direito de confisco, desistindo dele para sempre, caso o papa aquiescesse em conceder à Inquisição portuguesa autonomia semelhante à espanhola[3].

3 Herculano, II, 274.

HISTÓRIA DOS JUDEUS EM PORTUGAL

Esta carta, entregue por Mascarenhas e lida ao papa por Santiquatro, favoreceu grandemente a Inquisição. Paulo, de fato, sentia-se propenso a aceitar a proposta do monarca e a ratificar definitivamente o Tribunal de Fé, porém não lhe agradava o cardeal-infante como grão-inquisidor. Desprezava-o por sua sanguinolência e desumanidade, passando a odiá-lo mais ainda devido a uma ocorrência que, justamente nesse momento, chegara a seus ouvidos. No mesmo dia em que Mascarenhas entregava a carta de seu soberano, um judeu secreto, Heitor Antonio, diretamente vindo de Portugal, apresentou queixa contra o infante. Conta Heitor que partira de Aldeia Galega e que, durante a viagem, vieram a seu encontro primeiro o camareiro-mor do infante e, algumas centenas de passos depois, o próprio infante, com uma escolta de cinco cavaleiros. Indagando o severo senhor qual o destino de sua viagem, destino esse que ele conhecia de antemão, mandou prendê-lo como assaltante vulgar, remetendo-o para Lisboa depois de havê-lo despojado de seu dinheiro, diamantes e documentos. Na cidade, condenado à prisão, conseguiu felizmente fugir, atravessando na mesma noite o Tejo e a fronteira portuguesa[4]. Ante a indignação do papa, que admoestou o embaixador sobre o ato do infante, este declarou ser tôda a história simples calúnia, insistindo no imediato aprisionamento do criptojudeu, o que, no entanto, foi impedido pelo papa.

Passaram-se quinze meses antes que recomeçassem as conversações com a Cúria. Neste período, a Inquisição – que teve suas bases fortalecidas pela nomeação do cardeal-infante D. Henrique para grão-inquisidor – desenvolveu-se com todo ímpeto: em seis localidades do país ardiam as fogueiras e queimavam-se anualmente trinta, quarenta ou mais pessoas. A 23 de outubro de 1541, o Tribunal de Lisboa, cujo inquisidor era João de Melo, o mais fervoroso inimigo da raça judaica, celebrou seu primeiro auto-de-fé público, condenando muitos cristãos-novos; cinco pessoas morreram na fogueira, encontrando-se entre elas o sapateiro Gonçalo Anes Bandarra, que se considerava profeta[5][i]. Poucos meses depois, Évora, cujo Tribunal exercia

4   Idem, II, 284 e s.; 291 e s.

5   História da Inquisição, Lisboa, 1845, 9.

i   Para Antônio Sérgio, Interpretação Não-romântica do Sebastianismo, Ensaios, 2. ed., Coimbra: [s. n.], 1949, v. I, o messianismo português (de que o sebastianismo é uma fase), foi originário não de uma psicologia de raça, mas de condições sociais semelhantes às dos judeus; a esperança de um redentor,

NOVAS LUTAS

jurisdição sobre Alentejo e Algarve, realizou seu primeiro auto. Entre as quatro pessoas que desta vez foram condenadas à fogueira como adeptos do judaísmo, encontrava-se também Luís Dias, sapateiro de Setúbal, que se julgava o Messias – convertendo para sua crença muitos cristãos-novos e cristãos-velhos, inclusive o cirurgião pessoal de D. Afonso, irmão do cardeal-infante –, e o judeu Davi Reubeni, vindo da Índia, que também se considerava o Messias e que foi queimado publicamente em Évora após haver sofrido oito anos no cárcere da Inquisição em Llerena[6][ii].

Perante tais atrocidades diminuíram muito a coragem e a esperança dos criptojudeus. Todos os esforços visavam agora adiar a sanção do Tribunal, a fim de ganhar tempo para salvar suas vidas e bens. Oxalá tivessem eles sido mais felizes na escolha de seus procuradores! O dr. Diogo Antônio não se mostrou mais digno que seu vergonhoso antecessor e empregou

---

alimentada pelos portugueses na época de suas vicissitudes, conhecida como sebastianismo, foi um fenômeno psicológico-social que teve suas origens no contágio com os cristãos-novos e não foi uma resultante da índole do povo português, "herdeiro da raça celta", como pressupõem alguns autores, inclusive João Lúcio de Azevedo, *A Evolução do Sebastianismo*, 2. ed., Lisboa: Livraria Clássica Editora, 1947. Sobre as origens do movimento sebastianista e sua repercussão política, cf. idem, ibidem, e, também, de José Pereira de Sampaio Bruno, *O Encoberto*, Porto: Livraria Moreira Editora, 1904; Raymond Cantel, *Prophétisme et Messianisme dans l'ouvre de Antonio Vieira*, Paris: Éditions Hispano-Americanas, 1960. (N. da T.)

6 Idem, 12: "tambiem sahio o Judeu de Çapato, que veio da Jndia a Portugal a manifestar-se aos seus dizendo lhes que era o Messias, promettido e que vinha do Eufrates, onde todos os Judeus o crêrão". Não se trata de outro senão Davi Reubeni; o ano de sua morte não vem mencionado em outra fonte que eu conheça.

ii Em Le martyre de David Reubeni, *Révue des Études juives*, Paris: Societé des Études juives, 116, p. 93-95, notas, jan.-dez. 1957, Cecil Roth apresenta sua hipótese sobre o destino que tomou a vida de Reubeni depois de sua prisão em Regensburg, hipótese esta que foi refutada por Israël Salvator Révah, David Reubeni, *Révue des Études juives*, Paris: Societé des Études juives, 117, p. 128-135, jan.-dez. 1958, que mostra que C. Roth não se baseou em fontes oficiais, errando portanto sobre a data de sua morte. I. S. Révah fundamenta seus argumentos no trabalho de Antonio Rodríguez-Moniño, Les judaïsants à Badajoz de 1493 a 1599, *Révue des Études juives*, 115, p. 73-86, jan.-dez. 1956, que data a execução de Davi Reubeni em Llerena no ano de 1538, e não 1542 em Évora, como C. Roth e M. Kayserling. Cf. ainda de A. Rodríguez-Moniño, *La Muerte de David Reubeni en Badajoz (1538)*, Badajoz: Imprenta de la Diputación Provincial, 1959. Baseando-se na personalidade romântica de D. Reubeni, escreveu Max Brod, *Reubeni, Fürst der Juden. Ein Renaissanceroman* (Reubeni, Príncipe dos Judeus. Um Romance Renascentista), München: K. Wolff, 1925. Cf. Aaron Zeev Aescoly, *Sippûr David ha-Reuveni* (Relatos de Davi Reuveni), Jerusalem: Mosad Bialik, 1940. (N. da T.)

HISTÓRIA DOS JUDEUS EM PORTUGAL

também as somas destinadas a fins coletivos para seus próprios interesses, adquirindo breves de proteção para si e para os seus[7]. Presume-se ainda que Heitor Antonio tenha vindo a Roma principalmente com o fim de regularizar a situação financeira do irmão. Seu sucessor foi Diogo Fernandes Neto, em quem depositaram, com razão, grande confiança. Puseram à sua disposição enormes quantias que lhes chegaram às mãos por intermédio do abastado Diogo Mendes, de Flandres, e não teve dificuldades em conquistar para sua causa novos e importantes intercessores. O cardeal Parísio, um dos mais profundos conhecedores da lei canônica e o mais importante advogado de toda a Itália, possuidor de bens apreciáveis graças a suas extensas atividades – o mesmo homem que, já durante sua estada em Bolonha, escrevera a favor dos criptojudeus, provando, segundo a lei e a lógica, que não deviam estar sujeitos a nenhum julgamento eclesiástico, nem no passado, nem agora[8] –, continuou, quando cardeal, seu partidário, fato que lhe trouxe grandes proveitos. Caso fosse designado um novo núncio para Portugal, Neto ofereceria ao mesmo não somente 250 cruzados por mês, como também entregaria ao papa um presente de oito a dez mil cruzados, além de outra dádiva de igual valor ao cardeal Parísio[9].

O cardeal fez o que pôde. Apesar de Parísio e seu amigo, o cardeal Carpi, intercederem perante o papa a favor dos criptojudeus, e os próprios procuradores insistirem em demonstrar que a tirania do Tribunal de Fé excedia todas as concepções humanas – "as fogueiras ardem sem parar e os cárceres estão superlotados de prisioneiros" –, Paulo não conseguiu chegar a nenhuma conclusão definitiva. De um lado, não podia romper totalmente com Portugal, de outro, era ganancioso demais para não levar em conta seus próprios interesses. Só depois de violentos debates travados entre ele e o embaixador português Sousa, durante os quais este percebeu exercer o ouro apreciável influência sobre Sua Santidade, decidiu o papa renovar a nunciatura em Portugal.

7 "O Dioguo Antonio [...] convertia a mor parte em seus guastos e usus proprios", escreve o rei D. João ao papa; Herculano, III, 78.

8 Menassé ben Israel cita, segundo Aboab, op. cit., esta obra do cardeal, escrita em conjunto com Alsatio, como constando das segunda e terceira partes do *Consilia pro Christianis noviter conversis*; idem, III, 102; Ciacconius, III, 667.

9 Herculano, II, 321.

270

NOVAS LUTAS

Imediatamente, o embaixador português relatou ao seu rei a súbita mudança na opinião de Paulo. "Roma", assim escreve no seu primeiro estado de agitação, "é uma Babilônia prostituída; parece que estou no inferno"[10].

D. João pouco se importava com o que acontecia em Roma. Apenas soube que fora nomeado um novo núncio para Portugal, advertiu o papa de que este se deixava iludir pelos criptojudeus. Os relatórios anteriormente transmitidos deveriam tê-lo convencido, decididamente, sobre a necessidade da Inquisição. Ele, rei, com grande assombro soubera que os judeus secretos haviam recebido informações dos seus representantes em Roma, no sentido de que o papa pretendia promulgar novamente um perdão geral e suspender a bula de confirmação da Inquisição, além de querer enviar para Portugal um núncio, a pedido e por conta dos cristãos-novos. Demonstrou o inconveniente de nova nunciatura, declarando que o príncipe da Igreja, longe do palco de ação, não podia perceber tão bem quanto ele a premente necessidade de que a Inquisição continuasse desimpedida. A fim de convencê-lo, o cardeal-infante D. Henrique enumerou em carta para Pedro Domenico, agente de D. João em Roma (10 de fevereiro de 1542), alguns dos mais importantes e recentes crimes religiosos perpetrados em Portugal, verídicos e supostos. Entre outros, relatou que um sapateiro de Setúbal, o já mencionado Bandarra, havia-se declarado Messias e, através de certas cerimônias, conseguira que muitos criptojudeus o venerassem como redentor, beijassem-lhe a mão e praticassem outros excessos dessa natureza; entre estes, encontrar-se-iam homens notáveis pela riqueza e saber, médicos e sábios.

Também outros, afirma, consideram-se profetas e convencem muitos cristãos-velhos a aderir ao judaísmo. Um cirurgião de Lisboa ia de casa em casa pregar a fé mosaica e circuncidar os filhos dos criptojudeus. Outro teria conseguido muitos adeptos em Coimbra, mantendo escola própria e lecionando hebraico aos seus alunos. O atrevimento teria chegado a tal ponto que em Lisboa uma velha mulher cristã se convertera ao judaísmo. Também na capital descobrira-se uma casa onde os criptojudeus se reuniam, servindo-lhes de sinagoga. Todos estes detalhes, escreve o infante,

10 Idem, II, 325.

271

não eram declarações suspeitas de falsas testemunhas, mas fatos confirmados pelos próprios envolvidos.

Obviamente a carta fora escrita com o intuito de impedir o restabelecimento da nunciatura e para ser publicada em Roma. Domenico apresentou-a ao papa, como sabemos, por meio de uma missiva (23 de março de 1542); este o ouviu atenciosamente, fazendo-o repetir um trecho ou outro, a fim de compreendê-lo melhor, e demonstrando-se pasmo ante tais acontecimentos, conforme declarou o secretário da embaixada. Prometeu, finalmente, que a carta seria traduzida para o italiano a fim de que pudesse estudá-la melhor e aconselhar-se com Luís Lipomano, bispo e coadjutor de Bérgamo, o qual estava destinado para a nova nunciatura. Também o embaixador imperial, marquês de Aguillar, recebeu uma cópia da carta e, de uma nota que o rei a ele dirigiu, percebe-se claramente que D. João de novo usou a intercessão do imperador e que este havia dado ordens diretas ao seu embaixador. Para atiçar ainda mais o entusiasmo deste homem, escreveu-lhe ainda o rei separadamente, e Pero Domenico mostrou-lhe também o relatório do cardeal-infante. O marquês, numa carta de 24 de março de 1542, conta o resultado de seus esforços. Descreve que se encontrando um dia junto ao papa, como se fosse por acaso, referiu-se ao núncio que devia ir a Lisboa. Em seguida, o papa teria exposto toda a marcha dos acontecimentos, declarando estar agindo contra sua consciência, caso não enviasse o núncio, pois assim fora combinado; além disso, havia queixas sobre o procedimento da Inquisição que deviam ser examinadas por ele. Se o núncio não fosse recebido, teria que suspender por completo a Inquisição[11].

Em meados de junho de 1542 partiu o novo núncio, homem pequeno, magro, "cujas mãos", como se exprime Sousa numa carta ao rei da França[12], "parecem ser as de Esaú e cuja voz parece a de Jacó". As instruções que recebera pouco antes de sua partida foram modificadas em conseqüência das últimas notícias chegadas de Portugal e da carta transmitida por Pedro Domenico. Não se despacharam as duas bulas prometidas, e o papa,

---

11 Herculano, III, 8 e s.; o terceiro volume da obra de Herculano saiu em 1859; Heine, op. cit., 168.

12 A carta, datada de 13 de abril de 1542, em Herculano, III, 11. As credenciais do núncio para o rei estão datadas de 29 de outubro de 1542. Lipomano viajou em junho, fazendo-se remeter as mesmas depois.

NOVAS LUTAS

temendo um rompimento com D. João, ordenou ao núncio que atuasse diplomaticamente diante deste[13]. Assim, os criptojudeus foram novamente logrados em suas esperanças! Todos os sacrifícios empreendidos pela sua causa, todos os caminhos trilhados provaram ser inúteis: convenceram-se da vitória de seus adversários.

Lipomano ainda não havia chegado à Lisboa quando ocorreu estranho incidente, causa de muitos comentários, e que foi aproveitado por D. João para desacreditar os criptojudeus, em especial seus representantes em Roma. Em junho de 1542, o juiz de Arronches entregou ao rei dois maços de cartas, que assegurava ter apreendido de um mensageiro chegado de Flandres[14]. Eram dirigidos ao comerciante Nuno Henriques ("mercador hebreu") em Lisboa, procurador e parente de D. Grácia Nassi, e o outro a Jorge Leão, que já conhecemos como um dos mais influentes criptojudeus. Esta correspondência encontrada, assim como a linguagem em que fora escrita, contém algo de sombrio e misterioso; apesar de quase todas as cartas não trazerem assinatura, é fácil descobrir pelo conteúdo os nomes dos remetentes. Sabe-se com certeza que uma delas foi escrita por um parente de Nuno Henriques, talvez o próprio Diogo Mendes ou D. Grácia Nassi, e a outra por Diogo Fernandes Neto. Na missiva dirigida a Jorge Leão, Neto queixa-se que o fato de não terem chegado as letras de câmbio de Lisboa colocara-o em dificílima situação, pois devia entregar a Lipomano mil cruzados, sem o que este homem, do qual dependia o futuro e o bem-estar de todos, não podia nem desejava partir. Todas as fontes estariam esgotadas, estando ele sem saber que solução tomar. Suplica insistentemente aos "chefes da nação" um rápido auxílio, prometendo notificá-los, por intermédio de Lipomano, sobre o estado das coisas. Neto louva ainda o "homem de Viseu" que, junto com ele, fazia todo o possível para chegar a um resultado

---

13 Na Inglaterra foi impressa uma tradução portuguesa das instruções dadas ao coadjutor de Bérgamo (sem constar local nem data). O original encontra-se no Vaticano, e tem o título *Instruzione piena delle cose di Portogallo in-tempo del Re Gio. III. data a Monsignore Coadjutore di Bergamo, nunzio apostolico in quel regno, per ordine di papa Paulo III.*

14 "Aconteçeo dhi alguús dias que o juiz de fóra da villa darronches trouxe a el Rey nosso senhor certos maços de cartas que dise que tomara a huũ corrêo de Flandres etc.", *Colleção de S. Vicente,* III, 135. Em Herculano, III, 52.

HISTÓRIA DOS JUDEUS EM PORTUGAL

positivo. Este "homem de Viseu" não era outro senão o bispo Miguel da Silva, o qual, perseguido pela corte portuguesa, se refugiara em Roma, tornando-se entusiástico partidário dos criptojudeus.

Para esclarecer o conteúdo desta correspondência enigmática, estabeleceu o rei um prêmio de três mil cruzados àquele que soubesse ler as cartas cifradas. De fato, logo apareceu alguém que satisfez seu desejo, e segredos inesperados foram revelados: o velho bispo Da Silva, o núncio Lipomano, os representantes dos judeus secretos, o próprio papa, todos estavam comprometidos. O monarca ficou muito satisfeito e imediatamente enviou (agosto de 1542) um procurador a Roma, na pessoa de Francisco Botelho, que devia mostrar aquela correspondência ao papa e a diversos cardeais, principalmente ao cardeal Santiquatro. Logo após sua chegada, Botelho conseguiu uma audiência com o papa, durante a qual foram lidas as cartas na presença do mandatário português. Estas lhe causaram tão fraca impressão que adormeceu durante a leitura. Queixou-se, no entanto, amargamente de que houvesse proibido a entrada de seu núncio no país. Botelho declarou ao papa, clara e desassombradamente, que, como se dizia em geral, o núncio seria um instrumento dos cristãos-novos – financiado por eles. O papa justificou-se com a conhecida honestidade de Lipomano, e assegurou que o núncio fora enviado a Portugal com o único objetivo de discutir com o rei alguns pontos essenciais relativos à introdução do Santo Ofício, mas que não se devia imiscuir na organização do mesmo[15].

A situação dos criptojudeus piorava dia a dia, apesar das promessas do papa. Após longa temporização, chegou finalmente o núncio a Lisboa, sendo porém impedido de agir em seu favor. A Inquisição foi introduzida na própria Roma, graças aos esforços dos cardeais Caraffa, Burgos e do padre Inácio de Loyola, o criador da ainda hoje poderosa e largamente difundida Companhia de Jesus[iii]. O novo Tribunal, dirigido de início contra o lute-

---

15 Herculano, III, 64 e s.

iii A atitude dos jesuítas na Península Ibérica e nas colônias em relação ao fenômeno "cristão-novo" e aos "judeus" ainda não foi devidamente estudada. Cf. a posição de Loyola em Henry Kamen, *A Inquisição na Espanha*, Rio de Janeiro: Civilização Brasileira, 1966, p. 163-165; David Messeguer, Loyola y Lutero ante el Problema Judio, *Diario ABC*, Madrid, p. 18, 31 jun. 1959, apud. Julio Caro Baroja, *Los Judíos en España Moderna y Contemporánea*, Madrid: Arión, 1961, v. II, p. 232, nota 1; Albert A. Sicroff, *Les Controverses des status de "puretè de sang" en Espagne du XVe au XVIIe siècle*, Paris: Didier, 1960;

NOVAS LUTAS

ranismo em expansão, também se tornou perigoso para os adeptos do judaísmo, constituindo um empecilho intransponível aos representantes dos criptojudeus em Portugal[iv]. A isso se juntou o fato de seu procurador perceber que seus esforços estavam sendo dificultados. Diogo Fernandes Neto, mais honesto que seus antecessores, encontrava-se continuamente em má situação financeira, pois os criptojudeus desconfiados não mandavam fundos suficientes[16]. Retirou-se logo do campo de ação. Seu contato diário com os judeus de Roma e algumas descuidadas expressões sobre papismo e religião católica envolveram-no em um processo que o levou ao cárcere; tendo confessado ser judeu, definhou na prisão por alguns anos, apesar de conseguir liberdade temporária graças à intercessão de Baltasar de Faria e devido a uma moléstia ocular. A atuação de Neto, suas confissões e condenação foram, como se afirmava em geral, usadas como pretexto pelo mencionado cardeal Caraffa – que, como Paulo IV, tornou-se o faraó dos judeus de Roma – para também aí conseguir o estabelecimento da Inquisição[17].

De repente tudo pareceu conspirar contra a raça judaica. Neto estava na prisão, a maioria dos cardeais era partidária dos portugueses, e os agentes espanhóis e portugueses estavam mais alertas do que nunca. O velho bispo Da Silva havia caído em desagrado e em oprimente pobreza, e a organização do Santo Ofício estava definitivamente resolvida pelo papa. Quem,

Antonio Domínguez Ortiz, Los Conversos de Origen Judío después de la Expulsión, *Estudios de Historia Social de España*, Madrid: Patronato de Historia Social de España del Instituto Balmes de Sociología, Consejo Superior de Investigaciones Científicas (csic), p. 247-248, 1955. Sobre os jesuítas no século xvii, o trabalho de I. S. Révah, Les jésuites Portugais contre l'Inquisition: la campagne pour la fondation de la Compagnie Générale du Commerce du Brésil (1649), *Revista do Livro*, Rio de Janeiro: Instituto Nacional do Livro/Ministério da Educação e Cultura, n. 3-4, p. 29-53, ano 1, dez. 1956. No Brasil, durante o século xvii, os jesuítas foram os auxiliares da Inquisição e encarregados das investigações. No colégio da Companhia se tomavam as denúncias e se faziam as inquirições. Em Portugal, os jesuítas nesse mesmo período eram inimigos do Santo Ofício. (N. da T.)

iv Interessante confrontar-se a obra de Marcel Bataillon, *Erasme et l'Espagne*: recherches sur l'histoire spirituelle du xvie siècle, Paris: E. Droz, 1937, sobre os marranos e as correntes de pensamento na Espanha no século xvi. Cf. também Eugenio Asensio, El Erasmismo y las Corrientes Espirituales Afines, *Revista de Filología Española*, Madrid: Instituto de la Lengua Española/ Consejo Superior de Investigaciones Científicas (csic), v. xxxvi, n. 4, p. 31-99, 1952. (N. da T.)

16 Herculano, iii, 74 e s.

17 Idem, iii, 79 e s.

em semelhante situação, não perderia as esperanças? Os criptojudeus, entretanto, ainda não haviam desanimado por completo. Fiéis ao caráter e às qualidades que, em todos os tempos, distinguiram sua raça, estavam decididos a fazer todo o possível, preparando-se para uma derradeira luta. Não mais podiam contar com o galhardo Neto, pois padecia na masmorra; por isso, os diversos agentes enviados de Porto, Coimbra, Lamego e Trancoso para Roma empreenderam maiores esforços numa última tentativa. Um dos seus procuradores mais ativos, nesta etapa final, foi Jácome da Fonseca, de Lamego. Tendo consciência de que em Roma – onde a sede de riquezas era insaciável, e todos, "da follosa até o grou", estavam prontos a se apoderar do que se lhes oferecia – era possível alcançar-se tudo com ouro, os representantes dos criptojudeus, em vez da parcimônia anterior, usaram de prodigalidade excessiva. Imensas peitas foram distribuídas entre os cardeais, de tal modo que Baltasar de Faria chegou a temer o desmoronamento de sua obra, que ele supusera assentar-se em base indestrutível[18].

Foi abandonado o antigo princípio de dispender quantias desmesuradas a fim de conseguir breves e privilégios papais para determinadas famílias, pois chegou-se à conclusão – infelizmente tardia demais – de que estes não forneciam suficiente segurança. Ao fanatismo não faltavam meios, principalmente naquela época, de inutilizarem também os breves papais. Planejaram-se ações em comum, cujos resultados beneficiariam toda a comunidade[19].

Os homens da Cúria, conquistados por dinheiro para a causa dos criptojudeus, ou a ela inclinados por compaixão, tomaram-se de tal aversão pelo Tribunal de Fé, devido às queixas que diariamente lhes eram repetidas por cristãos-novos, individualmente, que almejavam sua queda de todo coração. Todos os dias chegavam à Cúria súplicas, pedindo proteção para os aprisionados pela Inquisição. As reclamações a respeito das injustiças e arbitrariedades dos inquiridores e seus funcionários não tinham fim. Nas ruas mais movimentadas, nas praças públicas de Roma, quotidianamente se

18 Carta de Faria, de 15 de outubro de 1543: "temo que me ande vir árrombar, porque desbaratam o mundo com peitas". Idem, III, 96.

19 Tais breves a favor de famílias judaicas e portuguesas encontram-se ainda hoje no Arquivo Nacional de Lisboa; Idem, III, 48, 98, 79.

NOVAS LUTAS

deparava com grupos de criptojudeus que choravam amargamente a triste sina dos seus parentes que haviam permanecido em Portugal; grupos de cristãos-novos portugueses apareciam no palácio do papa e imploravam clamorosamente a salvação dos seus pais, irmãos, parentes e amigos, que, devido à sua fé, iriam ser queimados em Portugal. Baltasar de Faria, certa vez, encontrava-se com o papa, pedindo a suspensão de um breve expedido a favor de certa Margarida de Oliveira[20], quando, repentinamente, surgiu na sala papal o filho desta anciã, lançando-se aos pés de Paulo e implorando proteção para sua mãe, condenada à fogueira. A insistência e a linguagem com que se exprimiu o suplicante excederam todos os limites, e o papa fê-lo afastar da sala por seus guardas. Baltasar comunicou este acontecimento ao seu monarca, dando parecer de que se devia colocar este atrevido solicitador no porão de um navio que partia para Portugal, a fim de ser transportado para a África[21].

Naquela época, ocorreram ignomínias como poucas noutros tempos, as quais hoje não se daria crédito, se não fossem confirmadas com provas irrefutáveis e relatos contemporâneos. Não é de estranhar, portanto, que em tais condições o já depauperado Portugal empobrecesse cada vez mais. A emigração dos criptojudeus assumiu proporções extraordinárias. No ano de 1544, Baltasar de Faria informou ao rei que havia chegado a Ragusa um navio repleto de fugitivos. Diariamente, a Síria e a Turquia acolhiam famílias de judeus portugueses; em Ferrara e Veneza, formaram-se grandes comunidades de refugiados lusitanos[22]; Inglaterra, França e, especialmente, Flandres incrementaram sua indústria e comércio com as riquezas trazidas pelos emigrados criptojudeus que o fanático chefe de um país esgotado e desmoralizado afugentava com maníaca insistência[v].

20 Esta Margaretha de Oliveyra, cujos autos de processo encontram-se no Arquivo da Inquisição de Lisboa (n. 2847 e 3911), morreu na prisão. Idem, III, 111.

21 Idem, III, 101.

22 Idem, iii, 103. A carta de Faria ao rei é datada de 8 de maio de 1544.

v Referências gerais sobre a dispersão dos cristãos-novos: C. Roth, The Marrano Diaspora, *A History of the Marranos*, New York: Philapelphia: The Jewish Publication Society/Meridian, 1959, p. 195-235; sobre os cristãos-novos na Itália: idem, *The History of the Jews of Italy*, Philadelphia: The Jewish Publication Society, 1946; idem, *The Jews in the Renaissance*, Philadelphia: The Jewish Publication Society, 1959; idem, *History of the Jews in Venice*, Philadelphia: The Jewish Publication Society, 1930; na Holanda,

HISTÓRIA DOS JUDEUS EM PORTUGAL

Toda a Europa ouviu os lamentos dos perseguidos e soube das crueldades que na pátria contra eles se perpetravam. A fim de convencer Roma
a refutar as deturpadas notícias provindas da corte portuguesa e de seus
agentes, e também com o fito de tornar-lhes favorável o personagem mais
influente da Cúria, o vice-chanceler Alexandre Farnese[23] – que sempre e
em toda parte protegera os judeus, donde lhe provieram as mais amargas
repreensões por parte do cardeal Sadoleto[24] –, mandaram os procuradores dos criptojudeus elaborar, em Roma, um extenso memorial. Este,
endereçado a Farnese, e cuja existência só se tornou conhecida nestes
últimos anos, é uma relação, fundamentada por documentos, de todos
os sofrimentos e perseguições que os judeus secretos suportaram desde o batismo forçado até a presente época (1493-1544). Não raramente,
baseia-se em documentos e atas de diversas repartições públicas e ordens religiosas, as quais nunca se pôde culpar de excessiva simpatia pelos
cristãos-novos[25].

Um arrepio de pavor se apodera de todo aquele que lê mesmo só uma
parte deste volumoso memorial. Como foi possível a seres humanos suportar tudo aquilo? "Ó deploráveis tempos!", exclama o memorial; os judeus
secretos estavam completamente abandonados ao bel-prazer dos brutais
torturadores, "o sangue dos infelizes fazia aumentar ainda mais a fúria do

---

cf. Hendrik Brugmans, A. Frank (eds.), *Geschiedenis der Jooden in Nederland* (História dos Judeus na
Holanda), Amsterdam: van Holkema & Warendorf, 1940; I. S. Révah, Les marranes: la dispersion des
marranes, *Révue des Études. juives*, Paris: Societé des Études juives, t. 1, 118, p. 59, 1959-1960; J. L. de
Azevedo, Os Judeus Portugueses na Dispersão, *Revista de História*, Lisboa: Sociedade Portuguesa de
Estudos Historicos, v. 4, n. 14, p. 105-127, 201-217, ano IV, 1915. (N. da T.)

23 "Quindecim totos annos quibus Paulus pontifex vixit, ecclesiam ferè universam prudentissimè guber-
navit (Famesius); legationes apostolicae sedis aut ipse obivit, aut quibus voluit à pontifice delatae. Ad
pontificem atque à pontifice per ipsum Alexandrum provinciarum et principum manabant negotia".
Sic. Ciacconius, III, 563.

24 Herculano, III, 107; José Cohen, *Emek haBakha*, 116 e s.

25 O título completo do já diversas vezes mencionado memorial é o seguinte: *Memoriale porrectum a
noviter conversis Regni Portugalliae continens narrativam rerum gestarum circa eos a Regibus et Inquisi-
toribus illius Regni, spatio 48 annorum*. São anexados 44 apêndices, em parte comprovantes dos fatos
citados no memorial, em parte relatos especiais e casos isolados do procedimento da Inquisição. Memorial e apêndices manuscritos na *Symmicta Lusitana*, v. 31-32, na Bibliotheca da Ajuda, segundo
manuscrito existente na Biblioteca Borghesi, em Roma. Herculano, III, 109.

NOVAS LUTAS

rei"[26]. Apesar de todos os esforços, quase sempre vãos, empreendidos pelos procuradores dos supliciados, todos os instrumentos de tortura foram empregados contra os cristãos-novos que haviam ficado em Portugal. Especialmente as famílias daqueles que haviam conquistado os favores e breves do papa para seus companheiros de infortúnio tornaram-se alvo de uma perseguição sistemática; em vez de protegê-los, os breves papais levaram à morte todos aqueles que os haviam obtido. O Tribunal de Fé considerava-se autorizado a torturar a todos sem exceção, assim que fossem denunciados como judaizantes. Maus-tratos, assaltos e calúnias repetiam-se diariamente nas diversas províncias; e em todas as cidades, vilarejos e aldeias verificaram-se horríveis cenas de anarquia[27].

Às já existentes inquisições de Lisboa, Évora e Coimbra acrescentaram-se outras, como as de Lamego[28], onde havia muitos judeus secretos, para o indescritível júbilo da população cristã, sedenta de fogo e de sangue. Num programa elaborado para o festejo da introdução do Tribunal, constituído de versos burlescos, que certa manhã apareceram afixados em todos os logradouros públicos da cidade, os mais ricos e conceituados criptojudeus do local estavam divididos em dois grupos: músicos e dançarinos; cada um caricaturado segundo sua individualidade quando do último trajeto para a fogueira, não faltando maliciosas alusões aos seus defeitos e fraquezas físicas e morais. Bastam as primeiras frases do programa para se ter uma idéia do espírito nele reinante: "Rendemos a Deus infinitas graças por presenciar em nossos dias como se tira vingança desta raça de cães, herética e incrédula. Todos unidos entoemos-lhe um cântico por tal benefício, e guardemos, bem guardadas, quanta madeira pudermos ajuntar, porque talvez nos chegue a faltar lenha para o sacrifício". O pânico dos criptojudeus, à vista dos inquisidores, era tão grande que a maior parte deles refugiou-se em Trás-os-Montes, onde os esbirros foram buscar muitos de volta.

---

26 "Illorum sanguine incrassatus et impinguatus est regius furor. Heu Deplorandum tempus". *Memorial*, em *Symmicta*, v. 31, f. 60.

27 Herculano, III, 113.

28 A Inquisição foi introduzida em Lamego em fins de 1542.

HISTÓRIA DOS JUDEUS EM PORTUGAL

Nesta mesma época, (1543) também o Porto, que há cinqüenta anos recebera hospitaleiramente os judeus expulsos da Espanha, assistiu ao seu primeiro espetáculo inquisitorial[vi]. Nesta ocasião, terríveis manifestações da ira popular ocorreram em Miranda, situada nas cercanias, e em Barcelos: alguns clérigos devotos assumiram, por conta própria, o papel de juízes da fé[29][vii].

Um dos mais selvagens caçadores de homens deste primeiro período de infâmias inquisitoriais, verdadeiro monstro, foi um tal Francisco Gil. Iniciou este traidor sua carreira criminosa com o assassínio do genro de um respeitado comerciante judeu em plena luz do dia, na rua Nova de Lisboa. Eis um notável servo do sagrado Tribunal! Foi contratado para descobrir judaizantes nas províncias, agindo ardilosamente neste diabólico empreendimento. Assim que chegava a uma localidade onde viviam adeptos do judaísmo, publicava a notícia de que nesta ou naquela Igreja haveria uma festa em honra de um santo qualquer. Lotada a Igreja, mandava trancar as portas e, em nome da Inquisição, perguntava a todos os presentes se entre eles existiam criptojudeus; na maioria dos casos, os cristãos-velhos consideravam um sagrado dever denunciar os odiados cristãos-novos. Estes, algemados imediatamente, eram transportados para o mais próximo centro da Inquisição. Em Miranda do Douro, fez com que fossem presas onze pessoas de ambos os sexos, transportando-as para Algoso, um forte em

vi Sobre os judeus e cristãos-novos no Porto cf.: Amílcar Paulo, A Inquisição no Porto: achegas para a sua história, Porto: Labirinto, 1959, separata de *Douro Litoral*: boletim da Comissão Provincial de Etnografia e História da Junta da Província de Douro Litoral, Porto, 9ª série, v. II, 1959; idem, A Comuna Judaica do Porto: apontamentos para a sua história, Porto: Livraria Athena, 1965, separata Da revista *O Tripeiro*, Porto, 1965; Artur Carlos de Barros Basto, Os Judeus no Velho Porto, Lisboa: Instituto de Estudos Hebraicos de Portugal, 1929, separata da *Revista de Estudos Hebraicos*, Lisboa, v. I-II, 1929; Cherubino Lagoa, A Synagoga no Porto, Porto: Imprensa Comercial, 1899; processos de condenados pela Inquisição do Porto publicados por Antônio Baião, em *Portucale*: revista ilustrada de cultura literária, scientífica e artística, Porto: [s. n.], 1937; Eugênio de Andréia da Cunha e Freitas, Lembranças do Escrivão Jorge Aranha de Vasconcelos, dos fins do Século XVI, *Boletim Cultural da Câmara Municipal do Porto*, Porto: Câmara Municipal do Porto, p. 63-65, 1942. (N. da T.)

29 Segundo o *Memorial*, Herculano, III, 114 e s.

vii Sobre os judeus de Barcelos, cf.: Luís Bivar Guerra, Lista dos Judeus que se Batizaram em Barcelos e das Gerações que Deles Procedem, *Armas e Troféus*: revista de história, heráldica, genealogia e de arte, Lisboa: Instituto Português de Heráldica, v. II, n. 2, jan.-abr. 1961; idem, *Um Caderno de Cristãos-novos de Barcelos*, Braga: [s. n.], 1960. (N. da T.)

ruínas, pouco habitado. Aí, seus guardas, homens impassíveis, mediante somas exorbitantes, forneciam-lhes os alimentos essenciais – água e pão. Entre os presos de Algoso havia um débil ancião, Gaspar Rodrigues, antigo coletor de impostos, e uma mulher muito abastada, Isabel Fernandes, que fora abandonada à maior miséria após ter sido ludibriada por Francisco Gil e seu ajudante, Pedro Borges, em mais de cem mil reales, a pretexto de custas de transporte. Um monte de palha era sua cama e nem lhe concederam uma camisa para trocar. Vencida pela dor e miséria, destruída de corpo e alma, suicidou-se no cárcere, sem que as torturas lhe tivessem conseguido arrancar qualquer confissão[30].

As crueldades, que aqui não pretendemos descrever com maiores detalhes, muitas vezes abalaram mesmo os ânimos dos cristãos-velhos, tornando-se o Tribunal, no próprio país, objeto de horror e aversão. Basta lembrarmos as desumanas atividades em Coimbra! O grão-inquisidor dessa localidade, antigo bispo de São Tomé, um ultradominicano que nutria ódio doentio aos cristãos-novos, encarregava-se de julgar crimes cometidos há mais de dezesseis anos. Faccioso com as testemunhas apresentadas, não dava ouvidos aos defensores dos acusados, ameaçando-os de excomunhão; seu sobrinho e secretário era um rapaz analfabeto de dezesseis anos, e o requerente, um sapateiro; não pronunciava a palavra cristão-novo, pois, para ele, equivalia a judeu disfarçado. Alguns casos apenas são suficientes para bem caracterizar o inquisidor de Coimbra, sobre cujo procedimento brutal chegavam contínua e inutilmente queixas a Roma.

Simão Álvares, cristão-novo do Porto, estabelecera-se com sua mulher e uma filha em Coimbra; após uma permanência de nove anos nesta cidade, a família foi presa pela Inquisição como judaizante. A fim de conseguir provas sobre a heresia deste abastado homem, o inquisidor fez com que chamassem a filhinha, cuja idade, quando da mudança para Coimbra, não ultrapassava seis meses, colocando-a diante de um braseiro ardente e ameaçando queimar-lhe as mãozinhas caso a criança inocente não confirmasse haver visto pessoalmente seus pais, no Porto, fustigarem um crucifixo. Apavorada, a menina confirmou tudo o que o severo senhor exigiu, sendo

---

30 Herculano, III, 120 e s.

HISTÓRIA DOS JUDEUS EM PORTUGAL

assim provado o crime. Simão Álvares e sua esposa foram os primeiros a serem queimados em Coimbra.

Logo depois se tratou do processo de uma família judia de Aveiro. A empregada cristã dos encarcerados foi chamada perante a Inquisição, exigindo-se dela a denúncia dos seus patrões como adeptos da fé judaica. O depoimento da testemunha provou o contrário. Furioso, o inquisidor mandou atirá-la numa prisão subterrânea. De quando em quando, comunicava-lhe pessoalmente, ou por intermédio de terceiros, que só obteria a liberdade caso concordasse com suas exigências. Nada, porém, conseguiu movê-la a ser falsa testemunha. Indignado ao ver que nem o amor à liberdade, nem promessas e recompensas faziam vacilar tão nobre caráter, este carrasco de vestes eclesiásticas chicoteou-a de tal maneira que a deixou esvaindo-se em sangue[31].

Se o próprio grão-inquisidor – que, aliás, com moças e mulheres se desdobrava em singulares gentilezas – agia de tal modo, o que se podia esperar de seus verdugos e ajudantes?

De Coimbra espalhou-se a perseguição por toda a província da Beira, que pertencia à mesma jurisdição. Atrozes são os relatos sobre os sofrimentos dos criptojudeus de Trancoso, vila circundada por montanhas, na qual viveram até os tempos mais recentes muitos destes infelizes[viii]. Assim que a Inquisição, chefiada por um dominicano semilouco, enviou seu comissário à cidade, este proibiu que todos os criptojudeus se afastassem de Trancoso, e quem desobedecesse, imediatamente seria considerado herege. Os cristãos-novos tanto se impressionaram com esta ordem que, quando possível, abandonaram casa e bens para refugiar-se nas montanhas. Só

---

31 Idem, III, 134.

viii Foram publicados ultimamente diversos trabalhos sobre os cristão-novos que ainda hoje vivem em Portugal como criptojudeus. Sobre a região das Beiras, cf.: A. Paulo, Os Marranos nas Beiras, *Beira Alta*, Viseu: Arquivo Distrital de Viseu, 2ª série, v. xx, n. 2, p. 631-676, abr.-jun. 1961; José Leite de Vasconcelos, Cristãos-novos do Nosso Tempo em Trás-os-Montes e na Beira: suas práticas judaicas, *Etnografia Portuguesa*, elaborado segundo material do autor, ampliado com novas informações por M. Viegas Guerreiro, Lisboa: Imprensa Nacional, 1958, v. IV; Samuel Schwarz, *Os Cristãos-novos no Século xx*, prefácio de Ricardo Jorge, Lisboa: [s. n.], 1925; Anita Waingort Novinsky, A. Paulo, The Last Marranos, *Commentary*, New York: American Jewish Committee (AJC), v. 43, n. 5, p. 76-81, maio 1967. (N. da T.)

NOVAS LUTAS

permaneceram 35 pessoas, velhos e doentes, que não conseguiram salvar-se; sem demora, foram presos e transportados para Évora, e lá os atiraram às "covas" subterrâneas, nunca alcançadas por um raio de luz. A notícia da fuga dos criptojudeus gerou verdadeira revolta. Cerca de quinhentos camponeses das cercanias, armados, afluíram à cidade a fim de, sob o pretexto do entusiasmo religioso, pilhar à vontade, pois bem sabiam que os judeus secretos eram os mais ricos habitantes de Trancoso. Dilacerantes eram os gritos das crianças órfãs que, em número de trezentos, sem proteção e abrigo, soluçavam pelas ruas chamando por seus pais[32].

O Tribunal de Fé ultrapassava a tirania, era o mais completo caos. Nada se lhes opôs. Os principais elementos da sociedade, o monarca, o clero, o funcionalismo público, excitaram o povo ignorante, atiçando-o contra uma classe pacífica, que representava na sua maioria as forças intelectuais e econômicas do país. Proclamada em nome da religião cristã, deu-se uma subversão dos princípios fundamentais da sociedade.

Aqui e acolá surgiam alguns oficiais públicos que se sentiam na obrigação de controlar o ímpeto selvagem da plebe; eram, porém, poucos; a maioria fomentava as chamas da fúria popular. Em Covilhã, o povo planejou queimar, num só dia, todos os criptojudeus, os quais, sem a proteção das autoridades, não tiveram outra alternativa senão fugir. Em toda parte, os cristãos-velhos, tomados de ódio e rapacidade, atacavam os cristãos-novos. Os acontecimentos de Coimbra, Lamego, Viseu e Guarda repetiram-se, com ligeiras modificações, em Braga, Évora e outras cidades do país. Aspecto todo peculiar assumiu a Inquisição no Porto, devido às condições econômicas.

O bispo local, um carmelita de caráter impetuoso, violento e inflexível, em suma, um fanático, pretendeu construir uma igreja no lugar da antiga sinagoga, na rua São Miguel, cujos edifícios, quase em ruínas, pertenciam aos criptojudeus[ix]. Ao mesmo tempo, os proprietários destes prédios planejaram reconstruir a rua, tendo para isso apresentado diversas exigências. A fim de conseguir os meios necessários para a construção da igreja, o bispo

---

32 "Oh pieta grande! che girano in volta per le contrade disperse 300 creature fanciulli senza governo ne albergo alcuno di persona vivente dando voei et gridando per lor padri et madri" (*Doc. da G.* 2, M. 2, n. 27, no Arquivo Nacional), em Herculano, iii, 143.

ix Cf. livro ii, cap. iv, nota 34. (N. da T.)

HISTÓRIA DOS JUDEUS EM PORTUGAL

convocou os cristãos-novos da cidade, convidando-os a contribuir voluntariamente. Estes não hesitaram em declarar ao austero senhor que, de pronto, cada um cooperaria com três a quatro cruzados, e que maior soma doariam caso suas esperanças relativas à reconstrução da rua se concretizassem. O bispo concordou com esta proposta. Surgiram dificuldades e os criptojudeus foram suficientemente incautos, culpando o bispo de ilegalidades e parcialismo. Daí nasceu suspeita mútua, que degenerou em inimizade. O bispo exigiu as contribuições prometidas que os judeus se negaram terminantemente a pagar. O prelado irrompeu furioso com as mais terríveis ameaças, que não tardaram a realizar-se. O Porto veio a ser palco das maiores chacinas. O carmelita enraivecido não se acalmou até que, também aí, fosse instituído um Tribunal de Fé. Assim que o conseguiu, iniciou verdadeira guerra de aniquilação contra a raça judaica; os piores criminosos e as mais depravadas mulheres foram utilizados para testemunhar em falso contra os criptojudeus. Tudo isto foi obra de um bispo, do mesmo homem que, poucos anos depois, teve a coragem de esbravejar no Vaticano contra a decadência dos costumes de Roma[33].

Personagem mais desprezível ainda foi um castelhano, Pedro Álvares de Paredes, que chefiava a Inquisição em Évora, onde os cárceres subterrâneos alcançaram triste fama. Fora antigo inquisidor em Llerena, tendo sido despedido em virtude de falsificações e outros crimes aí cometidos; o cardeal-infante acolheu-o prazerosamente como homem muito experimentado. Prestou serviços inestimáveis. Ninguém como ele possuía tamanha habilidade para extrair confissões. Simulava cartas nas quais o pai, o irmão e o amigo imploravam ao encarcerado que confessasse tudo, pois, do contrário, seriam mortos infalivelmente. Estas missivas eram introduzidas em pães ou objetos similares e entregues ao prisioneiro pelo guarda, como se enviadas clandestinamente pelos parentes. Lia aos acusados sentenças falsas, segundo as quais haviam sido condenados à morte; apavorados, confessavam tudo o que o monstro exigia.

E Lisboa, capital e sede da corte, o centro da civilização, residência do núncio papal! Para aí caracterizar a Inquisição é suficiente lembrarmos ter

33 Herculano, III, 150 e s.; compare p. 328.

NOVAS LUTAS

atuado como inquisidor-mor João de Melo, o mais implacável inimigo da raça hebréia. Pior que qualquer desumanidade e suplício concebíveis foi o sistema de torturas introduzido por Melo. Arrepiamo-nos só em pensar nos calabouços da Inquisição, esses escuros porões, jamais atingidos por um raio de luz e onde durante meses não se ouvia outra voz a não ser a dos desumanos carrascos. E ainda o suplício, a tortura! Inúmeras eram as suas modalidades: destroncavam-se os membros, aplicava-se a bastonada, cortava-se a sola dos pés, untavam-se os cortes com manteiga e punha-se fogo[34]. Os torturados tinham de confessar, não havia outra alternativa. A bula de 23 de maio de 1536 facultava-lhes o direito de escolher os próprios advogados e defensores; esta opção, no entanto, era limitada, pois tinham de escolher entre os mais ineptos, que lhes eram apresentados pelo Tribunal; tratava-se de pessoas que apenas visavam suas próprias vantagens e que, antes de defender-lhes os interesses, facilitavam aos seus clientes o caminho à fogueira[35].

As descrições que constam do memorial dos criptojudeus sobre as crueldades da Inquisição portuguesa, em geral, e da lisboeta, em particular, não são exageradas e encontram sua confirmação nos processos manuscritos ainda hoje guardados nos arquivos do país. Tanto em Portugal como na Espanha estão quase intactos os arquivos deste Tribunal homicida. Ainda existem cerca de quarenta mil processos para testemunhar as terríveis cenas, indescritíveis atrocidades e longas agonias[36][x].

Que pavor não se teria apoderado desses infelizes ao ouvir de um familiar do Santo Ofício a intimação para acompanhá-lo. Não raras vezes eram maltratados impiedosamente a caminho do Tribunal. Dois presos, durante o transporte de Aveiro para Lisboa, foram tão açoitados que chegaram quase mortos a seu destino. Certa mulher, mãe de cinco filhos, dos quais o mais velho ainda não completara oito anos, aprisionada pelos guardas,

---

34 "Et quando eä via non possunt, ponunt eos ad torturam funis, et si cum illa non id efficiunt, incidunt sibi plantas pedum, et ungunt sibi cum butiro atque admovent igni", em Herculano, III, 167.

35 Idem, III, 168.

36 Idem, III, 168; introdução à primeira parte.

x Em fins do século XIX, Antônio Joaquim Moreira elaborou uma *Colecção de Listas Impressas e Manuscritas dos Autos-de-fé Públicos e Particulares das Inquisições de Lisboa, Évora, Coimbra e Goa*, Lisboa: [s. n.], 1863, que se encontra na Secção dos Reservados da Biblioteca Nacional de Portugal, em Lisboa. (N. da T.)

HISTÓRIA DOS JUDEUS EM PORTUGAL

indagou-lhes qual seria o seu destino e, sem esperar que lhe respondessem, atirou-se de uma janela a fim de escapar a sorte ainda pior. Herculano diz: "Divertiam-se os familiares em persuadi-la de que ia ser queimada"[37]. Nem beleza, nem graça, nem idade foram capazes de livrar o sexo frágil da selvageria feroz daqueles monstros que se denominavam defensores da religião. "Certos dias chegava-se a torturar sete a oito mulheres. Ora um dos inquisidores exclamava, deslumbrado: 'Que beleza radiante!', outro: 'Que olhos!', ora outro: 'Que seios, que mãos!'"[38] Contemplando as mulheres e as jovens, estes sangüinários transformavam-se em verdadeiros artistas.

O número de pessoas que foram recolhidas aos cárceres da Inquisição de Lisboa – só durante os anos de 1540 a 1543 –, sem considerarmos os outros tribunais, dificilmente pode ser precisado; deve ter sido bastante elevado, pois foram construídas prisões especiais para os acusados do judaísmo e, quando estas também se tornaram insuficientes, os "Estãos", situados no largo do Rocio foram colocados à disposição do Santo Ofício. O número de presos era tão grande que, para abrigá-los, foram utilizados muitos edifícios públicos.

A Inquisição promoveu autos-de-fé[39], e centenas de adeptos do judaísmo pereceram na fogueira. Ainda soam em nossos ouvidos o crepitar das chamas, os extertores daqueles que morriam envoltos em nuvens de fumaça; chega-nos ainda o odor de carne queimada, dos ossos calcinados! Crianças viam seus pais, esposas, seus maridos e os irmãos subirem à fogueira; despediam-se uns dos outros, abençoando-se em pranto, com tal serenidade, como se fossem empreender uma viagem e retornar no dia seguinte. E o crime de todos esses nobres mártires não era outro senão reconhecer e adorar a um único Deus![xi]

---

37 Idem, v, p. 251.

38 "Ponunt illas ad torturam, septem vel octo quolibet die, et unus dicit 'oh quae facies judeae!' alius 'oh qui oculi!' alter vero 'oh qualia pectora et manus!' taliter quod supra prandium suscipiunt illud gaudium et solatium pro recreatione suae vitae". *Memorial*, em Herculano, III, 173.

39 Uma descrição detalhada da celebração desses autos encontra-se na nossa obra, *Ein Feiertag in Madri* (Um Dia Festivo em Madri), Berlim, 1859.

xi A. Baião enumera as fontes básicas para o estudo da Inquisição em Portugal em seu trabalho A Inquisição em Portugal e no Brasil: subsídios para a sua história, *Archivo Historico Portuguez*, Lisboa,

NOVAS LUTAS

Perante tais excessos, o papa, que com certeza sentia pesar sobre si grande parte da responsabilidade, considerou dever de humanidade e justiça ocupar-se seriamente dos oprimidos. Lipomano, incompetente para seu cargo, foi transferido, e João Ricci de Monte Policiano nomeado novo núncio (junho de 1544).

v. IV, 1906; idem, *Episódios Dramáticos da Inquisição Portuguesa*, Lisboa: Seara Nova, 1936-1953, v. I (1936), v. II (1953), v. III (1938). Os trabalhos de Antônio José Saraiva, *A Inquisição Portuguesa*, Lisboa: Europa-América, 1956, e *Inquisição e Cristãos-novos*, Porto: Editorial Inova, 1969. Para o conhecimento da Inquisição portuguesa é indispensável o exame dos documentos manuscritos pertencentes ao arquivo do extinto Cartório Geral do Santo Ofício e das Inquisições e os milhares de processos que se acumulam nos arquivos portugueses e espanhóis. Algumas obras de A. Baião sobre o mesmo assunto: A Inquisição no Brasil: extractos d'alguns livros de denúncias, *Revista de História*, Lisboa: Sociedade Portuguesa de Estudos Historicos, n. 1, p. 188, ano I, jan.-mar. 1912; A Censura Literária da Inquisição no Século XVII, *Boletim da Segunda Classe*, Lisboa: Academia Real das Sciencias, v. IX, p. 356-379, nov.-mar. 1914-1915; A Censura Literária Inquisitorial, *Boletim da Classe de Letras*, Coimbra: Imprensa da Universidade, v. XIII, fasc. 1 (nov.-mar. 1918-1919), p. 782, 1920-1922; *A Inquisição de Goa*, Lisboa: Academia Real das Sciencias, 1949, 2 v. (N. da T.)

5.

Ricci de Monte

O novo núncio. Intervenção do papa contra o Santo Ofício. Rompimento entre a corte portuguesa e a Cúria. Tentativas mediadoras de D. João fracassam devido ao fanatismo do clero. Decidida a introdução da Inquisição sob algumas condições favoráveis aos criptojudeus. Procedimento do rei. O comissário papal Ugolino e o bispo do Porto. O perdão geral concedido aos criptojudeus e sua liberdade. Morte de D. João. Reinado de D. Sebastião e seu fim. Os fidalgos portugueses e os judeus em Fez.

LOGO QUE A CHEGADA DO CARDEAL RICCI DE MONTE Policiano se tornou conhecida na capital portuguesa, o rei objetou novamente, mandando adverti-lo, ainda na fronteira, de que não haveria empecilho à sua entrada no país, se não se intrometesse nas atividades da Inquisição. As negociações sobre a acolhida do novo núncio ainda estavam em pleno andamento, quando Ricci de Monte, inesperadamente, recebeu importantes notícias por intermédio de um mensageiro enviado pelo seu antecessor, Lipomano. Tratava-se de um breve, publicado em Roma a 22 de setembro de 1544, que Lipomano devia transmitir aos prelados inquisidores de Portugal, além de levá-lo ao conhecimento geral, publicando-o nas catedrais de Lisboa e das outras principais cidades do país. Segundo este breve, não se devia outorgar sentença em questões de fé, sob pena de excomunhão, nem continuar os processos que estavam em andamento, antes que o papa tomasse conhecimento do estado das coisas por intermédio do novo núncio. Lipomano, munido de instruções especiais, portou-se repentinamente como homem de ação. Comunicou imediatamente a resolução pontifícia ao cardeal-infante, inquisidor-mor, dando-lhe ordens específicas para que publicasse o breve nas catedrais de Évora, Lisboa e Coimbra (dezembro de 1544)[1].

O rei não havia previsto tal atuação, principalmente por parte do apático e inativo Lipomano, ordenando, pois, que este abandonasse Lisboa e Portugal. O novo núncio não obteve licença para atravessar a fronteira e um embaixador extraordinário, Simão da Veiga, foi enviado a Roma com enérgica carta ao papa.

Esta missiva (13 de janeiro de 1545) vem mostrar claramente até que ponto o rei fanático já se havia aperfeiçoado na arte de simular. Enquanto pretextava para si, para seu irmão, o cardeal-infante, e para os inquisidores entusiasmo religioso, desdém pelos bens terrenos, amor, bondade e abnegação, culpava a Cúria do modo mais humilhante de indiferença, inconstância, corruptibilidade, favoritismo aos hereges e menosprezo pelos interesses da fé; aos criptojudeus acusou de ingratidão, injúria e falsidade. Como indenização pela ofensa sofrida, pede, finalmente, a introdução definitiva da Inquisição[2].

Tal ataque e hipocrisia pareceram ao papa haver ultrapassado todos os limites. Mais do que nunca, odiava o rei e sua obra, e estava firmemente decidido a proteger os criptojudeus com todos os meios possíveis. A 16 de junho de 1545, respondeu à carta do rei de modo sério e digno. Fez ver ao soberano que todas as difamações contra os mais honrados homens da Cúria, com muito mais razões, poderiam ser dirigidas a ele e seus ministros. Em Roma, sabia-se muito bem com que ferocidade agia a Inquisição portuguesa; muitos criptojudeus já teriam sido queimados publicamente, enquanto outros ainda estavam sofrendo no cárcere, aguardando idêntico fim. Ante tal desumanidade, sentiu-se no dever de lutar, não somente como chefe de toda a cristandade, mas também como simples cristão, condenando tais atos perpetrados em nome da Igreja. Deus, um dia, em suas mãos e nas do rei, procuraria as manchas de sangue de tantas vítimas inocentes[3].

---

1 Herculano, *História das Origens...*, III, 197 e s. Este breve *Cum nuper dilectum*, manuscrito do Arquivo Nacional.

2 Idem, III, 203 e s.

3 Idem, III, 209 e s.

Os criptojudeus conseguiram, afinal, com seus esforços ininterruptos, mais uma vez que o papa Paulo intercedesse, e, de momento, foi interrompida a cruel carnificina em Portugal. O núncio Ricci de Monte Policiano, cuja entrada no país foi finalmente autorizada, após uma troca de notas entre Roma e Lisboa[4], mostrou-se amigo e protetor dos judeus. Durante sua primeira visita ao cardeal-infante, entregou-lhe uma cópia das súplicas que lhe foram apresentadas pelos criptojudeus, exibindo ao rei, simultaneamente, um memorial sobre as reclamações da nação judaica; toda vez que se lhe apresentava oportunidade de falar com os prelados do reino, abria-se em invectivas sobre o procedimento da Inquisição. Inicialmente, não quis o monarca, em sua teimosia, examinar o memorial, aceitando-o, por fim, e enviando-o aos inquisidores para resposta. De um lado, consistia esta nas eternas repetições de fatos sobejamente conhecidos; de outro, nas mesmas contradições, mesmos subterfúgios, mesmas evasivas. Devido à firmeza de Ricci, reiniciou-se a luta com novo ímpeto entre a corte portuguesa e a Cúria, sendo esta estimulada ainda mais pela bula de 22 de agosto de 1546, que prolongava por mais um ano a bula de 23 de maio de 1536, e proibia por mais dez anos o confisco dos bens de criptojudeus[5].

O rei, por muito tempo surdo a todas as insistências e inicialmente enfurecido pela nova bula, começou a ceder. Fosse por temor ao papa, fosse por sentir sua resistência abalada em virtude de infortúnios familiares, a voz da consciência fez-se ouvir: um sentimento humanitário guiou-o para o caminho da reconciliação. Quatro dos criptojudeus mais destacados, que exerciam grande influência sobre seus correligionários e que também gozavam da confiança do rei, foram escolhidos como intermediários e encarregados pelo monarca de elaborar um esquema no qual se precisassem as exigências dos criptojudeus para se submeterem voluntariamente ao Tribunal. Ninguém devia saber desta tentativa de mediação, e os quatro responsáveis, cujos nomes não foram citados, deviam abster-se de comentar o assunto com seus irmãos de fé.

---

4 Ricci chegou a Lisboa em começo de setembro de 1545, e não em novembro de 1544, como informa Heine, op. cit., 170; Herculano, III, 221.

5 Herculano, III, 242 e s.

HISTÓRIA DOS JUDEUS EM PORTUGAL

Após algumas semanas (começo de 1547), estava o relatório a tal ponto adiantado que podia ser apresentado ao rei e seus ministros. Antes de mais nada, exigiam os criptojudeus que o perdão geral, já concedido pelo papa, entrasse em vigor, e, em seguida, que o procedimento rigoroso do Tribunal fosse amenizado, revelando-se aos acusados os nomes dos denunciantes e das testemunhas. Exigiram não somente indulgência, mas também complacência e tolerância:

> Senhor, não promulgue Vossa Alteza leis, nem tolere estatutos ou regimentos de corporações, em que se faça uma seleção odiosa entre cristãos-velhos e cristãos-novos. Atualmente, embora muitos destes últimos tenham capacidade sobeja, não os admitem nem nas misericórdias, nem nas confrarias nem sequer entre os misteres das cidades e vilas. Mancebos valentes e robustos que vão alistar-se para as guerras da Índia rejeitam-nos, cobrindo-os de afrontas; e, todavia, não consta que os que lá foram, tivessem praticado qualquer vilania.
> Homens incapazes são solicitados para cargos públicos, enquanto os mais hábeis são desprezados devido ao sangue que lhes corre nas veias, e, sendo que alguns chegaram a ocupá-los, são demitidos por preconceito racial. Os homens que prezam a honra preferem por esta razão abandonar o país. Se lhes permitissem viver em paz, permaneceriam os restantes que são o maior número; voltariam os que andam errantes por Galícia e Castela, e ainda muitos dos que já se estabeleceram em Flandres, França e Itália. Regressando à pátria, assentariam aqui novamente casas de comércio e restaurariam o tráfico amortecido.
> Com esses favores não se tornará menos temida a Inquisição, nem os que delinqüirem contra a fé evitarão o castigo. Que sentinela mais vigilante do que o ódio popular?
> Tumultos, sublevações e escândalos diários praticados contra os conversos completam nas ruas e praças as representações com eles feitas em cortes. O povo só pensa em persegui-los

e espezinhá-los. Nunca faltarão testemunhas prontas para condenar os verdadeiros réus, no meio da malevolência do vulgo e em um país onde as leis proíbem as devassas devido ao hábito que o povo tem de jurar falso. Toda a indulgência parece pouca, tratando-se de indivíduos colocados em tal situação. Antes deixar impune um criminoso do que punir um inocente. As leis da Igreja e as da sociedade muitas vezes dissimulam os pequenos males para obviar a outros maiores. Deve seguir-se este exemplo. Nem se aleguem os rigores da Inquisição de Castela.

Os portugueses têm maior resolução para abandonarem a pátria, e estão de sobreaviso, justamente pelo exemplo do que viram naquele país.

Proibir-lhes a saída é inútil. A experiência tem ensinado com que facilidade abandonam tudo que possuem, com que temeridade afrontam quaisquer perigos para deixar a terra natal. Sem moderação e tolerância, bem poucos ficarão no reino.

Em Castela não os maltratavam, não os envileciam antes de serem declarados réus. Lá, o povo não lhes mostrava igual ódio; não fazia assuadas para matá-los. Lá, gozavam honras idênticas aos dos cristãos-velhos; eram regedores das terras, e a simples injúria de se lhes chamar judeus ou tornadiços era punida com severidade.

Desse modo arriscavam-se aos perigos da Inquisição. E, ainda assim, quantos não saíram da Espanha? Foram, a bem dizer, inúmeros, e estão espalhados por todo o mundo. No entanto, havia uma diferença: "hoje os que saem de Portugal são acolhidos nos diversos países cristãos com a maior boa vontade e protegidos com singulares privilégios, o que dantes não cremos sucedesse. Eis o que pensamos, senhor. Mande Vossa Alteza examinar o nosso voto, e Deus ilumine o seu coração para escolher o que for mais justo"[6].

6 Idem, III, 254.

Que vigor tem este discurso! Como foi bem elaborado todo o relatório! Entregue aos inquisidores para exame, estes naturalmente não concordaram em nenhum ponto com os quatro mediadores; como os fanáticos de todas as épocas, não queriam saber de concessões e levaram o rei a desistir de quaisquer tentativas futuras de mediação. O problema, propriamente dito, referente à constituição definitiva da Inquisição, há muito havia sido solucionado, tratando-se apenas dos direitos a serem concedidos. O rei e a Inquisição almejavam completa independência e autonomia; a Cúria hesitava, não querendo entregar inteiramente os judeus secretos ao poder de homens tão cruéis.

O drama, que por quase vinte anos se desenrolou, ora em Roma, ora em Portugal, aproximava-se de seu fim. Em abril de 1547, os cardeais encarregados da solução deste difícil problema chegaram a um acordo, que o embaixador português, Baltasar de Faria, cansado do longo debate, transmitiu ao seu rei como sendo a decisão definitiva do papa. A Cúria promulgou um perdão geral, que beneficiaria todos aqueles que declarassem abertamente sua adesão ao judaísmo. Os criminosos que não pertencessem à raça judaica ou que permanecessem no pseudocristianismo, assim como todos aqueles que, em questões de fé, já haviam sido condenados a penas temporais, seriam excluídos do usufruto do perdão. Junto com a bula de perdão foi publicado um breve que anulava todos os breves anteriores de proteção concedidos individualmente, e para os quais, durante vinte anos, haviam seguido somas imensas para Roma; só aqueles outorgados aos procuradores dos criptojudeus e aos parentes destes, vigorariam, com certas restrições.

Num terceiro breve requeria-se insistentemente do rei que permitisse aos criptojudeus sair do país livremente pelo prazo de um ano. O papa não tinha coragem de exigir expressamente esta livre emigração para os que haviam sido entregues ao extermínio, apesar de os representantes dos criptojudeus terem insistido sobre a sua necessidade, mostrando-lhe que, sem a garantia dessa emigração livre e desimpedida, o perdão se tornaria ilusório e os perdoados poderiam ser presos a qualquer momento por denúncia ou mesmo sob simples suspeita de heresia, para depois ser arrastados à fogueira. Este pedido dos judeus secretos pareceu tão justo ao papa que teve de considerá-lo, mesmo contra sua vontade, publicando, assim, o breve conforme o requerimento; o cardeal Santiquatro, no entanto, observou ao rei, a fim de apaziguá-lo, que poderia exigir da nação, como consta do documento, uma fiança de 450 mil ducados, e impedir a emigração para o domínio de infiéis[7].

Conseguiu esse resultado, que ultrapassava todas as esperanças, satisfazer o rei? Não quis conceder-lhes, sob nenhuma condição, licença para saírem do reino, e a primeira resposta que deu ao Sumo Pontífice – tanto por intermédio do núncio papal como pelo seu embaixador – foi que renovava por mais três anos a antiga lei de 14 de junho de 1535, segundo a qual se proibia a todos os judeus secretos saírem do país sem autorização expressa da Coroa ou sem o pagamento de quinhentos cruzados[8]. Baltasar de Faria, feliz por ter conseguido tal resultado, foi censurado pelo seu rei inflexível, visto ter aceito condições que paralisariam as atividades da Inquisição. D. João nem de longe cogitava libertar, sem ulteriores castigos, os criptojudeus que declarassem sua adesão ao judaísmo, ou que houvessem sido denunciados por heresia; só concordaria com o perdão caso o papa não abandonasse as decisões agora tomadas[9].

Os criptojudeus perderam, assim, qualquer esperança de sucesso. Só restava aos tantas vezes logrados, aos perseguidos até à morte, a tentativa de escapar o mais depressa possível desse "inferno", como Portugal, não sem razão, era chamado devido a suas fanáticas atividades. Não ocultaram esta decisão e declararam abertamente que nenhum deles permaneceria no país. A proibição régia de emigração não lhes seria agora, como não fora sido antes, empecilho. Numa época em que se burlavam facilmente as autoridades, num país em que todos se deixavam subornar, proibir a emigração constituía simples quimera para homens que dispunham de dinheiro. Mas, se à Inquisição faltassem vítimas, se os cárceres permanecessem vazios, se não se pudessem realizar autos-de-fé – o que seria então o Santo Ofício? O rei percebeu tudo isso. Não desejou arruinar completamente o seu já empobrecido país, e por essa razão não quis que os criptojudeus saíssem. Seus bens deviam enriquecer os servos do Tribunal, alimentar os esfomeados monges e encher os cofres sempre vazios da Coroa; os inquiridores

7 Idem, III, 270 e s.

8 A lei de 15 de julho de 1547, em Figueiredo, *Synops. Chron.*, I, 401.

9 Segundo uma carta do rei, endereçada a Faria, de 22 de julho de 1547, em Herculano, III, 279.

sangüinários desejavam, como declaravam com toda a seriedade os cardeais, carne, carne humana! As fogueiras iriam entreter o povo ignorante, instigado pelos clérigos mais ignorantes ainda, e distraí-lo com espetáculos de agonia! A hipocrisia precisava ser alimentada sob o pretexto de fervor religioso! Por estas razões, o rei pretendia concordar com tudo, menos com a livre saída dos criptojudeus; prometeu desistir do confisco dos bens dos condenados, pelo prazo de dez anos, comunicando-lhes os nomes dos denunciantes e das testemunhas. Foram estes os únicos favores que quis conceder aos indefesos, a última concessão que pretendia outorgar ao papa.

Em vista de tal teimosia, o chefe da Igreja achou necessário enviar a Portugal um comissário especial, Ugolino, sobrinho do cardeal Santiquatro, morto há um ano, a fim de entregar pessoalmente ao rei a bula da constituição do Santo Ofício, assim como a do perdão, além de todos os outros documentos relacionados com o assunto. Logo que Baltasar de Faria – que agiu mui diplomaticamente no que concerne a toda essa questão – soube confidencialmente da missão de Ugolino, aconselhou ao rei que cedesse em tudo e, principalmente, que não se opusesse à emigração dos criptojudeus; pelo contrário, que se satisfizesse com a publicação do decreto de 15 de julho, providenciando a mais severa vigilância nas fronteiras. Ugolino traria um breve que lhe facultaria confiscar os bens daqueles que se dirigissem aos países dos infiéis, e com este breve se poderia conseguir muita cousa.

O rei deu pouco valor ao conselho do seu tão prezado emissário, perseverando nas suas exigências. No momento não era possível pensar numa mediação entre Roma e a corte portuguesa. A Cúria finalmente cedeu, sacrificando os infelizes judeus em troca dos mesmos interesses terrenos pelos quais antes os havia protegido.

Nesta época passava por Roma, a caminho do Concílio de Trento, um homem que já tivemos oportunidade de conhecer: o bispo do Porto. Era de uma imprudência sem limites e a sua verbosidade fê-lo ganhar certa fama também em Roma. O seu primeiro encontro com o papa foi tempestuoso. Após ardente discurso, que denunciava o estado da Igreja em geral e continha violentos ataques ao papa, atingiu seu tema principal: a Inquisição. Repreendeu amargamente o chefe da Igreja por aceitar em seus domínios os judeus portugueses.

Como cristãos e com nomes de cristãos abandonam Portugal às escondidas, levando seus filhos, por eles mesmo batizados; chegam à Itália, declaram-se judeus, vivem segundo as leis judaicas e circuncidam seus filhos. Isto se dá às vistas do papa e da Cúria, dentro das muralhas de Roma e Bolonha. Acontece que Sua Santidade concedeu a estes hereges o privilégio de que ninguém, por questões de fé, os possa molestar em Ancona. Nessas condições, é impossível que o rei lhes permita a livre saída do país. Será que Sua Santidade a exige com o intuito de que os emigrantes povoem seus Estados como judeus e disso possa a Cúria tirar proveito? Em vez de impedir o estabelecimento da Inquisição em Portugal, o Santo Padre, há muito, deveria tê-lo introduzido em seus domínios.

O discurso apaixonado do velho carmelita entediou tanto o debilitado papa que, a fim de evitar o sono, levantou-se, caminhando de um lado para outro. Com vagas promessas despediu o bispo-inquisidor. Baltasar Limpo, como se chamava o bispo, não era homem que se satisfizesse com palavras vazias, pois bem sabia que o papa não pretendia desistir das concessões já feitas a favor dos judeus. Dirigiu-se novamente ao Vaticano, declarando decididamente ao príncipe da Igreja que não partiria antes que fosse resolvida completamente a questão pendente há vinte anos.

Paulo não pôde resistir por mais tempo a tão enérgica atuação. Declarou que concordaria com o rei, caso este permitisse a emigração livre dos criptojudeus, e se os mesmos se comprometessem, afiançando com uma soma apreciável, a não se estabelecer nos reinos dos infiéis. Com escárnio e ironia, o atrevido prelado respondeu, cheio de raiva, ao digno chefe da Igreja, quando este lhe repetiu a exigência já tantas vezes feita:

Será que existe uma diferença [, exclamou furioso,] no fato de estes hereges se dirigirem aos domínios dos infiéis ou para a Itália? Fazem-se circuncidar em Ancona, Ferrara ou Veneza e de lá seguem para a Turquia. Possuem tais privilégios papais que ninguém lhes pode perguntar se por acaso são judeus! Não usam distintivos, podem se mover livremente, observar seus rituais, visitar sinagogas. Oh, quantos deles que em Portugal haviam sido batizados, condenados à morte ou queimados em efígie, as freqüentam agora. Se lhes concedemos o direito de livre emigração, só precisam pôr o pé no território dos infiéis para que se declarem abertamente adeptos do judaísmo. O rei jamais suportará tal situação, e nenhum teólogo, nem um simples cristão, pode lhe aconselhar tal coisa. Em vez de Sua Santidade se esforçar por protegê-los, aumente os tribunais inquisitoriais nos seus Estados, não só para castigar os hereges luteranos como também os judeus, que na Itália vêm procurar proteção e abrigo.

O papa acalmou o bispo-inquisidor, prometendo-lhe que iria, mais uma vez, tratar da questão com o cardeal de Crescentiis e que tudo se resolveria.

De fato, tudo se resolveu muito depressa. O papa cedeu o campo ao rei D. João. A batalha estava vencida, as vítimas não poderiam sair do país e os carrascos deviam iniciar suas atividades imediatamente. A Inquisição obteve livres poderes e todos os criptojudeus, sem exceção, ficaram-lhe sujeitos; o último raio de esperança dos infelizes se apagou.

Em fins de novembro de 1547, instruído pelo cardeal Farnese, que fora comprado com dinheiro português, iniciou Ugolino sua viagem a Lisboa para entregar ao rei os diplomas papais[10]. Consistiam estes na já mencionada bula de perdão, num breve que libertava do confisco os bens dos acusados de judaísmo durante os próximos dez anos e de outro breve que devia servir de credencial a Ugolino, no qual se esperava que a clemência do rei fizesse a Inquisição agir com brandura e moderação. Os outros documentos relacionados diretamente com o Santo Ofício eram: a bula de sua constituição definitiva e a suspensão dos privilégios concedidos aos criptojudeus, com exceção de seus procuradores e famílias[11].

---

10 Segundo a *Instruzione per il cavalier Ugolino* (*Symmicta*, v. 33, f. 140 e s., em Herculano, III, 304 e s.), tinha Ugolino a ordem de entregar as respectivas credenciais aos "chefes da nação".

11 A bula instituinte Meditado cordis é datada de 16 de julho de 1547, a da suspensão dos privilégios, Romanus Pontifex, de 15 de julho de 1547, e o breve de legalização Cum saepius, de 5 de julho de

RICCI DE MONTE

Terminou assim a luta que se prolongara por mais de vinte anos. O Tribunal fora comerciado com Roma em troca de quantias imensas. O cardeal Farnese, conquistado no fim, recebeu como pagamento o bispado de Viseu, arrancado de maneira vergonhosa ao bispo Miguel da Silva, obtendo ainda de Portugal uma renda anual de cerca de vinte mil ducados[i]. O cardeal Santiquatro, velho amigo do rei, obteve uma pensão anual de 1500 cruzados e o cardeal de Crescentiis, uma de mil. Os fanáticos de então visavam, como os de hoje, na maioria das vezes, interesse meramente material, e, de todos os entusiastas da Inquisição, ninguém trabalhou gratuitamente, sendo todos contratados e pagos por Portugal. Vultosas que fossem as somas que os criptojudeus sacrificaram pela sua causa, maiores ainda foram as oferecidas pelo rei[12].

Pôde agora a Inquisição, no completo usufruto do seu terrível poder e adornada com instrumentos de tortura, elevar-se ao seu trono; seus servos religiosos puderam nutrir-se com a carne dos homens, enquanto os jesuítas celebravam estas gloriosas conquistas com obras em língua latina e portuguesa. Um deles, Brás Viegas, publicou sua *Vitória do Messias*, outro escreveu sobre a atual *Firmeza da Fé e Confusão do Judaísmo*, e ainda um terceiro, Francisco Machado, que estudara em Paris por conta do Estado, dedicou ao cardeal-infante seu *Espelho dos Cristãos-novos*, em latim e português[ii].

A 10 de julho de 1548[13], foi publicado o perdão na Sé de Lisboa[14], e logo depois teve lugar a abjuração geral dos criptojudeus diante do portal da igreja do hospital dessa cidade[15]. As prisões dos tribunais de Lisboa e

1547. Todos estes documentos, manuscritos, no Arquivo Nacional de Lisboa, são antedatados. Herculano, III, 306.

i Sobre D. Miguel da Silva, cf. a opinião de Marcel Bataillon, Erasme et la cour de Portugal, *Études sur le Portugal au temps de l'humanisme*, Coimbra: Acta Universitatis Conimbrigensis, 1952. (N. da T.).

12 Herculano, III, 313 e s.

ii Meyer Kayserling dá uma relação dos escritores antijudaicos e suas obras em *Biblioteca Espanhola-portuguesa-judaica*, Nieuwkoop: B. de Graaf, 1961, p. 114-118. (N. da T.)

13 Não, porém, em 10 de janeiro, como escreve Grätz, IX, 308, segundo Kunstmann; este último data corretamente 10 de julho de 1548, *Münch. gelehrt. Anzeiger* (Noticiário Erudito de Munique), 1847, n. 79.

14 *História da Inquisição*, 5: publicação do breve de Paulo III, de 11 de maio de 1547, que "concedeo perdão geral aos christãos-novos".

15 Herculano, III, 311.

299

Évora esvaziaram-se por algum tempo, os do Porto, Lamego e Tomar, para sempre: as atividades destes três tribunais, com a publicação da bula, chegaram ao seu fim[16], sendo postas em liberdade cerca de 1800 pessoas[17].

A maioria, senão a totalidade destes criptojudeus libertados, seguiu, apesar da proibição régia de emigração, os seus correligionários que já haviam partido. Aqueles que, por amor à pátria, por falta de dinheiro, ou ainda por outras razões, permaneceram em Portugal, imploraram mais uma vez ao papa e tentaram, por diversas vezes, comprar a benevolência da Cúria, mas geralmente os resultados não correspondiam aos sacrifícios e esforços empenhados. A estrutura da Inquisição era inabalável. Logo após o perdão geral, parecia que o monstro não mais existia, como se houvesse desaparecido devido à falta de vítimas. No momento, porém, em que a Inquisição portuguesa se viu munida de organização própria quanto à administração e justiça (1552), entrou novamente em franca atividade[iii]. Os criptojudeus foram presos impiedosamente e torturados sem provas suficientes. Um dos mais cruéis algozes que agiu nesta época foi o conhecido Oleastro, ou frei Jerônimo de Azambuja, que ainda excedia em crueldade ao antigo inquisidor João de Melo. De tal modo ultrapassou os limites que o cardeal-infante teve que despedi-lo.

D. João III alcançara sua meta: viu concretizar-se o mais profundo desejo de seu coração e, com suas próprias mãos, levou o país à ruína. Além das alegrias que lhe proporcionou a Inquisição, teve poucos dias felizes. Sua numerosa descendência, seis filhos e três filhas, morreu toda antes dele, e o herdeiro do trono, casado com uma filha do imperador Carlos, faleceu aos dezesseis anos e meio. Ele o seguiu inesperadamente, em plena maturidade (11 de junho de 1557), quando seu neto e herdeiro, Sebastião,

---

16 Kunstmann, *Münch. gelehrt. Anzeiger* (Noticiário Erudito de Munique), 1847, n. 79.

17 Aboab, *Nomologia*, 293. Meu *Menasse ben Israel*, 88.

iii O Regimento de 1552, que foi a primeira organização fixa e redigida, foi encontrado pelo dr. Antônio Baião, que o estuda detalhadamente no *Archivo Historico Portuguez*, Lisboa, v. v, p. 272-298, 1907. Joaquim Mendes dos Remédios dá um resumo de todos os regimentos da Inquisição, desde o primeiro até o de 1774, que dizem foi editado pelo marquês de Pombal, e ainda o novo projeto de Pascoal José de Mello Freire dos Reis, em J. Mendes dos Remédios, *Os Judeus em Portugal*, Coimbra: França Amado, 1895-1928, v. II. (N. da T.)

tinha três anos de idade. Segundo o testamento do rei, devia sua esposa reger durante a minoridade do herdeiro, mas, após poucos anos, teve que entregar o governo ao cardeal-infante D. Henrique, dominado pela influência dos jesuítas.

Deste modo, ocupou o trono, antes tão poderoso, um homem de batina, que até o fim da sua vida atuou entusiasticamente como grão-inquisidor, deixando para o partido clerical os negócios de Estado. Não é preciso ressaltar que sob tal regência tenham os criptojudeus muito sofrido[iv]. Nas cortes de 1562 propuseram os prelados que também os cristãos-novos usassem os distintivos introduzidos por D. João III, e que fossem empregados todos os meios e oportunidades para exterminar completamente a nação judaica. Por esta razão, exigiram que os hereges judeus, nas cidades, vilas e aldeias, não convivessem com cristãos-velhos, porém morassem separados, como antigamente nas judarias, para que pudessem ser vigiados e sua reincidência na fé antiga pudesse ser melhor observada e punida[18].

Como regente, D. Henrique não deixou de oprimir os criptojudeus. Renovou a lei que proibia a emigração promulgada por seu irmão, ampliando-a no sentido de que nenhum cristão-novo pudesse deixar o reino português e suas colônias com bens móveis, nem seguisse para as Índias, Ilhas, Guiné ou Brasil sem licença especial da Coroa e fiança prévia, nem vendesse seus bens imóveis sem autorização especial. Quem desobedecesse seria desterrado, conforme a lei de 11 de fevereiro de 1569[19]. Ambas as leis foram suspensas pelo rei D. Sebastião, que assumiu o poder após os

---

iv A. Baião denomina-o "alma fatídica da Inquisição portuguesa do século XVI", em A Inquisição em Portugal e no Brasil: subsídios para a sua história, *Archivo Historico Portuguez*, Lisboa, v. IV, 1906. A ele dedicou o historiador João de Barros o escrito de polêmica contra o *Talmud*, cf.: J. de Barros, *Diálogo Evangélico sobre os Artigos da Fé contra o Talmud dos Judeus*: manuscrito inédito, introdução e notas de Israël Salvator Révah, Lisboa: Studium, 1950. (N. da T.)

18 Santarém, *Documentos para Servirem de Provas a Parte I. das Memorias para a Historia das Cortes Geraes*, Lisboa, 1828, 65: "Tambien devia V. A. ver se podia atalhar que não vivessem a Villas, e Cidades, e Lugares como em muitas dellas vivem, que assistão apartados, e tem as cazas juntas, e furadas humas com outras como quando erão judarias de que se segue incobrir melhor seus erros e procurarem-se mais facilmente huns a outros com a má, e tão familiar conversação". Compare p. 77-78.

19 Fonte em Gordo, *Memoria sobre os Judeos em Portugal*, op. cit., 33.

quatro anos de regência do cardeal-infante, e aos criptojudeus foi facultada a emigração livre (21 de maio de 1577). D. Sebastião não deu este passo por humanidade ou por simpatizar com a classe escravizada: fora educado pelos jesuítas, era orientado por eles e estava totalmente influenciado por suas tendências[v]. Agiu deste modo visando o lucro material que auferiria com este aparente ato de graça. Arrebatado pelo fanático entusiasmo de propagar a fé cristã em todos os países e regiões do mundo, deixou-se arrastar a uma guerra ousada contra os infiéis da África. A fim de conseguir os meios necessários para esta grande tarefa, concedeu aos criptojudeus, além de outros privilégios, o de não perder seus bens durante dez anos, caso fossem condenados pela Inquisição, e o da livre saída do reino, em troca da fabulosa soma de 225 mil ducados – segundo o valor monetário atual, mais de quatro milhões de táleres[20].

Com este novo ouro, arrebatado aos judeus, iniciou D. Sebastião uma expedição da qual não mais voltou. O fanatismo religioso alquebrou o poderio português externa e internamente, e este mesmo fanatismo religioso tirou-lhe a independência. Na batalha de Alcácer, D. Sebastião perdeu a coroa e a vida, e todo seu exército, constituído na sua maioria por fidalgos, foi sacrificado. Aqui termina o apogeu de Portugal. Os poucos nobres que sobreviveram, aprisionados, foram transportados para Fez, no Marrocos, e lá vendidos como escravos aos netos daqueles judeus portugueses que haviam sido injustamente perseguidos. Estes tiveram, então, oportunidade de se vingar dos seus antigos opressores, mas, ao contrário, trataram-nos carinhosamente; os fidalgos portugueses se sentiram em casa dos judeus como se estivessem em seu próprio lar. Conviveram com eles de modo mais amistoso e não mais os desdenhavam. Conversavam na língua materna, visitando com prazer o cemitério judaico de Fez, onde encontraram nas lamentações dos hebreus bálsamo para suas próprias dores. Grande número destes fidalgos portugueses, adquiridos pelos judeus como escravos, voltou com a permissão de seus amos para a pátria, prometendo enviar-lhes o dinheiro do resgate. Muitos

---

v   Sobre o problema dos jesuítas e judeus, cf. Herculano, livro II, cap. IV, nota 18. (N. da T.)

20 Herculano, 33, Adolfo de Castro, *Judios en España*, 188.

cumpriram sua palavra, juntando ainda valiosos presentes como prova de gratidão pelos benefícios recebidos[21][vi].

O amor dos portugueses pelos seus antigos conterrâneos tornou-se tão grande que desejaram compartilhar com eles a salvação. Um dos presos, frei Vicente de Fonseca, pronunciou em Fez sermões para estimular a conversão, na casa do conde de Vimioso, e também foram atraídos os judeus, sob vários pretextos[22]. O frade catequizador não conseguiu laçar, em terras estranhas, vítimas para a Inquisição. Na própria pátria, os criptojudeus tentavam escapar das garras deste monstro, dispersando-se entre os mais diversos países e regiões.

---

21 Hieronymo de Mendoça, *Jornada de Africa*, Lisboa (1607), 123a: "pello contrario acharão nos Judeos muita brandura, afabilidade e cortesia, alem de ser aliuio muy grande entenderense cõ elles na lingoagem, porque como esta dito, falão todos castelhano, e assi em todas as cousas erão estes fidalgos tratados como em suas proprias casas cõ muito amor e singelleza"; compare 85a, 123b, 111b. Barrios, *Oracion Paneg. de Abi Jethomim*, 21; Aboab, *Nomologia*, 308: "Permitio el Señor, que à la quarta generacion viniesse quasi toda la nobleza de Portugal, y su Rey Don Sebastian à Africa, para seren destruidos, y captiuos en el mismo lugar, adonde sus abuelos indigna e cruelmente mandaron los affligidos Israelitas. Alli acabo la flor de Portugal, y los que quedaron fueron llevados a Fez, donde fueron vendidos a voz de pregonero eu las plaças, donde habitauan los Judios, sucessores de los innocentes perseguidos [...] y me contaua el Sabio David Fayon [...] que no tenian mayor consolacion aquellos miserables que ser vendidos por esclauos à los Judios".

vi Segundo Cecil Roth, desde a expulsão de 1492 da Espanha, a colônia judaica de Fez, que datava do século IX, havia aumentado consideravelmente. Já havia sido um importante centro intelectual, produzindo célebres rabinos, entre eles o conhecido Isaac Alfasi. Os cristãos-novos, que da península para lá emigraram, levaram consigo seus equipamentos de imprensa, dando à luz, após sua chegada, a várias obras em hebraico, dentre as quais se sobressai uma edição do guia litúrgico *Abudrahim*, que foi o primeiro livro impresso no continente africano. Em C. Roth, *The Jewish Contribution to Civilization*, New York: Harper & Brothers, 1940; Cf. o trabalho de Haim Beinart, Fez as a Center of Return to Judaism in the XVI Century, *Sefunot*: annual for research on the Jewish communities in the East, Jerusalem: Ben-Zvi Institute/ The Hebrew University, VIII, p. 319-334, 1963-1964. (N. da T.)

22 Mendoça, op. cit., 110b. Às vezes este tratamento carinhoso foi mal retribuído aos judeus. Um jovem nobre português, prisioneiro de um judeu, matou-o com uma pancada na cabeça, por razões de somenos. Pagou caro sua arrogância, pois foi enforcado diante dos portões da judaria de Fez. Mendoça, op. cit., 90b.

6.

Peregrinações dos
Judeus Portugueses

Turquia. Itália. Os papas favorecem a acolhida dos refugiados portugueses. Ferrara: Samuel e Bienvenida Abravanel. D. Grácia Mendes. A família Usque. Amatus Lusitanus, Manuel Aboab. Judeus portugueses na França: Delgado, Montalto. Padecimentos dos cristãos-novos e seus recursos ao papa Pio IV. Reinado de Felipe II. Primeiros judeus portugueses estabelecidos em Amsterdão e Hamburgo. Rodrigo de Castro.

DESDE O INÍCIO DO SÉCULO XVI, OS CRIPTOJUDEUS PASSARAM a abandonar Portugal, em grupos ou individualmente, espalhando-se aos poucos por considerável área da Europa. Apesar de todas as proibições, à medida que crescia a tirania na pátria, aumentava essa emigração. Aqueles que podiam fugir estabeleceram-se onde encontravam acolhida e tolerância. A maior parte dirigiu-se para a Turquia e Síria, pátria original dos judeus. Em Constantinopla, Salônica e outras cidades do Império Turco, ao lado das comunidades castelhanas e aragonesas, constituíram-se também as portuguesas, cujos membros formavam núcleos menores, de acordo com a sua procedência. Aí encontramos membros da velha família Ibn Jachia: Jacó (Tam) ibn Jachia, célebre como médico, talmudista e juiz, com seus filhos José e Guedalha; o primeiro foi cirurgião particular do sultão Solimã, e o segundo, rabino e pregador da comunidade lisboeta de Salônica e dos portugueses de Constantina[i].

---

i Jacó ibn Jachia nasceu em Portugal e morreu em 1542. Muitas de suas *responsa* foram preservadas até os nossos dias. Constantina, cidade algeriana, também fora local de refúgio para muitos judeus nos séculos XIV e XV. (N. da T.)

HISTÓRIA DOS JUDEUS EM PORTUGAL

Outro destino e asilo dos refugiados portugueses foi a Itália, que fervilhava de criptojudeus. Enquanto a Inquisição, por aspirações hierárquicas e um falso entusiasmo pela fé, afugentava-os de Portugal, ou os eliminava pela ação do Tribunal, acolhia-os a própria hierarquia, o baluarte da fé, Roma e o Vaticano – constituição singular da Providência, que sempre abre uma porta aos sofredores quando outra se fecha. Absorvidos por interesses privados e tencionando criar para si um poderio secular, os papas Clemente VII e Paulo III já haviam oferecido asilo aos criptojudeus refugiados de Portugal, garantindo-lhes, por escrito, que poderiam praticar abertamente o judaísmo e executar seus ritos sem a menor interferência[1]. Os papas protegiam os hebreus e acolhiam os fugitivos, pois sabiam apreciar suas habilidades industriais, e tinham por ambição constante fomentar o florescimento do comércio em Ancona. Paulo III, numa carta sobre o assunto, concedeu, àqueles que nesta cidade se estabelecessem, liberdade absoluta "a todas as pessoas de qualquer sexo, de Portugal e Algarve [...] também se fossem da raça dos hebreus e dos cristãos-novos"[2]. Graças a tais privilégios, Ancona ficou repleta de judeus portugueses – em 1553, cerca de três mil – tornando-se localidade rica e poderosa. Pouco depois, não havia cidade alguma da Itália onde não habitassem[3].

Suas atividades comerciais transformaram Pesaro em cidade importante e Livorno num centro mercantil de renome mundial[ii]. Em Ragusa,

---

1 Herculano, III, 284, segundo uma carta do bispo do Porto, de 22 de novembro de 1547, dirigida ao rei D. João, p. 296; compare acima p. 216, e meu *Menasse ben Israel*, 88. Segundo esta última fonte, o privilégio já havia sido concedido por Clemente VII, sendo apenas ratificado por Paulo III. Existe uma carta que se diz terem os criptojudeus de Roma enviado aos seus correligionários remanescentes em Portugal, dando-lhes conselhos a respeito de sua emigração. Esta carta, publicada por diversos autores, como por exemplo, Torrejoncillo, *Centinella contra Judios*, em Adolfo de Castro, op. cit., 178 e s., é, como cartas semelhantes, fabricação dos jesuítas; cf. *Sephardim*, 111.

2 Ersch-Gruber, *Encyklopädie* (Enciclopédia), Art. Juden (Art. Judeus), sec. 2, parte 27, p. 152.

3 "Ne è Città in Italia, doue non ci siano Marrani" – Marsani não consta do manuscrito – "Portughesi, fuggiti dalla Inquisitione di Portogallo". *Informatione*, op. cit., LVII.

ii Judeus viviam em Pesaro desde o século XII. Quando Ancona foi boicotada, muitos mercadores transferiram-se para esta cidade. Livorno tinha no século XVII uma importante comunidade judaica. Foi um centro rabínico e intelectual e sobressaiu-se pela atividade literária em idioma espanhol. Alguns elementos sobre a comunidade marrana de Livorno em Alfredo Sábato Toaff, Cenni storici sulla comunità ebraica e sulla sinagoga di Livorno, *La Rassegna mensile di Israel*, Roma: Unione delle Comunità Israelitiche

PEREGRINAÇÕES DOS JUDEUS PORTUGUESES

atracou um navio, em maio de 1544, transportando exclusivamente refugiados lusitanos, como informa Baltasar de Faria ao rei D. João[4], e em Bolonha, Nápoles, Veneza e muitas outras localidades da Península Apenina construíram-se florescentes comunidades de imigrantes portugueses recém-chegados, cujo número elevado levou um abade do Porto, Fernando de Goes Loureiro, a compilar, em fins do século XVI, um livro inteiro com os nomes daqueles judeus secretos que na Itália retornaram abertamente ao judaísmo, calculando ao mesmo tempo as somas fabulosas de que foi privado o seu país de origem[5][iii].

Grande número de ricos e eminentes judeus portugueses, muitos dos quais brilhavam pela erudição e sabedoria, estabeleceram-se em Ferrara, então centro de cultura, o trono das musas na Itália, vivendo junto com seus correligionários, em pleno gozo de liberdade política e religiosa[iv]. Aí residiu e morreu um membro da aristocrática família Abravanel, o filho mais novo de D. Isaac, Samuel Abravanel (nascido em 1473, falecido cerca de 1550). Havia recebido instrução talmúdica e científica e, como financista do vice-rei de Nápoles, D. Pedro de Toledo, adquiriu considerável fortuna, avaliada em mais de duzentos mil sequins, que empregou para fins nobres e beneficentes.

Italíane, 21, 1955; idem, Il collegio rabbinico di Livorno, *La Rassegna mensile di Israel*, Roma: Unione delle Comunità Israelitiche Italiane, 16, 1938; idem, Il museo della comunità israelitica di Livorno, *Liburni civitas*: rassegna di attività municipale a cura del Comune di Livorno, Livorno: Comune di Livorno, n. 2, p. 87-99, ano 4, 1931; Fernand Braudel, Ruggiero Romano, *Navires et marchandises à l'entrée du port de Livourne* (1547-1611), Paris: Librarie Armand Colin, 1951, p. 26-28; Cecil Roth, Notes sur les marranes de Livourne, *Révue des Études juives*, Paris: Societé des Études juives, 91, p. 1-27, 1931; Guido Bedarida, *Ebrei di Livorno*: tradizione e gergo in 180 sonetti giudaico-livornesi, Firenze: Felice Le Monnier, 1956. (N. da T.)

1   Herculano, II, 103; Cunha, *Hist. Ecclesiastica de Braga*, II, 81, compare p. 275.

5   Cathalogo dos Portuguezes Christãos-Novos qui se hião declarar Judios a Italia com a Relação dos copiosas sommas de dinheiro que levantão. Barbosa, op. cit., II, 27.

iii Bolonha já possuía uma imprensa judaica em 1477. O gueto foi instituído em 1556, e os judeus expulsos em 1569. Muitos refugiados da Península estabeleceram-se em Nápoles em 1492 e foram expulsos em 1541. (N. da T.)

iv   Intenso centro intelectual marrano floresceu também em Ferrara. Desde 1477 aí havia uma impressora judaica. Em meados do século XVI, publicou-se em Ferrara a primeira obra de literatura vernacular judaica. Em 1581, o estabelecimento dos cristãos-novos foi interrompido e, em 1597, foi introduzido o sistema do gueto. (N. da T.)

Ele merece, elogia o poeta Samuel Usque com fervoroso entusiasmo[6], ser chamado trimegisto (três vezes grande): grande e sábio na lei divina, grande em nome e prestígio e grande em riquezas. Usa as suas fortunas com magnanimidade, alivia as aflições de seu povo e sempre auxilia seus irmãos. Promove o matrimônio de inúmeros órfãos, auxilia os necessitados e procura resgatar os prisioneiros, de modo que nele se concentram todas as grandes qualidades que lhe facultam a profecia.

"Conheço muitos homens honrados", diz Emanuel Aboab, "que se orgulham de ter sido servos ou protegidos desta velha e nobre família".

Seu maior tesouro, entretanto, era sua esposa e companheira, Bienvenida[7] Abravanel, honrada como uma das mais dignas figuras femininas de Israel, exemplo de virtude, bondade e verdadeira religiosidade, além de ser dotada de inteligência, coragem, sabedoria e graça. O vice-rei de Nápoles fez sua filha Leonora conviver e estudar com Bienvenida. Quando, mais tarde, Leonora se tornou grã-duquesa de Toscana, como esposa do grã-duque Cosmo de Medici, continuou ligada à sua velha amiga judia, a quem honrava e provavelmente também chamava de mãe[8].

Samuel Abravanel, assim como seu pai, defendia seus correligionários. Sua casa era ponto de reunião de sábios hebreus e cristãos; freqüentavam-na o português Davi ben José ibn Jachia, o cabalista Baruch de Benevento e

---

6   Usque, op. cit., 205 e s.; Aboab, op. cit., 304.

7   Bienvenida (espanhol) ou Benvenide (português). O compilador polonês dos nomes femininos no *Eben haEser*, § 129, não conhecia este nome peculiar; copia-o erradamente זנידה ניין e acrescenta: "Trata-se de (um) Nome".

8   Aboab, que relata este fato, escreve expressamente: "Benvenida [...] a quien llamava madre y como a tal a trataua y venerava"; por isso o biógrafo da família Abravanel escreve também, em *Otzar Nechmad*, 60: "e chamaram-na sempre com o nome de mãe (!)". Também Menassé ben Israel provavelmente cita Aboab, falando de Bienvenida em sua obra, *Spes Israelis*. Da tradução para o latim da citada obra (92), feita durante sua vida, e talvez por ele encomendada consta: "tanto honore Benvenidam prosecuta est quasi mater esse". O incompetente tradutor para o hebraico, copiado verbalmente pelo erudito biógrafo dos Abravanel, traduz do seguinte modo: "e aquela duquesa honrou a mulher de Abravanel perante todos os ministros e conselheiros, chamando-a de mãe".

PEREGRINAÇÕES DOS JUDEUS PORTUGUESES

o sábio alemão Widmannstadt. Dotado de grande instrução, era amigo e protetor da ciência judaica[9].

A augusta personalidade que brilhou no horizonte dos judeus lusitanos e que nesta mesma época vivia na cidade das musas, Ferrara, sob a proteção do duque Ercole II, amigo dos hebreus, foi D. Grácia Mendes[10], admirada e honrada como uma fidalga, graças à sua grandeza de alma e firmeza de caráter, ilimitada benevolência e imensurável fortuna. Foi, de fato, uma rara mulher. Nascida em Portugal (1510), casaram-na como criptojudia, sob o nome de Beatriz, com um companheiro de adversidade, Francisco Mendes (Nassi), proprietário de famosa casa bancária. Após o precoce falecimento de seu marido, para salvar sua vida e bens da perseguição do Santo Ofício, refugiou-se com sua única filha, Reyna, e alguns parentes próximos em Antuérpia, onde seu cunhado, o já mencionado Diogo Mendes[11], dirigia uma filial do banco de Lisboa. Apesar da posição que desfrutava nesse próspero centro comercial, não se sentia feliz. Também aí teve de negar sua verdadeira crença, observando diariamente ritos da Igreja que desprezava do fundo do seu coração! Não suportando o fingimento que lhe era imposto, como a todos os cristãos-novos, almejava um domicílio onde não precisasse manter em segredo sua religião. Terminados todos os preparativos para a emigração, a morte arrancou-lhe seu cunhado Diogo, tendo de permanecer então em Antuérpia, em parte para dirigir os diversos ramos da firma, em parte para dissipar qualquer suspeita de simpatia pelo judaísmo. Finalmente, chegou o momento em que pôde livrar-se, emigrando para Veneza. Principiaram tempos sombrios: sua irmã mais nova, com quem, por questões de herança, vivia em inimizade, denunciou-a ao Senado veneziano como judaizante; foi presa e seus bens confiscados. Por intermédio do

9 Grätz, IX, 48. Samuel morreu cerca de 1550, Bienvenida vivia ainda em 1552. Seu filho, D. Judá Abravanel, abastado e caritativo, permaneceu em Ferrara, assim como Isaac, filho de D. José, neto de D. Isaac Abravanel. Na casa deste último, lecionava Isaac de Lates, homem que desperdiçava seu tempo com devaneios cabalísticos e apoiou a publicação do *Sohar*. Amatus Lusitanus, na sua função de médico, freqüentava a casa (1553). *Cent*. III, Cur. 40.

10 Sobre Gracia Mendesia (Mendes de Luna), cf. Grätz, IX, 368 e s.

11 Barrios menciona um mui abastado Heitor Mendes e conta que, sendo ele inquirido por um rei de Portugal, sobre os bens que possuía, respondeu que eram as esmolas que havia dado; *Maskil el Dal*, 119. Em *Flores de Hymneo*, de Barrios, o apelida: "el rico limosnero Hector Mendes de Lisboa".

HISTÓRIA DOS JUDEUS EM PORTUGAL

seu sobrinho João Miques, e por intercessão enérgica do sultão Solimã, o processo contra ela foi anulado. Conseguindo a liberdade, mudou-se para Ferrara, onde viveu livre e abertamente como judia, usando sua fortuna em benefício de seus correligionários. Foi considerada o anjo protetor dos hebreus portugueses. "Ela sustenta e encoraja os judeus secretos emigrados que, debilitados pela miséria, em Flandres e outras terras, prostrados pela viagem marítima, vêem-se ameaçados de não poder continuar o caminho. Protege-os da rudeza dos selvagens alpes alemães, da extrema penúria e dos infortúnios".

Este elogio não é exagerado, apesar de ter sido escrito pela pena de um homem que, como outros membros de sua família, muito deveu a esta rara mulher, dedicando-lhe uma obra que lhe granjeou em alto grau a consideração e o reconhecimento dos seus correligionários: Samuel Usque, o conhecido e erudito autor do diálogo histórico, escrito em português: *Consolação às Tribulações de Israel*[12 v]. Samuel Usque não escreveu uma história cronológica, mas, antes, salientou os momentos importantes dos sofrimentos de Israel. Sua intenção principal era consolar, com esta obra cheia de luz e vida, os seus tão sacrificados correligionários e compatriotas que retornaram ao judaísmo, fortalecendo-os no amor pela religião-mãe com uma visão do seu próprio passado e da ação paternal da Providência. Como historiador, beneficiou e fortaleceu muito mais a fé judaica do que muitos rabinos excessivamente ortodoxos da sua época[vi].

---

12 O título é *Consolaçam as Tribulações de Ysrael*, Ferrara, Abr. Usque, 5313 (27 de setembro de 1552). A obra foi reimpressa *sine anno* em Amsterdão, e também traduzida para o espanhol. Devido às críticas relativas a Vicente Ferrer e à Inquisição, foi incluída no *Index*. Hoje é extremamente rara. Sobre Samuel Usque, v. Wolf, *Bibl. hebr.*, III, 1072; Barbosa, *Bibl. Lusit.*, III, 672; De Rossi, *Bibl. Jud. Anti-christ.*, 125; Nic. Antônio, Grätz e outros.

v Para uma biografia de Grácia Mendes, cf. a obra de C. Roth, *Doña Grácia Mendes*: vida de uma gran mujer, Buenos Aires: Israel, 1953. (N. da T.)

vi Da obra de Samuel Usque, cf. a edição de Joaquim Mendes dos Remédios, *Consolaçam as Tribulaçoens de Israel*, Coimbra: França Amado, 1906-1907, 3 v.; a versão para o ídiche feita por Elias Lipiner, *Bay di taykhn fun Portugal: Zayn tkufe un zayn* Trayst tsu di laydn fun Yisroel (Junto aos Rios de Portugal: sua época e sua *consolação às tribulações de Israel)*, Buenos Aires: Yidisher Visnshaftlekher Institut, 1949; e a tradução para o inglês por Martin A. Cohen, *Consolation for the Tribulations of Israel*, Philadelphia: The Jewish Publication Society, 1965. (N. da T.)

PEREGRINAÇÕES DOS JUDEUS PORTUGUESES

Influiu na educação e na formação moral dos hebreus lusitanos um parente de Samuel, também morador em Ferrara, Abraão ben Salomão Usque, que, sob o nome de Duarte Pinhel, ainda vivia em Lisboa em 1543, lá escrevendo uma gramática latina. Escapando das perseguições do Tribunal de Fé, mudou-se para Ferrara, onde estabeleceu grande impressora que fornecia aos antigos criptojudeus livros de oração e obras religiosas nas línguas espanhola, portuguesa e hebraica, e da qual saiu uma nova edição da tradução espanhola da *Bíblia*. Esta famosa *Bíblia de Ferrara*, publicada muitas vezes na íntegra ou parceladamente, foi impressa por conta do espanhol Tom Tob ben Levi Athias (Jerônimo de Vargas) e, nela, uma parte foi dedicada ao duque Ercole d'Este II, e outra à D. Grácia[13][vii].

Salomão Usque, o terceiro personagem de realce desta família, talvez primo do já mencionado, tinha suas atividades menos voltadas para o judaísmo. Era de natureza mais lírica. Em 1567 traduziu as diversas poesias de Petrarca para o espanhol, o que causou a admiração dos seus contemporâneos, e interpretou, em conjunto com outro filho das musas, o judeu Lázaro Graciano, um drama espanhol, traduzido para o italiano por Leão da Módena: *Ester*, baseado na história trágica da rainha perso-judia. Salomão viveu como próspero comerciante em Veneza e Ancona, mantendo relações intelectuais com D. Grácia Nassi, e em Ancona esteve em contato com Amatus Lusitanus[14][viii].

---

13 Isaac da Costa, na sua história dos judeus, tendenciosa, mas elucidativa, publicada sob o título *Israel und die Völker* (Israel e os Povos), em alemão, Frankfurt sobre o Meno, 1855, p. 282, foi o primeiro a chamar a atenção sobre a identidade de Abraão Usque com Duarte Pinhel e de Jom Tob Athias com De Vargas. A *Bíblia de Ferrara*, que – Steinschneider, *Hebr. Bibliographie* (Bibliografia Hebraica), II, III, 28 – constitui antes uma revisão de uma tradução antiga do que nova versão, foi terminada de imprimir em 13 de Adar de 5613 (10 de março de 1553). Sobre as edições em duplicata, cf. os bibliógrafos, e Grätz, IX, LXIV. O título da gramática latina é *Latinae Grammaticae compendium tractatus de calendis*. Ulyssip., 1543.

vii A famosa *Bíblia de Ferrara* encontra-se hoje na Biblioteca Nacional do Rio de Janeiro. Cf. Arnold Wiznitzer, A Bíblia de Ferrara no Brasil, *Aonde Vamos?*, Rio de Janeiro, n. 513, 16, p. 7, 18, abr. 1953; idem, *Jews in Colonial Brasil*, New York: Columbia University Press, 1960, p. 40-41, 46, 180-181, 186. (N. da T.)

14 Sobre Salomão Usque, cf. meu *Sephardim*, 141, 338. A identidade de Salomão com Duarte Gomez foi provada por Grätz, IX, LXIII.

viii C. Roth diz que Salomão Usque não é o mesmo que o poeta Duarte Gomez, como certos autores e ele mesmo pensavam anteriormente. Cf. C. Roth, Salusque Lusitano, *The Jewish Quarterly Review*, new series, Philadelphia: University of Pennsylvania Press, v. XXXIV, n. 1, 1943. (N. da T.)

HISTÓRIA DOS JUDEUS EM PORTUGAL

Amatus Lusitanus, que como cristão usava o nome de João Rodrigues, e segundo seu lugar de nascimento se chamava Castelo Branco[15], foi médico célebre em toda a Itália. Nascido em 1511, dedicou-se ao estudo da medicina, exercendo-a em Salamanca e, na época do terremoto, em Santarém[16]. Praticou durante algum tempo em Lisboa, mas, talvez pelo fato de haver sido perseguido como criptojudeu, abandonou logo esta cidade, dirigindo-se para Antuérpia. Após alguns anos, mudou-se primeiro para Ferrara, em seguida para Veneza e, depois, Roma, estabelecendo-se finalmente em Ancona. Não fez segredo de sua fé, declarando-se abertamente judeu, mas, apesar disso, foi prestigiado por nobres e plebeus das mais diversas regiões. O papa Júlio III confiou-lhe sua vida, e laços de amizade uniam-no ao príncipe Afonso de Lencastre, embaixador português em Roma, sendo seu convidado quando se encontrava na cidade do Tibre, e a quem dedicou parte de sua célebre obra. Judeus[17], cristãos e maometanos, monges e condes, freiras e prostitutas, guerreiros e comerciantes foram por ele tratados com a mesma atenção. Apenas passados os anos de juventude, publicou as suas primeiras obras médicas, as quais, apesar da sua extensa clínica, seguiram-se mais tarde várias outras. Seu trabalho principal é o *Centuriae*, muitas vezes reimpresso, no qual indica com exatidão os diversos casos de doenças e seus tratamentos, e relata as causas da moléstia e sua origem, não medicando os pacientes com meia dúzia de receitas convencionais, como faziam os seus contemporâneos. Este adorno da nação, orgulho da arte médica, que rejeitou as solicitações do rei da Polônia e do então poderoso Senado de Ragusa, teve, no entanto, de fugir de Ancona devido à perseguição da Inquisição romana, que via nele o antigo cristão-novo[ix].

15 Ele próprio se apelida "Ego Amatus, Doct. Med. Castelli Albi Lusitanus". *Cent.* III, Cur. 21. Amatus (Chabid) é seu apelido, seu verdadeiro sobrenome não consta de lugar algum. Tinha um irmão, José Amatus; *Cent.* IV, Cur. 45.

16 *Cent.* IV, Cur. 70. O ano de nascimento é citado por ele próprio no fim de *Cent.* IV.

17 Mantinha relações amistosas com Azzarías Mantuanus (Assaria de Rossi). *Cent.* IV, Cur. 42: "Azzarias Mantuanus et Hebraeis et Latinis litteris apprime instructus". Também são citados por ele certo "Hadriel Hebraeorum hodie (1552-1553) summus concionator", em *Cent.* IV, Cur. 93; "Leo Hebraeus, Paedagogus quidem multos sanctam linguam doceret", em *Cent.* II, Cur. 20, e outros.

ix Sobre Amatus Lusitanus, cf. M. Lemos, Amato Lusitano, Novas Investigações, *Arquivo de História da Medicina Portuguesa*, Porto, novas séries, p. 1-12, 33-43, 89-96, 97-106, 129-145, ano IV, 1925; Ricardo

O papa Paulo IV, que muito se dedicou à Inquisição, recomendando-a ainda na hora de sua morte aos cuidados dos cardeais, quando assumiu o trono papal suspendera todos os privilégios que seus antecessores haviam concedido aos emigrantes judeus portugueses, mandando prender todos os cristãos-novos de Ancona e confiscando seus bens. Os infelizes que usufruíram tão curto período de paz tiveram que definhar muito tempo no cárcere, antes que fosse decidida sua triste sina: 24 pessoas, dentre elas um membro da família Jachia, Salomão ibn Jachia, e uma anciã, D. Majora, foram queimados na fogueira e entregaram sua alma reconhecendo um único Deus. Cerca de sessenta pessoas conformaram-se em aceitar de novo a máscara da hipocrisia religiosa, declarando-se cristãos. Acorrentadas, a maioria delas foi transportada para Malta, fugindo, no entanto, durante a viagem, e "salvou-as o Senhor e serviram o Senhor como dantes" (1556)[18][x].

Os poucos judeus portugueses que escaparam aos esbirros da Inquisição romana refugiaram-se em Ferrara, cujo duque os equiparou aos habitantes cristãos, ou em Pesaro, cujo comércio devia ser incrementado com esta nova imigração. Em 1558, porém, o duque de Urbino, que obedecia às ordens do papa, também os expulsou dessa cidade. Muitos dos hebreus portugueses errantes procuraram na Ásia, na Turquia, a paz que lhes fora negada pelo fanatismo da Europa. Também Amatus Lusitanus, admirado humanista, após curta permanência em Pesaro, emigrou para Salônica, onde encontrou novo amigo e protetor em D. José Nassi, duque

---

Jorge, Comentos à Vida, Obra e Época de Amato Lusitano, *Arquivo de História da Medicina Portuguesa*, Porto, Novas Séries, ano V, 1914, ano VI, 1915; idem, *Amato Lusitano*: comentos à sua vida, obra e época, Lisboa: Instituto de Alta Cultura, [19--]; José Lopes Dias, *Amato Lusitano*: cidadão de Castelo Branco, Lisboa: Tipografia Gaspar, 1956, separata da *Revista Portuguesa de Medicina*, Lisboa, 5, 1956; idem, *João Rodrigues de Castelo Branco, Amato Lusitano*: resumo bibliográfico, Lisboa: Tipografia da *Imprensa Medica*, 1952, separata da revista *Imprensa Medica*, Lisboa, 1952; e idem, *Laços Familiares de Amato Lusitano e Filipe Montalto*: novas investigações, Lisboa: Primeiro Colóquio de História da Medicina, 1961, separata da revista *Imprensa Medica*, ano 25, fev. 1961. (N. da T.)

18 José Cohen, *Emek haBakha*, 116 e s.: *Schalschelet*, 96b; *Informatione etc.*: "ma Paulo IV [...] mandò um commissario alla città d'Ancona, et fece mettere in Galera et abbrusciare piu de 80 persone".

x Cf. a pequena história sobre os judeus de Malta de C. Roth, The Jews of Malta, *Transactions of the Jewish Historical Society of England*, London: Jewish Historical Society of England, v. XII, p. 187-251, 1928-1931. (N. da T.)

HISTÓRIA DOS JUDEUS EM PORTUGAL

de Naxos[19][xi]. Entrou em relações mais próximas com Guedelha (ben Moses) ibn Jachia, protetor e defensor da ciência judaica, que reunia em seu redor grande círculo de poetas hebreus[20], sendo homônimo do historiador Guedelha ibn Jachia, seu parente contemporâneo, pregador supersticioso e hipócrita que vivia na Itália[21]. Amatus Lusitanus dedicou partes de sua célebre obra tanto a D. José Nassi como a Guedelha ben Moses ibn Jachia. Morreu de peste (21 de janeiro de 1568), sendo cantado em versos latinos por seu amigo, o cristão-novo Flávio Jacó de Évora[22].

Outros criptojudeus dirigiram-se para Veneza, onde, mais que em outros lugares, sentiam-se protegidos das perseguições da Inquisição e onde participaram ativamente nos estudos científicos[xii]. Um dos primeiros imigrantes

---

19 Sobre ele, cf. a excelente biografia de M. A. Levy, *D. Joseph Nasi, Herzog von Naxos* (D. José de Nassi, Duque de Naxos), Breslau, 1859.

xi Cf. também Abraham Galante, *Don Joseph Nassi, Duc de Naxos, d'aprés de nouveaux documents*, Constantinople: J. & A. Fratelli Haïm, 1914; Jacob Reznik, *Le Duc de Naxos, contribuition à l'histoire juive du XVIe siècle*, Paris: Librairie Lipschutz, 1936; Juan Bautista Avalle-Arce, Espionage y Última Aventura de José Nassi (1569-1574), *Sefarad*, Madrid : Instituto de Filología do Consejo Superior de Investigaciones Científicas (CSIC)/Instituto Arias Montano de Estudios Hebraicos y de Oriente Próximo, t. XIII, p. 157-286, 1953 ; C. Roth, *El Duque de Naxos*: luz y sombra de um destino ilustre, Buenos Aires: Israel, 1954. (N. da T.)

20 Cf. a *História da Família Jachia*, 38 e s.

21 Autor do *Schalschelet*.

22 Barbosa, *Bibl. Lusitana*, I, 129. Também a obra sobre medicina de Amatus Lusitanus foi posta no *Index Expurgat*, em 1584, *Mem. da Litt. Port.*, 24. Sobre ele também informam Zunz e Rapaport em *Keren Hemed* (Fundamento da Graça), 1841, e Meyer, *Geschichte der Botanik* (História da Botânica), 1857.

xii O grupo criptojudeu de Veneza sobressaiu-se por suas fecundas atividades intelectuais. No século XVII, possuía o mais populoso gueto da Itália, sendo que uma de suas sinagogas ainda existe hoje. Pensou-se que seu comércio marítimo com o Ocidente e o Oriente tivesse estado em grande parte nas mãos dos judeus, porém, recentes pesquisas relativas aos anos de 1592-1609 mostraram o erro dessa suposição. Cf. a propósito do livro de Alberto Tenenti, *Naufrages, corsaires et assurances maritimes à Venise (1592-1609)*, Paris: SEVPEN, 1959, a resenha de Bernhard Blumenkranz, Les juifs dans le commerce maritime de Venise (1592-1609), *Revue des Études juives*, 3ª série, Paris: Societé des Études juives, t. 2, n. 119, p. 143-151, jan.-jun. 1961; C. Roth, *History of the Jews in Venice*, Philadelphia: The Jewish Publication Society, 1930; idem, Les marranes à Venise, *Révue des Études juives*, Paris: Societé des Études juives, n. 89, p. 201-223, 1930; David Kaufmann, Die Vertreibung der Marranen aus Venedig im Jahre 1550 (A Expulsão dos Marranos de Veneza no Ano de 1550), *The Jewish Quarterly Review*, Philadelphia: University of Pennsylvania Press, v. XIII, n. 3, p. 520-532, abr. 1901; Marcel Bataillon, Alonso Nuñes de Reinoso et les marranes portugais en Italie, *Msicelânea de Estudos em Honra do Professor Hernâni Cidade*, Lisboa: Faculdade de Letras da Universidade de Lisboa, 1957. (N. da T.)

Bíblia de Ferrara. Bíblia hebraica com dedicatória a Dona Gracia Nasi. Ferrara, 1552. Biblioteca Nacional. Lisboa, Portugal. A famosa *Bíblia de Ferrara* encontra-se hoje na Biblioteca Nacional do Rio de Janeiro. Ver p. 311, nota VII.

judeus portugueses na cidade dos doges foi o sábio Emanuel Aboab, bisneto do célebre Isaac Aboab, cujos descendentes do século XVII e XVIII ocuparão destacadas posições na Itália, Holanda, Inglaterra, Alemanha, Ásia e África.

Manuel Aboab nasceu no Porto e foi criado por seu avô Abraão Aboab, que habitava uma casa na rua São Miguel dessa cidade[23]. Para fugir da Inquisição, deixou a pátria, junto com outros companheiros de infortúnio, dirigindo-se para a Itália, onde, depois de uma estada em Pisa, estabeleceu-se em Veneza, mantendo relações com o rabino local, Moisés Altarás, que, através de sua tradução do hebraico[24], tornou acessível aos seus conterrâneos desconhecedores daquela língua uma obra de fundo moral; com o espanhol Isaac Athias, comentarista das 613 leis e tradutor da conhecida polêmica contra o cristianismo (*Hissuk Emuná*)[25], e com o médico refugiado de Portugal, Manuel Brudo, que em Veneza se convertera ao judaísmo, além de outros. Aboab levou uma vida agitada. Encontramo-lo ora em Spoleto, ora em Reggio, onde conheceu pessoalmente o cabalista Menahem Asaria de Fano[26], ora em Gênova e outras cidades da Península. Impelido sem dúvida pelas circunstâncias[27], aceitou Aboab, no ano de 1603 – em presença de um comitê que constituía a elite da cidade –, defender seus correligionários contra acusações de má-fé e de infidelidade para com o Estado e a pátria e de provar num discurso, citando exemplos do passado, o que aliás não era difícil, que ao judeu nunca faltou coragem nem vontade de fazer os maiores sacrifícios pela pátria, mesmo quando esta o hostilizava. Os senadores da cidade, de mais larga visão, aplaudiram o digno e experiente orador[28]. No correr de sua vida nômade, permaneceu Aboab também durante algum tempo em Corfu, onde travou conhecimento com um sobrinho do duque de Urbino, Horácio del Monte, com o qual

23 Aboab, *Nomologia*, 300.

24 *Libro de Mantenimiento de la Alma*, Veneza, 5369-1609.

25 *Thesoro de Preceptos, donde se Entierran lasJjoyas de los Seyscientos yTtreze Preceptos etc.*, Veneza, 1627, Amsterdão, 1649. *Fortificacion de la Ley de Mosses, Coluna que Fortifica los Aflictos Coraçones de la Caza de Israel etc.*, Hamburgo, 1621.

26 Barbosa, *Bibl. Lusit.*, III, 200; Amatus Lusit., *Cent.* IV, Cur. 62.

27 Aboab, *Nomologia*, 310.

28 Idem, 290.

PEREGRINAÇÕES DOS JUDEUS PORTUGUESES

manteve breve correspondência a respeito da Cabala[29], tendo provavelmente também conhecido seu infeliz correligionário e conterrâneo, perseguido pelo destino, o médico Diogo José. Também Diogo José tinha como pátria a cidade do Porto, quando, perseguido pela Inquisição, viu-se forçado a emigrar. Aboab dirigiu-se para Flandres, mas não encontrou paz até que na sua melancolia a morte, tantas vezes desejada, pôs fim à sua triste vida na ilha de Corfu. Este homem, de talento poético, deixou duas obras sobre medicina em manuscrito e escreveu o seu próprio e original epitáfio em latim, que em tradução livre significa[30]:

Adeus Amada Pátria, teu êmulo parte
Parte em direção ao céu, quem pode sonhar com a volta?
Pai Douro não irá lavar meu corpo
As ondas do mar Egeu revolverão meus ossos.

O velho Aboab pretendia realizar uma viagem à Palestina, mas morreu em 1628, deixando uma obra em que trabalhou dez anos e que é muito apreciada pelos fiéis de todos os tempos[31]. Trata-se de uma apologia e história da tradição judaica que, sob o título de *Nomologia*, foi impressa por seus herdeiros, um ano após a sua morte[xiii].

Tão cedo quanto a Itália, também a França acolheu refugiados portugueses. Logo após o édito de 1497, encontramos emigrantes lusitanos além dos Pireneus, os quais, atravessando a fronteira como marranos, de início se sujeitaram às imposições religiosas, sem deixar de obedecer, no entanto, às leis judaicas, circuncisão, festa do sábado etc. Nunca se ouviu dizer

---

29 Idem, 144 e s., 147 e s.

30 Barbosa, op. cit., IV, 100. Compare meu Zur Geschichte der Jüdischen Ärzte (Sobre a História dos Médicos Judeus), em *Frankel's Monatsschrift für Geschichte und Wissenschaft des Judenthums* (Revista Mensal de Frankel para a História e Ciência do Judaísmo), XI, 350.

31 O devoto Moisés Chagis recomenda como leitura, além do *Conciliator* de Menasse ben Israel, também e, em especial, a *Nomologia; Sefat Emet* (A Loucura Verdadeira), 4ª. A respeito de Aboab, compare artigo em *Jeschurun* [N. da E.: nome poético de Israel, Jesurun, cf. Dt 33,5], Frankfurt am Main, IV, 572 e s.; V, 643 e s.

xiii V. de C. Roth, Immanuel Aboab's Proselytization of the Marranos, *The Jewish Quarterly Review*, New Series, Philadelphia: *University of Pennsylvania Press*, v. XXIII, p. 121-162, 1932. (N. da T.)

HISTÓRIA DOS JUDEUS EM PORTUGAL

que sua permanência no país tenha sido dificultada pelos reis da França; ao contrário, Henrique II concedeu-lhes determinados privilégios, através dos quais lhes foram outorgados os principais direitos e liberdades. Estas vantagens atraíram muitos judeus portugueses a estabelecer-se nas cidades do sul da França, enriquecendo esse país com suas forças espirituais e materiais[32][xiv].

Entre os cientistas que na França encontraram nova pátria, salientou-se especialmente João (Moisés) Pinto Delgado. Nasceu em Tavira, capital do

32 Compare minha *Geschichte der Juden in Spanien und Portugal* (História dos Judeus na Espanha e em Portugal), I, 143 e s.

xiv Sobre os judeus na França e Países Baixos, suas atividades econômicas e culturais, v. os trabalhos: B. Blumenkranz, *Bibliographie des juifs en France*, Paris: Centre d'Études juives/École Pratique des Hautes Études (EPHE), 1961; Robert Anchel, *Les Juifs de France*, Paris: J. B. Janin, 1946, cap. VI; Zosa Szajkowski, An Auto-da-Fé against the Jews of Toulouse in 1685, *The Jewish Quarterly Review*, Philadelphia: University of Pennsylvania Press, v. XLIX, p. 278-281, 1959; idem, Population Problems of Marranos and Sephardim in France, from the 16th to the 20th Centuries, *Proceedings of the American Academy for Jewish Research*, Philadelphia: American Academy for Jewish Research (AAJR), v. XXVII, p. 83, 1958; Israël Salvator Révah, Le premier établissement des marranes portugais à Rouen (1603-1607), *Mélanges Isidore Levy. Annuaire de l'Institut de Philologie et d'histoire orientales et slaves*, Bruxelles: Institut de Philologie et d'histoire orientale et slaves de l'Université libre de Bruxelles, t. XIII, p. 539-552, 1953 (1955); I. S. Révah, *Le Cardinal de Richelieu et la restauration du Portugal*, Lisbonne: Institut français au Portugal, 1950 ; H. Barande, *Lopez, agent et confident du Richelieu*, Paris: [s. n.], 1933; Albert Girard, *Le Commerce français à Seville et Cadix au temps des Habsbourg*: contribution a l'étude du commerce étranger en Espagne aux XVIe et XVIIIe siècles, Bordeaux: Feret & Fils, Paris: E. De Boccard, 1932; C. Roth, Les Marranos à Rouen, un chapitre ignoré d'histoire des juifs en France, *Révue des Études juives*, Paris: Societé des Études juives, n. 88, p. 113-155, 1929; Edgar Prestage, *As Relações Diplomáticas de Portugal com a França, Inglaterra e Holanda de 1640 a 1668*, tradução de Amadeu Ferraz de Carvalho, Coimbra: Imprensa da Universidade, 1928; Jules Mathorez, Notes sur les espagnols et les portugais à Nantes, *Bulletin Hispanique*: annales de la Faculté des lettres de Bordeaux, Bordeaux: Faculté des lettres e sciences humaines de l'Université de Bordeaux, XIV-XV, p. 119-126, 383-407, 1912-1913, 1912; Léon Brunschwicg, *Les Juifs de Nantes et du pays nantais*, Nantes: Librarie Vier, 1890; Alfredo de Carvalho, Os Portugueses em Bordeaux durante o Século XVIII, *O Instituto*: jornal scientifico e litterario, Figueira da Foz: Tipografia Popular, v. 90, 1936; Henry León, *Histoire des juifs de Bayonne*, Paris: Armand Durlacher, 1893; Salomon Ullman, *Histoire des juifs en Belgique jusqu'a XVIII Siècle*, Anvers: Imprimerie et Lithographie Delplace Koch & co., [1932?]; Georges Cirot, Recherches sur les juifs espagnols et portugais à Bordeaux: Ière partie, *Bulletin Hispanique*: annales de la Faculté des lettres de Bordeaux, Bordeaux: Faculté des lettres e sciences humaines de l'Université de Bordeaux, t. VIII-X, 1907-1908; Antônio José Simões Serra, *Subsídios para a História dos Judeus Portugueses em França. A Comunidade de Baiona*, Lisboa: [s. n.], 1963, tese manuscrita que o prof. Ferreira de Almeida teve a gentileza de emprestar-nos. (N. da T.)

PEREGRINAÇÕES DOS JUDEUS PORTUGUESES

Algarve (1529), e, sendo muito dotado pela natureza – sabia escrever de memória discursos ouvidos uma só vez –, decidiram os pais que fosse estudar em escolas superiores da Espanha. De volta à pátria, ocupou alto cargo de Estado até que os inquisidores o afugentaram do seio da família e do torrão natal, refugiando-se, primeiro em Roma, depois no sul da França. Delgado foi então poeta apreciado por seus contemporâneos e, devido à sua inclinação ao judaísmo, que após sua fuga de Portugal adotou abertamente, escolheu como assunto de seus versos a história antiga do seu povo. Miguel de Barrios, que a tantos cantou, pôde elogiá-lo com razão:

> Del poema de Hester en sacro coro
> Mosseh Delgado da esplendor sonoro,
> Y corren con su voz en ricas plantas
> De Jeremias las Endechas Santas[xv].

Delgado dedicou a coleção de suas poesias ao cardeal Richelieu, "presidente da Marinha e do comércio na França", como é denominado na dedicatória, e morreu em 1570[33][xvi]. Neste mesmo ano, seu filho Gonçalo ocupou um cargo público na cidade natal de Tavira[xvii].

---

xv Versos traduzidos do original de Miguel de Barrios, cf. Meyer Kayserling, *Biblioteca Española-portugueza-judaica*, Nieuwkoop: B. de Graaf, 1961, p. 41. (N. da T.)

33 Sobre Delgado, cf. meu *Sephardim*, 153-163. Suas poesias foram publicadas sob o título *Poema de la Reyna Ester, Lamentaciones del Propheta Jeremias, Historia de Rut y Varias Poesias*, Rouen, 1627, 8.

xvi A inexatidão das datas se deve ao fato de M. Kayserling ter confundido dois personagens com o mesmo nome. Cf. nota 50. (N. da T.)

xvii Segundo I. R. Révah, Autobiographie d'un Marrane: édition partielle d'um manuscrit de João (Mosseh) Pinto Delgado, *Révue des Études juives*, Paris: Societé des Études juives, 3ª série, t. 2, n. 119, p. 41-129, jan.-jun. 1961, João (Moisés) Pinto Delgado nasceu em Tavira em 1529 e morreu em 1591. Apesar de ter inaugurado as tradições poéticas da família, diz I. R. Révah, não nos ficou dele nenhuma obra impressa ou manuscrita, com exceção da tradução de Petrarca, em oitava rima, que Diogo Barbosa Machado atribui-lhe em sua *Bibliotheca Luzitana*, Lisboa: Officina de Antonio Gomes, 1786. As obras a que se refere M. Kayserling, publicadas em 1627 em Rouen, são de autoria de seu neto, também chamado João Pinto Delgado, filho de Gonçalo Delgado, também nascido em Algarve, e que viveu em Lisboa, depois se transferindo para Rouen em torno de 1624, onde já se encontravam seus pais desde 1609. Em op. cit., 1961, M. Kayserling dá a data do falecimento de Delgado avô como 1591, e não 1570, como no texto acima. As poesias de J. P. Delgado, publicadas em Rouen em 1627,

HISTÓRIA DOS JUDEUS EM PORTUGAL

Maior significação para o judaísmo e para a corte francesa teve o irmão mais novo do já mencionado Amatus Lusitanus, cujo nome judeu era Elias Montalto, e cristão, Felipe ou Filoteu. Dirigiu-se, cerca de 1598, a Livorno[xviii], mudando depois para Veneza, de onde foi chamado, em 1611, a conselho de Cencino Cencini, para ocupar o cargo de médico particular da rainha Maria de Medici em Paris. Esta não somente concedeu-lhe a liberdade religiosa como também o promoveu à posição de conselheiro. Era excelente clínico, admirável conhecedor das ciências da natureza, não limitando sua atividade literária apenas ao campo da medicina, mas também se apresentando como defensor da fé que tão fielmente seguia. Revelou-se, ainda, hábil polêmico contra os clérigos que deturpavam o verdadeiro sentido das palavras. Logo após o afastamento de Maria de Medici dos negócios de Estado e após a queda de Cencini, morreu Montalto em Tours (setembro de 1615). Seu cadáver foi embalsamado por ordem da rainha-mãe e transportado para Amsterdão pelo rabino Saul Levi Morteira a alguns parentes do morto[34][xix].

Amsterdão, em relativamente pouco tempo, transformou-se numa segunda Jerusalém, devido ao elevado número de criptojudeus que para lá afluíram. Os refugiados portugueses visavam de preferência os Países Baixos –

---

foram reeditadas por I. S. Révah, com o mesmo título, Lisboa: Institut Français au Portugal, 1954. As poesias de J. P. Delgado foram analisadas por E. M. Wilson e A. D. H. Fishlock, *Journal of Jewish Studies*, Oxford: Oxford Centre for Hebrew and Jewish Studies [v., n.?], 1949-1950. Cf.: C. Roth, Lope de Vega and Pinto Delgado, *Bulletin of Hispanic Studies*, Liverpool: Liverpool University Press, XVII, 1955; Jerónimo Rubio, João Pinto Delgado y la Situación de los Judíos en Portugal en los Siglos XVI y XVII, *Miscelánea de Estudios Arabes y Hebraicos*, Granada: Departamento de Estudios Semíticos de la Facultat de Filosofía y Letras de la Universidad de Granada, 1957. Em C. Roth, *Révue des Études juives*, Paris: Societé des Études juives, 4ª série, t. 1, n. 121, fac. 3–4, p. 361, jul.-dez. 1962, encontramos uma elegia de João Pinto Delgado dedicada ao mártir Isaac de Castro, preso na Bahia e queimado pela Inquisição de Lisboa. (N. da T.)

xviii Sobre Montalto, cf. de C. Roth: *A History of the Marranos*, Philapelphia: The Jewish Publication Society/Meridian, 1959, p. 297, 311-312, 316, 329; Quatre lettres d'Elie de Montalto: contribuition à l'histoire des Marranes, *Révuedes Études juives*, Paris: Societé des Études juives, p. 137-165, 1929. (N. da T.)

34 Elías Montalto é mencionado com detalhes em minha *Geschichte* (História), I, 146-150.

xix Cf. Cecil Roth, Notes sur les marranes de Livourne, *Revue des Études juives*, Paris: Societé des Études juives, 91, p. 1-27, 1931; A. S. Toaff, Cenni storici sulla comunità ebraica e sulla sinagoga di Livorno, *La Rassegna mensile di Israel*, Roma: Unione delle Comunità Israelitiche Italiane, 21, 1955. (N. da T.)

PEREGRINAÇÕES DOS JUDEUS PORTUGUESES

que nesta época lutavam pela sua liberdade e independência –, pois os ricos centros comerciais, Roterdão, Antuérpia e Amsterdão, proporcionavam, aos que em Portugal eram destinados à fogueira, não somente um refúgio contra a intolerância mas também um largo campo para suas atividades industriais. As peregrinações para os Países Baixos perduraram enquanto arderam as fogueiras em Portugal, e tomaram maior impulso quando ascendeu ao trono o cardeal-infante[xx].

Após a morte de D. Sebastião, o cardeal-infante assumiu plenos poderes, os quais utilizou sem vacilar, suspendendo os privilégios que seu sobrinho havia concedido aos judeus secretos, e mandando queimar anualmente certo número deles, o que fazia com o apoio de muitos homens sábios, conforme ele mesmo se exprimia[35]. A situação dos cristãos-novos do país tornou-se cada vez mais insuportável e opressora, e, em seu desespero,

---

[xx] Na Antuérpia, os cristãos-novos portugueses desenvolveram intensa atividade econômica, principalmente em torno do comércio das especiarias. Esta cidade serviu de entreposto para as mercadorias que vinham das colônias portuguesas de além-mar. Em torno do grupo português floresceram atividades culturais, que perduraram durante o breve período no qual Antuérpia foi centro econômico de importância. Pesquisas recentes revelaram que os cristãos-novos emigrados de Portugal continuaram a viver na Antuérpia mesmo depois de passada a época de sua maior prosperidade, durante a qual mantiveram relações comerciais com Portugal e o Brasil. No último decênio do século XVI, o maior afluxo de emigrantes portugueses foi para Amsterdão. Sobre a importância das atividades econômicas desempenhadas pelos portugueses sefardins no comércio colonial europeu, principalmente no norte da Europa, cf.: Jean Denucé, *Avant-propos pour l'Histoire du commerce et de l'Industrie diamantine à Anvers*, [s. l.: s. n., s. d.]; Jan-Albert Goris, *Études sur les colonies marchandes méridionales (portugais, espagnols,iItaliens) à Anvers, de 1488 à 1567:* contribution a l'histoire des debuts du capitalisme moderne, Louvain: Librairie Universitaire, 1925; S. Ullman, op. cit. Pela importância desse período para a história do capitalismo comercial e financeiro, e pelo interesse que tem despertado a participação dos portugueses, transcrevemos os títulos de algumas obras que tratam do assunto: Werner Sombart, *The Jews and Modern Capitalism*, translation and notes by Mordecai Epstein, London: T. F. Unwin, 1913; Alfred Philip, *Die Juden und das Wirtschaftsleben*: eine antikritisch-bibliographische Studie zu Werner Sombart *Die Juden und das Wirtschaftsleben* (Os Judeus e a Vida Econômica: um estudo bibliográfico anticrítico sobre *Os Judeus e a Vida Econômica* de Werner Sombart), Strassbourg: Heitz & Cie, 1929; Lujo Brentano, *Die Anfänge des modernen Kapitalismus* (Os Inícios do Capitalismo Moderno), Müunich: Verlag der K. B. Akademie der Wissenschaften, 1916; Henri Sée, Dans quelle mésure puritains et juifs ont-ils contribué aux progres du capitalisme moderne?, *Revue Historique*, Paris: Presses universitaires de France (PUF), CLV,, p. 57-58, ano 52, maio-ago. 1927. (N. da T.)

35 Samuel Valério (Médico em Corfu), *Hazon Lamoed* (Visão Para o Futuro), terminado em fins de janeiro de 1580, p. 76.

HISTÓRIA DOS JUDEUS EM PORTUGAL

mais uma vez dirigiram súplicas ao trono papal, ocupado então por Pio IV. Descreveram todo o seu horrível destino: "prendem-nos sem razões suficientes, aprisionam-nos durante anos sem nos interrogar, queimam-nos e a nossos filhos inocentes sem piedade". O papa Pio IV, homem velho e gordo, de faces alegres e olhos vivos, não simpatizava com a Inquisição, criticando sua desumana crueldade. Não ousava, entretanto, tocá-la e deixou-lhe toda a força que alcançara sob Paulo IV[36], de maneira que seu raio de ação logo se alargou por todas as possessões portuguesas até a Serra da Boa Esperança. Nas Índias Portuguesas – onde, em favor da perseguição e extermínio da raça hebréia, agiu principalmente o jesuíta Belchior Carneiro, de Coimbra (1555) –, abriu-se vasto campo para as atividades da Inquisição, devido ao número de criptojudeus que, expulsos da Espanha e Portugal, lá procuraram moradia e refúgio, ou para lá foram desterrados, enriquecendo-se através do comércio. Alguns declararam-se abertamente adeptos do judaísmo e também aí a Inquisição os atingiu, tratando-os com redobrada severidade, principalmente aos mais ricos. Em Goa, ergueu-se logo um vistoso edifício do Tribunal e o primeiro grão-inquisidor, arcebispo Gaspar de Leão, a 29 de setembro de 1565, publicou um apelo "ao povo de Israel", juntando-lhe um tratado do converso Jerônimo de Santa Fé, em tradução portuguesa[37][xxi].

O cardeal-infante, mais grão-inquisidor do que regente, e que durante sua vida foi amado por poucos e temido por muitos, morreu no último dia de janeiro de 1580. Após sua morte, irrompeu uma luta pelo trono de Portugal, na qual os cristãos-novos formaram um partido forte e influente a favor de D. Antônio, prior de Crato, filho natural de uma judia com D. Luís,

---

36 Herculano, III, 329.

37 *Carta do Primeiro Arcebispo de Goa ao Povo de Israel, Seguidor ainda da Ley de Moyses, e do Talmud por Engano e Malícia dosSseus Rabbis etc.*, Goa, 1565.

xxi Sobre a Inquisição em Goa, cf.: Antônio Baião, *A Inquisição em Goa*, Coimbra: Imprensa da Universidade, 1930, v. I: *Tentativa de História da Sua Origem, Estabelecimento, Evolução e Extinção*, Lisboa: Academia Real das Sciencias, 1949, v. II: *Correspondência dos Inquisidores da Índia (1569-1630)*; Jordão A. de Freitas, A Inquisição em Goa: subsídios para sua história, *Archivo Histórico Portuguez*, Lisboa, v. V, p. 226-227, 1907; João Delgado Figueira, *Reportório geral de três mil e oitocentos processos, despachados pelo Santo Ofício de Goa, desde sua instituição até 1623*, Inventário de Manuscritos do Fundo Geral da Biblioteca Nacional de Lisboa, cod. 201-203. (N. da T.)

PEREGRINAÇÕES DOS JUDEUS PORTUGUESES

contra o cruel Felipe da Espanha[xxii]. Portugal, debilitado e submerso em confusão, perdeu sua independência, seus legítimos herdeiros ao trono, e caiu sob o domínio espanhol[38]. O mesmo rigor com que Felipe II (I) agiu contra os criptojudeus do seu país de origem empregou também contra os da terra anexada. Suspendeu novamente a emigração[39] e, pela lei de 6 de setembro de 1583 – na qual modifica a ordem dada por D. João III sobre este assunto, em 7 de fevereiro de 1537 –, ordenou que todo cristão-novo usasse um chapéu amarelo. Quem fosse encontrado com chapéu de outra cor, seria chicoteado publicamente, além de ser obrigado a pagar uma multa de cem cruzados[40].

Os criptojudeus de Portugal sentiram, então, em toda a sua plenitude, a tirania espanhola, e nenhum perigo era considerado demasiado em se tratando de fugir do país e procurar liberdade e tolerância em algum outro canto da terra.

Uma corajosa mulher portuguesa, Mayor Rodrigues, com seu marido, Gaspar Lopes Homem, seus filhos, Manuel e Antônio Lopes Pereira, e suas filhas, Maria Nunes e Justa Lopes Pereira, prepararam-se para emigrar no ano de 1590. Os irmãos Manuel e Maria, esta de rara beleza, embarcaram com seu tio Miguel Lopes, com destino à Holanda. Durante a viagem foram capturados por um navio inglês que perseguia os que navegavam sob a bandeira hispano-portuguesa e levados prisioneiros para Londres. A beleza de Maria seduziu o capitão do navio, um duque inglês, a ponto de pedir-lhe a mão em casamento. As relações da bela portuguesa com o duque chegaram aos ouvidos da rainha Elisabeth que ordenou que lhe trouxessem Maria, a qual tratou com especial consideração: levou-a de carruagem pelas ruas da capital a fim de que os habitantes pudessem ver sua deslumbrante beleza. Maria não deu importância a tais honrarias, não deu atenção aos insistentes pedidos de Sua Majestade, nem às ofertas honrosas do duque: apenas pediu sua liberdade. Deixou a Inglaterra e, com seus parentes, continuou

---

xxii O prof. Joaquim Veríssimo Serrão, da Universidade de Lisboa, escreveu um trabalho sobre o prior do Crato. Cf. J. V. Serrão, *O Reinado de D. António, Prior do Crato*, Coimbra: Instituto de Alta Cultura da Universidade de Coimbra, 1956, tese de doutorado em ciências históricas da Universidade de Lisboa. (N. da T.)

38 Da Costa, op. cit., 272.

39 Gordo, op. cit., 34.

40 Gordo, op. cit., 10.

HISTÓRIA DOS JUDEUS EM PORTUGAL

viagem para a Holanda. Maria Nunes Pereira lançou, por assim dizer, o fundamento da grande comunidade de Amsterdão. Alguns anos depois, chegou sua mãe, Mayor Rodrigues, com seus outros irmãos e, logo após (1598) a viúva Melchior Franco Mendes, do Porto, com dois filhos, Francisco (Isaac) Mendes Medeiros e (Abraão) Cristóvão (Mardochai) Franco Mendes. Estes eram tidos em alta consideração pelo Senado da cidade, um devido a seus conhecimentos, o outro por sua infinita caridade[41].

A comunidade aumentava de ano para ano, de maneira que, após algum tempo, já não bastava o salão de preces cedido por Samuel Palache, agente do imperador de Marrocos na Holanda; tornou-se necessário construir uma sinagoga própria. O notável Jacó Tirado, junto com Davi Abendana, filho da emigrada Justa (Abigail) Pereira e Jacó Israel Belmonte, da ilha da Madeira, patriarca de numerosa família que alcançou altas honrarias e que cantou em versos espanhóis os sacrificados pela Inquisição[42], colocaram a pedra fundamental da primeira sinagoga de Amsterdão, que foi denominada Beth Jacob, em honra de Jacó Tirado[43].

Além de Amsterdão, que se tornou o ponto de reunião dos mais cultos e abastados judeus portugueses e para onde, em seguida, se dirigiu a maioria dos cristãos-novos perseguidos pela Inquisição ou adeptos do judaísmo, havia outra cidade ao norte da Alemanha, Hamburgo, que quase na mesma época começou a acolher os cristãos-novos portugueses[xxiii]. Um dos

41 Cf. *Sephardim*, 167, e as fontes ali mencionadas. Existe uma obra ainda manuscrita do poeta neo-hebraico Davi Franco-Mendes sobre a primeira imigração dos judeus portugueses para Amsterdão, *Memorias do Estabelecimiento e Progresso dos Judeos Portug. e Espanh. Nesta Cidade de Amsterdam*, recopilados de papéis antigos impressos e escritos no n. A. 5529 (1769). A família Franco-Mendes, posteriormente foi uma das mais conceituadas na Holanda. Ainda em 1770, o príncipe e a princesa de Orange estiveram presentes à festa do casamento de Jacó Franco-Mendes.

42 Sobre Belmonte, cf. *Sephardim*, 289 e s., e as fontes mencionadas nas notas.

43 De Barrios, *Triumpho del Govierno Popular (Casa de Jacob)*, 16 e s., *Relación de los Poetas y Escritores Espanoles*, 53: "Primo del singular Jacob Tirado, / Que fundo de fervor y zelo armado / La primer sinagoga Amstelodama, / Y fue à Jerusalem de la Ley flama".

xxiii A maioria dos cristãos-novos portugueses perseguidos pela Inquisição dirigiu-se então para o Brasil. Sobre os cristãos-novos em Hamburgo, sua vida e atividades econômicas, cf. Hermann Kellenbenz, *Sephardim an der unteren Elbe*: ihre wirtschaftliche und politische Bedeutung vom Ende des 16. bis zum Beginn des 18 (Sefardins no Baixo Elba: sua importância econômica e política do final do século XVI até o começo do século XVIII), Wiesbaden: Franz Steiner Verlag, 1958. (N. da T.)

primeiros que para lá emigrou foi o médico Rodrigo de Castro, nascido em Lisboa em meados do século XVI, proveniente de uma família em que a arte médica era como uma herança tradicional. Sua mãe em solteira chamava-se Vaz. Seus irmãos haviam-se salientado como médicos célebres, exercendo algumas vezes a profissão de cirurgiões particulares dos reis portugueses, e também Rodrigo seguiu a trilha percorrida com tanto sucesso por seus parentes. No ano de 1557, freqüentou a Universidade de Coimbra e depois a então célebre Universidade de Salamanca, onde se formou doutor em filosofia e medicina. Voltando para Lisboa, estabeleceu-se como médico clínico, casando-se logo depois com Catarina Rodrigues, que ainda durante sua estada na pátria lhe deu dois filhos. Pode-se claramente perceber, através do ato por ele mesmo relatado, a posição de destaque que gozava e o senso de dever e escrupulosidade com que exercia sua profissão: quando se convocou a tripulação para a Invencível Armada em Lisboa, em maio de 1588, e muitos soldados e marinheiros – por aversão à viagem marítima ou atemorizados ante o triste fim previsto para esta expedição – fingiram-se doentes, pedindo-lhe um certificado médico a fim de que fossem dispensados do serviço militar, Castro não os atendeu e não satisfez os seus desejos sob nenhuma condição[44].

A armada não retornou a Lisboa. Quanto menos alcançava sua meta – que visava romper o equilíbrio europeu e elevar a Espanha à monarquia universal –, tanto mais o orgulhoso e odiado Felipe II procedia com rigor contra os habitantes do reino sujeitos a seu cetro, para a glória da Igreja, da qual se considerava poderoso sustentáculo. Entrementes, aumentava também o desejo nos corações dos criptojudeus de escapar às vistas aguçadas da Inquisição. Rodrigo fugiu com a mulher e os filhos, dirigindo-se para Antuérpia. Talvez a conselho do dr. Henrico Rodriguez, amigo, colega, conterrâneo, correligionário e talvez parente de sua esposa, e que anteriormente se havia estabelecido em Hamburgo, emigrou Rodrigo, em 1594, para a cidade do Elba. Foi-lhe indiferente ser considerado papista secreto pelos burgueses de Hamburgo e pelo Senado, por ter vindo da Holanda. Abriu-se-lhe em seguida largo campo de atividades. Durante a peste, que

---

44 Rodrig. de Castro, *Medicus Politicus*, 252.

HISTÓRIA DOS JUDEUS EM PORTUGAL

irrompeu em 1596, salientou-se "por atividades abnegadas e pela eficiência na profissão; escreveu um tratado sobre a natureza e as causas da peste que, neste ano de 1596, conflagrou a cidade de Hamburgo, tratado este que chegou até nós"[45].

Sua fama logo ultrapassou os limites desta cidade, e de todas as regiões chegavam enfermos em busca do seu auxílio. O rei da Dinamarca, o arcebispo de Bremen, o duque de Holstein, o conde de Hessen e outros personagens nobres honraram-no como sábio magnânimo "que se tornou venerado com a idade, célebre pela sua arte, digno do amor dos homens e memorável pela virtude"[46].

Durante quase cinqüenta anos, foi Rodrigo salvador e auxiliador da humanidade sofredora; foi chamado "mestre da arte" ou "médico célebre" ou ainda "príncipe da medicina de sua época"[47]. Desenvolveu fecunda atividade literária, cujo resultado foram duas obras médicas e um pequeno trabalho sobre o matrimônio entre cunhados (*Leviratsehe*)[48][xxiv]. Velho e cansado da vida, morreu em cerca de 1630[49]. Cinco filhos enlutados choraram no seu túmulo[xxv].

---

45 Reils, *Zeitschrift des Hamburg. Geschichts-Vereins* (Revista da Associação Histórica de Hamburgo), ii, 347.

46 Bened. de Castro, *Flagellum Calumniantium*, 67.

47 Zacut. Lusitan., *Med. Princ. Hist.*, 1.3; h.9, 40; 1.2, h.2, 17, 35.

48 Suas obras sobre medicina são: *De Universa Mulierum Morborum Medicina*, Hamburgo, 1603, 1628, 1662 etc; *Medicus Politicus* (Sobre os Deveres do Médico), Hamburgo, 1614, 1662. Estas duas obras também são mencionadas por De Barrios, *Relación de los Poetas*, 55. Seu trabalho em português leva o título *Tratado de Halissa en o qual Ensenad Esta Mataria*, Dial. xxv; *Philaleth. Eudox. Sinceri et Resam.*, s. l., Hamburgo, 1614. Cf. também meu *Zur Geschichte der Jüdischen Ärzte* (Sobre a História dos Médicos Judeus), op. cit., viii, 330 e s.

xxiv *Leviratsehe* (levirato): costume existente entre certos povos, segundo o qual o irmão mais novo é obrigado a casar com a viúva do irmão mais velho. (N. da T.)

49 O autor da *Histoire des Médicins Juifs*, na p. 175, engana-se citando o ano da morte como sendo 1627, 20 de janeiro. De Castro ainda vivia em 1629, pois sua carta a Çacuto Lusitano (o *Medic. Princ. Hist.* deste último, pré-impresso), é datada de 16 de julho de 1629. Segundo Reils, op. cit., 378, faleceu em 1637.

xxv Sobre Rodrigo de Castro, v.: H. Kellenbenz, op. cit., 1958, p. 27, 33, 37, 65, 111, 114, 173, 251, 325, 328, 450, 467, 493. (N. da T.)

7.

Portugal sob
Domínio Espanhol

Felipe III. Conseqüências do martírio e da morte do franciscano Diogo de Assunção; Davi Jesurun, Paulo de Pina-Rëeul Jesurun. Absolvição de Clemente VIII. Menassé ben Israel. Uriel da Costa e as aspirações dos judeus portugueses provocadas pela sua atitude. Sofrimento e morte do diácono Antônio Homem; suas conseqüências. Novo perdão e novas emigrações. Jacó Zemach ben Chajim, Zacuto Lusitano e Manuel Bocarro Frances y Rosales-Jacó Rosales, José e Jacó Frances, Tomás de Pinedo, Isaac Cardoso, Isaac Oróbio de Castro.

FELIPE II MORREU A 13 DE SETEMBRO DE 1598. SEU CORPO cobrira-se de tumores e furúnculos, tornando-se objeto de asco e horror. Contam que um clérigo – talvez pertencente à raça oprimida – predissera esta morte ignominiosa, devido à sangüinária rigidez que usou para com os criptojudeus[1]. O grande reino que legou a seu débil filho, Felipe III, caminhou com passos gigantescos para a ruína. Bom e devoto, este terceiro Felipe foi instrumento do clero. No início do seu reinado seguiu o caminho já muitas vezes trilhado pela política simulatória da Espanha. Para atrair com maior facilidade os bens dos criptojudeus, revogou a proibição de emigrarem, decretada por seu pai, e, por uma lei de 4 de abril de 1601, facultou a todos os judeus secretos de Portugal vender seus bens imóveis e deixar o país com suas famílias e fortunas[2]. Ao mesmo tempo proibiu, sob severas penas, chamar qualquer pessoa de cristão-novo, marrano ou

---

1 Comunicação do marrano Ibn Jaisch, em Chajim Vital, *Autobiografia*, 24; Grätz, op. cit., IX, 519.

2 Gordo, op. cit., 34.

judeu[3]. Apesar das emigrações em massa, restaram ainda suficientes vítimas para a Inquisição. A 3 de agosto de 1603, realizou-se um grande auto-de-fé, na praça da Ribeira, em Lisboa, na presença do vice-rei. Uma das vítimas queimada viva foi o monge franciscano de 24 anos, Diogo de Assunção (Diogo de la Assunción)[4]. Estudando as *Sagradas Escrituras* e através de investigações próprias, convenceu-se das verdades do judaísmo, não fazendo segredo deste fato aos seus companheiros de ordem; dizia e pregava abertamente que o judaísmo era a única religião verdadeira. Diogo foi preso pela Inquisição de Lisboa. Os teólogos procuraram de todas as maneiras reconquistá-lo para o cristianismo. Em vão; o monge franciscano permaneceu fiel à sua convicção, refutando os clérigos com trechos das *Sagradas Escrituras* e declarando-lhes, para seu conforto, que conhecia ainda muitos outros monges que partilhavam de suas convicções, e que não as revelavam apenas por temor à fogueira. Após dois anos de prisão, foi Diogo condenado a morrer queimado. Com ele também subiu ao queimadeiro Tamar Barrocas, sacrificando-se heroicamente, que, supõe-se, tenha sido parente do poeta marrano, dr. Mardochai Barrocas, autor de alguns tercetos sobre sua circuncisão[5], além de mais cinco pessoas[6]. Este acontecimento causou muitos comentários em Portugal. Os inquisidores foram suficientemente ingênuos para publicar as razões apresentadas por Diogo em sua defesa. Temendo perigo para o cristianismo, teriam prazerosamente revogado sua condenação; era, no entanto, tarde demais e Diogo teve de morrer[7].

3   *Elucidário*, ɪɪ, 384.

4   Seu nome português é Diogo de Assumção; compare *Menasse ben Israel, Spes Israelis*, 88; *O Antiquario Conimbricense*, n. 4, out. 1841, p. 22.

5   De Barrios, *Relacion de los Poetas*, 58.

6   Cardoso, *Excellencias de los Hebreos*, 363; De Barrios, *Govierno Popular Judayco*, 43; *Casa de Jacob*, 18; *Historia da Inquisição*, 7; *Menasse ben Israel, Spes Israelis*, 87 e s.

7   *Menasse ben Israel*, 87: "Diogo d'Assumção monachus 24 annorum, qui se in inquisitione defendebat contra nonnullos, qui Christianum natum et Judaeum factum ad Christianismum reducere vellent, quod totus mirabatur populus. Inquisitores dolentes, quod rationes ipsius, quas allegarat, publicassent, sententiam voluerunt revocare; sed nimis iam erat fero, quippe ea per totum orbem erat divulgata, quam et ego penes me habeo". O incompetente tradutor hebraico transforma isto em: "ele foi queimado vivo porque vieram e lhe disseram que fosse procurar junto com eles os criptojudeus que não acreditam na lei de Cristo, e ele lhes respondeu que não era justo, e que ele não

PORTUGAL SOB DOMÍNIO ESPANHOL

A morte do franciscano causou profunda impressão sobre todos os judeus secretos, dentro e fora de Portugal. Cantaram a morte deste mártir, que se tornou "uma vergonha para o convento e uma glória para o judaísmo", Davi Jesurun, salvo da Inquisição espanhola e que, desde muito jovem, se dedicava às musas, sendo conhecido no círculo de seus amigos como "el poeta niño"[8]; Rui Lopes Rosa, que após sua conversão ao judaísmo adotou o nome de Ezequiel Rosa e que comentou poeticamente as semanas de Daniel[9]; e o antigo capitão e fecundo poeta, Miguel (Daniel Levi) de Barrios[10][i].

Em Amsterdão, onde viviam esses poetas, a morte de Diogo tornou-se conhecida por intermédio de um jovem místico, Paulo de Pina, que tencionava viajar para Roma e lá se tornar monge, iniciando sua peregrinação em 1599. Seu primo Diogo Gomes (Abraão Cohen) Lobato procurou desaconselhá-lo de seu propósito, dando-lhe uma carta de recomendação ao médico Elias Montalto, que então residia em Livorno, com os seguintes dizeres: "Nosso primo Paulo de Pina dirige-se a Roma, a fim de tornar-se monge. Vossa Senhoria faça-me a gentileza de dissuadi-lo desse projeto". Montalto conseguiu convencê-lo a abandonar a carreira eclesiástica e reconquistá-lo para sua religião materna. Pina voltou para Lisboa, viajou com seu parente Lobato para o Brasil e de lá para Amsterdão, onde se tornou fiel adepto do judaísmo, chamando-se Rohel (Rëeul) Jesurun. Salientou-se tanto por seus trabalhos poéticos – especialmente por uma obra dramática, o *Diálogo dos Montes*, representada durante a festa de Schavuot do ano

---

era capaz de forçar alguém a abandonar a sua própria fé contra a própria vontade" (p. 52). Completamente absurdo.

8 De Barrios, *Triumpho del Govierno Popular*, 75; *Sephardim*, 177.

9 Idem, 77; *Relacion de los Poetas*, 54; *Sephardim*, 178.

10 Idem, 76.

i Afastados há mais de um século do judaísmo tradicional, a religião praticada pelos cristãos-novos vinha imbuída de um sincretismo judaico-cristão, que se manifestou tanto em Portugal como nas colônias de ultramar. Em memória de frei Diogo, formaram os marranos de Portugal uma confraria chamada Irmandade de São Diogo, na qual prestavam homenagem à memória do mártir. O poema de Davi Jessurun encontra-se em João Lúcio de Azevedo, *História dos Cristão-novos Portugueses*, Lisboa: Livraria Clássica Editora, 1921, p. 160, nota 2. Na p. 458, Apêndice 7, da mesma obra, J. L. Azevedo publicou algumas passagens do processo de frei Diogo. Cf. também Cecil Roth, *A History of the Marranos*, Philapelphia: The Jewish Publication Society/Meridian, 1959, p. 149, 153, 155. (N. da T.)

329

HISTÓRIA DOS JUDEUS EM PORTUGAL

de 1624, na sinagoga de Beth Jacob – como por sua participação ativa na jovem comunidade de Amsterdão[11ii].

A exaltação provocada pela morte de Diogo entre os criptojudeus de Portugal foi tão grande, e a inclinação destes para o judaísmo tão evidente, que a Inquisição julgou perigoso permanecer inativa, decidindo interferir com mais rigor. Centenas de pessoas foram presas. Desta vez, a precária situação econômica em que se encontrava Felipe e sua corte foi favorável aos criptojudeus. Só ao rei entregaram uma quantia não inferior a 1,8 milhão de ducados – soma imensa –, sem contar os 150 mil cruzados para o duque de Lerma, o conselho de Estado e seus secretários, por lhes terem conseguido a absolvição do papa Clemente VIII. Por este preço, dignou-se o devoto Felipe autorizar um ato de amor cristão: a pedido do rei, foi promulgado por Clemente um perdão geral, na bula de 23 de agosto de 1604. Logo que esta chegou a Lisboa, realizou-se um grande auto-de-fé (16 de janeiro de 1605); 155 pessoas, vestidas de sambenito, reconheceram sua culpa e foram postas em liberdade[12].

A maioria destes criptojudeus libertos aproveitaram a permissão que vigorava para emigrar livremente, e dirigiram-se para Amsterdão, que de bom grado acolheu os refugiados. Entre estes se encontrava também José ben Israel, de Lisboa, despojado de seus bens e com a saúde abalada, pai de Menassé ben Israel, que então contava menos de um ano de idade (nascido em 1604, falecido em 1657) e que iria ocupar posição de destaque na história da comunidade de Amsterdão, assim como na do judaísmo.

11 De Barrios, *Casa de Jacob*, 18, 24; *Relacion de los Poetas*, 54; *Gemil. Hassadim*, 51; *Aumento de Israel*, 42; cf. também, *Sephardim*, 176. *Diálogo dos Montes*, impresso em Amsterdão (1767).

ii Os descendentes de Paulo de Pina fizeram parte da aristocracia inglesa. O último membro preeminente dessa família foi Erskine Childer, patriota irlandês, executado por sua participação na rebelião irlandesa de 1922.Do lado feminino, uma descendente, Rachel de Payba, tornou-se duquesa de Norfolk. Cf. C. Roth, op. cit., 1959, p. 396, nota 7 ao cap. XII, p. 312-315; cf. também Albert Montefiori Hyamson, *The Sephardim of England:* a history of the Spanish and Portuguese Jewish community, 1492-1951, London: Methuen, 1951, p. 128-133, 142. (N. da T.)

12 Manuel Thomaz, *Leis Extravagantes do Reino de Portugal*, 188: "Christãos Novos desobrigarão a fazenda real da divida, a que lhe erão credores, e contribuirão alem disso com o serviço de um milho e duzentos mil cruzados pelo perdão geral, que o Soberano lhes obteve do Santo Padre". Publicação de 1° de fevereiro de 1605; *História da Inquisição*, 7, 261. A bula já consta de Llorente.

PORTUGAL SOB DOMÍNIO ESPANHOL

Menassé, espírito hábil e universal, foi educado pelo rabi Isaac Usiel, emigrado de Fez, rabino da nova comunidade criada sob o nome de Newe Schalom (Recinto de Paz). Este homem, distinguido por seus conhecimentos talmúdicos e matemáticos, médico e poeta, criou uma terceira comunidade em Amsterdão, em que condenava com suas prédicas as tolices e o indiferentismo de seus ouvintes. Sob sua direção fez o jovem Menassé progressos tão brilhantes que, já no seu 15º ano, surgiu como pregador e, antes de terminar os dezoito anos, pôde assumir, em 1622, a posição do seu professor, falecido em 1620 e enterrado ao lado de José Pardo, o primeiro rabino da congregação de Beth Jacob. Logo depois, contraiu matrimônio com uma bisneta de D. Isaac Abravanel, que, nascida em Guimarães, talvez tenha chegado junto com ele a Amsterdão[13].

Menassé ben Israel assumiu seu cargo numa época movimentada para a jovem comunidade de Amsterdão, existente há menos de 25 anos. Irrompera então uma luta que exaltou a todos os espíritos e que facilmente poderia ter levado os judeus portugueses a falsos caminhos e à apostasia, pois, de certa maneira, estavam acostumados aos usos do catolicismo, eram pouco instruídos nas doutrinas judaicas e, no fundo, ignorantes em matéria religiosa. Este conflito foi provocado por um jovem que alcançou alguma celebridade por seu destino e triste fim, mas que também foi precursor daquele que seria o criador de nova filosofia. Quem não conhece Uriel da Costa, tão popularizado, apesar de mal compreendido, por um poeta alemão contemporâneo?[14]

13 Cf. meu *Menasse ben Israel, sein Leben und Wirken. Zugleich ein Beitrag zur Geschichte der Juden in England* (Menasse ben Israel, Sua Vida e Obra. Simultaneamente uma Contribuição à História dos Judeus na Inglaterra), Berlim, 1861.

14 Da Costa escreveu uma autobiografia, *Exemplar humanae vitae*, que chegou às mãos do pregador Episcopius, sendo publicada pelo sobrinho do mesmo, Felipe de Limborch, sob o título de *Amica collatio cum erudito Judaeo*, 1687. Dele tratam Bayle, *Dict. Crit.*, I, 67; De Boissi, *Dissertations critiques pour servir à l'histoire des juifs*, II, 306 e s.; Barbosa, op. cit., II, 311; Wolf e outros. Gutzkow fê-lo herói de sua tragédia Uriel Acosta, Leipzig, 1847, traduzida para o hebraico por Salomão Rubin, Viena, 1856. Graças à obra de Gutzkow surgiram dois artigos dos irmãos Jellinek, *Uriel Acosta's Leben und Lehre. Ein Beitrag zur Kenntnis der Moral, wie zur Berichtigung der Gutzkow'schen Fictionen über Acosta* (A Vida e os Ensinamentos de Uriel Acosta. Contribuição para o Conhecimento da Moral e também Correção das Ficções de Gutzkow sobre Acosta), de Hermann Jellinek, Zerbst, 1847; *Elischa ben Abuja, gennt Acher. Zur Erkärung und Kritik der Gutzkow'schen Tragödie U. A.* (Elischa ben Abuja, Apelidado Acher. Uma Explicação e Crítica da Tragédia de Gutzkow U. A.), de Ad. Jellinek, 1847. Biografia resumida em Da Costa, op. cit., 300 e s.

HISTÓRIA DOS JUDEUS EM PORTUGAL

Uriel, ou, como se chamava em Portugal, Gabriel da Costa, nasceu no último decênio do século XVI, no Porto, e foi educado de acordo com sua posição pelo pai, homem de caráter cavalheiresco e que, apesar de cristão-novo, era sincero adepto do catolicismo. Gabriel foi destinado ao estudo da advocacia. De natureza sensível e meiga, revoltava-se ante quaisquer injustiças. Segundo seu próprio testemunho, trazia tão profundamente gravado o sentimento de justiça que qualquer arbitrariedade o revoltava e o enfurecia.

No 25º ano de vida, tornou-se cônego e tesoureiro de importante igreja de colégio, mas, apesar de ter sido educado pelos jesuítas, ou talvez mesmo por esta razão, cedo lhe surgiram dúvidas acerca dos dogmas do catolicismo. O temor de uma condenação eterna abalou seu espírito; almejava uma condição livre, sem pecados, e uma absolvição das culpas. Leu a *Bíblia*, condenou o *Novo Testamento* e decidiu trocar a religião católica pelo judaísmo, fé pela qual seus antepassados haviam sofrido torturas infernais.

Como porém realizar este intuito? Não podia divulgar as suas dúvidas, e menos ainda sua intenção "herética", sem correr o risco de ser preso e queimado pela vigilante Inquisição. O Tribunal continuava a realizar autos-de-fé. Passados dois meses após a anistia geral, queimaram um criptojudeu em Évora (27 de março de 1605) e o mesmo espetáculo repetiu-se no ano seguinte (24 de março de 1606), quando morreram diversos cristãos-novos[15]. Também uma emigração não parecia fácil e implicava perigo de vida, pois logo após a já mencionada anistia, em janeiro de 1605, foi dificultada a saída do país, e cinco anos depois, de novo completamente proibida[16]. Da Costa foi até os extremos. Deixou seu cargo, vendeu a casa luxuosa que herdara do pai, abandonou posição e grande parte dos seus bens para, longe da pátria e do seu lugar de origem, adotar a religião que lhe prometia sossego e a paz de espírito almejados: embarcou num navio com sua mãe e seus irmãos, Aron, Mardochai, Abraão e José, e dirigiu-se para Amsterdão. Lá, junto com os irmãos, circuncidou-se e ingressou na comunidade de Israel.

15 *História da Inquisição*, 293.

16 Manuel Thomaz, op. cit., 188: Providencias Sobre a Saída dos Christãos Novos do Reino etc. (Carta Régia de 5 de junho de 1605). Compare a lei de 13 de março de 1610 e de 9 de fevereiro de 1612, em Thomaz, op. cit., 525, Gordo, op. cit., 35.

PORTUGAL SOB DOMÍNIO ESPANHOL

Uriel, como se denominou quando judeu, também não encontrou em Amsterdão, como adepto do judaísmo, a paz procurada. Ao se converter, não pensara na obrigação que assumira de levar uma vida exterior segundo as leis mosaico-talmúdicas. Logo sentiu que os usos religiosos aos quais se dava tanta importância não correspondiam à lei estabelecida por Moisés. "Se observarmos apenas a lei de Moisés", julgava ele, "veremos que os portadores da sabedoria judaica adicionaram muita coisa que se desvia desta lei". Da Costa negou a tradição, repudiou todo o conjunto das leis rabínicas e opôs-se abertamente ao rabinismo. Tentaram convencê-lo de não tornar público o seu ceticismo e não criar discórdias e dúvidas na comunidade de Amsterdão, que justamente agora começava a florir; nada o fez calar-se, acreditando, ao contrário, que ao publicar suas opiniões realizaria uma obra grata ao Divino.

Não o atemorizaram nem a excomunhão, nem o afastamento da comunidade. "Após ter deixado minha pátria", disse ele, "abandonado minha posição a fim de conquistar a liberdade, devo recuar covardemente por medo da excomunhão? Posso esconder a verdade por temor à proscrição?" Da Costa insistiu no seu ponto de vista e elaborou um trabalho em língua portuguesa no qual desenvolveu seu sistema religioso, negando principalmente a imortalidade da alma.

Antes de a obra sair do prelo, escreveu contra Da Costa o médico Samuel da Silva, conhecedor de obras judaicas filosófico-religiosas e que, há dez anos, havia traduzido, para o uso de seus conterrâneos portugueses, o tratado de Maimônides *Sobre a Penitência*[17]. Publicou um ensaio em português, *Sobre a Imortalidade da Alma*, no qual também demonstra a ignorância de certo "contrariador do seu tempo"[18] [iii]. Nesta obra, na qual Da Costa é mencionado apenas com seu primeiro nome – "Agora falarei de você, ó cego e inepto Uriell" –, Da Silva trata do assunto de maneira tão

17 *Tratado de la Thesuvah o Contricion, traduzida palabra por palabra de lengua Hebr. por el Doctor Semuel da Silva*, Amsterdão, 1613.

18 *Tratado da immortalidade da alma [...] em que tambem se mostra a ignorancia de certo contrariador de nosso tempo etc.*, Amsterdão (1623).

iii Joaquim Mendes dos Remédios transcreve na íntegra o prefácio da obra *Tratado da Imortalidade da Alma*, de Samuel da Silva contra Uriel da Costa, em *Os Judeus Portugueses em Amsterdam*, Coimbra: França Amado, 1911, p. 129-132. Compare nota v que segue. (N. da T.)

HISTÓRIA DOS JUDEUS EM PORTUGAL

hábil quanto profunda, e, atacando o adversário acerbadamente, exprime a esperança de reconduzir o apóstata ao caminho da fé. Com este desafio, Da Costa tornou-se ainda mais tenaz e zeloso; publicou neste mesmo ano sua obra, pronta para ser impressa, *Pesquisas Sobre a Tradição Farisaica*, com uma edição em que refutava Da Silva[19] (O título original é: *Examen das Tradiçoens Phariseas Conferidas com la Ley Escrita por Uriel, Juristo Hebreo*). Talvez incitado pelos rabinos locais, o magistrado de Amsterdão tomou providências contra o autor de uma obra na qual se nega tão decididamente a imortalidade da alma. Da Costa foi preso e os exemplares do seu trabalho confiscados. Por interferência de seus irmãos, que também se lhe opunham, e em troca de uma fiança, recuperou a liberdade após oito dias de prisão, perdendo, no entanto, seus livros e sendo ainda condenado a uma multa de trezentos guilderes.

O infeliz pensador desencaminhou-se cada vez mais, tornando-se na teoria e na prática um deísta. Finalmente, após quinze anos de contínuos ataques, após ter sido hostilizado e condenado por seus irmãos e todos os parentes, resignou-se a uma conciliação com a sinagoga, negociada por um de seus sobrinhos, homem proeminente e de grande influência.

"Alguns dias depois", relata o próprio Da Costa, "o filho de minha irmã acusou-me de não preparar os alimentos segundo os costumes judaicos". Juntaram-se ainda outras circunstâncias e desencadeou-se uma nova luta, ainda mais árdua que a primeira. Uriel encontrou-se em penosa situação: morrera-lhe a esposa e os irmãos impediram novo casamento, suas posses encontravam-se em mãos de parentes que dele se desligaram por completo. Suportou tudo com extraordinária resignação, vivendo em completo isolamento por sete anos. Procurou finalmente reconciliação com a sinagoga, sujeitando-se à autoridade dos rabinos; publicamente pronunciou o arrependimento de suas faltas, renegou suas antigas opiniões e, homem já velho, tímido por natureza, foi punido em presença da comunidade de Amsterdão. Esta vergonha foi demasiada para a alma doentia do infeliz. Poucos dias após a execução do castigo, suicidou-se com um tiro de pistola

---

19 *Examen das Tradiçoens Phariseas Conferidas com la Ley Escrita por Uriel, Juristo Hebreo*, Amsterdão, 1623.

PORTUGAL SOB DOMÍNIO ESPANHOL

(abril de 1640), após haver protestado, com toda a serenidade, contra o procedimento da sinagoga[iv].

Não sabemos se a presença de Da Costa – que era um marginal devido a seus pontos de vista divergentes, muito similar a Spinoza, pertencente à época posterior[v] – teve outras conseqüências para os judeus portugueses de Amsterdão; de qualquer modo, o incidente serviu para instigar os rabinos e sábios locais a providenciarem o ensino religioso dos membros da comunidade, a fim de evitar novos desvios. Passaram a considerar um dever sagrado oferecer aos semicristãos portugueses – que nem o hebraico sabiam ler e que melhor conheciam a confissão e a absolvição do que as leis mosaicas – textos por meio dos quais pudessem tomar conhecimento dos seus deveres religiosos e adquirir amor ao judaísmo. Abraão Ferrar, do Porto, conhecido em Lisboa como bom médico e que, com seu primo Davi

---

iv Ao prof. Israël Salvator Révah devemos o conhecimento de novos documentos sobre a família de Uriel da Costa. Cf. I. S. Révah, La religion d'Uriel da Costa, marrane de Porto d'aprés des documents inédits, *Révue de l'Histoire des religions*, Paris: Presses universitaires de France (puf), t. clxi, n. 1, p. 45-76, jan.-mar. 1962; idem, *Spinoza et Juan de Prado*, Paris: Mouton, 1959. Cf. também sobre a religião de Uriel, C. Roth, *The Religion of the Marranos*, *The Jewish Quartely Review*, Philadelphia: *University of Pennsylvania Press*, v. xxii, p. 13, 1931. Sabe-se também hoje que membros da família de Uriel se encontravam no Brasil em 1618, sendo denunciados como judaizantes na Bahia. Cf. as denúncias contra Margarida Diniz, Pasqual Bravo, e o senhor de engenho Diniz Bravo, em Marcos Teixeira, *Livro das Denunciações que se fizerão na Visitação do Santo Officio á Cidade do Salvador da Bahia de Todos os Santos do Estado do Brasil, no anno de 1618*, em *Anais da Biblioteca Nacional do Rio de Janeiro*, Rio de Janeiro: Ministério da Educação, v. xlix, p. 99-101, 130-131, 142-143, 186, 194, 1927 (1936), apud I. S. Révah, op. cit., 1962. Informações interessantes sobre as atividades comerciais de Uriel e de sua família, em Hermann Kellenbenz, *Sephardim an der unteren Elbe: ihre wirtschaftliche und politische Bedeutung vom Ende des 16. bis zum Beginn des 18* (Sefardins no Baixo Elba: sua importância econômica e política do final do século xvi até o começo do século xviii), Wiesbaden: Franz Steiner Verlag, 1958, p. 33-35, 43, 124, 128 142, 258, 332, 416, 450, 467, 492. Cf. também Uriel da Costa, *Die Schriften des Uriel da Costa* (Os Escritos de Uriel da Costa), edição e tradução de Carl Gebhart, Amsterdam/Heidelberg/London: Menno Hertzberger, 1922; Carolina Michaëlis de Vasconcellos, *Uriel da Costa*: notas relativas à sua vida e às suas obras, Coimbra: Imprensa da Universidade, 1921, separata da *Revista da Universidade de Coimbra*, Coimbra, v. 8, n. 1-4, 1921. A vida trágica de Uriel da Costa serviu de inspiração a vários trabalhos literários. (N. da T.)

v Sobre Uriel da Costa e Spinoza, cf.: C. Gebhart, em U. da Costa, op. cit., 1922, e I. S. Révah, op. cit., 1959; A. M. Vaz Diaz, W. G. van der Tak (eds.), *Spinoza, mercator et autodidactus*, Graven Hage: Martinus Nijhoff Publisher, 1932. (N. da T.)

HISTÓRIA DOS JUDEUS EM PORTUGAL

Ferrar, muito trabalhou pela união das três congregações sinagogais em uma comunidade única, elaborou o *Sefer haMiztoot* (Livro dos Preceitos), a "explicação das 613 leis, segundo a interpretação dos sábios", em língua portuguesa[20][vi]. Alguns anos depois, apareceram os sermões de Samuel ibn Jachia, nascido em Lisboa, para a edificação nos dias de festa e de jejum[21], e o *Conciliator* do rabino Menassé ben Israel, pretendendo conciliar os trechos das *Sagradas Escrituras*, aparentemente contraditórios. Com razão é este homem célebre denominado muitas vezes "o rabino de Amsterdão"; nenhum dos seus colegas aí se salientou tanto pela palavra, pelas letras e pelos atos em favor da educação religiosa e da posição política dos seus correligionários portugueses[vii].

Contudo, mais do que todo o ensinamento religioso e todas as obras escritas, influíra o exemplo vivo, o martírio de tantos homens dedicados e sábios, tantas mulheres, rapazes e moças fiéis, para gravar o amor ao judaísmo no coração dos hebreus lusitanos e para incitá-los a aceitar publicamente sua religião de origem.

Foi com fúria verdadeiramente tirânica que se procedeu contra os criptojudeus durante o reinado de Felipe IV. Quanto mais piorava a situação financeira do reino, maior número de cristãos-novos era arrastado à fogueira. O Tribunal de Fé, que se tornou centro das mais vis paixões, transformou o belo país numa verdadeira prisão. Sob Felipe IV realizava-se pelo menos

20 *Declaração dos Seiscentos e Treze Encommendanças* [...] *Por Industria e Despeza de Abr. Ferrar (Pharar), Judeo do Desterro de Portugal*, Amsterdão, 1627. De Barrios diz dele, em *Relación de los Poetas*, 53: "Judio del destierro Lusitano / Abraham Farrar, en el lenguage Hispano / Los preceptos pinto de la Ley fuerte, / Que coge lauros, y enseñancas vierte".

vi Cf. Moses Bensabat Amzalak, *Abraham Pharar*: judeu do desterro de Portugal, Lisboa: Gráfica do Museu Imperial, 1927. (N. da T.)

21 *Trinta Discursos ou Darazas Apropriados para os Dias Solemnes e da Contrição e Jejuns Fundados na Santa Ley*, s. l. (Hamburgo), 5384 = 1629. Samuel vivia em Amsterdão.

vii A intervenção de Menassé ben Israel para o restabelecimento dos judeus na Inglaterra, apesar de importante, não foi decisiva. Cf. C. Roth, *A Life of Menasseh ben Israel*, Philadelphia: The Jewish Publication Society, 1934; idem, op. cit., 1959, cap. x, p. 252; Albert Montefiori Hyamson, op. cit., 1951., p. 13, 60-61; I. S. Révah, Menasseh ben Israel et *Ropicapnefma* de João de Barros, *Revista Brasileira de Filologia*, Rio de Janeiro: Livraria Academica, v. 4, t. I-II, 1958; M. B. Amzalak, *Um Discurso de Menasseh ben Israel Recitado em Amsterdã em 1642*, Lisboa: Sociedade Nacional de Tipografia, 1933. (N. da T.)

PORTUGAL SOB DOMÍNIO ESPANHOL

um auto-de-fé por ano em Lisboa, Évora, Coimbra, e inúmeros habitantes judeus de Portugal encontraram sua morte na Espanha![viii]

Em 1624 condenou a Inquisição de Lisboa alguém que em vida gozou de grande consideração e cujo martírio reforçou ainda mais o amor ao judaísmo: o professor e diácono Antônio Homem.

Nasceu em 1564, em Coimbra, de pais neocristãos; seu pai chamava-se Vaz Brandão e sua mãe era neta de Nunes Cardoso, conhecido em toda a região como "o homem rico de Aveiro". Como muitos outros criptojudeus, seus pais resolveram que o filho seguiria a carreira eclesiástica, a fim de desviar seus inimigos e melhor se prevenir contra a perseguição do Santo Ofício. Antônio entrou num convento e, na sua cidade natal, estudou direito canônico na universidade. Formou-se doutor e professor em 22 de fevereiro de 1592, e, depois de assumir vários cargos eclesiásticos, tornou-se diácono e professor de direito canônico na Universidade de Coimbra. A batina não conseguiu encobrir suficientemente o fundo do seu coração. Seja por ter o bisneto do "homem rico de Aveiro" desde logo atraído a suspeita de tendências judaizantes, seja por não ter sido bastante cauteloso quando observava os ritos hebreus, a Inquisição processou-o. A 1° de fevereiro de 1611, compareceu pela primeira vez diante do Tribunal; sua sabedoria, demonstrada em diversas obras teológicas, valeu-lhe a absolvição. Antônio Homem viveu então alguns anos sem ser molestado, apesar de seus colegas eclesiásticos vigiarem com atenção suas atividades, principalmente o convertido João Batista, que, em 1621, escreveu um livro contra os "judeus obstinados"[22], sendo um de seus maiores inimigos. Casualmente descobriram sua verdadeira fé, sendo levado para os cárceres da Inquisição em Coimbra (18 de dezembro de 1619)[ix].

---

viii Era proveniente de Portugal, no século XVII, a maioria dos cristãos-novos julgados pelos tribunais inquisitoriais da Espanha. Cf. Henry Charles Lea, *A History of the Inquisition of Spain*, N York: MacMillan, 1908, v. III, p. 552-553; I. S. Révah, Les marranes: la dispersion des marranes, *Révue des Études juives*, Paris: Societé des Études juives, t. I, 118, p. 39, 1959-1960. (N. da T.)

22 *Dialogo entre Discipulo e Mestre Catechizante, onde se ResolvemTtodas as Duvidas, que os Judeos Obstinados Costumão Fazer contra a Verdade da fé Catholica etc.*, Lisboa, 1621, 1674.

ix J. Mendes dos Remédios transcreve um documento inédito, extraído de um códice contemporâneo, do trabalho d'Este. Os inquisidores tiveram então conhecimento de inúmeras particularidades da vida judaica, podendo assim apontar com mais facilidade os "sinais do judaísmo". Cf. J. Mendes dos

HISTÓRIA DOS JUDEUS EM PORTUGAL

Os criptojudeus de Portugal tencionaram formar uma liga que, sob o nome de Irmandade de Santo Antônio, teria a sede principal em Lisboa. Logo que o clero soube deste fato, realizou inquirições e encontrou numa casa isolada na rua da Moeda, atrás de uma olaria, uma sinagoga com culto judaico e na qual os membros da irmandade rezavam e observavam suas festas. Antônio Homem era quem presidia as funções religiosas, o serviço divino, pregando os sermões. Homem foi preso novamente e condenado à fogueira. No auto-de-fé realizado no domingo, 5 de maio de 1624, em Lisboa, apresentou-se um personagem imponente, de sessenta anos, vestido de sambenito e com uma touca pintada de escaravelhos na cabeça: era Antônio Homem. Queimaram-no vivo. Sua casa foi demolida e em seu local erigiram uma coluna com os dizeres "Praeceptor infelix"[23]. Junto com Antônio Homem foi queimado também o retrato de Diogo de Assunção, condenado 21 anos antes[24][x].

O crime e a morte de Homem provocaram em todo Portugal uma verdadeira comoção. Um diácono e professor de direito canônico queimado como judeu! A conseqüência imediata foi que, logo após a confissão do "professor infeliz", proibiu-se por lei preencher as cátedras das universidades com

Remédios, *Os Judeus em Portugal*, Coimbra: França Amado, 1895-1928, v. II, p. 302-310; J. L. de Azevedo, op. cit., 1921, p. 220; Meyer Kayserling, *Biblioteca Española-portugueza-judaica*, Nieuwkoop: B. de Graaf, 1961, p. 114-118, o inclui em sua lista de autores antijudeus. (N. da T.)

23 O processo de Homem foi publicado, segundo as atas, em *O Antiquario Conimbricense*, n. 3, set. 1841, p. 19 e s.; n. 4, out. 1841, p. 22 e s. Não podemos tratar aqui com maiores detalhes deste interessante processo. Barbosa, op. cit., I, 299, menciona Homem.

24 Na descrição do auto-de-fé lê-se: "O Retrato da pessoa condemnada pelo S. Oficio era do capucho frei Diogo do Assumção". Será que frei Diogo não fora queimado *in persona*, sendo-o agora *in effigie*?

x Sobre a vida de Antônio Homem, sua carreira universitária, cf. Antônio José Teixeira, *Antônio Homem e a Inquisição*, Coimbra: Imprensa da Universidade, 1895-1902; C. Roth, op. cit., 1959, p. 151-155, 170; um irmão de Antônio Homem, Gonçalo Homem de Almeida, viveu na Bahia, em meados do século XVII. Era também licenciado, exercendo papel relevante na vida administrativa. Foi denunciado como judaizante (ainda manuscrito). Junto com outros cristãos-novos, ergueu uma capela em homenagem ao irmão mártir, onde a memória deste era reverenciada. Um descendente de Antônio Homem chamado Antônio Teles de Almeida foi padre na Bahia. Cf. Anita Waingort Novinsky, A Inquisição na Bahia: um relatório de 1632, *Revista de História*, São Paulo: Faculdade de Filosofia, Ciências e Letras da Universidade de São Paulo (FFCL-USP), n. 74, p. 417-423, 1968; Antônio Baião, A Família do Dr. Antônio Homem e os Cônegos com Ele Coniventes a Contas com a Inquisição, *O Instituto*: jornal scientifico e litterario, Coimbra: Imprensa da Universidade, p. 157, 1951. (N. da T.)

PORTUGAL SOB DOMÍNIO ESPANHOL

cristãos-novos[25][xi]. Os clérigos, após processarem Homem, prefeririam nunca o ter feito, pois não somente os cristãos-novos foram tomados de súbito amor ao judaísmo, como também os cristãos-velhos passaram a vacilar em sua fé. Entre estes, vozes se ergueram: se um dignitário como Homem voltara ao judaísmo, seus adeptos mereciam maior atenção e melhores tratos. Os clérigos viram-se envoltos em dificuldades e, como antídoto, publicaram suas obras antijudaicas. Vicente da Costa Matos, de Lisboa, arquiinimigo da raça hebréia, escreveu em 1622 "sobre a infidelidade herética do judaísmo" (*Breve Discurso contra a Herética Perfídia do Judaísmo*), justificando o extermínio dos hereges judeus; logo após a morte de Homem, apareceu uma seqüência desta obra, com o atraente título *Homenagens Cristãs*[26]. Neste mesmo ano, Fernão Ximenes de Aragão, arquidiácono de Braga, lançou o *Ensinamento Católico para a Fortificação da Fé e para a Destruição do Judaísmo*, obra tão disseminada pelo clero que, passados três anos, foi necessária uma segunda edição[27]. Finalmente, apelou-se também para Judas Iscariotes! No círculo das pessoas esclarecidas – que sabiam quão parcos resultados se obteria através dos meios usados pelos fanáticos para o fortalecimento da fé – surgia de vez em quando nesta época de

25 Manuel Thomaz, op. cit., 525. Lei de 10 de novembro de 1621 e de 23 de fevereiro de 1623.

xi Havia na Universidade de Coimbra um núcleo importante de cristãos-novos judaizantes. Aí encontramos brilhantes homens de ciências e letras, como André de Avelar, matemático, autor de obras científicas; António Gomez, professor de medicina da universidade desde 1584; Tomé Vaz, famoso jurisconsulto, primo de Antônio Homem; Francisco Dias, leitor de direito canônico; Francisco Vaz Velasco de Gouvea, filho do eminente cristão-novo, jurista Álvaro Vaz, que foi depois penitenciado e desprovido de sua cadeira na universidade, um dos importantes polemistas que defenderam a casa de Bragança, escrevendo a *Justa Aclamação do Sereníssimo Rei de Portugal D. João IV*, Lisboa: Officina Lourenço de Anvers, 1644, em defesa de D. João IV. Cf. A. Baião, O Matemático André de Avelar, *Episódios Dramáticos da Inquisição Portuguesa*, Porto: Renascença Portuguesa, 1919, v. II, p. 133-154; idem, O Jurisconsulto Tomé Vaz, op. cit., 1919, v. I, p. 25-32; idem, Francisco Vaz, op. cit., 1919, v. I, p. 159-189; C. Roth, op. cit., 1959, p. 154; J. L. de Azevedo, op. cit., 1921, p. 171-175, 177. No Arquivo Nacional da Torre do Tombo em Lisboa, encontram-se os processos de diversos lentes de Coimbra, ainda não publicados. (N. da T.)

26 *Breve Discurso contra a Heretica Perfídia do Judaismo*, Lisboa, 1622, 1634. Traduzido para o espanhol por Vela. *Honras Christaãs nas Affrontas de Jes. Chr.* e segunda parte do primeiro *Discurso contra a Heretica Perfidia*, Lisboa, 1625, 1634.

27 *Doutrina Catholica para Instrução e Confirmação dos Fieis, extinção [...] do Judaismo*, Lisboa, 1625, 2. ed., 1628.

HISTÓRIA DOS JUDEUS EM PORTUGAL

perigo para a religião a idéia sobre a qual João Pinto Ribeiro escreveu todo um livro: se era útil e justo desterrar cristãos-novos convictos e reconciliados ao judaísmo[28]. A obra meritória não pôde ser impressa e proibiu-se doravante discutir sobre tolerância[xii].

Os criptojudeus achavam-se em grave perigo e não viram outra solução senão usar de um subterfúgio cujos resultados já conheciam amplamente: propuseram ao rei Felipe, em 1625, uma soma apreciável em troca de um perdão geral e absolvição, além da permissão para emigrarem[29]. Abriu-se-lhes um asilo no Novo Mundo e suas vistas fixaram-se sobre o Brasil, onde seus correligionários, logo após o desterro da pátria, viviam como cristãos-novos, livres da Inquisição, pois para lá eram banidos pelo governo português, dedicando-se à caça de papagaios. Logo que a mãe-pátria descobriu o rápido aumento de criptojudeus nesta colônia, começou a temer seu poderio e influência, interditando a partir de então a emigração para o Brasil[xiii]. Subitamente, esta linda terra foi arrancada aos portugueses pela frota neerlandesa (1624), e aos judeus foram

---

28 *Discurso si es Util, y Justo de Desterrar de los Reinos de Portugal a los Christiano.s-Novos, Convencidos do Judaismo por el Tribunal del S. Oficio, y Reconciliados por Èl con Sus Familias.* Ribeiro morreu a 11 de agosto de 1640.

xii "Nesta espécie de litteratura", diz J. L. de Azevedo, op. cit., 1921, p. 180, "podem-se incluir os sermões prégados nos autos-da-fé por doutos padres-mestres, cujas exhortações menos tinham por fim a salvação das almas esquivas dos penitenciados que alimentar na rua o fogo sempre vivo do odio popular". Sobre as obras antijudaicas, cf. livro II, cap. V, nota 14. (N. da T.)

29 João de Portugal, pertencente à família real: *Sobre o Perdão Geral que Pretendião os Judeos no Anno de 1625.*

xiii No primeiro século do descobrimento do Brasil, os cristãos-novos comerciavam com o pau-brasil, iniciando também, no século XVI, o cultivo da cana-de-açúcar, atividade que exerceram durante todo o período colonial. Documentos descobertos revelam intensa atividade dos cristãos-novos na agricultura e uma participação ativa na vida administrativa da colônia. O Santo Ofício da Inquisição manteve sobre eles contínua vigilância. Cf. sobre os cristãos-novos no Brasil: Arnold Wiznitzer, *Os Judeus no Brasil Colonial,* São Paulo: Edusp/Pioneira, 1966; Solidonio Leite Filho, Da Influência do Elemento Judaico no Descobrimento e Comércio do Brasil nos Primeiros Séculos da Colonização Portuguesa, *Anais do III Congresso de História Nacional* [1938], Rio de Janeiro: IHGB/Imprensa Nacional, 1941, v. IV, p. 684-695; José Gonçalves Salvador, *Cristãos-novos, Jesuítas e Inquisição:* aspectos de sua atuação nas capitanias do sul, 1530-1680, São Paulo: Pioneira, 1969; sobre os cristãos-novos durante a ocupação holandesa: José Antônio Gonsalves de Mello, *Tempo dos Flamengos,* prefácio de Gilberto Freyre, Rio de Janeiro: José Olympio, 1947; Charles Ralph Boxer, *Os Holandeses no Brasil* (1624-1654), São Paulo: Companhia Editora Nacional, 1961, col. Brasiliana, v. 312, principalmente caps. IV e VI; Herbert I. Bloom, A Study of Brazilian Jewish History (1623-1654), *Publications of the American Jewish Historical Society,* Baltimore: American Jewish

PORTUGAL SOB DOMÍNIO ESPANHOL

concedidas tolerância e liberdade religiosa. A convite das famílias já aí estabele-cidas, emigraram, no ano e 1642, seiscentos judeus portugueses de Amsterdão para esta antiga colônia portuguesa, fundando apreciável comunidade. A frente destes emigrantes encontravam-se os dois rabinos, Moisés Rafael de Aguilar, morto em 1680, autor de uma gramática hebraica e de outras obras ainda hoje parcialmente manuscritas[30][xiv], e Isaac ben Matatias Aboab da Fonseca. Nasci-do em São João da Luz, segundo outros em Castro Daire, Portugal (1606)[31],

Historical Society. v. 33, 1934; Pe. António Vieira, *Obras Escolhidas*, Lisboa: Livraria Sá da Costa, 1951, v. III (*Obras Várias I*); v. IV (*Obras Várias II*). Sobre a perseguição do Santo Ofício da Inquisição aos cristãos-novos do Brasil, cf.: Heitor Furtado de Mendonça, *Primeira Visitação do Santo Ofício às Partes do Brasil, pelo Licenciado Heitor Furtado de Mendonça: Confissões da Bahia, 1591-1592*, Rio de Janeiro: Sociedade Capistrano de Abreu/Ferdinand Briguiet, 1935; *Primeira Visitação do Santo Ofício às Partes do Brasil, Denunciações de Pernambuco, 1593-1595*, São Paulo: Eduardo Prado, 1929; *Primeira Visitação do Santo Ofício às Partes do Brasil, Denunciações da Bahia, 1591-1593*, São Paulo: Eduardo Prado, 1925; Marcos Teixeira, *Livro das Denunciações que se Fizerão na Visitação do Santo Ofício à Cidade do Salvador da Bahia de Todos os Santos do Estado do Brasil, Ano de 1618, Inquisidor e Visitador Licenciado Marcos Tei-xeira*, em *Anais da Biblioteca Nacional do Rio. de Janeiro*, Rio de Janeiro: Ministério da Educação, v. XLIX, 1927 (1936); idem, *Segunda Visitação do Santo Ofício às Partes do Brasil, pelo Inquisidor e Visitador Licen-ciado Marcos Teixeira. Livro das Confissões e Ratificações da Bahia: 1618-1620*, em *Anais do Museu Paulista*, São Paulo: Museu Paulista da Universidade de São Paulo (MP-USP), p. I-XXXIX, 123-547, t. XVII; J. L. de Azevedo, Notas Sobre o Judaísmo e a Inquisição no Brasil, *Revista do Instituto Histórico e Geográfico Brasileiro*, Rio de Janeiro: IHGB, t. 91, v. 145, p. 680 e s., 1922; Francisco Adolfo de Varnhagen, Excertos de Várias Listas de Condenados pela Inquisição de Lisboa desde o Ano de 1711-1767, Compreendendo só Brasileiros, ou Colonos Estabelecidos no Brasil, *Revista do Instituto Histórico e Geográfico Brasileiro*, Rio de Janeiro: IHGB, t. VII; A. Baião, A Inquisição em Portugal e no Brasil, *Archivo Historico Portuguez*, Lisboa, v. VIII (1910); A. W. Novinsky, Uma Devassa do Bispo D. Pedro da Silva, *Anais do Museu Pau-lista*, São Paulo: Museu Paulista da Universidade de São Paulo (MP-USP), 1968; idem, A Inquisição na Bahia: um relatório de 1632, *Revista de História*, São Paulo: Faculdade de Filosofia, Ciências e Letras da Universidade de São Paulo (FFCL-USP), n. 74, p. 417-423, 1968. (N. da T.)

30 Cf. meus *Analekten* (Analectos), op., cit., IX, 397 e s. De Barrios, *Árbol de las Vidas*, 79 e s.:"Forma veinte y dos quadernos / Los diez y siete españoles / Los cinco hebreus, crisoles / de doctrinas y goviernos..." Franco Mendez afirma ter visto os manuscritos de diversas de suas obras, *Sefer Zekher Tov* (O Livro da Boa Memória), *Sefer haMaassim* (O Livro das Ações), 1785, 26 e s. Sua gramática foi publicada sob o título: (*Compendio da*) *Epitome Grammatica. Por breve Methodo composta para uso das escolas etc.*, Leyde, 5420, 2. ed., Amsterdão, 5421.

xiv A. Wiznitzer considera provável que Moisés Rafael de Aguilar tenha sido o *hazan* na Congregação Ma-gen Abraham de Maurícia. Em 1681, saiu publicado em Amsterdã um livro seu, escrito em português, *Dinim de Bediçá*. Muitos manuscritos de M. R. de Aguilar ainda se encontram na livraria Ets-Haim-D. Montezinos, em Amsterdão, segundo A. Wiznitzer, op. cit., 1966, p. 86, 129, 137, 171. (N. da T.)

31 Sua mãe contava 51 anos por ocasião do seu nascimento.

HISTÓRIA DOS JUDEUS EM PORTUGAL

chegou a Amsterdão com a idade de sete anos e, junto com Menassé ben Israel, tomou-se aluno de Isaac Usiel. Já aos dezoito anos ocupou o cargo de professor de *Talmud* e rabino. Excelente orador, desde sua volta do Brasil até mais ou menos 1683 pronunciou cerca de novecentos discursos, dos quais só poucos foram impressos. Destacam-se pela riqueza e profundidade das idéias. Traduziu para o hebraico as obras cabalísticas do marrano Abraão Cohen de Herrera e escreveu amplo comentário espanhol sobre o *Pentateuco*, assim como diversos tratados menores "sobre pesos e medidas hebréias", "sobre artigos da fé", "sobre o Messias" e também "uma genealogia de sua extensa família"[32], além de uma enumeração de remédios para diversas moléstias.

Isaac Aboab foi um dos mais importantes rabinos de Amsterdão. Voltou do Brasil em 1654, após o país ter sido reconquistado pelos portugueses[xv]. Foi um duríssimo golpe para os judeus portugueses desta terra sul-americana, pois seu número havia aumentado consideravelmente em poucos anos.

---

32 De Barrios, *Árbol de las Vidas*, 86: "Al sagrado Pentateuco / tan sano Paraphrasea, / que no anda en buenos passos, / quien no sigue sus carreras, / Torno en Hebreu de Hispano / la Cabalistica Puerta / del Cielo, que labro docto / sin yerro el Jaxam Herrera. / Por sus diversos Sermones / di versos a impresion seria, / y su leal Theologia / no es de Theologia lega".
Suas obras mais notáveis são: *Parafrasis Commentad. Sobre el Pentateucho*, Amsterdão, 1681; *Compendio de Diferentes Materias*, manuscrito (Roest, Cat. de Muller, 17); *Catalogo de Diferentes Renedios Para Diversas Sortas de Achagues*, manuscrito; *Livro e Nota de Ydades*, manuscrito; *Sermoens* etc. Faleceu em 1693.

xv Isaac Aboab é confundido freqüentemente com Isaac ben Matatias Aboab. Em virtude desta confusão, diz I. S. Révah, tanto M. Kayserling como J. Mendes dos Remédios atribuem a Matatias Aboab a obra *Exortação para os tenentes do Senhor na observança dos preceitos de sua Santa ley, não cayão em pecado por falta da conviniente inteligencia, feita pelo douto Senhor Haham Moreno A. Rab. R. Yshac Aboab, Abbet-Din e Ros-Yesibá do K. K. de Talmud Tora, impressa em Amsterdão por Daví Tartas em 1680.* Cf. M. Kayserling, op. cit, 1961, p. 3; J. Mendes dos Remédios, op. cit., 1911, p. 57-58; I. S. Révah, Pour l'histoire des nouveaux chrétiens portugais, *Boletim Internacional de Bibliografia Luzo-brasileira*, Lisboa: Academia Portuguesa da História (APH), v. II, n. 2, p. 276, abr.-jun. 1961. Sobre Isaac Aboab da Fonseca, cf.: A. Wiznitzer, op. cit., 1966, p. 37, 75, 89, 109, 114, 120-121, 149-152, 154. Isaac era neto do último *gaon* de Castela que deixou a Espanha durante o êxodo de 1492 para estabelecer-se no Porto. Ensinou o *Talmud* na comunidade judaica de Recife. Mais informações sobre ele e sobre seus trabalhos em: A. Wiznitzer, op. cit., 1966; M. Kayserling, op. cit., 1961, p. 4; idem, The Eearliest Rabbis and Jewish Writers of America, *Publications of the American Jewish Historical Society*, Baltimore: American Jewish Historical Society, v. 3, p. 13-20, 1894; idem, Isaac Aboab, The First Jewish Author in America, *Publications of the American Jewish Historical Society*, Baltimore: American Jewish Historical Society, v. 5, p. 125-136, 1897; uma filha de Isaac Aboab, Judite, casou-se com o filho do cristão-novo Baltasar da Fonseca, este denunciado no Brasil perante o visitador do Santo Ofício da Inquisição. Em A. Wiznitzer, op. cit., 1966, p. 151, nota 11. (N. da T.)

PORTUGAL SOB DOMÍNIO ESPANHOL

No Recife, onde moravam mais de cinco mil deles, supõe-se terem colaborado muito para a entrega da cidade aos portugueses, pois, temendo perder vida e bens, espalharam rumores inquietantes que influíram desfavoravelmente sobre o espírito das autoridades e da população em geral[33][xvi]. A maioria dos judeus de Recife, Bahia e Pernambuco, estado natal do médico, escritor e filósofo Jacó de Andrade Velosino[34], voltou à Holanda, para onde também, continuamente, afluíam novos refugiados de Portugal[xvii].

Só no ano de 1629, após os autos-de-fé de 1º de abril em Évora e 2 de setembro em Lisboa, conseguiram os criptojudeus de Portugal permissão para vender seus bens e deixar o país[35]. Com grande alegria aproveitaram os infelizes tais momentos para abandonar a pátria, principalmente por lhes ser negada

---

33 *Portug. Restaur.*, II, 462; Schäfer, IV, 577.

xvi a) É muito difícil precisar-se o número de cristãos-novos no norte do Brasil como no restante da colônia, visto não terem ainda sido publicados numerosos documentos existentes sobre o assunto. Tem sido freqüentemente citado o número de cinco mil judeus para o Recife, fundamentando-se a referência na obra do conde de Ericeira. Segundo A. Wiznitzer, op. cit., 1966, p. 129-130, o número de judeus praticantes no Brasil holandês não passou de 1450, em 1645, isto é, a metade do total da população civil. Convém lembrar que muitos cristãos-novos eram criptojudeu ou apenas cristãos-novos e não participavam da comunidade oficial. b) Não se pode dizer, enquanto não forem efetuadas pesquisas nos documentos da época, que os judeus participaram na invasão holandesa. Houve-os de ambos os lados, dos portugueses e holandeses, exatamente como o que se deu com os demais portugueses cristãos, civis e religiosos. Cf. opinião de C. R. Boxer, op. cit., 1961, p. 31, 51, e também A. W. Novinsky, Uma Devassa do Bispo D. Pedro da Silva, *Anais do Museu Paulista*, São Paulo: MP-USP, t. XXII, 1968. (N. da T.)

34 Sobre ele, cf. *Hebr. Bibliogr.* (Bibliografia Hebraica), III, 58.

xvii a) Partiram os judeus que tinham vindo com os holandeses e uma parte dos cristãos-novos que havia retornado ao judaísmo abertamente. A maior parte dos cristãos-novos continuou a viver na colônia, principalmente na Bahia, depois da expulsão dos holandeses, fato que é atestado em documentos. b) Dr. Jacó de Andrade Velosino nasceu em Pernambuco em 1657, segundo M. Kayserling, op. cit, 1961, p. 12. A. Wiznitzer, op. cit., 1966, p. 158, dá a data de seu nascimento como 1639. O pai de Velosino foi médico e *hazan* (leitor) da Congregação de Recife. Dr. Jacó foi médico em Haia e Antuérpia, e a sua obra *Theologo Religioso contra Theologo Politico de Bento de Espinosa que de Judeo se fez Atheista* foi escrita em oposição ao *Tratado Teológico Político*, de Spinoza. Cf. M. Kayserling, op. cit., 1961, p. 180, Nachum Sokolov, *Baruch Spinoza uZmanoh*: Midrash BeFilosophia uVekorot HaItim (Baruch Spinoza e Seu Tempo: interpretação da filosofia e da história da época), Paris: Emunoti Voltaire, 1929. (N. da T.)

35 Manuel Thomaz, op. cit., 188 (Lei de 17 novembro de 1629). No ano de 1631 foi queimado, em Lisboa, o jovem Simão Pires Solis, cujo irmão, anteriormente monge e tido como grande teólogo e predicante, viveu mais tarde em Amsterdã sob o nome de Eleasar de Solis. Cf. Menasse ben Israël, *Rettung der Juden* (Salvação dos Judeus); obras reunidas de Moisés Mendelssohn, III, 217.

HISTÓRIA DOS JUDEUS EM PORTUGAL

qualquer posição oficial ou no governo[36]. Já há alguns anos proibiam-lhes o cargo de coletores de impostos, e qualquer pedido feito neste sentido por um cristão-novo era imediatamente recusado[37]. O comércio com pedras preciosas da Índia, que se encontrava sobretudo em suas mãos, pois enviavam-nas para Veneza, Turquia e outras regiões, foi-lhes interditado[38] e uma lei de 13 de abril de 1633 declarou-os incapazes de exercer qualquer cargo oficial. Esta proibição, entretanto, foi promulgada, como consta expressamente do decreto real, "para atalhar o judaísmo, que neste reino está em franca expansão", castigar os seus adeptos e obrigar os seus descendentes a se tornarem bons católicos[39].

Contudo, em vez de bons católicos, tornaram-se os judeus ainda mais convictos, chegando muitas vezes à exaltação. É o caso do cristão-novo Jacó Zemach ben Chajim, que se dirigiu para a Palestina, vivendo em Safed, Damasco e depois Jerusalém. Estudou a Cabala por vinte anos aproximadamente e fundou uma escola que foi muito freqüentada, além de deixar diversas obras cabalísticas, algumas das quais foram impressas após a sua morte[40].

Entre os refugiados de Portugal, em 1625, encontrava-se um personagem então célebre, Abraão Zacuto, cognominado Lusitano e aplaudido como um astro de primeira grandeza. Neto do já mencionado matemático Abraão Zacuto, e nascido em Lisboa no ano de 1625[41], o jovem extraordinariamente

36 Também não eram admitidos para eleições governamentais. Cf. a lei de 12 de novembro de 1611, 15 de julho de 1617, 5 de abril de 1618, os éditos régios de 13 de abril de 1636 e 25 de junho de 1640, em Manuel Thomaz, op. cit., 188. Mesmo os cristãos-velhos, casados com cristãos-novos, não eram, empregados em serviços de Estado. Ibid., 188.

37 Idem, 525, *Cart. Rég.* de 2 de outubro de 1607.

38 "Derão-se varias providencias para elles não atravassarem a pedraria da India que mandavão vender por via de Ormus, a Venesa, Turquia, França. Italia e outras partes", Alv. 19 de março de 1616. Idem, 525.

39 Ribeiro, *Dissert. Chronol. e Criticas sobre a Historia de Portugal*, IV, 2, 212. O édito reza: "Rev. [...] Padre Arcebispo Vizo Rey Amigo etc. Entre outras propostas que em vosso nome, e dos Prelados de Portugal, que se acharão na junta de Thomar apontastes, em ordem a se tratar de remedios convenientes, para se atalhar e castigar o Judaismo, que hia em grande crescimento naquelle Regno, foi huma que convinha muito para o mesmo fim não terem os da Nação Hebrea onras, nem lugares publicos, nem officios da Governança, nem da Justiça, de graça, nem da Fazenda e couzas semelhantes", Madri, 13 de abril de 1633.

40 Steinschneider, *Cat. Bodl.*, 1268; Fürst, *Bibl. Iud.*, III, 549; *Kore haDorot*, 49a.

41 *Med. Princip. Hist.*, liv. IV, hist. 46, Quaest. 42: "Vidi anno 1601, quum fere totam Lusitaniam, et dulcissimam meam patriam Olyssiponem etc."

PORTUGAL SOB DOMÍNIO ESPANHOL

talentoso estudou filosofia e medicina nas universidades de Coimbra e Salamanca, com tal êxito que se bacharelou aos dezenove anos. Tornou-se médico na sua cidade natal e, durante trinta anos de atividades, granjeou a admiração geral por seus novos métodos terapêuticos. Nem isso, porém, conseguiu protegê-lo das perseguições do Tribunal de Fé, que o acusava de judaizante. Fugiu para Amsterdão, onde se fez circuncidar aos cinqüenta anos, permanecendo adepto fiel do judaísmo até à morte (1642)[42][xviii].

Muitos companheiros de fé, adversidade e profissão reuniram-se em torno de Zacuto Lusitano, cujas numerosas obras médicas[43] despertaram a admiração dos especialistas mais célebres do seu século. Neste grupo vamos encontrar os famosos filhos do não menos conhecido médico Rodrigo de Castro, Daniel (Andreas) e Benedito (Baruch Nehemias), falecido a 7 de janeiro de 1684[44], este último médico particular da rainha Cristina da Suécia – a quem o pastor de Hamburgo, Edzardi, tentou em vão cristianizar; o médico Jacó Gomes da Costa; o poeta João (Moisés) Pinto Delgado[45][xix]; Davi de Haro[46], que se formou em Leiden; Benjamin (Dionísio) Mussaphia[xx], nascido

---

42 A biografia de Çacuto, por Luiz de Lemos, no início de sua *Med. Princ. Hist.*

xviii No texto a data vem trocada. Segundo M. Kayserling, op. cit., 1961, p. 110, Zacuto nasceu em Lisboa em 1575; I. S. Révah, Une famille de nouveaux chrétiens: les Bocarro Frances, *Révue des Études juives*, Paris: Societé des Études juives, t. XVI (116), p. 81, nota 2, jan-dez. 1957, confirma a tese de Augusto da Silva Carvalho sobre o verdadeiro nome português do médico Abraão Zacuto como sendo Francisco Nunes. Maximiliano de Lemos enganou-se, supondo-o chamar-se Manuel Álvares. Cf. M. de Lemos, *Zacuto Lusitano*: a sua vida e a sua obra, Porto: Eduardo Tavares Martins, 1909. Cf. também *Boletim Bibliográfico da Academia das Sciencias de Lisboa*, Lisboa: Academia Real das Sciencias/Imprensa da Universidade, v. VI, p. 22, 1934. (N. da T.)

43 As suas obras completas reunidas, *Lugd.* 1649. fol.

44 Sobre Benedito de Castro, cf. meu *Zur Geschichte der jüdischen Aerzte* (Sobre a História dos Médicos Judeus), op. cit., IX, 92 e s.

45 A sua poesia, em língua espanhola, escrita em honra a Çacuto, vem subscrita: "In amoris gratiam scribebat amicissimus J. P. D.".

xix Sobre João (Moisés) Pinto Delgado, cf. livro II, cap. VI, nota 50. (N. da T.)

46 Sobre ele, cf. *Menasse ben Israel*, 34.

xx Mussaphia, místico e lexicógrafo, foi médico de Cristiano IV da Dinamarca. Genro de Samuel da Silva, do Porto, que defendeu contra Uriel da Costa a tese sobre a imortalidade da alma. Cf. C. Roth, op. cit., 1959, p. 250; cf. livro II, cap. VII, nota 21. (N. da T.)

HISTÓRIA DOS JUDEUS EM PORTUGAL

em 1605, falecido em 1674, médico e filólogo, que viveu em Glückstadt, Hamburgo e Amsterdão, e publicou diversas obras hebraicas, entre as quais também o *Aruch do R. Nathan*, com comentários[47]; o médico Abraão Neemias, autor de uma obra moral escrita em português[48]; e especialmente Manuel Bocarro Frances y Rosales, também conhecido como Jacó Rosales Hebraeus[49], não menos célebre que seu amigo e que foi elevado a conde palatino pelo imperador Ferdinando.

Jacó – pertencente à família Frances, emigrada para Ferrara em meados do século XVI e da qual faziam parte os poetas Jacó Frances, da Itália, e José Frances, de Hamburgo[50] – era filho de um criptojudeu, o médico Fernando Bocarro, tendo nascido em Lisboa em 1588. Com afinco dedicou-se ao estudo das línguas clássicas, da matemática e da medicina, freqüentando a Universidade de Montpellier, então de grande renome. Graduado, retornou à pátria e, graças aos sucessos obtidos com seus tratamentos, alcançou logo tal celebridade que arcebispos e príncipes – como o duque de Bragança, o arcebispo de Braga, o vice-rei de Portugal, entre outros – confiaram-lhe suas vidas. Simultaneamente, com suas intensas atividades médicas, dedicou interesse especial à astrologia, publicando conseqüentemente, em 1619, em Lisboa, um *Tratado sobre os Cometas, Observados em Novembro de 1618*[51]. Cinco anos depois, publicou a primeira parte, dedicada ao rei Felipe, de sua famosa obra *Anacephalaeosis*[52], na

---

47 De Barrios dele relata em *Vida de Ishac Uziel*, 48: "El Doctor Benjamin Musaphia, toca / el gran clarin de la Philosophia, / en marcha de cientifica energia / de diferentes lenguas loquaz boca. // El Rabinico libro aumentó urbano / que intituló *Musaph Aruch* (Aumento / do Aruch) y formò el celebre comento / del grau *Talmud Hierosalemitano*. // Doctamente pintò el Fluxo y Refluxo / del Mar. Compuso el libro intitulado / *Sejer* (*Secher*) Rab con estilo sublimado / do los vocables de la Ley dibujo". Cf. também Fürst, op. cit., II, 408.

48 *Tratado da Calumnia* etc., Antuérpia, 1629.

49 Sobre Rosales, cf. Barbosa, III, 196, em que vem denominado corretamente Manuel Bocarro Frances, e I, 691, em que aparece como Diogo Rosales; Wolf, III, 508, IV, 947. *Sephardim*, 209 e s., e depois Fürst, op. cit., III, 166, em que às vezes é confundido com Emanuel Frances.

50 Do Divan, ainda não impresso, de Jac. Frances, o finado Luzzatto me transmitiu longa poesia, cujo último verso reza: "O ungido de Belem / mandarei cedo o tarde / na gran Jerusalem / mostear meci com alarde / conforme as profecias". Sobre José Frances, cf. *Sephardim*, 314.

51 *Tratado dos Cometas que Aparecerão em Novembro de 1618*, Lisboa, 1619.

52 Apareceu pela primeira vez a 10 de maio de 1624, depois em Hamburgo, em 1644, *Sephardim*, 210.

PORTUGAL SOB DOMÍNIO ESPANHOL

qual canta, em hexâmetros latinos, os reis, condes e sábios de Portugal, e cujas partes subseqüentes foram dedicadas ao duque de Bragança, a Diogo da Silva e ao então grão-inquisidor. Tal dedicatória não nos deve surpreender; com estas atenções pretendia comprar para si e para seus familiares vida e permanência na pátria. Entretanto, no ano de 1625, deixou Portugal, provavelmente em companhia de seu irmão, Josias Rosales[53], autor de um poema intitulado "Bocarro", além de outros criptojudeus. Seguiu primeiro para Roma, onde entrou em contato pessoal com Galileu Galilei, que o denominou "homem admirável e astrólogo sábio" e que o incentivou a escrever a obra astrológica *Regnum astrorum reformatum*[54]. Antes de 1632, emigrou para Hamburgo, onde havia aumentado consideravelmente a comunidade portuguesa, que possuía várias sinagogas, contando-se entre seus membros diversos cientistas. Logo que o rei da Dinamarca, Cristiano IV, notou que os imigrados judeus lusitanos incrementavam a prosperidade de Hamburgo, convidou os portugueses que viviam em Amsterdão, bem como os da cidade vizinha, a residirem no seu país[55]. Destarte, formou-se em Glückstadt uma comunidade de hebreus lusitanos, chefiada durante algum tempo pelo rabino Abraão da Fonseca[56] e pelo gramático, também lisboeta, Moisés Gideão Abudiente[57]. Em honra deste homem, que mais tarde se transferiu para Hamburgo, escreveu Rosales – que após sua conversão ao judaísmo, denominou-se Jacó Rosales Hebraeus –, no ano de 1633, uma ode em latim e um epigrama em espanhol[58]. De maneira semelhante, brindou em versos a seus amigos Zacuto Lusitano e Menassé ben Israel, assim como as núpcias de Isaac Abas de Hamburgo[59]; para a *História dos Médicos Mais Destacados*, da autoria do primeiro, escreveu um pequeno

---

53 De Barrios, *Relación de los Poetas*, 56.

54 Impresso em Hamburgo, 1644.

55 *Menasse ben Israel*, 70.

56 De Barrios, *Vida de Ishac Uziel*, 44. Abraão da Fonseca, autor da obra *Einei Abraham* (Os Olhos de Abraão), Amsterdão, 1627, morreu como rabino em Hamburgo, a 27 de julho de 1671.

57 Sobre Abudiente, cf. meus *Analectos* em *Frankel's Monatsschrift* (Revista Mensal de Frankel), IX, 69 e s.

58 Antes de Abud. Gramática, *Grammatica Hebraica. Parte Primeira onde se Mostrão Todas Regras Necessarias etc.*, Hamburgo, 3 de Elul de 5393 (agosto de 1633).

59 *Brindos Nupcial e Egloga Panegyrica etc.*, Hamburgo, 1632.

HISTÓRIA DOS JUDEUS EM PORTUGAL

tratado, *Armatura Medica,* prometendo uma *História dos Cirurgiões Mais Célebres* que provavelmente nunca foi impressa[60]. A 17 de julho de 1647, teve a extraordinária honra de ser nomeado conde palatino imperial pelo imperador Ferdinando III. Depois disso, nada mais sabemos de sua vida, exceto que morreu em Florença aos 74 anos de idade (1662)[xxi].

Tomás (Isaac) de Pinedo, semelhante a Zacuto e Rosales, foi um perito e incentivador da literatura clássica[61]. Nasceu em 1614, em Trancoso, na província de Beira, descendente da família Pinheiros. Foi educado em Madri pelos jesuítas[62]. Já com certa idade, despertou a atenção do Santo Ofício, vendo-se obrigado a desistir dos seus estudos e do convívio com inúmeros sábios da capital espanhola, para na Holanda poder entregar-se aberta e livremente ao judaísmo[63]. Em Amsterdão[64] terminou (29 de setembro de 1676) uma edição amplamente comentada do *Stephanus Byzantinus,* que foi impressa em 1678 e dedicada ao seu amigo íntimo D. Gaspar Ibañez de Segovia y Peralto, marquês de Mondéjar. Pinedo durante toda a vida ressentiu-se dos que lhe invejavam a celebridade. Conta entre seus parentes Miguel de Silveira, de Celorico, autor de poesias heróicas, falecido em Nápoles em 1638[65].

---

60 Seu *Armatura Medica* (sete folhas), no segundo volume das obras completas de Çacuto (Lugd. 1640). O *Supplement. Chirurgicum,* anunciado para o fim desse tratado, aí não vem incluído.

xxi Cf. H. Kellenbenz, Dr. Jakob Rosales, *Zeitschrift für Religion-und Geistesgeschichte* (Revista para a História da Religião e do Espírito), Köln, t. VIII, p. 345-354, 1956, sobre as atividades diplomáticas de Manuel Bocarro Frances (Jacó Rosales); I. S. Révah, Une famille de nouveaux chrétiens: les Bocarro Frances, *Révue des Études juives,* Paris: Societé des Études juives, t. XVI (116), p. 73-87, jan-dez. 1957; C. R. Boxer, Antonio Bocarro and the *Livro do Estado da Índia Oriental,* em Garcia da Orta, *Revista da Junta das Missões Geográficas e de Investigações do Ultramar,* Lisboa: Ministério do Ultramar, p. 203-219, 1956, descreve a carreira de outro irmão de Manuel, Antonio Bocarro, e situa a importância da obra que este escreveu. (N. da T.)

61 Cf. meu *Thomas de Pinedo, eine Biographie* (Tomás de Pinedo, Uma Biografia), em *Frankel's Monatsschrift* (Revista Mensal de Frankel), VII, 191 e s.

62 *Stephanus de Urbibus,* 361, n. 55; 590, n. 64.

63 Idem, 129.

64 Graevius escreve em 13 de janeiro de 1664 para Heinsius, em *Sylloge Epistol.,* III, 78: "Amstelodami nuperius in Thomam de Pinedo incidi, qui adornat editionem Stephan. de Urbibus [...] Judaeum doctiorem nunquam vidi".

65 Sobre Silveira, cf. *Sephardim,* 182 e s.

PORTUGAL SOB DOMÍNIO ESPANHOL

Era seu amigo o célebre viajante, da raça hebréia, Pedro Teixeira, que, após suas peregrinações, aderiu ao judaísmo em Antuérpia, lá descrevendo sua viagem das Índias Orientais até a Itália[66]. Tomás de Pinedo faleceu aos 65 anos, a 13 de novembro de 1679. O marquês de Mondéjar, contristado com a morte e ainda mais com a religião do amigo, levou a notícia funesta ao poeta judeu Daniel Levi (Miguel) de Barrios, que dedicou àquele várias odes em espanhol[67].

Importância maior para o judaísmo alcançaram dois homens que, pertencendo ambos à mesma época e exercendo ambos a profissão médica, defenderam, com suas vidas e obras, as verdades da religião hebréia: Isaac Cardoso e Isaac Oróbio de Castro.

Isaac (Fernando) Cardoso nasceu em Celorico[xxii], cidade natal do já mencionado Miguel de Silveira, em princípios do século XVII. Após terminar os estudos de medicina em Salamanca, praticou em Valladolid, ocupando depois o cargo de médico-chefe em Madri. Aí escreveu em 1633 um trabalho sobre cosmografia, *Sobre as Origens do Mundo*, e, dois anos depois, *Sobre a Cor Verde, Símbolo da Esperança e Sinal de Vitória*, pequeno volume que dedicou com apreço à marrana madrilena, D. Isabela Enriquez, de grande valor espiritual que, mais tarde, em Amsterdão, se converteu ao judaísmo e que, junto com Isabela Corrêa, esposa de D. Nicolau de Oliver y Fulana (Daniel Judá)[xxiii] e tradutora do *Pastor Fido*, assim como outras senhoras hispano-portuguesas, faria parte da Sociedade dos Poetas, fundada por Manuel de Belmonte. Isaac Cardoso, excelente como médico e naturalista, além de poeta e filósofo, decidiu, já em idade avançada, abandonar sua brilhante posição na capital da Espanha – não mais podendo continuar a

---

66 Cf. meu *Pedro Teixeira, eine Reiseskizze* (Pedro Teixeira, um Relatório de Viagem), como introdução ao livro de J. J. Benjamin, *Acht Jahre in Asien und Afrika* (Oito Anos na Ásia e África), Hannover, 1858.

67 De Barrios, *Aumento de Israel*, s p., Alabanca al Criador, 97.

xxii Julio Caro Baroja, *La Sociedad Criptojudía en la Corte de Felipe IV*, Madrid: Imprenta Maestre, 1963, p. 101, diz que Fernando Cardoso nasceu em Trancoso e não em Celorico. (N. da T.)

xxiii Nicolau Oliver y Fulana nasceu em Maiorca e foi sargento maior na guerra da Catalunha, lutando depois na Holanda contra a França. Em C. Roth, op. cit., 1959, p. 335, 337; M. Kayserling, op. cit., 1961, p. 79; sobre sua esposa Isabela Corrêa, cf.: Manuel Serrano y Sanz, M., *Apuntes para una Biblioteca de Escritores Españoles desde el ano 1401 al 1833*, Madrid: Establecimiento Tipográfico Sucesores de Rivadeneyra, 1903-1905, v. I, p. 281-282, 643-644. (N. da T.)

HISTÓRIA DOS JUDEUS EM PORTUGAL

simulação religiosa – e dirigir-se primeiro para Veneza e, em seguida, para Verona, enquanto seu irmão Abraão (Miguel) Cardoso, também médico e poeta, escolheu a região de Trípoli, tornando-se médico particular do rei local. Isaac fez-se circuncidar em Veneza (cerca de 1670), abraçando o judaísmo com tamanho amor e entusiasmo que decidiu defender abertamente seus adeptos contra as acusações e ultrajes de que eram alvos. A obra por ele escrita, dedicada ao abastado Jacó de Pinto, sobressai pela profunda sabedoria e por surpreendente conhecimento das *Escrituras Sagradas*, além da história do seu povo, trabalho este que merece ser considerado entre os melhores do seu gênero[68][xxiv]. Morreu cerca de sete anos antes do seu colega e conterrâneo Oróbio de Castro, cuja vida foi muito mais triste e que se salientou principalmente como polêmico contra o cristianismo.

Isaac ou Baltasar Oróbio[69], filho de pais pseudocristãos, nasceu em Bragança em torno de 1616, na mesma época que o poeta e cantor marrano Manuel (Jacó) de Pina, de Lisboa[70][xxv]. Ainda criança, seus pais levaram-no para a Espanha, onde mais tarde foi nomeado professor de filosofia

---

68 Sobre Cardoso e suas obras, cf. *Sephardim*, 189 e s. Seu trabalho polêmico intitula-se *Las Excellencias y Calumnias de los Hebreos*, Amsterdão, 1679.

xxiv Segundo Marcelino Menéndez y Pelayo, "fuera de Espinosa no produjo la raza hebrea en el siglo XVII mayor entendimiento ni hombre de saber más profundo y dilatado que Isaac Cardoso". Cf. M. Menéndez y Pelayo, *Historia de los Heterodoxos Españoles*, Madrid: Consejo Superior de Investigaciones Científicas (CSIC), 1963, p. 296-300; M. Kayserling, op. cit., 1961, p. 33-34; C. Roth, op. cit., 1959, p. 329 e nota 4 ao cap. XIII. Sua obra *Philosophia Libera* circulou livremente na Espanha e pareceu inverossímil a M. Menéndez y Pelayo que o autor desta seja o mesmo que da *Excelencia de los Hebreos*, p. 300. (N. da T.)

69 Sobre Oróbio, cf. Limborch, *Hist. Inquisitionis*, 323: Koenen, op. cit., 188 e s.; Da Costa, op. cit., 308 e outros. De Barrios assim o menciona in *Relación de los Poetas*, 57: "Isaac Orobio Medico eminente / con sus libros da la envidia a lo sapiente, / y en lo que escrivie contra el Atheista / Espinosa, mas clara haze la vista".

70 De Manoel de Pina apareceu *Juguotes de la Niñes y Travessuras del Genio*, 1656; compare também De Barrios, op. cit., 54: "Jacob de Pina en quanto verso imprime / Realsa lo agudo, lo yocoso exprime".

"Con el nombre de Manuel de Pina imprimio un libro de varias Poesias". Cf. *Sephardim*, 253 e s.

xxv J. Mendes dos Remédios transcreveu em op. cit., 1911, p. 113, na íntegra, "dado o seu valor literário e extrema raridade", a canção fúnebre que Pina compôs para Saul Levi Morteira; cf. ainda J. C. Baroja, *Los Judíos en España Moderna y Contemporánea*, Madrid: Arión, 1961, v. II, p. 390; M. Kayserling, op. cit, 1961, p. 89. (N. da T.)

e medicina, primeiro em Alcalá, onde estudara, e depois em Sevilha, sempre vigiado pela Inquisição como suspeito de simpatia pelo judaísmo. Denunciado pelo seu servo, que o acusou de separar os alimentos e de praticar outras cerimônias judaicas, caiu nas mãos do Tribunal de Fé que o manteve preso por três anos, torturando-o horrivelmente. Prendiam-no ao muro com cordas que o carrasco puxava com toda a violência de um lado para o outro, torturas que lhe ocasionaram dores insuportáveis e de tal modo o tornaram inconsciente que perdeu a noção de si mesmo, parecendo-lhe inacreditável ser a mesma pessoa que em outros tempos fazia preleções e possuía mulher e filhos. Contudo, nenhuma tortura inquisitorial fê-lo confessar, e a Inquisição, não conseguindo provas positivas, restituiu-lhe a liberdade, desterrando-o. Seguiu para Toulouse, onde foi nomeado professor de medicina e conselheiro de Luís XIV[71]. Aí também teve de encobrir a religião de seus pais, dirigindo-se, por essa razão, com grande parte de seus parentes para Amsterdão, onde se fez circuncidar, adotando o nome de Isaac.

Em várias obras mostrou-se entusiasmado batalhador pelas verdades do judaísmo. Nenhum dos seus contemporâneos atacou com mais perspicácia do que ele os dogmas básicos do cristianismo; poucos refutaram estes mesmos dogmas com igual sabedoria e precisão[72]. E sua polêmica religiosa com o sábio contestador Limborch usou, entretanto, da maior moderação[73]. Já no fim da vida, ergueu-se contra o muito difamado Spinoza, excomungado por Isaac Aboab, ou melhor, contra seu defensor

---

71 De Barrios, num *Panegyrico Harmonico*, do ano de 1683, assim o intitula: "Medico Professor, Ishac Orovio / y consejero del gran Rey de Francia, / eleva al Orador con su elegancia / es de Sabios de Edom su ciencia oprovio".

72 Suas obras principais são: *Prevenciones Divinas Contra la vana Idolatria de las Gentes*, 2 v.; *Explicacion Parafrastica Sobre el Cap. 53 del Profeta Essahias*. Estas duas obras encontram-se manuscritas em nosso poder. *Tratado o Repuesta à un Gavallero Frances Reformado, que con el Devido Secreto Propuso Differentes Questiones Para Probarle y Oposier a la Divina Ley*, manuscrito na Biblioteca Municipal de Hamburgo. *Explicacion Parafrastica de las LXX Semanas de Daniel*. O autor refere-se várias vezes a esta obra, nas *Explic. Sobre el Cap. 53 del Essahias*. *Israel Vengé*, traduzido do espanhol por certo Henriquez, Londres, 1770; tradução para o inglês por Miss Ana Maria Goldsmid, Londres, 1839.

73 *De veritate religionis Judaicae com confutatione religion. christ.*, editado por Limborch; Gonda, 1687. Maiores detalhes sobre Oróbio de Castro numa monografia a ser proximamente publicada.

351

Bredenburg, numa obra em latim que foi mais tarde traduzida para o espanhol[74].

Coberto de honrarias e respeitado por todos que o conheciam, morreu Isaac em cerca de 1687. Seus descendentes vivem em Amsterdão até os nossos dias[xxvi].

---

74 *Certamen Philosophicum propugnat. veritatis divinae ac naturalis*, Amsterdão, 1684. Baruch Spinoza, *Opera*, Ed. Paulus, II, 677. Traduzido para o espanhol por G. de la Torre.

xxvi Cf. sobre Oróbio de Castro: I. S. Révah, Les trois écrits de Isaac Orobio de Castro contre Juan de Prado, *Spinoza et Juan de Prado*, op. cit., 1959, p. 88; Joaquim de Carvalho, *Orobio de Castro e o Espinosismo*, Lisboa: Academia Real das Sciencias, 1937, separata de *Memorias da Academia das Sciencias*, Classe de Letras, Lisboa, v. II, 1937; J. Mendes dos Remédios, op. cit., 1911, p. 65; M. Kayserling, op. cit., 1961, p. 81-83. (N. da T.)

8.

D. João IV
e D. Pedro II

Coligação dos cristãos-novos com a Inquisição contra D. João IV, e as leis severas daí resultantes. Martírio e morte de D. Isaac de Castro Tartas e de D. Manuel Fernandes de Vila Real. Manuel Tomás. Agentes judeus de Portugal. Vítimas da Inquisição. Antônio Vieira e seus esforços pela abolição do Tribunal do Santo Ofício; sua reinstauração com dobrado zelo. Poetas marranos cantam D. Pedro II. A Academia de Amsterdã e seus membros.

PORTUGAL, QUE, SOB D. MANUEL, CHEGOU A SER UM DOS reinos mais poderosos do mundo, sob o domínio espanhol decaiu consideravelmente. Perdeu seus domínios nas Índias e no Brasil, esgotaram-se-lhes as fontes do bem-estar e da riqueza, os impostos tornaram-se excessivos, cargos e posições só eram conseguidos em troca de vultosas propinas, enquanto os vice-reis, com ilimitados poderes, desenfreadamente satisfaziam sua ganância. O povo recordava suas antigas glórias e riquezas, alimentando o desejo ardente de restabelecer a independência do país.

Em fins de 1640 foi proclamado monarca D. João IV, membro da antiga família real. Continua sendo um fato peculiar terem os judeus secretos, em lugar de saudarem com alegria o novo soberano e a independência reconquistada pelo reino, deixado utilizar-se para, novamente, submeter o país ao jugo espanhol. Ter-se-iam apercebido da deplorável situação de Portugal e se atemorizado, pois, sendo os mais ricos, receavam ver suas posses utilizadas para o Tesouro real? Ou será que o poderio espanhol os apavorava? Alguns dos mais ricos e conceituados cristãos-novos uniram-se ao arcebispo de Braga numa conspiração a favor de Espanha; Inquisição e sinagoga

HISTÓRIA DOS JUDEUS EM PORTUGAL

juntaram-se a fim de derrubar D. João IV. Alguns procuram a razão desta união incompreensível e antinatural no fato de haverem os criptojudeus oferecido ao novo rei, logo após sua ascensão ao trono, uma avultada quantia em dinheiro para que suspendesse o Tribunal da Inquisição. O rei a teria rejeitado, enquanto o arcebispo de Braga, espontaneamente, lhes prometeu não somente a extinção do Tribunal como também a construção de uma sinagoga, caso se colocassem ao lado da Espanha. Outros pressupõem que o rei, forçado pela Inglaterra, teria pensado seriamente em conceder maiores liberdades aos criptojudeus, sendo impedido pelo grão-inquisidor D. Francisco de Castro.

De qualquer modo, os mais abastados dentre os criptojudeus, principalmente Pedro Baeça, opulento mercador e antigo confidente do espanhol conde-duque de Olivares, Diogo Rodrigo, Simão de Sousa e outros participaram da trama encetada pelo arcebispo de Braga. Os conspiradores pretenderam atear fogo aos quatro cantos do palácio a fim de despistar a atenção do povo. A confusão provocada pelo incêndio seria aproveitada como pretexto para se aproximarem do edifício, ostensivamente para apagar as chamas, mas na realidade com o fito de assassinar o rei e apoderar-se da rainha e dos príncipes. O arcebispo e o grão-inquisidor encarregar-se-iam de refrear a plebe, desfilando pelas ruas, seguidos por padres e monges e ameaçando com os castigos do Santo Ofício. O plano foi descoberto a tempo; Baeça confessou sob tortura, sendo executado com diversos cúmplices[1][i].

---

1 Segundo Passarelli, *Bellum Lusitan*, 89, e Sousa de Macedo, *Lusit. Liberat.*, 627; Schäfer, op. cit., IV, 502.

i Os cristãos-novos não formaram uma coligação contra D. João IV nas lutas entre portugueses e espanhóis, como supõe Meyer Kayserling, admitindo, no entanto, o absurdo de tal conjetura. Dos documentos conhecidos até a presente data, são muito mais significativos os que mostram os cristãos-novos adeptos da casa de Bragança, na luta pela independência portuguesa, do que a favor de Castela. Cf.: Virginia Rau, A Embaixada de Tristão de Mendonça Furtado e os Arquivos Notariais Holandeses, *Anais da Academia Portuguesa da História*, Lisboa: Academia Portuguesa da História/Tribuna da História Editores, 2ª série, v. 8, p. 93-160, 1958; Antônio Baião, O Banqueiro Duarte da Silva, *Episódios Dramáticos da Inquisição Portuguesa*, Lisboa: Seara Nova, 1936-1953, v. II, p. 287-386; aos agentes sefardins de D. João IV refere-se Hermann Kellenbenz, *Sephardim an der unteren Elbe*: ihre wirtschaftliche und politische Bedeutung vom Ende des 16. bis zum Beginn des 18, Wiesbaden: Franz Steiner Verlag, 1958, p. 264; Augusto da Silva Carvalho, Estudos Relativos a Restauração, *Anais da Academia Portuguesa da História*, Lisboa: Academia Portuguesa da História/Tribuna da História Editores, 2ª série, v. 3, p. 9-52, 1951; Hernâni Cidade, *A Literatura Autonomista sob os Filipes*, Lisboa: Sá da Costa, [19--]. Existem

D. JOÃO IV E D. PEDRO II

Esta conspiração, que forneceu ao rei a prova da existência de estreitas relações entre famílias da antiga aristocracia e os maiores dignitários do país com os cristãos-novos, aumentou ainda mais o ódio intenso dos portugueses contra estes últimos. As cortes, que logo após a ascensão de D. João foram convocadas para Lisboa, restauraram as velhas leis segundo as quais aos cristãos-velhos era proibido desposar cristãs-novas, sob a ameaça de exclusão de todos os cargos honoríficos e posições oficiais. Privaram todos os portugueses de origem judaica do usufruto de qualquer benefício e insistiram que os médicos e cirurgiões prescrevessem suas receitas em língua portuguesa, em lugar de o fazerem em latim[2]. Devido à falta de boticários e médicos cristãos-velhos, era esta lei muitas vezes negligenciada, de tal modo que as cortes de 1653 proibiram aos criptojudeus, definitivamente, de manter boticas[3].

A mudança de governo não influiu sobre a sorte dos criptojudeus, a qual continuou a mesma. Apesar de pessoas esclarecidas aconselharem o rei a limitar o poder inquisitorial, este se absteve de tomar qualquer providência, e os cristãos-novos continuaram a ser garroteados, queimados e desterrados. A 2 de abril de 1642 foram queimados em Lisboa dois judeus muito ricos, outros quatro garroteados e oitenta aprisionados nas galeras por recusarem a se tornar cristãos. Ao espetáculo dantesco assistiu, prazerosa, a própria rainha[4].

A 15 de dezembro de 1647[5], realizou-se em Lisboa um auto-de-fé ainda maior, no qual foram queimadas vivas seis pessoas e sessenta condenadas à prisão perpétua e a outros castigos. Entre os executados encontrava-se Isaac de Castro Tartas, jovem de 24 anos, parente do médico de câmara Elias Montalto e de Castro Tartas, proprietário de uma impressora em Amsterdão.

---

manuscritos ainda não publicados sobre as relações que os cristãos-novos do Brasil mantiveram com os representantes da casa de Bragança no norte da Europa. (N. da T.)

2 Santarém, op. cit., III, 1, 91-92, 94, 105.

3 Idem, II, 1, 95.

4 *Theatr. Europaeum.*, IV, 714, 976.

5 Segundo Cardoso, op. cit., 324 e s., morreu Isaac a 22 de dezembro. Segundo a *História da Inquisição*, 271, morreu no auto-de-fé de 15 de dezembro. "Morreo queimado vivo por herege un Francez natural da Gascunha". De Barrios, *Govierno Popular*, 44, cita 23 de setembro.

Nasceu em Tartas, na Gasgonha. Viveu durante vários anos no Brasil, na Paraíba. Contrariando a vontade de seus amigos e parentes aí domiciliados, viajou um dia para a Baía de Todos os Santos, onde, apenas chegado, foi reconhecido como judeu, preso pelos portugueses e enviado para Lisboa. Levado perante o Tribunal da Inquisição, confessou imediatamente ser judeu, querendo como tal viver e morrer. Os teólogos esforçaram-se para fazê-lo abjurar o judaísmo, mas Isaac de Castro Tartas, pensador, filósofo e conhecedor das línguas clássicas, permaneceu imutável na sua fé; foi levado pelo supremo ideal de glorificar o nome de seu Deus e de dar aos seus correligionários um novo exemplo de raro zelo religioso. Pressentindo seu fim próximo, escreveu, antes de partir da Paraíba, aos parentes de Amsterdão, que planejava uma viagem ao Rio de Janeiro com o intuito de induzir alguns de seus amigos a voltar à antiga fé e que não esperassem notícias suas durantes os próximos quatro anos. Antes de decorrido este prazo, morreu heroicamente na fogueira. Depois de arder por algumas horas, já com a cabeça envolta em chamas, reuniu as derradeiras forças para pronunciar suas últimas palavras: "Ouça, Israel, o Senhor é um só". Com as palavras "um só", expirou, qual mártir da fé. Ainda muitos anos após a morte de Isaac, divertia-se o público de Lisboa com as palavras "Sch'ma Israel" (Ouça Israel), de modo que a Inquisição se viu forçada a proibir esta exclamação de fé israelita, sob ameaça de pesados castigos[6].

Grande foi o luto entre os judeus portugueses de Amsterdã quando lhes chegou a notícia do martírio de Isaac. O velho rabino Saul Levi Morteira, mestre de Spinoza, que baniu o seu mais talentoso aluno devido às suas convicções filosófico-religiosas, proferiu uma oração em sua memória[7]. O rabino Salomão ben Davi Israel de Oliveira, que desde a mocidade cultivava a poesia hebraica, tendo composto diversos poemas sinagogais[8], chorou-o numa

---

6 Cardoso, op. cit., 325; Menasse ben Israel, *Spes Israelis*, 89: "Isaac Castrensis Tartas, quem novi et allocutus sum, juvenis eruditus, ac in literis Graecis et Latinis versatus, vix Fernambucum venerat, quin, a Lusitanis captus et Lisbonam abductus vivus combureretur, juvenis viginti quatuor annorum, spretis honoribus, ac divitiis, ipsi oblatis si Christo nomen daret. Qui proditorem fuisse aiunt, mentiuntur splendide; defendebat nimirum locum, cui praefectus erat, ut miles strenuus".

7 Cardoso, op. cit., 325.

8 Sobre Oliveira e suas obras, cf. meus *Analekten* (Analectos), op. cit., x, 432.

elegia em hebraico[9]; Jonas Abravanel, filho de José Abravanel (?) e sobrinho de Menassé ben Israel, assim como outros poetas talentosos entre os judeus lusitanos, homenagearam-no em versos espanhóis e portugueses[10][ii].

O heróico fim do jovem Tartas tanto abalou os cruéis inquisidores que estes decidiram não mais queimar ninguém; entretanto, antes de passados cinco anos, foi vitimado pelo Tribunal outro notável adepto do judaísmo, Manuel Fernandes de Vila Real, de Lisboa. Viveu durante longo tempo como cônsul português em Paris e foi um espírito genial, salientando-se como poeta e estudioso de história política. Escreveu em Paris, onde passou a maior parte de sua vida como cônsul português, sua obra mais importante, *Discursos Políticos*, uma glorificação do cardeal Richelieu, que o elogiava fervorosamente como protetor dos estrangeiros e perseguidos. Tratou também algumas vezes nesse excelente livro do assunto que tanto lhe tocava a alma: a religião. Enquanto enumera ao ministro as crueldades do rei espanhol Felipe, aconselha-o a não usar medidas drásticas em matéria de religião. "Os secretos adeptos de uma crença religiosa não devem ser supliciados com tanta severidade, nem com meios tão extraordinariamente cruéis. Não está no poder do regente desvendar os segredos da alma: basta que o súdito siga as leis por ele estabelecidas e obedeça às suas ordens. Ninguém deve estender o seu domínio sobre os pensamentos mais recônditos nem sobre as regiões profundas do coração"[11].

9   Scharsch, *Gabluth*, 52b e s.

10   Cardoso, op. cit., 325.

ii   Sobre Isaac de Castro Tartas, cf.: Arnold Wiznitzer, Isaac de Castro, Brazilian Jewish Martyr, *Publications of the American Jewish Historical Society*, Baltimore: American Jewish Historical Society,, v. xlvii, n. 2, p. 63-75, dez. 1957; Cecil Roth, An Elegy of João Pinto Delgado of Isaac de Castro Tartas, *Révue des Études juives*, Paris: Societé des Études juives, 4ª série, t. i, 121, fac. 3-4, p. 353-366, jul.-dez. 1962; idem, *A History of the Marranos*, Philapelphia: The Jewish Publication Society/Meridian, 1959, p. 158; Em Le chant du cygne de Don Lope de Vera, *Révue des Études juives*, Paris: Societé des Études juives, t. xcvii, p. 103-104, jan.-jun. 1934, C. Roth conta uma passagem interessante sobre Spinoza, o qual lembrou, em uma carta a um amigo, o sacrifício de Isaac, para provar que o espírito do martírio ainda não estava extinto entre o povo judeu de seu tempo. Spinoza confundiu Lope de Vera com Castro, que ele provavelmente conhecera pessoalmente. Nos documentos da Bahia em torno da metade do século xvii, abundam as notícias sobre o "douto judeu", que viera ensinar o judaísmo aos cristãos-novos do Brasil. Trata-se de Isaac de Castro. (N. da T.)

11   Sobre esta e outras obras de Vila Real, cf. *Sephardim*, 230 e s., e Barbosa, op. cit., iii, 264.

HISTÓRIA DOS JUDEUS EM PORTUGAL

Também Vila Real sofreu a tirania da Inquisição portuguesa! Visitando Lisboa para tratar de negociações com a corte lusitana, foi preso e encarcerado pelo Tribunal do Santo Ofício. Não sabemos por quanto tempo ficou detido. Dizia-se que havia vivido quarenta anos rigorosamente segundo as leis mosaicas. A 1º de dezembro de 1652, um homem de belo aspecto, capitão e cônsul-geral de Portugal em Paris, arrastou-se para o julgamento. Como português nobre foi garroteado e depois queimado[12][iii].

Apesar de Portugal ter continuamente tratado com tanta inclemência os criptojudeus, conservaram estes, mesmo em solos estranhos, amor quase inexplicável à pátria; não somente transmitiram a língua a seus filhos, nela escrevendo e poetizando, mas também alguns dos refugiados glorificaram o rei de Portugal[iv]. O poeta marrano, Manuel Tomás (nascido em 1585)[13], filho do médico Luís Gomes de Medeiros, de Guimarães, e irmão do já mencionado Jonas Abravanel – que passou a maior parte de sua vida na ilha da Madeira, lá sendo

---

12 *História da Inquisição*, 271.

iii A morte de Vila Real foi um golpe da Inquisição contra D. João IV, pois prenderam-no exatamente quando se preparava para partir em uma missão relacionada com a guerra de Castela. Vila Real havia redigido um projeto em nome do embaixador marquês de Nisa, baseado nas idéias do padre Antônio Vieira, para que se eliminasse o confisco dos bens dos cristãos-novos e se favorecesse assim o comércio. Foi acusado ainda de possuir livros impressos contra os procedimentos do Santo Ofício. Cf. Israël Salvator Révah, *Manuel Fernandes Vilareal, adversaire e victime de l'Inquisition portugaise*, *Ibérida, Revista de Filologia*, Rio de Janeiro: Livraria São José, n. 1, p. 33-54, abr. 1959, e n. 3, p. 181-207, dez. 1959; idem, *Un panphlet contre l'Inquisition d'Antonio Enriquez Gómez: la seconde partie de la política angelica*, Rouen (1647), *Révue des Études juives*, Paris: Societé des Études juives, 4ª série, t. 1 (121), fac. 1-2, p. 94-98, jan.-jun. 1962. Segundo C. Roth, o filho de Vila Real foi professor de grego em Marselha em fins do século, e autor da obra *Escada de Jacó*, ainda manuscrita. Cf. idem, op. cit., 1959, p. 124. Cf. Também: Antônio José Saraiva, *A Inquisição Portuguesa*, Lisboa: Europa-América, 1956, p. 113; José Ramos Coelho, O Primeiro Marquês de Niza, Notícias, *Archivo Historico Portuguez*, Lisboa: v. 1, 1903; idem, *Manuel Fernandes Villa Real e o Seu Processo na Inquisição de Lisboa*, Lisboa: Empreza do Ocidente, 1894. (N. da T.)

iv O embaixador de D. João IV na Holanda, Francisco de Sousa Coutinho, escreve ao rei de Portugal, em 21 de maio de 1644: "que por mais judeos que sejão os portugueses que ali ha [em Amsterdão], enfim lá tem uma afeição a Portugal que faz desejarem mais servir a V. Majestade do que os flamengos", apud V. Rau, A Embaixada de Tristão de Mendonça e os Arquivos Notariais Holandeses, *Anais da Academia Portuguesa da História*, Lisboa: Academia Portuguesa da História/Tribuna da História Editores, 2ª série, v. 8, p. 93-160, 1958. (N. da T.)

13 José Carlos Pinto de Sousa, *Bibl. Hist. de Portugal*, Lisboa, 1801, 202, 208; De Barrios, *Relacion de los Poetas*, 58: "Jonas Abravanel canoro hermano / Del gran Manuel Thomas, que el "Lusitano / Phenix" en las Terceras Islas hizo". / (Mal compreendido em *Ozar Nechmad*, II, 61).

358

D. JOÃO IV E D. PEDRO II

assassinado pelo filho de um ferreiro (10 de abril de 1665) –, dedicou sua epopéia, *O Fênix da Lusitânia*, que tratava da história de Portugal até a batalha de Montejo, ao rei D. João IV[14v]. Também o fecundo dramaturgo Antônio Henrique Gomez[15], que só a muito custo escapou da fogueira e cujo retrato foi queimado em Sevilha, escreveu em honra da delegação portuguesa, que em 1641 se encontrava em Paris, uma ode extensa, também dedicada a D. João IV[16vi].

No entanto, são estes fatos menos enigmáticos do que aqueles que levaram os mesmos monarcas, que no próprio país queimavam os adeptos do judaísmo, a escolhê-los no estrangeiro para seus agentes. Assim, durante 150 anos, de D. João IV até a Revolução de 1795, esteve a família Nunes da Costa-Curiel encarregada da agência de Portugal, usando o título de nobres da casa real. O primeiro que ocupou este cargo foi Duarte (Jacó) Nunes da Costa, ao qual se seguiram Salomão e Moisés, ou Jerônimo Nunes da Costa, chefe da comunidade de Amsterdão[17].

---

14 Thomas escreveu *O Phenix da Lusitania*, Rouen, 1649; *Insulana*, Antuérpia, 1635, cada obra com dez cantos.

v João Lúcio de Azevedo, crê terem sido pessoas diferentes o médico Medeiros, de Guimarães, pai de Manuel Thomas, e José Abravanel, médico em Amsterdão, pai de Jonas, apesar de ser Manoel Thomas considerado judeu pelos bibliófilos israelitas. Cf. J. L. de Azevedo, *Historia dos Cristão-novos Portugueses*, Lisboa: Livraria Clássica Editora, 1921, p. 395, nota 3; Joaquim Mendes dos Remédios, em *Os Judeus em Portugal*, Coimbra: França Amado, 1895-1928, 2 v., v. II, p. 365, nada diz sobre o parentesco destes dois poetas, mas considera Manuel Thomas descendente de família judaica de Guimarães. (N. da T.)

15 Sobre Antonio Enriquez Gómez, cf. *Sephardim*, 216-43.

16 *Triunfo Lusitano, Acclamação do S. Rei D. João IV e a Embaichada que Francisco de Mello, e o Doutor Antonio Coelho de Carvalho Fizerão porSseu Mandado a Luis XIII de França*, Paris, 1641. No que se refere à embaixada, cf. *Port. Rest.*, I, 162.

vi Sobre Antonio Enriquez Gómez, cf. I. S. Révah, Un panphlet contre l'Inquisition d'Antonio Enriquez Gómez: la seconde partie de la *politica angelica*, Rouen (1647), *Révue des Études juives*, Paris: Societé des Études juives, 4ª série, t. I (121), fac. 1-2, p. 94-98, jan.-jun. 1962., em que o autor analisa a obra, sob vários aspectos, e mostra a analogia de certas partes da *politica angelica* com as proposições do pe. Antônio Vieira em favor dos cristãos-novos. Chama a atenção para uma substancial diferença entre ambos, pois o jesuíta exprime-se em homem de Estado que quer salvar seu país, a teologia não interessa; e o marrano judeu quer mostrar que a política praticada em todos os Estados da Península é completamente contrária à essência do cristianismo. E acrescenta I. S. Révah: "Ce n'est pas cultiver le paradoxe que de dire que le jesuite s'exprime en homme politique et en economiste, le Marrane en theologicien catholique", supra, p. 104. (N. da T.)

17 Da Costa, op. cit., 314; Koenen, op. cit., 183; De Barrios, *Panegirico Harmonico* (página solta nas suas obras completas): "Mosseh Curiel, Agente Vigilante / Del Principe Regente Lusitano...". Meu *Menasse ben Israel*, 51, 79.

HISTÓRIA DOS JUDEUS EM PORTUGAL

A influência exercida por estes agentes judaicos sobre os reis portugueses foi, no entanto, insignificante. Não foi suficiente para deter a Inquisição, ávida de sangue e ouro, nem para na pátria salvar da morte seus correligionários. Até o início do reinado de D. Pedro II, foram ainda sacrificados à fogueira vários cristãos-novos inocentes. Os que escapavam com vida foram desterrados como os piores criminosos, quando suspeitos de simpatia pelo judaísmo[18][vii].

Noventa criptojudeus apresentaram-se ao auto-de-fé realizado no Porto a 15 de dezembro de 1658. Seis deles, cinco homens e uma mulher, foram queimados, pois ficara provado que não haviam comido carne de porco, nem caça e nem peixe sem escamas, haviam festejado o sábado, Pessakh e outras festas judaicas e que, durante vários dias do ano, haviam jejuado até o anoitecer. Chegados ao local da execução, confessaram em alta voz que alegremente viam aproximar-se suas últimas horas, pois agora estariam livres para sempre da tortura e do suplício inquisitoriais. Eram todos muito ricos, e provavelmente foi este o seu maior crime, pelo qual tiveram de morrer, escreve o cônsul inglês, Maynard, em Lisboa, ao secretário de Estado, Thurloe, em Londres[19][viii]. Dois anos depois, morreram no auto-de-fé, em 17 de outubro de 1660, muitos criptojudeus em Lisboa[20]. A 26 de outubro de 1664, em auto-de-fé realizado em Coimbra, compareceram nada menos

A residência dos Da Costa era freqüentada pelo secretário da embaixada portuguesa Franc. de Oliveyra, o qual mantinha uma correspondência com Isaac de Sousa Brito – irmão do matemático e cosmógrafo Gabriel de Sousa Brito (sobre as obras deste, cf. *Mem. da Lit. Port.*, IV, 329, e Barbosa, II, 322) – e que viu alguns manuscritos raros na casa dos Da Costa, referentes à família real portuguesa; De Oliveyra, *Memoires de Portugal*, La Haye, 1743, I, 379 e s.

18 Manuel Thomaz, op. cit., 188, 525. Cf. as leis de 2 de fevereiro de 1657, de 22 e 28 de julho de 1671 e de 5 de agosto de 1683.

vii A. J. Saraiva nota que a lei do desterro era pouco aplicada pelo Santo Ofício, pois suas conseqüências fugiriam ao propósito do Tribunal, que "não era eliminar os cristãos-novos, mas multiplicá-los". Cf. A. J. Saraiva, op. cit., 1956, p. 33. (N. da T.)

19 Thurloe (Bireh), *Collection of the State Papers*, VII, 567.

viii Os cristãos-novos constituíam um núcleo importante da burguesia comercial e financeira portuguesa. Através do confisco, o Tribunal dispunha de suas riquezas. Apesar de o Tribunal responder aos interesses do rei, diz A. J. Saraiva, pois era antes de tudo uma instituição política, a constante penúria do Tesouro levava o rei a disputar com os inquisidores os despojos do condenado e a aceitar os contratos de isenção do fisco proposto pelas vítimas eventuais. Cf. A. J. Saraiva, op. cit., 1956, p. 44-53. (N. da T.)

20 *História da Inquisição*, 273.

que 237 pessoas, a maioria adeptos da lei mosaica[21]. Depois do auto-de-fé realizado em Coimbra em 1673 – dois anos após ter morrido o jovem poeta marrano Sebastião Francisco de Pina[22] e após (1673) o devoto Francisco Fernandes Prata tentar convencer os seus conterrâneos portugueses de que o Messias já havia chegado, podendo-se, pois, esperar a aniquilação do judaísmo –, suspenderam-se tais festins, pelo menos por alguns anos.

Repentinamente, fecharam-se todos os Tribunais da monarquia portuguesa, em conseqüência das acusações contra a Inquisição por um homem de posição destacada entre os jesuítas.

Antônio Vieira, eis o nome do padre, distinguido como excelente sábio, escritor, pregador e conselheiro de príncipes, que ocupou o cargo de agente diplomático e fora encarregado por D. João IV dos negócios de Estado; foi degradado pela Inquisição de Coimbra e condenado à pena de prisão. Apesar de haver conquistado sua liberdade após seis meses de cárcere, o seu sentimento de vingança contra o Tribunal não arrefeceu, esforçando-se por desfechar-lhe um golpe mortal. Com o consentimento do regente D. Pedro, que, após a deposição do inábil Afonso VI, ocupou o trono português, dirigiu-se Vieira para Roma no ano de 1669.

Encontrava-se então em Lisboa o provincial dos jesuítas de Malabar, Baltasar da Costa, e foi este que se encarregou de abrir o caminho para as investidas contra a Inquisição. Numa conversa com o príncipe regente, chamou a atenção para a oportuna ocasião que se oferecia de reconquistar a Índia. A dificuldade principal consistiria na falta de fundos, necessários para enviar e manter tropas na Índia exaurida. Conhecia ele, no entanto, um meio que possibilitaria tal empreendimento, sem que fosse necessário utilizarem-se as rendas da Coroa, e que "se compatibilizaria perfeitamente com a lei humana e divina, imitando um dos maiores atributos divinos, a clemência, que gloriosamente perdoa os pecadores e que milhares de vezes é praticada por Deus, devendo ser seguida pelos príncipes". Enfim, Sua Alteza deveria conceder um perdão geral à nação hebréia, naturalmente em troca de uma soma de dinheiro. A tempestade que os fanáticos desencadeariam contra tal ação fora

21 Idem,, 293.

22 Cf. a elegia de De Barrios, em seu *Luzes de la Ley Divina*, 32.

prevista por Da Costa, que também propunha uma solução para esta eventualidade: deveria o príncipe empenhar-se intensivamente, pedir a Roma este perdão e, após tê-lo conseguido – o que não seria difícil por encontrar-se lá quem o solicitasse (lá estava Antônio Vieira!) –, poderia então D. Pedro concedê-lo com poderes ilimitados, fazendo calar qualquer reação.

Nesse ínterim, também os criptojudeus entregaram suas propostas ao confessor do rei, Manuel Fernandes. Este anotou em manuscrito o acordo com eles acertado, no qual um dos pontos principais era abster-se a Inquisição dos encarceramentos e execuções. A fim de dar mais força persuasiva à causa, foram colhidos pareceres de teólogos da Companhia dos jesuítas da Universidade de Évora e outros colégios (agosto e setembro de 1673). Todos concordaram ser da obrigação do príncipe conceder o perdão geral, podendo e devendo aceitar o donativo. Conseqüentemente, o próprio confessor redigiu a carta do príncipe regente ao papa. Dela constava que muitos homens sábios, temerosos de Deus e conhecedores do problema da Inquisição em Portugal, haviam-lhe proposto diversas vezes que modificasse o procedimento até agora usado pelo Santo Ofício contra o povo hebreu – pois este, como mostrou a experiência, nenhum proveito trouxera, sendo, ao contrário, conhecidas muitas das suas desvantagens – e que adotasse o método empregado por Sua Santidade, em Roma, contra os hereges. Para este fim seria necessário que Sua Santidade outorgasse, apenas por uma vez, um perdão a este povo, por todos os crimes perpetrados no judaísmo até o momento, dando depois início à nova jurisdição.

Entrementes, enviaram os judeus um agente a Roma, Francisco de Azevedo, o qual, em correspondência com o confessor de D. Pedro, o informava de todos os seus atos; somas imensas, provenientes dos ricos judeus, chegaram a Roma, ficando à disposição dos jesuítas[23]. Antônio Vieira desenvolveu ativamente sua vocação e habilidade, sempre em contato com o confessor do regente. "Com a carta de Sua Santidade, que fora enviada antes e com a que

---

23 "No seu tempo intentarão os homens de nação Hebrea conseguir do Papa, que removasse a forma do recto procedimento do S. Officio da Inquisição destes Reynos, negocio, em que se havião andiantado; porque com os seus cabedaes, que erão muitos, negoceavão, e também porque tinhão pessoas de grandes lugares, que se havião persuadido das suas enganosas, e apparentes razoens, votando-as a seu favor". Sousa, *Hist. General.*, VII, 671.

D. JOÃO IV E D. PEDRO II

agora segue", opina Azevedo em missiva datada de 15 de dezembro de 1674, "sentir-se-á Sua Alteza muito animada e cheia de coragem, tornando-se o mais forte escudo com que repelir-se-ão todas as lanças". O próprio residente de Portugal em Roma achava-se a serviço confidencial do confessor.

A primeira reação do papa ante a carta de D. Pedro, favorecida ainda por tantas e tão várias influências, foi expedir o breve de 3 de outubro de 1674, no qual Clemente x proibia severamente qualquer atividade do Santo Ofício em Portugal, qualquer acusação, condenação ou execução, até que em Roma se tivesse decidido sobre a queixa dos cristãos-novos[24]. Em seguida, promulgou ainda, a 3 de novembro de 1674, um breve ao regente D. Pedro, elogiando-lhe a perseverança com que resistira às cortes, que haviam insistido para que não fosse apoiada a causa dos cristãos-novos. Finalmente chegou uma carta, escrita pelo cardeal Barberino ao núncio Durazo (26 de janeiro de 1675), exprimindo agradecimentos e amabilidades aos jesuítas pelos esforços empenhados nesta causa. Pede ainda que o núncio comunique aos membros da Companhia o reconhecimento pessoal exprimido pelo cardeal Altieri ao geral da ordem[ix].

Quando da chegada desta missiva a Portugal, já o núncio havia mostrado ao Conselho Geral do Tribunal da Inquisição a interdição papal, por meio de uma comunicação escrita de 17 de novembro de 1674. Este Conselho e parte apreciável das cortes reunidas no momento tanto insistiram com o

---

24 A bula de 3 de outubro de 1674 (não de 8 de outubro conforme Schäfer, v, 10), em *Bull. Roman.*, Luxemburgo, 1739, v, 62 e s.

ix Sobre o pe. Antônio Vieira, a política favorável aos cristãos-novos e à atuação destes, cf.: Antônio Vieira, *Obras Escolhidas*, prefácio e notas de Antônio Sérgio e H. Cidade, Lisboa: Livraria Sá da Costa, 1951, v. iv (*Obras Várias II*); A. Baião, *Antônio Vieira (1663-1667)*, op. cit., 1936-1953, v. i, p. 205-316; I. S. Révah, *Les jésuites Portugais contre l'Inquisition: la campagne pour la fondation de la Compagnie Générale du Commerce du Brésil (1649)*, Revista do Livro, Rio de Janeiro: Instituto Nacional do Livro/Ministério da Educação e Cultura, n. 3-4, p. 29-53, ano i, dez. 1956; Ivan Lins, *Aspectos do Padre Antônio Vieira*, Rio de Janeiro: Livraria São José, 1956, cap. ii e iv; Charles Ralph Boxer, *Padre Antonio Vieira, S. J., and the Institution of the Brazil Company in 1649, The Hispanic American Historical Review*, Durham, NC: Duke University Press/ Conference on Latin American History and the American Historical Association, v. 29, n. 4, p. 474-497, nov. 1949; J. L. de Azevedo, *História de Antônio Vieira*, Lisboa: Clássica, 1931. Diz A. J. Saraiva, op. cit., 1956, p. 112, que a "posição assumida pelo jesuíta conselheiro de D. João iv, revela uma visão inteiramente nova da estrutura da sociedade portuguesa e sobre o papel que nela desempenhavam as forças capitalistas. É um índice de como a relação de forças socioeconômicas se alteram dentro do país e de como estava em curso a transformação da própria base em que assentava o Estado". (N. da T.)

regente, para que retirasse a sua proteção às pretensões dos criptojudeus, que este, ferido em sua dignidade e prestígio – por ter o núncio publicado no reino a interdição papal sem a sua prévia autorização –, recusou-se a recebê-lo antes de o mesmo "haver colocado tudo de novo como estava".

O núncio então respondeu ao confessor, numa carta de 8 de dezembro de 1674, "que não conhecia a razão por que devesse ter mostrado a interdição à Sua Alteza, achando mesmo que não devia mostrá-la para bem servir à Sua Alteza e, no que se refere a 'colocar tudo de novo como estava', não possuía poderes para tal, e mesmo que os tivesse, não seria este o meio de vencê-lo". Viu-se assim o regente, repentinamente, em conflito com o núncio de um lado, e, de outro, com a Cúria Romana, devido à pressão do Conselho Geral do Santo Ofício, de todas as Inquisições do reino, de muitos prelados e de uma parte apreciável das cortes, enquanto a massa popular, extremamente exaltada, ameaçava com fogo e ferro aos ministros e a todos os judeus, soando em todas as praças públicas o brado de: "Viva o rei Afonso! Morte a todos os judeus e traidores!" Diversas igrejas e o próprio palácio cobriram-se com cartazes difamadores contra o regente.

Conforme pode concluir-se de uma missiva do agente dos criptojudeus ao confessor do príncipe regente, cogitava-se em Roma de entregar os Tribunais da Inquisição em Portugal à Companhia de Jesus. Pretendia-se pedir ao príncipe que nomeasse um inquisidor-geral, tendo-se em vista o seu confessor. Diversos cardeais interessaram-se por este plano, mas não sabemos até que ponto foi realizado. "O amigo que em breve para aí partirá", escreve o agente Francisco de Azevedo, "há de esclarecer, após sua chegada, muitas coisas além daquelas sobre as quais já discorri". Não sabemos quem foi este amigo.

Seguiram-se sérios conflitos entre Portugal e a Cúria. Os inquisidores negaram-se a obedecer ao papa e ao seu núncio, o arcebispo de Calcedônia. Em conseqüência, ordenou Inocêncio XI – sucessor do papa Clemente X (28 de novembro de 1676) – que o núncio publicasse repetidamente a bula de 3 de outubro de 1674, intimando o grão-inquisidor, por meio de um breve de 27 de maio de 1679, a entregar, no prazo de dez dias, todos os documentos da Inquisição[25].

25 *Bull. Roman.*, v, 198 e s.; 260 e s.

D. JOÃO IV E D. PEDRO II

Antônio Vieira não pôde presenciar o resultado destas complexas negociações. Morreu com a consciência feliz de haver dado o primeiro impulso para a suspensão temporária do famigerado Tribunal. Pouco antes de sua morte (1680)*, publicou seu *Desengano Católico sobre o Negócio da Nação Hebréia*[26], sendo seu nome sempre citado pelos judeus portugueses com o mais profundo respeito. Durante sua presença em Amsterdão (1646 e 1647), granjeou muitos amigos entre seus conterrâneos judeus e manteve contatos repetidos com os rabinos Menassé ben Israel e Isaac Aboab, respondendo acertadamente quando lhe perguntavam sobre os conhecimentos retóricos destes: "Menassé diz o que sabe, Aboab sabe o que diz". Pela tolerância que demonstrou nos últimos anos de sua vida, por sua ação enérgica contra a Inquisição, foram Vieira e sua obra honrados e admirados, de tal modo que o então rabino de Haia citava em suas conversações trechos inteiros dos sermões deste jesuíta[27][x].

Após múltiplas dificuldades, as negociações entre a Cúria e Portugal terminaram, tendo Inocêncio XI, por meio da bula de 22 de agosto de 1681, restaurado o funcionamento dos Tribunais da Inquisição[28][xi].

A 10 de maio de 1682, realizou-se o primeiro grande auto-de-fé em Lisboa, um dos mais espetaculares e pavorosos da história da Inquisição portu-

---

* Pe. Antonio Vieira morreu no ano de 1697. (N da E.)

26 *Desengano Catholico sobre o Negócio da Nação Hebrea*. Segundo este, deve-se corrigir *Menasse ben Israel*, 11.

27 "Os mesmos Judeos que habitão em muy diversas partes da Europa publicão mil louvares deste varão insigne, tendo as suas obras por oraculo. Os Rabinos e Pregadores Hebreos as estudão, as decorão e as referem sempre com admiração. O Pregador da synagoga da Haya, que he homem douto, repete nas conversações sermoens integros deste apostolico Romano Pregador". De Oliveyra, *Mem. de Portugal*, I, 339.

x Cf. Notas ao Prefácio às *Obras Escolhidas* do Padre Antônio Vieira, prefácio e notas de Antônio Sérgio e H. Cidade, Lisboa: Livraria Sá da Costa, 1951, v. IV (*Obras Várias II*), p. LXIII. É opinião de H. Cidade que "a benevolência para com a raça prescrita é normal na Ordem Inaciana. Chamadas as duas universidades a pronunciar-se sobre o recurso ao Papa, foi-lhe desfavorável a Universidade laica de Coimbra, e aprovou-o a Universidade jesuítica de Évora". Cf. livro II, cap. IV, nota 18. (N. da T.)

28 Schäfer, op. cit., v, 7 e s.

xi O Tribunal da Inquisição esteve "com suas atividades se não suspensas pelo menos embaraçado", como diz J. Mendes dos Remédios, de "3 de outubro de 1674 até 22 de agosto de 1681. Cf. J. Mendes dos Remédios, op. cit., 1895-1928, v. II, p. 390. (N. da T.)

HISTÓRIA DOS JUDEUS EM PORTUGAL

guesa. Parecia que esta queria vingar-se ferozmente dos criptojudeus que haviam tentado, recorrendo ao papa, escapar às suas garras. Várias pessoas, entre elas o negociante Gaspar (Abraão) Lopes Pereira, de 43 anos, o advogado Miguel (Isaac) Henriques da Fonseca, de 42 anos, originário de Avios, mas residente em Lisboa, o comerciante Antônio de Aguilar (Aarão Cohen Faya?) foram queimados vivos, e Pedro Serrão, o filho do boticário Antônio Serrão, foi primeiro garroteado e depois entregue às chamas, com sua jovem irmã, morta na prisão, e com Isabela de Valle[xii]. Muitos foram condenados pelo Tribunal à prisão perpétua, e grande número teve que servir nas galeras por vários anos[29].

A sede de vingança e a crueldade dos inquisidores atingiu tal intensidade que, segundo uma lei de 5 de agosto de 1683, ordenou-se que fossem tirados os filhos menores de sete anos de todos aqueles que haviam sido convocados perante o Tribunal[30][xiii].

O então príncipe regente, futuro rei D. Pedro II, discípulo de Antônio Vieira, viu com desagrado o poder crescente da Inquisição; no entanto, não pôde impedi-lo, tendo, ao contrário, de aparentar aquiescência. Os criptojudeus lhe dedicavam alta consideração por haver tentado extinguir o fatídico Tribunal, inspirando-lhes, mesmo, certa gratidão. Ao

---

xii Pedro Serrão, nascido em 1650, estudante de Teologia, era um dos quatro filhos do poeta Antônio Serrão de Castro. Cometera o delito de "guardar os sábados, jejuar no dia grande do mês de setembro", e por isso foi condenado a "com baraço e pregão, pelas ruas publicas, ser levado à Ribeira, aonde afogado morra morte natural, e ao depois de morto será queimado e feito por fogo em pó, de maneira que nunca de seu corpo e sepultura possa haver memória". Citado por J. Mendes dos Remédios, op. cit., 1895-1928, v. II, p. 391-392. Em 1883, Camilo Castelo Branco publicou, de autoria do boticário Antônio Serrão de Castro, pai de Pedro Serrão, o poema Os Ratos da Inquisição, até então inédito. Cf. Antônio Dinis Serrão de Castro, Os Ratos da Inquisição, prefácio de Camilo Castelo Branco, Porto: Ernesto Chardron, 1883. Cf. sobre a família de Serrão, A. Baião, O Poeta dos Ratos da Inquisição, Serrão de Castro (1672-1682), Episódios Dramáticos da Inquisição Portuguesa, op. cit., 1936-1953, v. II, p. 9-32. (N. da T.)

29 Geddes, View of the Court of Inquisition of Portugal, em seus Miscellaneous Tracts, Londres, 1702, 417-48. Geddes relata como testemunha ocular. De Barrios, Governo Popular Judayco, 46.

30 Manuel Thomaz, op. cit., 188: "Aos que sacão no Auto-da-fé mandavão se tirar os filhos menores de sete annos". Sobre a lei, cf. Apêndice n. VII.

xiii Segundo J. L. de Azevedo, op. cit., 1921, p. 327, nota 1, e J. Mendes dos Remédios, op. cit, 1895-1928, v. II, p. 393, trata-se da lei de 1º de setembro de 1683 e não de 5 de agosto, como diz M. Kayserling. A Lei diz filhos "menores" de sete anos e não "maiores", como no texto acima. (N. da T.)

D. JOÃO IV E D. PEDRO II

casar-se com a segunda esposa, a princesa palatina Maria Sofia Isabela, os poetas marranos homenagearam com poemas o jovem casal. Durante sua estada em Bruxelas, representou-se uma "comédia matrimonial" escrita especialmente para esta festividade, por Daniel Levi de Barrios[31][xiv]. O médico e poeta Duarte Lopes Rosa, de Beja[32], que, após sua conversão ao judaísmo, denominou-se Moisés, passando a viver em Amsterdão, e, talvez por ser filho do médico pessoal do rei, dedicou afeição particular aos novos monarcas. Saudou a noiva e o padrinho, Manuel Teles da Silva, com sonetos e extensa obra poética, inspirando-lhe um cântico de júbilo o nascimento do infante, alguns anos mais tarde[33][xv]. Também o poeta e literato Manuel de León (León, Lara) de Leiria compôs, para o matrimônio do rei D. Pedro, seu *Triumpho Lusitano*, dedicado ao agente Jerônimo Nunes da Costa, e apresentando uma descrição detalhada das cerimônias festivas, realizadas nesta ocasião[34][xvi]. Estes poetas portugueses, sob

31 *Sephardim*, 287.

xiv Barrios foi denominado pelos historiadores como "o poeta e cronista do exílio". Publicou numerosos trabalhos, cantou em versos muitas personalidades ilustres de seu tempo. Em 1660, partiu de Livorno em uma expedição colonizadora para a América, e esteve como capitão a serviço da Espanha. Aparece numa gravura feita por Aaron de Chaves: *The Poet Miguel de Barrios and His Family*. Sua esposa, Abigail de Pina, foi pintada por Rembrandt, *Het Joodse Bruidje* (A Noiva Judia). Cf. Franz Landsberger, *Rembrandt, the Jews and the Bible*, Philadelphia: The Jewish Publication Society, 1946, p. 70. Dados sobre sua vida em C. Roth, op. cit., 1959, p. 291, 333, 338, 370. Segundo Julio Caro Baroja, *Los Judíos en España Moderna y Contemporánea*, Madrid: Arión, 1961, 2 v., v. II, p. 228, Barrios tinha três irmãs monjas. Para uma relação das obras de Barrios, Cf. M. Kayserling, *Biblioteca Española-portugueza-judaica*, Nieuwkoop: B. de Graaf, 1961, p. 16-26. Cf. Também, Daniel Levi (Miguel) de Barrios, Une histoire de la littérature juive, *Révue des Études juives*, Paris: Societé des Études juives, v. XVIII, p. 276-289, 1889. (N. da T)

32 *Soneto dedicado a la [...] Princeza D. Maria Sofia [...] em sua união com El Rey D. Pedro*, s.l.e.a.

33 *Alientas de la Verdad en los Clarines de la Fame* ete., Amsterdão, 1688; *Elogios ao Felice Nacimento do Ser. Infante de Portugal, D. Fr. Xaver*, Amsterdão, 1691; Barbosa, op. cit., I, 733; IV, III; *Bibl. Belge*, VI, 289.

xv Não confundir este com outro do mesmo nome, também nascido em Beja e médico, e que foi punido por judaizante pela Inquisição de Lisboa em 10 de outubro de 1723. Cf. M. Kayserling, op. cit., 1961, p. 95, que dá também uma relação das obras de Rosa. (N. da T.)

34 *Triumpho Lusitano. Aplauzos Festivos Sumptuosidades Regias nos Desposorios do D. Pedro II* etc., Bruxelas, 1688.

xvi Cf. a relação das obras de Manuel de León, em M. Kayserling, op. cit., 1961, p. 57; cf. também J. Mendes dos Remédios, *Os Judeus Portugueses em Amsterdam*, Coimbra: França Amado, 1911, p. 84-85.

HISTÓRIA DOS JUDEUS EM PORTUGAL

a presidência de D. Manuel de Belmonte – residente das majestades católicas na Holanda –, reuniram-se para fundar uma academia de poetas que existiu durante muitos anos com o nome de Sitibundos e Floridos e que contava entre seus membros com: Daniel Levi de Barrios; o poeta satírico Diogo (Abraão) Gomes de Silveira; Isaac Gomes de Sousa; Abraão Henriques; o dr. Isaac de Rocamora (falecido em 1684), que, antes da sua conversão para o judaísmo, como frei Vicente de Rocamora, foi confessor da imperatriz Maria da Áustria; e Abraão Gomes Arauxo[xvii]. Nesta academia proferiram suas preleções de fundo moral José Penso de la Vega, talentoso e fecundo novelista[35][xviii], o já mencionado Duarte Lopes Rosa[36], apresentando suas charadas invulgares o poeta Antônio (Jacó) de Castilho que, assim como Isaac Mendes, foi também bom músico[37][xix].

Moses Bensabat Amzalak escreveu uma introdução para a reimpressão dos *Discursos Morais* de M. de León, Lisboa: [s. n.], 1925. (N. da T.)

xvii a) Foi presidente desta primeira sociedade literária o conhecido polemista de Spinoza, José Oróbio de Castro. Na comunidade D. Manuel de Belmonte, era conhecido como Isaac Nunes Belmonte, filho do fundador da comunidade israelita de Amsterdão. Cf. C. Roth, op. cit., 1959, p. 304, 332, 337; M. Kayserling, op. cit., 1961, p. 27; b) sobre Daniel Levi de Barrios, cf. livro II, cap. VIII, nota 45; c) sobre Diogo Gomes da Silveira, cf. M. Kayserling, op. cit., 1961, p. 102; d) sobre Abraão Henriquez, cf. idem, supra, p. 52; e) sobre Isaac Gomes de Sousa, cf. idem, supra, p. 13, 22, 59, 74, 94, 104; f) frei Vicente de Rocamora, frade dominicano, filho de cristãos-novos, nasceu em 1600. Em 1643 praticava a medicina em Amsterdão, onde faleceu a 8 de abril de 1684. Segundo M. Kayserling, supra, p. 94, nota 1, Rocamora não foi presidente da comunidade, como se encontra em Grätz; g) sobre Abrão Gomes de Araújo, cf. M. Kayserling, op. cit., p. 13. (N. da T.)

35 Sobre Penso de la Vega, cf. *Sephardim*, 316 e s.

xviii Sobre Penso de la Vega, cf. M. B. Amzalak, José da Veiga et les opérations de bourse au XVIIe siècle, *Trois précurseurs portugais*: Santarém et les assurances, Freitas et la liberté des mers, Veiga et les opérations de bourse, Paris: Librarie du Recueil Sirey, [193-], p. 95-127, em que se encontra também ampla bibliografia sobre o economista. M. Kayserling, op. cit., 1961, p. 85-86, dá a árvore genealógica da família. Sobre Veiga, diz M. B. Amzalak: "humaniste plein d'erudition, il traita e critiqua en profondeur, avec une fine ironie, l'un des procédés les plus complexes de l'economie capitaliste. Son livre, qui représente l'une des meilleurs oeuvres d'études economiques et financières du XVIe siècle, mérite d'être connu, lu et médité". Cf. M. B. Amzalak, op. cit., p. 127. Cf. também de M. B. Amzalak, *As Operações de Bolsa segundo Iosseph de la Vega ou José da Veiga Economista Português do Século XVII*, Lisboa: Museu Comercial de Lisboa, 1926. (N. da T.)

36 *Discursos Acadêmicos que se proposieron en la ilustre Academia de Amsterdam, intit. los Floridos de la Almendra etc.*, Amsterdão, 1683, e outras obras.

37 De Barrios, *Relación de los Poetas*, 60: *Sephardim*, 253, e em especial De Barrios, *Estrella de Jacob*, Amsterdão, 1686, 65 e s.

D. JOÃO IV E D. PEDRO II

Desse modo, preservaram e mantiveram os fugitivos da Inquisição, com fiel apego à pátria, a língua materna que lhes era tão cara, enquanto em Portugal seus correligionários continuavam a ser impiedosamente torturados e queimados[xx].

xix a) Sobre Antônio Jacó de Castilho, cf. M. Kayserling, op. cit, 1961, p. 35: "muy perito en las artes liberales", "y sublime en el tocar la bihuela"; b) de Isaac Mendes, diz M. Kayserling, que era um virtuoso e amigo de D. Miguel de Barrios, em 1665, cf. M. Kayserling, op. cit., 1961, p. 70. (N. da T.)

xx J. Mendes dos Remédios, op. cit., 1911, dá uma relação dos trabalhos que encontrou em Amsterdão, escritos em português, p. 54-148. Sobre as características do dialeto *latino*, com alguns exemplos, cf. idem, op. cit., p. 149-155. Em 1933, Jacob S. da Silva Rosa publicou *Die Spanischen und Gedruckten Judaica, in der Bibliothek des jüdischen-portugiesischen Seminars, Ets Haim in Amsterdam: eine Ergänzung zu Kayserlings* Biblioteca Española-porugueza-judaica (A Judaica Espanhola e Portuguesa Impressa na Biblioteca dos Seminários Judaico-portugueses, Ets Haim em Amsterdão: um complemento para a Biblioteca Española-portugueza-judaica), Amsterdam: Menno hertzberger, 1933. Cf. também Max Leopold Wagner, *Os Judeus Hispano-portugueses e a Sua Língua no Oriente na Holanda e na Alemanha*, Coimbra: *Imprensa da Universidade*, p. 3-18, 1924, separata da revista *Arquivo de História e Bibliografia*, Coimbra, 1, 1924; J. A. van Praag, Restos de los Idiomas Hispano-lusitanos entre los Sefardies de Amsterdam, *Boletín de la Real Academia Española*, Madrid: Real Academia Española (RAE), XVIII, p. 177-201, 1931; David Lopes, *A Expansão da Língua Portuguesa no Oriente durante os Séculos XVI, XVII e XVIII*, Barcelos: Portucalense, 1936; José Leite de Vasconcelos, *Esquisse d'une dialectologie portugaise*, Paris: Aillaud, 1901 (Lisboa: Centro de Estudos Filológicos, 1970). Cf. ainda: Raymond Renard, Sepharad "Le Monde et la Langue Judéo-espagnole des Sephardim", *Annales Universitaires de Mons*, Mons, Belgique: Université de l'État, 1966. (N. da T.)

9.

Os Dois Últimos Séculos

Vítimas da Inquisição; uma revolta de freiras. Judeus portugueses em Londres: Jacó de Castro Sarmento, os Mendes, Davi Neto. Antônio José da Silva. Reinado de D. José. As cortes de 1821. Época atual.

NO INÍCIO DO NOVO SÉCULO, A VIDA DOS JUDEUS COMEÇOU a melhorar em todo o mundo; no entanto, sua situação em Portugal continuava lastimável. Não se passava um ano sem que houvesse pelo menos um auto-de-fé. Em Lisboa, nos primeiros anos do século XVIII, realizaram-se dois, ambos no mês de agosto. A 2 de março de 1704 celebrou-se tal festim em Coimbra, e a 6 de setembro outro, novamente em Lisboa, sendo que neste foram acusadas de judaísmo sessenta pessoas, entre elas um homem que, até o último momento de sua vida, sustentou ser o mosaísmo que professava a única fé verdadeira. Queimaram-no vivo. Três meses depois (6 de dezembro), este mesmo castigo foi aplicado, novamente na capital, a um criptojudeu que abertamente confessou não acreditar em Jesus e, a 25 de julho de 1706, a Inquisição, em Évora, queimou os restos mortais de um médico falecido no cárcere, que também não escondera o fato de ter vivido segundo a lei mosaica[1].

Em fins deste mesmo ano, subiu ao trono português D. João V. Príncipe de raro talento, amante e incentivador das ciências, fundador de academias e bibliotecas, foi, entretanto, como discípulo dos jesuítas, dominado pela mais crassa superstição, considerando a atividade do Tribunal de Fé obra meritória a Deus. O Santo Ofício realizava festins e mais festins, alimentando-se de seres humanos. A 30 de junho houve outro grande auto-de-fé em Lisboa. Após

1 *Historia da Inquisição em Portugal*, 273, 276 e s., 293.

haverem sido queimadas seis pessoas como adeptas do judaísmo, retornaram em cortejo do local de execução 54 penitentes. Em presença do rei e de toda a corte, festejou-se também um auto-de-fé a 9 de julho de 1713, quando o inquisidor Francisco Pedroso proferiu um discurso que foi impresso, *Exortação Dogmática, contra a Perfídia Judaica...*[2], e durante o qual compareceu uma freira do convento de Odivelas, que no ano anterior fora suspeita de judaísmo. Esta religiosa, acusada de mosaísmo, provocou verdadeira revolta entre as freiras, pois, quando esta judia secreta fora condenada a certas penitências, enviaram-na de volta ao convento, onde as demais companheiras recusaram-se a recebê-la, alegando o lógico argumento de haver-se tornado inválido seu voto, por ser judia. O cardeal-inquisidor, no entanto, ordenou-lhes, em nome do rei, que a acolhessem. Inconformadas com a decisão do cardeal, as freiras resolveram sair em conjunto para prostrar-se aos pés do monarca. Em número de 134, com uma cruz erguida à sua frente, deixaram o convento. O rei enviou um funcionário com alguns cavaleiros, a fim de impedir o prosseguimento da peregrinação, mas as freiras continuaram insistindo no seu propósito, permanecendo dois dias no palácio de uma condessa Rio e recusando-se a voltar para o convento. Informado de tal fato, ordenou o rei que fossem forçadas à obediência. As religiosas levantaram então barricadas em seus aposentos e resistiram com todas as forças, atirando pela janela tudo o que lhes vinha às mãos, inclusive pedras. Os militares forçaram as portas, carregando as obstinadas nos braços, colocaram-nas à força nos coches reais e as levaram de volta ao convento onde se encontrava a freira judaizante[3][i].

A Inquisição, nesta época, voltou-se com especial interesse para a cidade de Bragança, situada perto da fronteira espanhola, rodeada por montanhas

2 *Exhortação Dogmatica, contra a Perfidia Judaica, Feita aos Reos Penitenciados no Auto Publico da Fé, que se Celebrou na Praça do Rocio [...] de Lisboa em 9 deJjulho de 1713*, Lisboa, 1713, 4.

3 Segundo Santarém, *Quadro Element.*, 239; Schäfer, op. cit., v, 169.

i A freira que ocasionou este tumulto provinha do Rio de Janeiro e chamava-se D. Ventura Isabel Dique de Sousa, sendo cristã-nova apenas em parte. Filha do senhor de engenho João Dique de Sousa, toda a família esteve implicada em culpas de judaísmo, pois, além dela, foram penitenciados seus três irmãos, Fernando e Diego, moradores no Rio de janeiro, e Luiz Dique de Sousa, cujo nome foi encontrado entre os processos colhidos por Eduardo Prado, na Torre do Tombo, em 1901. Cf. Arnold Wiznitzer, *Uma Lista Nunca antes Publicada, Aonde Vamos?*, Rio de Janeiro, n. 541, p. 195, [19--]; idem, *Os Judeus no Brasil Colonial*, São Paulo: Edusp/Pioneira, 1966, p. 133. (N. da T.)

OS DOIS ÚLTIMOS SÉCULOS

e habitada quase que exclusivamente por judeus. A 17 de junho de 1718, a Inquisição de Coimbra celebrou um auto-de-fé no qual apareceram mais de sessenta criptojudeus daquela localidade, entre os quais vários castigados pela quinta e sexta vez, e agora condenados à prisão perpétua; alguns, como Manuel Rodrigues de Carvalho e Isabela Mendes, denunciados por haverem despedaçado uma hóstia, foram garroteados e queimados[4]. Entre os condenados provavelmente encontrava-se, com outros membros de sua família, o jovem médico Henriques ou como se chamava, quando judeu, Jacó de Castro Sarmento, cujo tio materno, dr. Francisco de Mesquita, de Bragança, foi queimado dois anos depois[5]. Filho de Francisco de Castro Almeida e de Violante de Mesquita, nascera em Bragança em 1691. Estudou filosofia em Coimbra, e em 1710 formou-se doutor e mestre, dedicando-se, no entanto, mais tarde, à medicina, em que se bacharelou em 1717. O Tribunal de Fé interveio na sua vida e, ciente de não mais poder escapar às garras da Inquisição, empreendeu a fuga. Permaneceu durante algum tempo em Amsterdão e Hamburgo, estabelecendo-se definitivamente na capital da Inglaterra[ii].

Também neste país, graças aos esforços de Menassé ben Israel e com autorização especial do protetor Cromwell, estabeleceram-se alguns judeus portugueses, aos quais, já em 1657, foi cedido um terreno para ser usado como cemitério. Só cerca de dez anos depois conseguiram permissão para a construção de uma sinagoga pública, direito de permanência e livre exercício da religião[6]. Talvez tenha influído a circunstância de um judeu português,

---

4 Ross, *Dissertatio philos. qua Inquisit. iniquitas evincitur*, Marburg, 1737.

5 *Historia da Inquisição*, 280.

ii Cf. o trabalho de Augusto Isaac d'Esaguy, *Jacob de Castro Sarmento*: notas relativas às sua vida e à sua obra, Lisboa: Ática, 1946, que vem acompanhado de uma ampla bibliografia sobre a medicina em Portugal e sobre o próprio Sarmento, seguido ainda de Apêndice e Notas, com uma lista dos médicos judeus ou cristãos-novos do Alentejo que o Santo Ofício teve em seus cárceres. A. I. d'Esaguy também cita uma relação das obras de Sarmento. Cf. ainda Albert Montefiori Hyamson, *The Sephardim of England*: a history of the Spanish and Portuguese Jewish community, 1492-1951, London: Methuen, 1951, p. 83-84, 88, 106-109, 167, 184-86; Hernâni Cidade, *Lições de Cultura e Literatura Portuguesas*, Coimbra: Coimbra Editora, [19--], 2 v., v. II, p. 42-52; Cf. sobre médicos portugueses: Pedro de Azevedo, *Médicos Cristãos-novos que se Ausentaram de Portugal no Princípio do Século XVII*, *Arquivos de História da Medicina Portuguesa*, Porto, Novas Séries, p. 153-172, ano V, 1914. (N. da T.)

6 Meu *Menasse ben Israel*, 107.

373

Diogo da Silva, haver auxiliado nas negociações do matrimônio de Carlos II da Inglaterra com a princesa Catarina de Bragança[iii]. É certo, porém, que a infanta foi acompanhada para a Inglaterra por dois irmãos portugueses dos quais um, Antônio Fernando Mendes (falecido a 26 de novembro de 1724), fora professor de medicina em Coimbra e Montpellier e médico particular do rei, e outro, André Mendes, camareiro da jovem rainha. Ambos professaram abertamente, na Inglaterra, a religião mosaica, o que em Portugal haviam feito clandestinamente[7][iv]. Um parente próximo, Manuel Mendes da Costa,

---

iii Duarte da Silva (e não Diogo) exerce papel relevante na política e nas finanças portuguesas. Incumbido pelo rei de acompanhar a comitiva de D. Catarina, oferece a Portugal socorros em dinheiro e navios em troca de um perdão geral aos criptojudeus; foi o primeiro acionista da Companhia Geral do Comércio do Brasil, à qual se deve a recuperação de Pernambuco dos holandeses. Morreu na Antuérpia em 1678, segundo um documento ainda inédito. Fiel à lei de Moisés, o seu corpo, segundo o depoimento do seu caixeiro, foi levado para a Holanda. Cf. também Antônio José Saraiva, *A Inquisição Portuguesa*, Lisboa: Europa-América, 1956, p. 23, 111; Antônio Baião, O Banqueiro Duarte da Silva, *Episódios Dramáticos da Inquisição Portuguesa*, Lisboa: Seara Nova, 1936-1953, v. II, p. 287-401; Antônio Vieira, *Obras Escolhidas*, prefácio e notas de Antônio Sérgio e Hernâni Cidade, Lisboa: Livraria Sá da Costa, 1951, v. I, Cartas (I), p. LXXII-LXXIII; Frédéric Mauro, *Le Portugal et l'Atlantique au XVIIe siécle, 1570-1670*: étude economique, Paris: SEVPEN, 1960, p. 480; Charles Ralph Boxer, *Salvador de Sá and the Struggle for Brazil and Angola (1602-1686)*, London: University of London/Athlone Press, 1952, p. 245; Hermann Kellenbenz, *Sephardim an der unteren Elbe*: ihre wirtschaftliche und politische Bedeutung vom Ende des 16. bis zum Beginn des 18 (Sefardins no Baixo Elba: sua importância econômica e política ao final do século XVI até o começo do século XVIII), Wiesbaden: Franz Steiner Verlag, 1958, p. 125, 128, 264, 358; Julio Caro Baroja, *Los Judíos en España Moderna y Contemporánea*, Madri: Arión, 1961, v. II, p. 122-126; Cecil Roth, *A History of the Marranos*, Philapelphia: The Jewish Publication Society/Meridian, 1959, p. 288, 306-307, 340. Sobre o filho de Duarte da Silva, idem, supra, p. 307-308; C. Roth, Les marranes à Venise, *Révue des Études juives*, Paris: Societé des Études juives, n. 89, p. 271, nota 5, 1930. (N. da T.)

7 Lindo, op. cit., 350.

iv Segundo Augusto da Silva Carvalho, Antônio Fernandes Mendes teve a seu cargo a clínica pessoal da câmara da rainha. Viveu no paço real, onde lhe nasceu uma filha, que teve por madrinha D. Catarina. Fora do paço real, praticava o judaísmo e recusou o salvo conduto que lhe ofereceu a rainha, para que a acompanhasse de volta a Portugal. Cf. A. da S. Carvalho, Estudos Relativos à Restauração, *Anais da Academia Portuguesa da História*, Lisboa: Academia Portuguesa da História/Tribuna da História Editores, 2ª série, v. 3, p. 9-52, 1951. Uma filha de Fernandes Mendes casou-se com um primo, Antônio ou Moisés da Costa, segundo C. Roth, op. cit., 1959, p. 268-269. João Lúcio de Azevedo, *História dos Cristão-novos Portugueses*, Lisboa: Livraria Clássica Editora, 1921, p. 425, enganou-se ao pensar que este havia pertencido ao banco da Inglaterra. Na geração seguinte, a família voltou-se para o cristianismo, casando-se uma bisneta de Antônio F. Mendes com Lord Galway, da aristocracia britânica. Cf. Albert Montefiori Hyamson, *The Sephardim of England*: a history of the Spanish and Portuguese Jewish community, 1492-1951, London: Methuen, 1951, p. 34, 62-63, 105, 110. Fernão Mendes e André Mendes da Costa figuram no testamento da rainha com legados equivalentes a um ano de salário. Em J. L. de Azevedo, op. cit., 1921, p. 424, nota 2. (N. da T.)

OS DOIS ÚLTIMOS SÉCULOS

excelente médico e naturalista, que se movia nas altas esferas da aristocracia inglesa, foi o primeiro judeu a ser eleito secretário e bibliotecário da Royal Society, mantendo esta posição até a sua morte (1768 ou 1769)[8v].

Desde os últimos decênios do século XVII estabeleceram-se muitos judeus ricos e cultos na capital da Inglaterra. Procediam dos Países Baixos, da Itália e de Portugal. Aqui encontramos as famílias Bravo, Guedelha, Chaves, Sequeira, Umanes (que, como judeus adotaram o nome de Pimentel), as poetisas portuguesas D. Manuela Nunes de Almeida, Sara de Fonseca Pina Pimentel e sua filha Benvenida Cohen Belmonte. Estas festejaram os versos do poeta marrano Daniel Israel Lopes Laguna, que, expulso de Portugal, levou vida de verdadeiro nômade, emigrando de Jamaica para Londres, onde terminou sua obra, fruto do trabalho de 23 anos, falecendo em 1720[9vi].

Com as contínuas imigrações, floresceu rapidamente a comunidade portuguesa de Londres[vii]. Foi nomeado rabino (Hakham) o rabi Josué

---

8 Sobre Emanuel Mendes da Costa, cf. meu *Zur Geschichte der jüdischen Aerzte* (Sobre a História dos Médicos Judeus), op. cit., VIII, 164 e s., Moisés Mendelssohn escreve em 1778 (*Obras Completas*, III, 420): "O fato de eles terem contratado como professores também não convertidos certamente não é mais estranhável do que ter sido Mendes d'Accosta, há alguns anos, secretário da Sociedade de Londres".

v Sobre Emanuel Mendes da Costa, cf. A. M. Hyamson, op. cit., p. 103, 110; C. Roth, *The Jewish Contribution to Civilization*, New York: Harper & Brothers, 1940, p. 215. (N. da T.)

9 Sobre Laguna e sua tradução dos *Salmos*, publicada sob o título de *Espejo Fiel de Vidas*, Londres, 1720, cf. *Sephardim*, 297 e s.

vi a) Sobre Manuela Nunes de Almeida, cf. A. M. Hyamson, op. cit., 1951, p. 110. b) Segundo A. M. Hyamson, supra, p. 111, Sara Nunes Pimentel e Benvenida Cohen Belmonte eram filhas de Manuela Nunes de Almeida. c) Laguna morreu em Jamaica cerca de três anos depois de publicada sua obra. Cf. M. Kayserling, *Biblioteca Española-portugueza-judaica*, Nieuwkoop: B. de Graaf, 1961, p. 55; C. Roth, op. cit., 1959, p. 330 (N. da T.)

vii Cf. as seguintes obras de caráter geral sobre sefardins portugueses na Inglaterra: A. M. Hyamson, op. cit., 1951; C. Roth, *A History of the Jews in England*, Oxford: Oxford University Press, 1949; idem, *Magna Biblioteca Anglo-judaica*: a bibliographical guide to Anglo-jewish history, London: [s. n.], 1937; sobre a organização comunal, cf. Neville Laski, *The Laws and Charities of the Spanish and Portuguese Jews*, London: Cresset Press, 1952; Lionel David Barnett, *Bevis Marks Records*: being contributions to the history of the Spanish and Portuguese Congregation of London, Oxford: Oxford University Press, London: Jewish Historical Society of England/ Spanish and Portuguese Jews' Congregation, 1949, v. I-III; L. D. Barnett, *El Libro de los Acuerdos*: being the records and accounts of the spanish and portuguese Synagogue of London (1663-1681), Oxford: Oxford University Press, 1931. (N. da T.)

HISTÓRIA DOS JUDEUS EM PORTUGAL

da Silva, cujas preleções em português foram impressas[10], e, após sua morte, a 17 de janeiro de 1679, o rabi Jacó Abendana[11] – tradutor espanhol do *Cuzari* (Sefer haKuzari, Livro dos Cazares) e da *Mischná* (lit, lição, repetição) –, que ocupou este cargo até o fim de sua vida (12 de setembro de 1695)[viii].

Sucedeu-lhe o rabi Davi Neto, nascido em Veneza a 28 de Tevet de 1654, descendente de uma das primeiras famílias hebréias imigradas para a Itália, mandado vir de Livorno, em 1701, onde vivera como médico e pregador. Neto foi uma das personalidades mais destacadas da comunidade judaico-portuguesa. Elogiado como "sublime teólogo, sábio profundo, médico insigne, poeta suave, pregador eloqüente, autor jocundo, astrônomo e filólogo"[12], enfim, homem erudito e de vasta cultura, relacionado com sábios cristãos, manteve longa correspondência com o bibliógrafo Ungar. Neto foi realmente um escritor fecundo[13]. Ainda em Livorno, escreveu uma *Pascalogia* em língua italiana, na qual, baseando-se em estudos astronômicos, cronológicos e eclesiásticos, demonstrava a diferença da

---

10 *Discursos* (31) *predycaveys que o docto H. H. Yeosua da Sylva pregou na K. K. Sahar a Samaym em Londres*, Amsterdão, 5485 (1688). Duma carta de Davi Neto, endereçada a Ungar, manuscrita na Biblioteca Municipal de Hamburgo, consta: "antes (de rabi Jacó Abendana) era rabino (em Londres) o rabino Joshua (Josué) da Silva, que faleceu aos 17 do mês de Iar, do ano de 5439; ele compôs um livro de sermões em língua espanhola, sobre os treze princípios".

11 Sobre Jacó Abendana, cf. meus *Analekten zur Literatur der spanisch-portugiesischen Juden* (Analectos da Literatura dos Judeus Hispano-portugueses), *Frankel's Monatsschrift* (Revista Mensal de Frankel), IX, 29 e s.

viii a) Josué morreu em maio de 1679 e não em 17 de janeiro como consta do texto, ou 29 de abril conforme M. Kayserling, op. cit., 1961, p. 102; cf. A. M. Hyamson, op. cit., 1951, p. 41, 59, que diz terem sido seus sermões publicados em Amsterdã por sua esposa, nove anos depois de sua morte, sendo esta a primeira publicação de qualquer sermão judaico proferido na Inglaterra. Cf. também C. Roth, op. cit., 1959, p. 268. b) Abendana morreu em 1685 e não em 1695, como consta do texto acima. Cf. M. Kayserling, op. cit., 1961, p. 1; Cf. A. M. Hyamson, op. cit., 1951, p. 33, 59-60, 68, segundo quem Abendana foi um dos primeiros escritores judeus, cujos trabalhos foram recomendados for autoridades não judias. Cf. também C. Roth, op. cit., 1959, p. 304. (N. da T.)

12 No fim das orações fúnebres proferidas no túmulo de Neto, é ele assim enaltecido: "Theologo sublime, Sabio profundo, / Medico insigne, Astronomo francoso, / Poeta dolce, Pregador facundo / Logico arguto, Physico engenhoso, / Rhetorico fluente, Author jucundo, / Nas lenguas prompto, Historias notorioso, / Posto que tanto em pouco, a quy se encerra, / Que e muito e pouco, em morte ha pouca terra".

13 Sobre Neto e sua obra literária, cf. Wolf, Barbosa, Fürst e outros.

OS DOIS ÚLTIMOS SÉCULOS

cronologia do Pessakh na Igreja grega e romana e nas sinagogas, seguin-do-se, poucos anos após sua mudança para Londres, o tratado teológico sobre a Providência divina. Esta obra inócua causou-lhe muitos contratempos, pois foi usada por seus inimigos para acusá-lo publicamente de spinozismo, o que naquela época equivalia a ateísmo; o rabino-mor de Amsterdão, convocado como árbitro, decidiu a seu favor, como era de se esperar. Neto teve inimigos, pois pertencia àquela classe de rabinos esclarecidos que trabalhavam contra os desvios da Cabala e os adeptos de Sabatai Zevi. Publicou, primeiro em língua hebraica e, depois, para ter melhor acesso à grande massa, também em língua espanhola, um trabalho no qual se opunha aos pontos de vista e publicações do embusteiro cabalista, Neemias Chajim, que conseguira reunir muitos adeptos, declarando heréticos seus ensinamentos, e a Cabala infrutífera e perigosa para o judaísmo. Com a mesma insistência polemizou contra o caraísmo, defen-dendo a lei verbal e provando que as contradições dos talmudistas se referiam mais à interpretação do que à raiz da tradição. Neto foi sempre um polemista arrojado. A seu favor deve-se mencionar o haver corajosamente levantado sua voz contra a Inquisição portuguesa, protegendo o judaísmo das difamações e ataques ostensivos. Primeiramente tratou de refutar o discurso, repleto de acu-sações ao judaísmo, proferido pelo bispo de Crangonor durante o auto-da-fé realizado a 6 de setembro de 1705, em Lisboa[14]. Em seguida publicou ano-nimamente, parte em português, parte em espanhol, uma obra que naquela época chamou muita atenção, *Notícias Recônditas e Póstumas do Procedimento das Inquisições da Espanha e Portugal para com Seus Presos*[15], na qual, como já explica o título, revela os segredos da Inquisição portuguesa, elucidando-os, publicando resumos das leis e bulas que se referem aos criptojudeus e contan-do a história do processo de Luís Ramé, preso pela Inquisição no México. O material para este trabalho extremamente raro deveu-o Neto, segundo suas

14 "Annunciazam, Diogo da, Arcebispo de Cranganor, Sermam do Auto da Fé, que se celebrou em 6 de Setembro 1705", David Neto, *Respuesta al Sermon, predicado por el Arçobispo de Cranganor etc. Por el author de las Noticias Reconditas. Obra posthuma impresso em Villa-Franca. Por Carlos Vero. A la Insignia de la Verdad*, Londres, 1729. Publicado após a morte do autor. Compare com De Rossi, *Bibl. Antichr.*, 79; Roest, *Catalogue de la collection importante de livres, manuscrits hébreux, espagnols, et portugais de feu Mr. Isaac da Costa*, Amsterdão, 1861, 89.

15 *Noticias reconditas y posthumas del procedimiento de las Inquisiciones de España y Portugal con sus presos; en 2 partes. Compil. y anod. por un Anonimo. En Villa Franca*, Londres, 1722.

377

HISTÓRIA DOS JUDEUS EM PORTUGAL

próprias declarações, principalmente a um secretário da Inquisição portuguesa, provavelmente o mesmo homem mencionado numa carta por Davi Machado de Sequeira[16], que nesta época vivia em Bordeaux e mais tarde em Amsterdão. Não raramente havia amizade e correspondência entre funcionários da Inquisição, eles mesmos criptojudeus, e seus parentes que em outros países viviam como judeus. Como exemplo mencionamos o fato de um dos mesmos, José de Rojas, de outro modo desconhecido, haver sido honrado com uma carta por certo inquisidor de Sevilha[17].

Davi Neto faleceu no seu 74º aniversário (1728)[ix]. Seu filho Isaac, que o sucedeu no cargo, além de dois médicos, fizeram-lhe a oração fúnebre; um era Isaac de Sequeira Samuda e o outro, o jovem Jacó de Castro Sarmento, que logo atraiu a atenção dos sábios de Londres, sendo, já em 1725, eleito membro da Royal Society. Apesar de sua ampla correspondência, que se estendia até Portugal, e de sua extensa atividade literária nos campos da medicina, filosofia e ciências naturais, não deixou de adquirir alguns conhecimentos do judaísmo, publicando também obras religiosas. Parecia que este jovem, educado no catolicismo, após aderir oficialmente à religião judaica, considerasse dever de consciência fazer abertamente a sua profissão de fé. Três orações "dedicadas ao grande e poderoso Deus de Israel" para a edificação no dia de Yom Kipur foram publicadas por ele no ano de 1724. No mesmo ano, surgiu seu romance espanhol, baseado no livro de *Ester*[18x].

16 Carta que se intartou (?) com o livro de secretario da Inquizição, que se havia mandar a el Rey de Portugal D. João o Vº, e se não mandou, por que aos que la estão, não prejudicace. Manuscrito. Roest, op. cit., 89.

17 Carta que de Sevilha escrevo hum Inquisidor a hum Judeo. Manuscrito. Roest, op. cit., 89.

ix Sobre Neto, cf. Jacob Josef Petuchowski, *The Theology of Haham David Nieto*: an 18th century defense of jewish tradition, New York: Bloch Publishing/Congregation Emanuel, 1954. A. M. Hyamson,op. cit., 1951, p. 79, 81, 85-86, 94, 106, 110, 115, 167; sobre a edição que lhe é atribuída das *Noticias Reconditas*, cf. Augusto da Silva Carvalho, *As Diferentes Edições das Noticias Reconditas da Inquisição, Anais das Bibliotecas e Arquivos*, Lisboa: Inspecção Superior das Bibliotecas e Arquivos/Biblioteca Nacional, novas séries, v. XVII, n. 67-68, p.69, 89, 1944; M. Kayserling, op. cit., 1961, p. 76, dá a relação de suas obras. Duas fotocópias de sua obra *De la Divina Providencia, o Sea Naturaleza Universal, o Natura Naturante, London:* [s. n.], 1716 (5476), foram expostas na Exposição Bibliográfica Sefardí Mundial (1959), cf. *Catálogo de la Exposición Bibliográfica Sefardí Mundial*, Madrid: Biblioteca Nacional, 1959, p. 50, n. 231; Joaquim Mendes dos Remédios, *Os Judeus Portugueses em Amsterdam*, Coimbra: França Amado, 1911, p. 107-108, 119-120. (N. da T.)

18 Sobre Jacó de Castro Sarmento cf. meu *Zur Geschichte der Jüdischen Ärzte*, op. cit., VII, 393 e s., VIII, 161 e s., em que vêm citadas suas obras de medicina. Os seus trabalhos relacionados com a literatura judaica

OS DOIS ÚLTIMOS SÉCULOS

Jacó de Castro Sarmento não foi o último a deixar a pátria ante as fogueiras ardentes; o suplício dos infelizes ainda não chegara ao fim. A 14 de março de 1723 subiu à fogueira, em Coimbra, o boticário Francisco Dias, de Bragança, morrendo como judeu confesso. A 13 de outubro de 1726, foi condenado ao mesmo castigo um clérigo em Lisboa e, em 1º de setembro de 1739, quatro homens e oito mulheres, além de mais 35 pessoas, foram condenadas à prisão perpétua por perseverarem no judaísmo[19].

Poucos dias após este grande auto-de-fé, leu-se nos jornais alemães terem chegado a Amsterdão, em navio lisboeta, dois dos mais ricos judeus de Portugal, Duliz e Soizar, que de lá seguiram para Viena[20]. Aí foram eleitos conselheiros de finanças de Sua Majestade Imperial, pois não somente remeteram grandes somas de Portugal à corte do imperador, quando da guerra contra a França, como também se ofereceram para adiantar todo o necessário para prover o exército imperial na Hungria e em outras partes. Emprestaram à corte imperial nada menos do que seis milhões de guilderes.

A Inquisição atirou Portugal no abismo e na ruína. Tanto em Lisboa como em todas as outras cidades reinava a mais terrível miséria, as rendas do Estado estavam esgotadas, o exército e o funcionalismo esperavam inutilmente os soldos, banqueiro nenhum queria dar crédito à corte. O então embaixador português na corte francesa, o célebre Luís da Cunha, escreveu com razão, no *Testamento Político*, que, nos últimos dias da sua vida, dirigiu ao príncipe do Brasil, depois rei D. José 1 de Portugal:

são: *Exemplar de Penitencia, Dividido em Tres Discursos Predicaveis para o Dia Santo de Kipur*, Londres, 5484 (1724); *Extraordinária Providencia, que el gran Dios de Ysrael uso cora su escogido pueblo em tiempo de su mayor aflicion por medio de Mordehay, y Ester contra los protervos intentos del tyrano Aman. Compendiosamente deduzida de lu sugrada Escritura en el seguinte Romance*, Londres, 5484; *Sermão funebre às deploraveis memorias, do muy reverendo e doutisssimo Haham Morenu A. R. o Doutor David Neto, in signe Theologo, eminente Pregador, e cabeça da congrega de Sahar Hassamaym*, Londres, 5488.

x a) Cf. A. M. Hyamson, op. cit., 1951, p. 105-106, 167, sobre Samuda; C. Roth, op. cit., 1959, p. 268; M. Kayserling, op. cit., 1961, p, 100; J. L. de Azevedo,, op. cit., 1921, p. 426, nota 5, p. 429; J. Mendes dos Remédios, *Os Judeus em Portugal*, Coimbra: França Amado, 1895-1928, 2 v., v. II, p. 119; Julio Caro Barroja, *Los Judíos en España Moderna y Contemporánea*, Madrid: Arión, 1961, v. III, p. 22. b) Para Castro Sarmento, cf. livro II, cap. IX, nota 7. (N. da T.)

19 *Historia da Inquisição*, 274, 295; *Berliner Nachrichten* (Notícias Berlinenses), 2 de outubro de 1737.

20 *Berliner Nachrichten*, de sábado, 7 de setembro de 1737.

HISTÓRIA DOS JUDEUS EM PORTUGAL

Quando Sua Alteza ocupar o trono, encontrará quase despovoadas muitas aldeias e vilarejos, como, por exemplo, os burgos de Lamego e Guarda, as aldeias de Fundão e Covilhã na Beira Baixa e a cidade de Bragança na província de Trás-os-Montes. Perguntando por que estas localidades caíram em ruínas e por que se destruíram suas indústrias, encontrará poucos que terão a coragem de dizer a verdade, isto é, que foi a Inquisição que, encarcerando e destruindo muitos pelo crime de judaísmo e forçando outros a fugir com suas riquezas, temendo confisco ou prisão, destruiu estas indústrias e arrasou estas cidades e aldeias[21].

Só este príncipe brasileiro*, o rei D. José I, limitou as atividades da Inquisição, após morrerem horrivelmente tantos homens inocentes e firmes em sua fé, inclusive um dos maiores dramaturgos portugueses.

Antônio José da Silva[22] pertenceu a uma destas famílias hebréias que, após a reconquista do Brasil pelos portugueses, permaneceram naquele país como judeus, com permissão do governo, estabelecendo-se no Rio de Janeiro. O temor à Inquisição fê-los mais tarde tornar-se cristãos simulados, continuando, como a maioria dos cristãos-novos, adeptos secretos do judaísmo.

O pai de Antônio, João Mendes da Silva, foi advogado de renome. Com sua esposa, Lourença Coutinho, teve três filhos; o caçula Antônio nasceu em 8 de maio de 1705 no Rio de Janeiro.

Nessa época, como já mencionamos, recomeçou a Inquisição a vigiar mais rigorosamente os criptojudeus e a aumentar o rigor da perseguição. O pai de Antônio José teve a sorte de manter-se encoberto por muito tempo. Mais

---

21 Halliday, *The Present State of Portugal*, 277: Schäfer, op. cit., v, 454.

* O autor aqui toma o título de D. José, Príncipe do Brasil (criado em 1645 e extinto em 1808), como indicativo de sua nacionalidade. Esse título, na verdade, identificava o herdeiro presuntivo do trono de Portugal. D. José, portanto, ao contrário do afirmado acima, era português. (N. da E.)

22 Cf. *D. Antonio José da Silva*, de Ferdinand Wolf, Viena, 1860; seu *Le Brésil littéraire*, Berlim, 1863, 31 e s.; *Sephardim*, 320, e meu Antonio José, em *Frankel's Monatsschrift*, IX, 331 e s. Uma monografia recente, *Il Giudeo Portoghese*, por Vegezzi Rusculla, Turim, 1859, conheço só pelo título. Um dos mais recentes poetas brasileiros, Joaquim Noberto de Sousa Silva, dedicou um poema épico, *A Coroa de Fogo*, Rio de Janeiro, 1861, à memória do infeliz judeu.

infeliz foi a mãe. Como adepta da fé judaica foi denunciada em 1713, sendo transportada para o cárcere de Lisboa, por ordem da Inquisição. O marido dedicado, recusando separar-se da companheira amada, sacrificou seus bens, despediu-se dos amigos, e seguiu Lourença para Lisboa, onde continuou com sucesso sua profissão de advogado. Assim, Antônio José chegou a Portugal no sexto ano de vida, para de lá nunca mais sair. Após os cursos preparatórios na capital portuguesa, freqüentou a Universidade de Coimbra para dedicar-se aos estudos da lei canônica, bacharelando-se em direito aos 21 anos e passando a trabalhar como consultor de direito junto ao pai.

Logo teve de interromper esta atividade. A Inquisição, que ainda mantinha presa sua mãe, logo percebeu que também ele se mostrava adepto dos ensinamentos mosaicos e dos costumes judeus. Desta maneira, já em 8 de agosto de 1726, foi arrastado para o Tribunal da Inquisição. Grave crime pesou sobre ele: foi acusado de viver segundo as leis judaicas. A confissão penitente da sua culpa não o livrou da tortura e a aplicação da polé deixou-o em tal estado que durante muito tempo não conseguiu assinar o nome, constando ainda expressamente de sua sentença que, durante o suplício, só apelava para o nome do Deus Único, nunca os dos santos. No auto-de-fé de 13 de outubro de 1726, repetiu Antônio José solenemente sua confissão, sendo depois libertado.

Daí por diante evitou cuidadosamente o contato freqüente com criptojudeus; ao contrário, para fugir o mais possível das vistas da Inquisição, mantinha relações e amizades com diversos clérigos tidos como muito religiosos.

No ano de 1734 desposou Leonor de Carvalho, de Covilhã, também criptojudia e que, por estranho acaso, fora condenada, moça de dezoito anos, *in obsentia*, pela Inquisição, quase ao mesmo tempo que seu futuro marido. Refugiara-se ela com diversos membros de sua família na França[23].

No ano seguinte, Antônio teve a ventura de ver nascer-lhe uma filha, a quem chamou de Lourença, em homenagem à sua mãe, há pouco libertada da prisão.

---

23 Manuel de Carvalho, de Covilhã, certamente parente próximo de nossa Leonor, foi condenado à prisão perpétua pela Inquisição de Lisboa, já em 10 de maio de 1682. Compare p. 273. Um outro Manuel de Carvalho, talvez o pai de nossa Leonor, foi queimado publicamente em 1719. Cf. maiores detalhes em *Frankel's Monatsschrift*, op. cit., 335.

HISTÓRIA DOS JUDEUS EM PORTUGAL

Nada faltava para sua felicidade. A advocacia que continuou a exercer sozinho, após a morte de seu pai a 9 de janeiro de 1736, proporcionava-lhe fartos rendimentos; conquistou renome e aplausos das multidões, tinha excelente esposa e uma filha que lhe dava muita ventura; a mãe estava livre e era possível, conquanto no mais recôndito canto de sua casa, viver de acordo com sua fé. Desfrutava a amizade de homens de posição e grande influência e suas incursões na dramaturgia eram acolhidas com sucesso.

Quem possui amigos e granjeia aplausos e merecimentos também adquire inimigos. Quem procura criticar os vícios e tolos exageros de sua época, pretendendo divulgar maior conhecimento da verdade e do bem, às vezes e apesar de todos os cuidados, é levado a exprimir alusões que os adversários acolhem satisfeitos para usá-las em seu prejuízo. Riam-se das óperas do "judeu"; no entanto, não faltavam criaturas infames que interpretavam certos trechos como relacionados com seus sofrimentos no cárcere, delatando-o aos devotos senhores que tanto apreciam as calúnias. O povo aplaudia, mas não deixava de cognominar as peças de "óperas do Judeu".

Sobre o infeliz, ao qual parecia sorrir o paraíso, acumularam-se nuvens, e só foi necessário um pequeno incidente para fazê-las eclodir.

Apesar de, em todas as suas óperas, incluir uma espécie de profissão de fé, na qual assegurava não acreditar em nenhuma das divindades que usava nos seus dramas, não conseguiu fazer acalmar a suspeita despertada, nem refutar o rumor de suas simpatias pró-judaicas.

Foi a 5 de outubro de 1737, quando Antônio José, em meio à família, comemorava o segundo aniversário de sua filhinha, que a alegre festa foi repentinamente interrompida por batidas sinistras na porta da casa; sons lúgubres, prenunciando a desgraça. Entraram os funcionários e esbirros da Inquisição e ordenaram ao casal, até há pouco feliz, que trocasse o pacífico lar, localizado próximo a um instituto de caridade – caridade que não iriam receber –, pelos horríveis cárceres subterrâneos do impiedoso Tribunal.

Também a denunciante teve que os acompanhar. Esta, uma escrava negra a serviço da mãe de Antônio José, fora por ele castigada por levar uma vida desregrada. Acusou-o por vingança, talvez incitada por inimigos, como judeu reincidente. No entanto, foi quem primeiro recebeu o merecido castigo por seu perjúrio vingativo, pois, logo à entrada da masmorra, ficou tão assustada, que, dentro de poucos dias, entregou sua alma, tão negra quanto o corpo que a envolvia [sic].

Iniciou-se o processo contra o infeliz dramaturgo, porém faltavam provas concludentes. Os juízes tentaram então consegui-las, através do seu próprio aprisionamento.

Das atas do processo, que se acham no Arquivo Real da Torre do Tombo, conclui-se que os guardas foram encarregados de observar Antônio José por frestas de espionagem existentes no forro do cárcere em que este se encontrava, constatando que, muitas vezes, o ouviram rezar preces cristãs com devoção. Alguns, no entanto, ajuntaram ter observado que jejuava em certos dias, o que era considerado costume mosaico, constituindo este fato, em conjunto com as denúncias de um prisioneiro propositadamente encarcerado na mesma cela, as únicas provas de sua culpa.

Em vão protestou Antônio José sua inocência; de nada lhe valeu citar o testemunho de personagens eminentes, nem o fato de religiosos e até dominicanos comprovarem seu zelo no cumprimento dos deveres religiosos. Nem a proteção nem o empenho do rei D. João v puderam salvá-lo, quando, pela segunda vez, o trouxeram perante o Tribunal.

A 11 de março de 1739 foi pronunciada a sentença que o entregou à corte civil para que fosse executado. Ainda durante sete meses – até a publicação oficial e o cumprimento da pena – o dramaturgo e seus amigos alimentavam esperanças de que a própria Inquisição finalmente se convenceria de sua inocência. Arrancaram-no desta ilusão de maneira horrível, na noite de 16 de outubro de 1739, quando lhe comunicaram que fora condenado à fogueira, morte que ele, como se previsse o destino cruel, com tanta emoção descreveu.

Três dias depois, num auto-de-fé[24] realizado solenemente em Lisboa, a 19 de outubro de 1739, comparecia um homem de 34 anos, magro, de estatura mediana, cabelos castanhos e traços delicados, vestido de sambenito: era o dramaturgo Antônio José. Sereno como na vida, enfrentou a morte.

Sua esposa, Leonor de Carvalho, de 27 anos, e sua mãe, já idosa e castigada pelo destino, foram encarceradas por prazo indeterminado por haverem

---

24 Já o autor da *Historia da Inquisição em Portugal* menciona, na p. 285, a data correta da morte de Antônio José como sendo 19 (18) de outubro de 1739: "Sahio a morrer o Bacharel Antonio José da Silva, auctor dos 4 Tomos das operas portuguezas [...], e sua mulher de 27 annos de idade foi penitenciada".

HISTÓRIA DOS JUDEUS EM PORTUGAL

reincidido no judaísmo, após sofrerem a indizível tortura espiritual de presenciar este suplício. A mãe parece ter falecido três dias depois[xi].

Antônio José foi a última vítima a ser queimada em Portugal. Realizaram-se ainda autos-de-fé, porém fogueiras e torturas foram abolidas com a ascensão ao poder de D. José. Já no ano de 1751 publicou-se um decreto, segundo o qual não mais se permitiriam autos-de-fé nem execuções sem o consentimento do governo. Com este único golpe rompeu-se a grande força do Tribunal. Paralisaram-se, de um lado, muitas atividades secretas e hostis; abatendo-se vários inimigos; de outro, surgiram novos adversários poderosos, conquanto ocultos. Pombal compreendeu que uma instituição como o Santo Ofício da Inquisição era incompatível com os progressos da indústria, do comércio e do transporte, com um sistema educacional fecundo, com o desenvolvimento da ciência e com o progresso intelectual da nação. Apesar da coragem que teve em expulsar os jesuítas do país, não ousou eliminar de uma só vez o Tribunal que, por dois séculos, se havia enraizado na mentalidade do povo. Limitou-lhe, entretanto, o poder, arrancando-lhe a auréola de santidade e igualando-o a todas as outras instituições governamentais[xii].

Durante o terremoto que destruiu Lisboa a 10 de novembro de 1755, desapareceu também o edifício da Inquisição em cujo local ergue-se hoje

xi   Sobre Antônio José da Silva cf. Traslado do Processo Feito pela Inquisição de Lisboa contra Antônio José da Silva, Poeta Brasileiro, *Revista do Instituto Histórico e Geográfico Brasileiro*, Rio de Janeiro: Companhia Typographica do Brazil /IHGB, t. LIX, parte I, p. 51-261, 1896; J. L. de Azevedo, O Poeta Antonio José da Silva e a Inquisição, *Novas Epanáforas*: estudos de história e literatura, Lisboa: Livraria Clássica Editora, 1932, p. 137-218. A. Baião, op. cit., 1936-1953, v. II, p. 203-234; J. Mendes dos Remédios, op. cit., 1895-1928, v. II, p. 414-415; Claude-Henri Frèches, *L'Amphitryon d'Antonio José da Silva (O Judeu)*, Coimbra: Coimbra Editora, 1952. Cf. também Camilo Castelo Branco, *O Judeu*: romance histórico, 4. ed., Lisboa: Parceria A. M. Pereira, 1919, 2 v., e ainda Bernardo Santareno, *O Judeu*: narrativa dramática em três actos, Lisboa: Ática, 1966. (N. da T.)

xii   J. Mendes dos Remédios, op. cit., 1895-1928, v. II, p. 8-14, dá uma relação de todos os Regimentos da Inquisição: 1552, 1570, 1613, 1640, 1774. O Regimento de 1552 foi encontrado pelo dr. Antônio Baião e publicado no *Archivo Historico Portuguez*, Lisboa, v. v, p. 272-298, 1907, apud J. Mendes dos Remédios, op. cit., 1895-1928, v. II, p. 8, nota 2. Repetindo P. J. Melo Freire, diz J. Mendes dos Remédios que muitos supõem que o Regimento de 1774, por estar ligado ao nome do marquês de Pombal, tenha sido uma obra-prima de liberdade e tolerância, "quando ele pouco ou nada alterou dos antigos, conservando os mesmos princípios ultramontanos, quando parecia querer encontrá-los e o mesmo systema e legislação geral das inquisições". Cf. idem, op. cit., 1895-1928, v. II, n. 13. Cf. também Jordão de Apolinário de Freitas, *O Marquês de Pombal e o Santo Ofício da Inquisição:*, Lisboa: José Bastos, 1916. (N. da T.)

OS DOIS ÚLTIMOS SÉCULOS

um teatro. No ano de 1766, realizou-se na capital o último auto-de-fé, sem mártires. Dois anos depois, a 2 de maio de 1768, mandou D. José destruir todas as velhas listas de tributos com suas respectivas cópias, nas quais vinham citados os nomes dos cristãos-novos. Com o decreto de 25 de maio, renovou a lei correspondente do rei D. Manuel, de 1º de março de 1507, além de outra, idêntica, do rei D. João III, datada de 16 de dezembro de 1524. Por estas duas ordenações régias, que novamente foram impressas e publicadas, proibia-se a distinção entre "cristãos-novos" e "velhos", suspendendo-se para sempre todas as leis, alvarás e ordens referentes ao caso. Seriam condenadas à deportação e confisco dos bens todas as pessoas que usassem a palavra "cristão-novo", por escrito ou verbalmente[25]. Os descendentes dos judeus seriam equiparados aos "cristãos-velhos" sob todos os aspectos[26][xiii].

Ainda no início do século XVIII, encontramos cristãos-novos observando as mais importantes cerimônias judaicas, principalmente a festa de Yom Kippur, quando liam as rezas judias, pedindo à noite perdão um ao outro; os pais punham a mão sobre a cabeça dos filhos pronunciando as palavras: "Seja abençoado por Deus e por mim"[27]. Apesar disso, ainda no ano de

25 Manuel Thomaz, op. cit., 525; Gordo, op. cit., 30; Schäfer, op. cit., v, 458 e s.

26 Manuel Thomaz, op. cit., 188, lei de 24 de janeiro de 1771.

xiii Sobre o fenômeno "cristão-novo" e "cristão-velho", cf. o trabalho importante de António Nunes Ribeiro Sanches, *Origem da Denominação de Cristãos-novos e Cristãos-velhos em Portugal*, Lisboa/Porto: Papelaria, 1956, manuscrito publicado por Raul Rego. A. N. Ribeiro Sanches tem recebido ultimamente atenção de diversos estudiosos da história do pensamento do século XVIII. M. Kayserling não o inclui em sua *Biblioteca*, talvez por desconhecê-lo, visto as suas obras terem aparecido recentemente. Maximiliano de Lemos publicou *Ribeiro Sanchez, a Sua Vida e a Sua Obra*, Porto: Eduardo Tavares Martins, 1911, temos notícias de um trabalho, de David Willemse, *Antonio Ribeiro Sanchez, élève de Boerhaave et son importance pour la Russie*, Leiden: E. J. Brill, 1966. Com introdução e notas de Antônio Ferrão, saiu em Lisboa, em 1936, *Ribeiro Sanches e Soares de Barros: novos elementos para as biografias desses acadêmicos*, Lisboa: Academia Real das Sciencias, Ottosgráfica, 1936, separata do *Boletim da Segunda Classe*, Lisboa, v. xx, 1936, que contém três cartas inéditas de Ribeiro Sanches. De Ribeiro Sanches publicou-se: *Obras*, Coimbra: Imprensa da Universidade, 1959-1966, 2 v., v. I: *Método para Aprender a Estudar Medicina; cartas sobre a Educação da Mocidade*. C. Roth dá algumas notícias em: op. cit., 1959, p. 311, 349-350; *The Jewish Contribution to Civilization*, New York: Harper & Brothers, 1940, p. 234, 343; cf. também J. L. de Azevedo, op. cit., 1921, p. 140, nota, p. 340, 429. (N. da T.)

27 "Rezassem oraciones de Judios, y à la noche se demandassem perdon los unos à los otros, poniendo los padres à los hijos la mano sobre la cabeça, sin tos santiguar ni dezir el diziendo: de Dios y de mi

HISTÓRIA DOS JUDEUS EM PORTUGAL

1748, o franciscano Francisco Xavier dos Serafins Pitarra achou necessário publicar, em Lisboa, sua *Invectiva Catholica contra a Obstinada Perfidia dos Hebreos*[28][xiv]. Assim como sabemos que o sangue da família real se misturou com o dos cristãos-novos, assim também sabemos que, em Tomar, Tranco-so, Bragança e outras localidades de Estremadura e Beira, grande parte da população é de origem hebréia. Todos professam abertamente a religião do Estado, pois a necessidade e o tempo promoveram sua união com a Igreja. O que remanesceu da fé original, nestas famílias, limita-se aos costumes quotidianos transmitidos pela tradição herdada. Não observam o sábado e os dias de festa, nem ensinam as leis judaicas a seus filhos. No entanto, praticam um misto dos cultos judaico e cristão e ainda hoje casam-se principalmente entre si[29][xv].

seas benedicido". (De um édito manuscrito da Inquisição, do ano de 1711, existente na Biblioteca da Real Academia, em Madri, segundo informação por carta do sr. prof. dr. Helfferich.)

28 *Invectiva Catholica contra a Obstinada Perfidia dos Hebreos*, Lisboa, 1748, 4.

xiv Cf. livro ii, cap. v, nota 14. (N. da T.)

29 *Allgemeine Zeitung des Judenthums* (Noticiário Geral do Judaísmo), n. 48, 1841; Minutoli, *Portugal und seine Colonien* (Portugal e Suas Colônias), Stuttgart, 1855, ii, 19. Conta-se que o rei D. José promulgou a ordem de que todos os criptojudeus, assim como todos os descendentes dos mesmos, usassem chapéus amarelos. Após a publicação da ordem, Pombal apresentou-se no palácio real, trazendo três chapéus amarelos debaixo do braço. O rei, sorrindo, perguntou-lhe o que queria fazer com os três chapéus. Pombal respondeu que os adquirira por ordem do próprio rei, pois não conhecia nenhum português em cujas veias não corresse sangue judeu. "Porque, porém, três chapéus?", perguntou o rei, ao que respondeu o ministro: "Um para mim, um para o inquisidor-mor, e um, caso Vossa Majestade queira cobrir-se".

xv Sobre os cristãos-novos que vivem ainda hoje em Portugal como criptojudeus, cf.. Samuel Schwarz, Samuel, *Os Cristãos-novos em Portugal no Século xx*, prefácio de Ricardo Jorge, Lisboa: [s. n.], 1925, separata da revista *Arqueologia e História*, Lisboa, iv, p. 5-114, 1925. Cf. também: Amílcar Paulo: *Os Marranos em Trás-os-Montes, Reminiscências Judio-portuguesas*, Porto: Labirinto, 1956, separata de *Douro-Litoral*: boletim da Comissão Provincial de Etnografia e História da Junta da Província de Douro Litoral, Porto, 7ª série, v. V-VI e vii-VIII, 1956; idem, Uma Viagem a Vilarinhos dos Galegos: ritos e costumes judaicos dos cristãos-novos, *Boletim do Grupo Amigos de Bragança*, Bragança: F. Felgueiras, 2ª série, n. 12, p. 21, out. 1964; idem, Os Judeus em Trás-os-Montes: subsídios para a sua história, *Boletim do Grupo Amigos de Bragança*, Bragança: F. Felgueiras, n. 7-8, 2ª série, p. 25-27, fev. 1964, p. 58-59, ago. 1964, n. 12, 2ª série, p. 7-9, 1964; idem, *Os Cristãos-novos no Porto*, Matosinhos: [s. n.], 1961, separata do *Boletim da Biblioteca Pública Municipal de Matosinhos*, Matosinhos, n. 8, 1961; idem, Os Marranos nas Beiras, *Beira Alta*, Viseu: Arquivo Distrital de Viseu,, 2ª série, v. xx, n. 2, p. 631-676, abr.-jun. 1961; cf. também José Leite de Vasconcelos, Cristãos-novos de Nosso Tempo em Trás-os-Montes e na Beira: suas práticas judaicas, elaborado segundo material do autor, ampliado com novas informações por M. Viegas

Carta de Lei de 25 de maio de 1773 extinguindo em Portugal
a distinção entre cristãos-novos e cristãos-velhos.
Biblioteca Nacional. Lisboa, Portugal.

HISTÓRIA DOS JUDEUS EM PORTUGAL

Desde o início do século XIX, toleram-se em Portugal judeus estrangeiros provenientes de Gibraltar e da África, de origem lusitana. Possuem cargueiros e um comércio bem organizado[30], usufruem liberdade religiosa. Como recompensa pelos serviços prestados ao Estado, fornecendo cereais por ocasião da carestia, receberam permissão para realizarem seus serviços religiosos em sinagogas[31]. Um cemitério judaico já existia em Lisboa em 1801. Seus túmulos estão cobertos de flores e ciprestes[32].

Enquanto desta forma procuraram os judeus estabelecidos em Lisboa e no Porto granjear a estima geral, graças à sua probidade, integridade e diligência, tentando desarraigar os preconceitos existentes contra sua raça, um sábio português[33], Joaquim José Ferreira Gordo, membro da Academia de Ciências e do cabido do Arcebispado de Lisboa, esclareceu alguns pontos sobre seu passado histórico, enquanto, dez anos antes, o bibliotecário-chefe Antônio Ribeiro dos Santos publicou diversos tratados sobre os trabalhos eruditos dos judeus portugueses, tratados nos quais se ousou,

Guerreiro, *Etnografia Portuguesa*, Lisboa: Imprensa Nacional, 1958, v. IV; Manuel Ramos de Oliveira, Os Cristãos-novos, i*Beira Alta*, Viseu: Arquivo Distrital de Viseu, v. IX, 1950; Casimiro Henriques de Morais Machado, *Subsídios para a História do Mogadouro. Os Marranos do Vilarinho dos Galegos. Tentativa Etnográfica*, Porto: [s. n.], [195-], separata do *Douro Litoral*: boletim da Comissão Provincial de Etnografia e História da Junta da Província de Douro Litoral, Porto, 5ª série, n. 11, 1952; e o clássico trabalho de Francisco Manuel Alves, Os Judeus no Distrito de Bragança, Bragança: Geraldo da Assunção, 1925, em *Memórias Arqueológico-históricas do Distrito de Bragança*, [S. l: s. n., s. d.]; Eugênio de Andréia da Cunha e Freitas, Tradições Judio-portuguesas", *Douro Litoral*: boletim da Comissão Provincial de Etnografia e História da Junta da Província de Douro Litoral, Porto, 4ª série, n. V-VI, [s. d.]; idem, Tradições Judio-portuguesas: novos subsídios, separata de *Douro Litoral*: boletim da Comissão Provincial de Etnografia e História da Junta da Província de Douro Litoral, Porto, 6ª série, n. I-II, [s. d.]. Cf. também Anita Waingort Novinsky, Amílcar Paulo, The Last Marranos, *Commentary*, New York: American Jewish Committee (AJC), v. 43, n. 5, p. 76-81, maio 1967. (N. da T.)

30 Wagener cita em suas *Notizen über Portugal* (Notícias sobre Portugal), Hamburgo, 1810, 114, as firmas judaicas Moisés Levy Aboab & Cia, Manuel Cardoso e outras.

31 Beil, *Des juifs du dix-neuvième siécle*, 126.

32 Minutoli, op. cit., I, 313.

33 "there are a great many of the Jews here (at Lisboa) who are highly respected for their probity and integrity, and with whom one might deal without incurring the hazard of being plundered of ones jcwels of gold and silver". *Portugal Illustrated*, por Kinsey, 88.

OS DOIS ÚLTIMOS SÉCULOS

pela primeira vez em Portugal, reconhecer seus méritos e pronunciar algo favorável a seu respeito[34].

Também em Portugal chegou-se finalmente à conclusão de que a expulsão dos judeus e a crueldade perpetrada contra seus descendentes, durante séculos, muito prejuízo e dano causaram ao país, e tentou-se reparar esta injustiça, readmitindo os expulsos. Para realizar este intento, as cortes da nação portuguesa suspenderam definitivamente a Inquisição, no início do ano de 1821, por cuja abolição tanto se batalhou não somente na imprensa diária como também em publicações avulsas[35]. Na sessão de 17 de fevereiro do mesmo ano, ficou resolvido que todos os direitos, liberdades e privilégios que haviam sido concedidos aos judeus pelos antigos reis do país, principalmente por D. João I nos anos de 1392 e 1422[36], fossem renovados, confirmados e postos em prática, de modo que não somente os descendentes dos judeus expulsos, mas também todos os judeus "que habitam em qualquer parte do globo terrestre", pudessem estabelecer-se em Portugal e suas colônias, aí vivendo e praticando livremente sua religião[37].

Desde então, residem em Portugal sem restrições. Uma comunidade apreciável de quinhentas a seiscentas famílias, com um rabino e três sinagogas,

---

34 Os trabalhos de Gordo e dos Santos, em *Memórias da Academia de Ciências de Lisboa*. João Pedro Ribeiro publicou, cerca de 1839, o roteiro de uma obra que havia iniciado sobre os judeus, num opúsculo que não cheguei a ver.

35 No ano de 1821, apareceram, entre outros, *Historia Completa das Inquisições de Hispanha e Portugal*, Lisboa, 1821; *Representação às Cortes e Invectiva contra a Inquisição*, de Francisco Freire de Mello, Lisboa, 1821, repleto de ataques à Inquisição.

36 Compare livro I, cap. IV, n. 33.

37 *Diario das Cortes Geraes da Nação Portugueza*, n. 17, Lisboa, 18 de fevereiro de 1821:

"1) Ficão de data deste em diante renovados, confirmados e postos em todo o seu vigor todos os direitos, faculdades liberdades e privilegios que os primeiros Reys deste Reyno concederão aos judeus foragidores.

2) Da mesma sorte toda a sua extensão ficho renovados e postos em vigor os que de novo lhes concedeo o S. Rey D. João I, quando confirmou os anteriores em 17 de julho 1392, e todos os outros com que os honrou em 1422.

3) Podem em consequencia regressar para Portugal sem o menor receio, antes sim com toda a segurança, não so os descendentes das familias expulsas, mas todos os Judeos, que habitão em qual parte do globo terão, neste Reyno as mesmas contemplações so para elle quizerem vir".

existe hoje na capital. Há alguns anos foi colocada a pedra fundamental para mais uma sinagoga. Comunidade menor fundou-se no Porto[xvi].

Como nos primeiros séculos, também agora os reis do país demonstram grande benevolência em relação aos judeus. Sir Isaac Lion Goldsmid, de Londres, que adquiriu a propriedade de Santo Antônio e Palmeira, perto de Lisboa, foi, em 1845, elevado ao título de barão de Palmeira, e o barão Carlos de Rothschild há alguns anos foi promovido a comendador da Ordem da Imaculada Conceição de Nossa Senhora[xvii].

Extinguiram-se as fogueiras que antes arderam em Portugal, as cinzas de suas vítimas foram espalhadas, os juízes há muito emudeceram diante do trono do maior juiz, diante do pronunciamento da história. "Temos que reparar um grande ato de injustiça na nossa história", disse o jovem descendente de família real alemã, o infelizmente tão cedo desaparecido D. Pedro V, quando há dez anos visitou a sinagoga da comunidade portuguesa em Amsterdão. Que se erga um judaísmo forte e livre na pátria de Abravanel e se reinicie, na terra de origem de Spinoza, uma nova e mais brilhante era para seus fiéis.

---

xvi Um movimento em prol do retorno dos cristãos-novos ao judaísmo foi tentado, no Porto, por Artur Carlos de Barros Basto, em 1923. Foi construída uma sinagoga, inaugurada no ano de 1938, *Mekor Haim* (Fonte da Vida), 440 anos depois do desaparecimento da sinagoga do Olival, no Porto. Atualmente são poucas as famílias judias que aí vivem. cf. Amílcar Paulo, *A Comuna Judaica do Porto*: apontamentos para a sua história, Porto: Livraria Athena, 1965, separata da revista *O Tripeiro* Porto, 1965. (N. da T.)

xvii Sobre Goldsmid, cf. A. M. Hyamson, op. cit., 1951, p. 298, 391. (N. da T.)

Apêndice

I
Foros de Santarém
(p. 37)

Custume he, que o moordomo, e o judeu que respondam sem alcayde, e cum alcayde, se os demandarem.

Custume he, quem vay gera paguar sa divyda ao Judeu, deve mostrar os dinheiros ante Judeos e Chrischaãos, e se o judeu y nom for, deveos a meter em maão dun homem boom, que os tenha.

Custume he, que se a Crischão á demanda no conçelho contra Judeu, ou judeu contra Crischaão, daquel que quiser provar contra o outro, deve provar per Cristãos.

Custume he, se peleiar judeu ou Cristão, que possam huũs outros provar per Judeos, se judeos y esteverem, ou Cristaãos, se Cristaãos hy esteverem; e esto se entende hu nom stam se nom de hũa. ley soo, cá se hy de cada húa ley estever, perque possa seer provado, todos provará igualmente.

(*Ineditos de Historia Portugueza*, v, 553, 555, 557 e s., 566.)

HISTÓRIA DOS JUDEUS EM PORTUGAL

II
Foros de Beja
(p. 41)

1) *Que non devem levar cooymha dos Mouros nem de Judeos*

Custume he, que o moordomo non deve a levar cooymha nem ome-
zio dos Mouros forros, nem de cativos, nem de Judeos, se a fazerem contra Mouros, ou Mouros contra Judeus, o hũus contra outros, Mouros contra
Mouros, ou Judeus contra Judeus.

2) *De gãado*

[...] A outra contenda he, que querem filhar hũu maravedi de cada hũu
Judeu que passa per nossa vila [...] hũu judeu que [...] da portagem [...]
que querem filhar [...] mercadores que veem doutras vilas alugam casas,
ou tendas em nossa vila, os quaes vendem seus panos, e colhem seus averes
en elas, e despois que fazem suas carregas vamsse, e leixam aquelas tendas
ou casas alugadas, ou encomendadas.

3) *Da tençom*

Costume he, que se o Christãao peleiar com Mouro ou com Judeu, e sse
ferem que non jurem com na ferida o Christãao nem o Mouro, nem o Judeu.
Salvo se provarem as feridas com homães bõos christãaos ao Christãao, e
Mouros, e Judeos.

4) *Costume*

Costume he, que se peleiar Mouros ou Judeos, que provem com Christãaos, se hy Christãaos esteverem, ou per Mouros, ou per Judeos, se hy
esteverem, e leixarem no em eles. E sse de cada hũa ley hy dous esteverem
perque possa seer provado, todos provarem ygualemente non aver hy corre-
gymento.

APÊNDICE

5) Do Judeu que fere o Christãao

Costume he, que se o Judeu a alguma demanda com alguũ Christãao, e o Judeu fere o Christãao, deve o judeu porem morrer. E este Justiça deve seer feita per el rey. E sse per ventuira o Judeu que fere o Christãao, e conhocendoo, ou lhy dam algũn Juizo de prova, devemlho aprovar com Christãaos, e valer seu testemũyo. E sse per ventuira o fere em tal logar, que estem hy Judeos, deveo provar per Judeos, e per Christãaos.

5) Do que e doento

Costume he, que o Judeu responda com alcaide, e sem alcaide.

6) Titola das provas

Costume he, que se o judeu a demanda em concelho com Christãao, ou Christãao com Judeu, e querem provar contra o Christãao, devemlho provar com Christãaos.

7) Do vyno de carreto

Costume he, que quem vay pera pagar sa divida aos Judeos, deve mostrar os dinheiros ante Christãaos e Judeos, e se o Judeu hy non for, deveos meter em mãao dũu homem bõo, que os e seer per mandado da justiça.

8) Do vyno

Costume he, que si a molher d'algũu defender que nenhũu Christãao, nem Mouro, nem Judeu non ve sobre cousa nenhũa que va com seu marido e deve viir ao concelho e afrontalo per dante a Justiça, e filhar ende hũu testemũyo, e hyr aos Judeos com hũu tabliom, e afrontalho, e aver ende hũu testemũyo e valera tal afrontamento.

9) Dos Judeos

Costume he, que os Judeos devem jurar pelos cinco livros de Moyses, a que eles chamam Toura, dentro em na se(n)agoga presente a parte e o arabi, que o esconiure a hũu porteiro do concelho, que diga a Justiça em como aquel Judeu jurou, e entom o juiz sabha do Judeu a verdade.

HISTÓRIA DOS JUDEUS EM PORTUGAL

Costume he, que clerigos e Judeos e Mouros forros, e os homëes que moram nos regeengos devem pagar nas atalayas e nas velas e nas carreiras fazer e non em outras couzas.

(Ineditos de Historia Portugueza, v, 475, 479, 483, 503 e s.)

III-a
Acordo com os Judeus de Bragança
(p. 54)

Dom Denis pela graça de Deus, Rey de Portugal e do Algarve, a vos Juizes e Concelho de Bragança saude,

Sabede que Jacob, e Jagos (1), e Montesynho, e Juçefe, e Vidal, e Maroxal (2) Acecry, e Manuel, e Franco, e Jucefe Abelano (3), e Mossel filho de Dona Vida, e Mossel Rodrigo, e Bento, e Zevulo, e Beeyto (4), e Mariam, e Domam, e Mossel seu padre de Jacob, e Abraam, e Ilafum (5), judeus de Bragança, sse aveeron comigo em esta maneira, convem a ssaber que eles dem a mim cada anno sexcentos maravedis doyto em soldo de Leoneses brancos da guerra, e que estes judeus comprem tres mil e qynhentos maravediades derdamentos per que eu seia çerto que aia esses sexcentos maravedis sobreditos convem a saber duas mil maravidiadas em vinhas, e mil maravidiadas em terras e em casas quinhentos. E os sobreditos judeus devem a mim a dar os sobreditos sexcentos maravedis cada anno por dia de S. Maria de Agosto, e se nom poderem aver conprenas em vynhas aiam terras, e se nom casas em guysa que metam tres mill e quinhentos maravedis em herdamento doito soldos o maravedi dos leoneses da guerra, e esta compra façamna per ante vos Juizes e per ante o Taballiom de ssa terra e seia feyta dos dinheiros que lhis am a dar per aqueles prazos que leva paay Fernandez meu escudeiro. E os que nom am prazos comprem dos seus dinheiros quanto lhis acaeçer se talha. E sse eles comprarem estes herdamentos ou derem fiadores a vos e a esse Paay Fernandez em tres

APÊNDICE

mil e quinhentos maravedis entrege lhis esse Paay Fernandez seus prazos. Item mando vos que esses Judeus aiam esses herdamentos e os pessoyam faenzdo a mim meu foro. E. nom seiam poderosos de os vender nem de os alhear. E sse outros Judeus hy veerem a essa terra morar page cada hum assy como acaeçer a cada hum em seu quinhom dos sobreditos seiscentos maravedis que mj am a dar os sobreditos nomeados Judeus. E mandovos que non sofrades que nenguum faça a esses judeus mal nem força nem torto ca se nom a vos me tornaria eu por ende. E esses judeus tenha ende esta minha carta em testemunho.

Dada em Marateca III dias de Abril. El Rey o mandou per Dom Nuno Martyn mayordomo seu. Aires martym a fez Eu Mu CCCu XXVIIu.

1) Jagos   = Jacob (Jaques)
2) Maroxal   = Mardochai
3) Abelano = de Avila (?)
4) Beeyto   = Bento = Benedicto
5) Ilafum   = Eliphas (?)

(*Livro I de Doações do Senhor D. Diniz*, f. 57, Col. I.) (Ribeiro, *Dissertações Chronol. e Crit. Sobre a Historia de Portugal*, T. III. P. II, 84; V, 353.)

III-b
Investigação sobre o Imposto da Marinha

Ao muy alto e muy nobre senhor Dom Denis pela graça de Deus, Rey de Portugal e do Algarve.

Stevez periz vosso almoxarife Fferan dias alcayde em Lisboa em logo de Lourenço scola alcayde vosso em Lixboa dom vivaldo vosso dezimeyro e os vossos scrivaes de Lixboa emviam beyiar omildosamente as vossas maos e a terra dant os vossos pees.

Senhor reçebemos vossa carta que tal e =

Dom Denis pela graça de Deus, Rey de Portugal e do Algarve, a vos Lourenço scola meu alcayde e a vos Stevez periz meu almoxarife de Lixboa e a vos dom vivaldo e aos meus scrivaes de Lixboa saude, sabede que mj diserom que quando el Rey dom Sancho meu tio fazia frota que os Judeos lhy davam de foro a cada huma Galee senhos boos calavres novos e ora mi disserom que este foro que mho teem elles ascondudo em guisa que nom ey ende eu nada. Unde vos mando que vos o mais em poridade que souberdes e poderdes sabhades bem e fielmente se esto se o soyam a dar a meu tio e aquelo que y achardes em verdade mandademho dizer unde al non façades. E fazede vos em guysa em esto que entenda en que auedes moor medo de mim ca doutrem qua sey al fezerdes pesarmya ende muito e farya eu hy al Dant em Sanctarem primo dia de Dezembro. El Rey o mandou, Ayraz Martyz a ffez.

E nos senhor por que Lourenço scola vosso alcayde de Lixboa e em Santarem vosco chamamos ffernam diaz que tem em logo de alcayde em Lixboa por que nos rememos de vos segundo o teor desta vossa carta e por que em ela e conteudo que nos fezessemos esto em gram poridave dovidamos que a poridave fosse descoberta per outra parte e por que os homees som velhos e omees que vivem per mar dovidamos que per alguma maneyra nom nos podessemos aver filhamos esta enquisiçom assy como nos mandastes o mais fielmente na mayor poridade que vos podessemos a qual enquisiçom al he.

Joam Zarco jurado e perguntado sobrelos sanctos avangelhos se quando El Rey dom Sancho fazia frota se lhy davam os Judeos de foro a cada huma Galee senhos boos calavres disse quando El Rey dom Sancho metya Navyos em mar novos que os Judeos davam de foro a cada hum Navyo huum boo calavre novo de Ruela e huma ancora.

(*Livro 1 do Senhor D. Diniz*, f. 141, Col. 2.) (Ribeiro, op. cit., III, 2, 87.)

APÊNDICE

IV
Desordens em Coimbra
(p. 59)

Sabham quantos este stromento virem, que na Era de mil e trezentos e noventa e cinque anos, onze dias d'Abril, na Cidade de Coimbra, na Judaria, em presença de mim Vaasseo Martins Tabelhom de nosso Senhor El Rey na dieta Cidade, pressentes as testemunhas que adeante ssom scriptas, Meestre Guilhelme Priol, e Joham d'Anoya, e Joham Martins, Raçoeyros da Igreja de Santiago da dicta Cidade, e outros Clerigos da dicta Igreja, andavam na dicta Judaria a pedir ovos, com cruz e com agua beeitta, e pediram aos Judeus, que lhis dessem ovos: e logo Salamam Catalam, Araby, e Isaque Passacom, que se dezya Procurador da Comuna dos Judeus da dicta Cidade, e outros muytos Judeus, que hi estavam, diseram que lhos non dariam, que eram Judeus, e nom eram da ssa Jurdisçom, nem seus ffreguesses; mays moravam em sa cerca apartada, e sso chave e guarda d'El Rey. E llogo o dicto Priol, e Raçoeyros, e Clerigos começaram de despregar ffechaduras, e arvas d'alguumas portas da dicta Judaria, e huma ffechadura que despregaram da porta da Casa de Jacob Alfayate levarona, dizendo que hussavam do sseu direito, e nom ffaziam fforça a nenhuum, como estevessem em posse de dous, e tres anos, por tal tempo como este averem de levar os ovos da dicta Judaria, e de penhorar por elles aaquelles, que lhos dar nem queriam, como a sseus ffreguesses, que dezyam que eram, e que moravam na ssa Freguesia: e os dictos Judeus disserom aos ssobredictos, e ffezeronlhis ffronta aos dictos Priol e Raçoeyros, que lhis non ffilhassem o sseu, nem lhis ffezessem fforça: e pediram a mim Tabellion huum strumento pera a merça d'El Rey, e os dictos Priol e Raçoeyros disserom, que nom ffaziam fforça, embusarem do sseu dereito, e pedyram outro stromento tal, como o dos Judeos.

(Do *Cart. da Colleg. de S. Thiago de Coimbra*, em Ribeiro, op. cit., 1, 305.)

v-a
Decreto de D. Leonor
(p. 64)

D. Leonor, pela graça de Deos, Rainha, Governador, e Regedor dos Regnos de Portugal, e do Algarve etc.

Sem nomear a filha como Rainha proprietaria, nem a el Rey de Castella com quem estava cazada, e porque a el Rey D. Fernando estranharáo muito os povos, que admittisse Judeos no serviço da caza Real, e que confiasse delles as rendas Reaes, sendo elle o primeiro Rey, que introduzio a novidade em Portugal, a Rainha agora dezejando muito fazer-se bem quista, e moderar a ma fama, e ma opiniaõ, que bem sabia tinhaõ della com o Conde de Ourem, tirou os officios de Almoxarife, e Thesoureiro de Almoxarife da Alfandega de Lisboa aos Judeos, a quem os dera El Rey D. Fernando, e assim mismo as rendas Reaes; e emendou outros defeitos, que lhe foraõ relados, chorando muito com quantos a visitavaõ, e lamentando a sua orfandade na falta do Rey difunto.

(*Monarchia Lusitana*, VII, 437.)

v-b
Petição da Cidade de Segóvia
(22 de junho de 1482)
(p. 102)

nisi fue mostrada e presentada otra carta de V. A., dada en la villa de Valladolid e veinte dias de junio deste ano, en que nos mandaba que por certas razones que ante V. Sa. eran allegadas por el aljama de los judios de la dicha cibdad, non fuesen apremiados a pagar ni contribuir la parte que les cabia á

APÊNDICE

pagar en el dicho servicio de la dicha harina e cebada e peones, que por nos otros les era declarado que pagasen segund nuestras antiguas costumbres de repartimientos de servicios e derramas, en que suelen pagar e contribuir iglesias e hidalgos e comunidad é aljamas... e vestra la dicha carta é mandado de V. A. que los dichos judios non pagasen nisi contribuysen á el requerimiento que por los dichos judios nos fue fecho con ella, parescionos ser grant inconveniente para Io que tocaba a vuestro seruicio e a complimiento de tan gran necesidad.

La cual dicha peticion Diego del Rio é Johann del Rio regidores de la dicha cibdad dejeron que en lo que tocaba contra la tierra que lo contradecian, la cual contradicion va largamente encorporada en el testimonio que cerca disto se dio á D. Juda Caragoçi é á D. Jaco Galhon é Jaco Batidor, judios en nombre de la dicha aljama.

> (Pidal y Salva, *Collecion de Documentos Ineditos para la Historia de España*, Madri, 1861, T. xxxix – compare com T. xiii, 103, do Archivo General de Simancas.)

VI-a
Lei para a Proteção dos Criptojudeus
(p. 180 e s.)

Dom manoell, per graça de Deos Rei de purtugall, e dos allgarves daquem, e dallem mar em africa, senhor de guine: a quamtos esta nossa carta virem fazemos assaber que semtimdo nos por serviço de deos, e nosso, e bem, e acresemtamento de nossa samta fee catollica, e asy por fazeremos mercé aos judeus que sam convertidos e se converterem, e tomarem a dita nossa ssamta fee catollica, e a todos seus filhos, e descemdemtes nos praz de lhe ortorgaremos estas coussas que he ao diamte seguinte: primeiramente nos praz que da feitura desta nossa carta a vinte annos primeiros seguintes senão tire emquisição contra elles pera llivremente, e sem Receo podorem viver porque em este tempo espedyraõ os abitos acustumados, e seram confirmados em a dita nossa samta fee; e asy nos praz que passado ho tempo dos ditos vinte annos em que não poderam sser acusados que se algum for acusado, e cair em algum erro, que sse proceda comtra os que crimemente ssão acusados; a saber em manifestação das testemunhas pera as verem jurar, e lhe poer contradytas; e asy mesmo nos praz que quallquer pessoa que quisser acusar algum dos ditos couvertidos por algum erro que faça, que o acusse demtro em espaço de vinte dias despois que fizer ho dito erro, e mais não; e asy nos praz que senão possa fazer ordenação nova ssobre elles como sobre gemte destimta, pois que ssaõ convertidos a nossa ssamta fee, as quaes claussollas todas lhe sserão gardadas pera sempre; e asy mesmo nos praz que hos fisyeos, e solorgiaẽs que ssam convertidos, e sse converterem, e senão ssouberem latim possam ter livros de artes em abraico; e ysto sse emtemdera nos que aguora ssaõ solorgiaẽs, e fysicos amtes de serem convertidos, e sse tornarem chrisptaõs, e outros nenhũs naõ; e asy mesmo nos praz de perdoraemos todollos erros e crimes que atequi tenhão feitos a todos aqueles que aguora sse converterem, e ficarem chrisptaõs; as quaes cousas acima contendas lhe damos e outorgamos, como dito he sem embarguo de quaesquer outras ordenaçoẽs em contrairo disto feitas, porque asy he nossa mercê: dada em a nossa cidade d'evora a treze dias do mes de maio anno do nacimento de n. s. de mill e quatrocentos e novemte e sete = e esta carta mandamos que seja aselada de nosso sello pemdemte, e fique Resystada de verbo a verbo em a nossa chancelaria pera se della dar o traslado a quaesquer pessoas que o quisserem pidyr = e estes capitollos sejem guardados asy como sse estivessem asemtados em nossas ordenaçoẽs, porque asy propiamente mandamos que sse gardem, e emterdersse-am os erros porque não ajam de perder os bens ssenão pera seus fylhos, e erdeiros os que toqarem a chrisptamdade.

"Este privilegio confirmou ell Rey n. s. no anno de mil quinhentos vinte e quatro."

> (Ribeiro, *Dissertações*, III, 2, 91 e s.) (Esta cópia, que se encontra no Arquivo Real – Corpo Chronol., p. 1, maço 2, doc. 118, n. sucç. 168 –, diverge do original encontrado por Herculano no Arquivo Nacional – C. 15, m. 5, n. 16 – em data e conteúdo.)

APÊNDICE

vi-b
Decreto após o Massacre de 1506
(p. 192 e s.)

Carta del Rey Dom Manuel ao Priol do Crato Dom Diogo dalmeida, e ao Regedor Ayres da Silva, e ao Governador Dom Alvaro de Castro, e ao Baraõ D. Diogo Lobo, que por seu mandado acodiraõ a Lisboa, quando foy a uniaõ dos christãos novos.

Priol, Regedor, Governador, Baraõ amigos nos El Rey vos enviamos muito saudor, a nos pareceo despois de agora derradeiramente vos termos escrito por Pedro Correa, que naõ aproveitando ao asento dessa uniaõ as cousas, que vos mandamos, que nisso fizesseis, alem de logo nos avizardes hum de vos outros, qualquer que mais despejado for, vaa a Setuval dar rezaõ de todo, o que he passado, e mais se faz ao Duque com esta nossa Carta, que lhe escrevemos, pola qual lhe encomendamos, que tanto que a elle chegar qualquer de vos outros, se for, se mude, e venho logo aribatejo naquelle modo, que lhe parecer para aproveitar no negocio asi per força, como per geito e alem disso mando tambem armar, e fazer prestes todos os navios da dita villa, e de Cezimbra, que a vos todos parecer que devem ir, de que levarà recado aquelle que for; porem volo notificamos asi, e vos encomendamos, que naõ se asentando o feito, como dito he, vaa hum de vos outros ao dito Duque meu Sobrinho a lhe dar de tudo rezaõ para a sua vinda como dizemos, e asi para o mais dos ditos navios, porque nos parece, que aproveitarà muito chegar-se elle para a cidade, em quanto nos provemos no mais que se ouver de fazer; e indo o Duque, avemos por bem, que a execuçaõ de todas as cousas, que se ouverem de fazer, fiquem a elle em solido, consultando se com vosco, todos quatro, e com vosso parecer e conselho, e as dará elle a execuçaõ, porem esta ida sua avemos por bem, que seia, parecendo vos á vos outros todos quatro, que he nosso serviço elle aver de ir, e quando a si volo parecer, entaõ ira hum de vos outros, como dito he, e parecendo vos, que sua vinda naõ he necessaria, e somente avera necessidade dos navios, escrever-lheis para enviar os que vos parecerem,

401

HISTÓRIA DOS JUDEUS EM PORTUGAL

que de la devem vir e mandarlheis nossa Carta para elle por vertude della o fazer, e asi lhe escrevereis a gente, que vos parecer, que nelles deve vir, para tudo logo se fazer prestes, isto se vos parecer, que os navios saõ necessarios para tolher a entrada, ou faezrem outra cousa, que nosso serviço for, o parecendo vos, que somente abastara virem de la navios, em taõ lhe escrevereis, e mandareis somente a Carta, em que vay em cima navios, e quando al vos parecer, em taõ ira hum de vos outros com a outra carta, que a tras fica dito, e se navios ouverem de vir de Setuval, manday estas duas nossas Cartas a Simaõ de Miranda, e a Nuno Fernandes pelas quaes lhe encomendamos, que armem cada hum seu navio, e se venhaõ ahi com elles para nos servirem naquellas couzas, que lhe por nosso serviço ordenardes, escrita em Evora, a vinte e quatro de Abril de 1506.

VI-C

Carta del Rey Dom Manuel para os mesmos Priol, Regedor, Governador, e Baraõ sobre o mesmo negocio.

Nos El Rey vos enviamos muito saudar. Vimos a Carta que vos Priol e Baraõ nos escrevestes do que tinheis feito no caso da uniaõ dessa cidade, e morte dos christaõs novos della, a que vos enviamos, e do asento, e asocego, em que o negocio estava, e o dalguma execuçaõ, que era feita da justiça e prizaõ doutros, que prendera João de Paiva Juiz com outros provimentos, que tinheis feitos em vossa Carta apontados, e com tudo ouvemos muito prazer, e volo agradecemos muito, e confiança temos de vos, que em tudo se fará o que for mais nosso serviço, e pois louvores a nosso Senhor, isto esta asi bem, e asocegedo, e se começa a fazer justiça sem mais mover outro alvoroço, nos avemos por bem que na justiça se meta mais as maõs, e que logo mandeis justiça apena de morte ate com pessoas dos que se puderem aver mais culpados no caso, e que sejaõ dinos de semelhante pena lhe ser dada antre os quaes folgaremos, e vos mandamos, que sejaõ vinte ou trinta molheres, porque da uniaõ destar somos enformados que se

APÊNDICE

seguio o mais desta mal que he feito; isto porem parecendo vos que segu-
ramente se pode fazer, e que se naõ seguiraõ disso inconvenientes para se
mover outro alvoroço, e uniaõ, porque isto deixamos a vossa desposiçaõ,
pero paracendo-vos que senaõ deve fazer ainda agora justiça, apontai-nos
por escrito as rezoens, porque volo parece, e se todos naõ fordes acorda-
dos en hũas rezoens o que tiver parecer contrario para se fazer, ou leixar
de fazer, aponte-o por si enviainos tudo para o vermos, e averdes nossa
determinaçaõ, porque aqui avemos desperar por vosso recado, e certo que
este caso he de qualidade, que nos parece, que se deve fazer nelle esta obra
logo agora, e o mais que merece, ficar para seu tempo, e para esta execuçaõ
melhor mandardes fazer, parecenos que deveis fallar com os Vereadores, e
com os Procuradores dos mesteras e vintaquatro dolles, e lhe apresentar-
des a obrigaçaõ que tem para muito deverem folgar deprocurar a justiça
deste caso nos culpados pois foraõ e saõ as pessoas que saõ, e que elles se
devem trabalhar por os aver a maõ, e os entregar, porque com isso satis-
façaõ a obrigaçaõ, que tem a nossa serviço, e a suas limpezas, com quaesquer outras mais rezoens, que vos bem parecerem; e se para esta obra de
justiça, convier entrardes na Cidade; encomendamos vos que naõ tenhais
para isso pejo pois tanto releva a nosso serviço, e a reputaçaõ de nosso
estado, como vedes, e podeis vos poer na casa da mina, ou em qualquer
outro o lugar, que vos bem parecer, e nós temos la mandado Gaspar Vas,
para recolher a gente da ordenança que tinha, podeis vos nisso aproveitar
delle em qualquer outra cousa, em que elle vos possa servir; e nos temos
tomado determinaçaõ, que feita esta execuçaõ, que nos avemos muito por
nosso serviço se fazer, estando nos ca, nos abaleremos logo para la e mais
junto, que pudermos, para privermos no mais que nos parecer nosso serviço, noteficamos volo asi, e vos encomendamos, que logo a todo o contendo
nesta carta nos respondais, e com esta vos enviamos huma carta para o
Arcebispo, porque lhe mandamos, que se venha logo ahi, enviai lha logo,
porque muito aproveitara sua vinda para o socego dos clerigos, e frades
polo que nos escrevestes.

Despois desta escrita nos pareceo, que era bem naõ fazerdes nisto da
justiça obra alguma, e somente avemos por bem, que logo apressa nos es-
crevais, e emvieis acerca disso vosso parecer asi se vos parece, que se deve

HISTÓRIA DOS JUDEUS EM PORTUGAL

de fazer, e se fara sem inconveniente algũ, e nos escrevemos a João de Paiva, que trabalha deprender algum golpe delles, folgaremos de lhe darder para isso toda a ajuda, e favor, que comprir, parecendo-vos, que se pode asi bem fazer, e sem inconveniente algum.

Os frades avemos por bem, e vos mandamos, que logo sejaõ prezos, e os mandeis poer em todo bom recado, ou no Castello, ou em outra parte qualquer, em que possaõ estar seguros, e como forem arrecadados no lo fareis saber, para vos mandarmos a maneira que com elles se ha de ter, e acerca dos Christaõs novos, nos vos tinhamos mandado, quando de ca partistes que os pusesseis em bom recado, e parecernos que naõ os deveis mandar sahir fora da cidade por vosso mandado, porque naõ seria nosso serviço fazer se asi, antes averiamos por inconveniente, e em sua guarda poede qualquer bom recado, que vos parecer, porem querendo se elles sair; sayaõ-se em boa ora, porem para aver de ser per mandado, parecia em alguã maneira fraqueza da justiça, e tambem saindo se juntos se poderia seguir algum alvoroço, e a reposta desta carta nos enviai a grande pressa, escrita em Evora a vinte sete de Abril de 1506.

(José Mascarenhas Pacheco Pereyra Coelho de Mello, *Sentença de Rebelliaõ na Cidade do Porto em 1757*, Porto, 1758, Append. p. 120 e s.)

vi-d

D. Manuel pela graça de Deos, Rei de Portugal etc.

Fazemos saber que olhando nos os muitos insultos, e damnos que na nossa cidade de Lisboa, e seus termos foraõ cometidos e feitos de muitas mortes de christaõs novos, e queimamento de suas pessoas, e asi outros muitos males, sem temor de nossas justiças, nem receyo das penas, em que cometendo os taes maleficios encorriaõ, naõ esguardando, quanto era contra o seruiço de Deos, e nosso, e contra o bem, e assocego da dita cidade, visto como a culpa de taõ enormes damnos, e maleficios, naõ taõ somente carregaua sobre aquelles que o fizeraõ, e cometeraõ, mas carrega isso mesmo

APÊNDICE

muita parte sobre os outros moradores, e pouo da dita cidade e termo della, em que os ditos maleficios foraõ feitos, porque os que na dita cidade, e lugares estauaõ, se naõ ajuntaraõ com muita diligencia, e cuidado com nossas justiças para resistirem aos ditos malfeitores, o mal, e damno que assim andauaõ fazendo, e os prenderem para auerem aquelles castigos, que por taõ grande desobediencia as nossas justiças mereçiaõ o que todos os moradores da dita cidade, e lugares do termo, em que foraõ feitos, deueraõ, e eraã obrigados fazer, e por assi naõ fazerem, e os ditos malfeitores naõ acharem, quem lho impedisse, cresceo mais a ousadia, e foi causa de muito mal se fazer, que ainda alguns deixavaõ andar seus criados, filhos e servos nos taes ajuntamentos, sem disso os tirarem, e castigarem, como theudos eraõ. E porque as taes cousas naõ devem passar sem grave puniçaõ, e casti-go, segundo a diferença, e calidade das culpas, que huns e outros nisso tem. Determinamos e mandamos sobre ello com o parecer de alguns do nosso conselho e desembargo, que todas e quaesquer pessoas, assi dos moradores da dita cidade como de fora della, que forem culpados em as ditas mortes, e roubos, assi os que por si mataraõ, e roubaraõ como os que para as di-tas mortes e roubos deraõ ajuda ou conselho, alem das penas corporaes, que por suas culpas merecem, perçaõ todos seus bens, e fazendas, assim moveis, como de raiz, e lhes sejaõ todos confiscados para a coroa dos nos-sos reynos, e todos os outros moradores, e pouos da dita cidade, e termos della, onde os taes maleficios foraõ commettidos, que na dita cidade, e nos taes lugares presentes eraõ, e em os ditos ajuntamentos naõ andaraõ, nem cometeraõ, nem ajudaraõ a cometer nenhum dos ditos maleficios, nem de-raõ a isso ajuda, nem fauor, e porem foraõ remissos, e negligentes em naõ resistirem aos ditos malfeitores, nem se ajuntaraõ com suas armas, e com nossas justiças, o porem suas forças para contrariarem os ditos males, e damnos, como se fazer deuera, perçaõ para nos a quinta parte de todos seus bens, e fazendas moveis, e de raiz posto que suas molheres em ellas partes tenhaõ a qual quinta parte sera tambem confiscada para a coroa dos nossos reynos. Outro si determinamos, e auemos por bem, (visto o que dito he) que da publicaçaõ desta em diante naõ aja mais na dita cidade elei-çaõ dos vinte e quatro mesteres, nem isso mesmo os quatro procuradores delles, que na camara da dita cidade sohiaõ destar, para entenderem no regimento e segurança della com os vereadores da dita cidade, e os naõ aja mais, nem estem na dita camara, sem embargo de quaesquer privilégios, ou sentenças, que tenhaõ para o poderem fazer, e bem assi pelas cousas sobreditas deuassamos em quanto nossa merce for o pouo da dita cidade; para apousentarem com elles, como se faz geralmente em todos os lugares de nossos reynos, ficando porem a renda da imposiçaõ para se arrecadar, como ategora se faz por officiaes, que nos para isso ordenamos, para fazermos della o que houvermos por bem, e nosso serviço. Porem mandamos ao nosso corregedor da dita cidade, e a todos os outros corregedores, juizes, e justiças, a quem pertence e aos vereadores da dita cidade, e ao nosso aposentador mor que asi o cumpraõ, e guardem em todo sem duvida, nem embargo, que a isso ponhaõ, porque assi he nossa merce.

Dada em Setuval a. xxii. dias de Maio de mil quinhentos e seis annos.

(Monteiro, op. cit., ii, 441; Damião de Goes, cap. ciii, p. 144 e s.)

VII
Decreto de D. Pedro ii (5 de agosto de 1683)
(p. 366)

Dom Pedro por graça de Deos Principe de Portugal, e dos Algarves etc. Como Regente, e Governador dos ditos Reynos e Senhorios, faço saber aos que esta minha Ley virem, que considerando, que a piedade que os Reys meus antepassados usarão com a gente da Nação Hebrea admitindo a muitos nestes Reynos, e procurando sempre, que perseverassem na verdadeira Fé de Jesu Christo, que todos os primeiros voluntariamente abraçarão, e prometerão seguir, e posto que em muitos desta Nação se vio o dezejado effecto da conversão, vivendo, e continuando, e seus descendentes, como verdadeiros catholicos. Com tudo sempre ouve alguns, que renovarão os erros, que seus antepassados abjurarão, e tambem os Reys com todo o cuidado, e zelo da Fé, e de suas almas, lhe buscarão sempre o remedio, assim pelo rigor, como pela clemencia, pedindo ao

APÊNDICE

Summo Pontifice, o Tribunal da Inquisição para vigiar sobre este danno, e extirpar seus erros, como com tão notorio zelo sempre fez, e ainda despois de alguns años alcancandolhe o perdão geral, e fazendolhe outros muitos favores para seu bem espiritual, e temporal, não foi, porem com tudo bastante, para que alguns não continuassem e se experimentasse nelles crescer a contumacia e perfidia com grande detrimento dos bons da mesma Nação, e ainda do mesmo Reino, ao qual por semelhante gente se prejudica na opinião com as Naçõens Estrangeiros. E considerando Eu e mandando confiderar, e ponderar esta materia por Ministros dos Tribunaes, e do Santo Officio, e outras pessoas de authoridade, letras e experiencia e ultimamente no meu Concelho de Estado, parecendome, que se devia applicar novo remedio a este danno, pois os applicados não forão de todo efficazes, fuy servido resolver. E hey por bem, e me praz, que todas as pessoas daqui por diante convictas, e em suas sentenças declaradas por incursas no crime do Judaismo sejão exterminadas, e sayão destes meus Reynos e suas Conquistas, dentro de dous mezes, que se comessarão, a contar despois de fin de o tempo, que o S. Offizio lhes signalar, para a sua instruccão, e não tornarão, mais a elles, em tempo algũ, cõ comminação, que os que não sahirem dentro no dito tempo, ou despois de sahidos tornarem a estes Reynos ou Conquistas delles incorrão em pena de morte natural, e os que os occultarem, e não denunciarem, sabendos, em pena de confiscação de seus bens, dos quaes sera a metade para os denunciantes, na qual pena de confiscação serão também comprehendidos, os mesmos Christianos Novos, que tornarem, pellos bens que truxerem, ou de novo se lhe acharem, dos quaes sera a metade para os que delatarem, e na mesma forma serão exterminados, os Clérigos Seculares incursos nos sobreditos crimes; e quando deixem de hir, ou tornem ao Reyno, serão mandados para huma das Conquistas, com ordem que de la os fação passar para as terras vezinhas, que não sejão do Dominio desta Corroa. E quanto as mulheres, e maridos que não forem culpados, ou sejão Christianos Novos, ou Christianos Velhos, senão quizerem hir, com os exterminados, senão poderão obrigar ou impedir, ficandolhes este ponto na sua escolha. Com declaraçam, que he não deixarão levar os filhos menores de sete anos, salvo se os pays os pedirem, despois de

HISTÓRIA DOS JUDEUS EM PORTUGAL

constar, que estam em parte, aonde vivem como Catholicos, e aos filhos mayores de se anos lhe sera livre o hirem, ou ficarem.

> (Sobre este Decreto – que se encontra no livreto raríssimo de De Barrios, *Realse de la Prophezia y Caida del Atheismo*, 98 e s., e que só chegou às nossas mãos quando a impressão deste livro estava quase terminada – baseou-se o novo meio utilizado por D. Pedro II para acabar com o judaísmo; os adeptos deste deviam deixar Portugal e as possessões portuguesas no prazo de dois meses sob pena de morte e confisco das suas fortunas, e, além disso, as crianças de sete anos seriam-lhes tiradas para serem educadas no catolicismo.)

Índice Geográfico

Abissínia 124

Abrantes 185, 191n

Açores 182, 227, 230

Aden 201

África 78n, 113, 132, 146, 151, 171-173, 174n, 176, 181, 182, 194, 195, 241, 277, 302, 303n, 316, 349n, 388, 399

Agrigento 106, 107

Alcaçar 84

Alcácer 106

Alcácer do Sal 36n

Alcalá 351

Alcalá de Henares95n

Alcântara 149n

Alcoutim41

Aldeia Galega 268

Alemanha 51, 165, 228, 316, 324

Alenquer 65, 84

Alentejo 48, 220, 269, 373n

Alepo 125

Alexandria216

Algarve 40, 41, 45, 48, 58, 122, 182, 224, 269, 306, 319, 394, 395, 396, 398

Algoso 280, 281

Aljezur 41

Algarves 406

Almeirim (Almerim) 185, 216

Alpes 228, 310

Alter do Chão 92n

Alvito 84

Alvor 41

América 14, 124, 195, 367n

Amsterdão 112n, 140n, 141n, 174n, 305, 310n, 316n, 320, 321, 324, 329-336, 341, 342, 345-349, 351, 352, 355, 356, 358n, 359, 365, 367, 368n, 369n, 373, 377-379, 390

Ancona 226, 297, 306, 311-313

Andiediva 200

Antuérpia 254n, 309, 312, 321, 325, 343n, 349, 374n

Arábia 217

Aragão (Aragom) 20, 40, 72, 73n, 78n, 94n, 125n, 127, 137n

Arronches 149

Arzila (Arzilla) 113, 167, 197

Ásia 171, 219, 313, 316

Aveiro 124n, 282, 285

Avinhão [Avignon] 72n

Avis 191

Azamor 197-199

Babilônia 45n

Badajoz 149, 214, 218, 269n

Badalhouce 214n

Bahia 320n, 335n, 338n, 343, 357n

Baía de Todos os Santos 356

Barcelos (Barcellos) 86, 92, 280

Beira 282, 348, 386

Beira Alta 48

Beira Baixa 48, 380

Beja 37, 41, 55, 70, 75, 84, 90, 159, 202, 216, 367, 392

Belém 179

Benevento 148

HISTÓRIA DOS JUDEUS EM PORTUGAL

Berlim 98n, 215n
Boa Esperança 322
Boêmia 165
Bolonha 235, 239, 270, 297, 307
Borba 213, 214n
Bordeaux 378
Braga 283
Bragança 44n, 53, 54, 84, 92, 113, 115, 124n, 148, 149, 153, 339n, 350, 354n, 355n, 372, 373, 379, 380, 394
Brantes 185n
Brasil 7, 14, 20, 26, 119n, 152n, 254n, 275n, 301, 321n, 324n, 329, 335n, 340, 341n, 342, 343n, 353, 355n, 356, 357n, 374n, 379, 380
Bruxelas 367

Cabo Verde 201n
Caçarolos 149n
Cacilhas 41, 86
Cairo 124, 201, 216
Calcutá 124, 195, 199, 200n, 202
Campo Maior 212, 218
Canárias, Ilhas 213
Castela (Castella, Castilla, Castelha) 19, 20, 40, 43, 44, 51-53, 54n, 59-61, 63, 64, 66-70, 72, 74, 77n, 79n, 89, 90, 94, 95n, 102n, 115, 116, 120, 127, 139, 142, 145, 146n, 148-150n, 153, 154, 158, 163, 164n, 171n, 172, 183, 213, 214n, 215, 243, 292, 293, 342n, 354n, 358n
Castelo Branco 312, 313n
Castelo Real 196
Castelo Rodrigo 149
Castro Daire 341
Catalayud 62
Catalunha 20, 72, 349n
Celorico 348, 349
Ceuta (Cepta, Septa) 77, 78
Cezimbra 401
Chaves 84, 92
Cipango 124
Ciudad Rodrigo 149
Cochim 200, 202, 204
Coimbra 36, 37, 51n, 53, 54n, 55n, 59, 67, 72, 84, 94, 95, 102, 160n, 271, 276, 279, 281-283, 290, 322, 337, 339n, 345, 360, 361, 371, 373, 374, 379, 397

Constantina 305
Constantinopla 98n, 109, 140n, 305
Córdova 129, 131
Corfu 139, 140, 155, 316, 317, 321n
Couto 70
Covilhã 48, 84, 125, 261, 283, 380, 381
Cracóvia98n, 174n
Cranganor 195, 202-204
Cranganor Calecute 203n

Damasco 344
Douro 48, 280
Ducala 195

Egeu 317
Egito 116
Elba 325
Elvas 59, 64, 70, 84, 93n, 124n
Escandinávia 164
Escócia 164
Espanha 19, 20, 25, 26, 35, 51n, 56, 71-74, 89, 103, 104, 106n, 117n, 120, 121, 124, 126, 127, 129, 131, 133, 134, 135n, 137n, 139, 143n, 145, 147, 148, 150n, 157, 158, 163, 164, 167, 180n, 183, 200, 211, 212, 215n, 216, 218, 219, 236, 241, 250, 342n, 349, 350, 353, 354, 367
Estella 108
Estremadura 48, 386
Estremos (Estremoz, Estramoz) 84, 168
Etiópia 124
Europa 14, 19, 44, 87, 131, 200, 219, 254n, 278, 305, 313, 321n, 355n, 365n
Europa Ocidental 17, 95n
Europa Oriental 17
Évora 48, 57, 84, 88, 89, 93, 100, 102n, 110, 121, 133, 134, 158n, 159,n 168, 179, 184, 191, 213, 214n, 215n, 216, 252, 255, 268, 269, 279, 283, 284, 290, 300, 332, 337, 343, 362, 371, 402, 404

Faro 41, 48, 58, 84
Ferrara 110n, 266, 277, 297, 305, 307, 309-313, 346
Fez 80, 172n, 173, 261, 289, 302, 303, 331
Flandres 181, 215n, 228, 252, 254n, 267, 270, 273, 277, 292, 310, 317

410

ÍNDICE GEOGRÁFICO

Florença 114, 154, 348

França 38, 127, 163, 164, 228, 277, 292, 305, 317-319, 344n, 349n, 379, 381

Funchal 224

Fundão 380

Galícia (Galiza) 64n, 292

Gasconha356

Gênova 142, 316

Gibraltar 388

Gluckstadt 346, 347

Goa (Goah)124, 201, 322

Gouve(i)a209, 219, 220, 230

Granada 135, 200, 137n, 146n

Gravão 41, 84

Grécia 223

Guarda 41, 84, 283, 380

Guimarães84, 92, 331

Guiné 301

Haia 343n

Hamburgo 305, 324-326, 345-347, 373

Hebron 216

Holanda 26, 132, 316, 323-325, 343, 348, 349n, 358n, 368, 374n

Hungria 165, 379

Ilhas 301

Ilhas Baleares 72

Índia 124, 125, 159, 201, 202, 269, 292, 344, 361

Índias 159, 199, 200n, 201, 301, 353

Índias Orientais 349

Índias Portuguesas 322

Inglaterra 26, 119n, 132, 164, 228, 273n, 277, 316, 323, 336n, 354, 373-375, 376n

Itália 132, 143n, 165, 174n, 181, 199n, 226, 228, 235, 270, 277n, 292, 297, 298, 305-307, 312, 314, 316, 317, 346, 349, 375, 376

Jamaica 375

Jerusalém 77, 110n, 124, 216, 222, 320, 344

Lamego 37n, 70, 84, 150n, 230, 276, 279, 283, 300, 380

Larache (Larasch) 182n, 259

Larta 155

Leão 40

Leiden 345

Leiria 62, 84, 121, 126, 160n

Lharena (Llerena) 212, 236, 269, 284

Lisboa (Lisbona, Lixboa) 32, 38, 44, 51n, 53, 55, 56, 60, 61, 63-65, 70, 73, 76, 79n, 80, 81, 84, 89, 92, 100, 101, 103, 104, 109, 110, 111n, 113, 114, 121, 124-126, 133, 141, 154, 170, 172n, 173-175, 179, 181, 184, 185, 191-194, 213, 215, 217, 224, 225, 233, 238, 240-245, 248, 256-260, 263, 267, 268, 271-274, 279, 280, 284-286, 289-291, 298, 299, 309, 311, 312, 319n, 323n, 325, 328-330, 335-339, 341n, 343-346, 350, 355-358, 360, 361, 365, 366, 371, 372n, 377, 379, 381, 383, 384, 385n, 386, 388, 390, 395, 398, 401, 404

Livorno 306, 320, 329, 367, 376

Londres 26, 323, 360, 371, 375, 376n, 377n, 378, 390

Loulé 41, 224

Madeira (Ilha da) 230, 324, 358

Madri 348, 349

Maiorca 349n

Malabar199, 202, 204, 361

Málaga 138, 193, 199n

Malta 313

Mântua (Mantova) 151n, 235, 236

Marrocos 302, 324

Marselha238, 358n

Maurícia 341n

Meca 200

Mejamfrio 86, 92

Melgaço 149

México 377

Milão 228, 229n

Minho 48

Miranda (Miranda do Douro) 86, 148, 280

Monopoli 140

Montemor 213

Montemor-o-Novo 70

Montpellier 346, 374

Mourão 55

Muja 166

Nápoles 139, 140, 142, 154, 155, 250, 251n, 307, 308, 348

411

HISTÓRIA DOS JUDEUS EM PORTUGAL

Navarra 40, 51
Negroponte 109
Newe Schalom 331
Norfolk 301
Nova York 202

Odivelas 94n, 372
Olivença (Olivemsa, Alivemsa) 149, 209, 214, 220
Orã 199n
Oriente 181, 201n, 226, 314n
Ormuz (Ormus) 125, 344n

Pádua 141
Países Baixos 318n, 320-321, 375
Palestina 45n, 218, 317, 344
Palmella 224n
Paraíba 356
Paris 38n, 104n, 299, 320, 357-359
Penamaçor 70, 86
Península Apenina 307
Península Ibérica 17, 21, 22, 26, 29, 35n, 38, 274n
Península Pirenaica 35, 40, 70, 83, 108, 163
Perdidas (Ilhas) 152
Pernambuco 119n, 343, 374n
Pesaro 306, 313
Pireneus 317
Pisa 154, 316
Plasença (Plasencia) 148
Polônia 165, 200n, 312n
Porche (Porches) 41, 86
Portel 92n
Porto 48, 51n, 65n, 67, 84, 89, 92n, 133, 145, 146, 158, 276, 280, 281, 283, 284, 289, 296, 300, 307, 316, 317, 324, 332, 332, 342n, 345n, 360, 388, 390, 404
Portugal (Portucal, Portucali, Luzitânia)
Presmona 166
Provença 132

Ragusa 277, 306
Ravenna 229
Recife 342n, 343
Regensburg 235, 269
Reggio 316
Rio de Janeiro 311n, 356, 372n, 380

Roma21, 56, 93, 114, 128-130, 216, 222, 226, 227, 230, 233, 234, 235, 238, 240, 241, 244-263, 265, 267, 270-276, 278, 281, 284, 289-291, 294, 296, 297, 299, 306, 312, 319, 329, 347, 361-364
Rostock 107n
Roterdã 321
Rouen 318n, 319n

Safed, Safi (Çafim) 195-198
Salamanca 158, 160, 312, 325, 345, 349
Salé 259
Salônica 125, 218, 305, 313
Santarém 36, 37, 39n, 40, 48, 60, 64, 66, 79, 84, 99, 89, 101, 134, 166, 185, 209, 213, 216, 221, 224, 312, 391, 396
São Tomé (Ilha de) 152, 153n, 184
Saragoça 158
Segóvia 102n, 119, 120, 398
Síria 277, 305
Serpa 70
Setúbal (Setuval) 124n, 191, 227, 269, 271
Sevilha 71, 72, 108, 128, 131, 133, 156, 351, 359, 378
Santa Fée130
Sicília (Cecilia) 137n, 139
Sintra 101, 146
Sodoma 222
Sofala 124
Spoleto 316
Suíça 28,86

Tânger 109
Tavira 41, 216, 318, 319
Tejo (rio) 18,8, 268
Tentugal 75
Terbangur (Terbengur) 203n
Terra Santa 109, 217
Tlemcan 199n
Toledo 27, 60n, 61n, 68, 105, 158n, 174
Tomar (Thomar) 85, 150n, 192, 221, 300, 386
Torre do Moncorvo 48
Torres Novas 211
Toulouse 351
Tours 320
Trancoso 84, 276, 282, 283, 348, 349n, 386

412

ÍNDICE GEOGRÁFICO

Trás-os-Montes 48, 279, 380
Travankore 203
Trípoli 350
Tunis 174
Turquia 151, 1555, 175, 193, 200, 218, 242, 259, 266, 277, 297, 305, 313, 344

València 72, 119
Valadolid (Valladolid) 138, 349, 398
Valverde 214
Vaticano 13, 238, 245n, 273n, 284, 297, 306
Veneza 140, 141, 216, 217n, 235, 266, 277, 297, 307, 309, 311, 312, 314, 316, 320, 344, 350, 376
Verona 350
Viena 379
Villa de Chaves 84n

Villa de Cintra 101n
Villa Nova 179n
Villar 149
Vila-Marin 86
Vila Viçosa 86, 92n
Vimioso 149
Viseu 48, 70, 84, 283

Xerez 131

Yelves 149n

Zamora 148
Zefat 344
Zion 110n
Zurique 32

Índice Onomástico

Abas, Isaac (de Hamburgo) 347
Abelano, Jucefe (de Ávila) 394, 395
Abendana, Davi 324
Abendana, Jacó 376
Aboab, Abraão316
Aboab, Isaac 27, 135, 145, 146, 148, 158, 316, 342, 351, 365
Aboab, Judite (Filha de Isaac Aboab) 342n
Aboab, Manuel (Emanuel, Imanuel) 119n, 135n, 141n, 148n, 149n, 152n, 155n, 241n, 248n, 250n, 270n, 300n, 303n, 305, 308, 316, 317
Aboab, Moisés Levy 388n
Abraam (de Bragança) 394
Abraão (Abraban), A. de Lerida 125n
Abraão ben Zamaira 138
Abraão (de Lamego)121
Abraão, Rabi 196
Abraão, Rabino (Médico em Bragança, Aveiro e Setúbal) 124n
Abraão, Rabino de Azamour 197
Abraão, Rabino de Beja 124
Abraão, Rabino de Elvas 124n
Abraão, Rabino de Lisboa 124n
Abravanel, Bienvenida (Benvenide) 305, 308
Abravanel, Isaac (Filho de José Abravanel, Neto de Isaac), 309n
Abravanel, Isaac 80, 97, 107-121, 136-139, 141-143, 145, 151n, 153, 175n, 331
Abravanel, Jonas (Filho de José Abravanel) 357, 358
Abravanel, José (Pai de Jonas) 357, 359n
Abravanel, Judá (Filho de Samuel) 80, 109, 110n, 309n

Abravanel, Judá Leão (Leão Hebreu ou Médico) 142
Abravanel, Leão (Mestre Leão) 121, 122
Abravanel, Samuel (Filho de Isaac Abravanel) 140, 142, 305, 307, 308
Abravanel, Samuel (João ou Juan de Sevilha) (Avô de Isaac) 108
Abravanel, Samuel 305, 307, 308
Abreu, Gonçalo Rodrigues de 68
Abudiente, Moisés Gideao 347
Abuer 118
Aburdarham, Davi (Rabino) 126
Acecry, Maroxal 394
Acenheiro 58n, 63n, 68n, 69n, 70n, 74n, 78n, 152n, 183n, 184n, 186n, 188n, 191n, 214n, 215n, 216n, 236n
Aderet (Addret) Salomão (Salomo) - (Salomão ibn Adreth) 61, 86
Adibe, Jacó 195, 198
Aescoly, Aaron Zeev 269n
Afonso (Irmão do Cardeal-infante) 269
Afonso de Castela 108
Afonso Henriques, de Portugal 35, 36, 40
Afonso I, de Portugal 36n, 50, 92n
Afonso II, de Nápoles 139
Afonso II, de Portugal 37, 53, 83
Afonso III, de Portugal 35, 39, 40, 44, 54
Afonso IV, de Portugal 53, 57, 87, 92
Afonso V, de Portugal 75n, 76, 81, 94, 97, 100, 102, 104, 105, 114, 115, 121, 150n
Afonso VI, de Portugal 361
Afonso, Filho de João II 134

HISTÓRIA DOS JUDEUS EM PORTUGAL

Afonso, Mestre 78n
Agostinho 117
Aguilar, Antonio de (Aarão Cohen Faya) 366
Aguilar, Moisés Rafael de 341
Aguillar, Marquês de 272
Alami, Salomão 73, 98
Albalac 118
Albo 140
Albuquerque, Afonso de 201
Alexandre VI, Papa 176
Alfaiate, Jacó (Alfayate Cob) 59, 397
Alfasi, Isaac 303n
Alguados (Algaduxe, Algados), Davi 67, 69
Alguados (Alguades) Meïr 67, 69n
Alleman Jurado 176n
Alma, Gil (Bispo de Lisboa) 76
Almanzi, José 107n
Almeida, Antonio Teles de 338n
Almeida, Diogo de (Prior de Crato) 191, 401
Almeida, Francisco de (Vice-rei da Índia) 201
Almeida, Francisco de Castro 373
Almeida, Gonçalo Homem de 338
Almeida, Lope de 114
Almeida, Manuela Nunes de 375
Alsatio 270n
Alsok, Salomão ben (Alsark, Alsarkostan) 105n
Altarás, Moisés 316
Altieri, Cardeal 363
Alting 117
Álvares, Manuel 345
Álvares, Simão 281, 282
Álvaro (Conde de Bragança) 154
Álvaro (Primo de D. Manuel de Portugal) 163
Alves, Francisco Manuel 54n, 388n
Aman 379n
Amatus, José 312n
Amsterdão, Rabino-mor de 377
Amzalak, Moses Bensabat 336n, 368n
Anchel, Robert 318n
Asensio, Eugênio 275
Annunciazam, Diogo da (Arcebispo de Cranganor) 377n
Anselmo, Antônio Joaquim 126n
Antônio, Diogo 265, 266, 269
Antonio, Heitor 265, 268, 270

Antônio, Mestre 122
Aragão, Fernão Ximenes de 339
Araújo, Abraão Gomes de, (Arauxo) 368
Armiñan, Luis de 136n
Arraiolos, Conde de 65
Arronches, Juiz de 273
Ashtor, Eliyah 36
Assunção, Diogo de (Diogo de la Assunción) 327, 328, 338
Ataíde, Nuno Fernando de 197
Athias, Isaac 316
Athias, Tom Tob Ben Levi (Jerônimo de Vargas) 311
Atouguia, Martin Afonso 78
Aubery 241n
Avalle-Arce, Juan Bautista 314n
Avelar, André de 339n
Ávila, Diogo Árias de 130
Ávila, João Árias de 130
Azambuja, Diogo de 195, 196
Azambuja, Jerônimo de (Frei de Oleastro) 300
Azevedo, Francisco de 362, 364
Azevedo, João Lúcio 30, 119n, 216n, 235n, 254n, 255n, 269n, 278n, 329n, 338n, 339n, 340n, 341n, 359n, 363n, 366n, 379n, 384n, 385n
Azevedo, Pedro de 69n, 373n
Azevedo, Torquato Peixoto de 84n
Azurara 71n

Baeça, Pedro 354
Baer, Ytzac 29, 36n, 72n, 74n, 95n, 132n, 133n, 135n, 137n, 138n
Baião, Antônio 30, 280n, 286n, 287n, 300n, 301n, 322n, 338n, 339n, 341n, 354n, 363n, 366n, 374n, 384n
Ballesteros, Manuel Gaibrois 136n
Bamberger, S. R. 26
Bandarra, Gonçalo Anes 268, 271
Barande, H. 318n
Barandu, Pedro Sainz de 120n, 137n
Barberino, Cardeal 363
Barbosa Machado 77, 83n, 122n, 158n, 307n, 310n, 314n, 316n, 317n, 318n, 331n, 338n, 346n, 357n, 360n, 367n, 376n
Barboza, Antonio do Carmo Velho de 37n
Barcelos, Conde de 65

416

ÍNDICE ONOMÁSTICO

Barnett, Lionel David 375

Baroja, Julio Caro 138n, 274n, 349n, 350n, 367n, 374n

Baron, Salo Wittmayer 43n, 123n

Barrios, Daniel Levi (Miguel) de 198n, 303n, 309n, 319, 324n, 326n, 328n, 329, 330n, 336n, 341n, 342n, 346n, 347n, 349, 350n, 351n, 355n, 358n, 359n, 361n, 366n, 367, 368, 369n, 408

Barrocas, Mardochai 328

Barrocas, Tamar 328

Barros 122n, 123n, 124n, 179n, 200n, 201n, 202n

Barros Basto, Artur Carlos de 36n, 280n, 390n

Barros, João de 301n, 336n

Barros, Soares de 385n

Bartolocci 77n

Bataillon, Marcel 251n, 275n, 299n

Batão (Judeu de Damasco) 94n

Batidor, Jacó 102, 399

Bayle 331n

Beatriz (Mãe de D. Manuel) 191n

Beatriz 64

Bedarida, G. 307n

Beeyto (Bento, Benedito) 394, 395

Behaim, Martim 123, 153n

Beil 388

Beinart, Haim 29, 30, 35n, 303n

Belém, Isaí de 108

Belila, Davi 204

Belmonte, Benvenida Cohen 375

Belmonte, Jacó Israel 324

Belmonte, Manuel de (Isaac Nunes) 349, 368

Bencemero (Ben Simra) Isaac 197, 199

Bencemero (Ben Simra), Abrão ben Zamaira 198

Benevento, Baruch de 308

Benjamin, J. J. 203n, 349n

Bensaúde, Joaquim 162n

Bento 394

Benveniste, Abrão 119n

Bergenroth 129n, 131n, 139n, 164n

Bernaldez 148n

Bernardo, de Aragão 188

Berrio, Diego 198

Bigago 118

Billa Davi ibn (Davi ben Jom-Tob ibn Billa – ou Bilja) 103, 104

Bloom, Herbert 340n

Blumenkranz, Bernhard 95n, 314n, 318n

Bocarro, Antonio 348n

Bocarro, Fernando 346

Boissi 107n

Bonifácio IX, Papa 72

Borges, Pedro 281

Borla, Cardeal 236, 237, 242

Botelho, Francisco 274

Boxer, Charles Ralph 340n, 343n, 348n, 363n, 374n

Braancamp, Freire Anselmo 115n

Braga, Arcebispo de 346, 353, 354

Bragança, Duque de 92n, 115, 346, 347

Bramin, Irwi 203

Branco, Camilo Castelo 366n, 384n

Brandão, Francisco 38n, 53n, 54n, 72n, 75n

Brandão, Math. Assunção 126n

Brandão, Vaz 337

Braudel Fernand 307n

Bravo, Pasqual 335n

Bravos, Dinis 335n

Bredenburg 352

Bremen, Arcebispo de 326

Brentano, Lujo 321n

Brites, D. 55, 67, 92n

Brito, Bernardo de 122n, 158n

Brito, Gabriel de Sousa 360n

Brito, Isaac de Sousa 360n

Brod, Max 269n

Brudo, Manuel 310

Brugmans, Hendrik 278n

Brunschwicg, Léon 318n

Buddeus 117

Burgos, Cardeal 274

Burgos, Paulo de (Salomão Halevi) 117

Burtorf 117

Cabeça, Abrão 199

Cabeça, Samuel 199

Cabrera, André de (de Valência) 119

Calcedônia, Arcebispo de 364

Camões 221

Campanton, Isaac 145

Campeggio, Cardeal 239

HISTÓRIA DOS JUDEUS EM PORTUGAL

Cantarini, Isaac Chaim 142n

Cantera y Burgos, Francisco 35n, 199n

Capaio, Afonso Lopes 221

Capodiferro (Hieronymo Ricenati), Núncio de Portugal 249, 258-260, 262, 267

Caraffa, Cardeal 274, 275

Çaragoçi, Judá 102n, 399

Çarça, Samuel 118

Cardona, Raimundo de 55

Cardoso Nunes 33

Cardoso, Abraão (Miguel) 350

Cardoso, Isaac (Fernando) 349, 350n

Cardoso, Isaac 327, 328n, 355n, 356n, 357n

Cardoso, Manuel 388n

Carlos II, da Inglaterra 374

Carlos V 227, 235, 236, 240, 241, 249, 250, 254, 300

Carlos VIII, da França 139, 154, 163

Carlos, (Infante) de Navarra 67

Carmoly 56n, 68n, 77n, 105n, 107n, 109n, 111n

Carneiro, Belchior (de Coimbra) 322

Carpi, Cardeal 265, 270

Carpzov 117

Carvalho, Antonio Coelho de 359n

Carvalho, Augusto da Silva 345n, 354n, 374n

Carvalho, Augusto da Silva 378n

Carvalho, Joaquim de 119n, 199n, 352n

Carvalho, Leonor de (de Covilhã) 381, 383

Carvalho, Manuel de (de Covilhã) 381n

Carvalho, Manuel Rodrigues de 373

Caspi, Ibn 118

Caspi, José 118n

Cassel, D. 62n, 125n,166n

Çassuto, Umberto 36n

Castelo Branco, João Rodrigues de 312

Castiel, Samuel 204

Castilho, Antônio (Jacó) de 36, 369n

Castro, Adolfo de 136n, 148n, 149n, 302n, 306n

Castro, Álvaro de 190, 401

Castro, Antonio Serrão de 366n

Castro, Bened. de 326n

Castro, Benedito de (Baruch Nehemias) 345

Castro, Daniel (Andreas) de 345

Castro, Francisco de (Inquisidor) 354

Castro, Inês de 64n

Castro, Isaac (ou Baltasar) Oróbio de 327, 349, 350, 351n, 352n

Castro, Isaac de 320n

Castro, José Oróbio de 368n

Castro, Rodrigo de 261, 305, 325, 326n, 345

Catalan, Gerson ben Salomão 59

Catalan, Salomão (Salamam) 59

Catarina (irmã de Carlos V) 211, 216

Catarina de Bragança 374

Cazan (Alcazan, Chasan) Abrãao 199

Cencini, Cencino 320

Cernico, Geronimo 234

Cesis, Cardeal de 239

Ceuta, Bispo de 124, 220

Chabib, Barsilai Maimum bar Chija 104

Chabib, Jacó ibn 174

Chabib, Moisés ibn 174

Chagis, Moisés 317n

Chajat, Judá ben Jacó 151n

Chajim, Jacó Zemach ben 327, 344

Chajim, Neemias 377

Chajun, Abrão ben Nissin 110

Chajun, Abrão ben Salomão 110n

Chajun, José (Rabino de Lisboa) 97, 110, 111n

Chajun, Moisés (Filho de José Chajun) 111n

Chalfon, José 125

Chananel, Isac 124-125n

Chasekito, O. 142n

Chaumeil, de Estella 195n

Chaves, Aaron de 367n

Cherubino Lagoa 280

Childer, Erskine 330n

Ciacconius 270, 278n

Cidade, Hernani 354n, 373n, 374n

Cifuentes, Conde de 241, 243, 250

Cirot, Georges 318n

Cisneros, Luis Ulloa 136n

Clemente IV, Papa 39

Clemente VI, Papa 72

Clemente VII, Papa 216, 225-227, 233, 234, 235n, 237, 240, 255n, 306

Clemente VIII, Papa 327, 330

Clemente X, Papa 363, 364

Coelho, Nicolau 201n

ÍNDICE ONOMÁSTICO

Cohen, Boaz 86n

Cohen, José 74n, 152n, 155n, 171n, 189n, 229n, 236n, 278n, 313n

Cohen, Judá 44, 74

Cohen, Martin A. 310n

Cohen, Saul 118n, 141

Coimbra, Bispo de 219

Colmenares 90n

Colodero, Samuel 126

Colombo, Cristóvão 27, 30, 123, 124, 199n

Constantin, L'Empereur 117

Córdova, Gonsalo de 142

Coronel, Ferrad Nuñez 138

Coronel, Francisco (Governador de Segóvia) 138n

Coronel, Francisco Nuñez 138

Coronel, João Perez 138

Coronel, Pero Nuñez 138

Corrêa, Isabela 349

Correa, Pedro 401

Corrrêa da Silva, Gabriele Borchardt 14, 27

Corte-Real, Vasqueanes 182

Cortesão, Jaime 200n, 201n

Costa, Abraão da 332

Costa, André Mendes da 374

Costa, Antônio ou Moisés da 374n

Costa, Aron da 332

Costa, Baltasar da 361

Costa, Duarte (Jacó) Nunes da 359

Costa, Emanuel (Manuel) Mendes da (Mendes d'Accosta) 374

Costa, Gabriel da 3, 32

Costa, Isaac da 192n, 311n, 323n, 331n, 350n, 359n, 362

Costa, Jacó Gomes da 345

Costa, Jerônimo Nunes da 367

Costa, João Cruz 27

Costa, José da 332

Costa, Manuel da 249, 260

Costa, Mardochai da 332

Costa, Moisés ou Jerônimo Nunes da 359

Costa, Quintella da 56n

Costa, Salomão Nunes da 359

Costa, Uriel da (Uriel Acosta) 327, 331-335, 345n

Coutinho, Fernando (Bispo de Silves) 167, 169, 221, 224, 225, 237, 243

Coutinho, Francisco de Souas 358n

Coutinho, Lourença 380

Crasques, Jechuda 78n

Crescas 140n

Cristiano IV, da Dinamarca 345n, 347

Cristina, Rainha da Suécia 345

Cromwell 119n, 373

Cunha 307

Cunha, Luís da 379

D. Manuel, (Rei) de Portugal (Conde de Beja) 75n, 123n, 146n, 150n, 156, 157, 159, 160-164, 166-176, 179, 180, 182-184, 186n, 191-199, 200n, 201n, 209n, 210, 211, 216, 227, 237, 243, 245, 353, 385, 404

D'Alpõe, José 100

D'Anoya, Joham 397

D'esaguy, Augusto Isaac 373n

D'Orta, Afonso 126n

D'Ortas (D'Orta), Samuel 126

Dante 221

Davi (Filho de Abraão Senior) 138

De Boissi 331n

De Crescentiis, Cardeal 298, 299

De Este, João Batista 337

De Mendonça 186n

De Rossi 126n, 310n, 377n

De Veer 71n, 77n

Delgado 305

Delgado, Figueira, João 322n

Delgado, Gonçalo 319n

Delgado, João (Moisés) Pinto 318, 319, 320n, 345, 357n

Delitzsch 143n

Della Rovere, Marcio (Marco) Tibério (Bispo de Sinigaglia) 233, 238, 246, 257, 258

Denucé, Jean 321

Deste II, Ercole, Duque 311

Dias, André (de Viana) 214

Dias, Fferan 395, 396

Dias, Francisco (de Bragança) 379

Dias, Luís (Sapateiro de Setúbal) 269

Diaz, Vaz 335n

Diego (de Xerez) 148

Diná (Esposa de José ibn Jachia) 154

HISTÓRIA DOS JUDEUS EM PORTUGAL

Dinamarca, Rei da 347

Dinis, de Portugal 14, 41, 53, 54, 55n, 56, 58, 87, 395, 396

Dinis, Francisco 339n

Diogo, José 317

Diosdado, Raimundo 126n

Domam 394

Domenico, Pedro (Pero) 271, 272

Domínguez Ortiz, Antonio 133n, 136n, 137n, 275n

Dormido, Davi Abravanel (Manuel Martins) 119n

Dozy, Reinhardt 36n

Duarte, de Portugal 53, 63, 74n, 79-81, 83, 89, 97, 106n, 107

Dukes 103n, 111n

Duliz 379

Duran, Profiat 118

Duran, Simão 98

Durazo, (Núncio) 363

Écija, Fernando Martínez de (Arquidiácono) 71

Edzardi (Pastor de Hamburgo) 345

Elías 105

Elisabeth (Rainha da Inglaterra) 323

Elisha 105

Elliot, John Huxtable 135n

Enriquez, Isabela 349

Ercole II, Duque 309

Ericeira, Conde de 343n

Ersch-Gruber 306n

Esra ben Salomão 111n

Esra, Ibn 119

Essecutor, Pedro 176n

Ester 378

Estrozi, Filipe 250

Fano, Menahem Asaria de 140n, 316

Faria, Baltasar de 275-277, 294-296, 307

Farisol 152n

Farnese, Alexandre (cf. Paulo III, Papa) 241

Farnese, Cardeal 265, 298, 299

Faro, Conde de 115

Fayon, David 303n

Felipe I 261

Felipe II, da Espanha 305, 323, 325, 327

Felipe III, de Espanha 327, 330, 340, 346, 357

Felipe IV, de Espanha 336

Felipe ou Filoteu 320

Ferdinando III 348

Fernandes, Isabel 281n

Fernandes, Manuel 362

Fernandes, Nuno 402

Fernandes, Paay 394, 395

Fernandez, Alonso 148n

Fernando (Cirurgião) 80n

Fernando IV, de Castela 90n

Fernando, (Rei) de Nápoles 139

Fernando, de Aragão 119, 127-130, 135, 137n, 139, 146n, 184

Fernando, de Castela 135n

Fernando, de Portugal 53, 60, 62, 63, 68, 92, 398

Fernando, Duque 92n

Fernando, o Católico 229n

Fernando, o Infante 80, 92, 109

Ferrão, Antônio 385n

Ferrar, Abraão 335

Ferrar, Davi 335-336

Ferrara, Conde de 154

Ferreira de Almeida 318n

Ferrer, Vicente 56, 74, 75, 130, 310n

Ferreras 125n

Figueiredo 182n

Figueiredo, Pedro Alvarez de 209n, 295n

Filipa (Rainha) 74, 94n

Filo, Isaac 95

Fischel, Walter Joseph 202n

Fishlock, A. D. H., 320n

Flórez 35n

Floriano, Francisco Hernández 148-149

Foix, Gastão de 229n

Foix, Germaine de 229n

Fonseca, Abraão da 347

Fonseca, Francisco da 158n

Fonseca, Isaac Ben Matatias Aboab da 341, 342n

Fonseca, Jácome da 265, 276

Fonseca, Miguel (Isaac) Henriques da 366

Fonseca, Vicente de 303

Foscari, Marco 235n

Foya, João de la 228, 229

Frances, Emanuel 346n

ÍNDICE ONOMÁSTICO

Frances, Jacó (da Itália) 327, 346n
Frances, José (de Hamburgo) 346
Frances, Manuel Bocarro 346
Frances, Samuel 140n
Franco 394
Franco, Isaac 78n
Franco-Mendes, Davi 324n
Franco-Mendes, Jacó 324n
Frank, A. 278n
Frankel 203n
Frèches, Claude Henri 384n
Freehof, Solomon Bennett 86n
Freimann, Aron 126n
Freire, José de Melo 38n
Freitas, Eugênio de Andréia da Cunha e 280n, 388n
Freitas, Jordão A. de 322n, 384n
Fulana, Nicolau de Oliver y (Daniel Judá) 349
Fürst 162n, 344n, 346n, 376n
Furtado, Tristão de Mendonça 354n
Fuster, Joan 75n

Gabai, Davi 69
Galante, Abraham 314n
Galhon (Galo) Jacó 102n, 399
Galilei, Galíleu 347
Galway, Lord 374N
Gama, Vasco da 159, 160, 199-201
García y Bellide, Antonio 35
Garibay 80n
Gasali, Al 111n
Gaspar, (Piloto Judeu) (Gaspar da Gama) 200, 201
Gebhart, Carl 143n, 335n
Geddes 366n
Geiger 118n, 119n, 142n, 230n
Gersônida 111
Ghinucci, Jeronimo (Cardeal) 242, 243n, 244, 255, 256, 258
Gil, Francisco 280
Giraldes, Afonso 88
Girard, Albert 318n
Goes, Damião de 146n, 148n, 149n, 150n, 151n, 152n, 157n, 165n, 166n, 168n, 170n, 171n, 181n, 183,n 186n, 189n, 190n, 191n, 196n, 197n, 198n, 199n, 202n, 406

Goldsmid, Ana Maria 351n
Goldsmid, Isaac Lion (Londres) 390
Goleimo, Samuel 78n
Gomez, António 339n
Gómez, Antonio Henrique 359
Gonçalo (Filho de Richelieu) 319
Gonsalvez, Pero 100
Gordo, Joaquim José Ferreira 44n, 50n, 72n, 88n, 228n, 301n, 323n, 327n, 332n, 385n, 388, 389n
Goris, Jan-Albert 254n, 321n
Gouvea, Francisco Vaz (Velasco) de 339n
Graciano, Lázaro 311
Graevius 348n
Grätz, Nic. Antonio 31, 44n, 68n, 72n, 74n, 102n, 107n, 114n, 142n, 148n, 151n, 155n, 160n, 166n, 175n, 176n, 179n, 200n, 215n, 216n, 218n, 227n, 260n, 299n, 309n, 310n, 311n, 327n, 368n
Gregório IX, Papa 38, 39
Gross Charles 27
Guedalha, Judá 125
Guedelha (Guedella) Samuel 68n
Guerra, Luís Bivar 280n
Guerreiro M. Viegas 282n, 386n
Gutzkow 331n

Hagen, D. 221n
Haia, Rabino de 365
Halevi, Judá 111
Halliday 380n
Haro, Davi de 345
Hartmann 107n
Hasan, Mulei Aben 128
Hebraeus, Jacó Rosales 346, 347
Heine 165n, 166n, 167n, 176n, 184n, 185n, 188n, 191n, 219n, 220n, 228n, 235n, 244n, 245n, 250n, 255n, 272n, 291n
Heinsius 348n
Henrique (Inquisidor) 263
Henrique I, de França 318
Henrique IV, de Castela 61, 120
Henrique VII, da Inglaterra 131n
Henrique, de Portugal 261
Henrique, o Navegador 77
Henriques, Abraão 368

HISTÓRIA DOS JUDEUS EM PORTUGAL

Henriques, Cardeal-infante de Portugal 260, 268, 271, 272, 284, 289-291, 301, 321, 322

Henriques, Nuno 256, 273

Henriquez 351n

Herculano, Alexandre13, 20, 21, 31, 32, 38n, 39n, 40n, 44n, 53n, 103n, 134n ,147n, 148n, 149n, 153n, 167n, 169n, 170n, 176n, 182n, 184n, 189n, 191n, 212n, 215n, 219n, 220n, 226n, 230n, 235n, 237n, 238n, 240n, 241n, 244n, 245n, 248n, 251n, 254n, 256n, 257n, 259n, 260n, 262n, 263n, 266n, 267n, 270n, 272n, 273n, 274n, 275n, 279n, 280n, 281n, 283n, 286n, 290n, 291n, 295n, 298n, 299n, 302n, 306n, 307n, 322n, 400

Herrera, Abraão Cohen de 342

Heschel 119n

Hessen. Conde de 326

Hirsch, S. R. 26

Holstein, Duque de 326

Homem, Antônio 337-339

Homem, Gaspar Lopes 323

Hulsius 117

Hyamson, Albert M. 330n, 336n, 373n, 374n, 375n, 376n, 378n, 379n, 390n

Ilafum (Eliphas) 394, 395

Inocêncio III, Papa 18, 87

Inocencio IV, Papa 72n

Inocencio VIII, Papa 183

Inocencio XI 364, 365

Isaac (Filho de Davi Neto) 378

Isabel, de Castela, ou a Católica 119, 120, 127-131, 134, 135, 136n, 137n, 139, 146n, 148n, 163, 210, 216

Isabel, de Espanha (Filha de Isabel de Castela) 163-166, 179

Isabela, Maria Sofia 367

Isidores, Epstein 86n

Ismael 197

Jaabez, José (Joseph) 75, 132

Jachia Davi ben Salomão ibn 56, 79n, 154

Jachia José ibn (Yosef ibn Jachia) 53, 57n, 61, 109n, 145, 153, 305

Jachia, Davi 95n

Jachia, Davi ben José ibn 308

Jachia, Davi ibn 36n, 77n, 153, 155n

Jachia, Guedalha ibn (Filho de Jacó ibn Jachia) 305

Jachia, Guedelha (Guedalha) (ben Moses) ibn 314

Jachia, Jacó-Tam ibn 109n

Jachia, José ibn (Filho de David ibn Jachia Negro) 97, 104, 106, 147, 153, 154

Jachia, Judá ibn (Filho de Davi) 77n

Jachia, Meir ibn (Filho de José ibn Jachia)153

Jachia, Salomão ibn (D. Shelomo ben D. Yosef ibn Yahia) 56, 57n, 61, 79n, 313

Jachia, Samuel ibn (de Lisboa) 336

Jacó 103

Jacó ben Chabib 125n

Jacó, Flávio (de Évora) 314

Jacob 394, 395

Jacobacio, Cardeal 258

Jacomo Mestre 78n

Jagos (Jaids, Jacques) 394, 395

Jaime, (Duque) de Bragança 198

Jaisch, Ibn 327

Jaisch, Jachia Ibn 36

Jechiel de Pisa 114

Jellinek Leipzig 98n conferir 118n, 172n

Jellinek, Hermann 331n

Jerônimo 117

Jesurun Paulo de Pina-Réeul (Rohel) 327, 329

Jesurun, Davi 327, 329

João I, (Mestre de Avis) de Portugal 44, 50, 63, 65n, 159n

João I, de Castela 64, 71, 92n, 93, 159n

João II, de Portugal 57, 115, 121-124, 144, 145, 155n, 157, 167, 199

João III, (Herdeiro de D. Manuel) de Portugal13, 186, 197, 208210, 215n, 224n, 227n, 233, 239, 247, 249, 261, 300, 301, 323

João IV, de Portugal 339n, 353n ,354, 358, 359, 361, 363, 385

João V, de Portugal 371, 383

Josaphat, Gerson 26

José (Joseph), Mestre 80, 124n

José 103

José ben Israel 330

José I, de Portugal 125, 380, 384, 385, 386n

José II 61

ÍNDICE ONOMÁSTICO

Jost 119n, 158n, 159n
Juçefe 394
Judá 53, 55, 61, 63-68
Juiz, João Paiva 402
Júlio III, Papa 312

Kamen, Henry 132n, 274n
Karo, Isaac ben José 174, 175n
Karo, Joseph ben Epfraim 174
Kaufman, davis 314n
Kayserling, Meyer 13, 14, 15, 20-32, 95n, 119n, 123n, 184n, 247n, 262n, 269n, 299n, 319n, 338n, 342n, 343n, 345n, 349n, 350n, 352n, 354n, 366n, 367n, 368n, 369n, 375n, 376n, 378n, 379n, 385n
Kellenbenz, Hermann 138n, 324n, 326n, 335n, 348n, 354n, 374n
Kilapis 204
Kimchi, Moisés 111, 126
Kirchheim, Rafael 111n
Klein 104n
Koenen 252n, 350n, 359n
Kunstmann 197n, 266n, 299n, 300n

Lafer, Celso 224n
Laguna, Daniel Israel Lopes 375
Lamego, Bispo de 255
Landsberger, Franz 367n
Landshuth 74n, 77n
Lask, Neville 375n
Lates, Isaac de 309n
Lea, H. Ch. 132n, 337n
Leão, Antônio de 122n, 158n
Leão, Gaspar de (Arcebispo) 322
Leão, Jorge 256, 273
Leão, Júda 113, 142
Lebeson Anita Libman 123n
Leite Filho, Solidonio 340n
Lemos, Luiz de 345
Lemos, Maximiliano de 312, 345
Lencastre, Afonso de (Príncipe) 312
Leo (Chasan) (de Nova York) 202
Leon (Leão, Lara), Manuel 367, 368n
León, Henry 318n
Leonor (Esposa de D. Fernando) 63, 64, 66, 67

Leonora (Grã-Duquesa de Toscana) (Filha de Samuel e Bienvenida Abravanel) 308
Lerma, Duque de 330
Levi ben Gerson 118, 120
Levi, José 204
Levi, Samuel 60
Lewin, Benjamin M. 86n
Lima Felner 124n, 159n, 174n, 199n, 200n, 201n
Limborch (Felipe de) 331n, 350n, 351
Limpo, Baltasar 297
Lindo 57n, 60n, 101n, 102n, 374n
Lins, Ivan 363n
Lipiner, Elias 27, 310n
Lipomano, Luís 272, 274, 287, 289, 290
Lira, Nicolau de 117
Lisboa, Arcebispo de 225
Llorente 131n
Lobato, Diogo Gomes (Abraão Cohen) 329
Lobo, Diogo, Barão de Alvito 191
Loebi 133n
Lopes, David 369n
Lopes, João Baptista da Silva 41n, 58n, 152n
Lopes, Miguel 323
Lopes, Fernão 58n, 59n, 60,n 63,n 65n, 86n
Lopez, Violante 68n
Lorenço, Fernau 131n
Loulé, Gonçalo de 182
Loureiro, Fernando de Goes 307
Lourenço, Tareja 64n
Loyola, Inácio de 274
Lucero (inquisidor espanhol) 213, 215
Ludovico, Pier (filho adotivo do Papa Paulo III) 250
Luís 322
Luís XIV, da França 351
Luis, Infante 256
Lusitanus, Amatus (João Rodrigues, Castelo Branco, Felipe ou Filoteu) (nome judeu: Elias Montalto) 142, 305, 309n, 311-314, 320
Luzzato, S. D. 106n, 107n, 110n, 346

Machado, Casimiro Henriques de Morais 388n
Machado, Francisco 299n
Machado, Lourival Gomes 7, 14, 27
Maeso, David Gonzalo 175n

HISTÓRIA DOS JUDEUS EM PORTUGAL

Maffei 123n

Maimônides 105, 333

Maimuni 111, 118, 119, 140n

Majora, (Donna) 313

Mansus, Cide 198

Mantino, Jacó 226, 227

Mantuanus, Azzarias (Assaria de Rossi) 312n

Manuel y Vasconcellos 135n, 147n, 152n

Margalho, Pedro 213

Maria de Medici 320

Maria, da Áustria 368

Mariam 394

Mariana 80n

Mariz 123n

Maroxal (Mardochai) 394, 395

Martínez, J. E. Fernando 71, 74n, 75

Martinho, D. (Arcebispo de Funchal) 237, 244

Martins, Diego 76

Martins, Joham 397

Martins, Vaaseo 397

Martym, Aires 395

Martyn, Nuno 395

Martyz, Ayraz 396

Mascarenhas (Mastarenhus), João Rodriguo 189, 190

Mascarenhas, Pedro 226, 267, 268

Mathorez, Jules 318n

Matos, Vicente da Costa 339

Matthaei 123n

Mauro, Fréderic 374

Maynard (Cônsul inglês) 360

Medeiros, (Francisco Isaac) Mendes 324

Medeiros, Luis Gomes de (de Guimarães) 358

Medici, Grão-duque Cosmo de 308

Mello Freire, P. J. 384

Mello, Francisco Freire de 389

Mello, José Antônio Gonsalves de 340n

Mello, José Mascarenhas Pacheco Pereyra Coelho de 404

Melo, Garcia de 196, 197

Melo, João de 260, 268, 285, 300

Menahem ben Aron ben Serach (de Estella) 69n, 108

Menachem, de Lonsano 132

Menassé (Menasse, Menasseh) ben Israel 26, 80n, 119n, 158, 159n, 241n, 248n, 250n, 251n, 255n, 270n, 300n, 306n, 308n, 317n, 327n, 328n, 330n, 331, 336, 342, 343n, 345n, 347, 356, 357n, 359n, 365, 373

Mendelssohn, Moisés 26, 31, 343n, 375n

Mendes (Nassi) Francisco 252, 254n, 309

Mendes, (Abraão) Cristóvão (Mardochai) Franco 324

Mendes, André 374

Mendes, Antonio Fernandes (Fernão) 374

Mendes, de Franco 341n

Mendes, Diogo 249, 252, 20, 23, 309

Mendes, F. de Sola 26

Mendes, Gracia (Gracia Mendesia, Mendes de Luna, Beatrice de Luna, Gracia Nassi) 252, 253, 254n, 273, 305, 309, 310n, 311, 315

Mendes, Heitor 309n

Mendes, Isaac 368, 369n

Mendes, Isabela 373

Mendes, Manuel 245, 247

Mendes, Melchior Franco, (do Porto) 324

Mendoça, Hieronymo de 197n, 303n

Mendonça, Tristão de 354n, 358n

Meneses, Duarte de 106

Meneses, Fernando de 68n

Meneses, Henrique de 238, 244, 24, 250

Meneses, Leonora (Irmã de D. Duarte) 107

Meneses, Pedro de (Conde de Vila Real) 106, 124

Mesquita, Francisco (de Bragança) 373

Mesquita, Violante de 373

Messeguer, Davi 274

Meyer 314n

Millás Vallicrosa, José Maria 35n

Mimi, Simão 175

Minutoli 386n, 388n

Minz, Judá 141, 142n

Miques, João 310

Miranda, Sá de 143n

Miranda, Simão de 402

Mirandola, Pico de 142n

Misrachi, Elía 172n

Mocho João (de Évora) 188

Módena, Leão da 311

Moisés ben Nachman 126

Moisés, Matemático Judeu 123

Molcho Pires (Del Mendigo) 226, 227, 233, 235, 236

Monsanto, Conde de 100

ÍNDICE ONOMÁSTICO

Montalto, Filipe 313n
Monte, Horácio del (Duque de Urbino) 313, 316
Monteiro 38n, 59n, 66n, 2n, 8n, 84n, 89n, 135n, 186n, 188n, 190n, 192n, 406
Montemor, Marquês de 115
Monteregio, Joannes de 223
Montesynho 394
Mordehay 39n
Moreira, Antônio Joaquim 285n
Morenu, A. R. Haham 379n
Morte-de-Judeu, Miguel 190n
Morteira, Saul Levi 320, 350n, 356
Mossel 394
Mussaphia, Benjamin (Dionísio) 345

Nahum (Nafum), Judá 68n
Nahum, Moisés (Nafum, Mousem) 68
Nakawa (Nakavana, Nakawna, Alanaqua Alanaqwa ou Anakawa), Israel 111n
Narboni 118
Nassi, José, Duque de Naxos 252, 313, 314
Navarro, Moisés 60, 63, 72, 74, 94
Neemias, Abraão 340
Negro, David (Ibn Jachia) (Davi ben Guedalha ibn Jachia) 63-68, 69n, 74, 103, 104
Negro, Guedelha ibn Jachia (Filho de David ibn Jachia Negro) 109
Negro, Guedelha ibn Jachia (Filho de Salomão ibn Jachia Negro) 78n, 79, 83
Negro, Judá ibn Jachia 63, 74, 76, 77, 78n
Negro, Salomão ibn Jachia 74, 79, 104n
Netanyahu, Benzion 30, 119n
Neto, Brás 225-227, 234, 237
Neto, Davi 371, 376, 378
Neto, Diogo Fernandes 265, 266, 270, 273, 275
Nisa, Marquês de 358n
Noronha, Constança de 92n
Novinski, Anita 30, 282n, 338n, 341n, 343n, 388n
Nunes, Francisco 345n
Nunes, Henrique (S) (Firme-Fé) (Amrique Nunes Firme-Fee) 209, 213-215

Olivares, (Conde-) Duque de 354
Oliveira Margarida de (Margaretha de Oliveyra) 277

Oliveira, Manuel Ramos de 388n
Oliveira, Salomão ben Davi Israel de 356
Oliveyra, Franco de 360n
Orange, Princesa de 324n
Ortiz, Diego (Bispo de Ceuta) 124n
Osório, Bispo 157
Osorius 149n, 151n, 152n, 157n, 165n, 166n, 168n, 171n, 179n, 186n, 196n, 197n, 202n
Ourém, Conde de 64, 398

Paiva, Afonso de 124
Paiva, João de 402, 404
Palache Samuel 324
Paramus 136n
Pardo, José 331
Paredes, Pedro Álvares de 284
Parísio, Cardeal 233, 239, 265, 270
Passacon, Isaac (Isaque) 59, 397
Passarelli 354n
Paulo III, Papa (Alexandre Farnese) 241, 244-247, 250, 254, 258, 263, 266, 268, 270, 271, 277, 297, 299n, 306
Paulo IV, Papa 275, 313, 322
Paulo, Amílcar 54n, 145n, 149n, 280n, 386n, 388n, 390n
Payba, Rachel de 330n
Paz, Duarte da 230, 233, 234, 237, 241-245, 247-251, 255, 265
Pecho, de Xerez 131
Pedro I, de Portugal 58, 60n, 64n
Pedro II, de Portugal 94n, 353, 360, 366, 367n, 406, 408
Pedro V, de Portugal 390
Pedro, Conde 67
Pedro, de Covilhã 123, 124
Pedro, de Portugal 83, 86
Pedro, Infante de Portugal 94n
Pedroso, Francisco (Inquisidor) 372
Pelayo, Marcelino Menéndez y 143n, 350n
Penrose, Boies 199n
Peralto, Gaspar, Ibañez de Segovia y (Marquês de Mondéjar) 248, 249
Pereira, Antônio Lopes 323
Pereira, Gaspar (Abraão) Lopes 366
Pereira, Justa (Abigail) 324
Pereira, Justa Lopes 323
Pereira, Manuel Lopes 323

HISTÓRIA DOS JUDEUS EM PORTUGAL

Pereira, Maria Nunes 323, 324
Pereira, Nuno Álvares 69
Pereira, Rui 68
Periz, Stevez 395, 396
Peschel 200n
Petuchowski, Jacob Josef 378n
Philip, Alfred 321n
Phillipson 107n
Pidal y Salva 399
Pimentel, Sara de Fonseca Pina 375
Pimentel, Sara Nunes 375n
Pina, Abigail de 367n
Pina, Manuel (Jacó) de 350
Pina, Paulo de 329, 330n
Pina, Rui de 80n, 83n, 101n, 106n, 133n, 134n, 147n, 149n, 150n, 151n, 152n, 155n, 186n
Pina, Sebastião Francisco de 361
Pinedo, Tomás (Isaac) de 327, 348, 349
Pinheiro, Diogo (de Funchal) 224
Pinheiro, Martim 201
Pinto, Diogo Rodrigues 242, 247
Pinto, Jacó de 350
Pio IV, Papa 305, 322
Pires Diogo (Salomão Molcho) 209, 216n, 217
Pisano, Mathaeus de 78n
Pissurlencar, Panduronga Sakharama Shenvi 202n
Pitarra, Francisco Xavier dos Serafins 386
Poliakov, Leon 133n, 136n, 171n, 172n, 247n
Policiano, Ricci de Monte 28, 289, 291
Polo, Marco 123, 124
Pombal, Marquês de 300n, 384, 386n
Porto, Bispo do 289, 296, 306n
Portugal, João de 340
Portugal, Vice-rei de 346
Possevinus 136n
Prado, Eduardo 341n
Prata, Francisco Fernandes 361
Prestage, Edgar 318n
Prestes, João 124, 200n, 201
Princesa Catarina, de Bragança 374
Priol, Mestre Guilherme 397
Prutz 224n
Pucci, Antonio (Cardeal Santiquatro) 227, 234, 237, 239, 241-243, 251, 268, 274, 294, 296, 299

Pucci, Lourenço (Cardeal) 209, 225
Pugnourostro, Conde de 130

Quirós, Felipe Torroba Bernaldo de 135n

Rabban, José 203, 204
Ramos Coelho, José 358n
Ramusio 21n
Rapaport, S. L. 26, 314n
Raschi 126
Rau, Virginia 254n, 354n
Raymond, Cantel 269n
Rego, Raul 385n
Reils 326n
Reinoso, Alonso Nuñes de 314n
Remédios, Joaquim Mendes dos 30, 35n, 123n, 164n, 199n, 300n, 310n, 333n, 337n, 338n, 342n, 350n, 352n, 359n, 365n, 366n, 367n, 369n, 378n, 39n, 384n
Renard, Raimond 369n
Resende, Garcia de 122n, 133n, 134n, 147n, 149n, 150n, 151n, 152n, 171n, 186n, 190n, 191n
Reubeni, Davi 209, 216, 217, 219, 226, 235, 236, 265, 269
Révah, Israel Salvator 126n, 254n, 269n, 25n, 278n, 301n, 318n, 319n, 320n, 335n, 336n, 337n, 342n, 345n, 348n, 352n, 358n, 359n, 363n
Reyna (Filha de Francisco e Grácia Mendes) 309
Reznik, Jacob 314n
Ribeiro 55n, 90n, 180n, 211n, 344n, 395-397, 400
Ribeiro, Bernardino 143n
Ribeiro, João Pedro 389n
Ribeiro, João Pinto 340
Ricardo Jorge 282, 312n, 313n, 386
Ricci, Agostinho 158
Richelieu (Cardeal) 319, 357
Rio, Condessa 372
Rio, Diego del 399
Rio, Johann del 399
Ríos, José Amador de los 29, 51n, 69n, 95n, 97n, 136n, 172n
Rocamora, (João) Vicente de 368
Rocamora, Isaac de 368
Rodrigo, Diogo 354
Rodrigo, Mestre 78n, 123n
Rodrigo, Mossel 394

426

ÍNDICE ONOMÁSTICO

Rodrigues, Catarina 325

Rodrigues, Gaspar 281

Rodriguez, Antonio Moniño 269n

Rodriguez, Henrico 325

Rodrigues, Mayor 323, 324

Roest 377n, 378n

Rojas, José de 378

Romano, Ruggiero 307n

Rosa, Duarte Lopes (Moisés) 367, 368

Rosa, Jaob S. da Silva 369n

Rosa, Rui Lopes (Ezequiel) 329

Rosales, Diogo 346n

Rosales, Josias (Jacó Rosales Haebraeus, Emanuel Frances Bocarro) 346, 347, 348

Roschd, Ibn 111

Ross 373n

Roth, Cecil 30, 119n, 123n, 126n, 138n, 175n, 236n, 254n, 269n, 277n, 303n, 307n, 310n, 311n, 313n, 314n, 318n, 320n, 329n, 330n, 335n, 336n, 338n, 339n, 345n, 349n, 350n, 357n, 358n, 367n, 368n, 374n, 375n, 376n, 379n, 385n

Rothschild, Barão Carlos de 390

Rubin, Salomão 331n

Rubio, Jerônimo 320n

Rusculla, Vegezzi 380n

S. Anastácio, Cardeal 176n

Saba, Abraão 98, 157, 172-175

Sabayo, Príncipe 200

Sabionetta 77n, 112n

Sachs, Senior 103n

Sadoleto, Cardeal 278

Salach, Efraim 204

Salomon, Gotthold 107n

Salomoncino 221

Salva, D. 60

Salva, Miguel 120n, 137n

Salvador, José Golçalves 340n

Samay, Santob (Santo) 94, 95

Sampaio, Vasco Pires de 68

Samuda, Isaac de Sequeira 378, 379n

Samuel 201

Samuel ben Jom-Tob 125n

Samuel de Medina 125n

Samuel, Leão Sinai ben 107

Sanches, Antônio Nunes Ribeiro 385n

Sánchez-Albornoz, Cláudio 36n

Sánchez-Arbornoz, Cláudio 36n

Sancho II, de Portugal 38, 39, 53n, 87n, 90n, 396

Sancho, de Portugal 396

Sancho, Hipólito 136n

Santa Cruz, Cardeal de 237

Santa Cruz, Prior de 164

Santa Fé, Jerônimo de 322

Santarém 59n, 79n, 88n, 93n, 101n, 102n, 122n, 134n, 181n, 301n, 355n, 372n

Santareno, Bernardo 384n

Santos, Antônio Ribeiro dos 158n, 196n, 388

São Tomé, Bispo de 281

Sapateiro, José (Lamego) 121, 124

Saraiva, Antônio José 65n, 287n, 358n, 360n, 363n, 374n

Sarmento, Jacó de Castro 371, 373, 378, 379

Sarsar, Abraão 125n

Sauteul, Auguste de 195n

Schäfer 40n, 44n, 50n, 2n, 80n, 147n, 160n, 176n, 186n, 211n, 244n, 343n, 354n, 363n, 365n, 372n, 380n, 385n

Schalom, ben Abraão 126

Scharsch 357n

Scheschet, Isaac ben 62n

Schindler 173n

Schwarz, Samuel 282n, 386n

Scola, Lourenço 395, 396

Sebastião, Rei de Portugal 261, 289, 300-302, 321

Selaya, Bispo 209, 218

Senior, Abraão (Coronel, Ferrad, Fernando) Perez 138

Senior, Abraão (de Segóvia) 119-121, 138n

Sequeira, Davi Machado de 378

Sérgio, Antônio 65n, 265n, 363n, 365n, 374n

Serra, Antônio José Simões 318n

Serrano Y Sanz, Manuel 349n

Serrão, Joaquim Veríssimo 323n

Serrão, Pedro 366

Serrão, Tomás 245, 247

Sezira, João 113, 114

Sicroff, Albert A. 274n

Sid, Isaac ibn 160

Sikkarron, Abne 69n

HISTÓRIA DOS JUDEUS EM PORTUGAL

Silva, Aires (Ayres) de (Regedor da Justiça) 190, 401

Silva, Antonio José da 371-384

Silva, Diogo da 227, 255, 260, 347, 374

Silva, Duarte da 354n, 374n

Silva, João Mendes da (Pai de Antônio M. da Silva) 380

Silva, Joaquim Noberto de Sousa 380n

Silva, Josué da (Yeosua da Sylva) 375, 376

Silva, Manuel Teles da 367

Silva, Miguel de (Bispo) 274, 275, 299

Silva, Samuel da 333

Silva, Samuel da, do Porto 345n

Silveira, Diogo (Abraão) Gomes de 368

Silveira, Miguel de 348, 349

Simonetta Jacobo 242-244, 255, 258

Sinai, Ibn 111

Sisebuto (Rei Visigodo) 238

Sixto IV, Papa 114, 128, 131

Slousch, Nahum 143n

Soares, João 260, 262

Soizar 379

Sokolov, Baruch 343n

Sol 95

Soldevila, Ferrán 136n

Solimão (Sultão) 217, 305, 310

Solis, Eleasar de 343n

Solis, Simão Pires 343n

Solsona Climent, Francisco 74n

Sombart, Werner 321n

Soria, Diego de 131n

Sousa de Macedo 354n

Sousa, Antonio Caetano de 198n

Sousa, Diego Dique de 372n

Sousa, Fernando Dique de 372n

Sousa, Isaac Gomes de 368

Sousa, João de 36n, 55n, 64n, 70n, 84n, 86n, 92n, 94n, 101n, 109n, 179n, 180n, 199n, 227n, 241n, 243n, 249n, 251n, 255n, 362n

Sousa, João Dique de 372

Sousa, José Carlos Pinto de 358n

Sousa, Luiz Dique de 372n

Sousa, Martim Afonso de 202

Sousa, Simão de 354

Sousa, Ventura Isabel Dique de 372n

Souto, Álvaro de Caminho (Mator de Faro) 152

Spinoza (Benedito de) 335, 351, 356

Steinschneider 59n, 68n, 103-104n ,107n, 111n ,118n, 125n, 160n, 174n, 311n, 344n

Stuttgart 200, 386n

Surenhus 117

Sylva, Joseph Soares da 92n

Sylvius, Telles 123n

Szajkowski (Zosa) 318n

Szechtman, J. 199n

Tartas, Isaac de Castro 353, 355-357

Teixeira Rego, José 143n

Teixeira, Antônio José 338n

Teixeira, Pedro 349

Temudo, Jorge 209, 213, 215

Tenenti, Alberto 314n

Thurloe (Birch) 360n

Tirado, Jacó 324

Toaff, Alfredo Sábato 306n, 320n

Toledano, Eleazar 125

Toledo, Gil de, Arcebispo 76n

Toledo, Pedro de (Vice-rei de Nápoles) 307

Tomás (Thomaz) Manuel 330n, 332n, 339n, 342n, 344n, 353, 358, 360, 366n, 385n

Tomás 108

Torquemada (Turrecremata) Tomás de 128, 136n

Torres, Diego de 199n

Trastamara, Henrique de 61

Tuberville, Arthur Stanley 132n

Tudela, Benjamin de 40n

Ugolino 289, 296, 298

Ullman, Salomon 254n, 318n, 321n

Ungar 376

Usiel, Isaac 331, 342

Usque, Abraão ben Salomão (Duarte Pinhel) 310n, 311

Usque, Samuel (Duarte Gomez) 13, 74n, 131, 135n, 148n, 153n, 166n, 170n, 171n, 175n, 183n, 186n, 189n, 190n, 191n, 210n, 229n, 230n, 305, 308, 310

Valério, Samuel 321n

Valle, Isabela de 366

Van Praag, J. A. 369

Varnhagen, Francisco Adolfo de 341n

428

ÍNDICE ONOMÁSTICO

Varo, Cardeal 233, 239

Vas, Gaspar 403

Vasconcellos, Alvaro Mendes de 251n, 254

Vasconcellos, Carolina Michaëlis de 123n, 335n

Vasconcelos, Jorge Aranha de 280

Vasconcelos, José Leite de 282n, 369n, 386n

Vásquez, António 65

Vaz, Aires (Rodrigo) 249, 260, 261

Vaz, Álvaro 339n

Vaz, Diogo (de Olivença) (Diogo Vas D'Alivemsa) 214

Vaz, Manuel 260

Vaz, Pedro 261

Vaz, Salvador 262

Vaz, Tomé 359n

Vecinho, Diego Mendes (José) 121-123, 160, 199n

Vega, José Penso de la 368

Veiga, José da (Iiosseph de La Vega) 368n

Veiga, Simão da 290

Vela 339n

Velosino, Jacó de Andrade 343

Vendrell, Francisca 74-75n

Vera, Don Lope de 357n

Verga, Salomão Ibn 192

Vero, Carlos 377n

Vespúcio, Américo 201n

Vicente 221n

Vicente, Gil 123n, 209, 221, 224

Vida, D. 394

Vidal 394

Viegas, Brás 299

Vieira, Antônio 241n, 353, 358n, 359n, 361, 362, 363n, 365, 366, 374n

Vila Real, Manuel Fernandes de 353, 357, 358

Vimioso, Conde de 303

Vital, Chajim 327n

Vital, Davi 174

Viterbo, Francisco Marques de Souza 100n, 126n, 201n

Viterbo, Joaquim de Santa Rosa de 41n

Vives, Jaime Vicens 135n, 136n

Voacos, Luiz Pires de 84n

Von Murr 153n

Von Ranke, Leopold 26, 29, 235n

Vorgas, Sebastião de 259n

Wagener 388n

Wagner, Max Leopold 369n

Widmannstadt 309

Wiener 126n, 192n, 193n

Willemse, David 385n

Wilson, E. M. 320n

Wiznitzer, Arnold 138n, 152n, 311n, 340n, 341n, 342n, 343n, 357n, 372n

Wolf 77n, 107n, 310n, 331n, 346n, 376n

Wolf, Ferdinand 224n, 380n

Wolf, T. G. 217n

Yaari, Abraão 172n

Yahia, Yahia bem 36n

Yehuda, Neum ben Yehia 77n

Yhuda 68n

Zachin, Abraão ibn 169

Zachin, Isaac ibn (Filho de Abraão ibn Zachin) 169

Zacuto (Çacuto, Zakuto, Zakhuto, Zakhut, Zachuto) Abraão, Diego (Diogo) Rodrigues, Abraão Estrólico, Zacuto Luzitano ou Lusitano, ou Luzitanus 77n, 122n, 123n, 126n, 148n, 149n, 150n, 157-162, 166n, 168n, 169n, 174, 199, 261, 326n, 327, 344, 345, 347, 348

Zarça, Samuel 104

Zarco, Joam 396

Zarco, José (Sarco, José Ibn, - Schraga, José, - Sarko, Judá - Sarko, José) 97, 106, 107

Zevi, Sabatai 377

Zevulo 394

Zeyan, Muley 197, 198

Zimmels, Hirsch Jacob 175n

Zunz 61n, 69n, 103n, 105n, 11n, 166n, 174n, 217n, 229n, 314n

Bibliografia da Tradução

AESCOLY, Aaron Zeev. *Sippûr David ha-Reuveni* (Relatos de Davi Reubeni). Jerusalem: Mosad Bialik, 1940.

ALBUQUERQUE, Afonso de. *Cartas de Afonso de Albuquerque*: seguidas de documentos que as elucidam. Direção de Raimundo Antônio de Bulhão Pato. Lisboa: Academia Real das Sciencias, 1884-1935. 7 v.

ALCALÁ, Ángel (ed.). *Judíos, Sefarditas, Conversos*: la expulsión de 1492 y sus consecuencias (Ponencias del Congreso Internacional celebrado en Nueva York en noviembre de 1992). Valladolid: Ámbito Ediciones, 1995.

ALVES, Francisco Manuel. *Os Judeus no Distrito de Bragança*. Bragança: Geraldo da Assunção, 1925. In: *Memórias Arqueológico-históricas do Distrito de Bragança*. [S. l: s. n., s. d.].

AMZALAK, Moses Bensabat. *Abraham Pharar*: judeu do desterro de Portugal. Lisboa: Gráfica do Museu Imperial, 1927.

_____. *As Operações de Bolsa segundo Iosseph de la Vega ou José da Veiga Economista Português do Século XVII*. Lisboa: Museu Comercial de Lisboa, 1926.

_____. Introdução. In: LÉON, M. de. *Discursos Morais*. Lisboa: [s. n.], 1925.

_____. José da Veiga et les opérations de bourse au XVIIe siècle. *Trois précurseurs portugais*: Santarém et les assurances, Freitas et la liberté des mers, Veiga et les opérations de bourse. Paris: Librarie du Recueil Sirey, [193-], p. 95-127.

_____. *Um Discurso de Menasseh ben Israel Recitado em Amsterdã em 1642*. Lisboa: Sociedade Nacional de Tipografia, 1933.

ANCHEL, Robert. *Les Juifs de France*. Paris: J. B. Janin, 1946.

ANSELMO, Antônio Joaquim. *Bibliografia das Obras Impressas em Portugal no Século XVI*. Lisboa: Oficinas Gráficas da Biblioteca Nacional, 1926.

ARCHIVO *Historico Portuguez*, Lisboa, v. v, p. 272-298, 1907.

_____, Lisboa: v. IV, 1906.

ARMIÑAN, Luis de. *Isabel la Reina Católica*. Madrid: Editora Nacional, 1951.

ASENSIO, Eugénio. El Erasmismo y las Corrientes Espirituales Afines. *Revista de Filología Española*, Madrid: Instituto de la Lengua Española/ Consejo Superior de Investigaciones Científicas (CSIC), v. XXXVI, n. 4, p. 31-99, 1952.

ASHTOR, Elias. *Korot ha-Iehudin, bi-sefarad ha-muslemet* (História dos Judeus na Espanha Islâmica). Jerusalém: Kiryat Sepher, 1960. Apud BAER, Ytzhac. A *History of the Jews in Christian Spain*. Philadelphia: The Jewish Publication Society, 1966.

_____. *The Jews of Moslem Spain* (Os Judeus da Espanha Muçulmana). 2. ed. Philadelphia: The Jewish Publication Society, 1992. 2 v.

HISTÓRIA DOS JUDEUS EM PORTUGAL

AVALLE-ARCE, Juan Bautista. Espionage y Última Aventura de José Nassi (1569-1574). *Sefarad*, Madrid: Instituto de Filologia do CSIC/Instituto Arias Montano de Estudios Hebraicos y de Oriente Próximo, t. XIII, p. 157-286, 1953.

AZEVEDO, João Lúcio de. *A Evolução do Sebastianismo*. 2. ed., Lisboa: Livraria Clássica Editora, 1947.

_____. *Épocas de Portugal Econômico*. 2. ed. Lisboa: Livraria Clássica Editora, 1947.

_____. *História de Antônio Vieira*. Lisboa: Clássica, 1931.

_____. *História dos Cristãos-novos Portugueses*. Lisboa: Livraria Clássica Editora, 1921.

_____. Notas Sobre o Judaísmo e a Inquisição no Brasil. *Revista do Instituto Histórico e Geográfico Brasileiro*, Rio de Janeiro: IHGB, t. 91, v. 145, p. 680 e s., 1922.

_____. O Poeta Antônio José da Silva e a Inquisição. *Novas Epanáforas*: estudos de história e literatura. Lisboa: Livraria Clássica Editora, 1932.

_____. Os Judeus Portugueses na Dispersão. *Revista de História*, Lisboa: Sociedade Portuguesa de Estudos Históricos, v. 4, n. 14, p.105-127, 201-217, ano IV, 1915.

AZEVEDO, Pedro de. Culpas de Davi Negro. *Archivo Historico Portuguez*, Lisboa, v. I, 1903.

_____. Médicos Cristãos-novos que se Ausentaram de Portugal no Princípio do Século XVII. *Arquivos de História da Medicina Portuguesa*, Porto, novas séries, p. 153-172, ano V, 1914.

BAER, Ytzhac. *A History of the Jews in Christian Spain* (Uma História dos Judeus na Espanha Cristã). Philadelphia: The Jewish Publication Society, 1966. 2 v.

_____. *Die Juden in Aragonien und Navarra* (Os Judeus em Aragão e Navarra). Berlim: [s. n.], 1929.

BAIÃO, Antônio. A Censura Literária da Inquisição no Século XVII. *Boletim da Segunda Classe*, Lisboa: Academia Real das Sciencias, v. IX, p. 356-379, nov.-mar. 1914-1915.

_____. A Censura Literária Inquisitorial. *Boletim da Classe de Letras*, Coimbra: Imprensa da Universidade, v. XIII, fasc. 1 (nov.-mar. 1918-1919), p. 782, 1920-1922.

_____. A Família do Dr. Antônio Homem e os Cônegos com Ele Coniventes a Contas com a Inquisição. *O Instituto*: jornal scientifico e litterario, Coimbra: Imprensa da Universidade, p. 157, 1951.

_____. *A Inquisição de Goa*. Lisboa: Academia Real das Sciencias, 1949. 2 v.

_____. *A Inquisição em Goa*. Coimbra: Imprensa da Universidade, 1930. 2 v. (v. I: *Tentativa de História da Sua Origem, Estabelecimento, Evolução e Extinção*. Lisboa: Academia Real das Sciencias, 1949; v. II: *Correspondência dos Inquisidores da Índia, 1569-1630*).

_____. A Inquisição em Portugal e no Brasil. *Archivo Historico Portuguez*, Lisboa, v. VIII, 1910.

_____. A Inquisição em Portugal e no Brasil: subsídios para a sua história. *Archivo Historico Portuguez*, Lisboa, v. IV, 1906.

_____. A Inquisição no Brasil: extractos d'alguns livros de denúncias. *Revista de História*, Lisboa: Sociedade Portuguesa de Estudos Historicos, n. 1, p. 188, ano I, jan.-mar. 1912.

_____. *Episódios Dramáticos da Inquisição Portuguesa*. Lisboa: Seara Nova, 1936-1953. 3 v. (v. I, 1936; v. II, 1953; v. III, 1938).

_____. O Matemático André de Avelar. *Episódios Dramáticos da Inquisição Portuguesa*. Porto: Renascença Portuguesa, 1919, p. 133-154.

_____ (org.). Processos de Condenados pela Inquisição do Porto. *Portucale*: revista ilustrada de cultura literária, scientífica e artística, Porto: [s. n.], 1937.

BALLESTEROS, Manuel Gaibrois. *La Obra de Isabel la Católica*. Segovia: Diputación Provincial de Segovia, 1953.

BARANDE, H. *Lopez, agent et confident du Richelieu*. Paris: [s. n.], 1933.

BARNETT, Lionel David. *Bevis Marks Records*: being contributions to the history of the Spanish and Portuguese Congregation of London. Oxford: Oxford University Press; London: Jewish Historical Society of England/ Spanish and Portuguese Jews' Congregation, 1949, v. I-III.

BIBLIOGRAFIA DA TRADUÇÃO

_____. *El Libro de los Acuerdos*: being the records and accounts of the spanish and portuguese Synagogue of London (1663-1681). Oxford: Oxford University Press, 1931.

BAROJA, Julio Caro. *La Sociedad Criptojudía en la Corte de Felipe IV*. Madrid: Imprenta Maestre, 1963.

_____. *Los Judíos en España Moderna y Contemporánea*. Madrid: Arión, 1961. 2 v.

BARON, Salo Wittmayer. *A Social and Religious History of the Jews*. 2. ed. New York: Columbia University Press, 1957.

BARRIOS, Daniel Levi (Miguel) de. Une histoire de la littérature juive. *Révue des Études juives*, Paris: Societé des Études juives, v. XVIII, p. 276-289, 1889.

BARROS BASTO, Artur Carlos de. Don Yahia Ben-Yahia. *haLapid* (O Facho). Porto: Comunidade Israelita do Porto, n. 114, p. 5-7, 1942.

_____. *Os Judeus no Velho Porto*. Lisboa: Instituto de Estudos Hebraicos de Portugal, 1929. (separata da *Revista de Estudos Hebraicos*, Lisboa, v. I-II, 1929).

BARROS, João de. *Diálogo Evangélico sobre os Artigos da Fé contra o Talmud dos Judeus*: manuscrito inédito. Introdução e notas de Israël Salvator Révah. Lisboa: Studium, 1950.

BATAILLON, Marcel. Alonso Nuñes de Reinoso et les marranes portugais en Italie. *Msicelânea de Estudos em Honra do Professor Hernâni Cidade*. Lisboa: Faculdade de Letras da Universidade de Lisboa, 1957.

_____. *Erasme et l'Espagne*: recherches sur l'histoire spirituelle du XVIe siècle. Paris: E. Droz, 1937.

_____. Erasme et la cour de Portugal. *Études sur le Portugal au temps de l'humanisme*. Coimbra: Acta Universitatis Conimbrigensis, 1952.

BEDARIDA, Guido. *Ebrei di Livorno*: tradizione e gergo in 180 sonetti giudaico-livornesi. Firenze: Felice Le Monnier, 1956.

BEINART, Haim. ¿Cuándo Llegaron los Judíos a España? *Estudios*, Jerusalem: Instituto Central de Relaciones Culturales Israel-Iberoamérica, España y Portugal, n. 3, 1962.

_____. Fez as a Center of Return to Judaism in the XVI Century. *Sefunot*: annual for research on the Jewish communities in the East, Jerusalem: Ben-Zvi Institute/ The Hebrew University, VIII, p. 319-334, 1963-1964.

BENAZZI, Natale; AMICO, Matteo (orgs.). *Le Livre noir de l'Inquisition*: les grands procès. Paris: Éditions Bayard, 1998.

BENSAÚDE, Joaquim. *Histoire de la science nautique portugaise*. Génève: A. Kundig, 1917-1920.

_____. *L'Astronomie nautique au Portugal à l'époque des grandes découvertes*. Bern: Akademische Buchhandlung von Max Drechsel, 1912-1917. (Edição fac-similar: Amsterdam: N. Israel/Meridian, 1967).

BERNARDINI, Paulo; FIERING, Norman (eds.). *The Jews and the Expansion of Europe in the West, 1451-1800*. New York: Berghahn Books, 2000.

BESSA-LUÍS, Agustina. *Um Bicho da Terra*. Lisboa: Guimarães Editores, 2005.

BLOOM, Herbert I. A Study of Brazilian Jewish History (1623-1654). *Publications of the American Jewish Historical Society*, Baltimore: American Jewish Historical Society, v. 33, 1934.

BLUMENKRANZ, Bernhard. *Bibliographie des juifs en France*. Paris: Centre d'Études juives/École Pratique des Hautes Études (EPHE), 1961.

_____. Les juifs dans le commerce maritime de Venise (1592-1609). *Revue des Études juives*, Paris: Societé des Études juives, 3ª série, t. 2, n. 119, p. 143-151, jan.-jun. 1961.

BOLETIM *Bibliográfico da Academia das Sciencias de Lisboa*, Lisboa: Academia Real das Sciencias/Imprensa da Universidade, v. VI, p. 22, 1934.

BONFIL, Roberto. *Jewish Life in Renaissance Italy*. Trad. Anthony Oldcorn. Berkeley/Los Angeles/London: University of California Press, 1994.

BOXER, Charles Ralph. Antonio Bocarro and the *Livro do Estado da Índia Oriental*. In: ORTA, Garcia da. *Revista da Junta das Missões Geográficas e de Investigações do Ultramar*, Lisboa: Ministério do Ultramar, p. 203-219, 1956.

433

HISTÓRIA DOS JUDEUS EM PORTUGAL

_____. *Os Holandeses no Brasil* (1624-1654). São Paulo: Companhia Editora Nacional, 1961. (Col. Brasiliana, 312).

_____. Padre Antonio Vieira, S. J., and the Institution of the Brazil Company in 1649. *The Hispanic American Historical Review*, Durham, NC: Duke University Press Durham/ Conference on Latin American History and the American Historical Association, v. 29, n. 4, p. 474-497, nov. 1949.

_____. *Salvador de Sá and the Struggle for Brazil and Angola (1602-1686)*. London: University of London/Athlone Press, 1952.

BRAUDEL, Fernand; ROMANO, Ruggiero. *Navires et marchandises à l'entrée du port de Livourne (1547-1611)*. Paris: Librarie Armand Colin, 1951.

BRENTANO, Lujo. *Die Anfänge des modernen Kapitalismus* (Os Inícios do Capitalismo Moderno). Münich: Verlag der K. B. Akademie der Wissenschaften, 1916.

BROD, Max. *Reubeni, Fürst der Juden. Ein Renaissanceroman* (Reubeni, Príncipe dos Judeus. Um Romance Renascentista). München: K. Wolff, 1925.

BRUGMANS, Hendrik; FRANK, A. (eds.). *Geschiedenis der Jooden in Nederland* (História dos Judeus na Holanda). Amsterdam: van Holkema & Warendorf, 1940.

BRUNO, José Pereira de Sampaio. *O Encoberto*. Porto: Livraria Moreira Editora, 1904.

BRUNSCHWICG, Léon. *Les Juifs de Nantes et du pays nantais*. Nantes: Librarie Vier, 1890.

CANTEL, Raymond. *Prophétisme et Messianisme dans l'ouvre de Antonio Vieira*. Paris: Éditions Hispano-Americanas, 1960.

CANTERA Y BURGOS, Francisco. *El Judío Salmantino Abraham Zacut*: notas para la historia de la astronomía en la España medieval. Madrid: C. Bermejo, 1931.

CANTERA Y BURGOS, Francisco; MILLÁS VALLICROSA, José María. *Las Inscripciones Hebraicas de España*. Madrid: Consejo Superior de Investigaciones Científicas, 1956.

CARVALHO, Alfredo de. Os Portugueses em Bordeaux durante o Século XVIII. *O Instituto*: jornal scientífico e litterario, Figueira da Foz: Tipografia Popular, v. 90, 1936.

CARVALHO, Augusto da Silva. As Diferentes Edições das *Noticias Recônditas da Inquisição. Anais das Bibliotecas e Arquivos*, Lisboa: Inspecção Superior das Bibliotecas e Arquivos/Biblioteca Nacional, novas séries, v. XVII, n. 67-68, p. 69, 89, 1944.

_____. Estudos Relativos à Restauração. *Anais da Academia Portuguesa da História*, Lisboa: Academia Portuguesa da História/Tribuna da História Editores, 2ª série, v. 3, p. 9-52, 1951.

CARVALHO, Joaquim de. *Dois Inéditos de Abrão Zacuto*. Lisboa: Instituto de Estudos Hebraicos de Portugal, 1927. (Separata da *Revista de Estudos Hebraicos*, Lisboa, v. 1, 1927).

_____. Orobio de Castro e o Espinosismo. Lisboa: Academia Real das Sciencias, 1937. (Separata de *Memorias da Academia das Sciencias*, Classe de Letras, Lisboa, v. II, 1937).

_____. Uma Epístola de Isaac Abravanel. *Estudos sobre a Cultura Portuguesa do Século XVI*. Coimbra: Universidade de Coimbra, 1949. p. 253-268.

CASSUTO, Umberto. *Gli ebrei a Firenze nell'età del Rinascimento*. Florença: Tipografia Galletti e Cocci, 1918.

CASTELO BRANCO, Camilo. *O Judeu*: romance histórico. 4. ed. Lisboa: Parceria A. M. Pereira, 1919. 2 v.

CASTRO, Antônio Dinis Serrão de. *Os Ratos da Inquisição*. Prefácio de Camilo Castelo Branco. Porto: Ernesto Chardron, 1883.

CATÁLOGO de la Exposición Bibliográfica Sefardí Mundial. Madrid: Biblioteca Nacional, 1959.

CIDADE, Hernâni. *A Literatura Autonomista sob os Filipes*. Lisboa: Sá da Costa, [19--].

_____. Lições de Cultura e Literatura Portuguesas. Coimbra: Coimbra Editora, [19--]. 2 v.

434

BIBLIOGRAFIA DA TRADUÇÃO

CIROT, Georges. Recherches sur les juifs Espagnols et Portugais à Bordeaux: 1ère partie. *Bulletin Hispanique*: annales de la Faculté des lettres de Bordeaux, Bordeaux: Faculté des lettres et sciences humaines de l'Université de Bordeaux, t. VIII-X, 1907-1908.

CISNEROS, Luis Ulloa. Los Reyes Católicos y la Unidad Nacional. In: RUBIO, Julián Maria; CISNEROS, L. U.; CAZORLA, Emilio Camps; VICENS VIVES, Jaime. *Historia de España*: gran historia general de los pueblos hispanos. Barcelona: Instituto Gallach, 1935-1943. 5 v. v. III, p. 411 e s.

CLÉMENT, Catherine. *La Señora*. Paris: Calmann-Lévy, 1992.

COELHO, José Ramos. *Manuel Fernandes Villa Real e o Seu Processo na Inquisição de Lisboa*. Lisboa: Empreza do Ocidente, 1894.

_____. O Primeiro Marquês de Niza, Notícias. *Archivo Historico Portuguez*, Lisboa, v. I, 1903.

COHEN, Boaz. *Responsa*, [S. l.: s. n.], 1930. (Lista completa de volumes até o fim do século XVII).

CONTRERAS, Jaime. *El Santo Oficio de la Inquisición de Galicia (1560-1700)*: poder, sociedad y cultura. Madrid: Akal, 1982.

CORTESÃO, Jaime. *A Expedição de Pedro Álvares Cabral e o Descobrimento do Brazil*. Lisboa: Aillaud & Bertrand, 1922.

COSTA, Uriel da. *Die Schriften des Uriel da Costa* (Os Escritos de Uriel da Costa). Edição e tradução de Carl Gebhart. Amsterdam/Heidelberg/London: Menno Hertzberger, 1922.

DELGADO, João Pinto. *Poema de la Reyna Ester, Lamentaciones del Propheta Jeremias, Historia de Rut y Varias Poesias*. Introduction de Israel Salvator Révah. Lisboa: Institut Français au Portugal, 1954.

DENUCÉ, Jean. *Avant-propos pour l'Histoire du commerce et de l'Industrie diamantine à Anvers*. [S. l.: s. n., s. d.].

D'ESAGUY, Augusto Isaac. *Jacob de Castro Sarmento*: notas relativas às sua vida e à sua obra. Lisboa: Ática, 1946.

DIAS, José Lopes. *Amato Lusitano*: cidadão de Castelo Branco. Lisboa: Tipografia Gaspar, 1956. (Separata da *Revista Portuguesa de Medicina*, Lisboa, 5, 1956).

_____. *João Rodrigues de Castelo Branco, Amato Lusitano*: resumo bibliográfico. Lisboa: Tipografia da *Imprensa Medica*, 1952. (Separata da revista *Imprensa Medica*, Lisboa, 1952).

_____. *Laços Familiares de Amato Lusitano e Filipe Montalto*: novas investigações. Lisboa: Primeiro Colóquio de História da Medicina, 1961. (Separata da revista *Imprensa Medica*, Lisboa, ano 25, fev. 1961).

DOMÍNGUEZ ORTIZ, Antonio. Los Conversos de Origen Judío después de la Expulsión. *Estudios de Historia Social de España*, Madrid: Patronato de Historia Social de España del Instituto Balmes de Sociología, Consejo Superior de Investigaciones Científicas (CSIC), p. 247-248, 1955.

DOZY, Reinhart. *Histoire des musulmanes d'Espagne jusqu'à la conquête de l'Andalousie par les Almoravides (711-1110)*. Leiden: E. J. Brill,1932.

ELLIOT, John Huxtable. *Imperial Spain, 1496-1716*. London: Edward Arnold, 1963.

EPSTEIN, Isidore. *The Responsa of R. Solomon ben Adreth of Barcelona (1235-1300) as a Source of the History of Spain*. London: [s. n.], 1925.

ESCANDELL BONET, Bartolomé; VILLANUEVA, Joaquín Pérez. *Historia de la Inquisición en España y América*. Madrid: Biblioteca de Autores Cristianos/Centro de Estudios Inquisitoriales, 1984-2000. 3v.

FERRÃO, Antônio. *Ribeiro Sanches e Soares de Barros*: novos elementos para as biografias desses acadêmicos. Lisboa: Academia Real das Sciencias, Ottosgráfica, 1936 (Separata do *Boletim da Segunda Classe*, Lisboa, v. XX,1936).

FIGUEIRA, João Delgado. *Reportório geral de três mil e oitocentos processos, despachados pelo Santo Ofício de Goa, desde sua instituição até 1623*, Inventário de Manuscritos do Fundo Geral da Biblioteca Nacional de Lisboa, cod. 201-203.

HISTÓRIA DOS JUDEUS EM PORTUGAL

FISCHEL, Walter Joseph. Leading Jews in the Service of Portuguese India. *The Jewish Quarterly Review*, Philapelphia: University of Pennsylvania Press, new series, v. XLVII, jul. 1956.

_____. New Sources for the History of the Jewish Diaspora in Asia in the 16th. Century. *The Jewish Quarterly Review*, Philapelphia: University of Pennsylvania Press, new series, v. XL, n. 4, abr. 1950.

FRÈCHES, Claude-Henri. *L'Amphitryon d'Antonio José da Silva (O Judeu)*. Coimbra: Coimbra Editora, 1952.

FREEHOF, Solomon Bennett. *The* Responsa *Literature e A* Treasury of Responsa. Philadelphia: The Jewish Publication Society, 1955.

FREIMANN, Aron. *Die hebräischen Inkunabeln der Druckereien in Spanien und Portugal* (Os Incunábulos Hebraicos dos Prelos na Espanha e em Potugal). Mainz: A. Ruppel, 1925. (Gutenberg Festschrift zur Feier des 25 jährigen Bestehens des Gutenbergmuseums in Mainz [Publicação Comemorativa Gutenberg, em Homenagem aos 25 Anos de Existência do Museu de Gutenberg em Mainz]).

FREIRE, Anselmo Braancamp. Sentença de Isaque Abravanel, As Conspirações no Reinado de D. João II. *Archivo Historico Portuguez*, Lisboa, v. II, 31-3, [1904?].

FREITAS, Eugênio de Andréia da Cunha e. Lembranças do Escrivão Jorge Aranha de Vasconcelos, dos Fins do Século XVI. *Boletim Cultural da Câmara Municipal do Porto*, Porto: Câmara Municipal do Porto, p. 63-65, 1942.

_____. Tradições Judio-portuguesas: novos subsídios. *Douro Litoral*: boletim da Comissão Provincial de Etnografia e História da Junta da Província de Douro Litoral, Porto, 6ª série, n. I-II, [s. d.].

FREITAS, Eugênio de Andréia da Cunha e. Tradições Judio-portuguesas. *Douro Litoral*: boletim da Comissão Provincial de Etnografia e História da Junta da Província de Douro Litoral, Porto, 4ª série, n. V-VI, [s. d.].

FREITAS, Jordão de Apolinário de. A Inquisição em Goa: subsídios para sua história. *Archivo Historico Portuguez*, Lisboa, v. V, p. 226-227, 1907.

_____. *O Marquês de Pombal e o Santo Ofício da Inquisição*. Lisboa: José Bastos, 1916.

FUSTER, Joan. Notes per a un estudi de l'oratòria vicentina. *Revista Valenciana de Filología*, València: [s. n.], IV, p. 111-15, 1954.

GALANTE, Abraham. *Don Joseph Nassi, Duc de Naxos, d'aprés de nouveaux documents*. Constantinople: J. & A. Fratelli Haïm, 1914.

GARCÍA Y BELLIDE, Antonio. *España y los Españoles Hace Dos Mil Años (según la* Geografia *de Estrabón)*. Buenos Aires: Espasa-Calpe, 1945.

GARCÍA, Francisco Bueno. *Los Judíos de Sefarad*: del paraíso a la añoranza. Granada: Míguel Sánchez, 2005.

GEBHART, Carl. Uriel da Costa, *Die Schriften des Uriel da Costa* (Os Escritos de Uriel da Costa). Edição e tradução de Carl Gebhart. Amsterdam/Heidelberg/London: Menno Hertzberger, 1922.

_____. *Vida e Obra de L. Hebreo.* [S. l.: s. n., s. d.].

GIRARD, Albert. *Le Commerce français à Seville et Cadix au temps des Habsbourg*: contribution a l'étude du commerce étranger en Espagne aux XVIe et XVIIIe siècles. Bordeaux: Feret & Fils, Paris: E. De Boccard, 1932.

GONZÁLEZ-LLUBERA, Ignacio. Two Old Portuguese Astrological Texts in Hebrew Characters. *Romance Philology*, Berkeley: University of California Press, VI, p. 267-271, 1952-1953. Apud BARON, Salo Wittmayer. *A Social and Religious History of the Jews*. 2. ed. New York: Columbia University Press, 1957.

GORIS, Jan-Albert. *Étude sur les colonies marchandes méridionales (Portugais, Espagnols, Italiens) à Anvers, de 1488 à 1567*: contribution a l'histoire des debuts du capitalisme moderne. Louvain: Librairie Universitaire, 1925.

GOUVEA, Francisco Vaz Velasco de. *Justa Aclamação do Sereníssimo Rei de Portugal D. João IV*. Lisboa: Officina Lourenço de Anvers, 1644.

GRINBERG, Keila (org.). *Os Judeus no Brasil*: Inquisição, imigração e identidades. Rio de Janeiro: Civilização Brasileira, 2005.

BIBLIOGRAFIA DA TRADUÇÃO

GUERRA, Luís Bivar. Lista dos Judeus que se Batizaram em Barcelos e das Gerações que Deles Procedem. *Armas e Troféus*: revista de história, heráldica, genealogia e de arte, Lisboa: Instituto Português de Heráldica, [S. l.], v. II, n. 2, jan.-abr. 1961.

_____. *Um Caderno de Cristãos-novos de Barcelos*. Braga: [s. n.], 1960.

HERCULANO, Alexandre. *História da Origem e Estabelecimento da Inquisição em Portugal*. São Paulo: Pioneira/Edusp, 1945. 2 v.

HESCHEL, Abraham Joshua. *Don Jizchak Abravanel*. Berlim: Erich Reiss Verlag, 1937.

HYAMSON, Albert Montefiori. *The Sephardim of England*: a history of the spanish and portuguese jewish community, 1492-1951. London: Methuen, 1951.

ISRAËL, Menasseh ben. *Espérance d'Israel*. Introduction, traduction et notes par Henri Méchoulan et Gérard Nahon. Paris: Librarie Philosophique J. Vrin, 1979.

JORGE, Ricardo. *Amato Lusitano*: comentos à sua vida, obra e época. Lisboa: Instituto de Alta Cultura, [19--].

_____. Comentos à Vida, Obra e Época de Amato Lusitano. *Arquivo de História da Medicina Portuguesa*, Porto: Lemos & Companhia, novas séries, ano V, 1914, ano VI, 1915.

KAMEN, Henry. *A Inquisição na Espanha*. Rio de Janeiro: Civilização Brasileira, 1966.

KATZ, Israel J.; SERELS, M. Mitchell (eds.). *Studies on the History of Portuguese Jews from Their Expulsion in 1497 Through Their Dispersion*. New York: Sepher-Hermon Press/The American Society of Sephardic Studies, 2000.

KAUFMANN, David. Die Vertreibung der Marranen aus Venedig im Jahre 1550 (A Expulsão dos Marranos de Veneza no Ano de 1550). *The Jewish Quarterly Review*, Philadelphia: *University of Pennsylvania Press*, v. XIII, n. 3, p. 520-532, abr. 1901.

KAYSERLING, Meyer. *Biblioteca Española-portugueza-judaica*: dictionnaire bibliographique des auteurs juifs, de leurs ouvrages espagnols et portugais et des oeuvres sur et contre les juifs et le judaisme avec un aperçu sur la litterature des juifs espagnols et une collection des proverbes espagnols. Nieuwkoop: B. de Graaf, 1961.

_____. *Christopher Columbus and the Participation of the Jews in the Spanish and Portuguese Discoveries*. New York: [s. n.], 1907.

_____. Isaac Aboab, The First Jewish Author in America. *Publications of the American Jewish Historical Society*. Baltimore: American Jewish Historical Society, v. 5, p. 125-136, 1897.

_____. Luis de Santangel and Columbus. *Publications of the American Jewish Historical Society*, Baltimore: American Jewish Historical Society, v. 10, p. 159-163, 1902.

_____ The Eearliest Rabbis and Jewish Writers of America. *Publications of the American Jewish Historical Society*, Baltimore: American Jewish Historical Society, v. 3, p. 13-20, 1894.

KELLENBENZ, Hermann. Dr. Jakob Rosales. *Zeitschrift für Religion-und Geistesgeschichte* (Revista para a História da Relígião e do Espírito), Köln, t. VIII, p. 345-354, 1956.

_____. Sephardim an der unteren Elbe: ihre wirtschaftliche und politische Bedeutung vom Ende des 16. bis zum Beginn des 18 (Sefardins no Baixo Elba: sua importância econômica e política do final do século XVI até o começo do século XVIII). Wiesbaden: Franz Steiner Verlag, 1958.

LAFER, Celso. *O Judeu em Gil Vicente*. São Paulo: Conselho Estadual de Cultura, 1963.

LAGOA, Cherubino. *A Synagoga no Porto*. Porto: Imprensa Comercial, 1899;

LANDSBERGER, Franz. *Rembrandt, the Jews and the Bible*. Philadelphia: The Jewish Publication Society, 1946.

LANDSHUTH, Leser. Ammude ha-Abodah (Columnae Cultus): Onomasticum Hymnorum Hebraorum cum Motis Biographicis et Bibliographicis, 2 v., ib. 1857-1862.

LASKI, Neville. *The Laws and Charities of the Spanish and Portuguese Jews*. London: Cresset Press, 1952.

LEA, Henry Charles. *A History of the Inquisition of Spain*. New York: MacMillan, 1908 (1922). 4 v.

_____. *The Inquisition of the Middle Ages*. London: Eyre & Spottiswoode, 1963.

HISTÓRIA DOS JUDEUS EM PORTUGAL

LEBESON, Anita Libman. Jewish Cartographers: a Forgotten Chapter of Jewish History. *Historia Judaica:* a journal of studies in Jewish history, especially in the legal and social history of the Jews, New York: Guido Kisch, v. XI, p. 155-174, 1949. Apud BARON, Salo Wittmayer. *A Social and Religious History of the Jews.* 2. ed. New York: Columbia University Press; Philadelphia: The Jewish Publication Society, 1965. v. X, nota 53.

LEITE FILHO, Solidonio. Da Influência do Elemento Judaico no Descobrimento e Comércio do Brasil nos Primeiros Séculos da Colonização Portuguesa. *Anais do III Congresso de História Nacional* [1938], Rio de Janeiro: IHGB/Imprensa Nacional, 1941, v. IV, p. 684-695, [19--].

LEMOS, Maximiliano de. Amato Lusitano, Novas Investigações. *Arquivo de História da Medicina Portuguesa*, Porto: Lemos & Companhia, novas séries, p. 1-12, 33-43, 89-96, 97-106, 129-145, ano IV, 1925.

_____. *Ribeiro Sanchez, a Sua Vida e a Sua Obra.* Porto: Eduardo Tavares Martins, 1911.

_____. *Zacuto Lusitano:* a sua vida e a sua obra. Porto: Eduardo Tavares Martins, 1909.

LEÓN, Henry. *Histoire des juifs de Bayonne.* Paris: Armand Durlacher, 1893.

LÉVY, Lionel. *La Nation juive portugaise:* Livourne, Amsterdam, Tunis, 1591-1951. Paris: L'Harmattan, 1999.

LEWIN, Benjamin M. (org.), *Otzar haGeonim* (Tesouros dos Sábios), Haifa: [s. n.], 1928.

LINS, Ivan. *Aspectos do Padre Antônio Vieira.* Rio de Janeiro: Livraria São José, 1956.

LIPINER, Elias. *Izaque de Castro:* o mancebo que veio preso do Brasil. Recife: Fundação Joaquim Nabuco (Fundaj)/Massangana, 1992.

_____. *O Tempo dos Judeus segundo as Ordenações do Reino.* São Paulo: Livraria Nobel/Secretaria de Estado da Cultura, 1982.

_____. *Os Baptizados em Pé:* estudos acerca da origem e da luta dos cristãos-novos em Portugal. Lisboa: Vega, 1998.

LOEB, Isidore. Le nombre des juifs de Castille et d'Espagne au Moyen Âge. *Révue des Études juives*, Paris: Societé des Études juives, 14, p. 161-183, 1887.

LOPES, David. *A Expansão da Língua Portuguesa no Oriente durante os Séculos XVI, XVII e XVIII.* Barcelos: Portucalense, 1936.

LOUREIRO, José Pinto. Enigmas da História de Coimbra, as Judarias e os Problemas que Suscitam. *Arquivo Coimbrão:* boletim da Biblioteca Municipal, Coimbra: Biblioteca Municipal de Coimbra, v. XII, 1954.

MACHADO, Casimiro Henriques de Morais. *Subsídios para a História do Mogadouro. Os Marranos do Vilarinho dos Galegos. Tentativa Etnográfica.* Porto: [s. n.], [195-]. (Separata do *Douro Litoral:* boletim da Comissão Provincial de Etnografia e História da Junta da Província de Douro Litoral, Porto, 5ª série, n. 11, 1952).

MACHADO, Diogo Barbosa. *Bibliotheca Luzitana.* Lisboa: Officina de Antônio Gomes, 1786.

MAESO, David Gonzalo. Sobre la Etimología de la Voz "Marrano" (Criptojudío). *Sefarad*, Madrid: Instituto de Filología do Consejo Superior de Investigaciones Científicas (CSIC)/ Instituto Arias Montano de Estudios Hebraicos y de Oriente Próximo, t. XV, n. 2, p. 379-385, 1955.

MARTINS, Jorge. *Portugal e os Judeus.* Lisboa: Nova Veja, 2006. 3. v.

MATEUS, Susana Bastos; PINTO, Paulo Mendes. *Lisboa, 19 de abril de 1506, O Massacre dos Judeus.* Lisboa: Alétheia, 2007.

MATHOREZ, Jules. Notes sur les Espagnols et les Portugais à Nantes. *Bulletin Hispanique:* annales de la Faculté des lettres de Bordeaux, Bordeaux: Faculté des lettres e sciences humaines de l'Université de Bordeaux, XIV-XV, p. 119-126, 383-407, 1912-1913.

MAURO, Frédéric. *Le Portugal et l'Atlantique au XVIIe siécle, 1570-1670:* étude economique. Paris: SEVPEN, 1960.

MÉCHOULAN, Henry. *Être juif à Amsterdam au temps de Spinoza.* Paris: Albin Michel, 1991.

MELLO, José Antônio Gonsalves de. *Tempo dos Flamengos.* Prefácio de Gilberto Freyre. Rio de Janeiro: José Olympio, 1947.

BIBLIOGRAFIA DA TRADUÇÃO

MENDES DOS REMÉDIOS, Joaquim. *Os Judeus em Portugal*. Coimbra: França Amado, 1895-1928. 2 v.

_____. *Os Judeus Portugueses em Amsterdam*. Coimbra: França Amado, 1911.

MENDONÇA, Heitor Furtado de. *Primeira Visitação do Santo Ofício às Partes do Brasil, pelo Licenciado Heitor Furtado de Mendonça*: confissões da Bahia, 1591-1592. Rio de Janeiro: Sociedade Capistrano de Abreu/Ferdinand Briguiet, 1935.

MENÉNDEZ Y PELAYO, Marcelino. *Historia de las Ideas Estéticas en España*. Madrid: Consejo Superior de Investigaciones Científicas (CSIC), 1940-1943. 6 v.

_____. *Historia de los Heterodoxos Españoles*. Madrid: Consejo Superior de Investigaciones Científicas (CSIC), 1963.

MESSEGUER, David. Loyola y Lutero ante el Problema Judío. *Diario ABC*, Madrid, p. 18, 31 jun. 1959. Apud BAROJA, Julio Caro. *Los Judíos en España Moderna y Contemporánea*. Madrid: Arión, 1961. 3 v.

MOREIRA, Antônio Joaquim. *Colecção de Listas Impressas e Manuscritas dos Autos-de-fé Públicos e Particulares das Inquisições de Lisboa, Évora, Coimbra e Goa*. Lisboa: [s. n.], 1863.

NAHON, Gérard. *Les Nations juives portugaises du sud-ouest de la France (1684-1791)*. Paris: Fundação Calouste Gulbenkian/Centre Culturele Portugais, 1981.

NAZARIO, Luiz Roberto Pinto. *Autos-de-fé como Espetáculo de Massa*. São Paulo: Humanitas/Fapesp, 2005. (Originalmente dissertação de mestrado, São Paulo: Faculdade de Filosofia Letras e Ciências Humanas da Universidade de São Paulo, FFLCH-USP, 1989).

NETANYAHU, Benzion. *Don Isaac Abravanel – Statesman and Philosopher*. Philadelphia: The Jewish Publication Society, 1953.

NETO, Davi. *De la Divina Providencia, o sea Naturaleza Universal, o Natura Naturante*: tratado theologico, divido en dos diálogos, en los quales, se prueva la identidad destos términos, autenticada con autoridades de la *Sagrada Biblia, del Talmud, Zohar, y Medrassim*, y confirmada con irrefragables razones, deduzidas de las mismas autoridades, London: [s. n.], 1716 (5476).

NOVINSKY, Anita Waingort. A Inquisição na Bahia: um relatório de 1632. *Revista de História*, São Paulo: Faculdade de Filosofia, Ciências e Letras da Universidade de São Paulo (FFCL-USP), n. 74, p. 417-423, 1968.

_____. *Cristãos-novos na Bahia*: a Inquisição no Brasil. 2. ed. São Paulo: Perspectiva, 1992.

_____. *Gabinete de Investigação*: uma "caça aos judeus" sem precedentes. São Paulo: Humanitas, 2007.

_____. *Inquisição. Inventário de Bens Confiscados a Cristãos-novos*: fonte para a história de Portugal e do Brasil (século XVIII). Lisboa: Imprensa Nacional/Casa da Moeda, 1976.

_____. *Inquisição. Rol dos Culpados*: fontes para a história do Brasil (século XVIII). Rio de Janeiro: Expressão e Cultura, 1992.

_____. *Inquisição*: prisioneiros do Brasil (séculos XVI-XIX). Rio de Janeiro: Expressão e Cultura, 2002.

_____. Juifs et nouveaux chrétiens du Portugal. In: ABITBOL, Michel; MÉCHOULAN, Henry (dir.). *Les Juifs d'Espagne*: histoire d'une diáspora. 1492-1992. Prefácio de Edgar Morin. France: Liana Levi, 1992. p. 75-107

_____. Marranos and the Inquisition on the Gold Route in Minas Gerais. In: BERNARDINI, Paulo; FIERING, Norman (eds.). *The Jews and the Expansion of Europe in the West 1451-1800*. New York: Berghahn Books, 2000.

_____. Noveaux chrétiens e juifs séfarades au Brésil. In: ABITBOL, Michel; MÉCHOULAN, Henry (dir.). *Les Juifs d'Espagne*: histoire d'une diáspora, 1492-1992. Prefácio de Edgar Morin. France: Liana Levi, 1992. p. 653-676.

_____. O Judaísmo Dissimulado do Padre Antônio Vieira. *Sigila*: révue transdisciplinaire franco-portugaise sur le secret, Paris: Éditions Gris-France, n. 8, p. 93-98, 2001.

_____. *O Olhar Judaico em Machado de Assis*. Prefácio de Arnaldo Niskier, ilustração de Riva Bernstein. Rio de Janeiro: Expressão e Cultura, 1990.

_____. *O Santo Ofício da Inquisição no Maranhão*: a Inquirição de 1731. São Luís: Editora da Universidade Estadual do Maranhão (UEMA), 2006.

_____. Padre Antônio Vieira, a Inquisição e os Judeus. *Novos Estudos Cebrap*, São Paulo: Centro Brasileiro de Análise Planejamento (Cebrap)/Editora Brasileira de Ciências, n. 29, p. 172-181, mar. 1991.

_____. Sebastianismo, Vieira e o Messianismo Judaico. In: IANNONE, Carlos Alberto; GOBBI, Márcia Valéria Zamboni; JUNQUEIRA, Renata Soares (orgs.). *Sobre as Naus da Iniciação*: estudos portugueses de literatura e história. São Paulo: Editora da Unesp, 1998. p. 65-79.

_____. Sergio e os Judeus. *Ethos Brasil*, São Paulo: Instituto Ethos, n. 2, p. 39-46, 2002.

_____. Uma Devassa do Bispo D. Pedro da Silva. *Anais do Museu Paulista*, São Paulo: Museu Paulista da Universidade de São Paulo (MP-USP), t. XXII, 1968.

NOVINSKY, Anita Waingort; CARNEIRO, Maria Luiza Tucci (orgs.). *Ensaios sobre Mentalidades, Heresias e Arte*. Rio de Janeiro: Expressão e Cultura; São Paulo: Edusp, 1992.

NOVINSKY, Anita Waingort; KUPERMAN, Diane (orgs.). *Ibéria Judaica*: roteiros da memória. Rio de Janeiro: Expressão e Cultura, São Paulo: Edusp, 1996.

NOVINSKY, Anita Waingort; PAULO, Amílcar. The Last Marranos. *Commentary*, New York: American Jewish Committee (AJC), v. 43, n. 5, p. 76-81, maio 1967.

OLIVEIRA, Manuel Ramos de. Os Cristãos-novos. *Beira Alta*, Viseu: Arquivo Distrital de Viseu, v. IX, 1950.

PAULO, Amílcar. *A Comuna Judaica do Porto*: apontamentos para a sua história. Porto: Livraria Athena, 1965. (Separata da revista *O Tripeiro*, Porto, 1965).

_____. *A Inquisição no Porto*: achegas para a sua história. Porto: Labirinto, 1959. (Separata de *Douro Litoral*: boletim da Comissão Provincial de Etnografia e História da Junta da Província de Douro Litoral, Porto, 9ª série, v. II, 1959).

_____. *Grafia e História*. Porto: Labirinto, 1956 (Separata de *Douro-Litoral*: boletim da Comissão Provincial de Etnografia e História da Junta da Província de Douro Litoral, Porto, 7ª série, v. V-VIII, 1956).

_____. *Os Cristãos-novos no Porto*. Matosinhos: [s. n.], 1961. (Separata do *Boletim da Biblioteca Pública Municipal de Matosinhos*, Matosinhos, n. 8, 1961).

_____. *Os Judeus em Trás-os-Montes*: subsídios para a sua história. *Boletim do Grupo Amigos de Bragança*, Bragança: F. Felgueiras, 2ª série, n. 7, p. 25-27, fev. 1964, n. 8, p. 58-59, ago. 1964, n. 12, p. 7-9, 1964.

_____. *Os Marranos em Trás-os-Montes, Reminiscências Judio-portuguesas*. Porto: Labirinto, 1956 (Separata de *Douro-Litoral*: boletim da Comissão Provincial de Etnografia e História da Junta da Província de Douro Litoral, Porto, 7ª série, v. V-VIII, 1956).

_____. *Os Marranos nas Beiras*. *Beira Alta*, Viseu: Arquivo Distrital de Viseu, 2ª série, v. XX, n. 2, p. 631-676, abr.-jun. 1961.

_____. *Uma Viagem a Vilarinhos dos Galegos*: ritos e costumes judaicos dos cristãos-novos. *Boletim do Grupo Amigos de Bragança*, Bragança: F. Felgueiras, 2ª série, n. 12, p. 21, out. 1964.

PENROSE, Boies. *Travel and Discovery in the Renaissance, 1420-1620*. Cambridge, MA: Harvard University Press, 1952.

PETUCHOWSKI, Jacob Josef. *The Theology of Haham David Nieto*: an 18th century defense of jewish tradition. New York: Bloch Publishing/Congregation Emanuel, 1954.

PHILIP, Alfred. *Die Juden und das Wirtschaftsleben*: eine antikritisch-bibliographische Studie zu Werner Sombart *Die Juden und das Wirtschaftsleben* (Os Judeus e a Vida Econômica: um estudo bibliográfico anticrítico sobre *Os Judeus e a Vida Econômica* de Werner Sombart). Strassbourg: Heitz & Cie, 1929.

PISSURLENCAR, Panduronga Sakharama Shenvi. *Agentes da Diplomacia Portuguesa na Índia*: hindus, muçulmanos, judeus e parses. Bastorá, Goa: Arquivo Histórico do Estado da Índia, 1952.

POLIAKOV, Léon. *De Mahomet aux Marranes*. Paris: Calmann-Lévy, 1961.

PRESTAGE, Edgar. *As Relações Diplomáticas de Portugal com a França, Inglaterra e Holanda de 1640 a 1668*. Tradução de Amadeu Ferraz de Carvalho. Coimbra: Imprensa da Universidade, 1928.

BIBLIOGRAFIA DA TRADUÇÃO

PRIMEIRA *Visitação do Santo Ofício às Partes do Brasil. Denunciações de Pernambuco, 1593-1595*. São Paulo: Eduardo Prado, 1929.

_____. *Denunciações da Bahia, 1591-1593*. São Paulo: Eduardo Prado, 1925.

QUIRÓS, Felipe Torroba Bernaldo de. *The Spanish Jews*. Madrid: Rivadeneyra, 1958.

RANKE, Leopold von. *Die römischen Päpste* (O Papa Romano). 8. ed. Leipzig: Duncker & Humblot, [18--]. 3 v.

RAPHAEL, David. *The Alhambra Decree*. North Hollywood, CA: Carmi House Press, 1988.

RAU, Virginia. A Embaixada de Tristão de Mendonça e os Arquivos Notariais Holandeses. *Anais da Academia Portuguesa da História*, Lisboa: Academia Portuguesa da História/Tribuna da História Editores, 2ª série, v. 8, p. 93-160, 1958.

_____. Fortunas Ultramarinas e a Nobreza Portuguesa no Século XVII. *Revista Portuguesa de História*, Coimbra: Instituto de Estudos Históricos Dr. Antônio de Vasconcelos /Faculdade de Letras da Universidade de Coimbra (FLUC), t. VIII, p. 1-25, 1959.

REGIMENTO de 1552, *Archivo Historico Portuguez*, Lisboa, v. V, p. 272-298, 1907. Apud MENDES DOS REMÉDIOS, Joaquim. *Os Judeus em Portugal*. Coimbra: França Amado, 1895-1928. 2 v. v. II, p. 8, nota 2.

REGO, José Teixeira. *Estudos e Controvérsias*. Porto: Faculdade de Letras, 1931.

RELAÇÃO de Leonardo de Chade Messer. In: *Centenário do Descobrimento da América*: memórias da comissão portuguesa. Lisboa: Academia Real das Sciencias, 1892. (Livro comemorativo do descobrimento da América).

RENARD, Raymond. Sepharad "Le Monde et la Langue Judéo-espagnole des Sephardim". *Annales Universitaires de Mons*, Mons, Belgique: Université de l'État, 1966.

RÉVAH, Israël Salvator. *La Censure inquisitoriale portugaise au XVIe siècle*. Lisboa: Instituto de Alta Cultura, 1960.

_____. Autobiographie d'un Marrane: édition partielle d'um manuscrit de João (Moseh) Pinto Delgado. *Révue des Études juives*, Paris: Societé des Études juives, 3ª série, t. 2, n. 119, p. 41-129, jan.-jun. 1961.

_____. David Reubeni. *Révue des Études juives*, Paris: Societé des Études juives, 117, p. 128-135, jan.-dez. 1958.

_____. La religion d'Uriel da Costa, marrane de Porto d'aprés des documents inédits. *Révue de l'Histoire des religions*, Paris: Presses universitaires de France (PUF), t. CLXI, n. 1, p. 45-76, jan.-mar. 1962.

_____. *Le Cardinal de Richelieu et la restauration du Portugal*. Lisbonne: Institut français au Portugal, 1950.

_____. Le premier établissement des Marranes portugais à Rouen (1603-1607). *Mélanges Isidore Levy. Annuaire de l'Institut de Philologie et d'histoire orientales et slaves*, Bruxelles: Institut de Philologie et d'histoire orientale et slaves de l'Université libre de Bruxelles, t. XIII, p. 539-552, 1953 (1955).

_____. Les jésuites portugais contre l'Inquisition: la campagne pour la fondation de la Compagnie Générale du Commerce du Brésil (1649). *Revista do Livro*, Rio de Janeiro: Instituto Nacional do Livro/Ministério da Educação e Cultura, n. 3-4, p. 29-53, ano I, dez. 1956.

_____. Les marranes: la dispersion des marranes. *Révue des Études juives*, Paris: Societé des Études juives, t. I, 118, p. 59, 1959-1960.

_____. Les trois écrits de Isaac Orobio de castro contre juan de Prado. *Spinoza et Juan de Prado*. Paris: Mouton, 1959, p. 88.

_____. Manuel Fernandes Vilareal, adversaire e victime de l'Inquisition portugaise. *Ibérida, Revista de Filologia*, Rio de Janeiro: Livraria São José, n. 1, p. 33-54, abr. 1959, n. 3, p. 181-207, dez. 1959.

_____. Menasseh ben Israel et *Ropicapnefma* de João de Barros. *Revista Brasileira de Filologia*, Rio de Janeiro: Livraria Academica, v. 4, t. I-II, 1958.

_____. Pour l'histoire des marranes à Anvers: recenseaments de la "Nation Portuguaise" de 1571 à 1666. *Révue des Études juives*, Paris: Societé des Études juives, 123, fasc. 1-2, p. 123-147, jan.-jun. 1963.

_____. Pour l'histoire des nouveaux chrétiens portugais. *Boletim Internacional de Bibliografia Luso-brasileira*, Lisboa: Academia Portuguesa da História (APH), v. II, n. 2, p. 276, abr.-jun. 1961.

_____. *Spinoza et Juan de Prado*. Paris: Mouton, 1959.

_____. Un panphlet contre l'Inquisition d'Antonio Enriquez Gómez: la seconde partie de la *politica angelica*, Rouen (1647). *Révue des Études juives*, Paris: Societé des Études juives, 4ª série, t. I (121), fac. 1-2, p. 94-98, 104, jan.-jun. 1962.

_____. Une famille de nouveaux chrétiens: les Bocarro Frances. *Révue des Études juives*, Paris: Societé des Études juives, t. XVI (116), p. 73-87, jan-dez. 1957.

REZNIK, Jacob. *Le Duc de Naxos, contribuition à l'histoire juive du XVIᵉ siècle*. Paris: Librairie Lipschutz, 1936.

RÍOS, José Amador de los. *Historia Social, Política y Religiosa de los Judíos de España y Portugal*. Madrid: Aguilar, 1960.

RODRÍGUEZ-MONIÑO, Antonio. *La Muerte de David Reubeni en Badajoz (1538)*. Badajoz: Imprenta de la Diputación Provincial, 1959.

_____. Les judaïsants à Badajoz de 1493 a 1599. *Révue des Études juives*, 115, p. 73-86, jan.-dez. 1956.

ROSA, Jacob S. da Silva. *Die spanischen und portugiesichen gedruckten Judaica, in der Bibliothek des jüdischen-portugiesischen Seminars, Ets Haim in Amsterdam: eine Ergänzung zu Kayserlings* Biblioteca Española-portugueza-judaica (A Judaica Espanhola e Portuguesa Impressa na Biblioteca dos Seminários Judaico-portugueses, Ets Haim em Amsterdão: um complemento para a *Biblioteca Española-portugueza-judaica* de Kayserling). Amsterdam: Menno Hertzberger, 1933.

ROTH, Cecil. *Révue des Études juives*, Paris: Societé des Études juives, 4ª série, t. I, n. 121, fac. 3–4, p. 361, jul.-dez. 1962.

_____. *A History of the Jews in England*. Oxford: Oxford University Press, 1949.

_____. *A History of the Marranos*, Philapelphia: The Jewish Publication Society/Meridian, 1959.

_____. *A Life of Menasseh ben Israel*. Philadelphia: The Jewish Publication Society, 1934.

_____. A Note on the Astronomers of the Vecinho Family. *The Jewish Quarterly Review*, new series, Philadelphia: University of Pennsylvania Press, v. XXVII, n. 3, p. 234, nota 3, jan. 1937.

_____. An Elegy of João Pinto Delgado of Isaac de Castro Tartas. *Révue des Études juives*, Paris: Societé des Études juives, 4ª série, t. I, 121, fac. 3-4, p. 353-366, jul.-dez. 1962.

_____. *Doña Gracia Mendes*: vida de una gran mujer. Buenos Aires: Israel, 1953.

_____. *El Duque de Naxos*: luz y sombra de un destino ilustre. Buenos Aires: Israel, 1954.

_____. *History of the Jews in Venice*. Philadelphia: The Jewish Publication Society, 1930.

_____. Immanuel Aboab's Proselytization of the Marranos. *The Jewish Quartely Review*, Philadelphia: University of Pennsylvania Press, new series, v. XXIII, p. 121-162, 1932.

_____. Jewish Printers of Non Jewish Books in the Fifteenth and Sixteenth Centuries. *Journal of Jewish Studies*, Oxford: Oxford Centre for Hebrew and Jewish Studies, v. IV, n. 3, 1953.

_____. Le chant du cygne de Don Lope de Vera. *Révue des Études juives*, Paris: Societé des Études juives, t. XCVII, p. 103-104, jan.-jun. 1934.

_____. Le martyre de David Reubeni. *Révue des Études juives*, Paris: Societé des Études juives, 116, p. 93-95, notas, jan.-dez. 1957.

_____. Les marranes à Venise. *Révue des Études juives*, Paris: Societé des Études juives, n. 89, p. 201-223, 1930.

_____. Les marranos à Rouen, un chapitre ignoré d'histoire des juifs en France. *Révue des Études juives*, Paris: Societé des Études juives, n. 88, p. 113-155, 1929.

_____. Lope de Vega and Pinto Delgado. *Bulletin of Hispanic Studies*, Liverpool: Liverpool University Press, XVII, 1955.

_____. *Magna Biblioteca Anglo-judaica*: a bibliographical guide to Anglo-jewish history. London: [s. n.], 1937.

_____. Notes sur les marranes de Livourne. *Revue des Études juives*, Paris: Societé des Études juives, 91, p. 1-27, 1931.

BIBLIOGRAFIA DA TRADUÇÃO

_____. Quatre lettres d'Elie de Montalto: contribuition à l'histoire des Marranes. *Révuedes Études juives*, Paris: Societé des Études juives, p. 137-165, 1929.

_____. Salusque Lusitano. *The Jewish Quarterly Review*, Philadelphia: University of Pennsylvania Press, new series, v. XXXIV, n. 1, 1943.

_____. *The History of the Jews of Italy*. Philadelphia: The Jewish Publication Society, 1946.

_____. *The Jewish Contribution to Civilization*. New York: Harper & Brothers, 1940.

_____. *The Jews in the Renaissance*. Philadelphia: The Jewish Publication Society, 1959.

_____. The Jews of Malta. *Transactions of the Jewish Historical Society of England*, London: Jewish Historical Society of England, v. XII, p. 187-251, 1928-1931.

_____. The Religion of the Marranos. *The Jewish Quartely Review*, Philadelphia: University of Pennsylvania Press, v. XXII, p. 13, 1931.

RUBIO, Jerónimo. João Pinto Delgado y la Situación de los Judíos en Portugal en los Siglos XVI y XVII. *Miscelánea de Estudios Arabes y Hebraicos*, Granada: Departamento de Estudios Semíticos de la Facultat de Filosofía y Letras de la Universidad de Granada, 1957.

SALVADOR, José Gonçalves. *Cristãos-novos, Jesuítas e Inquisição*: aspectos de sua atuação nas capitanias do sul, 1530-1680. São Paulo: Pioneira, 1969.

SAMUEL, Edgar. *At the End of the Earth*: essays on the history of the jews of England and Portugal. London: Jewish Historical Society of England, 2004.

SANCHES, Antônio Nunes Ribeiro. *Obras*. Coimbra: Imprensa da Universidade, 1959-1966. 2 v. v. 1: *Método para Aprender a Estudar Medicina; Cartas sobre a Educação da Mocidade*.

_____. *Origem da Denominação de Cristãos-novos e Cristãos-velhos em Portugal*. Lisboa/Porto: Papelaria, 1956. (Manuscrito publicado por Raul Rego).

SÁNCHEZ-ALBORNOZ, Claudio. *La España Musulmana según los Autores Islamitas y Cristianos Medievales*. Buenos Aires: El Ateneo, 1946.

SANTARENO, Bernardo. *O Judeu*: narrativa dramática em três actos. Lisboa: Ática, 1966.

SARAIVA, Antônio José. *A Inquisição Portuguesa*. Lisboa: Europa-América, 1956.

_____. *Fernão Lopez*. Lisboa: Europa-América, [s.d.].

_____. *Inquisição e Cristãos-novos*. Porto: Editorial Inova, 1969.

SCHWARZ, Samuel. *Os Cristãos-novos em Portugal no Século XX*. Prefácio de Ricardo Jorge. Lisboa: [s. n.], 1925. (Separata da revista *Arqueologia e História*, Lisboa, IV, p. 5-114, 1925).

SZECHTMAN, Joshua. Who Composed the Astronomical Tables Used by Columbus?. *Judaism*, New York, v. 11, n. 2, p. 156-174, 1962.

SÉE, Henri. Dans quelle mésure puritains et juifs ont-ils contribué aux progres du capitalisme moderne? *Révue Historique*, Paris: Presses universitaires de France (PUF), CLV, p. 57-58, ano 52, maio-ago. 1927.

SÉRGIO, Antônio. *Ensaios*. 2. ed. Coimbra: Atlântida; Lisboa: Seara Nova, 1928-1949.

SÉRGIO, Antônio; CIDADE, Hernâni. Notas ao Prefácio. In: VIEIRA, Antônio. *Obras Escolhidas*. Prefácio e notas de Antônio Sérgio e Hernâni Cidade. Lisboa: Livraria Sá da Costa, 1951-1954. 12 v.

SERRA, Antônio José Simões. *Subsídios para a História dos Judeus Portugueses em França. A Comunidade de Baiona*. Lisboa: [s. n.], 1963. (Tese manuscrita).

SERRANO Y SANZ, Manuel. *Apuntes para una Biblioteca de Escritores Españoles desde el ano 1401 al 1833*. Madrid: Establecimiento Tipográfico Sucesores de Rivadeneyra, 1903-1905. 2 v.

SERRÃO, Joaquim Veríssimo. *O Reinado de D. Antônio, Prior do Crato*. Coimbra: Instituto de Alta Cultura da Universidade de Coimbra, 1956. (Tese de doutorado em ciências históricas da Universidade de Lisboa).

SHOLEM, Gershom. *A Mística Judaica*. Tradução de Dora Ruhman, Fany Kon, Jacó Guinsburg, Jeanete Meiches, Renato Mezan. São Paulo: Perspectiva, 1972. (*As Grandes Correntes da Mística Judaica*. 3. ed. revista. São Paulo: Perspectiva, 1995).

_____. *Sabatai Tzvi: o Messias místico*. Tradução de Attílio Cancian, Ari Sólon, Jacó Guinsburg, Margarida Goldsztajn. São Paulo: Perspectiva, 1995-1996. 3 v.

SICROFF, Albert A. *Les Controverses des status de "puretè de sang" en Espagne du xve au xviie siècle*. Paris: Didier, 1960.

SILVA, Lina Gorenstein Ferreira da. *A Inquisição contra as Mulheres*: Rio de Janeiro, séculos XVII e XVIII. São Paulo: Humanitas, 2005 (Originalmente tese de doutorado, São Paulo: Faculdade de Filosofia, Letras e Ciências Humanas da Universidade de São Paulo, FFLCH-USP, 1999).

_____. *Heréticos e Impuros*: a Inquisição e os cristãos-novos no Rio de Janeiro, século XVIII. Rio de Janeiro: Secretaria Municipal de Cultura, 1995.

SLOUSCH, Nahum. *Poésies hébraïques de Don Jehuda Abravanel (Messer Leon Hebreo)*. Lisboa: [s. n.], 1928.

SOKOLOV, Nachum. *Baruch Spinoza uZmanoh*: Midrash BeFilosophia uVekorot HaItim (Baruch Spinoza e Seu Tempo: Interpretação da Filosofia e da História da Época). Paris: Emunoti Voltaire, 1929.

SOLDEVILA, Ferrán. *Historia de España*. Barcelona: Airel, 1954.

SOMBART, Werner. *The Jews and Modern Capitalism*. Translation and notes by Mordecai Epstein. London: T. F. Unwin, 1913.

SOPRANIS, Hipólito Sancho de. Un Documento Interesante sobre la Expulsión de los Judíos. *Archivo Hispalense*: revista histórica, literaria y artística, Sevilla: Diputación Provincial de Sevilla, 2ª. série, t. V, p. 225-228, 1944.

SZAJKOWSKI, Zosa. An Auto-da-fé against the Jews of Toulouse in 1685. *The Jewish Quarterly Review*, Philadelphia: University of Pennsylvania Press, v. XLIX, p. 278-281, 1959.

SZAJKOWSKI, Zosa. Population Problems of Marranos and Sephardim in France, from the 16th to the 20th Centuries. *Proceedings of the American Academy for Jewish Research*, Philadelphia: American Academy for Jewish Research (AAJR), v. XXVII, p. 83, 1958.

TEIXEIRA, Antônio José. *Antônio Homem e a Inquisição*. Coimbra: Imprensa da Universidade, 1895-1902.

TEIXEIRA, Marcos. *Livro das Denunciações que se Fizeraão na Visitação do Santo Oficio à Cidade do Salvador da Bahia de Todos os Santos do Estado do Brasil, Ano de 1618, Inquisidor e Visitador Licenciado Marcos Teixeira*. In: *Anais da Biblioteca Nacional do Rio de Janeiro*, Rio de Janeiro: Ministério da Educação, v. XLIX, 1927 (1936).

TEIXEIRA, Marcos. *Livro das Denunciações que se fizerão na Visitação do Santo Officio á Cidade do Salvador da Bahia de Todos os Santos do Estado do Brasil, no anno de 1618*. In: *Anais da Biblioteca Nacional do Rio de Janeiro*, Rio de Janeiro: Ministério da Educação, v. XLIX, p. 99-101, 130-131, 142-143, 186, 194, 1927 (1936). Apud RÉVAH, Israël Salvator. La religion d'Uriel da Costa, marrane de Porto d'aprés des documents inédits. *Révue de l'Histoire des religions*, Paris: Presses universitaires de France (PUF), t. CLXI, n. I, p. 45-76, jan.-mar. 1962. Ou Apud RÉVAH, Israël Salvator. *Spinoza et Juan de Prado*, Paris: Mouton, 1959.

_____. *Segunda Visitação do Santo Ofício às Partes do Brasil, pelo Inquisidor e Visitador Licenciado Marcos Teixeira. Livro das Confissões e Ratificações da Bahia: 1618-1620*. In: *Anais do Museu Paulista*. São Paulo: Museu Paulista da Universidade de São Paulo (MP-USP), t. XVII, p. I-XXXIX, 123-547.

TENENTI, Alberto. *Naufrages, corsaires et assurances maritimes à Venise (1592-1609)*. Paris: SEVPEN, 1959.

TOAFF, Alfredo Sábato. Cenni storici sulla comunità ebraica e sulla sinagoga di Livorno. *La Rassegna mensile di Israel*, Roma: Unione delle Comunità Israelitiche Italiane, 21, 1955.

TOAFF, Alfredo Sábato. Il collegio rabbinico di Livorno. *La Rassegna mensile di Israel*, Roma: Unione delle Comunità Israelitiche Italiane, 16, 1938.

_____. Il museo della comunità israelitica di Livorno. *Liburni civitas*: rassegna di attività municipale a cura del Comune di Livorno. Livorno: Comune di Livorno, n. 2, p. 87-99, ano 4, 1931.

BIBLIOGRAFIA DA TRADUÇÃO

TRASLADO do Processo Feito pela Inquisição de Lisboa contra Antônio José da Silva, Poeta Brasileiro. *Revista do Instituto Histórico e Geográfico Brasileiro*, Rio de Janeiro: Companhia Typographica do Brazil /IHGB, t. LIX, parte I, p. 51-261, 1896.

TUBERVILLE, Arthur Stanley. *La Inquisición Española*. Ciudad de México: Fondo de Cultura Económica, 1960.

ULLMAN, Salomon. *Histoire des juifs en Belgique jusqu'a XVIII Siècle*. Anvers: Imprimerie et Lithographie Delplace Koch & co., [1932?].

USQUE, Samuel. *Bay di taykhn fun Portugal: Zayn tkufe un zayn* Trayst tsu di laydn fun Yisroel (Junto aos Rios de Portugal: Sua Época e Sua *Consolação às Tribulações de Israel*). Tradução e comentários de Elias Lipiner. Buenos Aires: Yidisher Visnshaftlekher Institut, 1949.

_____. *Consolaçam as Tribulaçoens de Israel*. Edição de Joaquim Mendes dos Remédios, Coimbra: França Amado, 1906-1907, 3 v.

_____. *Consolation for the Tribulations of Israel*. Translation by Martin A. Cohen. Philadelphia: The Jewish Publication Society, 1965.

VAINFAS, Ronaldo. *Trópico dos Pecados*: moral, sexualidade e a Inquisição no Brasil. Rio de Janeiro: Campus, 1989.

VAN PRAAG, J. A. Restos de los Idiomas Hispano-lusitanos entre los Sefardies de Amsterdam. *Boletín de la Real Academia Española*, Madrid: Real Academia Española (RAE), XVIII, p. 177-201, 1931.

VARNHAGEN, Francisco Adolfo de. Excertos de Várias Listas de Condenados pela Inquisição de Lisboa desde o Ano de 1711-1767, Compreendendo só Brasileiros, ou Colonos Estabelecidos no Brasil. *Revista do Instituto Histórico e Geográfico Brasileiro*, Rio de Janeiro: Companhia Typographica do Brazil/IHGB, t. VII, 1845.

VASCONCELLOS, Carolina Michaëlis de. *Notas Vicentinas*: preliminares de uma edição crítica das obras de Gil Vicente. Coimbra: Imprensa da Universidade de Coimbra, 1922. (Separata da *Revista da Universidade de Coimbra*, Coimbra, 9, 1922).

_____. *Uriel da Costa*: notas relativas à sua vida e às suas obras. Coimbra: Imprensa da Universidade, 1921. (Separata da *Revista da Universidade de Coimbra*, Coimbra, v. 8, n. 1-4).

VASCONCELOS, José Leite de. Cristãos-novos do Nosso Tempo em Trás-os-Montes e na Beira: suas práticas judaicas. *Etnografia Portuguesa*. Elaborado segundo material do autor, ampliado com novas informações por Manuel Viegas Guerreiro. Lisboa: Imprensa Nacional/Casa da Moeda, 1958-1988. 10 v.

_____ *Esquisse d'une dialectologie portugaise*. Paris: Aillaud, 1901. (Lisboa: Centro de Estudos Filológicos, 1970).

VAZ DIAZ, A. M., VAN DER TAK, W. G. (eds.). *Spinoza, mercator et autodidactus*. Graven Hag: Martinus Nijhoff Publisher, 1932.

VENDRELL, Francisca. La Actividad de Fernando I de Aragon. *Sefarad*, Madrid: Instituto de Filologia do Consejo Superior de Investigaciones Científicas (CSIC)/ Instituto Arias Montano de Estudios Hebraicos y de Oriente Próximo, t. XIII, p. 81-104, 1953.

VICENS VIVES, Jaime (dir.). *Historia Social e Económica de España y América*. Barcelona: Teide, 1957. 5 v.

VIEIRA, Antônio. *Obras Escolhidas*. Prefácio e notas de Antônio Sérgio e Hernâni Cidade. Lisboa: Livraria Sá da Costa, 1951-1954. 12 v.

VIGNAUD, Jean Henry. *Améric Vespuce*: sa bibliographie, sa vie, ses voyages, ses découvertes, l'atribution de son nom à l'Amérique, ses relations authentiques et contestées. Paris: Leroux, 1917.

VITERBO, Francisco Marques de Sousa. Ocorrências da Vida Judaica. *Archivo Historico Portuguez*, Lisboa, v. II, 1904.

_____. O Movimento Tipográfico em Portugal no Século XVI. *O Instituto*: jornal scientifico e litterario, Coimbra: Imprensa da Universidade, v. 69, p. 97-98, [19--]

_____. *Trabalhos Náuticos dos Portugueses:* séculos XVI e XVII. Lisboa: Academia Real das Sciencias, 1898. 2 v.

WACHTEL, Nathan. *La Foi du souvenir:* labyrinths marranes. Paris: Éditions du Seuil, 2001.

WAGNER, Max Leopold. *Os Judeus Hispano-portugueses e a Sua Língua no Oriente na Holanda e na Alemanha.* Coimbra: *Imprensa da Universidade,* 1924, p. 3-18. (Separata da revista *Arquivo de História e Bibliografia,* Coimbra, 1, 1924).

WILLEMSE, David. *Antonio Ribeiro Sanchez, élève de Boerhaave et son importance pour la Russie.* Leiden: E. J. Brill, 1966.

WILSON, E. M.; FISHLOCK, A. D. H. [qual artigo?], *Journal of Jewish Studies,* Oxford: Oxford Centre for Hebrew and Jewish Studies, [v., n.?], 1949-1950.

WIZNITZER, Arnold. A *Bíblia de Ferrara* no Brasil. *Aonde Vamos?,* Rio de Janeiro, n. 513, 16, p. 7, 18, abr. 1953.

_____. Isaac de Castro, Brazilian Jewish Martyr. *Publications of the American Jewish Historical Society.* Baltimore: American Jewish Historical Society, v. XLVII, n. 2, p. 63-75, dez. 1957.

_____. *Jews in Colonial Brazil.* New York: Columbia University Press, 1960.

_____. *Os Judeus no Brasil Colonial.* São Paulo: Edusp/Pioneira, 1966.

_____. Uma Lista Nunca antes Publicada. *Aonde Vamos?,* Rio de Janeiro, n. 541, p. 195, [19--].

ZIMMELS, Hirsch Jacob. *Die Marranen in der rabbinischen Literatur* (Os Marranos na Literatura Rabínica). Berlin: Buchhandlung Rubin Mass, 1932.

Este livro foi impresso na cidade de Cotia,
nas oficinas da Meta Brasil,
para a Editora Perspectiva.